AF550537

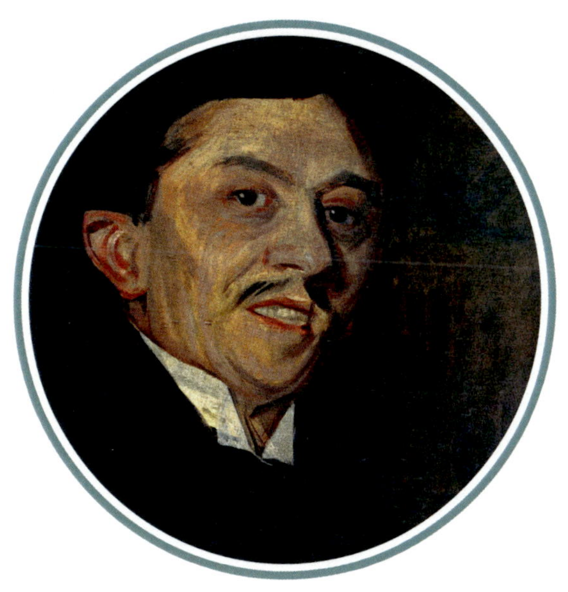

Bernhard H. Bonkhoff
Patrimoine d'ici d'Obersteinbach

# Die Malerkolonie
# Obersteinbach
# Colonie des Peintres

## 1896 – 1918 • III

## Franz Hein

Bibliografische Information der Deutschen Nationalbibliothek
Die Deutsche Nationalbibliothek verzeichnet diese Publikation in der Deutschen Nationalbibliografie; detaillierte bibliografische Daten sind im Internet über http://dnb.d-nb.de abrufbar.

ISBN 978-3-95602-277-7


Am Rech 14
66386 St. Ingbert
Tel: (0 68 94) 1 66 41 63
E-Mail: info@conte-verlag.de

Druck und Bindung: Conte Verlag, St. Ingbert

Fotoaufnahmen und Reproduktionen:
Richard Menzel

# Inhalt

## Vorwort

Aller guten Dinge sind drei! 2019 erblickte Band I der Malerkolonie Obersteinbach das Licht der Welt und lenkte den Blick auf ein zuvor völlig vergessenes Thema, das selbst bei den Bewohnern von Obersteinbach nur noch bei wenigen vom Hörensagen bekannt war. Fernsehen, Radio und Presse berichteten darüber. Die prächtige Ausstellung im Haus der Burgen fand großes Interesse. Täglich strömten Neugierige, Wanderer, Radfahrer, ganze Omnibusgesellschaften und viele Touristen in den Ort, nahmen an Führungen teil, erwanderten den Rundweg zum Thema Malerkolonie und erwarben das lehrreiche Buch, Aufsatzsammlung und Ausstellungskatalog zugleich. Die Ortsgemeinde stellte zur Ausstellungseröffnung ihre Räumlichkeiten im Rathaus zur Verfügung und war auf vielerlei Weise großzügig und hilfsbereit. Gemeinsam mit dem Heimat- und Kulturverein Patrimoine d'ici d'Obersteinbach wurde das Projekt geplant, die Ausstellung aufgebaut und die ganze Aktion durchgeführt, ein Projekt Europa ohne Grenzen. Und gleich in der Eröffnungsveranstaltung tat sich eine Tür auf: Die Urenkelin des Gründers der Malerkolonie Obersteinbach, Franz Hein (1863-1927), teilte mit, daß sie zwei Fotoalben aus dem Besitz ihres Urgroßvaters verwahrt, die großteils Bilder aus der Zeit der Malerkolonie von 1896 bis 1918 enthalten.

Damit war die Idee zu Band II über die Malerkolonie geboren. Wir konnten die Fotoalben Franz Heins benutzen. Aber beim Durchblättern gesellte sich zur großen Freude die Enttäuschung: Damals waren keine Fachfotografen am Werk, sondern Amateure. Vieles war unscharf, manchesmal auch im Fotolabor schlecht entwickelt, zahlreiche Bilder vergriffen und beschädigt. Aber Richard Menzel, der Berufsfotograf und Fotokünstler aus Horb am Neckar, nahm die historischen Abbildungen digital auf und bearbeitete sie am PC so ausgezeichnet, daß die mehr als 100 Jahre alten Aufnahmen wesentlich besser sind als die Originalbilder. Zudem konnte der Lehrer Wolfgang Schultz (1944-2023), Verfasser zahlreicher Ortschroniken der Wasgaudörfer Schönau, Fischbach, Niederschlettenbach und Petersbächel, sowie der Orts- und Kirchengeschichte von Ober- und Nie-

## Avant-Propos

Jamais deux sans trois ! En 2019, le tome I de la colonie de peintres d'Obersteinbach voit le jour et attire l'attention sur un sujet complètement tombé dans l'oubli avant cette année, que même les habitants d'Obersteinbach ne connaissent plus que par ouï-dire. La télévision, la radio et la presse en parlent. La magnifique exposition de la Maison des Châteaux Forts suscite un grand intérêt. Chaque jour, des curieux, des randonneurs, des cyclistes, des compagnies d'autobus entières et de nombreux touristes affluent dans le village, participent aux visites guidées, parcourent le circuit sur le thème de la colonie de peintres et achètent le livre instructif, à la fois recueil d'essais et catalogue de l'exposition. La municipalité locale a mis à disposition les locaux de la mairie pour l'ouverture de l'exposition et s'est montrée généreuse et serviable de diverses manières. En collaboration avec l'association patrimoniale et culturelle « Patrimoine d'ici » d'Obersteinbach, le projet est planifié, l'exposition montée et toute l'action réalisée, un projet « Europe sans frontières ». Et dès le vernissage de l'exposition, une porte de suite après s'ouvre : l'arrière-petite-fille du fondateur de la colonie de peintres d'Obersteinbach, Franz Hein (1863-1927), fait savoir qu'elle a en sa possession deux albums photos ayant appartenu à son arrière-grand-père et contenant en grande partie des photos de l'époque de la colonie de peintres de 1896 à 1918.

L'idée du tome II sur la colonie de peintres est ainsi née. Nous avons pu utiliser les albums photos de Franz Hein. Mais en les feuilletant, notre grande joie se transforme en déception : à cette époque, les photographes ne sont pas des professionnels, mais des amateurs. Beaucoup de photos sont floues, parfois mal développées dans le laboratoire photo, et de nombreuses photos sont recouvertes d'empreintes digitales ou endommagées. Mais Richard Menzel, photographe professionnel et artiste photographe de Horb am Neckar, entreprend la numérisation des photos historiques et les retouche sur ordinateur, si bien que les clichés vieux de plus de 100 ans sont bien meilleurs que les photos originales. De plus, l'enseignant Wolfgang Schultz (1944-2023), auteur de

dersteinbach, das Fotoalbum des Hotels Mischler in Schönau aus Familienbesitz ausleihen. Dessen Fotos sind von Fachfotografen aufgenommen in hoher Qualität, denn sie waren in vielen Fällen Grundlage zum Druck von Ansichtskarten.
Während der Corona-Epidemie entstanden Texte und Abbildungen für Band II, der bei der Eröffnung der großen Ausstellung über die Malerkolonie Obersteinbach in der Kreisgalerie Dahn am 29. August 2021 der Öffentlichkeit vorgestellt wurde. Auch diesmal war das Interesse sehr groß. Trotz der Corona-Einschränkungen konnten regelmäßig Führungen in deutscher und in französischer Sprache stattfinden. In den Räumen der Kreisgalerie konnte eine größere Anzahl von Originalen gezeigt werden, denn die ansprechenden Räumlichkeiten, die vom Landkreis Südwestpfalz betrieben und unterhalten werden, sind umfangreich und besitzen eine Alarmanlage. Band II beschäftigt sich nicht nur mit der Malerkolonie selbst, sondern auch mit der Entstehung des Tourismus im Wasgau und in den Nordvogesen, dem täglichen Leben in Obersteinbach, seinen Handwerkern, Landwirten und Forsten, dem Koloniegründer Franz Hein und seinen Malerkollegen, die mit ihm Jahr für Jahr im Steinbachtal wirkten. Außerdem kamen weitere Werke der Malschülerinnen in den Blick. Sie trugen die Wirkungen der Malschule im Gasthaus Fricker-Sensfelder in die Weite der europäischen Kunst. Durch die Aufnahmen in den Fotoalben gerieten auch die Nachbardörfer in den Blick und bilden eine lebendige, anschauliche Chronik jener Zeit vor mehr als 100 Jahren in bester fotografischer Qualität.

Nun liegt Band III zur Malerkolonie Obersteinbach vor. Denn es hat sich wieder eine Tür aufgetan, mit der wir nicht gerechnet hatten: Im Herbst 2023 erreichte Richard Menzel und mich das Angebot, den gesamten künstlerischen Nachlaß des Malers Franz Hein fotografisch und inventarisch aufzunehmen, rund 200 Gemälde in verschiedenen Maltechniken: zumeist Ölbilder, aber auch Aquarelle und in Kreidetechnik. Aber auch dieses Mal ergaben sich Schwierigkeiten: Der mehr als 100 Jahre alte Leinöl-Firnis überzieht die Ölbilder mit einem dunkelbraunen Film, der den Kunstwerken ihre Leuchtkraft stark beeinträchtigt. Jedes Bild wurde nach Maß, Thema und Maltechnik erfaßt und katalogisiert, so daß eine Übersicht zum

nombreuses chroniques locales des villages vasgoviens de Schönau, Fischbach, Niederschlettenbach et Petersbächel, ainsi que de l'histoire locale et religieuse d'Obersteinbach et Niedersteinbach, peut emprunter l'album photo privé de l'hôtel Mischler à Schönau. Les photos de cet album ont été prises par des photographes professionnels et sont de grande qualité, celles-ci ayant souvent servi pour l'impression de cartes postales.
Au cours de la pandémie de Covid, des contenus (textes et illustrations) sont créés pour le tome II, qui est présenté au public lors du vernissage de la grande exposition sur la colonie de peintres d'Obersteinbach à la *Kreisgalerie* de Dahn, le 29 août 2021. Cette fois encore, l'intérêt est très grand. Malgré les restrictions imposées dans le cadre de la lutte contre le Covid, des visites guidées en allemand et en français peuvent avoir lieu régulièrement. Un plus grand nombre d'originaux peuvent être présentés dans les locaux de la *Kreisgalerie*, car les locaux attrayants, gérés et entretenus par le *Landkreis Südwestpfalz* (Arrondissement du Palatinat-Sud-Ouest), sont vastes et possèdent un système d'alarme. Le tome II ne traite pas seulement de la colonie de peintres elle-même, mais aussi de la naissance du tourisme dans le *Wasgau* (Vasgovie) et les Vosges du Nord, de la vie quotidienne à Obersteinbach, de ses artisans, agriculteurs et forestiers, du fondateur de la colonie Franz Hein et de ses collègues peintres qui travaillent avec lui année après année dans la vallée du Steinbach. En outre, d'autres œuvres des femmes élèves-peintres sont mises en lumière. Elles intègrent les influences de l'école de peinture de l'auberge Fricker-Sensfelder à l'art européen. Les photos contenues dans les albums permettent également d'attirer l'attention sur les villages voisins et constituent une chronique vivante et descriptive de cette époque, il y a plus de 100 ans, dans une qualité photographique optimale.

Le tome III sur la colonie de peintres d'Obersteinbach est désormais disponible. En effet, une nouvelle porte s'est ouverte, à laquelle nous ne nous attendions pas : en automne 2023, Richard Menzel et moi-même recevons la proposition de photographier et d'inventorier l'ensemble de l'héritage artistique du peintre Franz Hein, soit environ 200 œuvres réalisées dans différentes techniques picturales : des peintures à l'huile pour la plu-

Oeuvre Franz Heins vorliegt. Die folgende Arbeit war noch größer und zeitintensiver: die Nachbearbeitung der Aufnahmen am PC. Nur mit Hilfe der hochwertigen Ausrüstung an Fotoapparaten, Linsen und Beleuchtungslampen Richard Menzels war es möglich, die Grundlagen für diese weitere Bearbeitung zu schaffen. Der Band III stellt das Ergebnis dieser Arbeit vor. Er gliedert sich in mehrere Abschnitte: Die Obersteinbach und seine nähere Umgebung betreffenden Motive, 54 an der Zahl, stehen an erster Stelle, gefolgt von den Werken der Mitarbeiter Heins, die ebenfalls in Obersteinbach tätig waren, vor allem Gustav Kampmann (1859-1917), in Kapitel zwei. Kapitel drei ist den Werken der Malschülerinnen gewidmet, die ihre in Obersteinbach bei Franz Hein empfangenen theoretischen und praktischen Kenntnisse unterschiedlich fortgeführt haben.

Das vierte Kapitel richtet den Blick auf die von Franz Hein und seinem Kreis besonders gepflegten und weiterentwickelten Verfahren des Steindrucks, der Farblithographie. Die neuen Begriffe wie „Künstler-Steinzeichnung“ oder „Steinkunst“ waren das Mittel der Wahl im Kampf gegen die Trivialitäten im Kitsch der süßlichen „Volkskunst“, die von Kolporteuren und Bilderhändlern von Haus zu Haus vertrieben wurde. Die Farblithographie ermöglichte es, Kunst zu erschwinglichen Preisen zu produzieren. Dies geschah in unterschiedlichen Papierqualitäten. Franz Hein signierte die einfache Ausführung lediglich auf der Druckplatte selbst. Die mittlere Papierqualität wurde zusätzlich zum Namenszug auf der Steinplatte mit den Initialen F. H. auf dem unteren Rand des Blattes signiert. Die höchste Qualität wurde mit dem Vor- und Zunamen handschriftlich signiert. Vorreiter dieses neuen Weges war die Kunstdruckerei Karlsruher Künstlerbund KKK, der Hein und die übrigen Grötzinger Maler angehörten, aber auch die bekannten Verlage Teubner, Voigtländer und Merfeld & Donner in Leipzig, Hubert Köhler in München und Fischer & Franke in Berlin.

Das umfangreichste Kapitel in Band III ist der abschließende fünfte Teil, das über 100 Bilder verfügende Gesamtinventar der Werke Franz Heins.

part, mais aussi des aquarelles et une technique de peinture à la craie. Mais cette fois encore, des difficultés se présentent : le vernis à l'huile de lin, vieux de plus d'un siècle, recouvre les peintures à l'huile d'un film brun foncé qui nuit fortement à la luminosité des œuvres. Chaque œuvre est répertoriée et cataloguée en fonction de ses dimensions, de son thème et de sa technique picturale, ce qui permet de disposer d'une vue d'ensemble de l'œuvre de Franz Hein. Le travail suivant est encore plus important et chronophage : la retouche des œuvres photographiées sur l'ordinateur. Cette retouche n'est possible qu'à l'aide de l'équipement de haute qualité de Richard Menzel, composé d'appareils photographiques, de lentilles et de lampes d'éclairage. Le tome III présente le résultat de ce travail. Il est scindé en plusieurs chapitres : les motifs concernant Obersteinbach et ses proches environs, au nombre de 54, occupent la première place, suivis, dans le chapitre deux, par les œuvres des collaborateurs de Hein qui ont également travaillé à Obersteinbach, notamment Gustav Kampmann (1859-1917). Le chapitre trois est consacré aux œuvres des femmes élèves-peintres, qui ont développé de différentes manières les connaissances théoriques et pratiques acquises à Obersteinbach auprès de Franz Hein.

Le quatrième chapitre se concentre sur les procédés d'impression sur pierre, notamment la lithographie couleur, particulièrement soignés et développés par Franz Hein et son cercle. Les nouveaux termes tels que « lithographie d'artiste » ou « art sur pierre » sont à l'époque le moyen de lutter contre la trivialité du kitsch qui se manifeste dans « l'art populaire » mielleux, distribué de porte en porte par les colporteurs et les marchands de tableaux. La lithographie couleur permet de produire de l'art à des prix abordables, en utilisant différentes qualités de papier. Franz Hein signe la version « basse qualité » uniquement sur la plaque d'impression elle-même. La qualité de papier moyenne est signée, en plus de la mention du nom sur la plaque de pierre, des initiales F. H. sur le bord inférieur de la feuille. La qualité supérieure est signée à la main avec le prénom et le nom. Le précurseur de ce nouveau mouvement est l'imprimerie d'art *Kunstdruckerei Künstlerbund Karlsruhe* (KKK), dont Hein et les autres peintres de Grötzingen font partie, mais également les célèbres maisons

Mein Dank gilt all denen, die zum Gelingen des Bandes beigetragen haben, an erster Stelle der Fotograf und Bildbearbeiter Richard Menzel und der PC-Experte Peter Wasem, dann die stets hilfsbereiten Aktiven der Patrimoine d'ici d'Obersteinbach, Christelle Ullmann, Eveline Flaig-Berring und Geoffrey Lanoix, Uwe und Brigitte Finkbeiner, Richard Leiner, der uns seine Scheune für die neue Ausstellung über die Werke der Malerkolonie zur Verfügung stellt, vielen Dank auch Jean-Claude Kornmann, der den deutschen Text ins Französische übersetzt hat, damit der Band III sans frontières studiert werden kann.

Vielen Dank an den Buchgestalter Markus Dawo für seine ausgezeichnete Arbeit.

Der Trilogie über die Malerkolonie Obersteinbach und ihren Leiter Franz Hein wünsche ich große Verbreitung und der Gemeinde Obersteinbach und allen ihren Einwohnern, die guten Willens sind, eine gute Zukunft.

Bernhard H. Bonkhoff

d'édition Teubner, Voigtländer et Merfeld & Donner à Leipzig, Hubert Köhler à Munich et Fischer & Franke à Berlin.

Le chapitre le plus volumineux du tome III est la cinquième partie finale, l'inventaire complet des œuvres de Franz Hein.

Mes remerciements vont à tous ceux qui ont contribué à la réussite de ce tome, en premier lieu le photographe et retoucheur photo Richard Menzel et l'expert en informatique Peter Wasem, puis les membres actifs, toujours prêts à aider, de l'association Patrimoine d'ici d'Obersteinbach, à savoir Christelle Ullmann, Éveline Flaig-Berring et Geoffrey Lanoix, Uwe et Brigitte Finkbeiner, Richard Leiner qui a mis sa grange à notre disposition pour la nouvelle exposition sur les œuvres de la colonie de peintres. Merci également à Jean-Claude Kornmann, qui a traduit le texte d'allemand en français, permettant ainsi une compréhension sans frontières du tome III.

Grand merci à Markus Dawo, concepteur de livres, pour son excellent travail.

Que la trilogie sur la colonie de peintres d'Obersteinbach et son directeur Franz Hein connaisse une grande diffusion. Je souhaite un bel avenir à la commune d'Obersteinbach et à tous ses habitants de bonne volonté.

Bernhard H. Bonkhoff

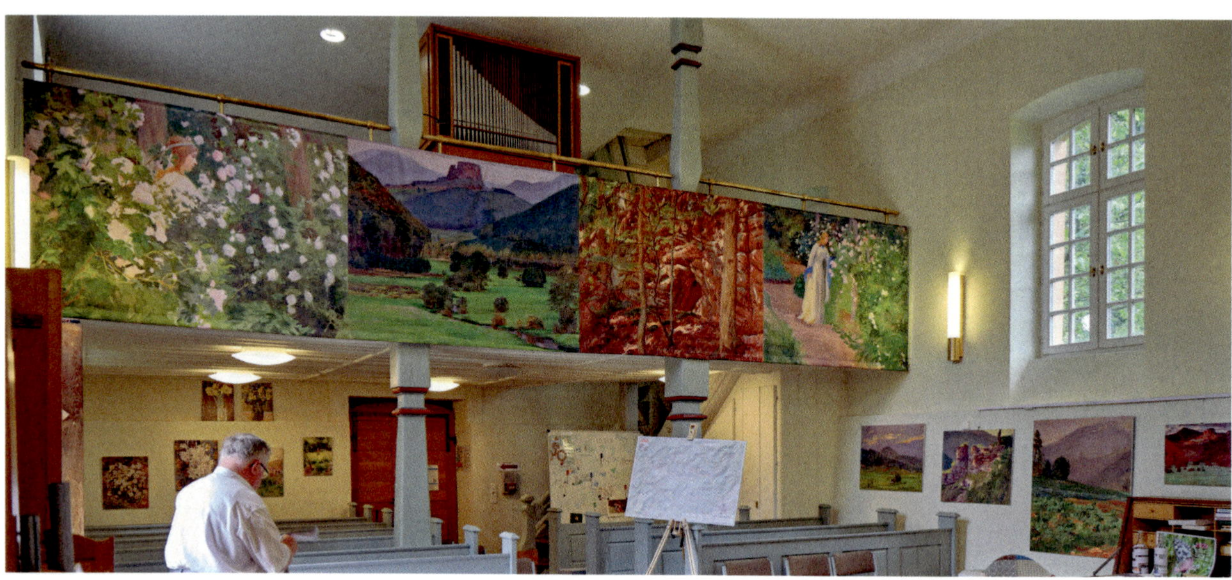

Ausstellung zur Malerkolonie Obersteinbach 2024 in der Evangelischen Kirche, *exposition colonie des peintres*

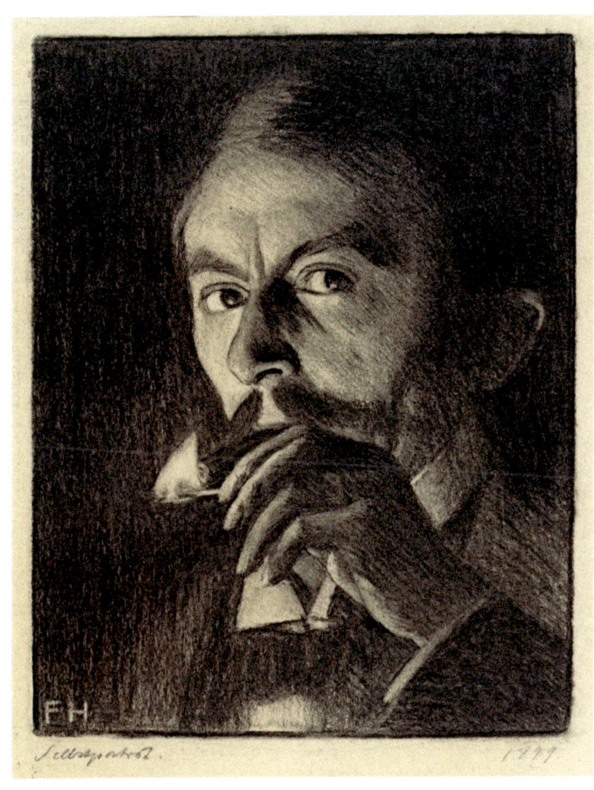

Franz Hein im Alter von 36 Jahren, *Franz Hein à 36 ans.*
Sig. F.H., Selbstportrait 1899, 40 x 31 cm, Kohle

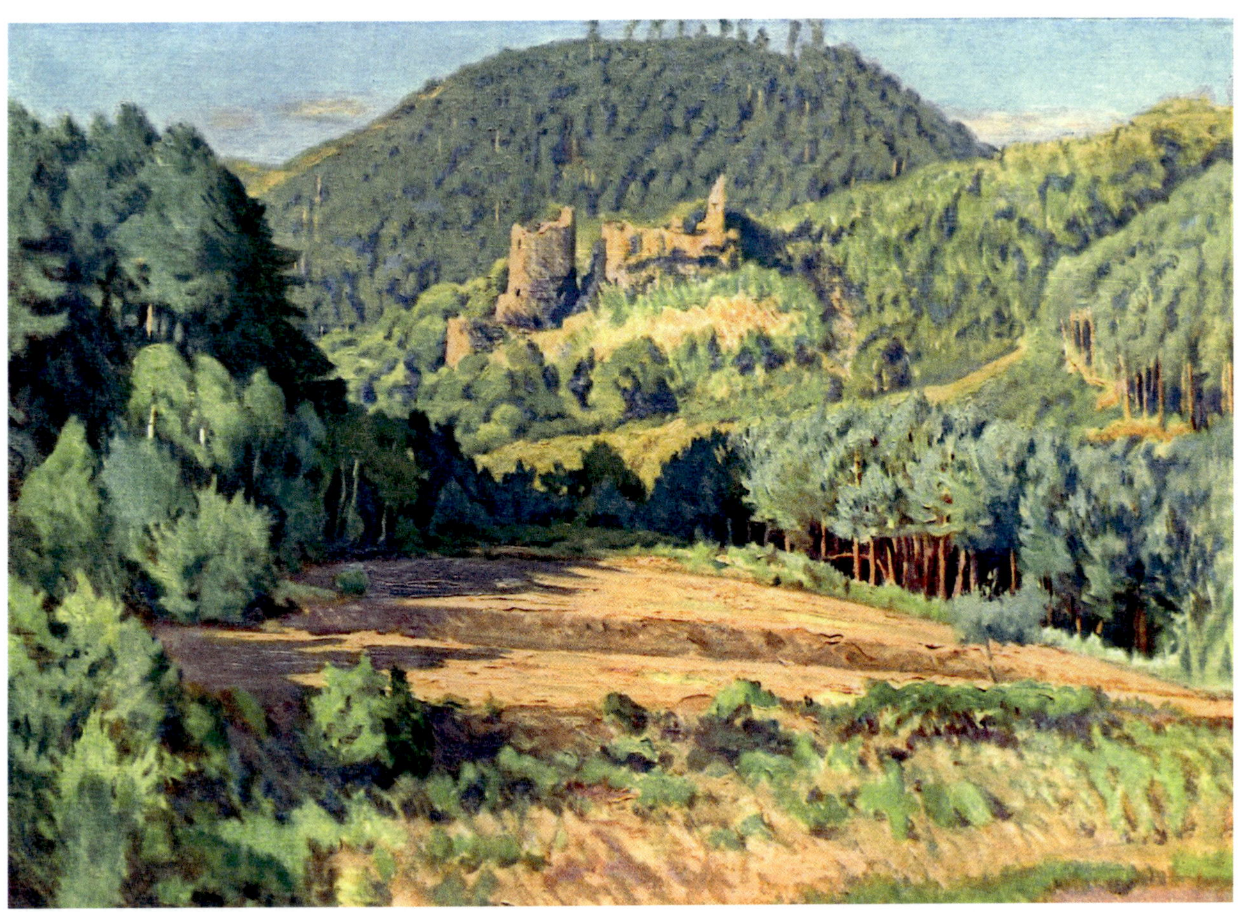

Franz Heins Ziel, der Wasigenstein als Schauplatz des Waltharilliedes, *les ruines médiévales et la poésie de héros,*
um 1900, Öl

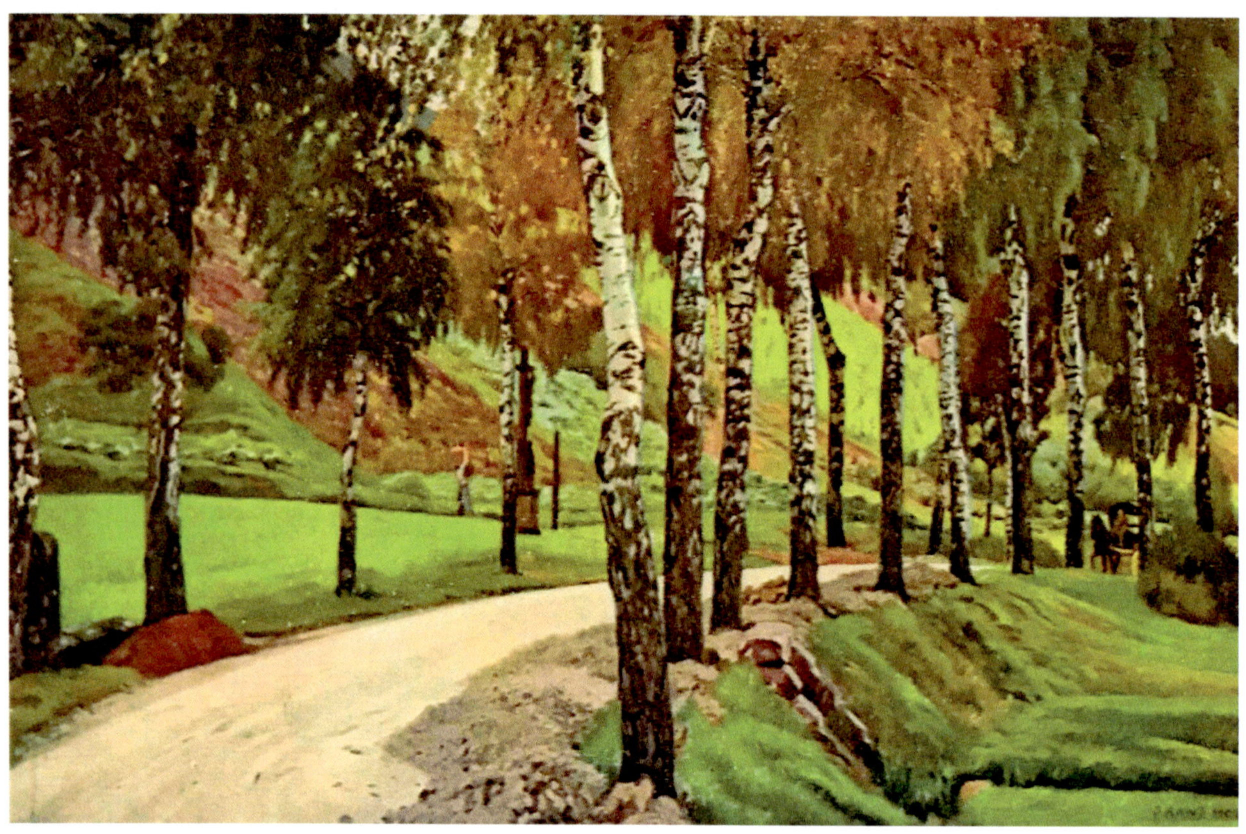

Franz Hein, Birkenallee und Wegkreuz bei Obersteinbach,
*Allée des bouleaux et croix rurale*, 41 x 60 cm, Öl

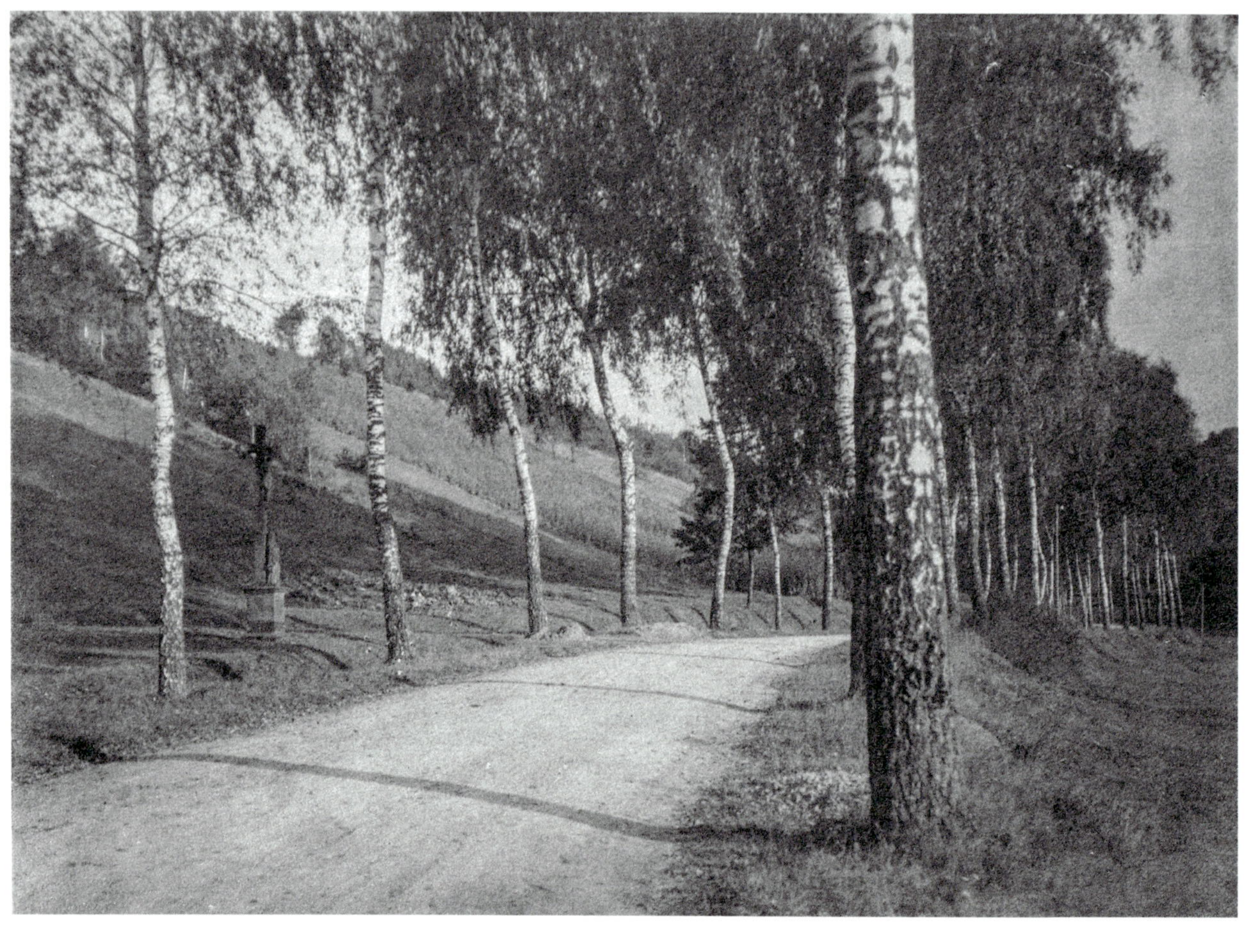

Franz Heins Detailtreue, Foto der Birkenallee um 1900, *Photo vue identique*

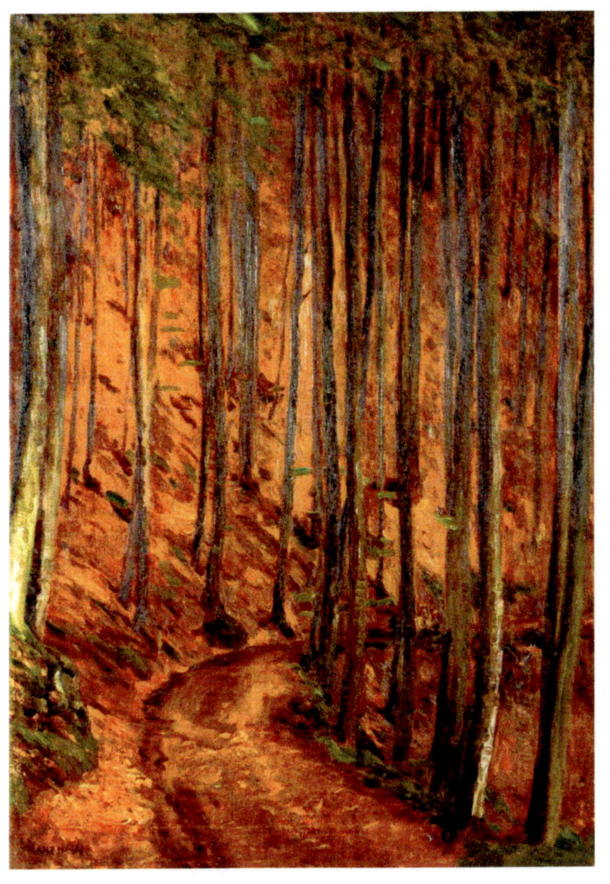

Franz Hein, Waldweg am Schloßberg bei Obersteinbach, *Chemin au Schlossberg*, 98,5 x 70 cm, Öl

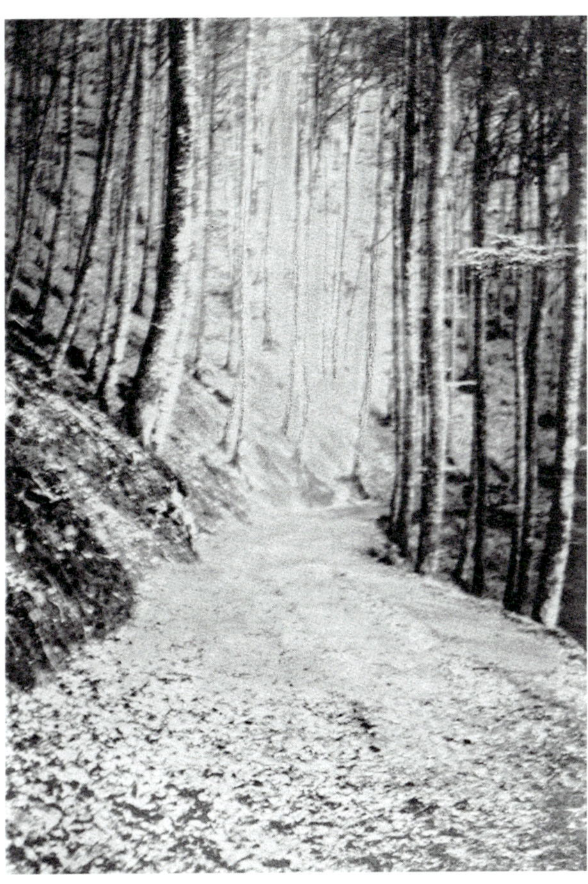

Foto des Waldwegs am Schloßberg bei Obersteinbach um 1900, *Photo vue identique*

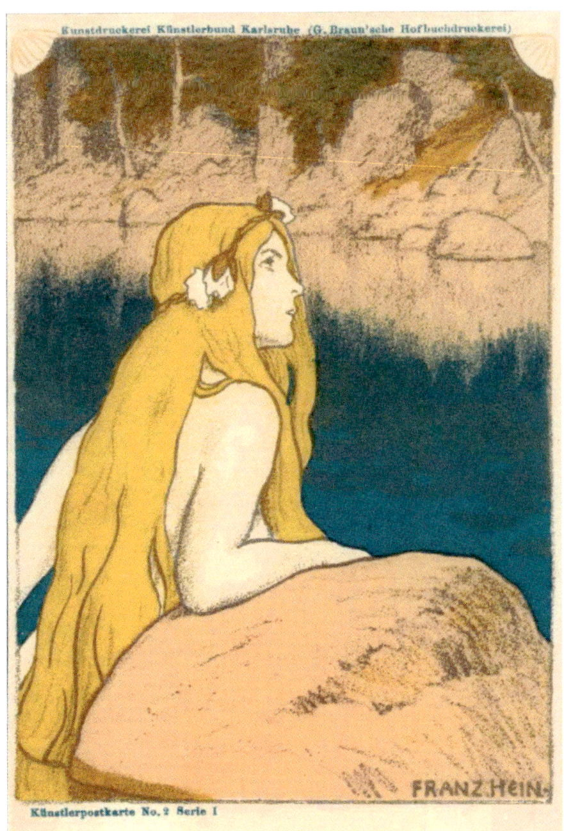


Franz Hein, Die Nixe am Stein, *l'ondine sur le rocher*, Künstlerpostkarte 14 x 9 cm, Lithographie KKK

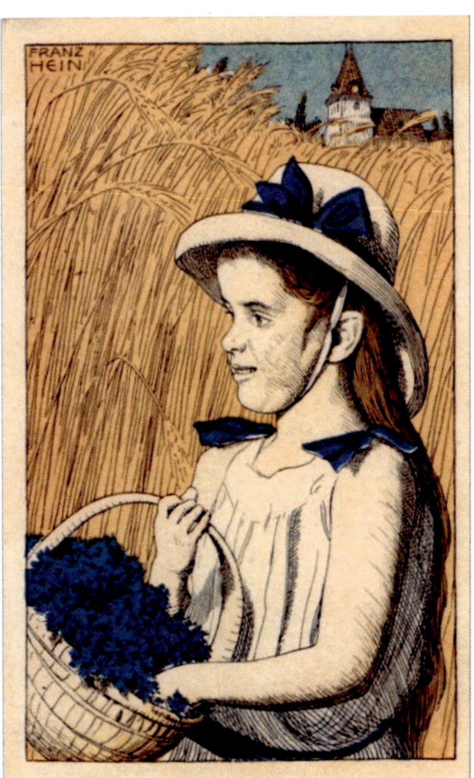


Franz Hein, Mädchen im Kornfeld, *la fillette dans les champs de blé*, Postkarte zum Kornblumenfest des Vereins für Wohlfahrtspflege im Bezirk Leipzig, 14 x 9 cm, 1912, Lithographie

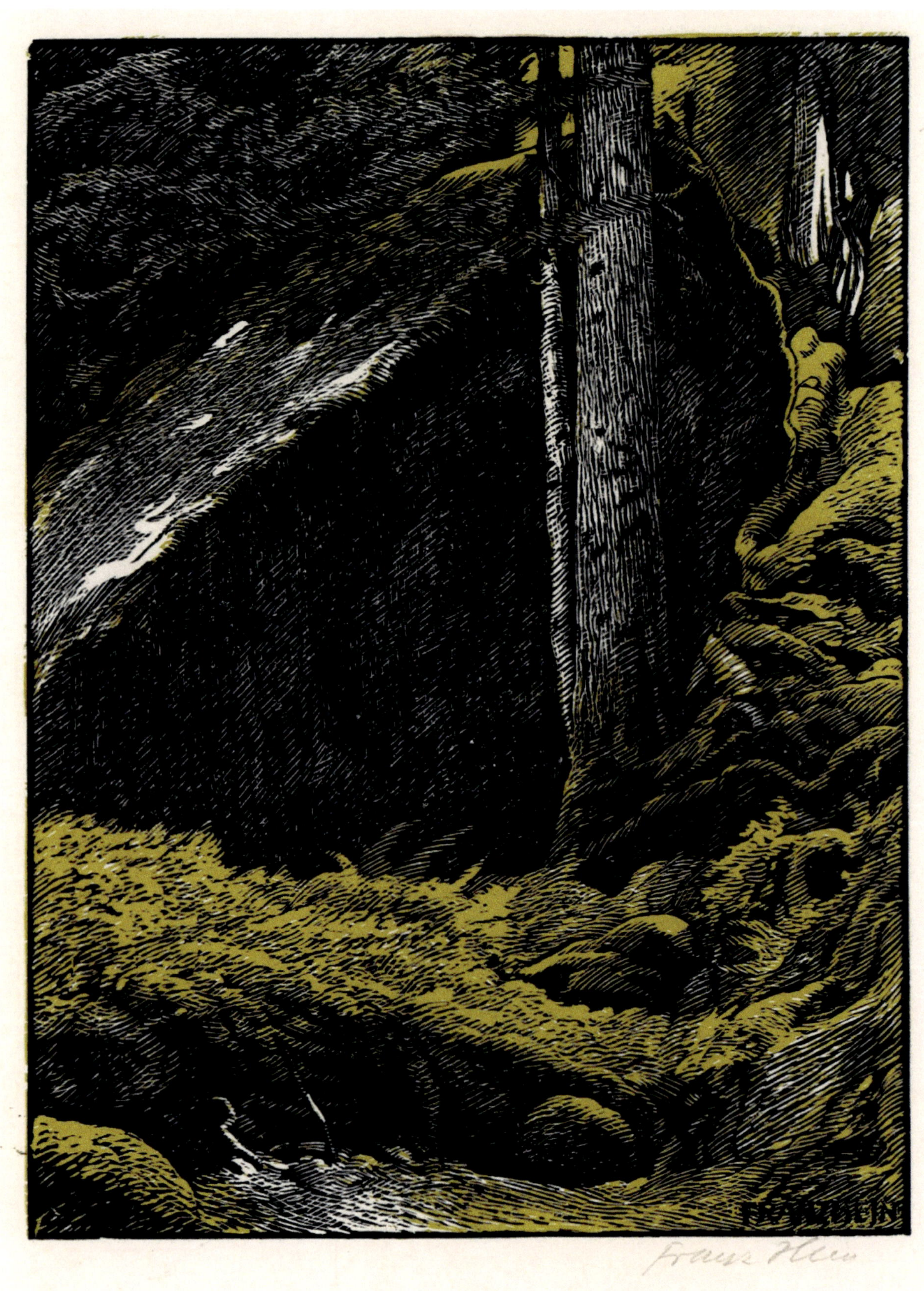

Franz Hein, der Maler des Waldes, Deutscher Wald, Franz Hein, *le peintre des forêts*,
38,5 x 27,5 cm, 1923, Farb-Holzschnitt

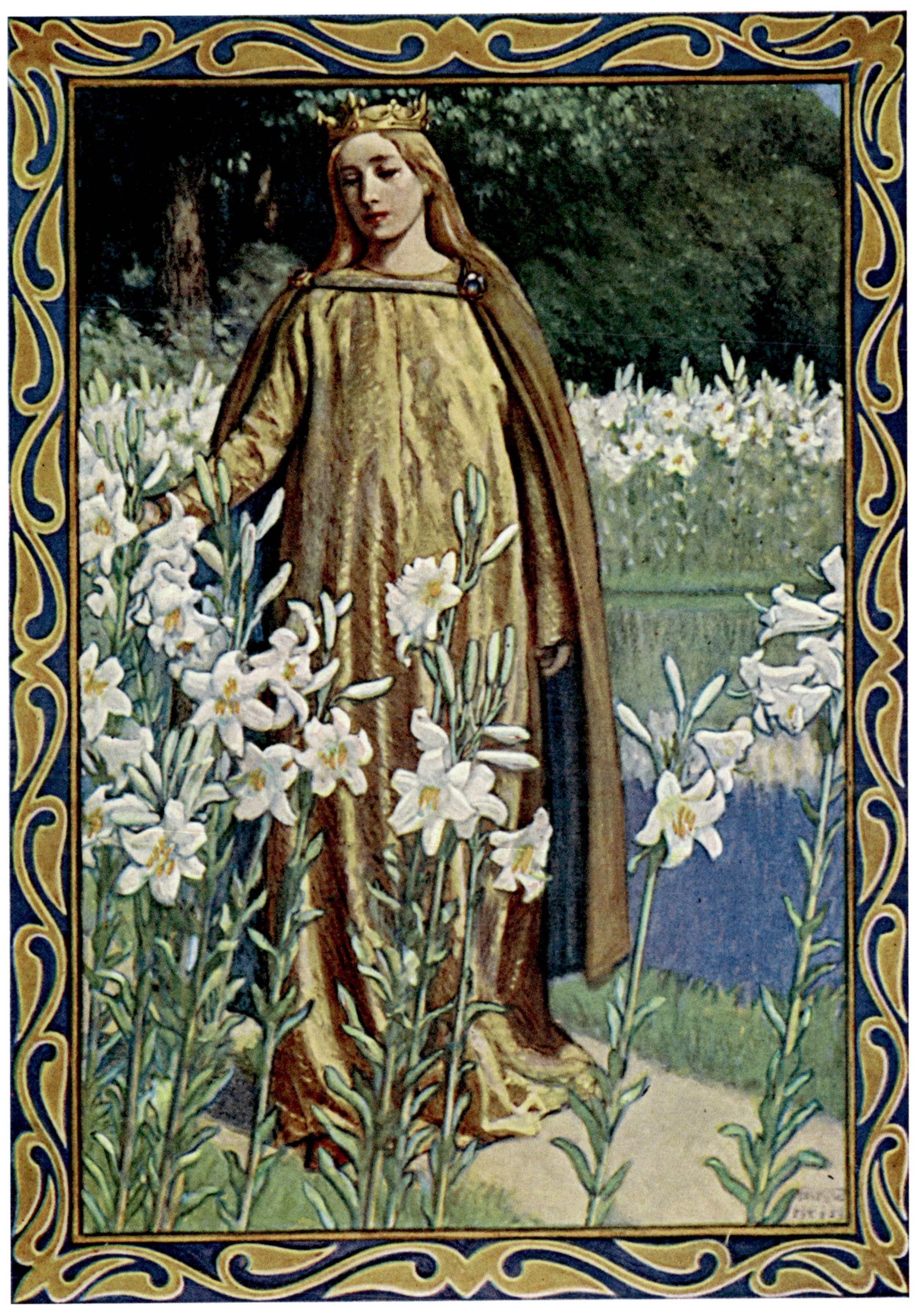

Franz Hein, der Maler der Märchen, *le peintre de contes*,
die Prinzessin im Liliengarten, *la princesse dans le jardin de lys*

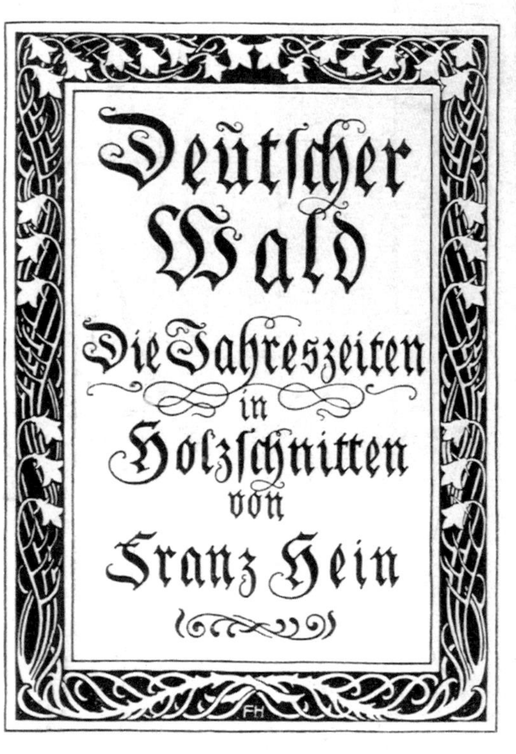


Franz Hein, Deutscher Wald, Sammelmappe von 1919, *collection des zylographies de 1919*

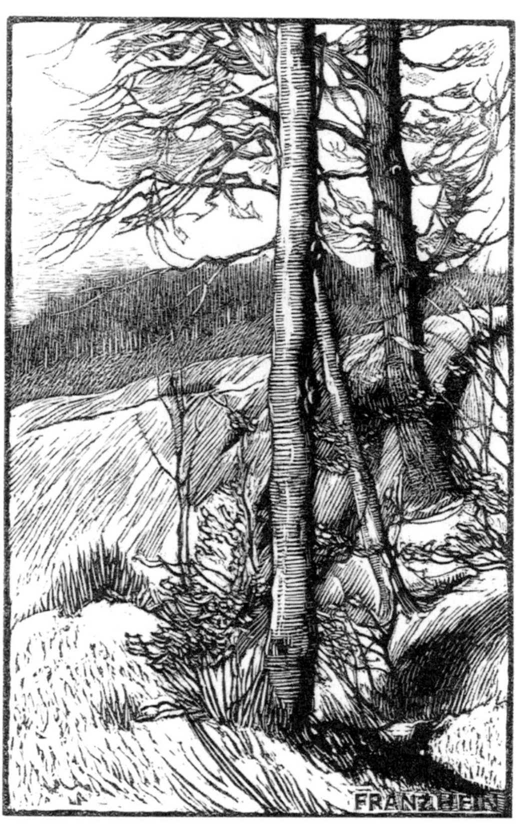


Franz Hein, Wald im Vorfrühling, *Forêt au printemps*, 42 x 30 cm, 1919, Holzschnitt

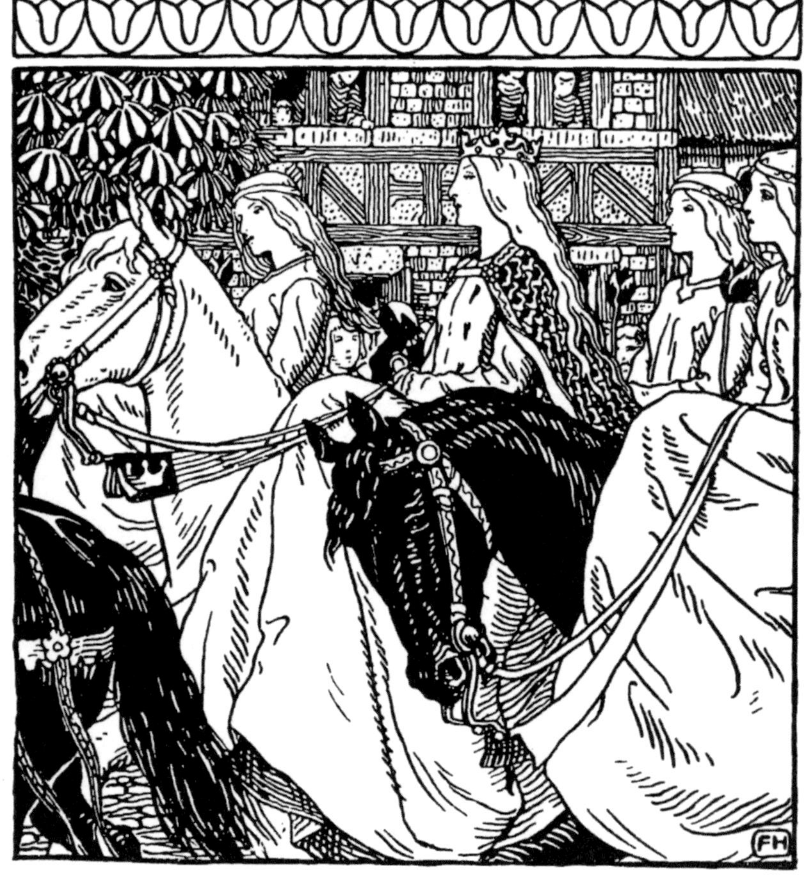


Franz Hein, der Maler der Märchen, *peintre des contes*, Cavalières, Reiterinnen, um 1910, Holzschnitt

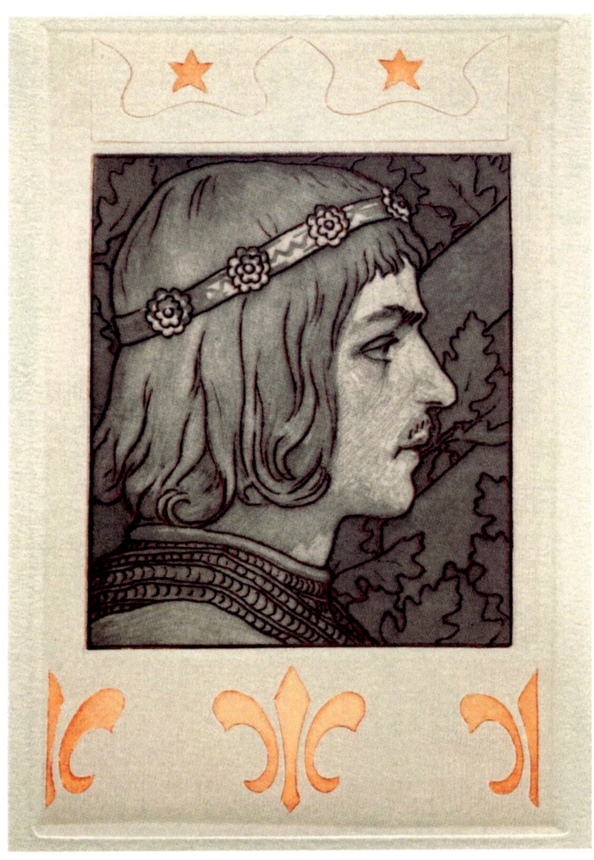

Franz Hein, Der Königssohn, *le prince*,
60 x 44 cm, 1896, Radierung

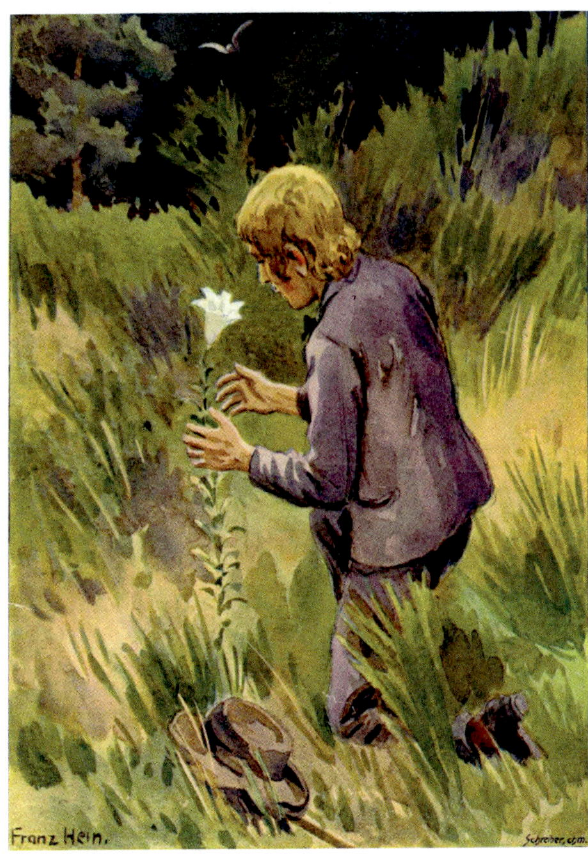


Franz Hein, Die Wunderblume,
*la fleur exceptionnelle*, 14 x 9 cm, Lithographie KKK

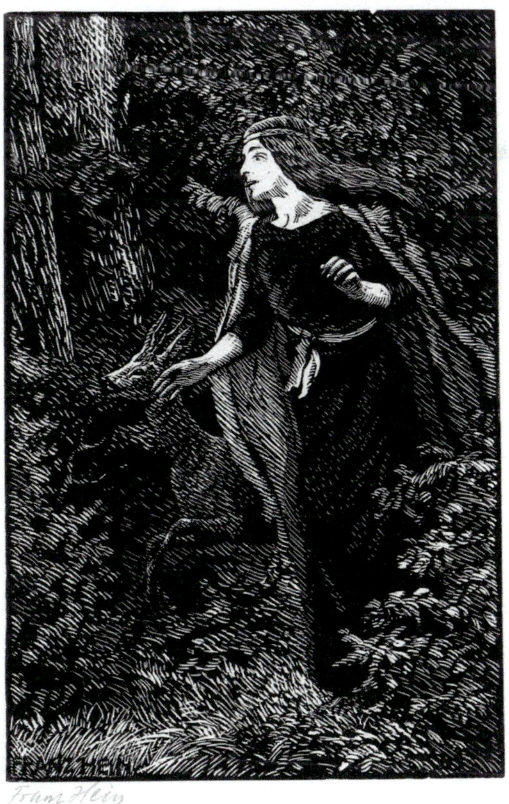


Franz Hein, Auf der Flucht, *la fuite*, Aus der Mappe
Brüderlein und Schwesterlein, 1922, Holzschnitt

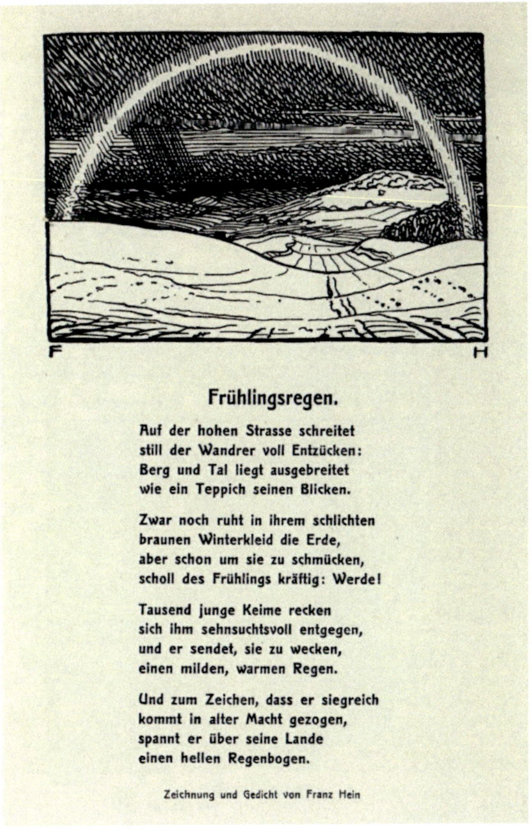

F H

**Frühlingsregen.**

Auf der hohen Strasse schreitet
still der Wandrer voll Entzücken:
Berg und Tal liegt ausgebreitet
wie ein Teppich seinen Blicken.

Zwar noch ruht in ihrem schlichten
braunen Winterkleid die Erde,
aber schon um sie zu schmücken,
scholl des Frühlings kräftig: Werde!

Tausend junge Keime recken
sich ihm sehnsuchtsvoll entgegen,
und er sendet, sie zu wecken,
einen milden, warmen Regen.

Und zum Zeichen, dass er siegreich
kommt in alter Macht gezogen,
spannt er über seine Lande
einen hellen Regenbogen.

Zeichnung und Gedicht von Franz Hein

Franz Hein, der Dichter, *le poête*

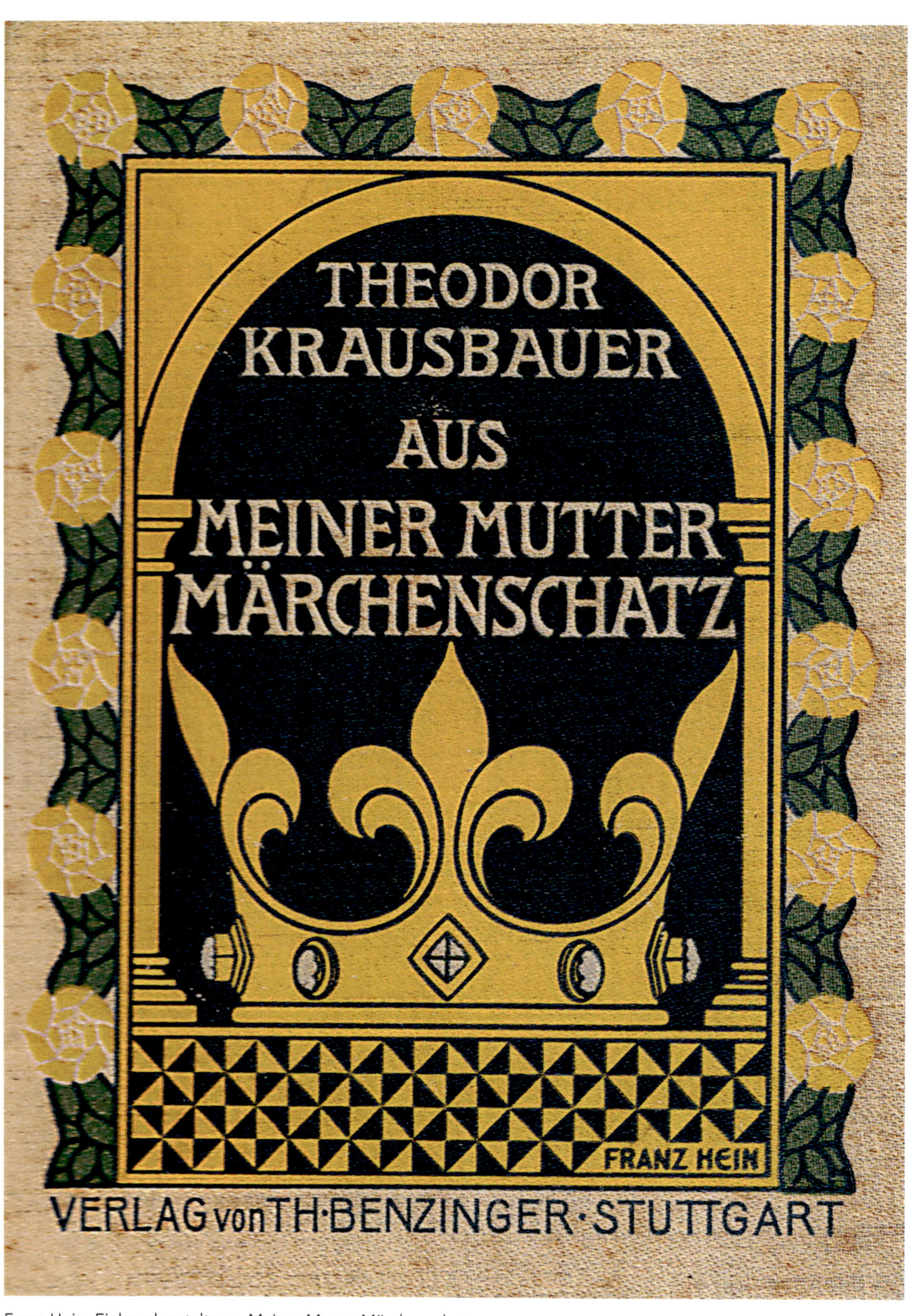


Franz Hein, Einbandgestaltung, Meiner Mutter Märchenschatz,
*couverture du livre de contes*, 1926

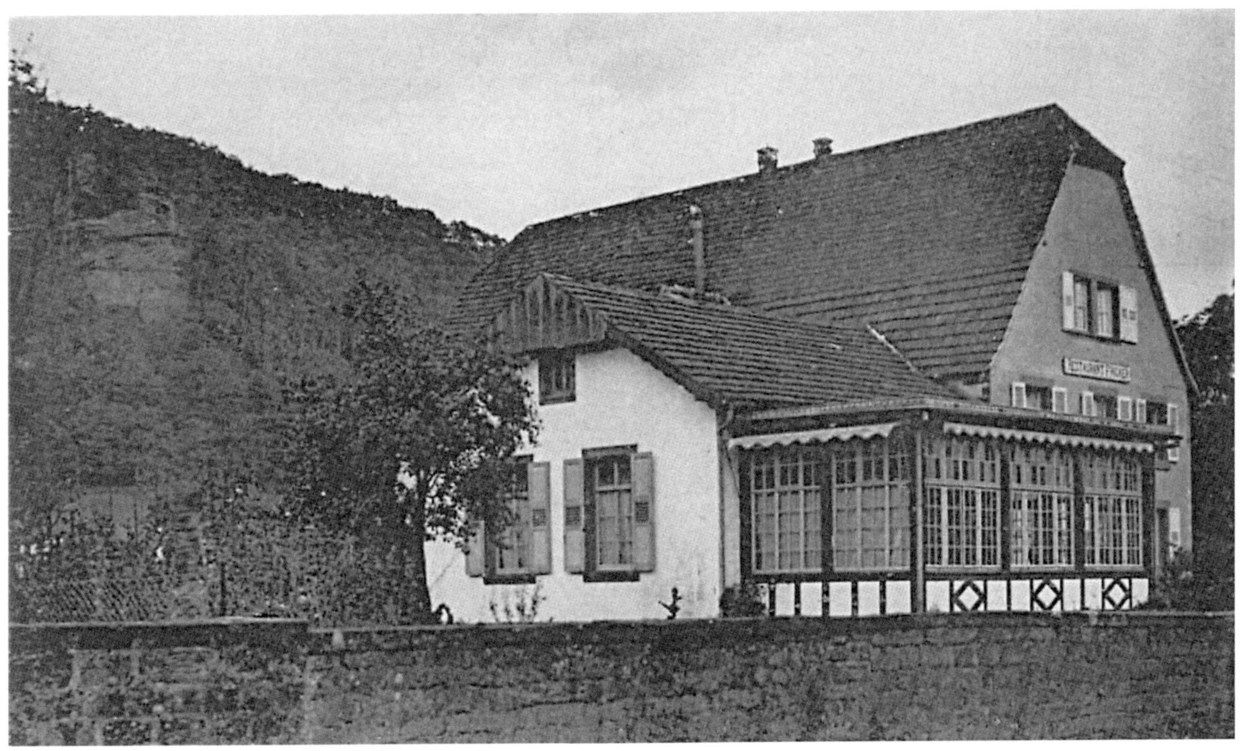

Obersteinbach, Hotel Fricker-Sensfelder

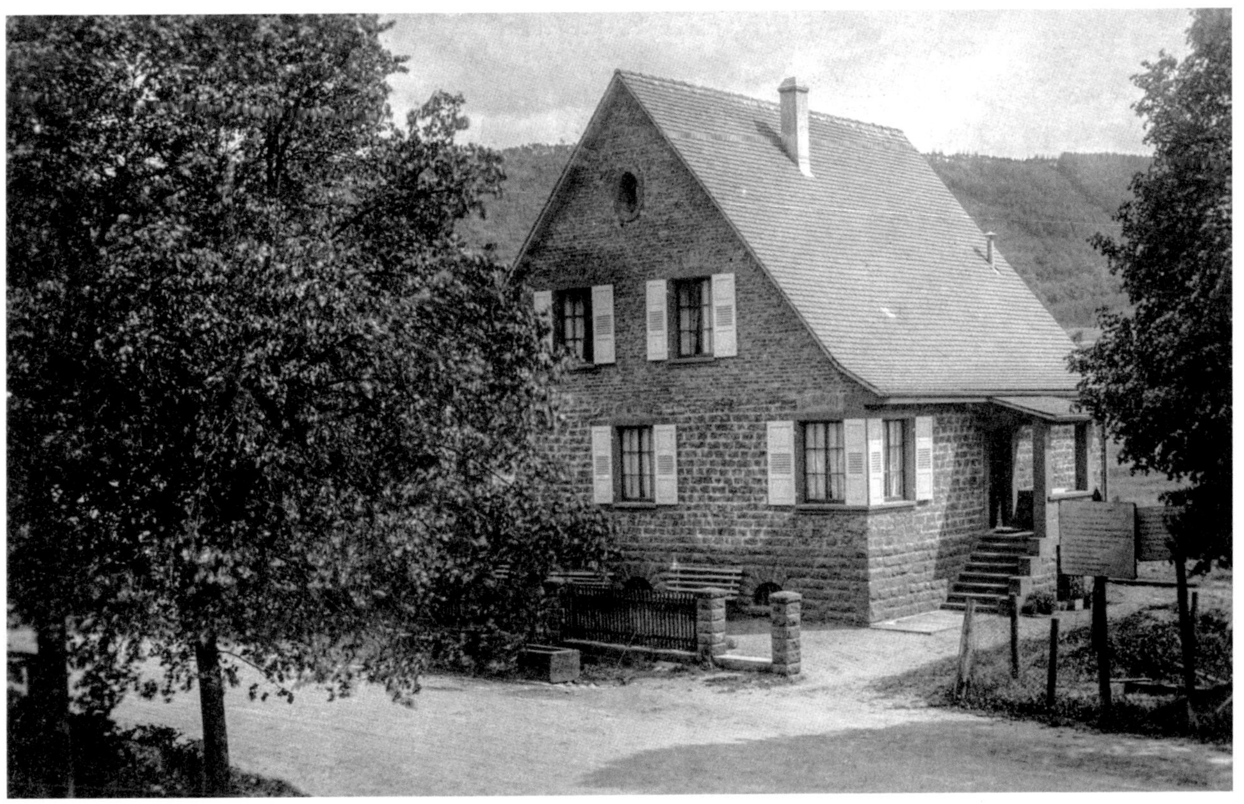

Hier überdauerten Werke der Malerkolonie Obersteinbach,
*ici ont été sauvegardé les oeuvres de la colonie des peintres*

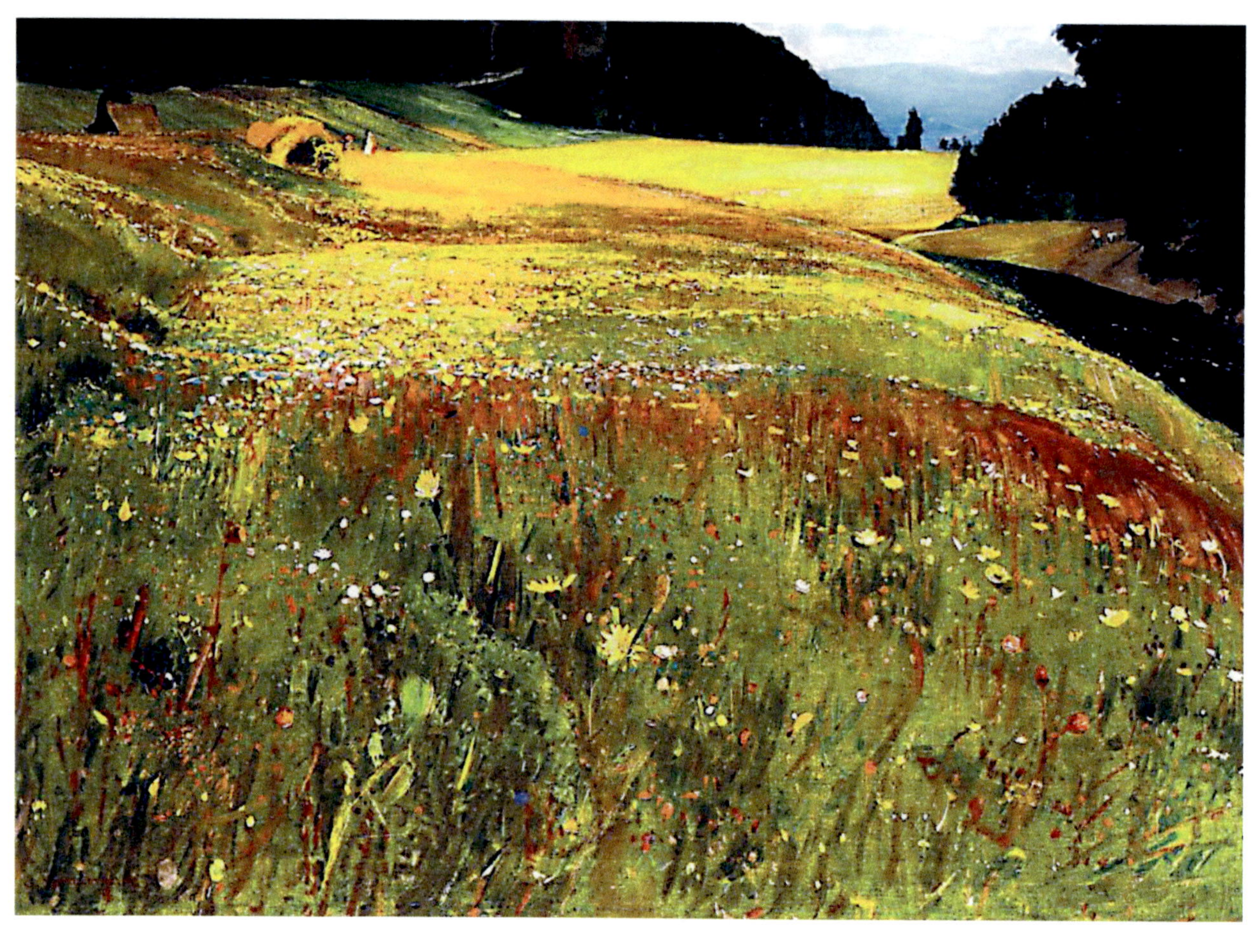

Gustav Kampmann, neben Hein der wichtigste Maler in Obersteinbach, *après Hein le peintre le plus significatif*, Der Frühling, *le printemps* 62 x 86 cm, um 1900, Öl

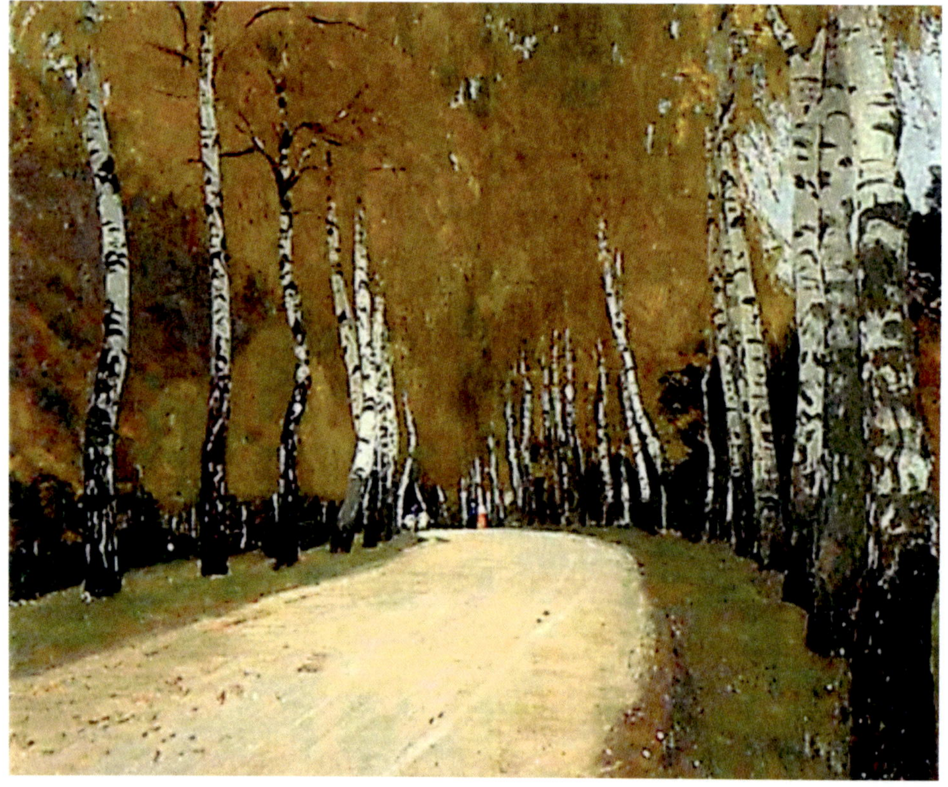

Heins Motiv beim Kollegen Gustav Kampmann, Birkenallee im Herbst, *même motif que Hein, l'allée des bouleaux*, 59 x 68 cm, Öl

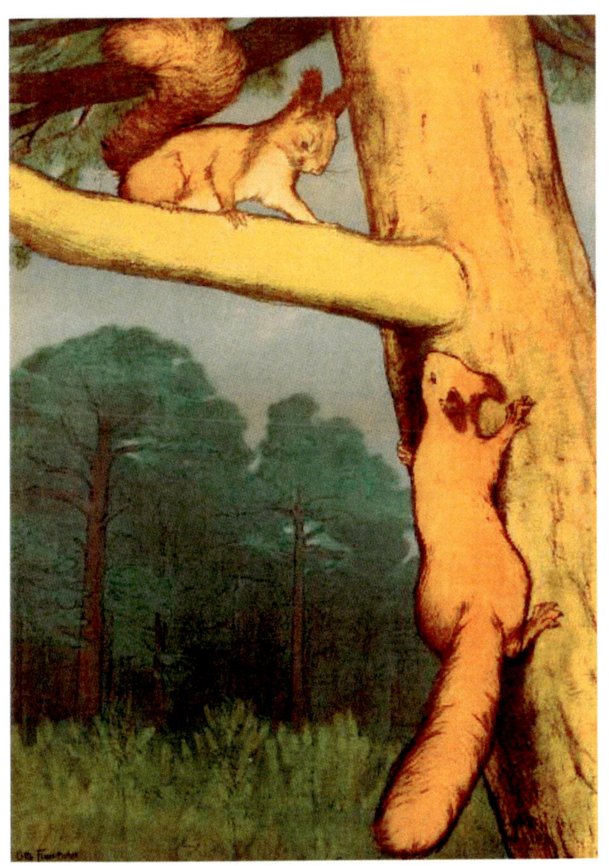

Otto Fikentscher, Eichhörnchen, *l'écureuil*, 14 x 9 cm, Lithographie KKK

Otto Fikentscher, Selbstportrait, *autoportrait*, Beim Lesen, *la lecture*, 50 x 40 cm, Öl

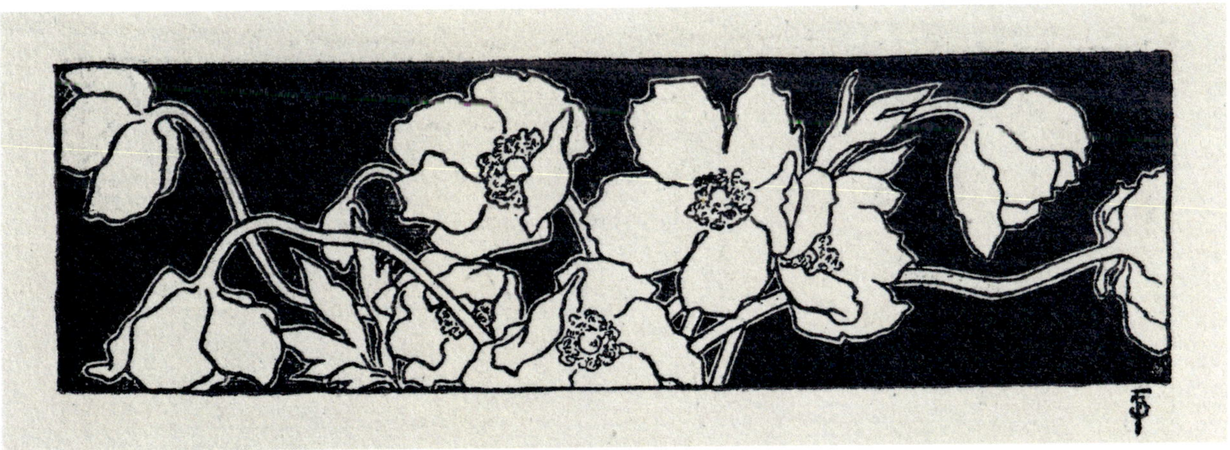

Jenny Fikentscher, Christrosen als Vignette, *roses de noël en vignette*, Lithographie KKK

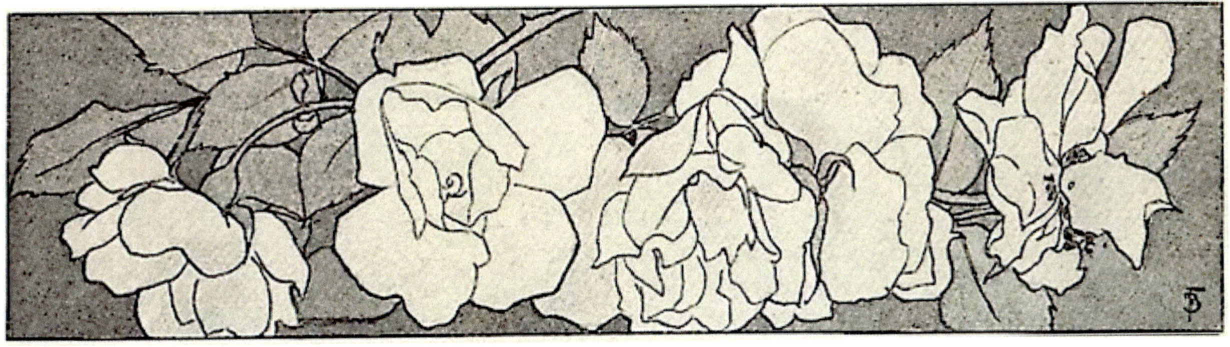

Jenny Fikentscher, Rosen als Vignette, *roses en vignette*, Lithographie KKK

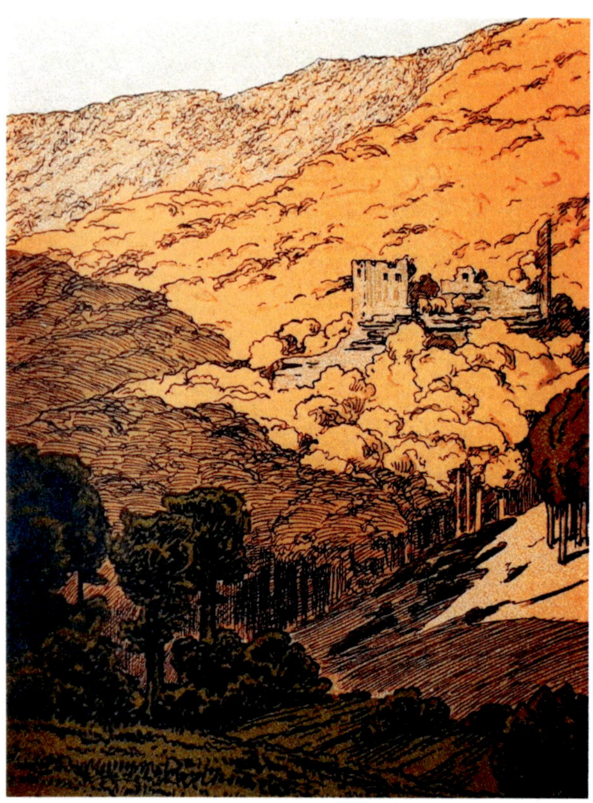

Karl Biese, Der rote Herbst, *l'automne roux*,
(Ruine Wasigenstein), 15,8 x 12,6 cm, 1905, Zinkätzung

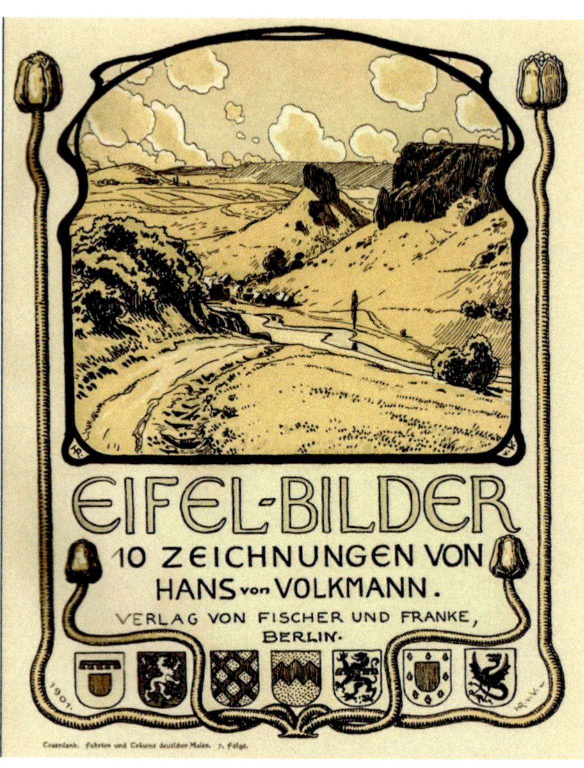


Hans von Volkmann, Titelblatt der Mappe Eifel-Bilder,
*couverture de la collection vues de l'Eifel*,
1901, Lithographie Fischer & Franke

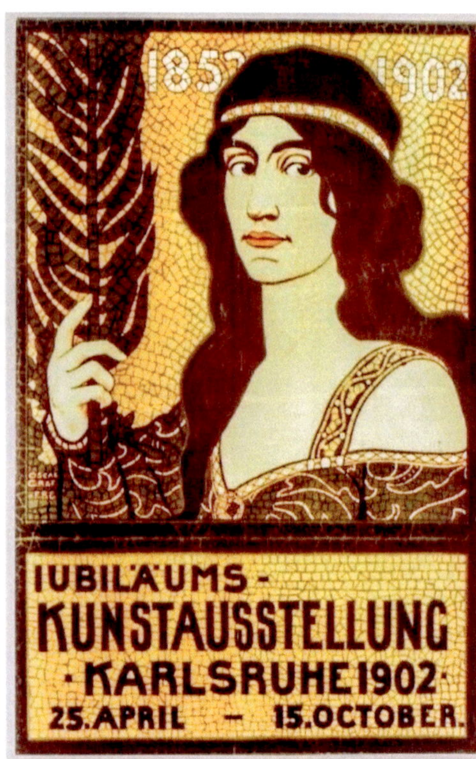


Oskar Graf, Plakat zur Jubiläums-Kunstausstellung zum 50. Regierungsjubiläum Herzog Friedrichs von Baden 1902,
*affiche de l'exposition*, 66 x 42,7 cm, Lithographie KKK

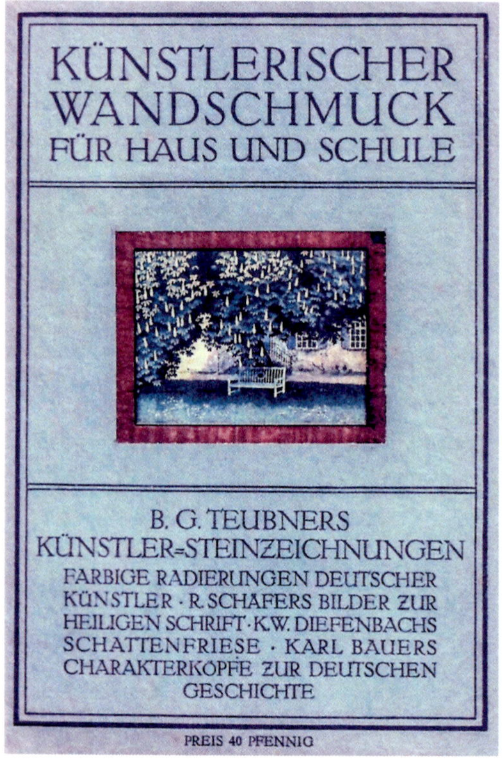


Werbung des Teubner-Verlages um 1910,
*publicité de l'éditeur*

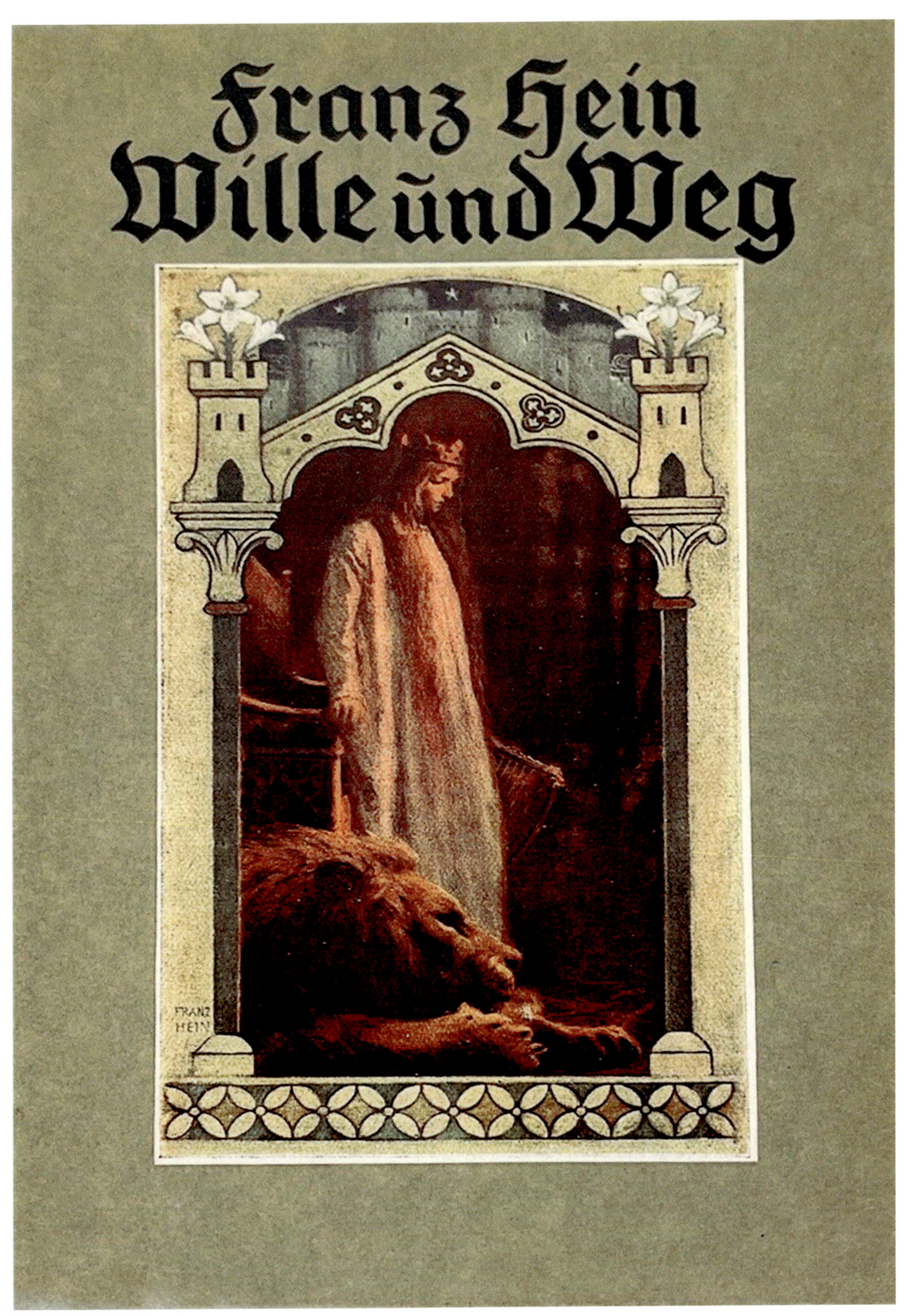


Franz Heins Autobiographie von 1924, Wille und Weg,
auf dem Einband das Märchen von der gefangenen Königstochter

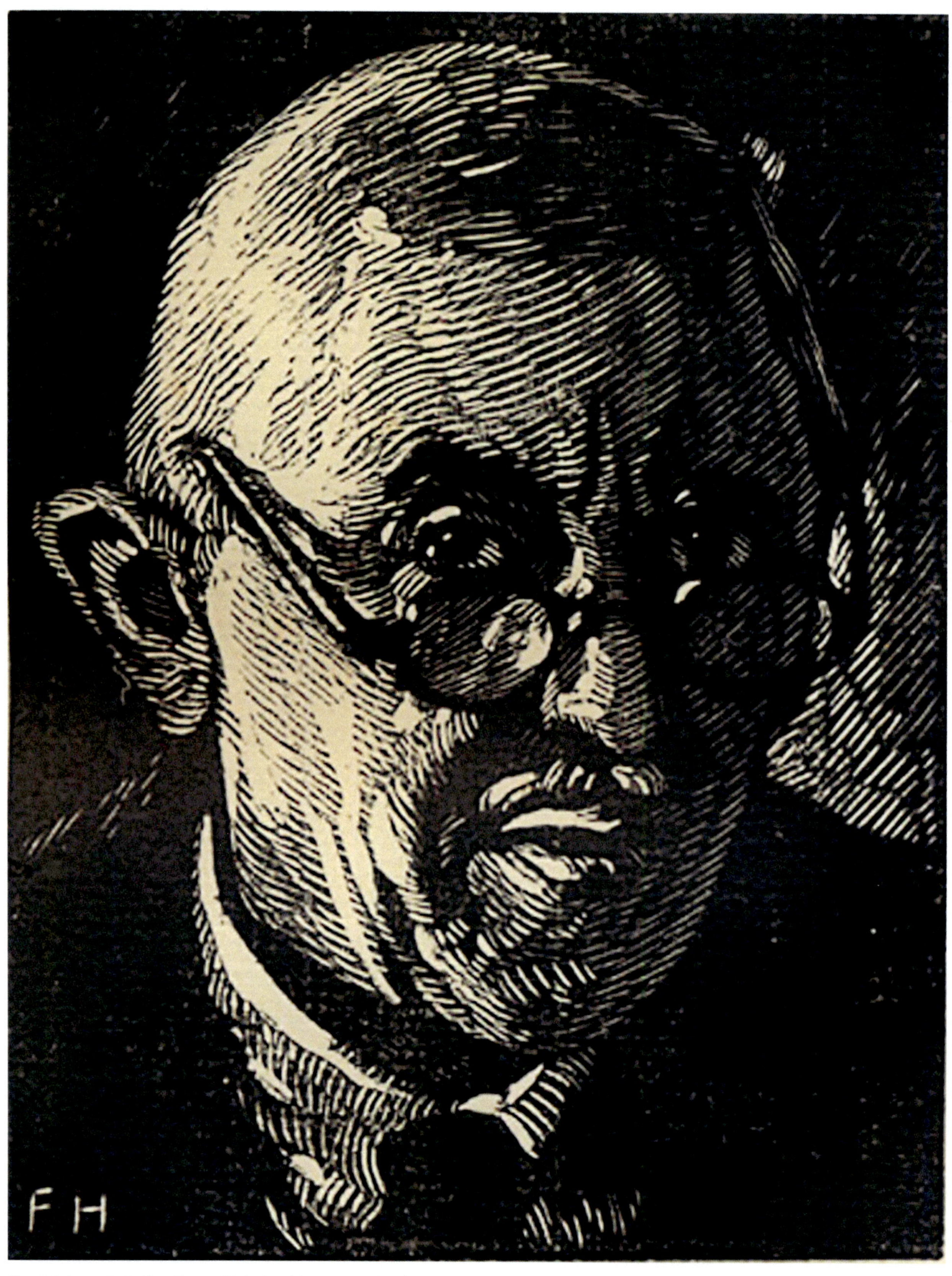


Der Maler mit Brille, Franz Hein im Alter von 60 Jahren,
*à 60 ans*, Holzschnitt 1923

Franz Hein
Leipzig

Autograph Franz Hein

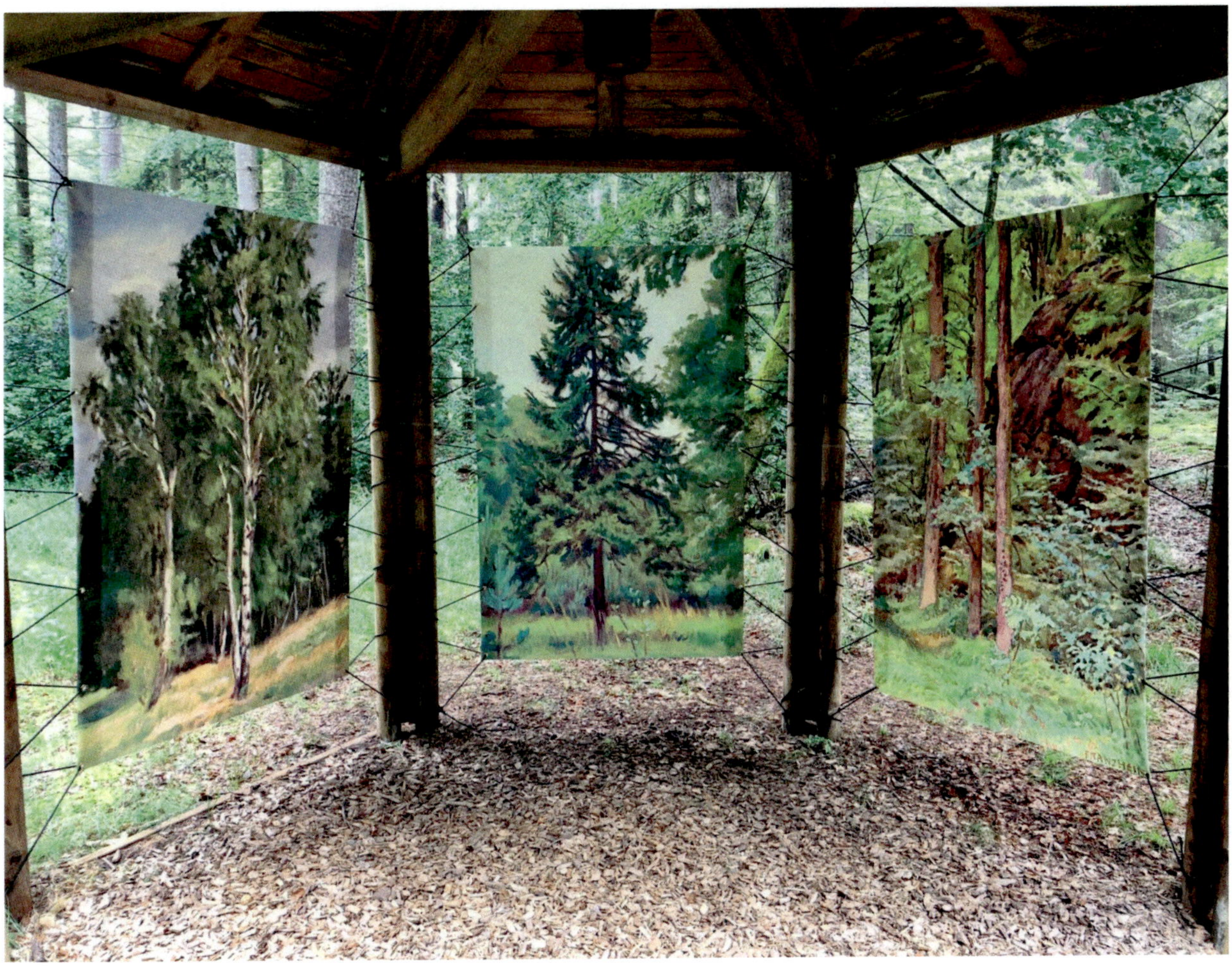

Franz-Hein-Bilder am Radweg Obersteinbach-Ludwigswinkel von 2024

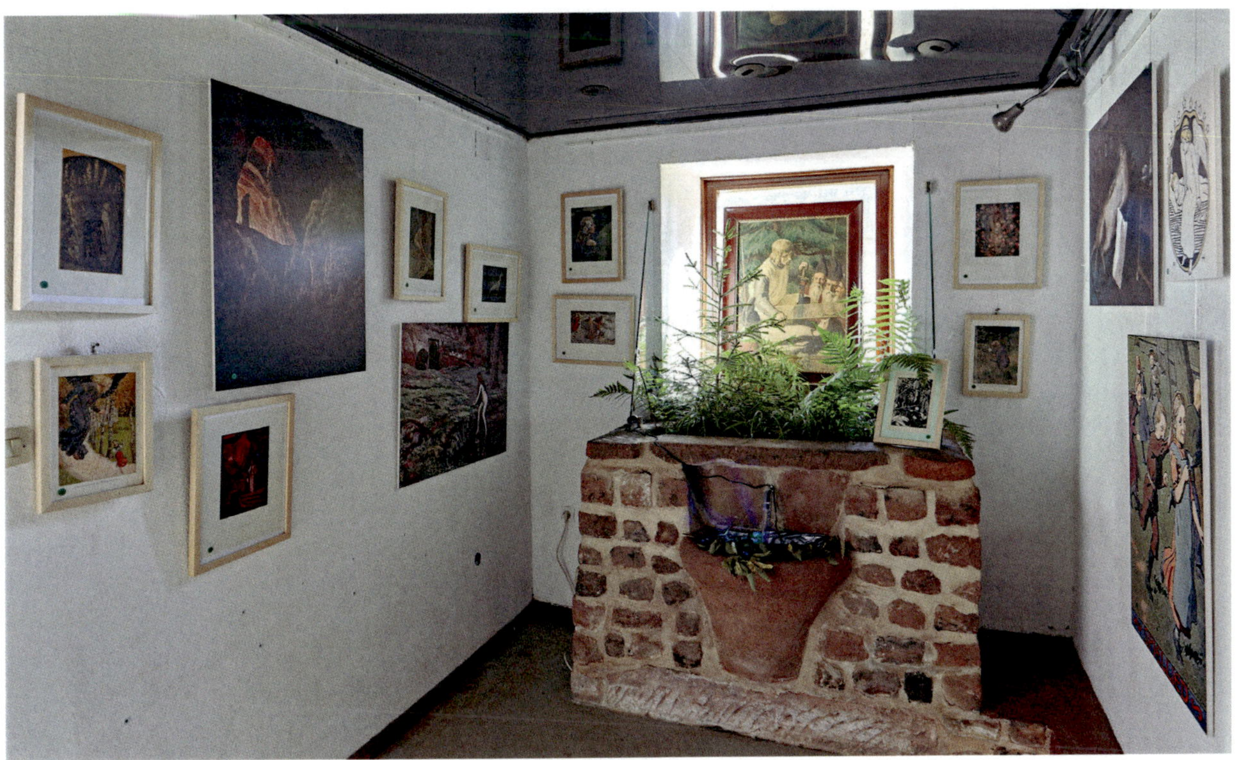

Die Ausstellung der Malerkolonie im Haus der Burgen 2019,
*exposition de la colonie des peintres au maison des châteaux en 2019*

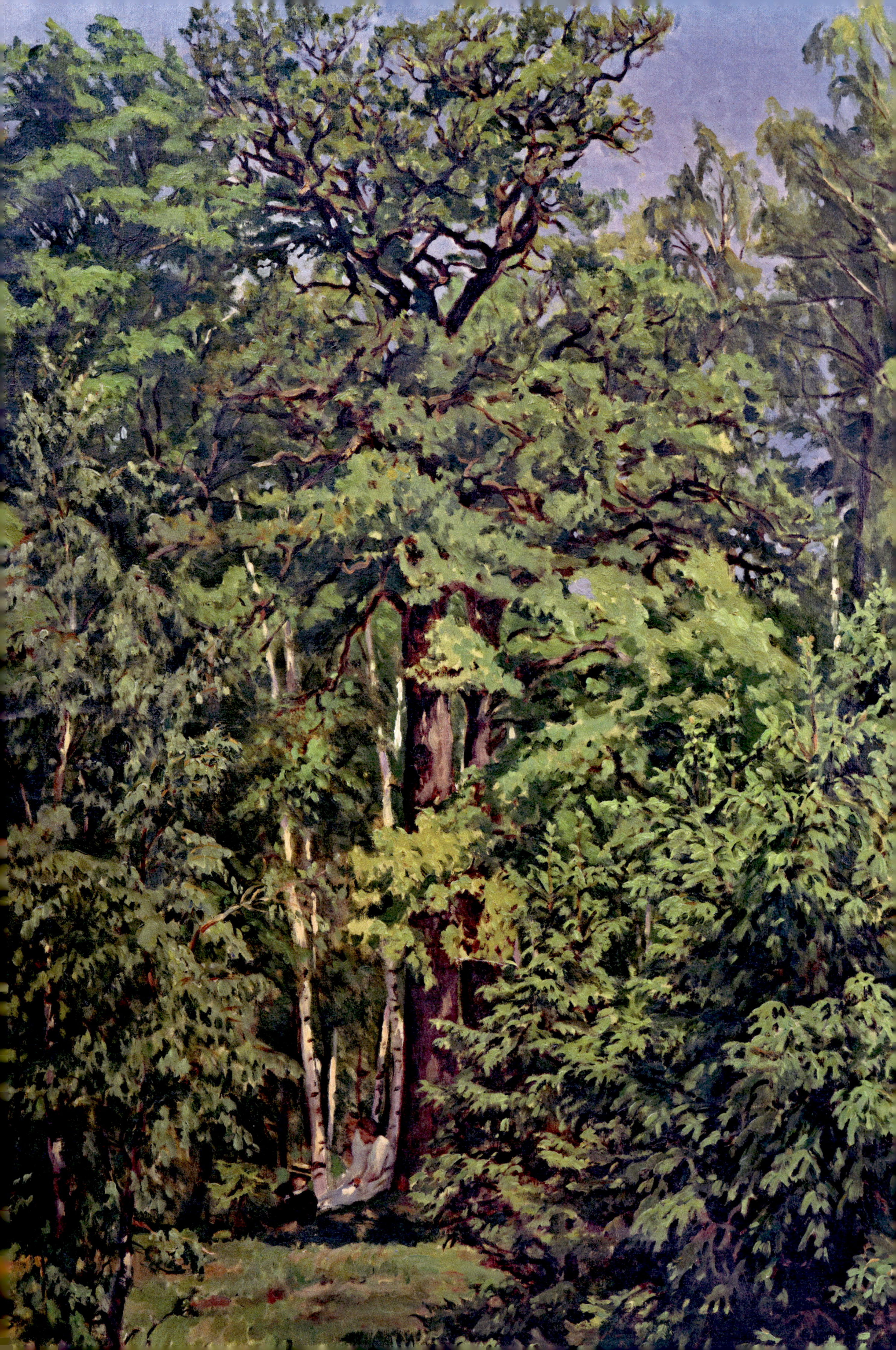

## Franz Hein, der Maler des Waldes

Das Oeuvre des Malers Franz Hein, das seinen Nachlaß ausmacht, liegt mit diesem dritten Band über die Malerkolonie Obersteinbach vollständig vor Augen. Die Erforschung des Themas ist nicht nur ein wichtiger Beitrag zur Präsentation dieser elsässischen Künstlerkolonie in jener Zeit des Kaiserreichs, die für das Land einen großen Modernisierungsschub und eine Selbstvergewisserung der eigenen Kultur und Landesgeschichte darstellt. Zugleich stellt das Werk einen Erkenntnisgewinn zur Entwicklung der Künstlerkolonie in Grötzingen dar, deren Künstler und Künstlerinnen im Wasgenwald viele Anregungen für ihr weiteres Schaffen gefunden haben. Dabei ist festzustellen, daß bisweilen sich sogar die Motive in der Kollegenschaft direkt wiederholen. Kampmanns Farblithographie „Herbstabend“[1] von 1905 wurde auch von Franz Hein ins Bild gesetzt[2], wobei auf seiner Darstellung das Gespann der beiden Kühe am Pflug sichtbar wird. Der von Hein 1918 in der Mappe „Wasgenwald“ geschaffene Holzschnitt „Herbststurm“[3] mit den Bergkuppen der Nordvogesen bei Obersteinbach erinnert stark an das Motiv „Sonnenuntergang“, das Gustav Kampmann bei Teubner als Steindruck veröffentlicht hat[4].

Die Birkenallee bei Niedersteinbach, die Kampmann in Öl gemalt hat[5], kehrt auch bei Hein als Ölbild wieder[6]. Ein Foto aus Heins Album zeigt, wie eng er sich an die tatsächliche Lokalität gehalten hat. Die Birkenallee findet sich auch bei Sabine Hackenschmidt wieder, diesmal als Bleistiftzeichnung[7]. Die Burgruinen, vor allem Wasigenstein, Fleckenstein und Klein-Arnsburg, haben Malern und Malschülerinnen als Motiv gedient. Beson-

1 Band I. S. 118, der zur Hälfte gepflügte Acker hinter dem Gasthaus Fricker-Sensfelder, außerdem in diesem Band S. 111.

2 Abbildung bei Hildegard Heyne: Franz Hein, der Maler des deutschen Märchens, des deutschen Waldes, in: Westermanns Monatshefte 31/1, 1917, S. 409-420, Abb. auf S. 413.

3 Band I, S. 85.

4 Siehe S. 110 In diesem Band.

5 Siehe S 20 in diesem Band.

6 Band I, S. 114 oben.

7 Band I, S. 142..

linke Seite: Franz Hein, Rast im Wald, *pause en forêt*, Sig. FRANZ HEIN, 90 x 70 cm, Öl.

## Franz Hein, le peintre de la forêt

L'œuvre du peintre Franz Hein, qui constitue son héritage, est entièrement sous nos yeux avec ce troisième tome consacré à la colonie de peintres d'Obersteinbach. L'étude du sujet n'est pas seulement une contribution importante à la présentation de cette colonie alsacienne d'artistes à l'époque de l'Empire, qui représente pour le pays un grand élan de modernisation et une affirmation de sa propre culture et de son histoire nationale. En même temps, l'ouvrage constitue un gain de connaissances sur le développement de la colonie d'artistes de Grötzingen, dont les artistes trouvent dans le *Wasgenwald* (Pays de Vasgovie) de nombreuses inspirations pour leurs créations futures. À cet égard, l'on constate parfois une répétition des motifs directement au sein de la communauté de peintres. Ainsi, la lithographie couleur *Herbstabend* (Soirée d'automne)[1] de Kampmann, datant de 1905, est également représentée par Franz Hein[2], l'attelage de la charrue, constitué de deux vaches, étant visible sur sa représentation. La gravure sur bois *Herbststurm* (Tempête d'automne)[3] réalisée par Hein en 1918 dans le carton à dessin *Wasgenwald* et représentant les sommets des Vosges du Nord près d'Obersteinbach rappelle fortement le motif *Sonnenuntergang* (Coucher de soleil) que Gustav Kampmann publie en tant que lithographie chez Teubner[4].

L'allée de bouleaux près de Niedersteinbach, que Kampmann a peinte à l'huile[5], revient également chez Hein sous forme de peinture à l'huile[6]. Une photo de l'album de Hein montre à quel point il s'est tenu à la localité réelle. On retrouve l'allée de bouleaux également chez Sabine Hackenschmidt, cette fois sous forme de dessin au crayon[7]. Les ruines, notamment des châteaux du Wasigenstein, du Fleckenstein et du Petit-Arnsbourg, servent de motif aux peintres et aux femmes élèves de l'école de peinture. Le motif *Mohnfeld* (Champ de coque-

1 Tome I. p. 118 : Champ à moitié labouré derrière l'auberge Fricker-Sensfelder, également dans ce tome p. 111.

2 Illustration chez Hildegard Heyne : *Franz Hein, der Maler des deutschen Märchens, des deutschen Waldes*, dans : Westermanns Monatshefte 31/1, 1917, p. 409-420, fig. p. 413.

3 Tome I, p. 85.

4 Voir p. 110 dans ce tome.

5 Voir p. 20 dans ce tome.

6 Tome I, p. 114 en haut.

7 Tome I, p. 142.

ders auffällig ist das Motiv „Mohnfeld", das nicht nur von Jenny Fikentscher[8], sondern auch von Dora Horn-Zippelius[9], Elise Peppmüller[10] und mehrfach von Claude Monet aufgegriffen wurde. In Künstler- und Schauspielerkreisen waren Rauschmittel in der Zeit des „fin de siècle" manchesmal gebräuchlich. Daß 1920 René Allenbach seine Darstellung des Fleckensteins ganz und gar an Heins „Vogesenlandschaft" von 1909 angelehnt hat, ist keine besondere Leistung[11]. Franz Hein hat seinen eigenständigen Stil, den man bald unter seinen Zeitgenossen sicher herausspürt.

Die Ölmalerei hat in der Sammlung von Franz Heins nachgelassenen Werken den größten Anteil. Das war im Anfang seines Schaffens nicht so gewesen. Diese Veränderung beschreibt er selbst in seinen Lebenserinnerungen S. 270: „Ich hatte den Gegenstand (eine Königskerze) aus dem Garten der Augustenburg geschöpft, dem einzigartigen ... Märchengarten, in welchem ich nicht müde wurde, am Tage seine reiche Blumenwelt und nachts den Mondschein zu studieren. Es ist auf diesem Bilde die erste Königskerze, die ich gemalt habe, die ich überhaupt kennen gelernt und gleich in so märchenhafter Pracht und Größe kennengelernt habe, wie seitdem keine andere. Ich war mit diesen Bildern zur Ölmalerei zurückgekehrt, nachdem ich des Glaubens geworden, mit der mir so vertrauten Wassermalerei an einen Grenzstrich meiner Entwicklung gekommen zu sein. In dieser mutlosen Auffassung hatte mich das freundlich kollegiale Urteil eines Erfolgreichen bestärkt, daß mir vertraulich übermittelt worden war: ‚Wenn der Hein nur sein dummes Aquarellgeschmier lassen wollt'. Fortan malte ich also nur in Öl, ohne aber damit vorerst weder bei mir selbst, noch bei andern, erfolgreicher zu sein. Es folgten die Fleckensteinlandschaft, die Feuerlilien im Garten der Augustenburg, Malven im Bauerngärtlein, die Märchen ‚Bär und Nixe' ... und die lange Reihe der Bilder aus dem Wasgenwald, seitdem ich nach all den Wanderfahrten in Obersteinbach in seinem Kranze von Wäldern und Burgen meine Waldheimat gefunden hatte."

8 Siehe S 101 in diesem Band.

9 Siehe S 144 in diesem Band.

10 Siehe S 132 in diesem Band, außerdem in Band I S. 154..

11 Siehe S. 114 und S. 168 in diesem Band.

licots) est particulièrement frappant : il est repris non seulement par Jenny Fikentscher[8], mais aussi par Dora Horn-Zippelius[9], Elise Peppmüller[10] et à plusieurs reprises par Claude Monet. Dans les cercles d'artistes et d'acteurs, les stupéfiants sont parfois d'usage courant à l'époque de la « fin de siècle ». Le fait qu'en 1920 René Allenbach ait entièrement inspiré sa représentation du Fleckenstein de l'œuvre *Vogesenlandschaft* (Paysage vosgien) de Hein de 1909 n'est pas en soi une performance particulière[11]. Franz Hein a son propre style, que l'on reconnaîtra bientôt parmi ses contemporains.

La peinture à l'huile occupe la plus grande place dans la collection d'œuvres posthumes de Franz Hein. Mais il n'en est pas ainsi au début de son œuvre. Il décrit lui-même ce changement dans ses Mémoires, p. 270 : « J'avais puisé l'objet (une molène) dans le jardin de l'*Augustenburg*, l'unique ... jardin de conte de fées, dans lequel je ne me lassais pas d'étudier le jour son riche monde floral et la nuit le clair de lune. Sur ce tableau, c'est la première molène que j'ai peinte, que j'ai rencontrée et que j'ai tout de suite connue dans sa splendeur et sa grandeur féeriques, comme aucune autre depuis. Avec ces tableaux, j'étais revenu à la peinture à l'huile, après avoir cru être arrivé à un stade limite de mon évolution avec la peinture à l'eau qui m'était si familière. Le jugement amical et collégial d'un peintre à succès, qui m'avait été transmis confidentiellement, m'avait conforté dans cette vision découragée : « Si seulement Hein voulait arrêter ses stupides aquarelles ». Dès lors, je n'ai plus peint qu'à l'huile, mais sans succès, ni à mes yeux, ni aux yeux des autres. Suivirent le paysage du Fleckenstein, les lys orangés dans le jardin de *l'Augustenburg*, les mauves dans le petit jardin paysan, les contes *Bär und Nixe* (Ours et naïade) ... et la longue série de tableaux de la forêt de Vasgovie, depuis qu'après toutes les randonnées, j'avais trouvé à Obersteinbach, dans sa couronne de forêts et de châteaux, la forêt dans laquelle je me sentais chez moi ».

Outre ses nombreuses relations avec des collègues peintres, des mécènes, des personnes intéressées

8 Voir p. 101 dans ce tome.

9 Voir p. 144 dans ce tome.

10 Voir p. 132 dans ce tome, également dans le tome I p. 154.168

11 Voir p. 114 et p. xxx dans ce tome.

Franz Hein war es wichtig, neben seinen vielfältigen Beziehungen zu Malerkollegen, Mäzenen, Kunstinteressierten und der „höheren Gesellschaft“ Kontakte zur örtlichen Bevölkerung zu haben. Beim Entstehen seines Bildes vom Steinbruch in Grünwettersbach notiert er 1885: „Ich ging weiter … und ging in meinen Steinbruch. Auch dort habe ich mit den einfachen Menschen gelebt, nur mit Hemd und Hose bekleidet, in dem heißen Kessel, barfuß unter meiner Staffelei, und mich vollgesogen an den mächtigen Eindrücken.“[12] Gerade diese Kontakte zur arbeitenden Bevölkerung pflegte Hein auch bei seinen Aufenthalten in Obersteinbach und es entstehen Portraits von Landwirten, vom Köhler an seinem Meiler, von den Stukkateuren bei ihren Verputzarbeiten am Giebel der Kirche und vom Schweinehirten, der seine Tiere bei der Eichelmast im Wald hütet.

Noch mehr war ihm aber die Stille beim Malen wichtig, in Wald und Feld, bei den Burgruinen und Wasserläufen, den Bauerngärten und beim Landschaftsmalen. Dabei war das Steinbachtal sein Eldorado. Ein Viertel der Motive in seinem Nachlaß gehört in dieses Kapitel.

Diese hohe Anzahl ist wenigstens teilweise durch den Hinweis zu erklären, daß nach dem Ende der Künstlerkolonie kurz vor dem Schluß des Ersten Weltkrieges die Verbindungen Heins dorthin jäh abbrachen und damit dort auch keine Nachfrage nach seinen Werken bestand. Außerdem sind damit für den Meister und seine Familie sehr viele schöne Erinnerungen an Urlaubstage, gute Begegnungen und Gespräche verbunden.

Gewiß, die beiden Fotoalben erneuerten diese Erinnerungen beim Betrachten auch, aber die Qualität der Amateurfotos war recht bescheiden. Sie konnten bei Band II über die Malerkolonie von 2021 nur verwendet werden, nachdem sie durch den Fotospezialisten Richard Menzel am PC nachbearbeitet worden sind. Auch wenn die Malerkolonie Obersteinbach im Sommer 1918 angesichts der Niederlage Deutschlands im Ersten Weltkrieg ihre Tätigkeit einstellte, hat die künstlerische Welt, gerade auch im Elsass, Franz Hein und seine Tätigkeit in den Nordvogesen bei seinem Tod 1927 ausführlich gewürdigt:

12 Wille und Weg, Leipzig 1924, S. 148f.

par l’art et la « haute société », Franz Hein tient à avoir des contacts avec la population locale. Lors de la réalisation de son tableau de la carrière de Grünwettersbach, il note en 1885 : « J’ai continué mon chemin ... et suis allé dans ma carrière. Là aussi, j’ai vécu avec des gens simples, vêtus seulement d’une chemise et d’un pantalon, dans le chaudron brûlant, pieds nus sous mon chevalet, et je me suis imprégné des impressions fortes »[12]. C’est justement ce contact avec la population laborieuse que Hein cultive également lors de ses séjours à Obersteinbach, et il en résulte des portraits d’agriculteurs, du charbonnier à sa meule, des stucateurs lors de leurs travaux de crépissage sur le pignon de l’église et du porcher gardant ses animaux lors de la glandée dans la forêt. Mais pour lui, lorsqu’il peint dans les bois et les champs, les ruines de châteaux et les cours d’eau, les jardins de ferme et les paysages, la chose la plus importante est le silence. La vallée du Steinbach est son eldorado. Un quart des motifs de son œuvre relève de ce chapitre.

Ce nombre élevé s’explique au moins en partie par le fait qu’après la fin de la colonie d’artistes, peu avant la fin de la Première Guerre mondiale, les liens de Hein avec cette colonie sont brusquement rompus et qu’il n’y a par conséquent pas de demande pour ses œuvres. De plus, pour le maître et sa famille, cela représente de très bons souvenirs de vacances, de bonnes rencontres et de discussions.

Les deux albums photo font certes remonter ces souvenirs en les regardant, mais la qualité des photos d’amateurs est assez modeste. Elles n’ont pu être utilisées dans le tome II sur la colonie de peintres de 2021 qu’après avoir été retravaillées sur ordinateur par le spécialiste de la photographie Richard Menzel. Même si la colonie de peintres d’Obersteinbach cesse ses activités en été 1918 face à la défaite de l’Allemagne lors de la Première Guerre mondiale, le monde artistique, notamment en Alsace, rend un hommage appuyé à Franz Hein et à son activité dans les Vosges du Nord à sa mort en 1927 :

12 « *Wille und Weg* », Leipzig 1924, p. 148 suivante.

## Nachruf auf Franz Hein

In der Zeitschrift „Der Türmer. Deutsche Monatshefte" heißt es im Jahrgang 1928 auf S. 296 f. in einem Nachruf auf Franz Hein:

„Franz Hein † . Kürzlich ist in Leipzig der Kunstmaler und Schriftsteller Franz Hein nach schwerem Leiden verstorben. Weite Strecken des harten Weges lagen doch auch in lichtem Sonnenschein und wurden von fröhlichem Lachen belebt. – Solche Worte sandte einst der verstorbene Franz Hein, Künstler und Romantiker, seinem Werke „Wille und Weg", Lebenserinnerungen eines deutschen Malers, voraus (Bei F. Koehler, Leipzig 1924). Das Elternhaus stand an der Niederelbe; seine Vorfahren waren altes Bauerngeschlecht der Wilstermarsch, das sich sechs Jahrhunderte zurückverfolgen läßt. Der Vater Shipshandler, der den Seeleuten Waren verkauft; die Mutter Friesländerin; im Hause hörte man Erzählungen norwegischer Kapitäne und Grönlandfahrer, dann wird das Geschäft des Vaters Opfer von Hochwasser und der Folgen des Siebziger Kriegs. In der Schule zweck- und sinnloser Zeichenunterricht; das Wort ‚Kunst' gab es nicht zu hören. Aber in dem nahen Hamburg war die Leihbücherei und in der Schule Kameraden von Witz und Idealen; dann gab es Ferienerlebnisse, und aus dem Papierladen brachte die Mutter Münchener Bilderbogen. Endlich Lehrzeit beim Theatermaler, Mitarbeit beim Entwurf von Dekorationen; von da an Gewerbeschule und – schließlich – die Kunstschule in Karlsruhe, Landschaftsklasse, bei Ferdinand Keller statt. Dazwischen dichterisches Schaffen und das Elsaß, Vogesenwanderungen!
‚So viel hatte mir der erste Blick in das Elsaß gegeben, daß ich weiter darin zu forschen beschloß. Wasgenwald, das war für uns schon ein Sagen und Wunder verheißender Klang, ehe wir uns etwas Wirkliches darunter vorstellen konnten. Nun fanden wir mit einem Schlage alles bestätigt, als sich uns bei der Tannenbrücke – im Sauertal des Unterelsaß – wie ein edles Bühnenbild die einzigartige Landschaft des Fleckensteins auftat.' Noch wartete ein anderes hohes Wallfahrtsziel: das Herz des Wasgenwaldes, der Wasigenstein, an dessen Fuß der Held Walthari, begleitet von Hillgunt, mit den Burgunden gekämpft hat.
Solche Vision war im Jahre 1895. Dann ist in dieser

## Notice nécrologique de Franz Hein

Dans la revue *Der Türmer. Deutsche Monatshefte*, on peut lire dans l'année 1928, p. 296 et suiv., dans une notice nécrologique de Franz Hein :

« Franz Hein † . L'artiste-peintre et écrivain Franz Hein est décédé récemment à Leipzig des suites d'une grave maladie. De longs tronçons du dur chemin étaient pourtant éclairés par un soleil lumineux et étaient animés par des rires joyeux ». – C'est en ces termes que le regretté Franz Hein, artiste et romantique, a fait précéder son ouvrage «Wille und Weg», Mémoires d'un peintre allemand (chez F. Koehler, Leipzig 1924). La maison de ses parents se trouve au bord de la Niederelbe ; ses ancêtres sont de vieux paysans du *Wilstermarsch* (Marais de l'Elbe), dont on peut retracer les origines depuis six siècles. Le père est « *shipchandler* » et vend des marchandises aux marins ; la mère est frisonne ; à la maison, on entend des récits de capitaines norvégiens et de navigateurs du Groenland, puis l'entreprise du père est victime des inondations et des conséquences de la guerre de 1870. À l'école, des cours de dessin sans but et sans intérêt ; on n'entend pas le mot « art ». Mais dans la ville voisine de Hambourg, il y a une bibliothèque de prêt et, à l'école, des camarades d'esprit et d'idéal : puis il y a eu des expériences de vacances, et la mère rapporte de la papeterie le magazine « Münchener Bilderbogen ». Enfin, apprentissage chez un peintre de théâtre, collaboration à la conception de décors ; à partir de là, école des arts et métiers et – finalement – école des beaux-arts à Karlsruhe, classe de paysages, chez Ferdinand Keller ! Entre les deux périodes, création poétique et l'Alsace, randonnées dans les Vosges !
« Ce premier regard sur l'Alsace m'avait donné tant de choses que je décidai de continuer à l'explorer. Rien que le nom de *Wasgenwald* (Pays de Vasgovie) était déjà pour nous une sonorité prometteuse de légendes et de merveilles, avant que nous puissions nous en faire une idée réelle. Nous trouvions d'un seul coup la confirmation de tout cela, lorsque le paysage unique du Fleckenstein s'ouvrait à nous près de la Tannenbrücke – dans la vallée de la Sauer en Basse-Alsace – tel un noble décor de théâtre ». Un autre haut lieu de pèlerinage nous attend encore : le cœur du *Wasgenwald*,

Burgenlandschaft und Sagenwelt des Wasgaus das Dorf Obersteinbach zweite Heimat des Künstlers geworden, wo der nunmehrige Professor Franz Hein während achtzehn Herbsten eine Malerschule geleitet hat. Hein hat diese Landschaft, wo die Sonne über dem breiten Tal die roten Felshänge und Burgen auf dem Grund des dunklen Tannen- und Kiefernwaldes erglühen läßt, mit dem Auge des Künstlers entdeckt. Ein anderer, der altelsässische Dichter Carl Gruber, hat dies Zauberland in dem 1909 (bei Ludolf Beust, Straßburg, jetzt Leipzig) erschienenen Band ‚Wasgauherbst' in poesiereicher Sprache geschildert. Wir heben aus den Heinschen ‚Bildern aus dem Elsaß' hervor den monumental wirkenden ‚Fleckenstein', ‚Walddorf im Wasgenwald', ‚Das Gespann', wovon sich Reproduktionen in ‚Wille und Weg' finden; aus dem Oberelsaß die ‚Drei Exen' und ferner die in einer Mappe ‚Wasgenwald' vereinigten kraft- und ausdrucksvollen Holzschnitte.

Hein war im Elsaß wie zuhause und ist als verständnisvoller Freund des Landes dort allgemein bekannt und als Künstler verehrt worden. Über seine elsässischen Wanderungen spricht er stimmungsvoll in dem von seinen Wasgaubildern begleiteten Schlußkapitel von ‚Wille und Weg'. Die Bilder sind das schönste und wertvollste Denkmal, das ein deutscher Maler dieser Landschaft geschaffen hat; eine größere Zahl war im vorigen Sommer auf der Ausstellung zu sehen, die das in Frankfurt a. M. im Anschluß an die Universität begründete Elsaß-Lothringen-Institut in Pflege der geistigen und künstlerischen Erinnerungen an das Grenzland gelegentlich seiner Mitgliedertagung veranstaltet hat. Die Öl- und Aquarellbilder, daneben zahlreiche Schwarz-Weiß-Blätter, gehören zum Besten, was liebe- und verständnisvolle Kunst in vergangener deutscher Zeit geschaffen hat, des Landes, von dem Hein in der Herbstdämmerung des Wasgensteintales einst sang:

Nur Nebel schweben auf den stillen Weiten
In weißer Nebel wallendem Gewand,
Und längstversunkne Märchenherrlichkeiten
Durchglühen dich, verzaubert Land.

Franz Hein war Mitbegründer des Karlsruher Künstlerbundes und dessen Vorsitzender in den Jahren 1899 bis 1902. Seit 1906 wirkte er als Professor an der Akademie für graphische Küns-

le Wasigenstein, au pied duquel le héros Walthari, accompagné de Hillgunt, a combattu les Burgondes.

Une telle vision apparaît en 1895. Dans ce paysage de châteaux et de légendes du *Wasgau* (Vasgovie), le village d'Obersteinbach devient la seconde patrie de l'artiste, où l'actuel professeur Franz Hein dirige une école de peinture pendant dix-huit saisons. Hein découvre avec l'œil de l'artiste ce paysage où le soleil fait flamboyer au-dessus de la vallée large les pentes rocheuses rouges et les châteaux forts sur le fond des sombres forêts de sapins et de pins. Carl Gruber, un poète alsacien, décrit ce pays magique dans une langue riche en poésie dans le volume *Wasgauherbst* (L'automne en Vasgovie), paru en 1909 (chez Ludolf Beust à Strasbourg, aujourd'hui à Leipzig). Parmi les « images d'Alsace » de Hein, nous relevons le Fleckenstein, d'un effet monumental, *Walddorf im Wasgenwald*, *Das Gespann* (L'attelage), dont on trouve des reproductions dans *Wille und Weg* ; de la Haute-Alsace, les *Drei Exen* (Les Trois Châteaux d'Eguisheim) et, en outre, les gravures sur bois expressives et puissantes, réunies dans un carton à dessin *Wasgenwald*.

Hein est comme chez lui en Alsace et, en tant qu'ami bienveillant du pays, il y est connu de tous et vénéré comme artiste. Il parle de ses randonnées alsaciennes de manière évocatrice dans le chapitre final de *Wille und Weg*, accompagné de ses œuvres du Wasgau. Ces œuvres sont le plus beau et le plus précieux monument qu'un peintre allemand ait créé pour ce paysage ; un grand nombre d'entre elles ont été présentées l'été dernier à l'occasion de l'exposition organisée par l'Institut d'Alsace-Lorraine, fondé à Francfort-sur-le-Main après la création de l'Université, pour entretenir les souvenirs spirituels et artistiques de la région frontalière. Les peintures à l'huile et les aquarelles, ainsi que de nombreuses feuilles en noir et blanc, font partie des meilleures créations artistiques réalisées avec amour et compréhension dans le passé allemand, le pays que Hein chantait autrefois dans le crépuscule automnal de la vallée du Wasigenstein :

*Nur Nebel schweben auf den stillen Weiten*
*In weißer Nebel wallendem Gewand,*
*Und längstversunkne Märchenherrlichkeiten*
*Durchglühen dich, verzaubert Land.*

te und Buchgewerbe in Leipzig. Als Künstler ist er immer Romantiker gewesen; auch aus seinen Landschaften lugt heimlich das Märchen, und zwischen der Arbeit mit der Palette schrieb er die dramatischen Märchenspiele ‚Schneewittchen', ‚Scheherazade' und ‚Die Nixe', ferner die Balladen und Romanzen, die seine Dichtung formte. So war es verständlich, daß ihn das Märchen- und Sagenland des Elsaß in seinen Bann zog, an das ihn bis zu seinem allzu frühen Tode, wie so viele aufrichtige und schöpferische Freunde des umstrittenen Grenzlandes, nur noch die Erinnerung band."

Adrian Mayer

« Franz Hein est l'un des cofondateurs de l'Association des artistes de Karlsruhe, dont il est le président de 1899 à 1902. À partir de 1906, il est professeur à l'Académie des arts graphiques et des métiers du livre de Leipzig. En tant qu'artiste, il a toujours été romantique ; le conte de fées transparaît également dans ses paysages et, entre deux travaux avec la palette, il écrit les contes de fées dramatiques « Blanche-Neige », « Shéhérazade » et « La Naïade », ainsi que les ballades et les romances qui forment sa poésie. Il est donc compréhensible qu'il ait été attiré par le pays des contes et des légendes d'Alsace, auquel seul le souvenir le lie jusqu'à sa mort trop précoce, comme tant d'amis sincères et créatifs de ce pays frontalier contesté ».

Adrian Mayer

Theodor Knorr erwähnt in seinem Aufsatz „Die elsässische Landschaftsmalerei von 1871 bis 1918" auch Franz Hein: „Der lange Zeit in Karlsruhe tätige, seit 1905 als Professor in Leipzig wirkende Franz Hein kam jahrelang im Herbst nach Obersteinbach, malte dort selbst und versammelte einen kleinen Kreis von Schülerinnen aus dem Elsaß, so die Damen de Dietrich, Sabine Hackenschmidt und Anna Winnecke (nachmals verehelichte Engelhorn). Andere Künstler, wie H. von Volkmann und G. Kampmann, kamen aus dem benachbarten Karlsruhe besuchsweise gleichfalls dorthin, eine Huldigung, die der elsässischen Landschaft als solcher galt."[13]

In dem französischen Reiseführer von Pierre Sixemonts aus dem Jahr 1913 mit dem Titel Les Vosges Lorraine-Alsace heißt es auf S. 363: „Obersteinbach (hot. Sensfelder-Fricker), sur le Steinbach, v. fréquenté en été par les peintres allemands. Un sentier monte d'Obersteinbach aux (30 min.) belles ruine du château de Wasigenstein (496 m.)". In der Neuauflage des Buches von 1922, herausgegeben von Marcel Monmarché, heißt es auf S. 319: „village pittoresquement situé, et très fréquenté en été par des peintres".

Theodor Knorr mentionne également Franz Hein dans son article *Die elsässische Landschaftsmalerei von 1871 bis 1918* (La peinture de paysage alsacienne de 1871 à 1918) : « Franz Hein, qui a longtemps travaillé à Karlsruhe et qui est professeur à Leipzig depuis 1905, est venu pendant des années à Obersteinbach en automne, y a peint lui-même et a réuni un petit cercle d'élèves alsaciennes, comme Mesdames de Dietrich, Sabine Hackenschmidt et Anna Winnecke (mariée par la suite à Engelhorn). D'autres artistes, comme H. von Volkmann et G. Kampmann, venaient également en visite de la ville voisine de Karlsruhe, un hommage rendu au paysage alsacien en tant que tel ».[13]

Dans le guide touristique français de Pierre Sixemonts de 1913 intitulé *Les Vosges Lorraine-Alsace*, on peut lire à la p. 363 : « Obersteinbach (auberge Sensfelder-Fricker), sur le Steinbach, village fréquenté en été par les peintres allemands. Un sentier (30 minutes) monte d'Obersteinbach aux belles ruines du château de Wasigenstein (496 mètres) ». Dans la réédition de 1922, éditée par Marcel Monmarché, on peut lire à la p. 319 : « village pittoresquement situé et très fréquenté en été par des peintres ».

13 In: Elsass-Lothringisches Jahrbuch 12, 1933, S. 271 ff., Zitat von S. 294.

13 Dans : Elsass-Lothringisches Jahrbuch 12, 1933, p. 271 et suiv., citation de la p. 294.

Das Elsass und insbesondere Obersteinbach haben dem Maler Franz Hein ein treues Andenken bewahrt. Zu seinem Tod 1927 erschein in der Tageszeitung „Der Elsässer" aus der Feder des Obersteinbacher Lehrersohns Ernest Braun folgender Nachruf[14]:

L'Alsace et Obersteinbach en particulier gardent un souvenir fidèle du peintre Franz Hein. À l'occasion de son décès en 1927, la nécrologie suivante est publiée dans le quotidien *Der Elsässer* (« L'Alsacien ») sous la plume d'Ernest Braun, fils d'instituteur d'Obersteinbach[14] :

## Franz Hein. Dem Maler der Nordvogesen

Die Kunde vom Ableben von Franz Hein trifft ins Elsass und trifft es. Alljährlich, wenn das Herbstlaub anfing sich zu färben, wußte man in dem weltabgeschiedenen Vogesendörfchen Obersteinbach: Nun ist Professor Hein nicht mehr weit. Man wartete auf ihn, wenn er fällig war und einmal ein paar Tage später eintraf als gewohnt, mit dem leisen Gefühl, daß ohne ihn im September hier etwas fehlen würde. Ganz ausgeblieben ist er von 1900 ab bis zum Ausbruch des Weltkriegs, also in 18 langen Jahren, kaum mehr als ein- oder zweimal: Da sandte er uns Bilder von der See. Zuerst kam er von dem nahen Karlsruhe herüber und belebte mit seiner Malerkolonie das damals noch so stille Dorf, später von Leipzig, wohin er als Akademieprofessor übersiedelte. Ganz zufällig, nicht etwa auf literarischem Wege kam er, der ja auch ein feiner Literaturkenner war, dahin, weder durch Scheffels Wasgenstein, noch durch Mehlis' Maimont, hergeführt. Er kam über Weissenburg, das Städtchen, das ihm immer als Ideal zur Illustrierung eines mittelalterlichen Romans vorgeschwebt, fand das idyllische Gasthaus, dessen Wände nun so viele seiner Bilder schmücken, und der Ort liess ihn nicht mehr, dessen Entdecker er wurde. Achtzehn Herbste malte er hier, und wir lernten von ihm die Heimat sehn.

Morgens zog er hinaus. Dann stand er, die Palette in der Rechten, den Pinsel in der linken (denn er malte mit der linken Hand), die Zigarre im Mundwinkel, und, wenn's zu regennass war, ein Brettchen unter den Füssen, um sich vom Boden her gegen Erkältung zu schützen. Traf man ihn am Abend sonst an einem Platze wieder, so hing die Zigarre noch ebenso melancholisch im selben Mundwinkel wie am Morgen, so dass man

## Franz Hein. Le peintre des Vosges du Nord

La nouvelle du décès de Franz Hein parvient à l'Alsace et la touche. Chaque année, lorsque les feuilles d'automne commencent à se colorer, on sait dans le petit village vosgien d'Obersteinbach, à l'écart du monde, que le professeur Hein n'est plus très loin. On l'attend lorsqu'il doit arriver quelques jours plus tard que d'habitude, avec le sentiment discret que sans lui, il manquerait quelque chose ici en septembre. De 1900 jusqu'à la fin de la guerre mondiale, c'est-à-dire pendant 18 longues années, il ne s'absente pas plus d'une ou deux fois : il nous envoie alors des images de la mer. Il vient d'abord de la ville voisine de Karlsruhe et anime avec sa colonie de peintres le village encore si calme à l'époque, puis il vient de Leipzig, où il s'installe comme professeur d'académie. Lui qui est pourtant un fin connaisseur de littérature, ce n'est pas par le chemin littéraire mais tout à fait par hasard qu'il est arrivé là, inspiré ni par le Wasgenstein de Scheffel, ni par le Maimont de Mehlis. Il passe par Wissembourg, la petite ville qui lui a toujours semblé idéale pour illustrer un roman médiéval, trouve l'auberge idyllique dont les murs sont désormais ornés de tant de ses tableaux, et le lieu, dont il devient le découvreur, ne le quitte plus. Il y a peint dix-huit automnes et il nous a appris à voir la patrie.

Le matin, il sort. Il se tient debout, la palette dans la main droite, le pinceau dans la main gauche (car il peint de la main gauche), le cigare au coin de la bouche et, quand il pleut trop, une petite planche sous les pieds pour se protéger du sol contre le rhume. Lorsqu'on le rencontre le soir à un autre endroit, le cigare est toujours accroché au coin de sa bouche, de la même manière que le matin, si bien qu'on aurait pu penser qu'il s'agisse toujours

14 43. Jahrgang, Nr. 270 vom 23. November 1927.

14 43e Année, n° 270 du 23 novembre 1927.

hätte zweifeln können, ob es noch dieselbe sei. Oft stand ich stundenlang hinter ihm, und geredet haben wir zuweilen in Stunden kein einziges Wort, als ob wir einander nicht kannten. Er hatte die seltene Eigenschaft, nur dann etwas zu sagen, wenn ihm etwas einfiel, und führte während der Arbeit nie höflichkeitshalber und verbindlich ein Geschwätz. Ewig in Erinnerung aber bleibt mir sein feines Lächeln, als einmal eine Dame, die inzwischen durch ein für Alsatika-Sammler ebenso berühmt wie selten gewordenes Buch auch in die Literatur eingegangen ist, ihm ein Kompliment machen wollte und, als er Ohmthäufchen malte, sagte: „Wie gestickt!".

Am Abend trafen wir uns in dem dörflichen Gasthause. Da taute er auf. Er liebt Musik. Wir sprachen über Kunst; über zeitgenössische Strömungen in seinem Fach, und einen Verlust, den er hierzulande nie genügend beklagen konnte: den Hortus deliciarum[15]. Er brach eine Lanze für Schiller, den er als Lyriker von den Jüngeren nicht mehr gebührend anerkannt glaubte, er setzte sich gegen die Ueberschätzung der humanistischen Bildung zu Wehr, er durfte das, der mir mit seinem Schelten zu gleicher Zeit seine Uebersetzung griechischer Dichter in die Hand drückte. Gerne las er vor, niederdeutsch oder ein lustiges Kapitel von Thoma. Was er im Schweigen am Tage gesammelt, das gab er am Abend im heimeligen Kreise.

Sie wissen heute noch nicht allzuviel von Kunst, unsere Oertler[16]; und seine besten Werke haben sie nie gesehen. Aber die liebten in ihm den Menschen; er gehörte zuletzt zu den Ihren, zum September von Obersteinbach gehörte Franz Hein. Er war einer von denen, die nicht mit Spiess und Hellebarde ins Land gekommen waren, um es zu erobern[17]. Aber in seinem träumerischen Auge, das keiner vergisst. der in das gütige sah, hing des Elsass grosse Zeit: Otfrieds Weissenburg und die Glanzzeit der Burgruinen, die er malte.

Das Elsass aber vergisst keinen von denen, die es liebten, und schickt den letzten Gruss dem Toten in die Ferne.

In Altona geboren, machte er seine Studien zum Teil in Paris. Seinen Erinnerungen an das Elsass

15 Verbrannt im Krieg 1870/71 mit der Straßburger Universitätsbibliothek im Chor der Dominikanerkirche.

16 Die Einwohner von Obersteinbach.

17 Anspielung auf die ab 1871 ins Reichsland gekommenen preußischen Soldaten und Beamten.

du même cigare. Souvent, je reste derrière lui pendant des heures, et parfois nous ne parlons pas une seule fois pendant des heures, comme si nous ne nous connaissions pas. Il a la particularité rare de ne parler que lorsque quelque chose lui vient à l'esprit et, pendant le travail, il ne se livre jamais à une discussion de courtoisie. Mais je me souviendrai éternellement de son fin sourire, lorsqu'un jour une dame, qui entre-temps est aussi entrée dans la littérature grâce à un livre devenu aussi célèbre que rare pour les collectionneurs d'alsatiques, veut le complimenter et, alors qu'il peint des tas de foin, lui dit : « Comme brodé ! ».

Le soir, nous nous retrouvons à l'auberge du village. C'est là qu'il émerge. Il aime la musique. Nous parlons art ; des courants contemporains dans son domaine, et d'une perte qu'il n'a jamais pu suffisamment déplorer dans ce pays : l'Hortus deliciarum[15]. Il rompt une lance en faveur de Schiller, qu'il estime ne plus être reconnu comme poète lyrique par les plus jeunes, il s'insurge contre la surestimation de la formation humaniste, il en a le droit, lui qui, en même temps qu'il peste, me met dans les mains sa traduction de poètes grecs. Il lit volontiers, en bas-allemand ou un chapitre amusant de Thoma. Ce qu'il a recueilli en silence pendant la journée, il le restitue le soir dans un cercle intime.

Ils ne connaissent pas encore trop l'art, nos locaux[16], et ils n'ont jamais vu ses meilleures œuvres. Mais ils aiment en lui l'homme ; il finit par faire partie des leurs, Franz Hein fait partie du septembre d'Obersteinbach. Il est de ceux qui ne sont pas venus dans le pays avec une lance et une hallebarde pour le conquérir[17]. Mais dans son œil rêveur et bienveillant, que nul n'oublie, on peut y voir la grande époque de l'Alsace : Otfried de Wissembourg et la splendeur des ruines du château qu'il a peintes.

Mais l'Alsace n'oublie aucun de ceux qui l'ont aimée et envoie un dernier au revoir au défunt.

Né à Altona, il fait une partie de ses études à Paris. Il exprime ses souvenirs d'Alsace sous le titre *Märchenland Wasgenwald* (Conte de fée au Pays de Vasgovie) dans le volume *Wille und Weg* paru

15 Encyclopédie chrétienne brûlée lors de l'incendie de la bibliothèque universitaire de Strasbourg dans le chœur de l'église des Dominicains pendant la guerre de 1870/71.

16 Les habitants d'Obersteinbach.

17 Allusion aux soldats et fonctionnaires prussiens arrivés dans le Reichsland à partir de 1871.

gab er unter der Ueberschrift „Märchenland Wasgenwald“ in dem bei Koehler, Leipzig 1924 erschienenen Bande „Wille und Weg“ Ausdruck. Außerdem veröffentlichte er Märchenspiele, Gedichte und Uebersetzungen griechischer Dichter. Eine Uebersicht über sein Lebenswerk gab im verflossenen Sommer die vom Elsass-Lothringen-Institut der Frankfurter Universität veranstaltete Ausstellung.

Ernest Braun, Obersteinbach.

chez Koehler, Leipzig en 1924. Il publie également des contes, des poèmes et des traductions de poètes grecs. L'été dernier, l'exposition organisée par l'Institut d'Alsace-Lorraine de l'Université de Francfort a donné un aperçu de l'œuvre de sa vie.

Ernest Braun, Obersteinbach.

## Herbsttage im Steinbachtal

Der Elsässer Literat Carl Gruber[18], im Hauptberuf Advokat, schildert in seinem Werk „Ein Wasgauherbst. Von der Schönheit der Nordvogesen“ 1909 nicht nur ausführlich das Leben und Treiben in der Obersteinbacher Malerkolonie[19], sondern auch folgende Tage im Spätherbst[20]:
„Ein Feuerschein fiel durch die trüben Gartenfenster auf die Blätter. Ich machte die Gartentür auf und sah Stöße von Kartoffelkraut im Ackerland brennen, ringsum die huschenden Silhouetten von Mädchengestalten. Ein feiner Sprühregen ging hernieder und verdampfte in den Flammen. Die Berge standen bis zur Mitte im Nebel, auf den Kämmen schimmerte es noch schwach von der ersterbenden Mondsichel. Arnsburg war nur ein großer schwarzer Schatten. Eine Kinderstimme sang jauchzend: Füli Blätter, füli Ruete, S'Lewe esch ken Honikueche. Plötzlich machte sich ein heftiger Wind auf, wirbelte die brennenden Ranken durcheinander und vertrieb uns ins Haus. In der Nacht trat Frost ein. Das gibt dem Laub den Todesstoß. Am Morgen sahen die Blumenbeete im Pfarrgarten aus, als wäre eine Walze darübergefahren.
Ich ging mittags nach Niedersteinbach hinab, ins Katzental zur Frönsburg oder Freundsburg. Die Burg wird selten besucht, obwohl sie fast an der Heerstraße liegt. Ein Felszipfel des mächtigen Doppelfelsens schaut bei jeder Jahreszeit über die Buckel des Frönsburger Feldes heraus. Das Dorf Niedersteinbach streckt sich wie Obersteinbach

18 Straßburg 1909.
19 Ebd. S. 184f., wieder abgedruckt in Band I, S. 70-81.
20 Ebd. S. 258-262.

## Journées d'automne dans la vallée du Steinbach

L'homme de lettres alsacien Carl Gruber[18], avocat de profession, décrit dans son ouvrage *Ein Wasgauherbst. Von der Schönheit der Nordvogesen* (Un automne vasgovien. De la beauté des Vosges du Nord), en 1909, non seulement la vie et les activités de la colonie de peintres d'Obersteinbach[19], mais aussi les journées suivantes à la fin de l'automne[20] :
« Une lueur de feu tombe sur les feuilles à travers les fenêtres opaques du jardin. J'ouvre la porte du jardin et j'aperçois des brassées de fanes de pommes de terre brûler dans les champs, entourées de silhouettes de jeunes filles qui courent. Une fine bruine tombe et s'évapore dans les flammes. Les montagnes sont noyées dans le brouillard jusqu'à mi-hauteur, les crêtes sont encore faiblement éclairées par le croissant de lune mourant. L'Arnsbourg n'est plus qu'une grande ombre noire. Une voix d'enfant chante avec jubilation : *Füli Blätter, füli Ruete, S'Lewe esch ken Honikueche* (« Feuilles mortes, verges mortes, la vie n'est pas un long fleuve tranquille »). Soudain, un vent violent se lève, fait tourbillonner les fanes enflammées et nous chasse vers la maison. Dans la nuit, le gel arrive. Il donne le coup de grâce aux feuillages. Au matin, les parterres de fleurs du jardin du presbytère ont l'air d'avoir été passés au rouleau compresseur.
À midi, je descends vers Niedersteinbach, dans le Katzenthal, en direction du château de Frœnsbourg. Le château est rarement visité, bien qu'il se trouve presque sur la route militaire. Un pic ro-

18 Strasbourg 1909.
19 Ibid. p. 184 et suiv., réimprimé dans le tome I, p. 70-81.
20 Ibid. p. 258-262.

in zwei dünnen Zeilen längs der Straße hin. Ein großer Sandsteinbruch gibt ihm etwas Verdienst und Verkehr. Die Post fährt täglich an dem idyllischen protestantischen Pfarrhaus vorbei, das leicht erhaben unter zwei blühenden Linden im Schmucke seiner weißen Wände herabblinzelt. Dort wohnte bis vor wenigen Jahren ein liederkundiger Mann[21], wie seine Brüder um die heimatliche Dichtung verdient. Beim Austritt aus dem Dorf beginnt das Engental, das weiter hinten zum Katzental wird, der Glanzpunkt der Birkenstraße, besonders wo es in dreieckigem Becken in das Sauergelände ausmündet[22], und der Fleckensteinhügel sich von hinten trutzig hereinschiebt. Die Straße wendet sich gleich westlich und bleibt nun jenseits des Steinbachs im Schatten des dichtgefiederten runden Monenberges und senkt sich luftig und gemächlich zur Sauer, während ich diesseits im Mattengrund weiter wanderte, wo Holzschließen an Holzschließen für die Bewässerung der Wiesen sorgen. Es kommt kein Haus bis zum Hügel des Frönsburger Feldes, der etwa in der Mitte des Tals in der bekannten Weise aus einer Waldbuchtung hervortritt und der Burg als Vorderplan dient. Unterhalb wird's dann lebendiger. Zuerst das Forsthaus Welchtal, dem die Obhut über die Burg anvertraut und von dessen Förstern ihr viel Gutes geschehen ist – der eine grub noch jüngst Waffenreste aus dem freigelegten Hochbrunnen. Dann einzelne stattliche Höfe, die ihr Vieh auf die Weide herausstellen. Im Sauertal herrscht schon lebhafter Wagenverkehr, Hirschthal ist ganz nahe, Lembach und Schönau sind nicht weit. Ich schwenke in den Frönsburger Hügel ein, ging in raschelndem Laub dem Waldbogen nach und erblickte alsbald die Doppelgipfel der Burg, die ebenso schief auseinanderstreben, wie beim Fleckenstein der Vorfels auf den andern zu fallen scheint, und über dem abgründigen Spalt, über den gewaltigen Buchenstämmen durch eine schwindelnde Holzbrücke, ein Unikum in der ganzen Gegend, verbunden werden. Ein Rieseln hatte wieder eingesetzt und rasselte in den zerknüllten Blättern. Frönsburg trat hinter einen Schleier zurück, und es schien mir eine Ewig-

21 Pfarrer Friedrich August Ihme (1834-1915), siehe Carl Ehrig-Eggert: Der elsässische Pfarrer und Hymnologe Friedrich August Ihme (1834-1915) , in: Mathias Gaschott und Jochen Roth (Hg.): Vestigia III. Aufsätze zur Kirchen- und Landesgeschichte zwischen Rhein und Mosel, St. Ingbert 2023, S. 579-627.

22 Heute befindet sich dort ein Badeweiher mit Campingplatz.

cheux de l'imposant double rocher dépasse en toute saison les bosses du champ du Frœnsbourg. Le village de Niedersteinbach, comme d'ailleurs celui d'Obersteinbach, s'étire en deux fines lignes le long de la route. Une grande carrière de grès lui apporte un peu de revenu et de trafic. La poste passe tous les jours devant l'idyllique presbytère protestant, légèrement surélevé sous deux tilleuls en fleurs, dans la parure de ses murs blancs. C'est là qu'habitait, il y a encore quelques années, un homme[21] qui connaissait les cantiques et qui, comme ses frères, méritait de la poésie locale. À la sortie du village commence la vallée d'Engenthal qui, plus loin derrière, se confond avec la vallée de Katzenthal, l'apogée de la route des bouleaux, surtout à l'endroit où elle aboutit à la Sauer en formant un bassin triangulaire[22], et où la colline du Fleckenstein s'impose fièrement au fond. La route bifurque ensuite vers l'ouest et, au-delà du Steinbach, reste désormais à l'ombre du Monenberg rond et densément planté, puis s'abaisse tranquillement et légèrement vers la Sauer, tandis que de ce côté-ci, je continue à marcher dans le Mattengrund, où les planchettes de bois successives servent d'écluse et assurent l'irrigation des prairies. Aucune maison n'arrive jusqu'à la colline du champ du Frœnsbourg, laquelle colline émerge à peu près au milieu de la vallée d'une clairière et sert de plan frontal au château. En contrebas, les choses s'animent. D'abord la maison forestière Welchtal, à qui l'on a confié la garde du château et dont les gardes forestiers lui ont fait beaucoup de bien – l'un d'entre eux a récemment déterré des restes d'armes du puits surélevé mis à jour. Puis quelques fermes imposantes qui font paître leur bétail. Dans la vallée de la Sauer, le trafic de charrettes est déjà intense, Hirschthal est tout près, Lembach et Schönau ne sont pas loin. Je m'engage sur la colline du Frœnsbourg, je me dirige le long de l'arc de la forêt, dans le bruissement des feuilles, et j'aperçois aussitôt les doubles sommets du château, qui s'écartent l'un de l'autre de manière aussi inclinée que le Fleckenstein, dont les avant-corps semblent tomber l'un sur l'autre, et qui

21 Pasteur Friedrich August Ihme (1834-1915), voir Carl Ehrig-Eggert : *Der elsässische Pfarrer und Hymnologe Friedrich August Ihme* (Le pasteur et hymnologue alsacien Friedrich August Ihme) (1834-1915) , dans : Mathias Gaschott et Jochen Roth (éd.) : Vestigia III. *Aufsätze zur Kirchen- und Landesgeschichte zwischen Rhein und Mosel* (Essais sur l'histoire de l'Église et de la région entre Rhin et Moselle), St. Ingbert 2023, p. 579-627.

22 Aujourd'hui, on y trouve un étang de baignade avec un camping.

keit, bis ich den Waldbogen umgangen und an den kühnen Fels gelangt war, der bei ähnlich günstiger Lage, reich an bedeutenden Bauspuren wie er ist, vielleicht Nachbar Fleckenstein gefährlich werden könnte … Der Regen fiel jetzt in schrägen Nadelstichen auf den Hügel. Die Straße, die drunten sichtbar bleibt, machte ein klägliches Gesicht. Auf die Burg fiel es wie Staubschicht, und als hätten Dämonenhände sie erfaßt, fing das tote Gebilde an, im Dunst sich zu bewegen und gegen den Wald zurückzuweichen. Die aufgepeitschten Blätter kamen die lange Galerie heraufgeflattert und erhöhten mißtönig die allgemeine Unruhe. Wer einmal an einem solchen regnerischen Herbsttag in der einsamen Sandsteinburg gesessen und ins Tal geträumt hat, der weiß, was Melancholie heißt. Es ist ja an sich schon merkwürdig und ich habe es im Frühherbst erlebt, wie rasch im Burgenland die Stimmungen wechseln. Ein Sonnenstrahl, und die Wildnis um Lützelhardt ist ein anmutiger Baumgarten mit erfrischenden Felsgruppen. Aber nur ein Wolkenzug, der geringste Beleuchtungswechsel, und das Fichtenland setzt Tintenfarben auf.

Carl Gruber

## Obersteinbach

Du freundlich Dorf, wie still und schön
liegst du, beschirmt und eingeschlossen
Weitum von waldbedeckten Höhn,
Von Duft und Sonne warm umflossen!

Aus unsrer Städte Qualm und Dunst
Siehst Gast um Gast du wiederkehren.
Längst kamst als Heimstatt edler Kunst
Im Land du hoch zu Ruhm und Ehren.

Auf deinen alten Burgen blieb
Zurück der Geist der Heldenzeiten,
Und manche Sage, keusch und lieb,
Darf deinen Glanz um dich verbreiten.

Auch ich hab hier mit tiefem Dank
Ein rein durchlebtes Glück erfahren
Und will, wenn meinem Blick versank
Dein Bild, im Herzen es bewahren.

Christian Schmitt[23]

sont reliés par un pont de bois vertigineux, unique dans toute la région, au-dessus de la faille abyssale et des énormes troncs de hêtres.

Un ruissellement se produit à nouveau et bruisse dans les feuilles froissées. Le Frœnsbourg s'efface derrière un voile, et j'ai l'impression qu'une éternité s'écoule avant que je ne contourne l'arc de la forêt et que je n'atteigne le rocher audacieux qui, s'il bénéficiait d'une situation aussi favorable, aurait pu peut-être devenir dangereux pour le voisin Fleckenstein ... La pluie se met à tomber comme des piqûres d'épingle obliques sur la colline. La route, qui reste visible en contrebas, prend un air pitoyable. C'est comme si une couche de poussière tombait sur le château, qui est comme saisi par des mains de démons. La structure inerte commence à se mouvoir dans la brume et à reculer vers la forêt. Les feuilles fouettées voltigent en remontant la longue galerie et augmentent l'agitation générale. Quiconque s'est assis dans le château de grès isolé par un jour d'automne pluvieux et a comtemplé la vallée sait ce que signifie la mélancolie. C'est déjà étrange en soi, et je l'ai vécu au début de l'automne, de voir à quelle vitesse les ambiances changent dans le pays des châteaux. Un rayon de soleil, et la nature sauvage autour du Lutzelhardt est un gracieux jardin d'arbres avec des groupes de rochers rafraîchissants. Mais il suffit d'un passage nuageux, du moindre changement d'éclairage, pour que le pays des épicéas prenne des couleurs d'encre.

Carl Gruber

23 Du mein lieb Heimatland. Bilder und Stimmungen aus dem Elsaß in Gedichten (Veröffentlichungen des Wissenschaftlichen Instituts der Elsaß-Lothringer im Reich an der Universität Frankfurt, Band 16), Frankfurt 1929, S. 21 f.

Fundstück aus den frühen Jahren des Tourismus in Obersteinbach[24]

## Der höfliche Wirt

Ein Leser aus Obersteinbach erzählt uns nachstehendes wahres Geschichtchen:
Der alte Philipp aus Obersteinbach vermietet im Sommer stets ein Zimmer an erholungsbedürftige Stadtleute, die die Schönheit unseres abgelegenen Grenzdörfels und seiner Umgebung zu würdigen wissen. Alljährlich im August kommt auch eine alte Dame aus Strassburg zu ihm, die stets besonders freundlich bewirtet wird. Als sie eines Morgens beim Frühstück sitzt und mit Genuss ein Stück fein geräucherten Schinken verzehrt, fragt sie, ob der von der Sau sei, welche sie im vorigen Jahr bei ihm gesehen habe.
„Ei jo", gibt der Philipp zur Antwort, „der ist vun dere Sau, die Sie persönlich gekennt han!"

Trouvaille des premières années du tourisme à Obersteinbach[24]

## L'aubergiste courtois

Un lecteur d'Obersteinbach nous raconte l'histoire vraie suivante :
Le vieux Philipp d'Obersteinbach loue toujours une chambre en été à des citadins en quête de repos et qui savent apprécier la beauté de notre village frontalier isolé et de ses environs. Chaque année, au mois d'août, une vieille dame de Strasbourg vient également chez lui et est toujours accueillie avec une grande gentillesse. Un matin, alors qu'elle prend son petit-déjeuner et déguste avec plaisir un morceau de jambon finement fumé, elle lui demande s'il s'agit du cochon qu'elle a vue chez lui l'année précédente.
Et Philipp de répondre : « Mais oui, il vient du cochon que vous avez connu personnellement ».

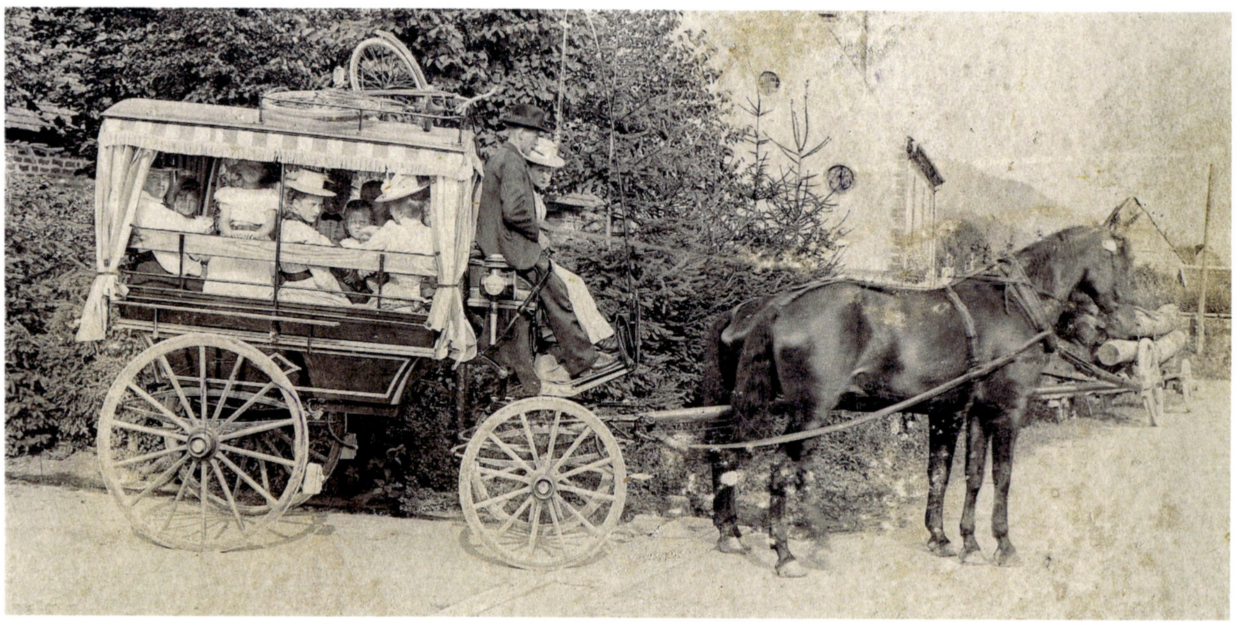

Die Hotelkutsche bringt Malschülerinnen nach Schönau, *femmes peintres en route pour Schoenau.*

24 Aus der satirischen Zeitschrift „Das Narrenschiff", Ausgabe vom 5. Mai 1934. Bei dem Philipp handelt es sich um den Metzgermeister Philipp Geiger.

24 Extrait de la revue satirique *Das Narrenschiff*, édition du 5 mai 1934. Philipp est le maître-boucher Philipp Geiger.

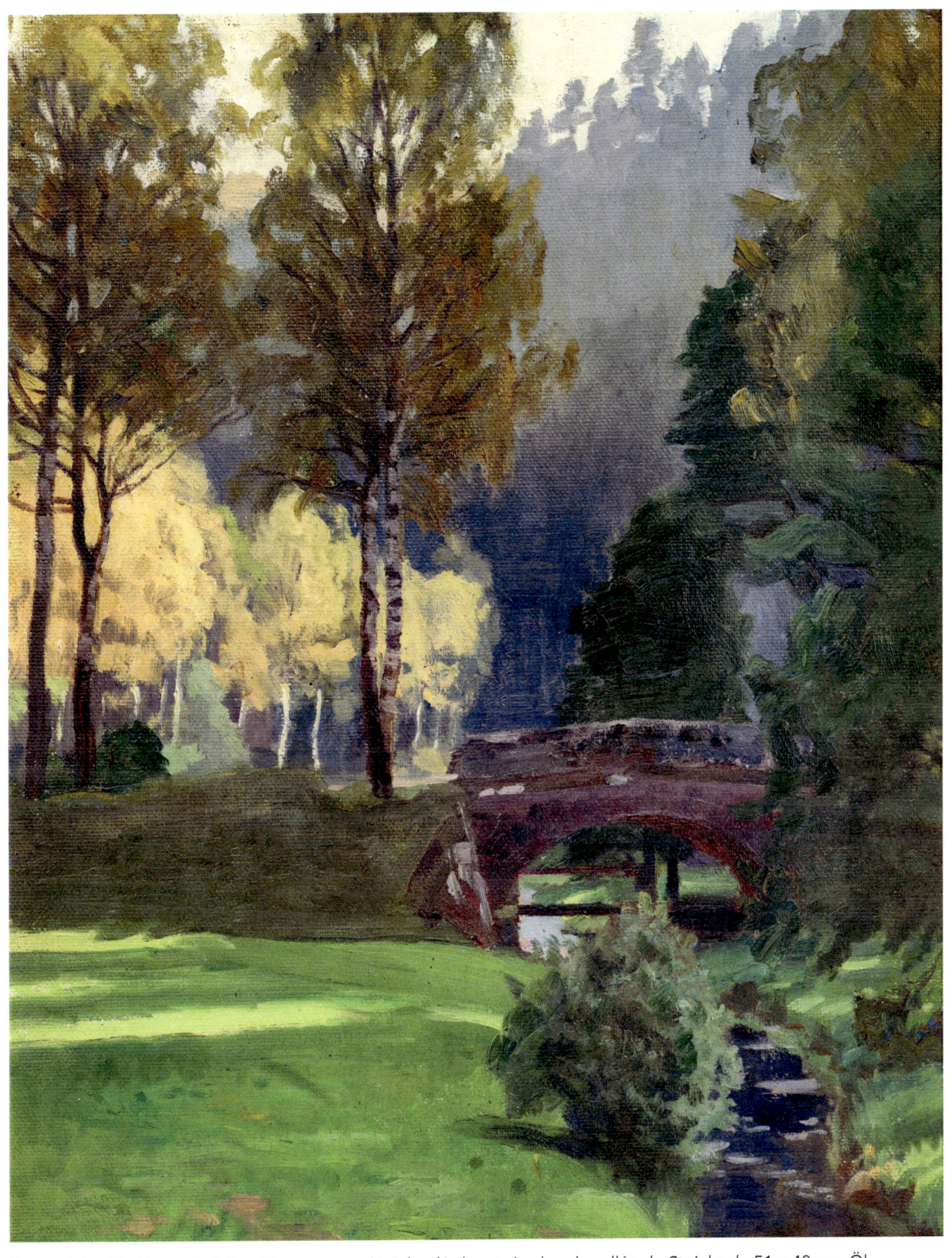

Franz Hein, Die Tannenbrücke, Eingang zum Steinbachtal, *entrée dans la vallée du Steinbach,* 51 x 40 cm, Öl

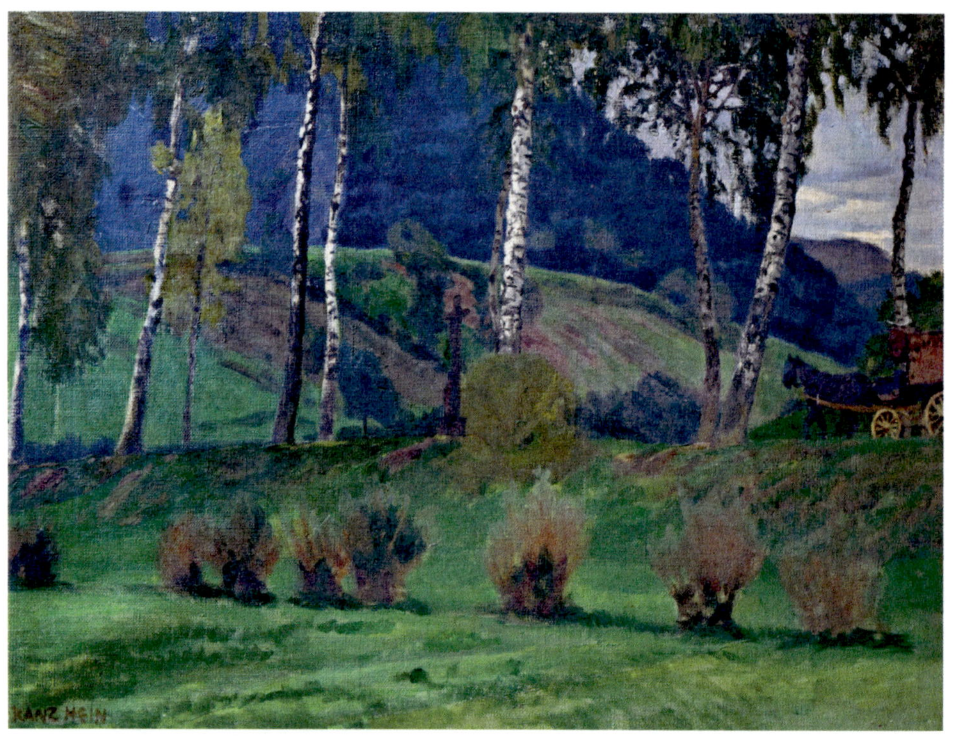

Franz Hein, Postkutsche im Steinbachtal am Götzenberg, *malle-poste près du Goetzenberg*, Sig. FRANZ HEIN, 50 x 68 cm, Öl

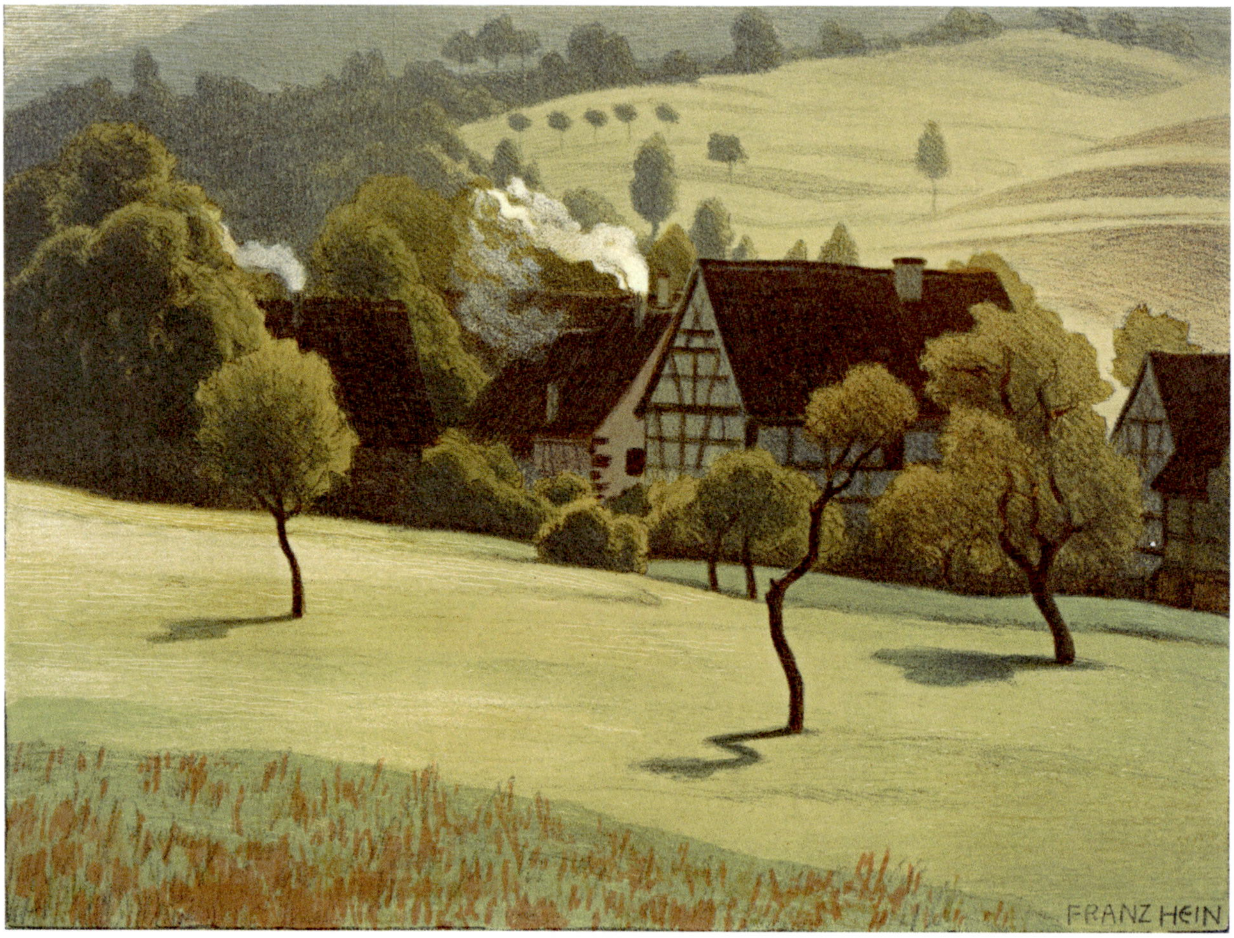

Franz Hein, Herbstreifmorgen in Obersteinbach, *gelée blanche d'automne,*
Sig. FRANZ HEIN, 30 x 41 cm, 1905, Lithographie Voigtländer

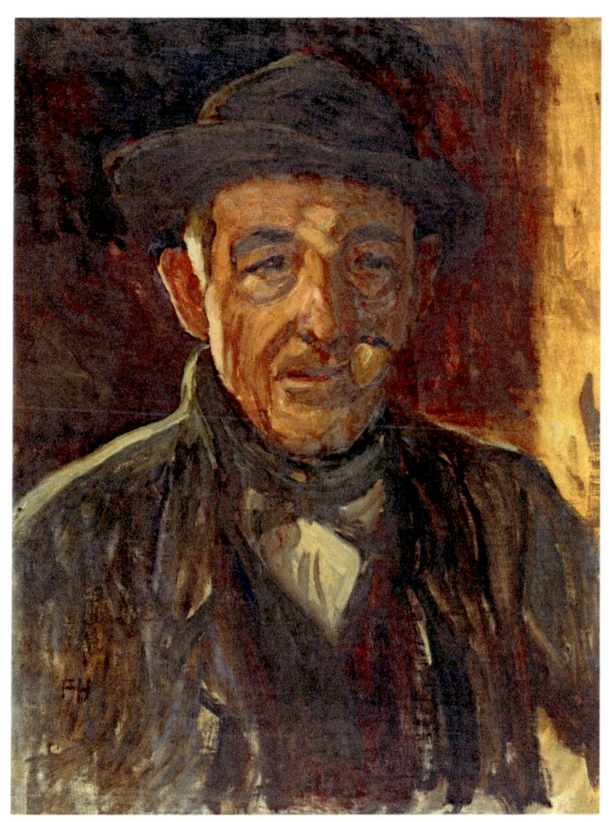

Franz Hein, Alter Landwirt in Obersteinbach, *vieux paysan*, Sig. F. H., 54 x 40 cm, Öl

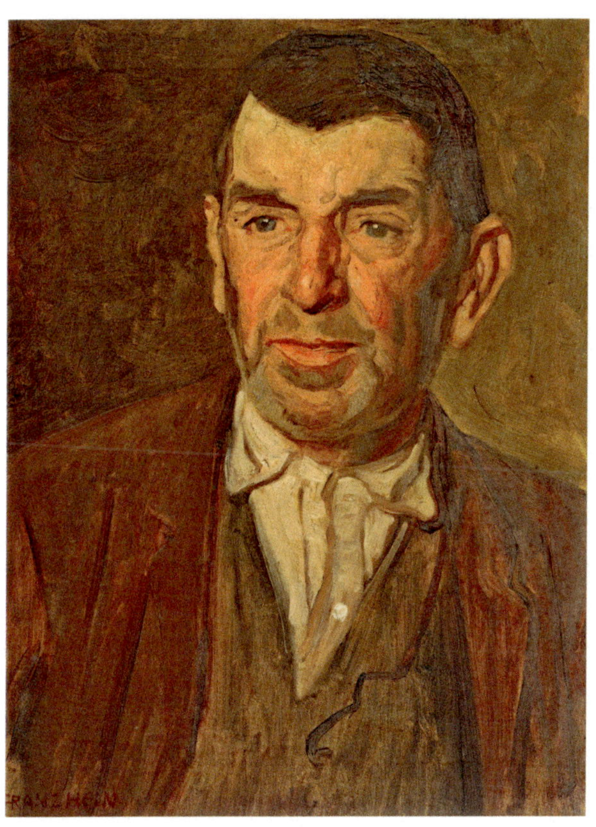

Franz Hein, Landwirt in Obersteinbach, *paysan*, Sig. FRANZ HEIN, 41 x 36 cm, Gouache

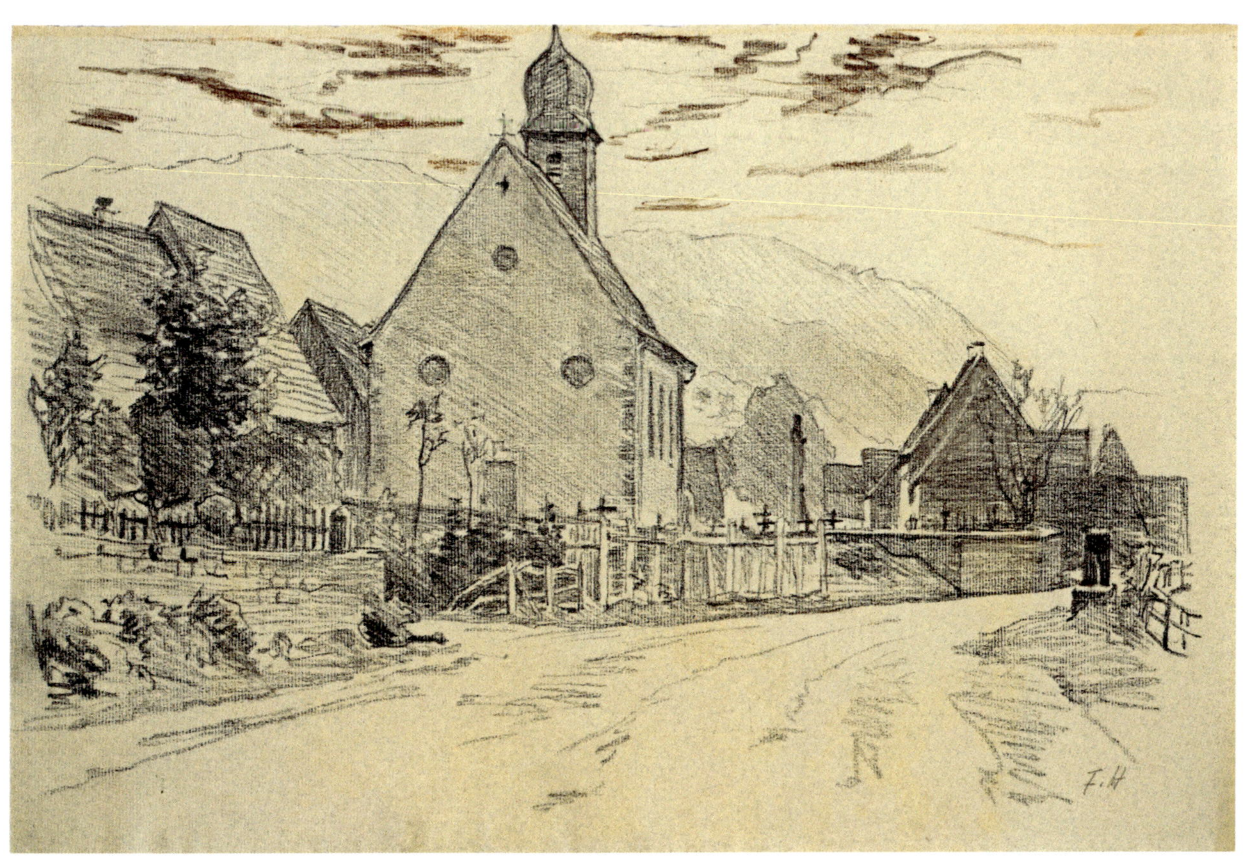

Franz Hein, Kath. Kirche Obersteinbach, *église catholique*, Sig. F. H. 1899, 24 x 36 cm, Bleistift

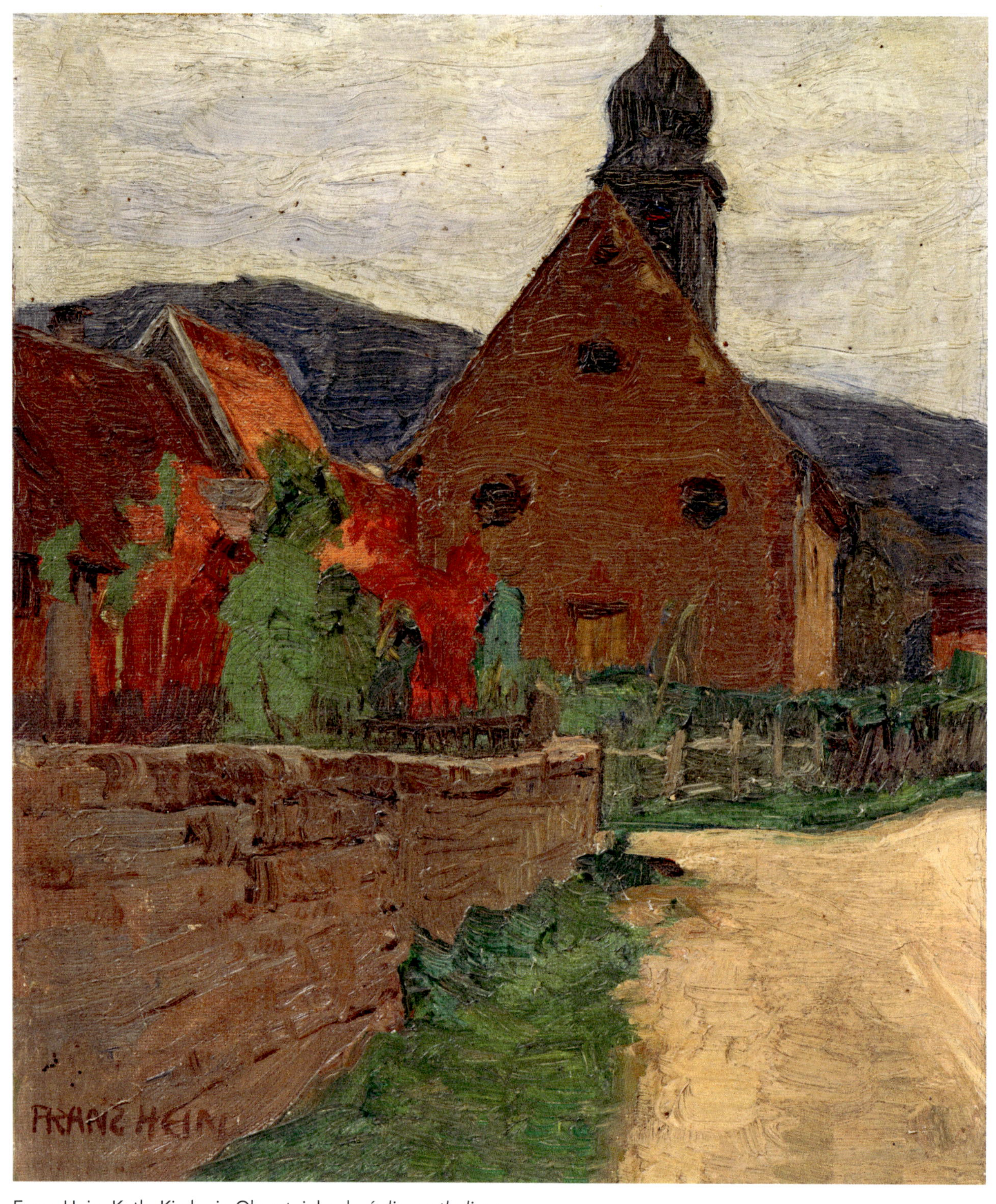


Franz Hein, Kath. Kirche in Obersteinbach, *église catholique*,
Sig. FRANZ HEIN, 32 x 26 cm, Öl

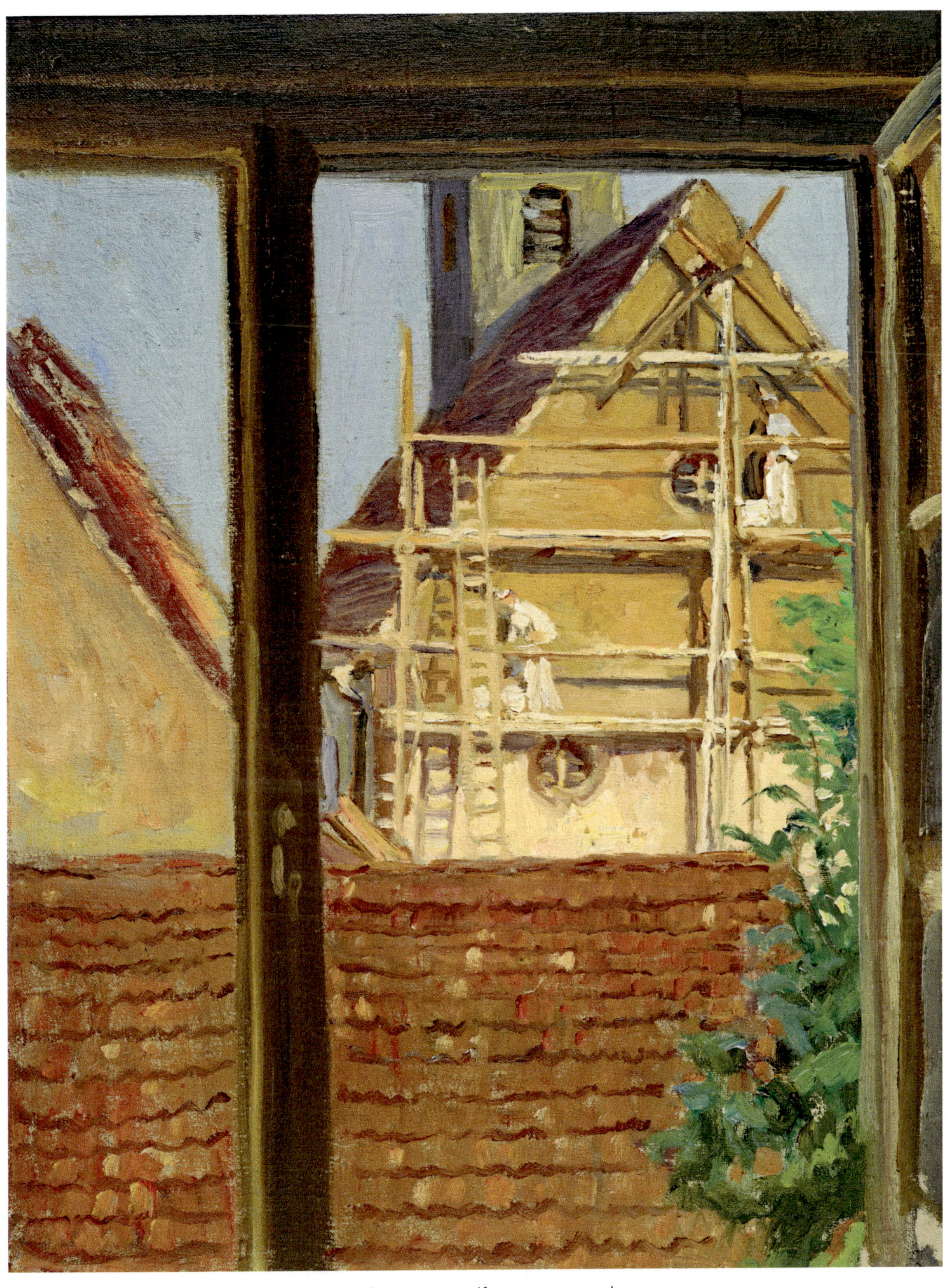

Franz Hein, Verputzarbeiten an der Kath. Kirche, vom Hotelfenster aus gesehen,
*ravalement à l'église catholique, vu de l'auberge,* 28 x 25 cm, Öl

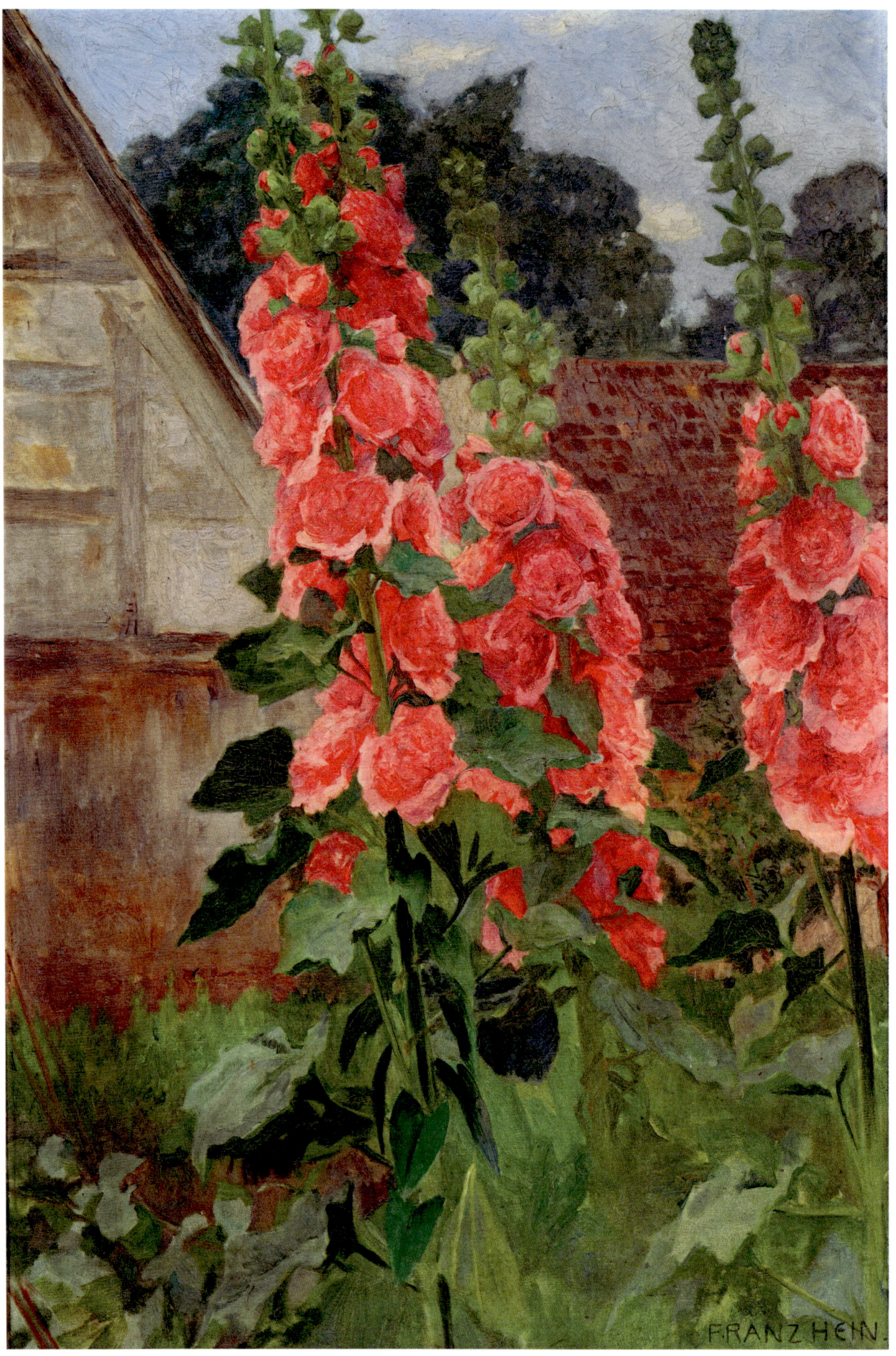
FRANZ HEIN.

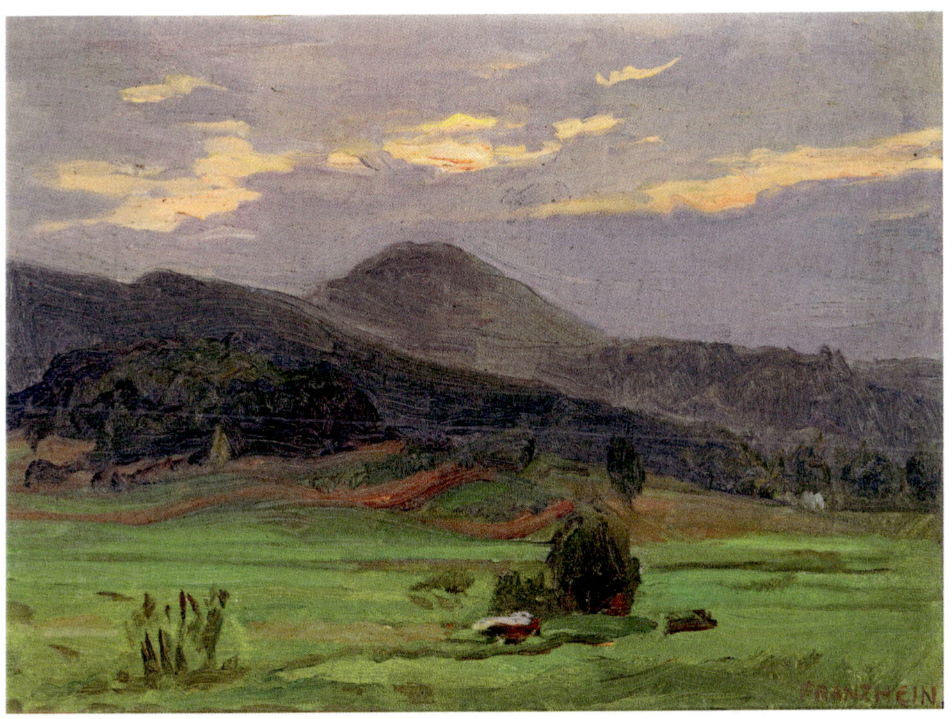

Franz Hein, Wintersberg,
Sig. FRANZ HEIN, 25 x 41 cm, Öl

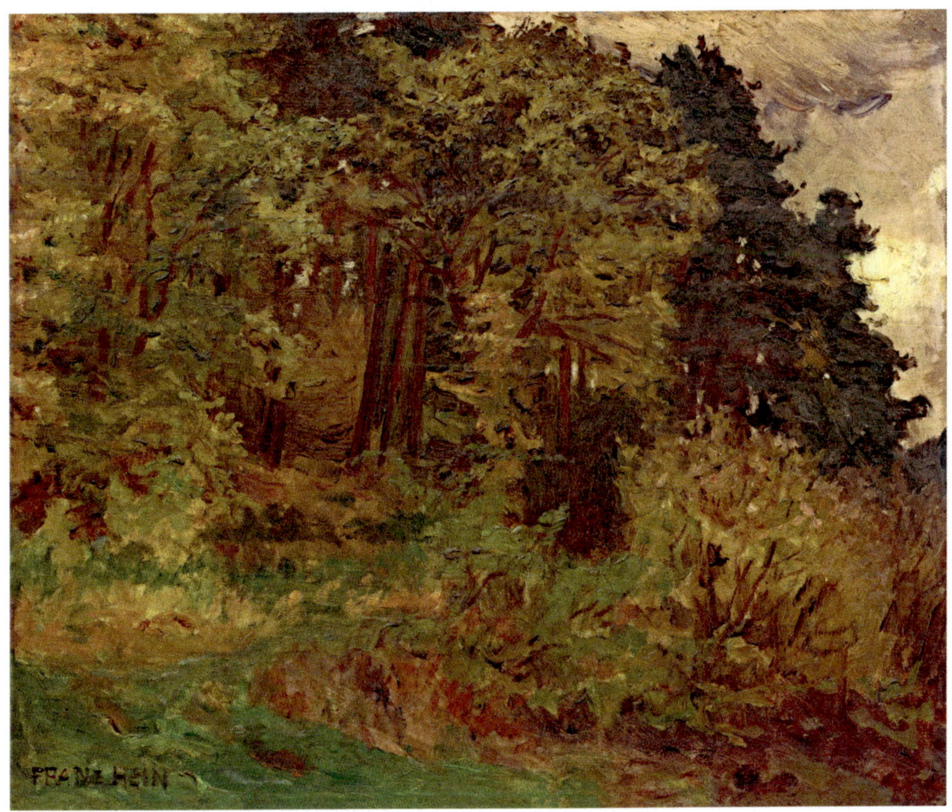

Franz Hein, Waldstück bei Obersteinbach, *coin de forêt*
Sig. FRANZ HEIN, 46 x 36 cm, Öl

linke Seite: Franz Hein, Stockrosen am Weg zum Heubühl,
*roses tremières*, Sig. FRANZ HEIN, 86 x 60 cm, Öl

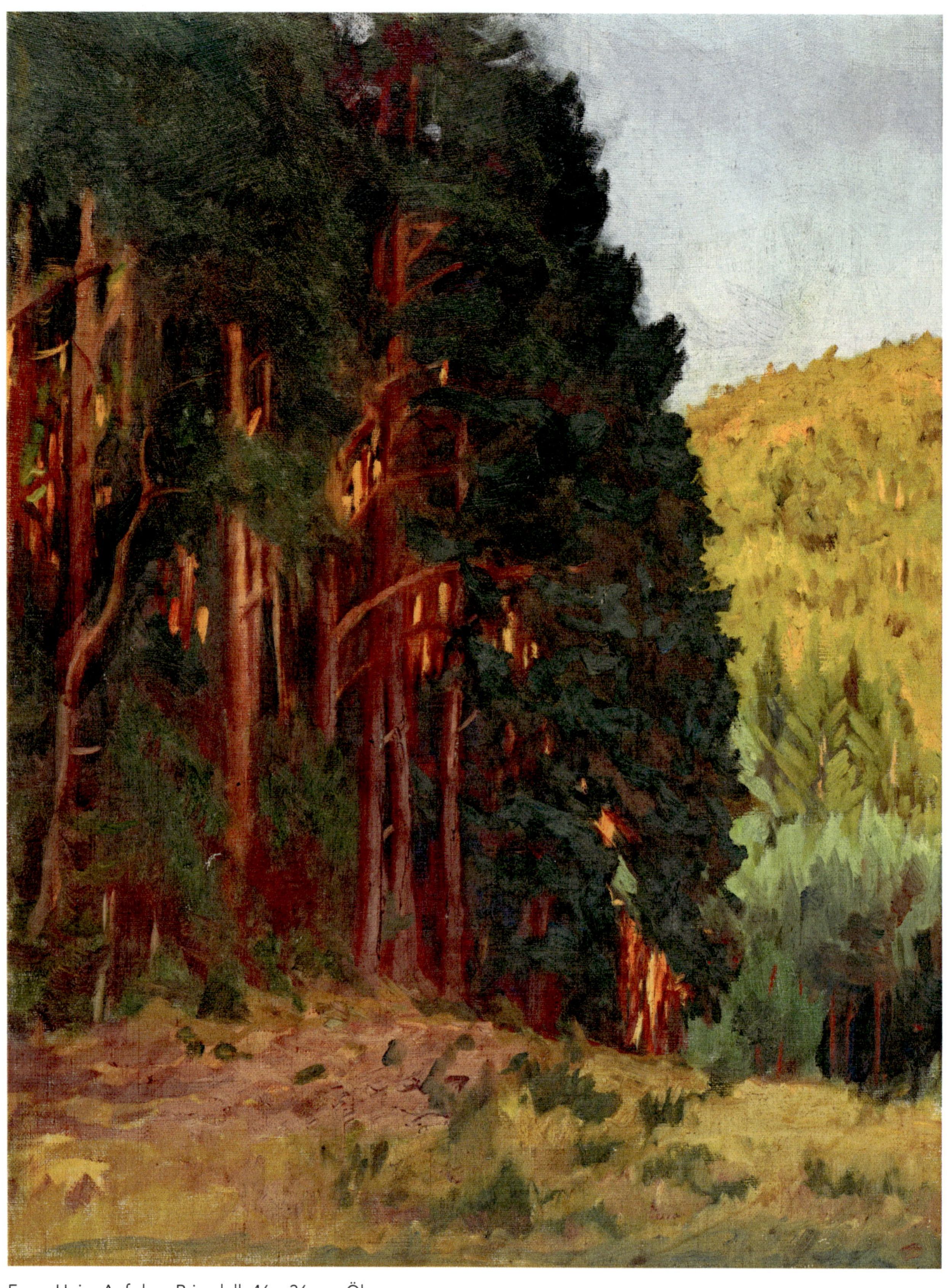

Franz Hein, Auf dem Prinsdell, 46 x 36 cm, Öl

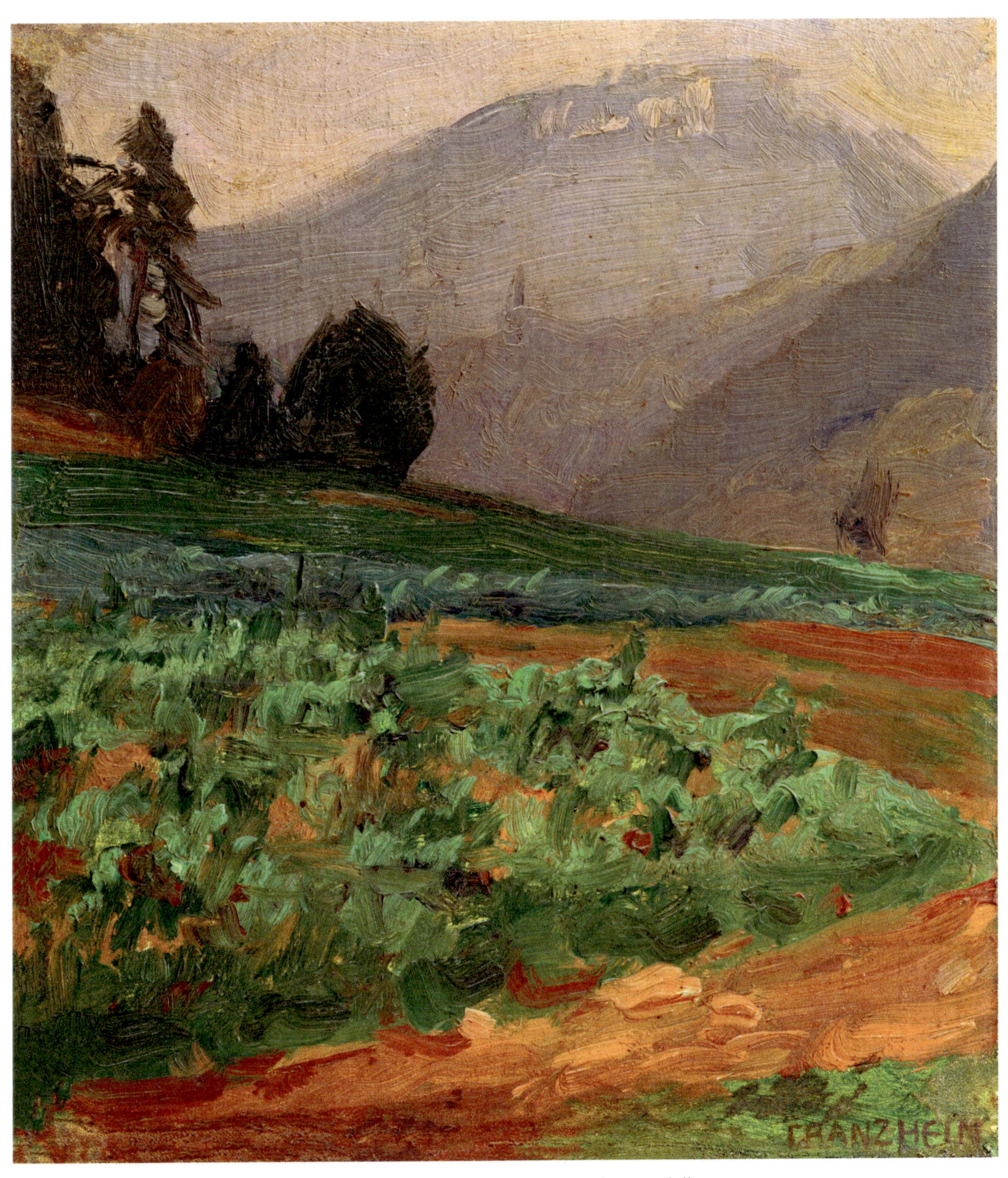


Franz Hein, Der Maimont, vom Prinsdell aus gesehen, *le maimont vu de Prinsdell,*
Sig. FRANZ HEIN, 41 x 25 cm, Öl

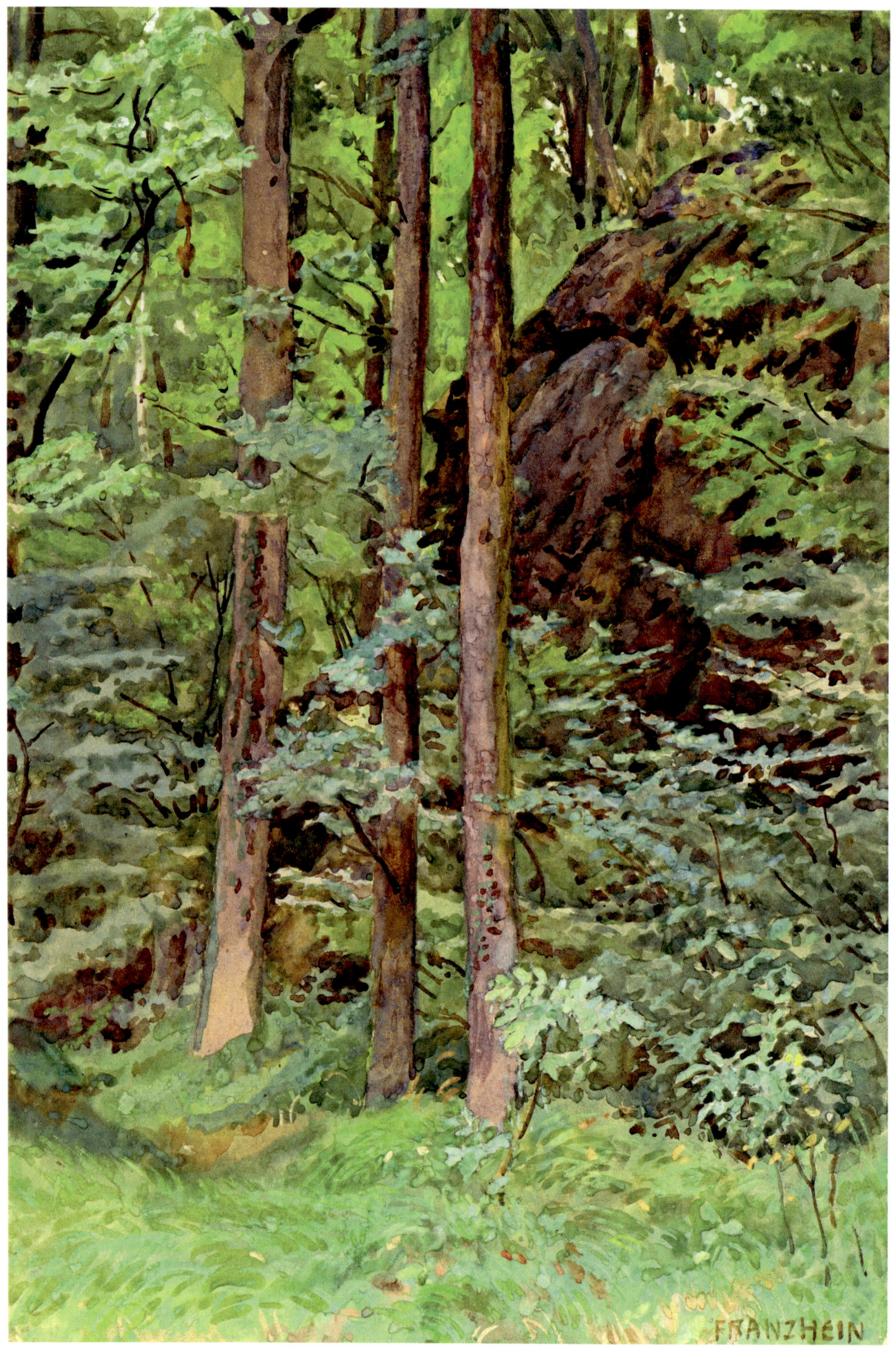
FRANZHEIN

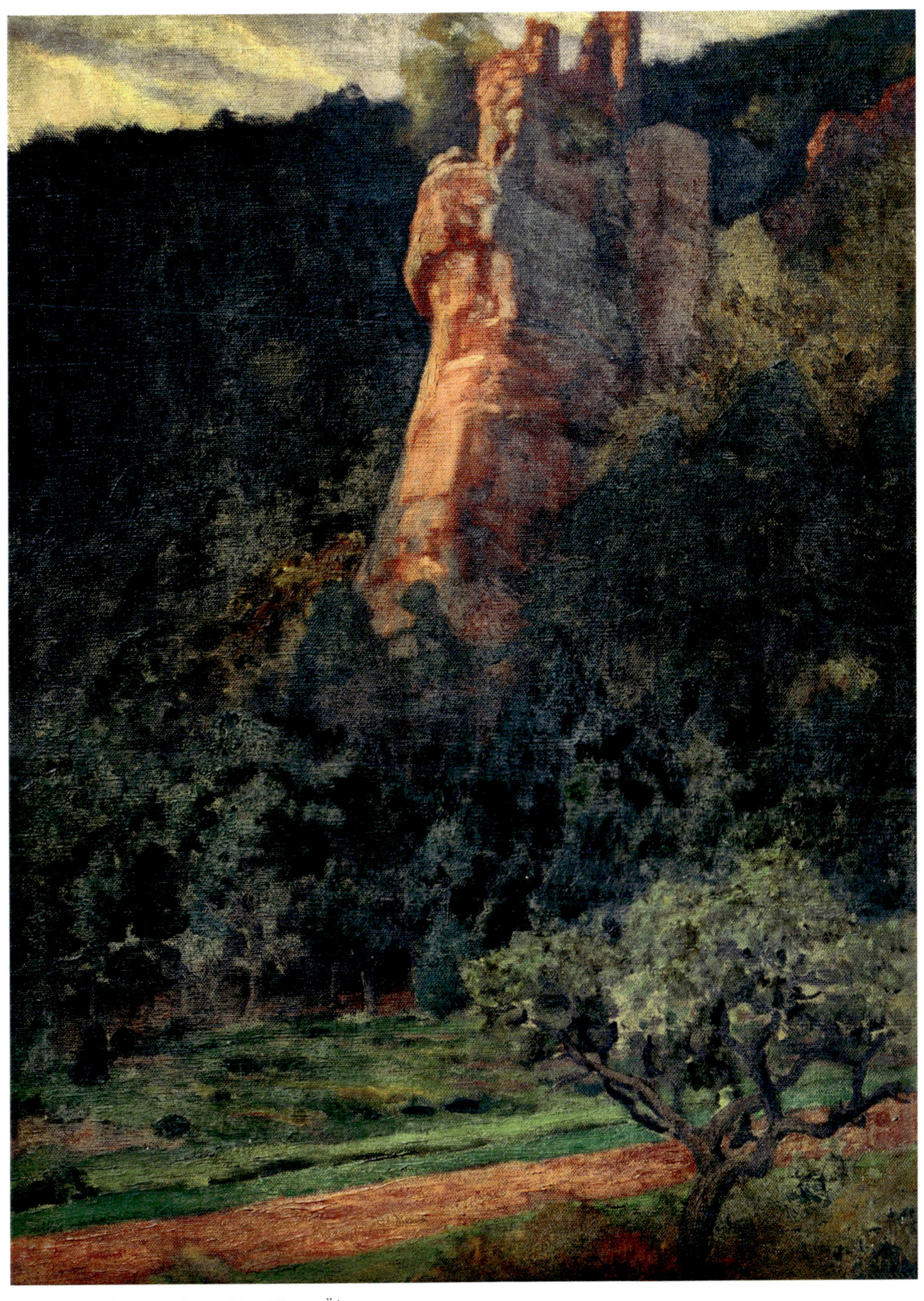

Franz Hein, Klein-Arnsburg, 70 x 55 cm, Öl

linke Seite: Franz Hein, Immenkopf im Liestal bei Obersteinbach, Sig. FRANZ HEIN, 52 x 42 cm, Öl

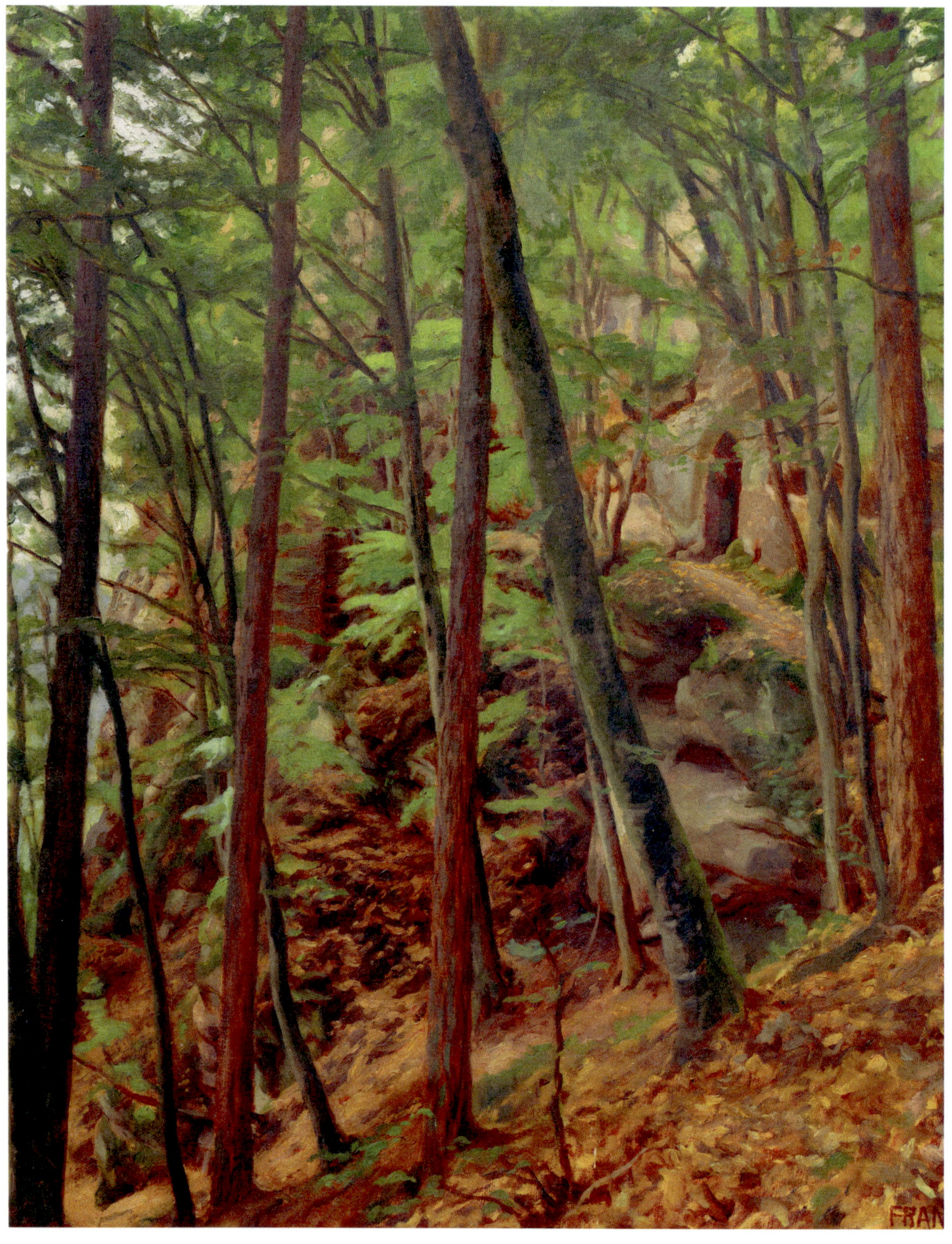

Franz Hein, Eingang zu Klein-Arnsburg, *porte d' entrée Petit-Arnsbourg,*
Sig. FRANZ HEIN, 52 x 42 cm, Öl

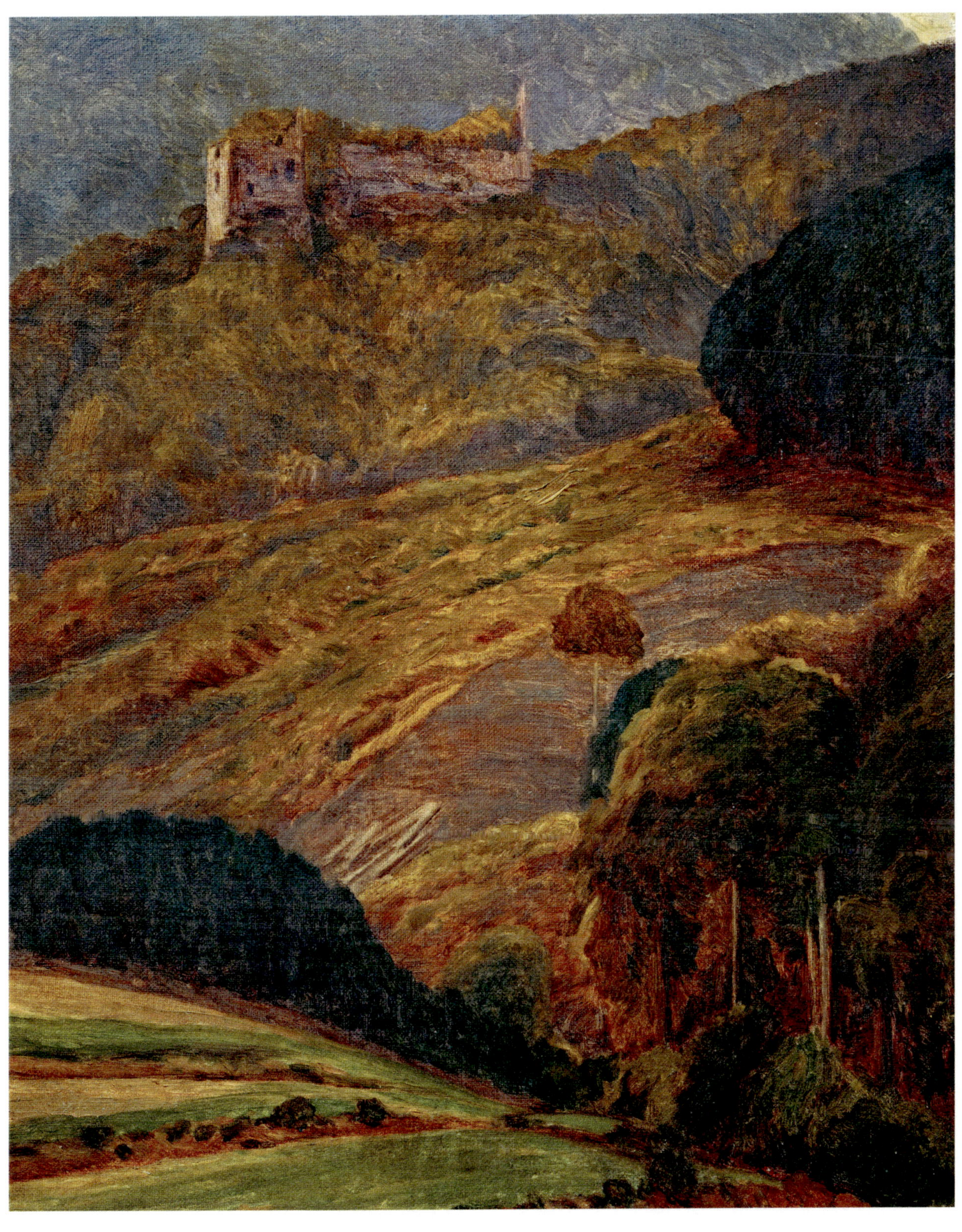

Franz Hein, Wasigenstein,
Sig. FRANZ HEIN, 63 x 55 cm, Öl

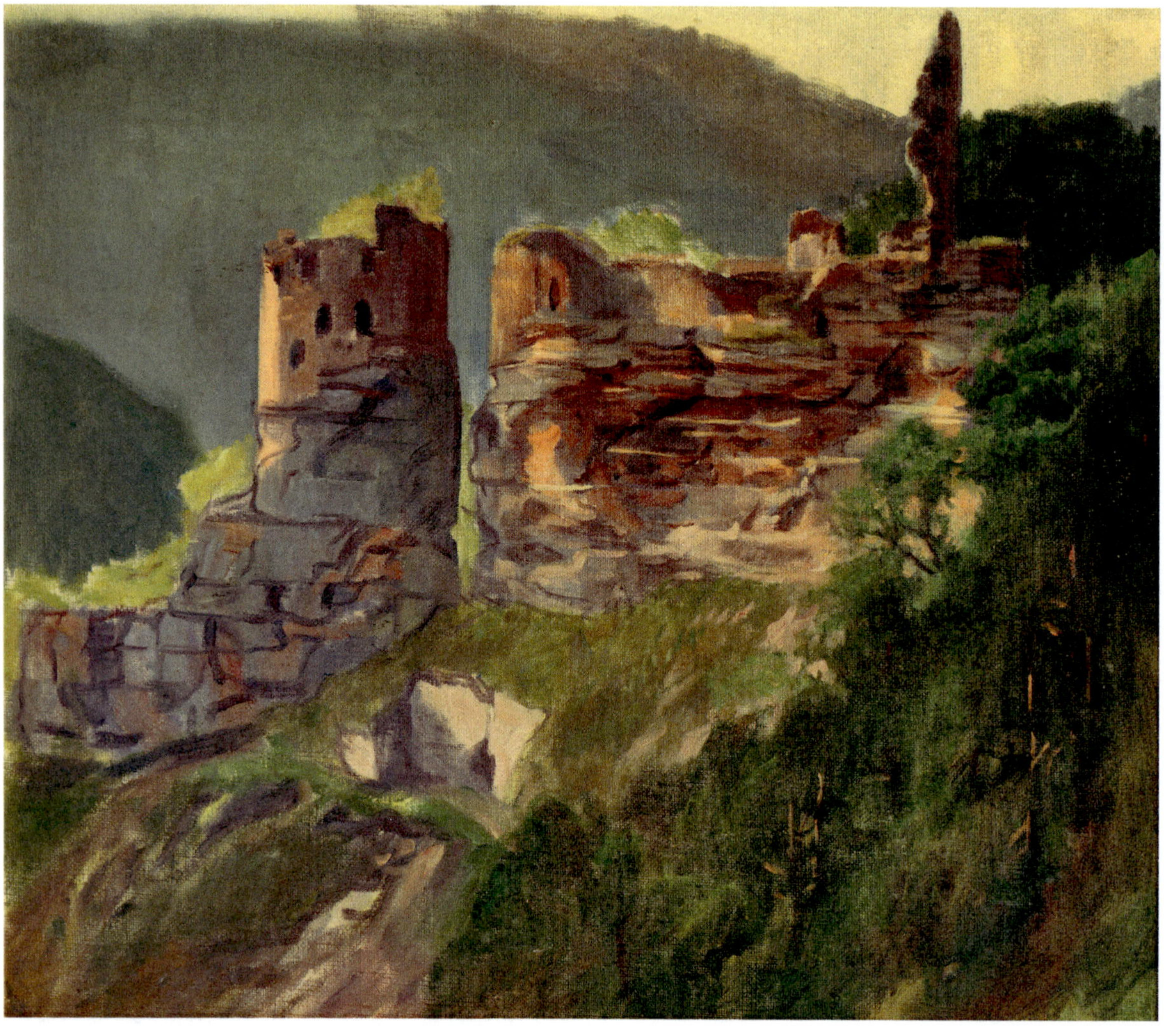

Franz Hein, Der Doppelklotz des Wasigenstein,
*double-roche du Wasigenstein*, 55 x 63 cm, Öl

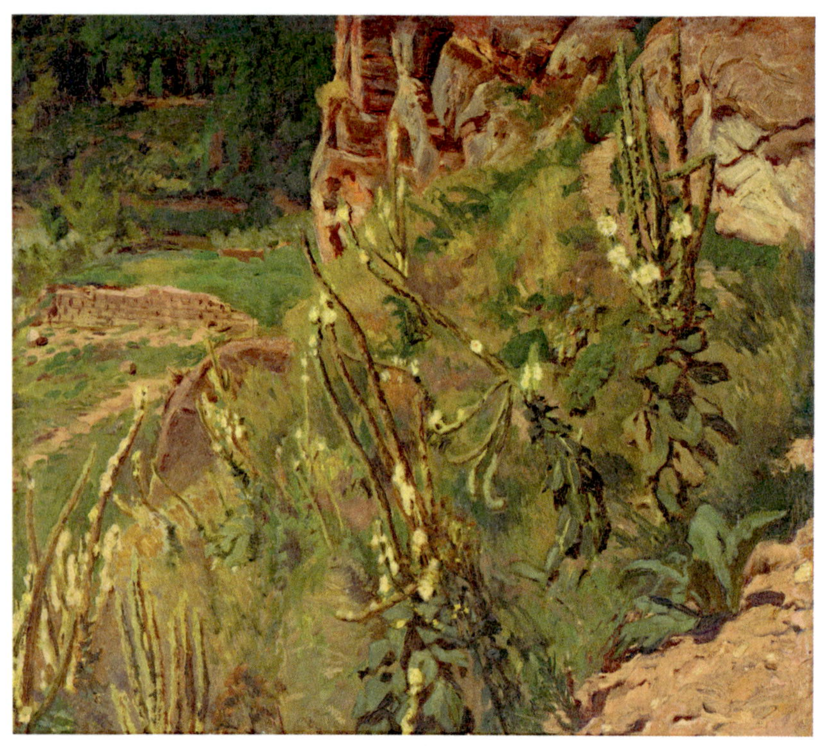

Franz Hein, Königskerzen am Wasigenstein, *molènes au Wasigenstein*, 55 x 63 cm, Öl

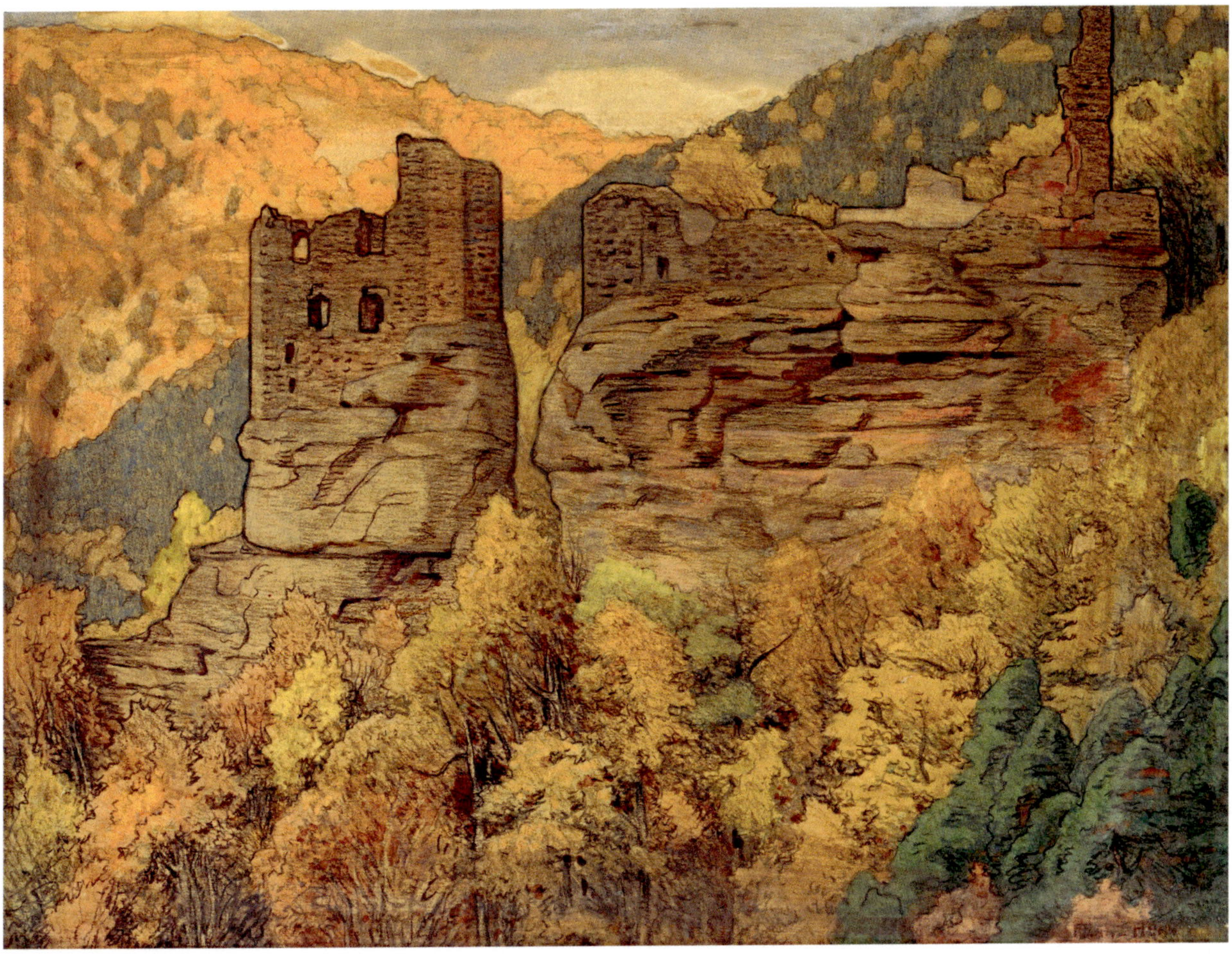

Franz Hein, Wasigenstein im Herbst, *Wasigenstein en automne*,
Sig. FRANZ HEIN, 42 x 50 cm, Gouache

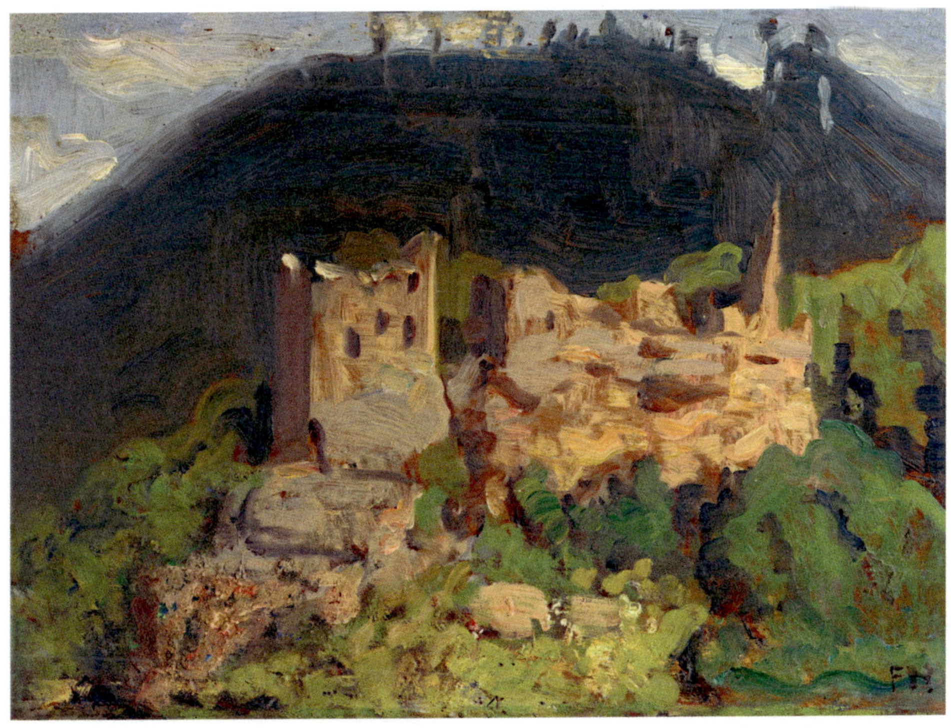

Franz Hein, Wasigenstein im Sonnenlicht,
*Wasigenstein au soleil*, Sig. F. H., 75 x 89 cm, Öl

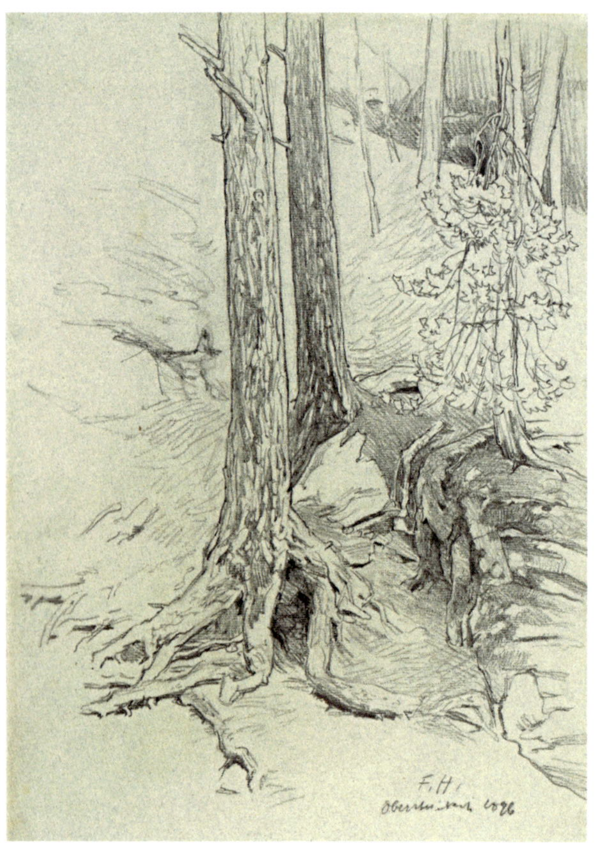

Franz Hein, Wurzelwerk, *jeu de racines*,
Sig. F.H. Obersteinbach 1896, 47 x 31 cm , Bleistift

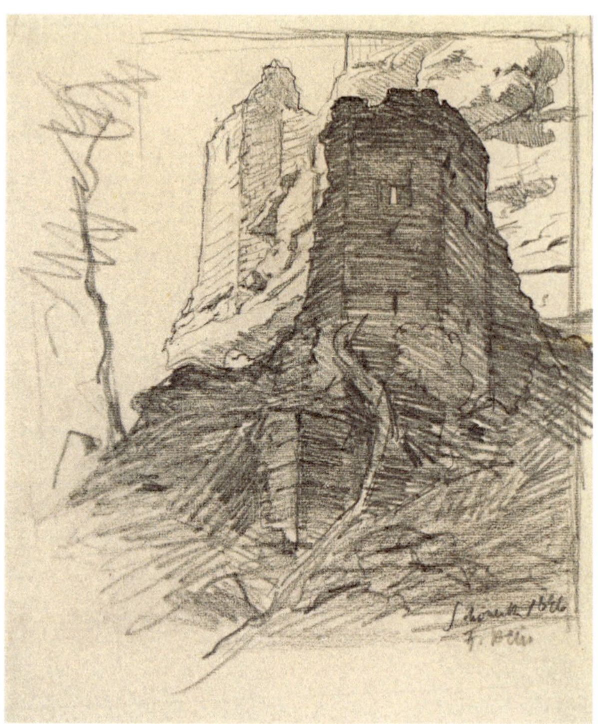

Franz Hein, Ruine Schöneck, Sig. Schöneck 1896
F. Hein, 33 x 28 cm, Kohlezeichnung

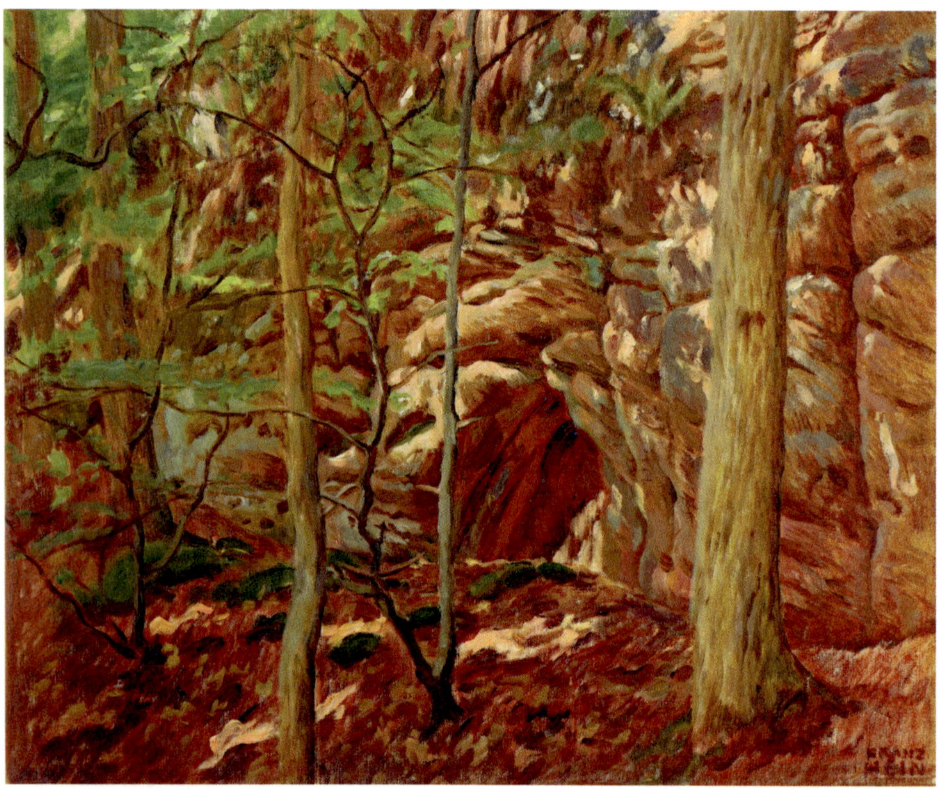

Franz Hein, Felsenhöhle am Wolfsfelsen bei Obersteinbach, *grotte au Wolfsfelsen*,
Sig. FRANZ HEIN, 50 x 40 cm, 1912, Öl

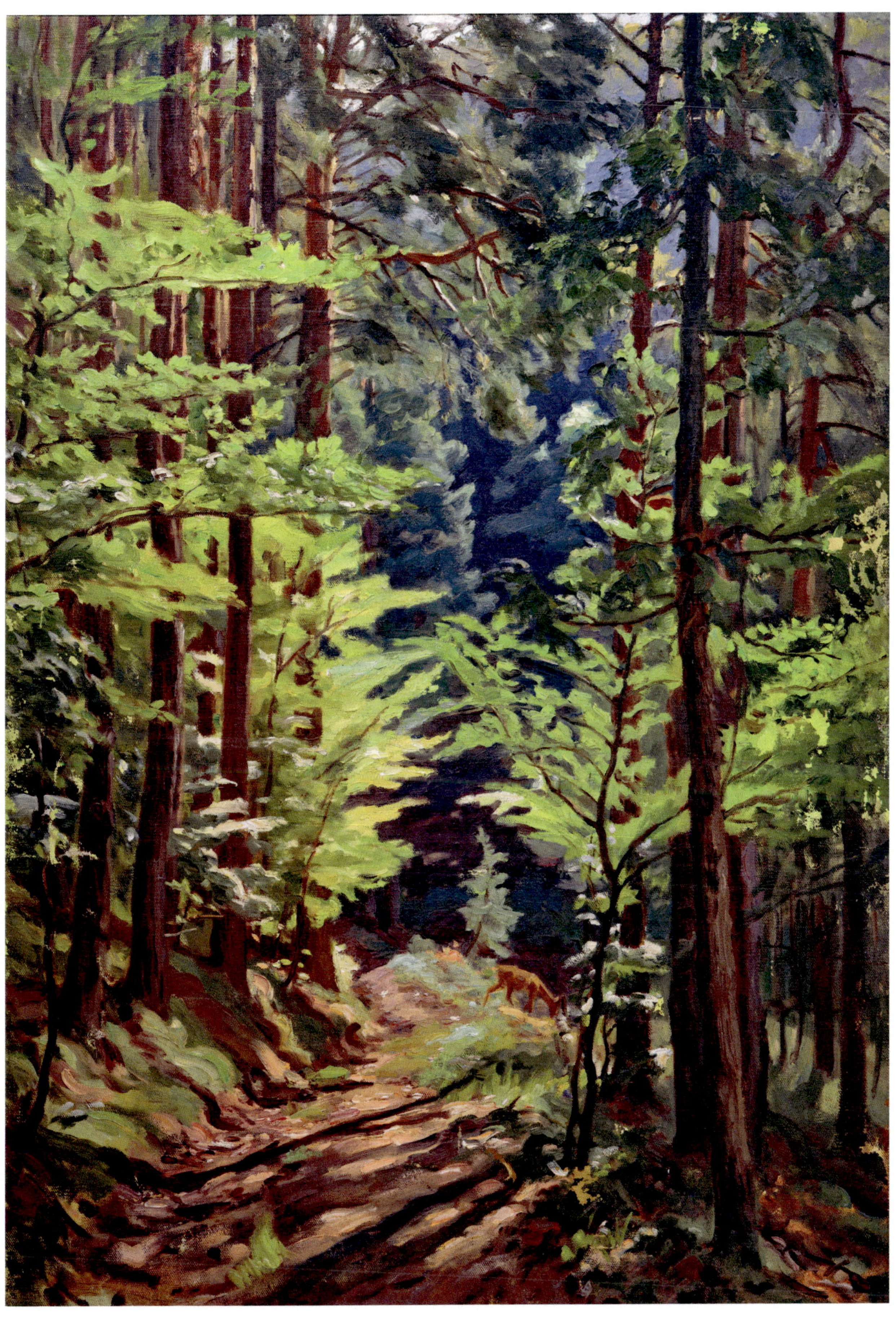

Franz Hein, Weg am Schloßberg,
*chemin au Schlossberg*, 99 x 40 cm, Öl

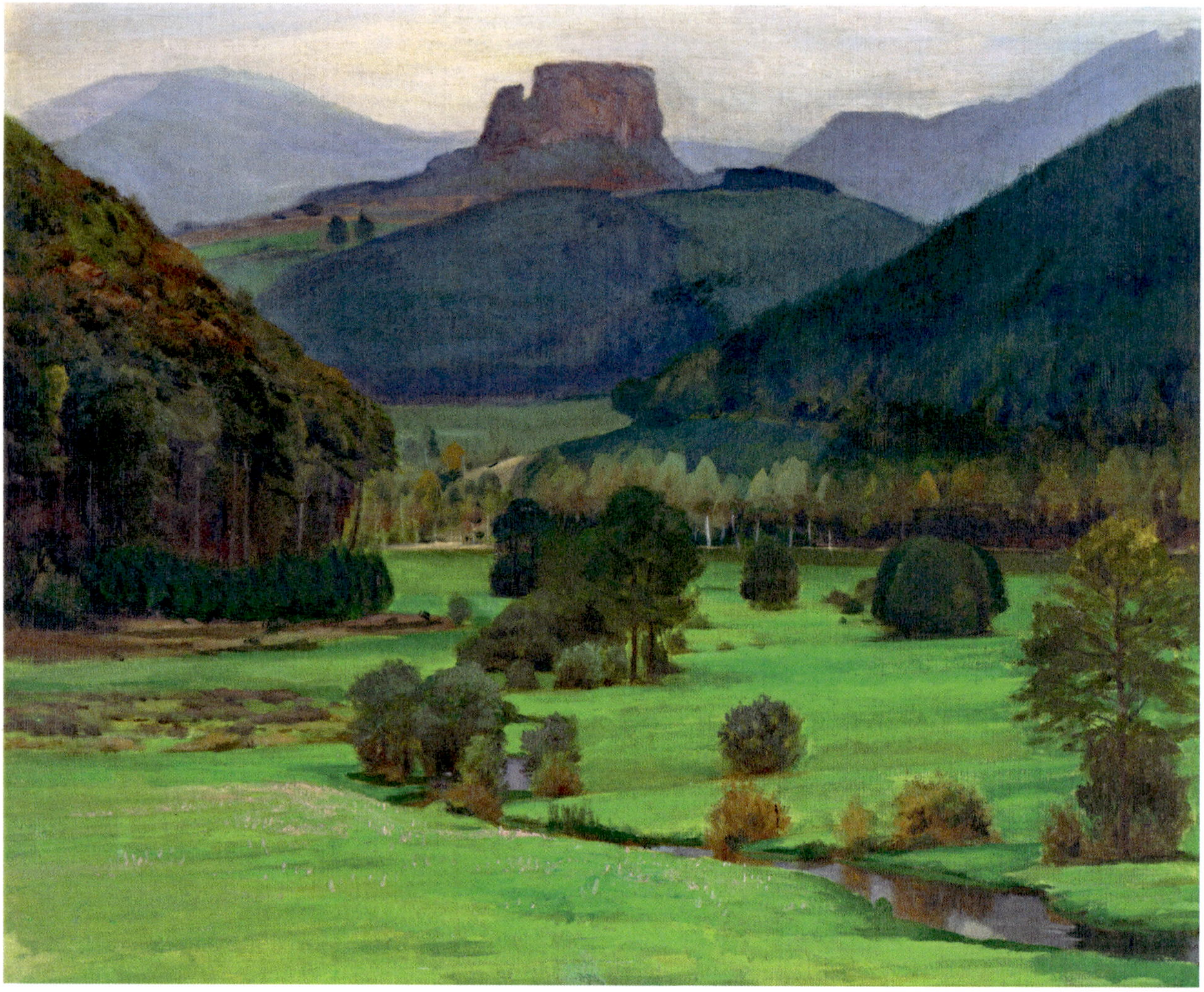

Franz Hein, Fleckenstein und Birkenallee, *Fleckenstein et allée des bouleaux*, 54 x 68 cm, Öl

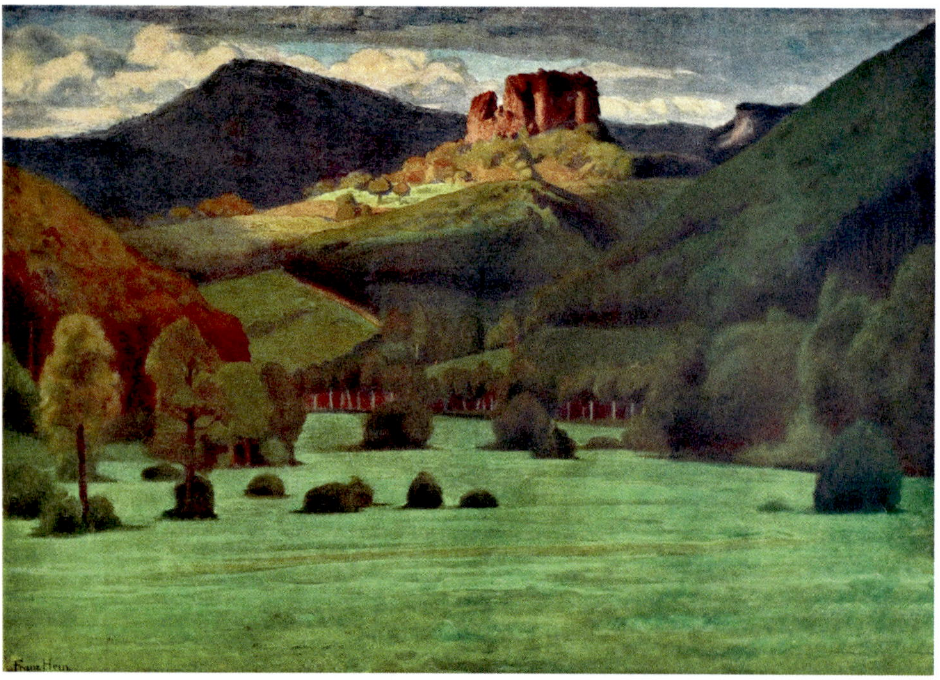

Franz Hein, Fleckenstein im Abendlicht, Sig. Franz Hein, 45 x 74 cm, 1897, Öl

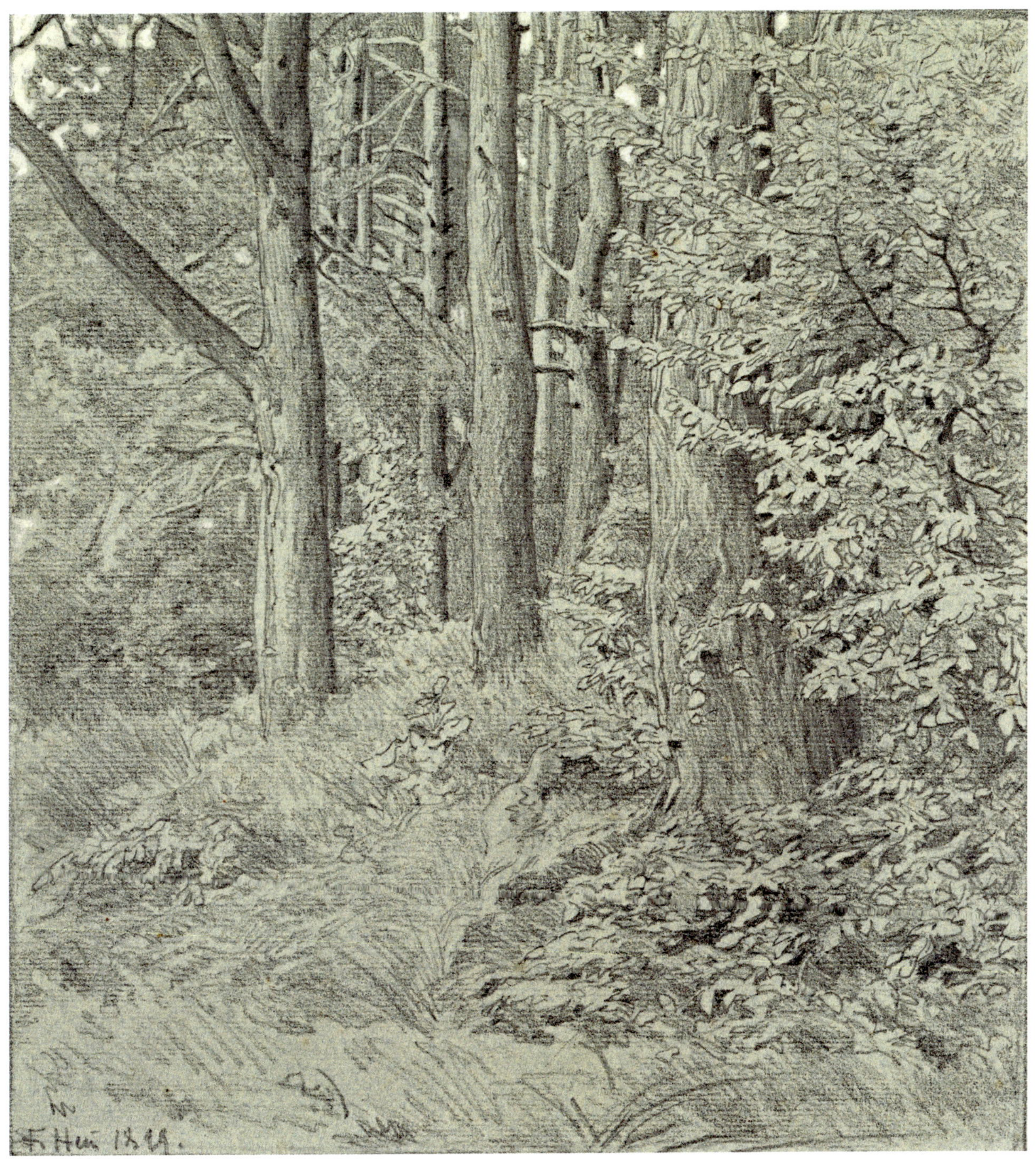

Franz Hein, Eichenwald, *forêt des chênes*,
Sig. F. Hein 1899, 25 x 17 cm, Bleistift

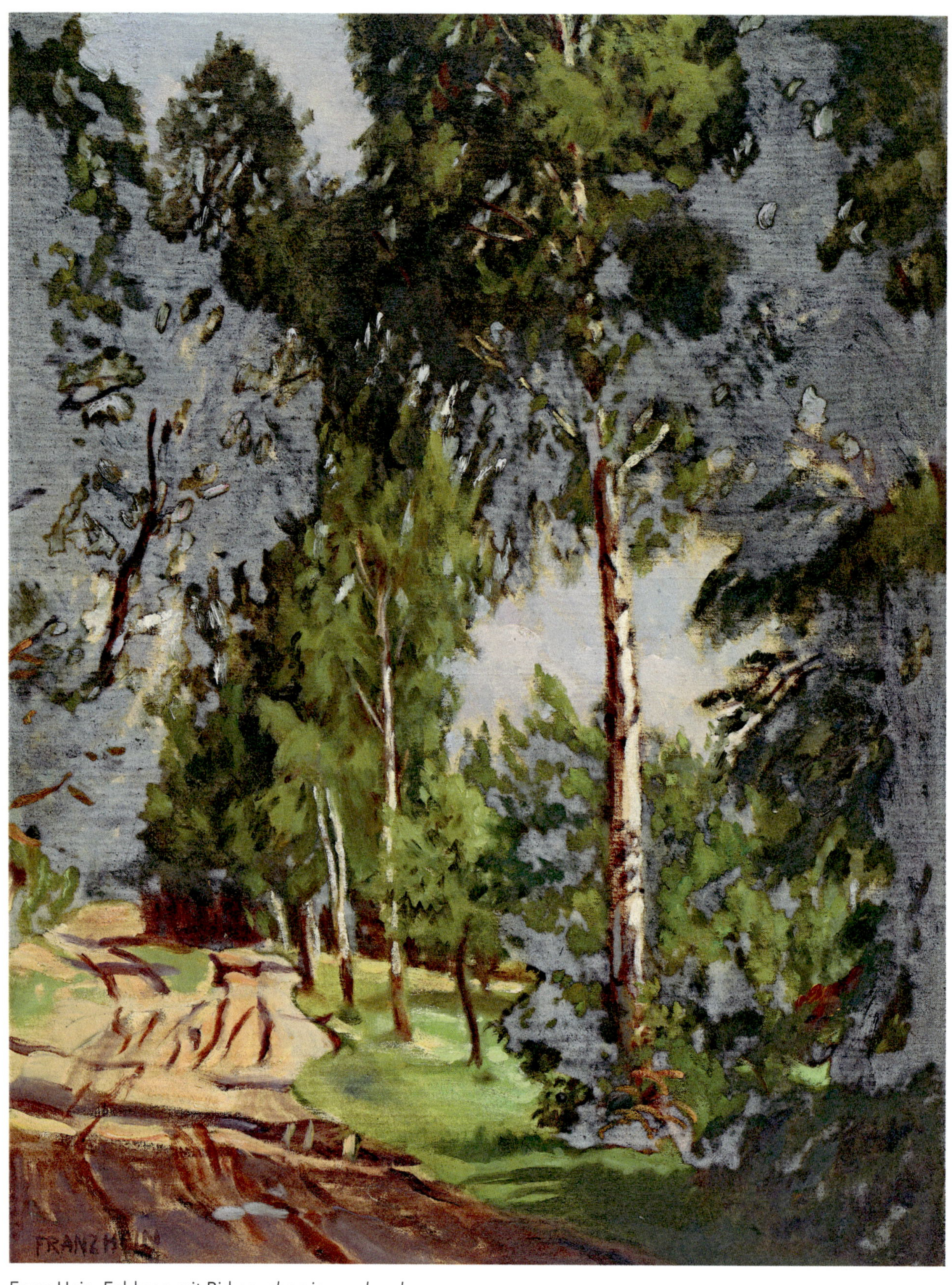

Franz Hein, Feldweg mit Birken, *chemin vers les champs,*
Sig. FRANZ HEIN, 53 x 40 cm, Öl

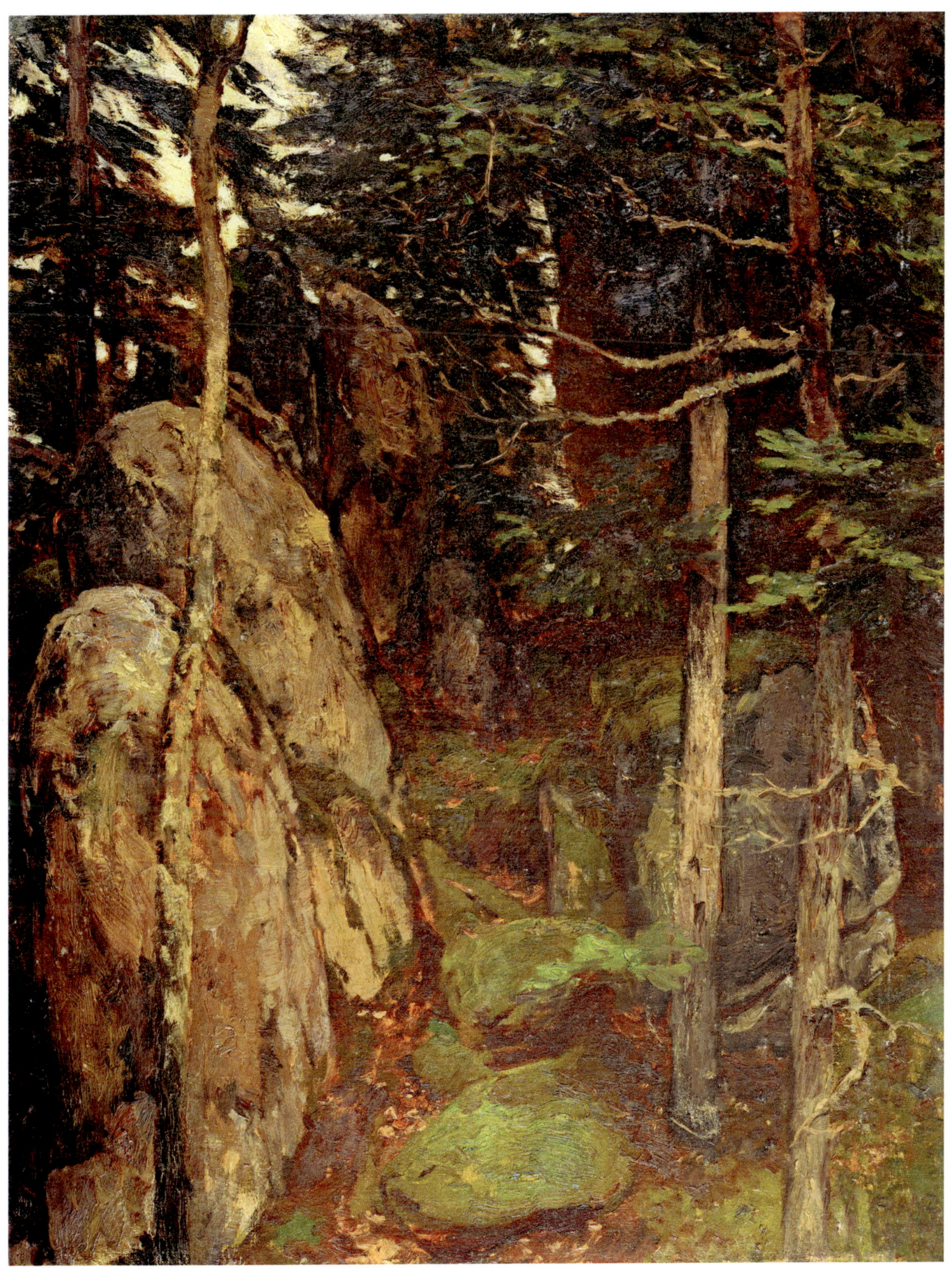

Franz Hein, Felsen am Schloßberg, *rochers au Schlossberg*, 52 x 42 cm Öl

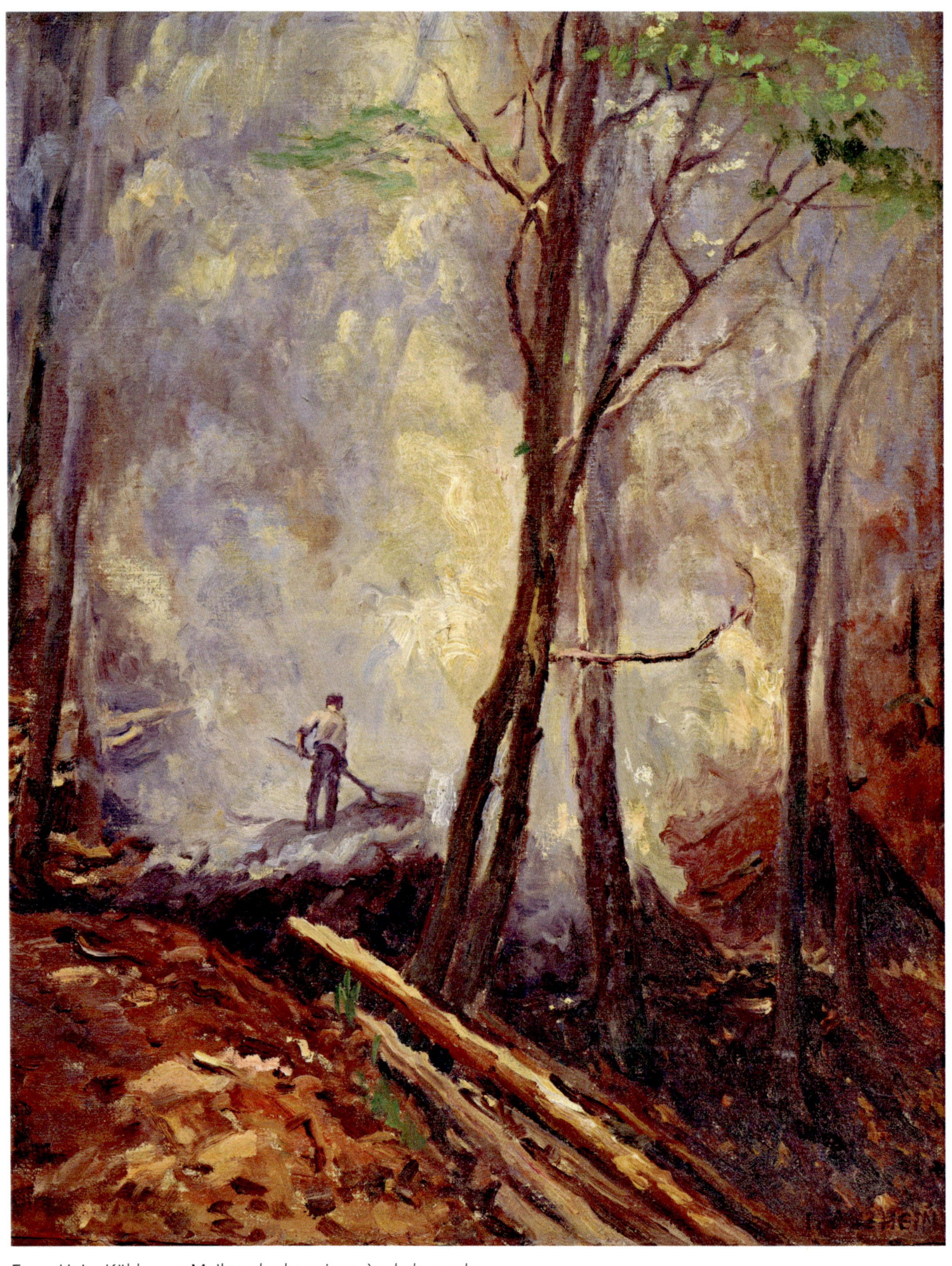

Franz Hein, Köhler am Meiler, *charbonnier près de la meule*,
Sig. FRANZ HEIN,  51 x 43 cm, Öl

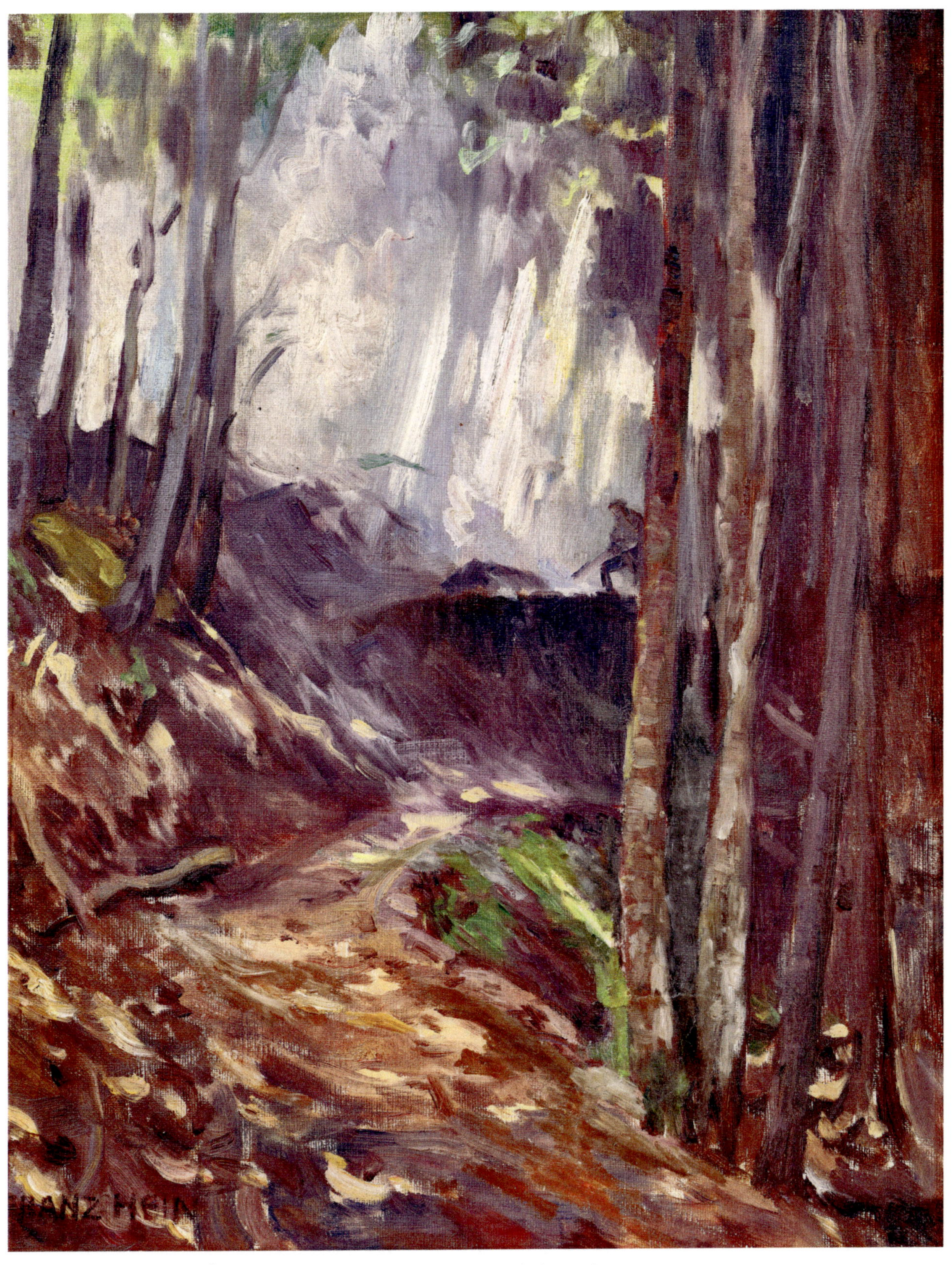


Franz Hein, Köhler beim Öffnen des Meilers, *charbonnier près de la meule ouverte*,
Sig. FRANZ HEIN, 48 x 38 cm, Öl

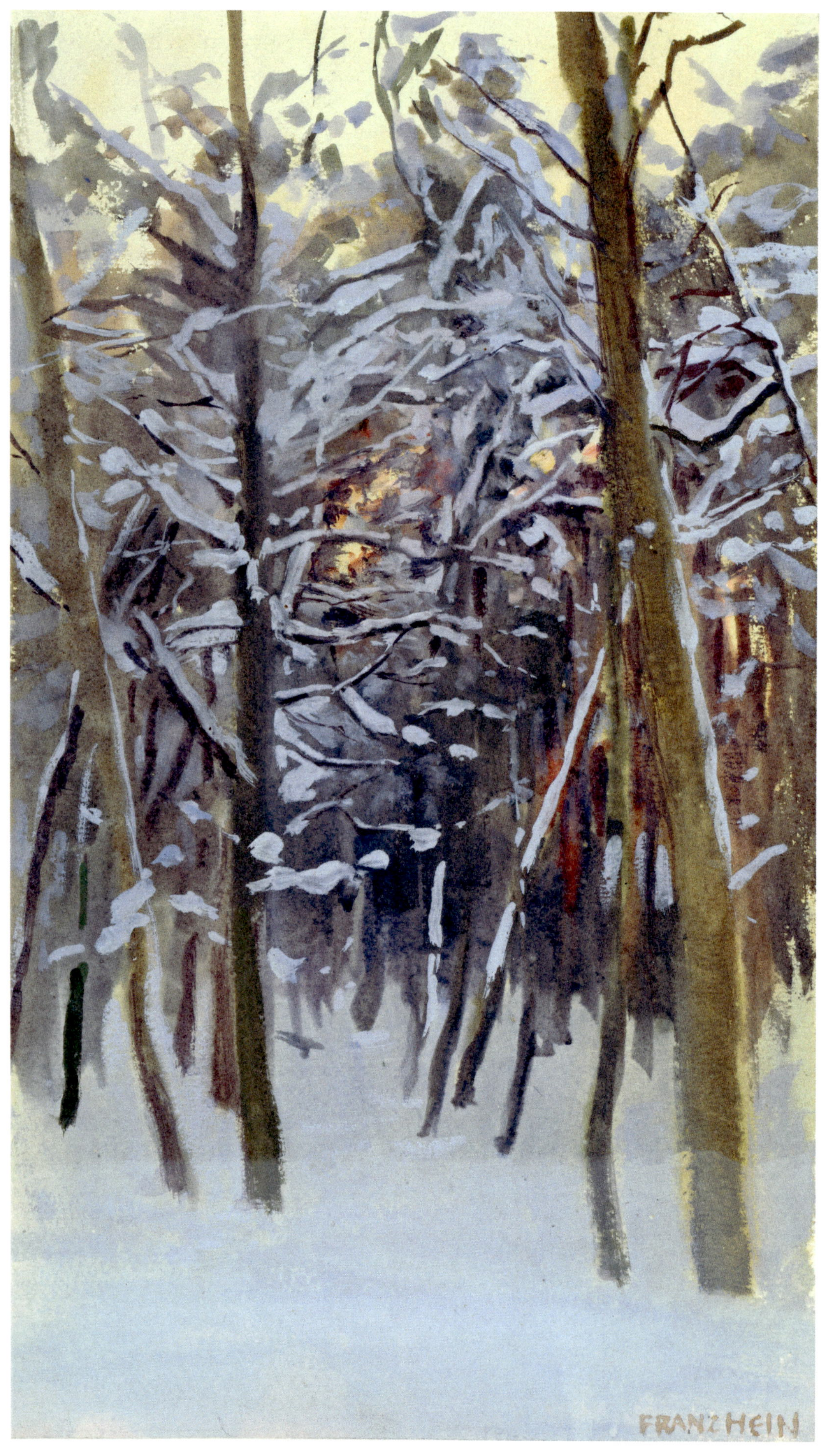
FRANZHEIN

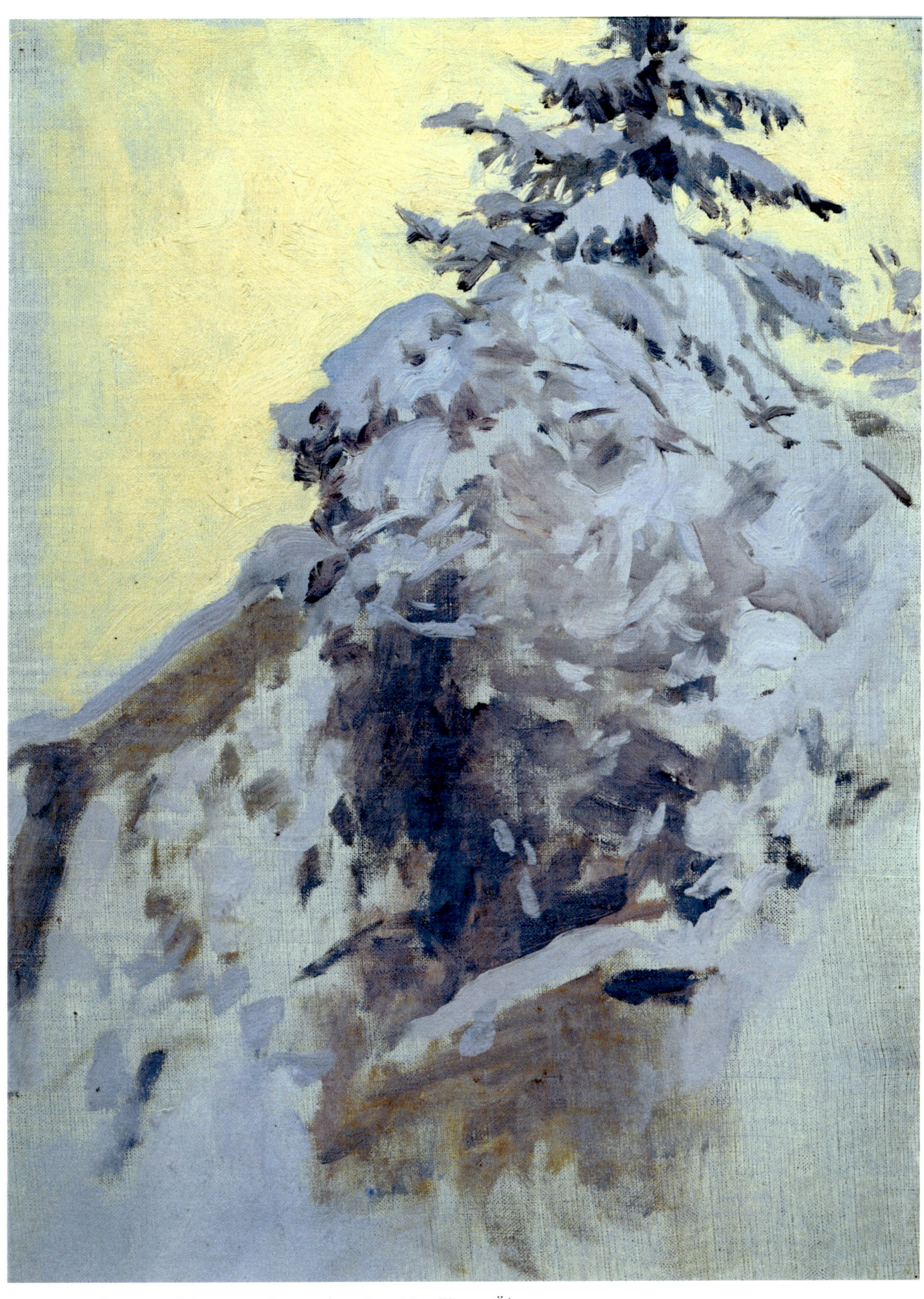

Franz Hein, Tanne im Schnee, *sapin sous la neige*, 41 x 38 cm, Öl

linke Seite: Franz Hein, Wald im Schnee, *forêt enneigée*, Sig. FRANZ HEIN, 41 x 24 cm, Gouache

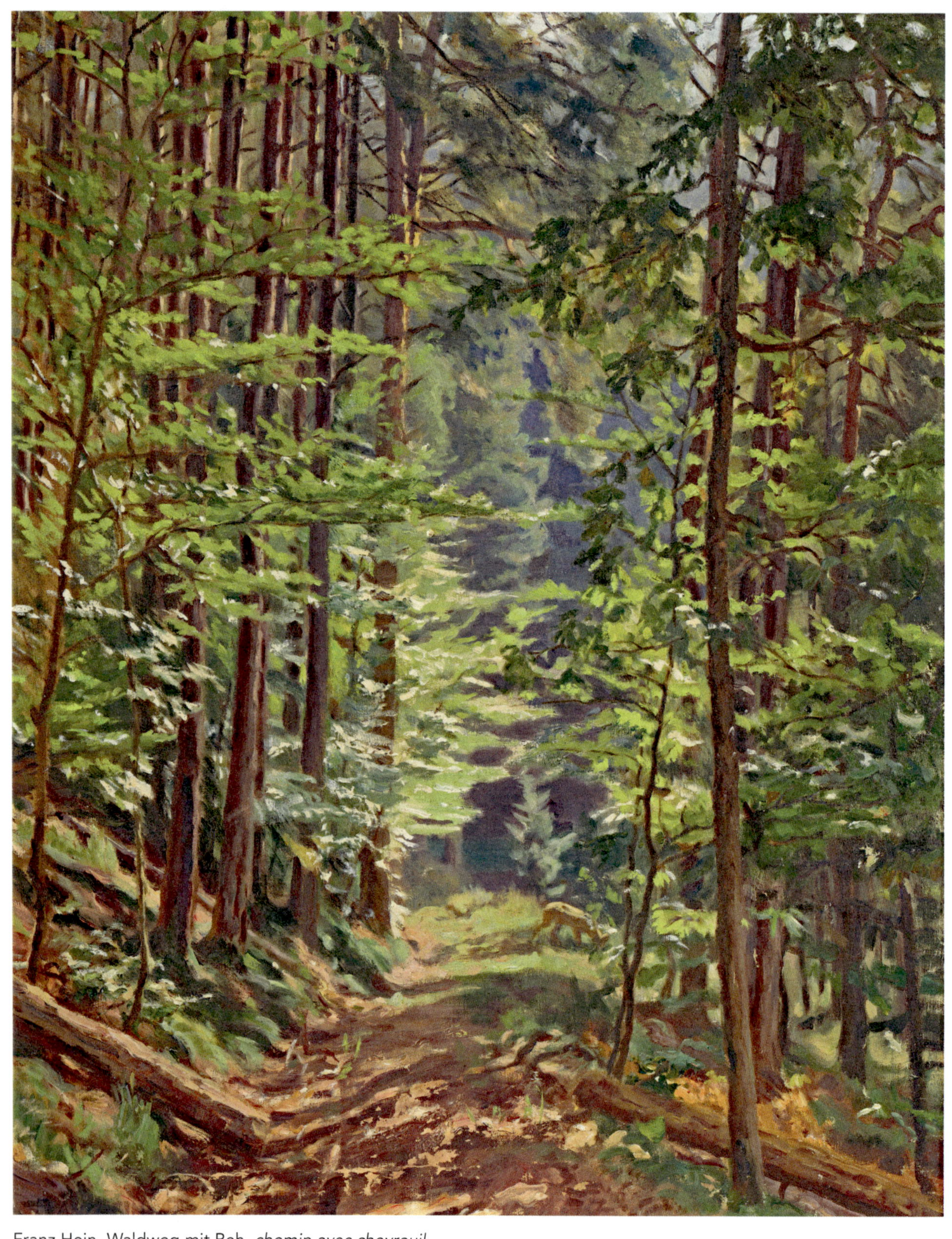

Franz Hein, Waldweg mit Reh, *chemin avec chevreuil*,
70 x 55 cm, Öl

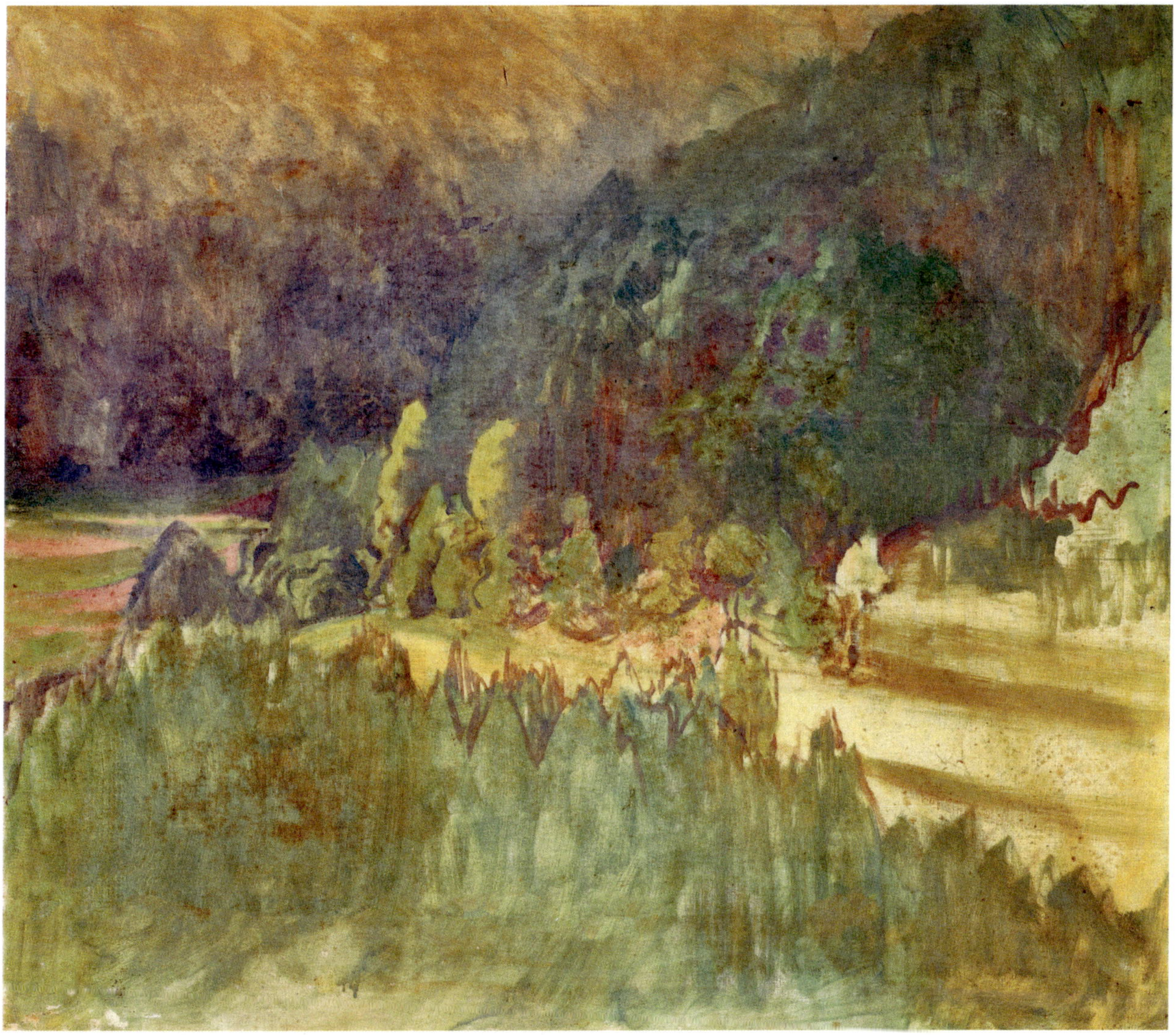

Franz Hein, Auf der Hardt, *à la Hardt* ,Öl

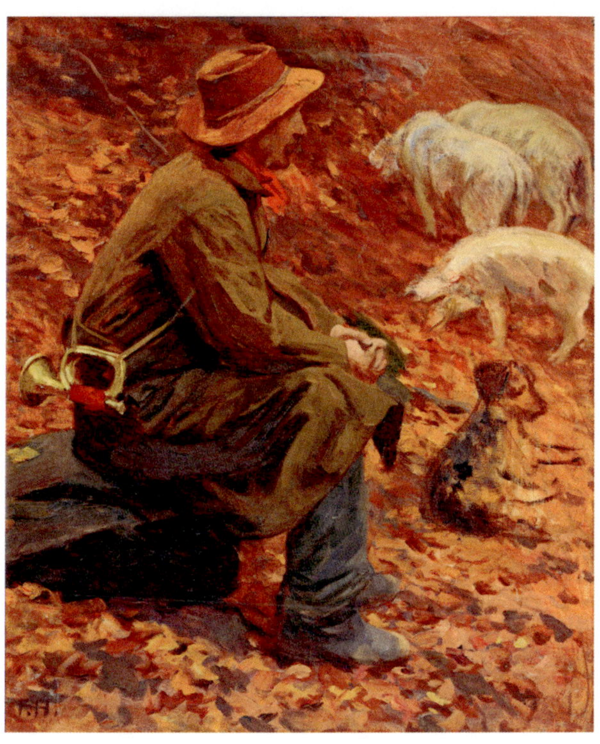

Franz Hein, Der Schweinehirt von Obersteinbach,
*le porcher*, Sig. F. H., 69 x 58 cm, Öl

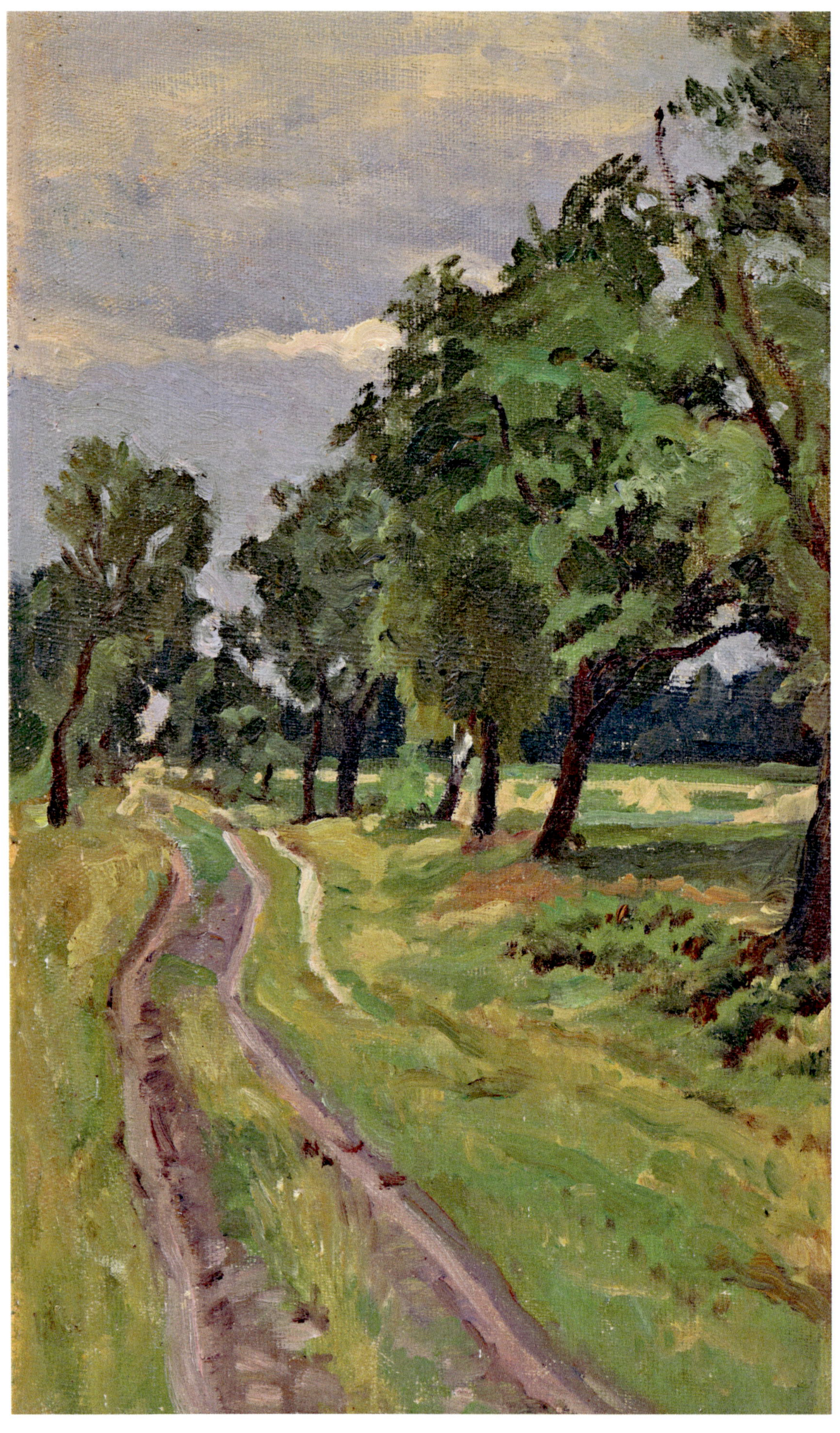

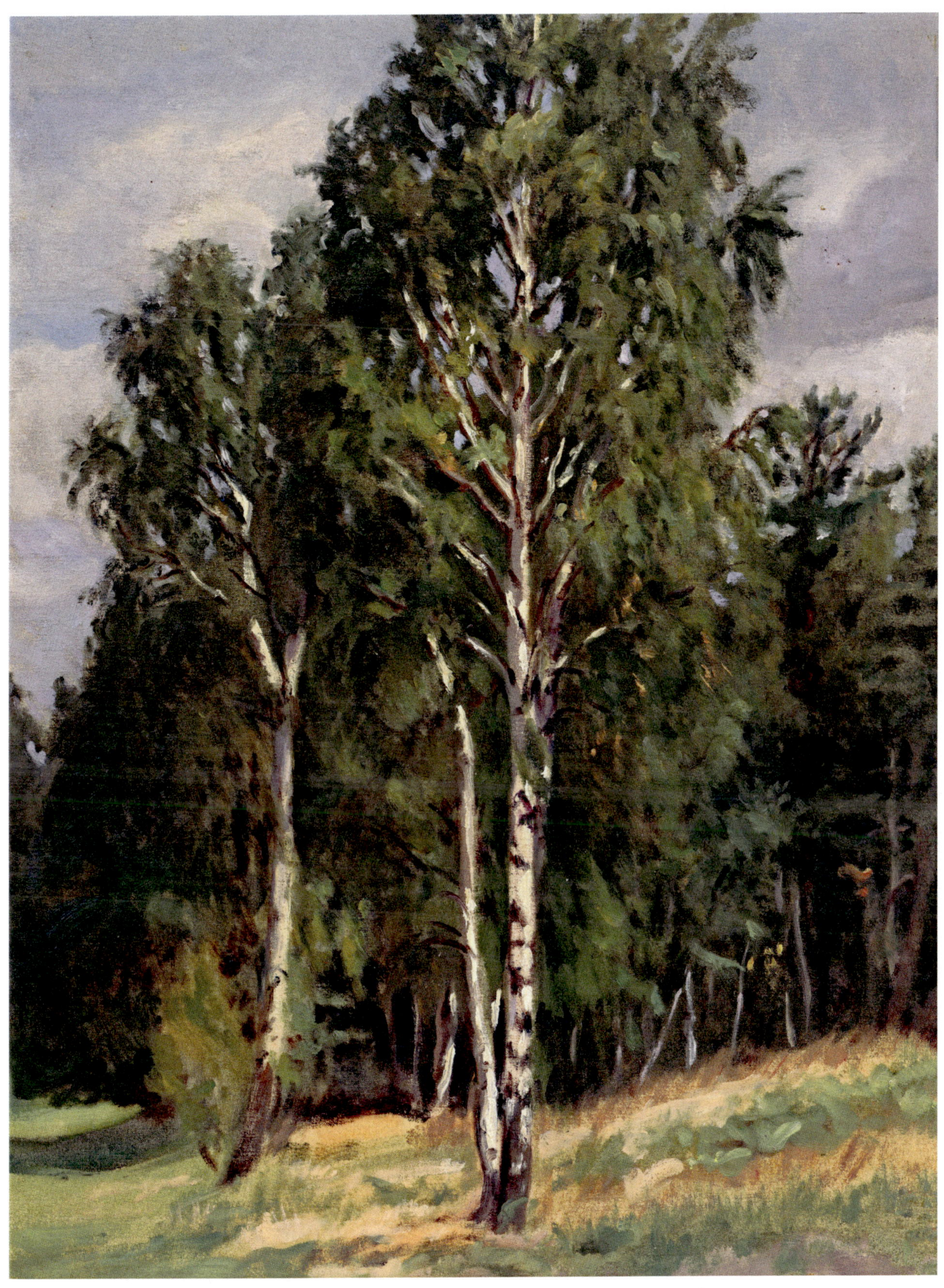

Franz Hein, Birken in der Schangenbach, *bouleaux dans la Schangenbach*, 53 x 40 cm, Öl

linke Seite: Franz Hein, Feldweg mit Allee zwischen Ober- und Niedersteinbach, *chemin entre Ober- et Niedersteinbach*, 41 x 26 cm, Öl

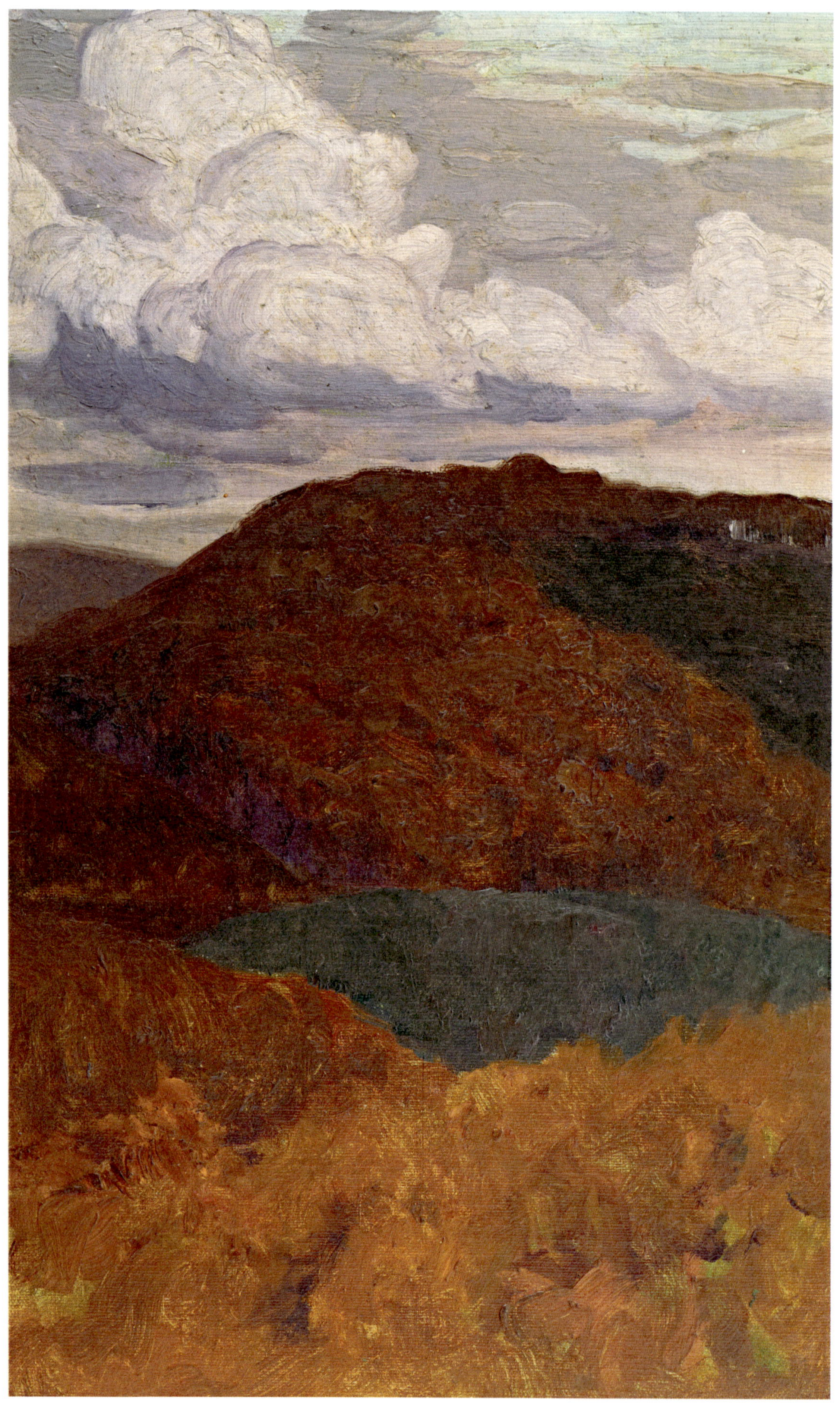

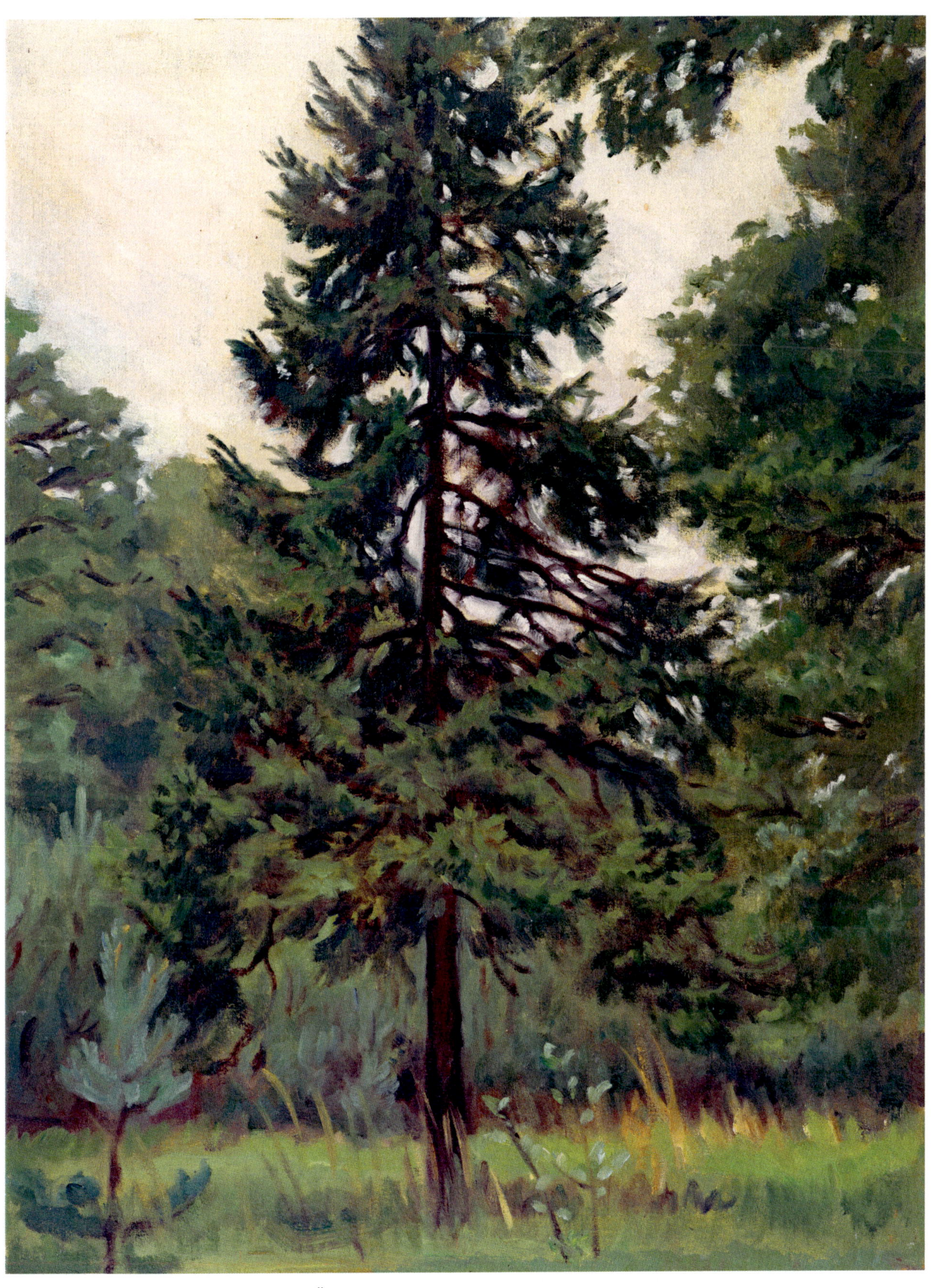

Franz Hein, Fichte, *épicéa*, 52 x 40 cm, Öl

linke Seite: Franz Hein, Wittberg, 33 x 27 cm, Öl

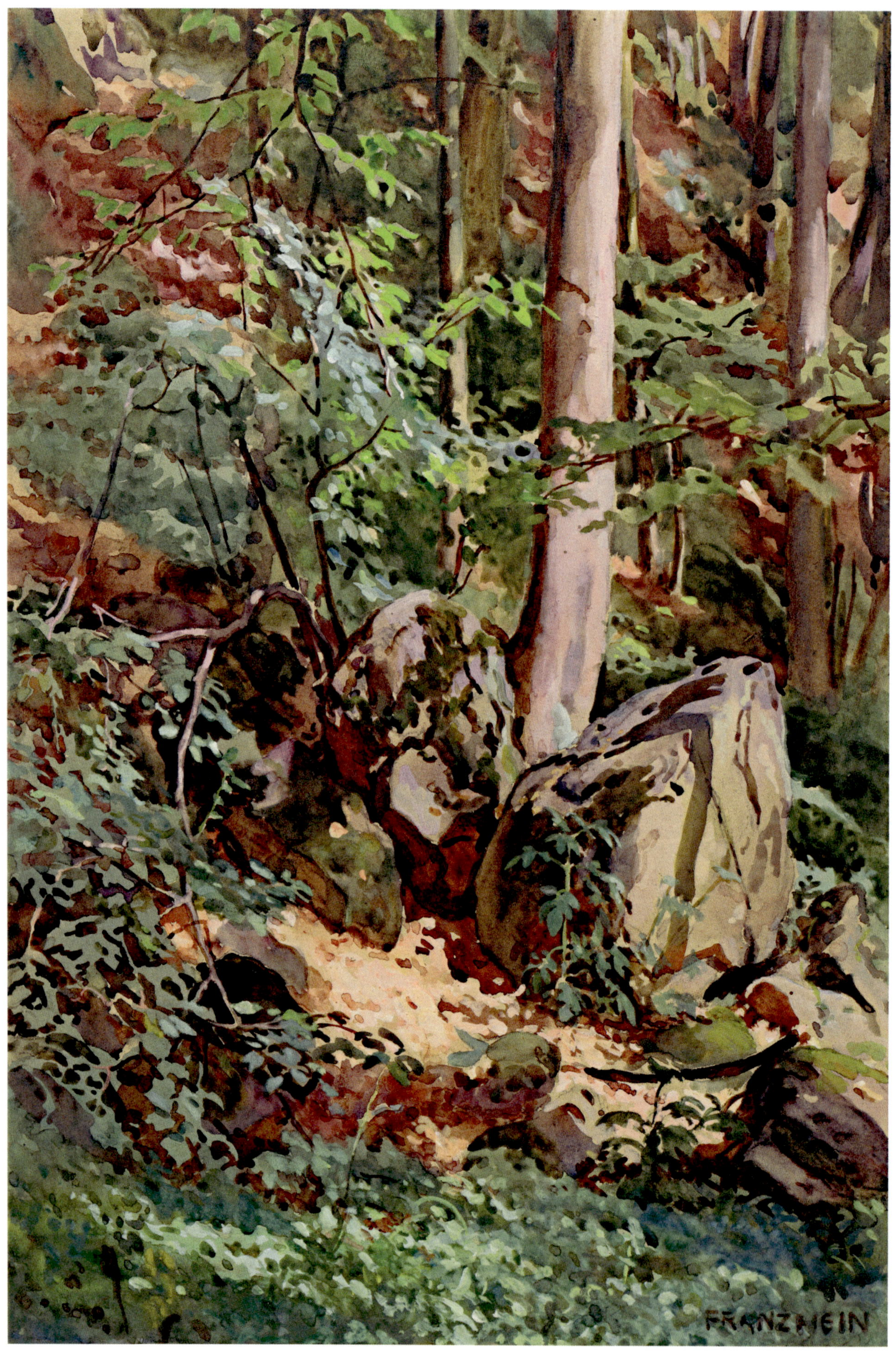
FRANZ HEIN

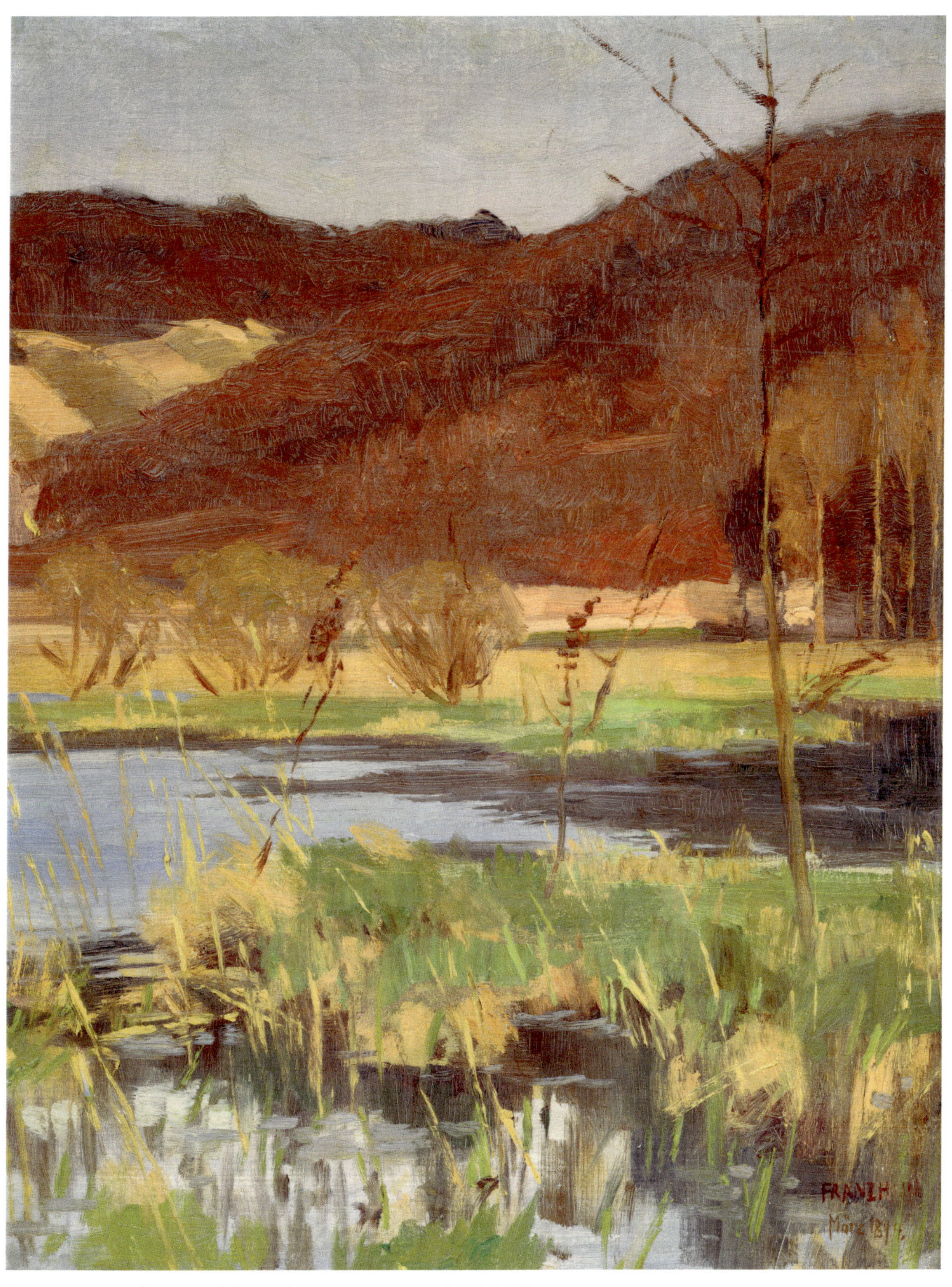

Franz Hein,, Schilf am Rand des Waldweihers, *joncs au bord de l'étang*,
Sig. FRANZ HEIN 1894, 41 x 32 cm, Öl

linke Seite: Franz Hein, Felsen im Wald, *rochers et forêt*,
Sig. FRANZ HEIN, 48 x 33 cm, Gouache

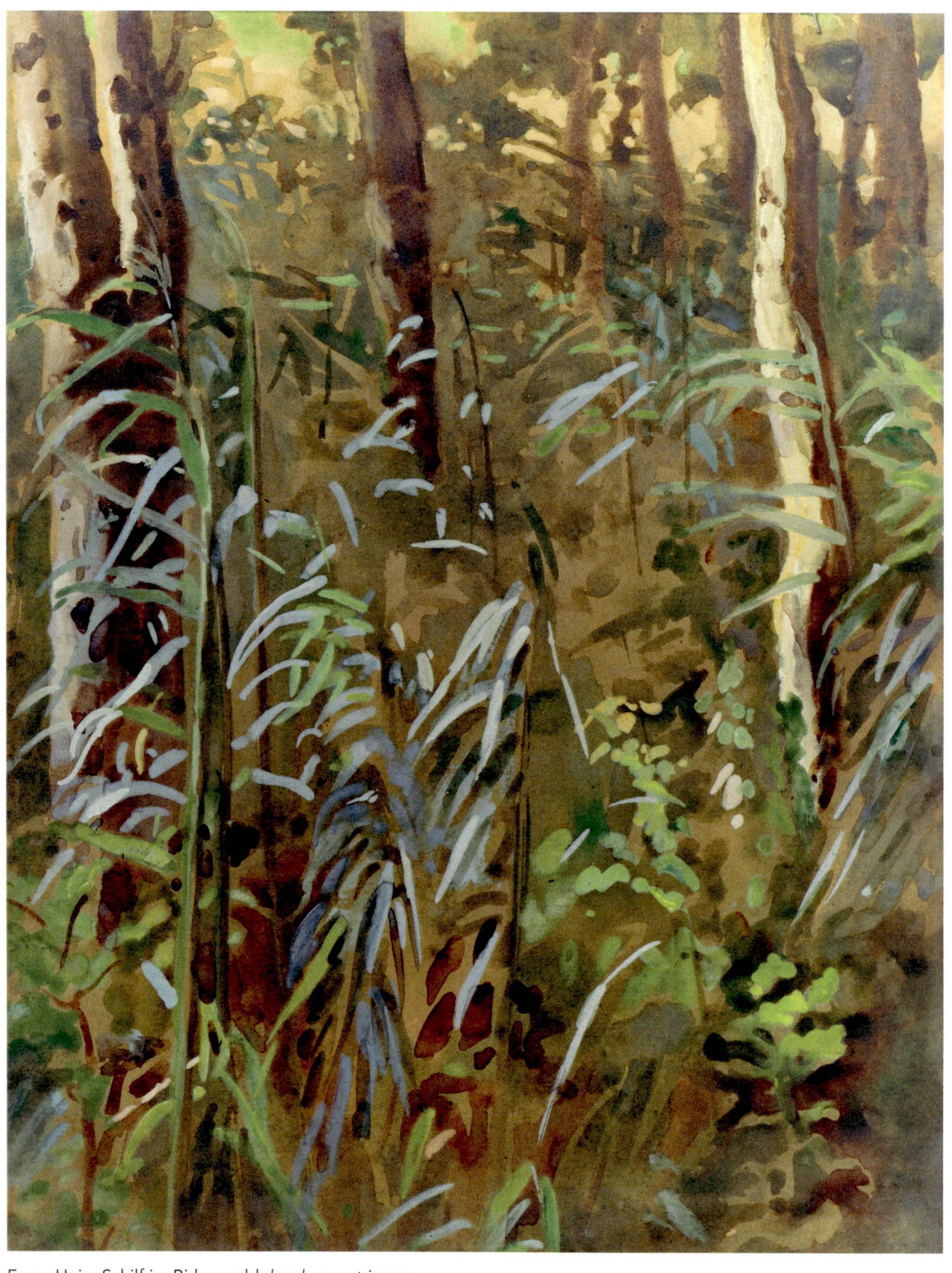

Franz Hein, Schilf im Birkenwald, *bouleaux et joncs*,
30 x 24 cm, Gouache

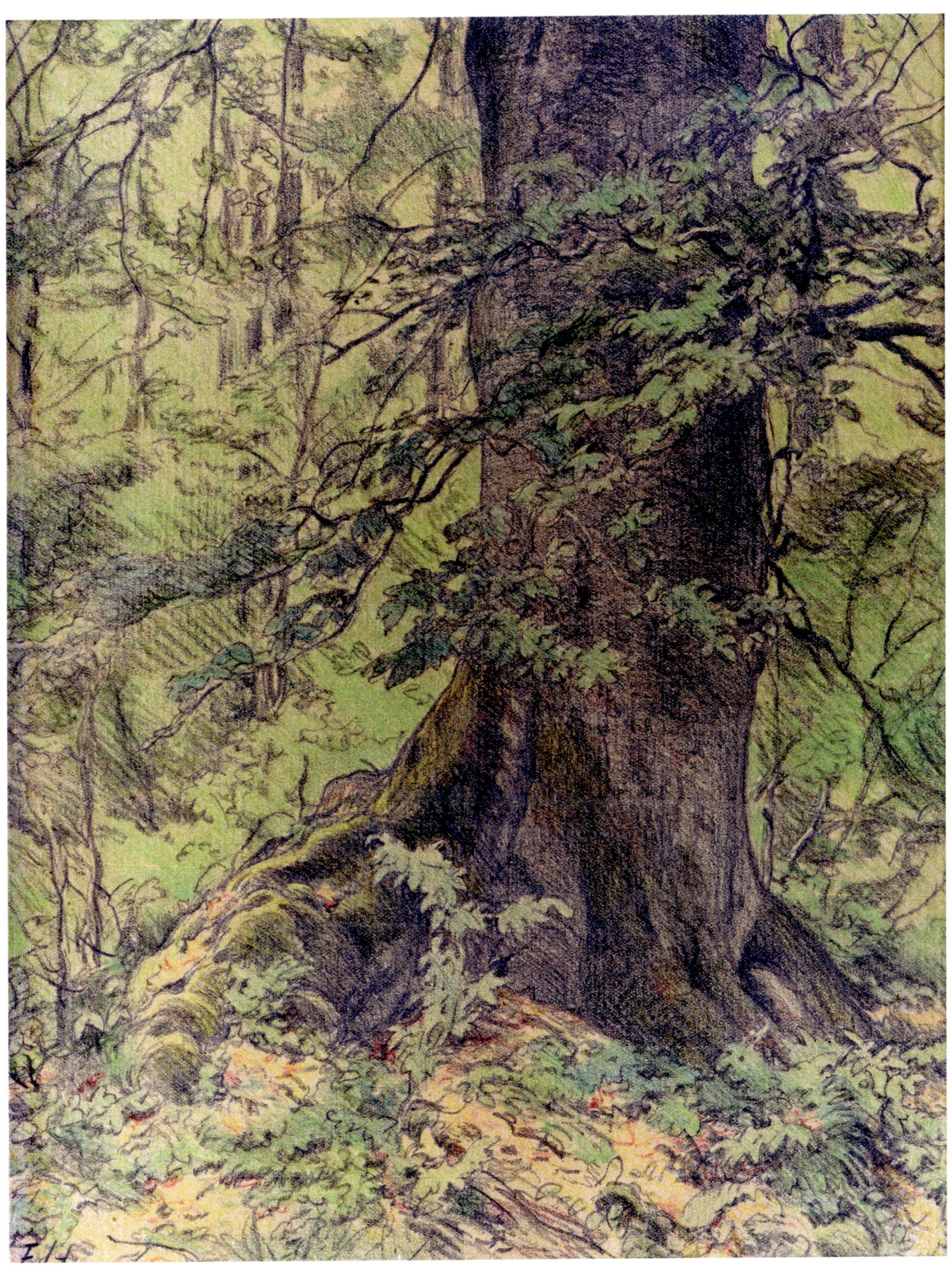

Franz Hein, Alter Eichbaum im Obersteinbacher Wald,
*vieux chêne*, Sig. F. H., 29 x 22 cm, Bleistift, Gouache

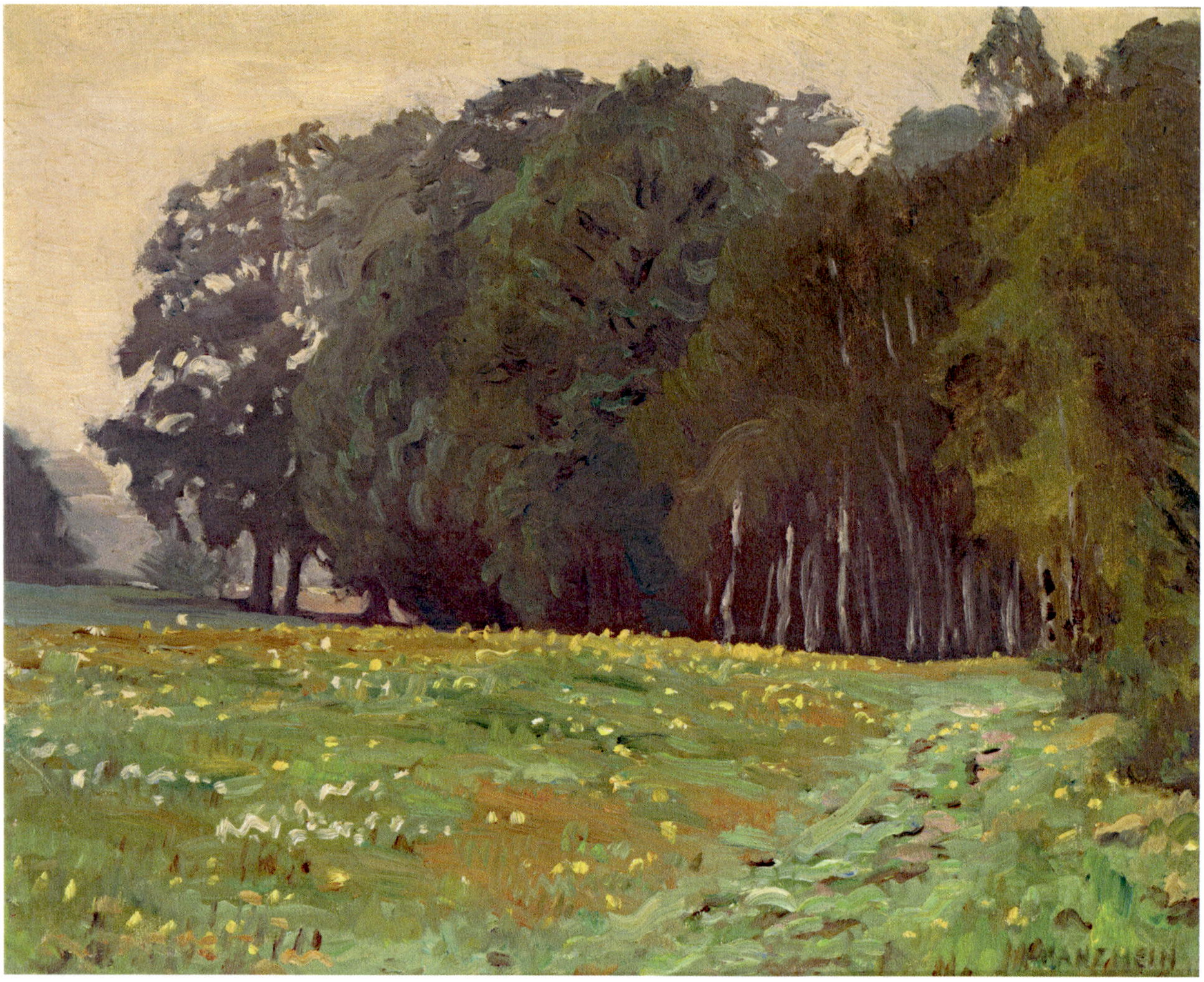

Franz Hein, Waldlichtung in der Schangenbach, *clairière dans la Schangenbach*, Sig. FRANZ HEIN, 42 x 54 cm, Öl

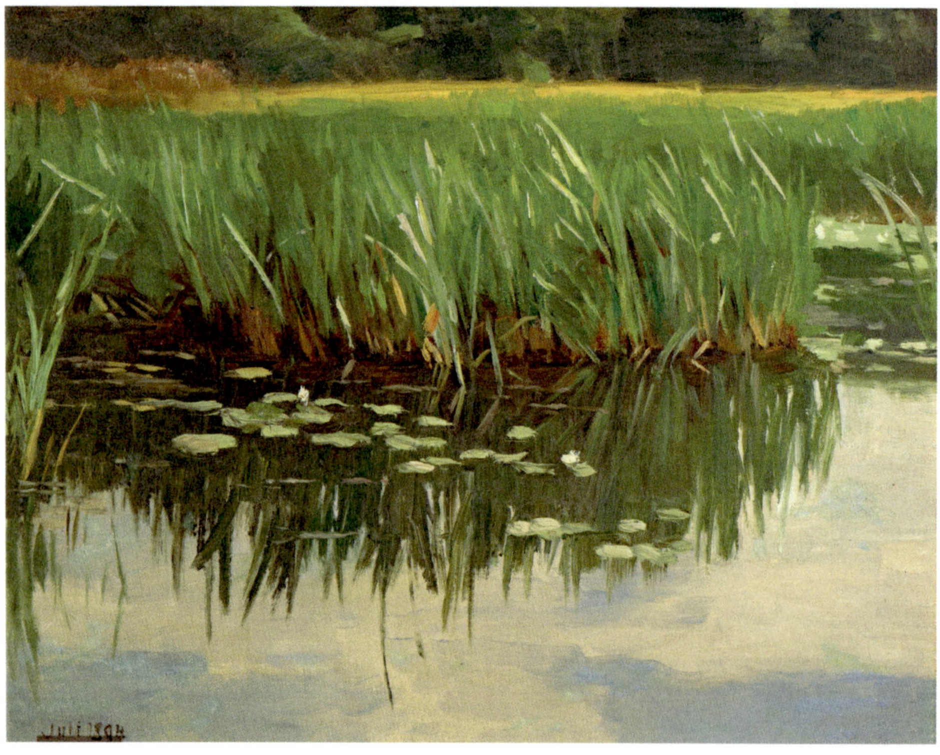

Franz Hein, Seerosen und Schilf beim Waldweiher, *nénuphars et joncs*, Sig. Juli 1904, 32 x 41 cm, Öl

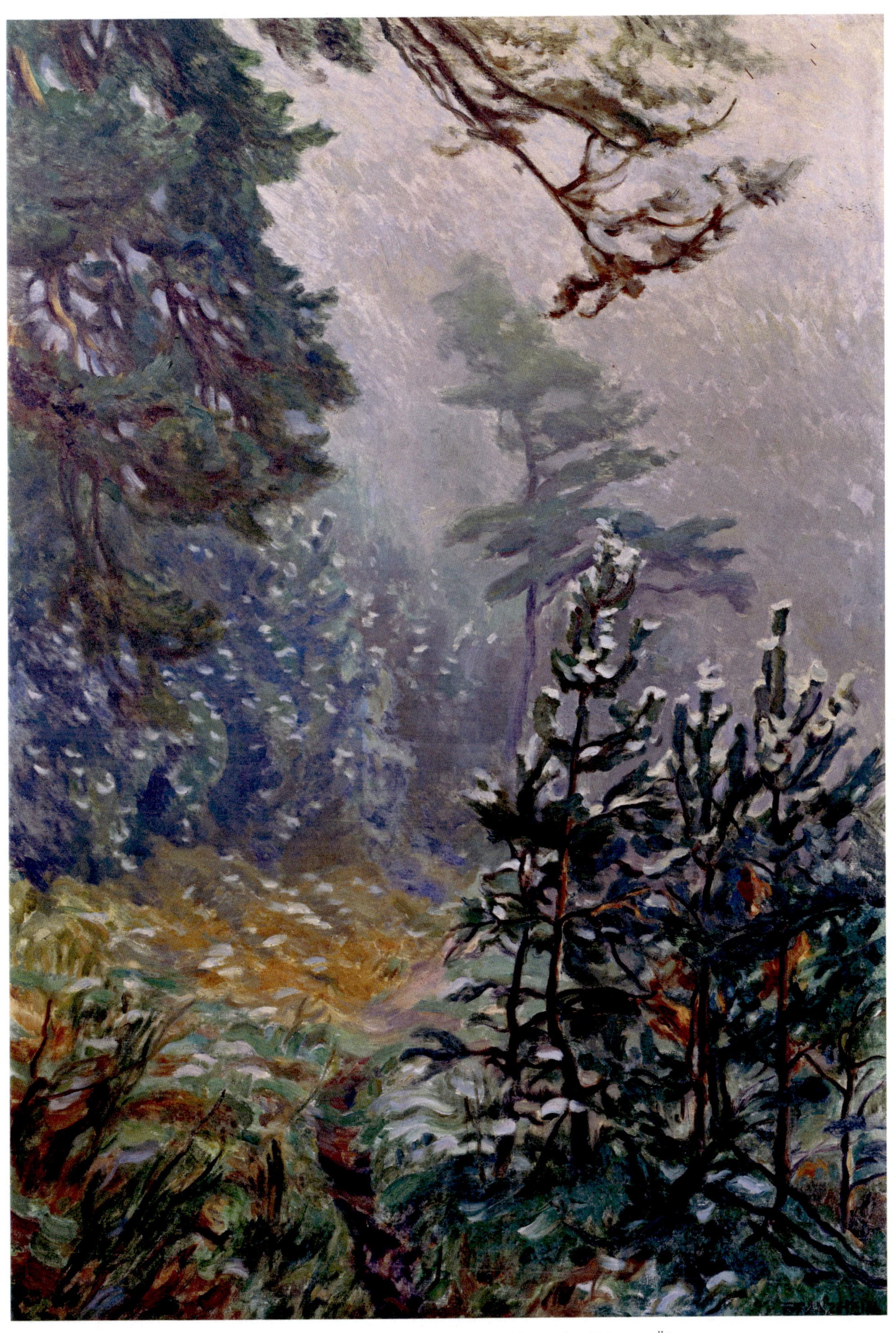

Franz Hein, Reifsilber im Winterwald, *givré en hiver*, Sig. FRANZ HEIN, 140 x 100 cm, Öl

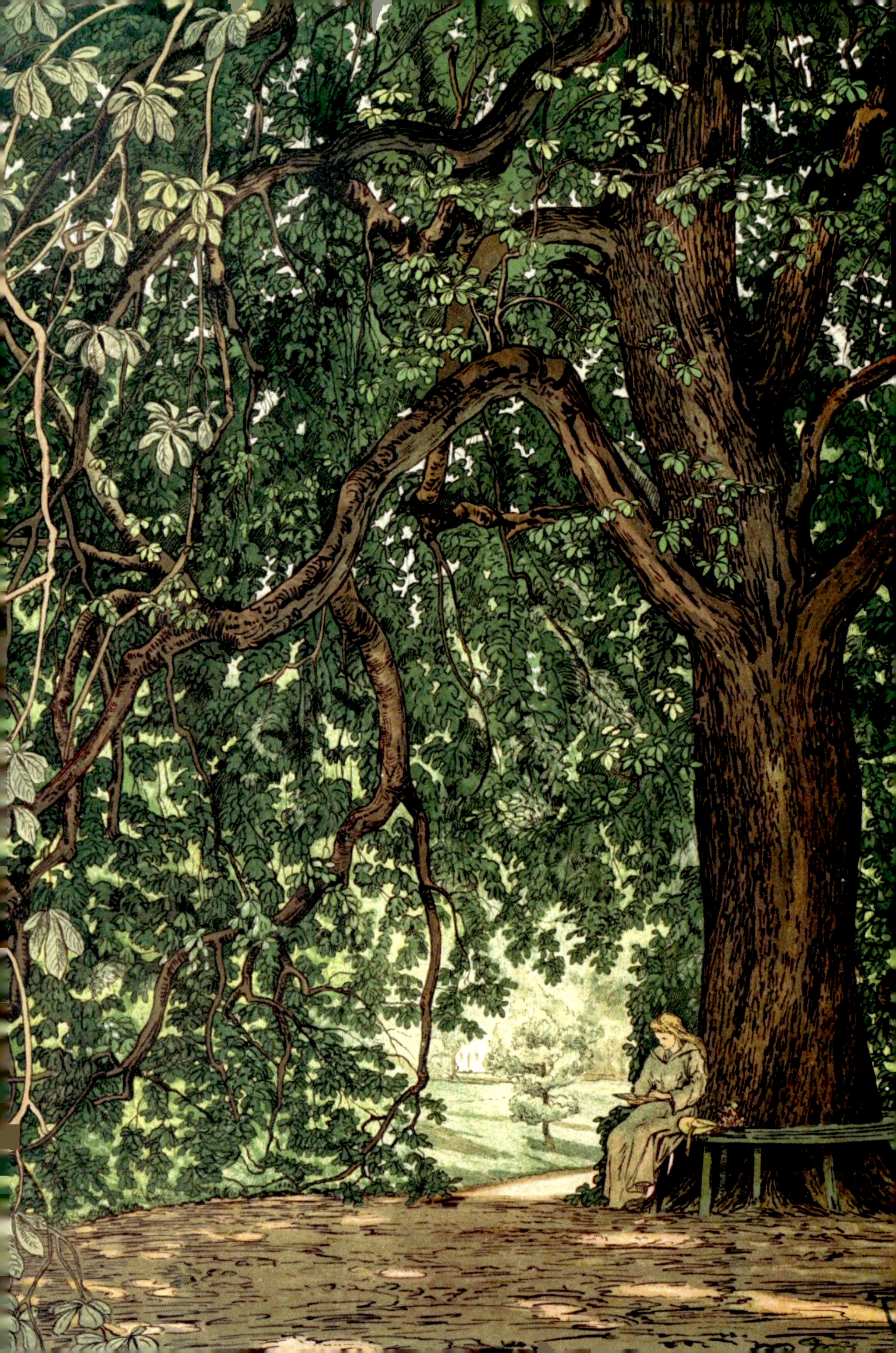

## Franz Heins Malerkollegen

Am 16. April 1896 traten 24 Mitglieder der Karlsruher Kunstgenossenschaft aus dieser Vereinigung aus und gründeten noch im gleichen Monat am 25. April den „Künstlerbund Karlsruhe". Diese Karlsruher Sezession, die bereits im Juni des gleichen Jahres 45 Mitglieder umfaßte, nahm auch weibliche Mitglieder auf, z.B. Margarethe Hormuth-Kallmorgen, Emilie Stephan und Fanny Weishaupt. Der neue Künstlerbund umfaßte auch die Mitglieder der 1889 gegründeten Malerkolonie Grötzingen, die sich mit ihrem Zentrum in der historischen Augustenburg stark der lokalen und regionalen Kunst verpflichtet hatten. Die Farblithographie war von Anfang an deren besonderes Interessengebiet. Darum gründete der Karlsruher Künstlerbund 1897 eine eigene Druckerei, die „Kunstdruckerei Karlsruher Künstlerbund" (KKK), die von dem Lithographen Carl Langhein (1872-1941) geleitet wurde. Er stammte wie Franz Hein, Friedrich Kallmorgen und Karl Biese aus Hamburg und hat sich auch literarisch mit der von ihm favorisierten Maltechnik beschäftigt[1]. Im gleichen Jahr 1897 sorgte der Maler Leopold Graf von Kalckreuth dafür, daß an der Karlsruher Akademie eine lithographische Klasse eingerichtet wurde. Der neuartige Stil fand rasch weite Verbreitung. Daran hatten die Malerinnen, vor allem Jenny Fikentscher, großen Anteil. Wer je ihrer Arbeiten ansichtig wurde, erkennt ihren unverwechselbaren Stil sofort wieder. Ihr Mann, der Tier- und Landschaftsmaler Otto Fikentscher, pflegte mit seinen Künstler-Steinzeichnungen den gleichen Malstil. Das Ehepaar hatte sich schon früh dem Wandervogel und der Lebensreformbewegung angeschlossen und war zusammen mit ihren Hausgenossen in der Augustenburg, den Ehepaaren Biese und Hein, sowie dem befreundeten Ehepaar Kallmorgen, in Obersteinbach zu Gast. Nicht nur der neue, unkonventionelle Lebensstil, sondern auch die neue Drucktechnik, wiesen in die Zukunft.

linke Seite: Karl Biese, Im Park, *au parc*, Sig. Karl Biese, 75 x 55 cm, Lithographie Voigtländer

1 Geschichte und Technik des Farbendruckes, in: Archiv für Buchgewerbe 39, 1902, S. 178-182.

## Les collègues peintres de Franz Hein

Le 16 avril 1896, 24 membres de la *Karlsruher Kunstgenossenschaft* (la Coopérative artistique de Karlsruhe) quittent cette association et fondent, le 25 du même mois, le *Künstlerbund Karlsruhe* (l'Association des artistes de Karlsruhe). Cette sécession de Karlsruhe, qui compte déjà 45 membres en juin de la même année, accueille également des membres féminins, comme Margarethe Hormuth-Kallmorgen, Emilie Stephan et Fanny Weishaupt. La nouvelle association d'artistes comprend également les membres de la colonie de peintres de Grötzingen, fondée en 1889, qui, avec son centre dans le château historique d'*Augustenburg*, s'est fortement engagée en faveur de l'art local et régional. Dès le début, la lithographie couleur est leur domaine d'intérêt particulier. C'est pourquoi l'Association des artistes de Karlsruhe fonde en 1897 sa propre imprimerie, la *Kunstdruckerei Künstlerbund Karlsruhe* (KKK), dirigée par le lithographe Carl Langhein (1872-1941). Tout comme Franz Hein, Friedrich Kallmorgen et Karl Biese, il est originaire de Hambourg et s'intéresse également à la technique picturale qu'il favorise dans la littérature[1]. La même année 1897, le peintre Leopold Graf von Kalckreuth veille à ce qu'une classe de lithographie soit créée à l'Académie de Karlsruhe. Ce nouveau style trouve très vite une large diffusion. Les femmes peintres, notamment Jenny Fikentscher, y contribuent largement. Quiconque a déjà posé les yeux sur ses œuvres reconnaît immédiatement son style inimitable. Son mari, le peintre animalier et paysagiste Otto Fikentscher, cultive le même style de peinture avec ses lithographies d'artiste. Le couple, qui rejoint très tôt le mouvement de jeunesse *Wandervogel* et le mouvement réformateur de la *Lebensreform*, est invité à Obersteinbach avec leurs « colocataires » à l'*Augustenburg*, les couples Biese et Hein, ainsi que le couple d'amis Kallmorgen. Non seulement le nouveau style de vie non conventionnel, mais aussi la nouvelle technique d'impression, posent les jalons pour l'avenir.

1 *Geschichte und Technik des Farbendruckes* (Histoire et technique de l'impression couleur), dans : *Archiv für Buchgewerbe* 39, 1902, p. 178-182.

## Der Steindruck

Als „Künstler-Steinzeichnung" beschritt ab etwa 1890 der Steindruck neue Wege, indem er der Lithographie als Farb-Lithographie die Herstellung von preisgünstiger Originalgraphik zur Durchsetzung verhalf. Nun war es möglich, für Schule und Haus hochwertige Gebrauchskunst herzustellen. Hierbei war die Künstlerkolonie in Grötzingen und der 1896 ins Leben gerufene Karlsruher Künstlerbund mit seiner Kunstdruckerei (KKK) die erste Adresse. Franz Hein, Gustav Kampmann, Otto und Jenny Fikentscher, Karl Biese und Hans von Volkmann haben auf diesem Gebiet nachhaltig gewirkt. Hierbei entstand eine neue Form von preiswerten Kunstwerken, vom Kleinformat der Bildpostkarten über Wandschmuck in unterschiedlichen Formaten bis zu großen Bildtafeln für den Unterricht in Schulen, im kirchlichen Bereich und in der Volksbildung. Karlsruhe wurde zum „Vorort Deutschlands auf dem Gebiet des Farbensteindrucks", wie Hans W. Singer damals feststellte.

Dieses neue Programm grenzte sich von Anfang an von der Trivialkunst von Öldruck, Chromlithographie mit ihren Schutzengelbildern, Heiligenbildern, Elfenreigen und röhrenden Hirschen ab, die von umherziehenden Kolporteuren an der Haustür angeboten wurden. Zu Karlsruhe gesellten sich bald die bekannten Verlage B. G. Teubner und R. Voigtländer in Leipzig, die seit dem großen Kunsterziehungstag in Dresden vom Jahr 1901 mit dem Karlsruher Künstlerbund kooperierten. Nachdem 1905 Franz Hein nach Leipzig an die Königliche Akademie für graphische Künste und Buchgewerbe gewechselt war, wurde seine Verbindung zu diesen beiden Verlagen noch enger. Wie in Karlsruhe sorgte der Professor auch dafür, daß seine Schülerinnen und Schüler hier ihre besten Arbeiten zum Druck bringen konnten. Während Hein seine Steinkunst vor allem bei Teubner verlegt hat, ließen seine Schülerinnen bei Voigtländer drucken, so Gertrud Schäfer die Motive Haus am Weiher, Terrassengarten, Auf herbstlicher Flur, Marianne Knapp die Motive Bauerngarten (1915) und Junges Leben, Bertha Welte das Motiv Rosen (1916), Elise Peppmüller das Motiv Bauernhaus. Bertha Welte hat auch bei Teubner publiziert, so das Motiv Junge Tannen (1909). Vom Schwerpunkt Karlsruhe ausgehend,

## La lithographie

Le « dessin sur pierre » ou lithographie ouvre de nouvelles voies à partir de 1890 environ, s'imposant en tant que lithographie couleur pour la production d'œuvres graphiques originales à bas prix. Il est désormais possible de produire des œuvres d'art appliqué de grande qualité pour l'école et la maison. La colonie d'artistes de Grötzingen et l'Association des artistes de Karlsruhe, créée en 1896, avec son imprimerie d'art (KKK), sont les premières adresses en la matière. Franz Hein, Gustav Kampmann, Otto et Jenny Fikentscher, Karl Biese et Hans von Volkmann exercent une influence durable dans ce domaine. Une nouvelle forme d'œuvres d'art bon marché voit le jour, du petit format des cartes postales illustrées aux grandes planches d'illustration destinées à l'enseignement dans les écoles, dans le domaine religieux et dans l'éducation populaire, en passant par les décorations murales de différents formats. Karlsruhe devient le fief allemand de la lithographie couleur, comme le constate Hans W. Singer à l'époque.

Ce nouveau programme se démarque dès le début de l'art trivial de l'impression à l'huile, de la chromolithographie avec ses images d'anges gardiens, ses images de saints, ses rondes d'elfes et ses cerfs bramant que des colporteurs itinérants proposent à la porte des maisons. L'association de Karlsruhe est bientôt rejointe par les célèbres maisons d'édition B. G. Teubner et R. Voigtländer de Leipzig, qui coopèrent avec l'Association des artistes de Karlsruhe depuis la grande journée d'éducation artistique de Dresde en 1901. Après le départ de Franz Hein en 1905 pour Leipzig, à l'Académie royale des arts graphiques et des métiers du livre, ses liens avec ces deux maisons d'édition deviennent encore plus étroits. Comme à Karlsruhe, le professeur veille également à ce que ses élèves puissent y faire imprimer leurs meilleurs travaux. Alors que Hein publie surtout son art sur pierre chez Teubner, ses élèves font imprimer chez Voigtländer, comme Gertrud Schäfer avec les motifs *Haus am Weiher* (Maison au bord de l'étang), *Terrassengarten* (Jardin en terrasses), *Auf herbstlicher Flur* (Dans les champs d'automne), Marianne Knapp avec les motifs *Bauerngarten* (Jardin de campagne) (1915) et *Junges Leben* (Nouvelle génération), Bertha Welte avec le motif *Rosen* (Roses)

hat der Steindruck seinen Siegeszug durch ganz Deutschland angetreten. Mittelpunkt wurde Leipzig, der Sammelplatz der größten und wichtigsten Verlage und bis heute der Sitz der Deutschen Nationalbibliothek, die 1912 gegründet wurde und die zentrale Sammelstelle aller deutschsprachigen Werke darstellt.

Der Verlagskatalog des Voigtländer-Verlags von 1912 beschreibt exakt, um was es sich bei einer Original-Künstler-Steinzeichnung handelt, folgendermaßen: „Eine Originalsteinzeichnung oder eine Originallithographie ist ein Bild, das in dem einzigen Vervielfältigungsverfahren hergestellt wird, dessen Ergebnis Originalgemälden gleichkommt! Dies geht so zu: Der Künstler selbst zeichnet nach seinem Entwurfe, der für ihn gleichsam das Konzept bedeutet, Konturen und Farben auf die Steine, d. h. er legt für jeden Ton, den er dem Bild geben will, eine Platte an und hat so die Möglichkeit, seinem Werk all die Farbenwerte und Stimmungswerte zu verleihen, die er braucht, um aus ihm zu machen, was er will. Er selbst leitet die ersten Probedrucke und den Druck selbst; er bestimmt die Farben, bis auf den kleinsten Unterton. Er allein, sonst niemand, hat Gewalt über sein Werk, und mit Recht nennt man das Verfahren ‚Original'. Jeder Abzug des so hergestellten und überwachten Bildes ist ein Original, und es ist durch dieses Druckverfahren die Möglichkeit gegeben, von einem und demselben Bild Hunderte, ja Tausende von Abzügen herzustellen und zu billigstem Preis zu verkaufen. R. Voigtländers Wandbilder bestehen nur aus Künstlersteinzeichnungen."[2]

Der Literatur- und Kulturredakteur Theodor Heuss (1884-1963), der erste Präsident der Bundesrepublik im Nachkriegsdeutschland, faßt 1909 die Bedeutung der neuen Mal- und Drucktechnik sehr gut zusammen[3]:

2 Die farbige Künstlerlithographie und ihre Bedeutung für die künstlerische Kultur, R. Voigtländer Verlag, Leipzig 1912, S. 111.
3 Theodor Heuss: Gustav Kampmann, in: Westermanns Monatshefte 54, 1909, S. 783 f.

(1916), Elise Peppmüller avec le motif *Bauernhaus* (Ferme). Bertha Welte publie également chez Teubner, notamment le motif *Junge Tannen* (Jeunes sapins) (1909). Partant du centre de gravité de Karlsruhe, la lithographie entame sa marche triomphale à travers toute l'Allemagne. Le centre devient Leipzig, le lieu de rassemblement des plus grandes et des plus importantes maisons d'édition et, jusqu'à aujourd'hui, le siège de la Bibliothèque nationale allemande, fondée en 1912, qui représente le point central de rassemblement de tous les ouvrages en langue allemande.

Le catalogue de la maison d'édition Voigtländer de 1912 décrit exactement ce qu'est un dessin sur pierre original d'un artiste : « Un dessin sur pierre original ou une lithographie originale est une image produite par le seul procédé de reproduction dont le résultat équivaut à des peintures originales ! Voici comment l'artiste procède : il dessine lui-même les contours et les couleurs sur les pierres d'après son projet, qui représente pour lui en quelque sorte le concept, c'est-à-dire qu'il crée une plaque pour chaque ton qu'il veut donner à l'image ; il a ainsi la possibilité de donner à son œuvre toutes les valeurs de couleur et d'ambiance dont il a besoin pour en faire ce qu'il veut. C'est lui qui dirige les premières épreuves et l'impression elle-même ; il détermine les couleurs, jusqu'à la plus petite nuance. Lui seul, et personne d'autre, est maître de son œuvre, et c'est à juste titre que le procédé est appelé « original ». Chaque tirage de l'œuvre ainsi réalisée et contrôlée est un original, et ce procédé d'impression permet de produire des centaines, voire des milliers de tirages d'une seule et même œuvre et de les vendre au prix le plus bas. Les peintures murales de R. Voigtländer se composent exclusivement de lithographies d'artiste »[2].

En 1909, le rédacteur littéraire et culturel Theodor Heuss (1884-1963), premier président de la République fédérale de l'Allemagne d'après-guerre, résume très bien l'importance de la nouvelle technique de peinture et d'impression[3] :

2 *Die farbige Künstlerlithographie und ihre Bedeutung für die künstlerische Kultur* (La lithographie d'artiste en couleur et son importance pour la culture artistique), Éditions R. Voigtländer, Leipzig 1912, p. 111.
3 Theodor Heuss : Gustav Kampmann, dans : *Westermanns Monatshefte* 54 (Cahiers mensuels de Westermann), 1909, p. 783 et suiv.

Die Vereinfachung, die der Maler dann von solchen Studien aus bewirkt, hat die Behauptung hervorgerufen, er sehe die Landschaft lithographisch, und man besaß damit eine ganz geistreiche Verbindung zwischen dem Maler und dem so stark produktiven graphischen Künstler. Ich möchte diese Meinung hier nicht aufnehmen, denn sie scheint mir an den eigentlichen Charakter und Gehalt der Malerei zu sehr von außen herangeführt. Aber daß sie ausgesprochen wurde, zeigt, in welchem Grade die Steinzeichnung als Kampmanns vorzüglichste Kunstbetätigung gilt. Die Gemälde werden immer nur von einer begrenzten Zahl betrachtet werden können – zumal sie sich in den Ausstellungen nicht eben aufdrängen –, durch die Tausende und Zehntausende von Steindrucken seiner Hand, die Teubner und Voigtländer in Leipzig unter das deutsche Volk gebracht haben, ist Gustav Kampmann erst wahrhaft populär geworden.
Ende der neunziger Jahre war Kampmann, angeregt von Abbildungen, die der ‚Studio' aus England brachte, darangegangen, unter schwierigen Verhältnisse Zeichnungen lithographisch zu vervielfältigen. Der Versuch fand in Karlsruhe Anklang; die Künstler warfen sich mit einem wahren Feuereifer auf die neue Aufgabe, besorgten sich eine eigne Druckerei mit künstlerischer Leitung, an die sich später ein besonderer Verlag schloß, und binnen kurzem war die Lithographie, die in Deutschland völlig zu einem industriellen Hilfswerkzeug herabgesunken war, ein künstlerisches Ausdrucksmittel allerersten Ranges geworden. Man weiß, welche allgemeine sozialpolitische und kunstpädagogische Bedeutung dieser Bewegung zukommt, die, von dem Kampmannschen Kreise ausgehend, Deutschland erfaßt: In den Schulen, in den bürgerlichen Wohnungen, konnte gute echte Kunst vielen schlechten Kitsch hinausfegen. Es handelt sich um ein nationales Verdienst, für das die Kulturpolitiker den Karlsruher Künstlern Dank schulden.
Man darf sagen, daß Kampmann mit am stärksten begriffen hat, daß es sich bei der Lithographie nicht bloß um ein geistloses Reproduktionsverfahren handle, sondern um eine neue Möglichkeit der künstlerischen Arbeit. Der Künstler wurde Handwerker, der selbst den Druck überwachte, in den



La simplification que le peintre opère alors à partir de telles études suscite l'affirmation suivante : il voit le paysage de manière lithographique, et il existe ainsi un lien tout à fait spirituel entre le peintre et l'artiste graphique hautement productif. Je ne veux pas reprendre cette opinion à mon compte, car elle me semble trop extérieure au caractère et au contenu réels de la peinture. Mais le fait qu'elle ait été exprimée montre à quel point le dessin sur pierre est considéré comme l'activité artistique la plus remarquable de Kampmann. Les peintures ne pourront toujours être contemplées que par un nombre limité de personnes – d'autant plus qu'elles ne s'imposent pas vraiment dans les expositions – mais Gustav Kampmann doit sa popularité aux milliers et aux dizaines de milliers d'impressions sur pierre, réalisées de sa main, que les éditeurs Teubner et Voigtländer diffusent à Leipzig auprès du peuple allemand.
À la fin des années 1890, Kampmann, inspiré par les illustrations que la revue *The Studio* rapporte d'Angleterre, entreprend de reproduire des dessins par lithographie dans des conditions difficiles. L'essai est bien accueilli à Karlsruhe ; les artistes se lancent avec une véritable ardeur dans cette nouvelle tâche, se procurent leur propre imprimerie avec une direction artistique, à laquelle s'ajoute plus tard une maison d'édition spéciale, et en peu de temps, la lithographie, qui en Allemagne est complètement tombée au rang d'outil industriel, devient un moyen d'expression artistique de tout premier ordre. On connaît l'importance générale, en termes de politique sociale et de pédagogie artistique, de ce mouvement qui, à partir du cercle de Kampmann, gagne l'Allemagne : dans les écoles, dans les habitations bourgeoises, le bon art authentique a ainsi pu balayer une grande partie du kitsch de mauvais goût. Il s'agit d'un mérite national pour lequel les politiciens culturels doivent remercier les artistes de Karlsruhe.
On peut dire que Kampmann est l'un de ceux qui ont le plus compris que la lithographie n'est pas seulement un procédé de reproduction sans esprit, mais une nouvelle possibilité de travail artistique. L'artiste est devenu un artisan qui surveille lui-même l'impression, modifie et teste les mélanges, et acquiert ainsi les expériences techniques pratiques qui lui permettent de créer le style lithogra-

Mischungen wechselte und probte und so die praktischen technischen Erfahrungen sammelte, die ihn zum eigentlichen lithographischen Stil befähigen. Dieser Stil ist natürlich keine Schablone, hat aber das gemeinsam, daß man ihn aus künstlerischen Gründen, wie denen der wirtschaftlichen Billigkeit, auf verhältnismäßig wenige Töne vereinfachte und damit den Blättern einen flächigen, bisweilen intim dekorativen Charakter gab. Die harten, scharfen Gegensätze sind ihm im allgemeinen versagt, dagegen füllt er die Luft mit einem weichen und milden Licht und läßt rasche Winde ins Gezweig der Bäume fassen. Ein paar Blätter Kampmanns haben diese bewegte Luftigkeit, andere sind klar und zart in einer feinen Zurückhaltung der Farben.

Theodor Heuss

Ein weiterer prominenter Name muß genannt werden: Der Maler und Schriftsteller Hans Thoma (1839-1924). Er wurde 1899 zum Professor an der Großherzoglichen Kunstschule und zum Direktor der Karlsruher Kunsthalle ernannt und gehörte damals zu den bekanntesten und angesehensten Malern des deutschsprachigen Raums. Der Großherzog berief ihn im Jahr 1905, Hans Thoma war damals bereits 66 Jahre alt, in die Erste Kammer des Badischen Landtags. Thoma schloß sich direkt dem Karlsruher Künstlerbund an und pflegte neben der Ölmalerei auch die Farblithographie. Die Kataloge der KKK führen zahlreiche Arbeiten von ihm auf.

## Die weite Verbreitung der Künstler-Steinzeichnungen

Friedrich Düsel schreibt 1906 in seinem Aufsatz mit dem Titel „Kunst in der Schul- und Kinderstube"[4]: „Es war kein Zufall, daß von den älteren deutschen Meistern gerade Thoma einer der Führer des künstlerischen Wandschmucks wurde. Bei ihm fand man, abgesehen von der Technik, als die sich die Lithographie in Farben ihrer kräftigen Zeichnung, ihrer schönen dekorativen Wirkung

4 Westermanns Monatshefte 51, 1906, Bd. 1, S. 561-576, Zitat von S. 570 f. Der Autor Friedrich Düsel (1869-1945) war Schriftsteller, Literaturhistoriker und Redakteur. Er war 36 Jahre lang Chefredakteur der Westermanns Monatshefte.

phique proprement dit. Ce style n'est évidemment pas un modèle, mais il a en commun le fait que, pour des raisons artistiques et économiques, il a été simplifié à un nombre relativement restreint de tons, donnant ainsi aux feuilles un caractère plat, parfois intime et décoratif. Les contrastes durs et tranchants lui sont généralement refusés ; en revanche, il remplit l'air d'une lumière douce et tendre et laisse les vents rapides s'engouffrer dans les branches des arbres. Quelques feuilles de Kampmann ont cette aération mouvementée, d'autres sont claires et délicates, avec une retenue subtile des couleurs.

Theodor Heuss

Un autre nom éminent doit être cité : le peintre et écrivain Hans Thoma (1839-1924). Nommé en 1899 professeur à l'École d'art grand-ducale et directeur de la *Kunsthalle* (Musée d'art) de Karlsruhe, il est à cette époque l'un des peintres les plus connus et les plus respectés de l'espace germanophone. En 1905, alors que Hans Thoma a déjà 66 ans, le grand-duc le nomme à la première chambre du *Landtag* de Bade. Thoma s'affilie directement à l'Association des artistes de Karlsruhe et cultive, outre la peinture à l'huile, la lithographie couleur. Les catalogues de l'imprimerie d'art KKK mentionnent de nombreuses œuvres de l'artiste.

## La large diffusion des lithographies d'artiste

En 1906, Friedrich Düsel écrit dans son article intitulé *Kunst in der Schul- und Kinderstube* (L'art à l'école et dans la chambre d'enfant)[4] : « Ce n'est pas un hasard si, parmi les maîtres allemands les plus anciens, Thoma est devenu l'un des leaders de la décoration murale artistique. C'est chez lui que l'on trouve – en dehors de la technique de la lithographie couleur qui s'avère la plus appropriée en raison de son aspect vigoureux, de son bel effet décoratif et de son prix avantageux – la chaleur de l'âme allemande, le sentiment intime, la sensualité

4 *Westermanns Monatshefte* 51 (Cahiers mensuels de Westermann), 1906, tome 1, p. 561-576, Citation de la p. 570 et suiv. L'auteur Friedrich Düsel (1869-1945) est écrivain, historien de la littérature et rédacteur. Il est pendant 36 ans rédacteur en chef des *Westermanns Monatshefte*

und ihres billigen Preises wegen ohne weiteres am geeignetsten erwies, die deutsche Gemütswärme, die innige Empfindung, die Sinnigkeit und Herzenseinfalt der Gegenstände, und die schlichte, anmutige Form, die solche Blätter brauchen … Dann kamen in geschlossener Vereinigung die jüngeren Karlsruher Künstler, die gleich bei ihrem ersten Hervortreten auf diesem Gebiet durch das feine Naturgefühl, die gediegene Durchbildung der Zeichnung und die geschmackvolle Farbengebung auffielen und sich dann von Jahr zu Jahr mehr den Aufgaben und Zwecken anzupassen verstanden. Die geschäftliche Organisation des erfolgversprechenden Unternehmens übernahmen die zu diesem Zweck eine Zeitlang vereinigten, später wieder getrennt marschierenden Leipziger Verlagshäuser B. G. Teubner und R. Voigtländer, mit deren Namen der ‚Künstlerische Wandschmuck für Schule und Haus' ein für allemal verknüpft bleiben wird … An der Spitze Hans Thoma, in seinem Gefolge eine ganze Reihe geistesverwandte Künstler unserer Zeit, wie Steinhausen, Matthäus Schiestl, Hans von Volkmann, Gottfried Hofer, Heinrich Vogeler-Worpswede, Franz Hein, Erich Kuithan, Otto Ubbelohde, W. Lachenmeyer, Adolf Luntz, Ivo Puhonny, Maximilian Liebenwein u. a. Allmählich bildete sich schon eine Art Schule und künstlerische Tradition für diesen populären Wandschmuck aus. Namentlich wenn man die Teubnerschen und die Voigtländerschen ‚Farbigen Künstler-Steinzeichnungen zur Ausstattung von Innenräumen' durchsieht, wird man bemerken, daß ein verwandter Zug durch alle diese Originallithographien lebender Meister geht, ohne daß eine tendenziöse Einseitigkeit gepflegt würde. Er liegt nicht etwa nur in der Technik, die den Künstlern die eigene Ausführung der Zeichnung auf dem Stein sowie die Überwachung der Farbenmischung und des Druckes vorschreibt, so daß jeder Abzug ein Original, er liegt vielmehr in der beherzten Erfassung der Wirklichkeit und des uns heute umgebenden unmittelbaren Lebens … Dieses Neue und Frische ist es, was in den Voigtländerschen und den Teubnerschen Blättern mit so unmittelbaren Lauten zu uns spricht."

Düsel nennt unter den auf diesem Gebiet tätigen Künstlern an prominenter Stelle Hans von Volkmann, Walther Georgi, Friedrich Kallmorgen, Gustav Kampmann, Karl Biese, Franz Hoch, Franz Hein, Adolf Luntz, Walther Strich-Chapell

et la simplicité des objets, ainsi que la forme simple et gracieuse dont de telles feuilles ont besoin ... Puis arrivent les jeunes artistes de Karlsruhe, membres d'une association fermée et qui, dès leur première apparition dans ce domaine, se font remarquer par la finesse de leur sentiment de la nature, la profondeur de leur dessin et le bon goût de leurs couleurs, et qui, d'année en année, s'adaptent de mieux en mieux aux tâches et aux objectifs. L'organisation commerciale de cette entreprise prometteuse est prise en charge par les maisons d'édition de Leipzig, B. G. Teubner et R. Voigtländer, unies pour un temps, puis à nouveau séparées, au nom desquelles la « décoration murale artistique pour l'école et la maison » restera à jamais associée ... À la tête Hans Thoma, dans son sillage toute une série d'artistes de notre temps, partisans de la même approche, comme Steinhausen, Matthäus Schiestl, Hans von Volkmann, Gottfried Hofer, Heinrich Vogeler-Worpswede, Franz Hein, Erich Kuithan, Otto Ubbelohde, W. Lachenmeyer, Adolf Luntz, Ivo Puhonny, Maximilian Liebenwein, etc. Une sorte d'école et de tradition artistique s'est peu à peu formée pour cette décoration murale populaire. Si l'on examine notamment les « lithographies couleur d'artiste pour la décoration d'intérieurs » des éditeurs Teubner et Voigtländer, on remarquera qu'un trait apparenté traverse toutes ces lithographies originales de maîtres vivants, sans qu'une partialité tendancieuse ne soit cultivée. Celui-ci ne réside pas seulement dans la technique – qui impose aux artistes d'exécuter eux-mêmes le dessin sur la pierre et de surveiller le mélange des couleurs et l'impression, si bien que chaque tirage est un original – il réside plutôt dans la saisie courageuse de la réalité et de la vie immédiate qui nous entoure aujourd'hui ... C'est cette nouveauté et cette fraîcheur qui nous parle si directement dans les feuilles de Voigtländer et de Teubner ».

Parmi les artistes actifs dans ce domaine, Friedrich Düsel cite en bonne place Hans von Volkmann, Walther Georgi, Friedrich Kallmorgen, Gustav Kampmann, Karl Biese, Franz Hoch, Franz Hein, Adolf Luntz, Walther Strich-Chapell et Erich Kuithan. Nous complétons cette liste avec Wilhelm Trübner, Carl Bantzer, Ernst Liebermann, Georg Albert Rödel, Rudolf Koch, Paul Horst-Schulze, Richard Mauff, Hugo L. Braune, Hermann Hirzel, Fritz Beckert, Richard Mahn, Rudolf Schiestl, Richard Gessner, Maximilian Dasio, Angelo Jank,

und Erich Kuithan. Wir ergänzen diese Liste mit Wilhelm Trübner, Carl Bantzer, Ernst Liebermann, Georg Albert Rödel, Rudolf Koch, Paul Horst-Schulze, Richard Mauff, Hugo L. Braune, Hermann Hirzel, Fritz Beckert, Richard Mahn, Rudolf Schiestl, Richard Gessner, Maximilian Dasio, Angelo Jank, Karl Bauer und Felix Krause und geben damit einen Überblick zum vielgestaltigen Schaffen des mehrfarbigen Steindrucks jener Epoche, die abgeschlossen vor uns liegt und bei der Franz Hein einer der produktivsten Meister gewesen ist.

## Heimatkunst

Dieser Begriff ist inzwischen ebenso „verbrannt" wie die Begriffe „Heimat" und „Volk" und alle weiteren Begriffe, in denen diese Worte in Zusammensetzungen vorkommen. Ob es nun um Volkskunst, Volkslied, irdische oder himmlische Heimat geht. Aus den Radio- und Fernsehsendungen sind sie längst getilgt, aus den Schulbüchern beseitigt und aus dem Unterricht verbannt. Die political correctness hat sie weitgehend beseitigt. Bestenfalls darf noch von „Bevölkerung" geredet werden, aber auf keinen Fall mehr von „Volk". Das Vorkommen dieses Wortes im Bonner Grundgesetz ist inzwischen vor allem peinlich und es fehlt nicht an Versuchen, dies zu ändern. Darum ist es gefährlich, von „Heimatkunst" zu reden und zu schreiben.

Die Heimatkunst verstand sich nicht, wie im elektronischen Nachschlagewerk behauptet wird, als „Mittel zur Gesellschaftsveränderung", sondern als Mittel der Bewahrung des Menschen und seiner Lebenswelt. Sie zeigt die heimatliche Landschaft ohne den Eingriff des industriellen Zeitalters, die unberührte Natur; sie setzt das Majestätische der Berge und Gebirge ins Bild, die heimatlichen Landschaften vom Meer über die Tiefebenen und die Mittelgebirge, die Stromlandschaften von den größten Flüssen bis zum schmalen Bach, die bäuerliche Welt, die Bestellung der Felder, Saat und Ernte, Viehherden und vor allem den Wald. Sie zeigt den Handwerker bei der Arbeit, die Männer im Steinbruch, den Bergmann und den Schmied, aber auch Bilder aus der Industrie, Eisenbahnen und Hochöfen, Häfen und Schiffe. Aber sie verzichtet weitgehend auf den Kitsch und das Idyll

Karl Bauer et Felix Krause et donnons ainsi un aperçu de la création variée de la lithographie polychrome de l'époque qui s'achève devant nous et dont Franz Hein est l'un des maîtres les plus productifs.

## Heimatkunst

Le terme de *Heimatkunst* (littéralement « art de la patrie ») est désormais aussi banni que les termes « patrie » et « peuple », ainsi que tous les autres noms composés dans lesquels ils apparaissent. Qu'il s'agisse d'art populaire, de chanson populaire, de patrie terrestre ou céleste. Ils ont depuis longtemps été effacés des émissions de radio et de télévision, éliminés des manuels scolaires et bannis de l'enseignement. Le politiquement correct les a en grande partie éliminés. Au mieux, on peut encore parler de « population », mais en aucun cas de « peuple ». La présence de ce mot dans la Loi fondamentale de Bonn est désormais surtout embarrassante et les tentatives pour y remédier ne manquent pas. C'est pourquoi il est dangereux d'écrire et de parler de *Heimatkunst.*

La *Heimatkunst* ne se voulait pas, comme le prétend l'ouvrage de référence électronique, un « moyen de changer la société », mais plutôt un moyen de préserver l'homme et son cadre de vie. Elle montre le paysage natal sans l'intervention de l'ère industrielle, la nature intacte ; elle met en image la majesté des montagnes et des monts, les paysages natals de la mer aux plaines et aux moyennes montagnes, les paysages fluviaux des plus grands fleuves aux ruisseaux étroits, le monde paysan, la culture des champs, les semailles et les récoltes, les troupeaux de bétail et surtout la forêt. Elle montre l'artisan au travail, les hommes dans la carrière, le mineur et le forgeron, mais aussi des images de l'industrie, des chemins de fer et des hauts-fourneaux, des ports et des bateaux. Mais elle renonce en grande partie au kitsch et à l'idylle du romantisme. Même les critiques actuels de la *Heimatkunst* doivent constater que ce mouvement prend fin vers 1930 et que le national-socialisme, avec son réalisme socialiste du *Blut und Boden* (« le sang et le sol »), suit d'autres voies que celles empruntées par la *Heimatkunst.*

La *Heimatkunst* n'est pas une peinture académique. Elle quitte les académies d'art et renonce

der Romantik. Selbst die heutigen Kritiker der Heimatkunst müssen feststellen, daß diese Bewegung um 1930 ihr Ende fand und daß der Nationalsozialismus mit seinem sozialistischen Realismus von „Blut und Boden“ andere Wege ging, als die „Heimatkunst“ sie gegangen war.
Die Heimatkunst war keine akademische Malerei. Sie verließ die Kunstakademien und verabschiedete sich vom Kopieren antiker Gipsabgüsse in den Malsälen und praktizierte die Freiluft-Malerei „en plain air“. Sie war im besten Sinn des Wortes Gebrauchskunst, schuf, wie der Katalogtitel vom Jahr 1900 es nennt: „Künstlerischen Wandschmuck für Schule und Haus“.

Nein, die Heimatkunst war keine „völkisch-nationalistische“ Strömung der Zeitspanne von etwa 1880 bis an den Beginn der 1930er Jahre, denn sie gab es auch in Frankreich und in England, in Italien und in Österreich-Ungarn. Ihr künstlerischer Zweig arbeitete nicht an der „Umsetzung völkischer Weltanschauung“ in der Kunst. Sie war auch nicht die Wegbereiterin für jene volklichen und heimatlichen Blut- und Boden-Konzepte eines Alfred Rosenberg.
Die Heimatkunst war eine der vielen Bewegungen, ein Ausdruck des Lebensgefühls einer jungen Generation, die den Aufstand und den Aufbruch aus der großbürgerlichen Plüsch- und Prunkkultur des Kaiserreiches wagte. Sie war ein Teil jener Fülle der Lebensreform-Bewegungen, die das einfache Leben in der freien Natur in die Tat umsetzte, sich als Wandervogel- und Jugendbewegung, Singbewegung, Volkstanzbewegung, Reformkleider-Bewegung, in Vegetarier- und Freikörperkultur äußerte. Der Jugendstil ist Ausdruck des Protests gegen die Stilkopien, z. B. in der Baukunst, wo Neugotik, Neuromanik, „deutsche Renaissance“ und Kopien aus Barock und Klassizismus das Bild der Städte und Kleinstädte geprägt hatte, nicht nur im Neubau von Kirchen, sondern auch bei Neubauten der Justiz und der Rathäuser, bei Bankgebäuden und Hauptbahnhöfen, ja sogar bei Kliniken und Gefängnissen.
Die Lehrkräfte mit ihren Familien, die Malschülerinnen der Künstlerkolonie Obersteinbach haben alle miteinander Anteil am Drang ins Freie, „raus aus der Stadt und raus aufs Land“. Gleichzeitig mit der Künstlerkolonie Grötzingen entstand die Künstlerkolonie Obersteinbach. In sei-

à copier des moulages en plâtre antiques dans les salles de peinture pour pratiquer la peinture sur le motif (ou « en plein air »). Elle est un art utilitaire au meilleur sens du terme créant, comme le titre du catalogue de 1900 l'indique, les « décorations murales artistiques pour l'école et la maison ».

Non, la *Heimatkunst* n'est pas un courant « nationaliste *völlkisch* » (*völlkisch* : littéralement « du peuple ») de la période allant de 1880 environ jusqu'au début des années 1930, car ce courant existe également en France et en Angleterre, en Italie et en Autriche-Hongrie. Sa branche artistique ne travaille pas à la « mise en œuvre d'une vision du monde *völkisch* » dans l'art. Elle n'ouvre pas non plus la voie aux concepts de « sang et de sol » d'Alfred Rosenberg.
La *Heimatkunst* est l'un des nombreux mouvements, une expression du sentiment de vie d'une jeune génération qui ose se révolter et sortir de la culture « du pompeux et du kitsch » de la grande bourgeoisie de l'Empire. Elle fait partie de cette profusion de mouvements de la *Lebensreform* qui mettent en pratique la vie simple en pleine nature, s'expriment sous forme de mouvement *Wandervogel* et de mouvement de jeunesse, de mouvement de chant, de mouvement de danse populaire, de mouvement de réforme vestimentaire, de végétarisme et de naturisme. Le *Jugendstil* (l'équivalent de l'Art nouveau) est l'expression de la protestation contre les copies de style, par exemple dans l'art de la construction, où le néogothique, le néoromantique, la « Renaissance allemande » et les copies du baroque et du classicisme marquent l'image des villes et des petites villes, non seulement dans la construction de nouvelles églises, mais aussi dans la construction de nouveaux bâtiments de justice et des mairies, les bâtiments des banques et des gares principales, et même les cliniques et les prisons.
Les enseignants et leurs familles, ainsi que les femmes élèves-peintres de la colonie d'Obersteinbach, participent tous à cette envie d'être en plein air, de sortir de la ville et d'aller à la campagne. La colonie d'artistes d'Obersteinbach est née en même temps que celle de Grötzingen. Dans son autobiographie *Wille und Weg* de 1924, Franz Hein écrit : « Je quitte l'art pour devenir paysagiste ». Il laisse la peinture académique derrière lui et quitte la capitale du Grand-Duché pour le

ner Autobiographie „Wille und Weg“ von 1924 schreibt Franz Hein: „Ich verlasse die Kunst und werde Landschafter“. Er ließ die akademische Malerei hinter sich und wechselte von der großherzoglichen Landeshauptstadt in das dörfliche Grötzingen mit der romantischen und baulich recht renovierungsbedürftigen Augustenburg, wo mehrere junge Malerfamilien in einer Art Wohngemeinschaft unter dem gleichen Dach lebten. Als Maler des Waldes und der Märchen ist er in die Kunstgeschichte eingegangen. Blühende Bäume, sonnendurchglühte Felder, bunter Herbstwald und schneebedeckte Berge lassen die akademische Kunst hinter sich. Und mit den neuen Motiven kommt die neue Technik der Farblithographie zum Zug, welche die neuen Motive in die Wohnzimmer, in die Schulsäle und die Krankenanstalten bringt. Starke Kontraste und intensive Farbigkeit sind die Kennzeichen dieser neuen Kunstart, deren wirtschaftlicher Erfolg ihre schnelle Verbreitung bezeugt. Karl Biese und Gustav Kampmann sind zusammen mit Franz Hein und „KKK“, der Kunstdruckerei Karlsruher Künstlerbund, der Markenkern dieser Form von Heimatkunst. Sie ist keine großbürgerliche, sondern eine bodenständige Kunst, Ausdruck jenes Strebens weg von staatlicher Reglementierung bis in die kleinsten Lebensbereiche, wie sie auch in der Neugestaltung des Schulunterrichts in den Walldorfschulen und im System der Arbeitsschule ihren Ausdruck gefunden haben. Es ist kein Zufall, daß es gerade junge Frauen waren, die sich den Künstlerkolonien anschlossen. Wer dies als völkisch-nationalistisch denunziert, der sollte überprüfen, ob sein Blick auf die Wirklichkeit nicht durch übernommene oder vererbte Scheuklappen verengt ist.

Und folgender Hinweis rundet das Bild: Die großbürgerliche Kunst und Lebensform brach mit dem Ersten Weltkrieg zusammen. Man hatte gar nicht mehr die finanziellen Mittel zu einem „weiter so!“ wie in der Kaiserzeit. Im öffentlichen und privaten Bauen herrschte nun die klare, schmucklose Stilrichtung vor, wie sie das Dessauer Bauhaus vertrat. Ihre „Bauten der Gemeinschaft“ verzichteten auf alle Schnörkel, Rüschen, gemachte Stimmungen der Erker und Bleiverglasungen bis in die Treppenhäuser, Windfänge und ins WC. In der Bildenden Kunst hat der Steindruck bereits seit der Jahrhundertwende diese Entwicklung künstlerisch ins Bild

village de Grötzingen, avec son *Augustenburg* romantique et dont la construction a besoin d'être rénovée, où plusieurs jeunes familles de peintres vivent sous le même toit dans une sorte de communauté d'habitation. Il est entré dans l'histoire de l'art comme peintre de la forêt et des contes. Les arbres en fleurs, les champs brûlés par le soleil, les forêts d'automne colorées et les montagnes enneigées laissent l'art académique derrière eux. Et avec ces nouveaux motifs, c'est la nouvelle technique de la lithographie couleur qui entre en jeu, apportant de nouveaux motifs dans les salons, les salles de classe et les hôpitaux. De forts contrastes et des couleurs intenses sont les caractéristiques de ce nouveau type d'art, dont le succès économique témoigne de sa rapide diffusion. Karl Biese et Gustav Kampmann représentent, avec Franz Hein et l'imprimerie d'art « KKK » (*Kunstdruckerei Künstlerbund Karlsruhe*), le noyau de la marque de cette forme d'art local. Il ne s'agit pas d'un art grand-bourgeois, mais d'un art du terroir, l'expression de cette volonté de s'affranchir de la réglementation étatique jusque dans les plus petits domaines de la vie, comme cela a été le cas dans la réorganisation de l'enseignement scolaire dans les écoles Waldorf et dans le système de l'*Arbeitsschule* (littéralement l'école du travail). Ce n'est pas un hasard si ce sont justement des jeunes femmes qui ont rejoint les colonies d'artistes. Quiconque dénonce cela comme étant un nationalisme du peuple devrait vérifier si son regard sur la réalité n'est pas rétréci par des œillères héritées. La réalité suivante complète le tableau : l'art et le mode de vie de la grande bourgeoisie s'effondrent avec la Première Guerre mondiale. On n'a plus les moyens financiers de continuer comme à l'époque de l'Empire. Dans la construction publique et privée, le style clair et sans ornement, parfaitement illustré par le *Bauhaus* de Dessau, prévaut désormais. Leurs « bâtiments de la communauté » renoncent à toutes les fioritures, aux froufrous, aux ambiances fabriquées des encorbellements et aux vitrages au plomb jusque dans les cages d'escalier, les porches et les toilettes. Dans les arts plastiques, la lithographie met en image cette évolution dès le début du siècle. Ce n'est pas un hasard si c'est le futur premier président de la République fédérale d'Allemagne, Theodor Heuss, qui souligne en termes clairs la valeur du nouvel « art de la pierre », alors qu'il travaille encore comme reporter et écri-

gesetzt. Es ist kein Zufall, daß es der spätere erste Bundespräsident Theodor Heuss war, der auf den Wert der neuen „Steinkunst" mit deutlichen Worten hingewiesen hat, als er noch als Reporter und Kulturschriftsteller arbeitete. Sein Denken und Schaffen folgte bewußt nicht dem Zeitgeist. Das verbindet ihn mit dem lange unbekannten und von der bürgerlichen Gesellschaft verkannten Hans Thoma (1839-1924)[5]. In Karlsruhe ausgebildet und in seiner Malweise verkannt und abgelehnt, gelang ihm erst spät der Durchbruch zum Erfolg und zur Anerkennung. 1899 wurde er im vorgerückten Alter Direktor der Großherzoglichen Kunsthalle in Karlsruhe, dem Höhe- und Schlußpunkt seiner künstlerischen Laufbahn. Seine Alterserinnerungen „Im Herbste des Lebens" von 1909 und „Im Winter des Lebens" von 1919 zeichnen diesen Weg nach. Seine Radierungen und seine Steindrucke haben ihn in weiten Kreisen bekannt und beliebt gemacht. Der Verlag der Evangelischen Kirche in Baden trug seit 1960 seinen Namen und hat seine Werke auf Konfirmandenscheinen und kirchlichen Urkunden verwendet. Daß Nationalsozialisten seine Werke für sich verzweckt haben, geschah auch andern Künstlern und Literaten[6].

Eine bleibende Erinnerung an die von 1896 bis 1918 bestehende Malerkolonie Obersteinbach sind die rund 60 den Ort und die umliegenden Burgruinen betreffenden Werke im Nachlaß Franz Heins. Sie machen ein Drittel seiner der im Familienbesitz erhaltenen Arbeiten aus. Professionell von Fotograf Richard Menzel aufgenommen und am PC vom mehr als 100 Jahre alten Firnis befreit, leuchten die Wald- und Landschaftsbilder wie in der Zeit ihrer Entstehung. Die Patrimoine d'ici d'Obersteinbach besitzt von sämtlichen die Nordvogesen betreffenden Kunstwerken Franz Heins professionelle Tableaux zu Studien- und Ausstellungszwecken. Damit sind sie an ihren Ursprungsort zurückgekehrt. Der hier vorliegende Band III der Malerkolonie Obersteinbach stellt das Gesamtinventar des Lebenswerkes Franz Heins dar.

5 Städtische Museen der Stadt Freiburg (Hg.): Hans Thoma Lebensbilder. Gemäldeausstellung zum 150. Geburtstag, Königstein im Taunus 1989.

6 Engehausen, Frank (Hg.): Hans Thoma (1838-1924). Zur Rezeption des badischen Künstlers im Nationalsozialismus und in der Nachkriegszeit (Veröffentlichungen der Kommission für geschichtliche Landeskunde in Baden-Württemberg, Reihe B, Band 231), Sigmaringen 2022.

vain culturel. Sa pensée et son œuvre n'ont délibérément pas suivi l'air du temps. Cela le rapproche de Hans Thoma (1839-1924)[5], longtemps inconnu et méconnu de la société bourgeoise. Formé à Karlsruhe, méconnu et rejeté pour sa manière de peindre, ce n'est que tardivement qu'il parvient à percer et à être reconnu. En 1899, il devient, à un âge avancé, directeur de la *Kunsthalle* grand-ducale de Karlsruhe, le point culminant et final de sa carrière artistique. Ses recueils de souvenirs *Im Herbste des Lebens* (À l'automne de la vie) de 1909 et *Im Winter des Lebens* (À l'hiver de la vie) de 1919 retracent ce parcours. Ses gravures et ses lithographies le font connaître et apprécier dans de larges cercles. La maison d'édition de l'Église évangélique de Bade porte son nom depuis 1960 et utilise ses œuvres sur les certificats de confirmation et les actes ecclésiastiques. Le fait que les nationaux-socialistes aient utilisé ses œuvres à leur profit est également arrivé à d'autres artistes et hommes de lettres[6].

La soixantaine d'œuvres concernant le village et les ruines du château environnant que Franz Hein a laissées en héritage constituent un souvenir durable de la colonie de peintres d'Obersteinbach, qui a existé de 1896 à 1918. Elles représentent un tiers des œuvres conservées par la famille. Prises de manière professionnelle par le photographe Richard Menzel et débarrassées sur ordinateur du vernis vieux de plus d'un siècle, les peintures de forêts et de paysages brillent comme à l'époque de leur création. L'association Patrimoine d'ici d'Obersteinbach possède des tableaux professionnels de toutes les œuvres d'art de Franz Hein concernant les Vosges du Nord, à des fins d'étude et d'exposition. Elles sont ainsi retournées à leur lieu d'origine. Le présent tome III de la colonie de peintres d'Obersteinbach constitue l'inventaire complet de l'œuvre de Franz Hein.

5 Musées municipaux de la ville de Fribourg (éd.) : *Hans Thoma Lebensbilder*. Exposition de peinture à l'occasion du 150e anniversaire, Königstein im Taunus 1989.

6 Engehausen, Frank (éd.) : Hans Thoma (1838-1924). *Zur Rezeption des badischen Künstlers im Nationalsozialismus und in der Nachkriegszeit* (Publications de la Commission historique du Bade-Wurtemberg, Série B, tome 231), Sigmaringen 2022.

## Franz Hein und sein Kreis

Karl Biese
* 19. 9. 1863 Hamburg, † 19. 11. 1926 Tübingen
Nach einer Ausbildung als Anstreicher und eigenem Malerbetrieb wurde Biese Theatermaler und studierte ab 1883 an der Kunstakademie Karlsruhe Malerei. Nach Aufgabe des Malerbetriebs kehrte er 1892 nach Karlsruhe zurück und wurde Meisterschüler bei Gustav Schönleber. 1899 siedelte er mit Familie nach Grötzingen über in die Augustenburg. Er wurde Mitbegründer des Karlsruher Künstlerbundes. Ölmalerei und Steindruck waren seine Schwerpunkte. Seinen Lebensabend verbrachte er in Tübingen. Über ihn siehe Band I, S.104-107 und Band II, S. 120-122.

Otto Fikentscher
*6. 7. 1862 Zwickau, † 26. 2. 1945 Baden-Baden
Als Sohn eines wohlhabenden Chemiefabrikanten absolvierte er eine Bildhauerlehre und studierte ab 1880 an der Kunstgewerbeschule in Dresden. 1884 wechselte er an die Kunstakademie in München und folgte 1888 seinem Lehrer Hermann Baisch an die Badische Kunstschule in Karlsruhe. Dort lernte er 1891 seine spätere Ehefrau Jenny Nottebohm kennen, erwarb im gleichen Jahr die historische Augustenburg in Grötzingen, die zur Heimstatt der Grötzinger Künstlerkolonie wurde. 1891 heiratete das Künstlerehepaar und mit der Zeit kamen fünf Kinder zur Welt. Die Familie unternahm weite Reisen nach Ungarn, Siebenbürgen und Nordamerika. Beliebter Urlaubsort was die Insel Hiddensee bei Rügen. Sein wichtigster Arbeitsbereich war die Tiermalerei. Sein großzügiges Atelier, das er sich in der Augustenburg einrichtete, ist erhalten. Über ihn siehe Band I, S. 108 f. und Band 11, S. 136-139.

Jenny Fikentscher geb. Nottebohm
* 1. 6. 1869 Kattowitz, † 26. 4. 1959 Gernsbach
Schülerin der Blumenmalerin Alwine Schrödter in Karlsruhe, 1888/89 Hospitantin an der Malerinnenschule Karlsruhe, 1891 Heirat, Übersiedlung in die Augustenburg in Grötzingen, 1892-1907

## Franz Hein et son cercle

Karl Biese
Né le 19-09-1863 à Hambourg,
† le 19-11-1926 à Tübingen
Après une formation de peintre en bâtiment et après avoir créé sa propre entreprise de peinture, Biese devient peintre de théâtre et étudie la peinture à l'Académie des beaux-arts de Karlsruhe à partir de 1883. Après avoir abandonné son entreprise de peinture, il retourne à Karlsruhe en 1892 et devient maître-élève de Gustav Schönleber. En 1899, il s'installe avec sa famille à Grötzingen, dans *l'Augustenburg*. Il est l'un des fondateurs du *Künstlerbund Karlsruhe* (l'Association des artistes de Karlsruhe). La peinture à l'huile et la lithographie sont ses domaines de prédilection. Il passe la fin de sa vie à Tübingen. Voir à son sujet le tome I, p. 104-107 et le tome II, p. 120-122.

Otto Fikentscher
Né le 06-07-1862 à Zwickau,
† le 26-02-1945 à Baden-Baden
Fils d'un riche fabricant de produits chimiques, il effectue un apprentissage de sculpteur et étudie à partir de 1880 à l'école d'arts appliqués de Dresde. En 1884, il rejoint l'Académie des beaux-arts de Munich et suit en 1888 son professeur Hermann Baisch à l'École des beaux-arts de Bade à Karlsruhe. C'est là qu'il fait la connaissance de sa future épouse Jenny Nottebohm en 1891 et qu'il acquiert la même année le château historique *d'Augustenburg* à Grötzingen, qui deviendra le foyer de la colonie d'artistes de Grötzingen. En 1891, le couple d'artistes se marie et donne naissance à cinq enfants. La famille entreprend de longs voyages en Hongrie, en Transylvanie et en Amérique du Nord. Leur lieu de vacances préféré est l'île de Hiddensee, près de Rügen. Son principal domaine d'activité est la peinture animalière. Le vaste atelier qu'il s'est aménagé dans le château d'*Augustenburg* a été conservé. Voir à ce sujet le tome I, p. 108 et suiv., ainsi que le tome II, p. 136-139.

Jenny Fikentscher née Nottebohm
Née le 01-06-1869 à Kattowitz,
† le 26-04-1959 à Gernsbach
Élève de la peintre de fleurs Alwine Schrödter à Karlsruhe, stagiaire à l'école de peinture de Karlsruhe de 1888 à 1889, mariage en 1891, installation dans

Geburt von fünf Kindern, 1899-1921 Mitglied im Karlsruher Künstlerbund, ab 1897 Blumenbilder und Steindrucke, Kontakte zum Wandervogel und Lebensreformbewegung, ab 1899 Teilnahme an Kunstausstellungen.
1897 wandte sie sich dem Steindruck zu, von Großformaten bis zur Postkarte. Über sie siehe Band I, S. 110-111 und Band II, S. 140-143.

*l'Augustenburg* à Grötzingen, naissance de cinq enfants de 1892 à 1907, membre de l'association des artistes de Karlsruhe de 1899 à1921, tableaux de fleurs et lithographies à partir de 1897, contacts avec le mouvement de jeunesse *Wandervogel* et le mouvement réformateur de la *Lebensreform*, participation à des expositions d'art à partir de 1899.
En 1897, elle se tourne vers la lithographie, des grands formats à la carte postale. Voir à ce sujet le tome I, p. 110-111 et le tome II, p. 140-143.

Friedrich Kallmorgen
* 15. 11. 1856 Altona, † 4. 6. 1924 Grötzingen
Aus einer Hamburger Architektenfamilie stammend, wurde er 1875 Mitglied der Düsseldorfer Kunstakademie und wechselte 1877 an die Kunstakademie in Karlsruhe. Nach einem Jahr in Berlin kehrte er nach Karlsruhe zurück und beendete 1882 sein Studium bei Gustav Schönleber.
1882 heiratete er die Malerin Margarethe Hormuth. 1888/89 verzog die Familie nach Grötzingen und wurde Mitbegründer der dortigen Malerkolonie. 1896/98 war er Präsident des Karlsruher Künstlerbundes. Auf großen Reisen erkundete er Paris, Brüssel, die Niederlande, Italien und Skandinavien, später auch Rußland. 1908 erhielt er bei der Berliner Großen Kunstausstellung die Große Goldmedaille. Sein Haus Hohengrund in Grötzingen war ein beliebter Treffpunkt der Künstler und Kunstliebhaber. Mit seiner impressionistischen Malerei erhielt er zahlreiche Kunstpreise des In- und Auslandes. 1918 verlegte die Familie ihren Wohnsitz nach Heidelberg, den Herkunftsort seiner Frau.

Friedrich Kallmorgen
Né le 15-11-1856 à Altona,
† le 04-06-1924 à Grötzingen
Issu d'une famille d'architectes de Hambourg, il devient membre de l'Académie des arts de Düsseldorf en 1875 et rejoint l'Académie des arts de Karlsruhe en 1877. Après une année passée à Berlin, il retourne à Karlsruhe et termine ses études en 1882 sous la direction de Gustav Schönleber.
En 1882, il épouse la peintre Margarethe Hormuth. En 1888/89, la famille déménage à Grötzingen et devient cofondatrice de la colonie de peintres locale. En 1896/98, il est président de l'Association des artistes de Karlsruhe. Lors de grands voyages, il explore Paris, Bruxelles, les Pays-Bas, l'Italie et la Scandinavie, et plus tard la Russie. En 1908, il reçoit la grande médaille d'or à la Grande exposition d'art de Berlin. Sa maison *Hohengrund* à Grötzingen est un lieu de rencontre apprécié des artistes et des amateurs d'art. Sa peinture impressionniste lui vaut de nombreux prix artistiques en Allemagne et à l'étranger. En 1918, la famille déménage à Heidelberg, le lieu d'origine de sa femme.

Margarethe Hormuth-Kallmorgen geb. Eder
* 22. 8. 1857 Heidelberg, † 7. 7. 1916 Heidelberg, 1878/85 Schülerin von Ferdinand Keller in Karlsruhe, 1882 Heirat, 1883 Geburt des Sohnes Walter, 1885 Geburt der Tochter Helene (s. Bd. II, S. 124), ab 1886 Mitglied im Karlsruher Künstlerbund, ab 1900 Lehrauftrag für Blumen- und Stillebenmalerei an der Malerinnenschule in Karlsruhe, Familie ab 1902 in Berlin ansässig.

Margarethe Hormuth-Kallmorgen née Eder
Née le 22-08-1857 à Heidelberg,
† le 07-07-1916 à Heidelberg
Élève de Ferdinand Keller à Karlsruhe de 1878 à 1885, mariage en 1882, naissance du fils Walter en 1883, naissance de la fille Hélène en 1885 (voir tome II, p. 124), membre de l'Association des artistes de Karlsruhe à partir de 1886, chargée de cours pour la peinture de fleurs et de natures mortes à l'école de peinture de Karlsruhe à partir de 1900, famille installée à Berlin à partir de 1902.

Gustav Kampmann
* 30. 9. 1859 Boppard, † 12. 8. 1917 in Godesberg
Er war der Stiefbruder von Jenny Fikentscher und besuchte 1881/82 die Kunstschule in Karlsruhe, wo er bald Meisterschüler bei Baisch und Schönleber war. 1884 machte er sich in München als Maler selbständig und bereiste Oberbayern. Nach Reisen in Ostpreußen, Holstein und den Niederlanden ließ er sich 1887 in Lübeck nieder und war anschließend in München und Schleißheim tätig. 1890 kehrte er nach Grötzingen zurück und heiratete 1891 Anna Roth. 1894 kam der Sohn Hans-Jürgen zur Welt. Bald wohnten in der Augustenburg auch Franz Hein und seine Familie, Karl Biese mit Familie. 1896 wurde mit 23 weiteren Künstlern der Karlsruher Künstlerbund gegründet, der bald eine eigene Werkstatt mit dem Kürzel KKK betrieb, die Kunstdruckerei Karlsruher Künstlerbund. Kampmann war einer der produktivsten Maler. Über ihn siehe Band I, S. 112-119 und Band II, S. 132-135.

Gustav Kampmann
Né le 30-09-1859 à Boppard,
† le 12-08-1917 à Godesberg
Il est le beau-frère de Jenny Fikentscher et fréquente l'école d'art de Karlsruhe de 1881 à 1882, où il devient rapidement maître-élève de Baisch et Schönleber. En 1884, il s'installe à son compte comme peintre à Munich et parcourt la Haute-Bavière. Après avoir voyagé en Prusse orientale, dans le Holstein et aux Pays-Bas, il s'installe à Lübeck en 1887 et travaille ensuite à Munich et à Schleißheim. En 1890, il retourne à Grötzingen et épouse Anna Roth en 1891. En 1894, leur fils Hans-Jürgen vient au monde. Bientôt, Franz Hein et sa famille, Karl Biese et sa famille habitent également à l'*Augustenburg*. En 1896, l'Association des artistes de Karlsruhe est fondée avec 23 autres artistes, qui exploitent bientôt leur propre atelier sous le sigle KKK, l'imprimerie d'art *Kunstdruckerei Künstlerbund Karlsruhe.* Kampmann est l'un des peintres les plus productifs. Voir à son sujet le tome I, p. 112-119 et le tome II, p. 132-135.

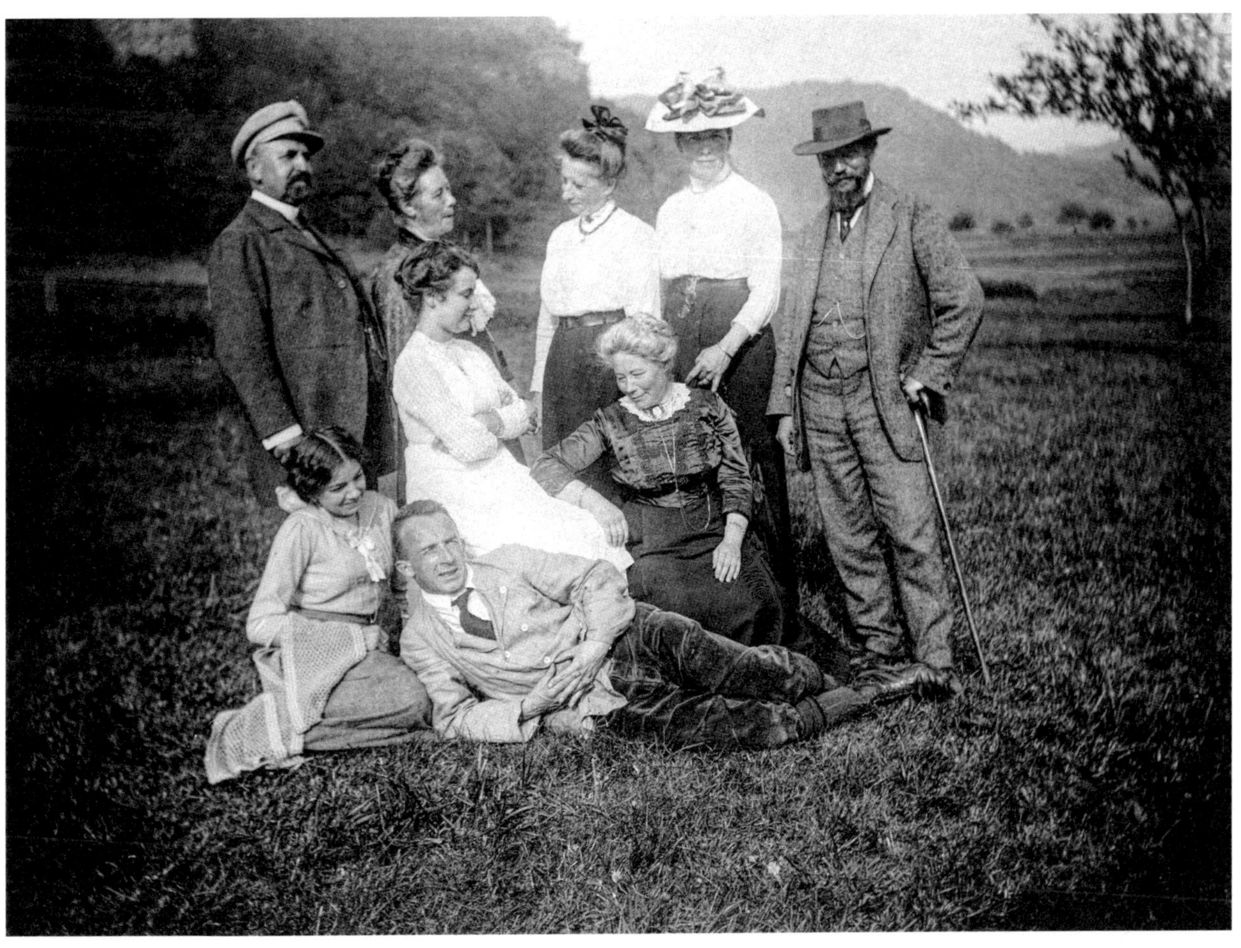

Dozenten der Malerkolonie am Sonntag Nachmittag, *conférenciers de la colonie des peintres le dimanche l'après-midi.*

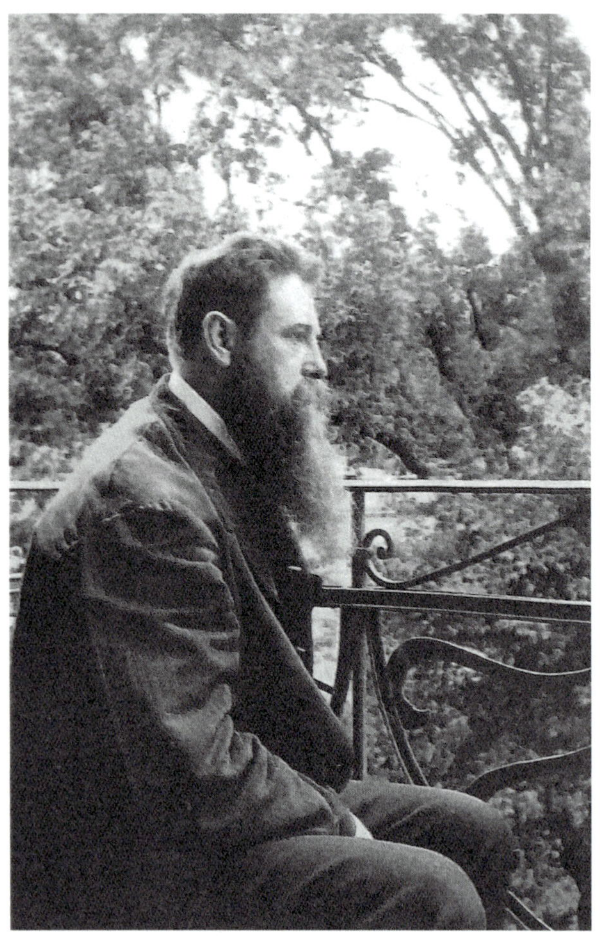

Karl Biese (1863-1926)

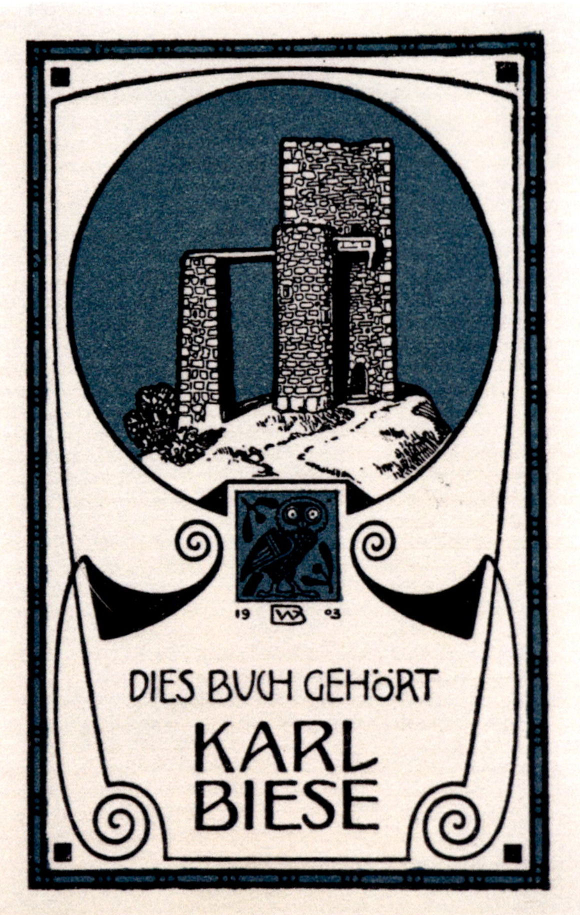


Karl Biese, Exlibris, Motiv Burg Trifels, 1903, Lithographie KKK

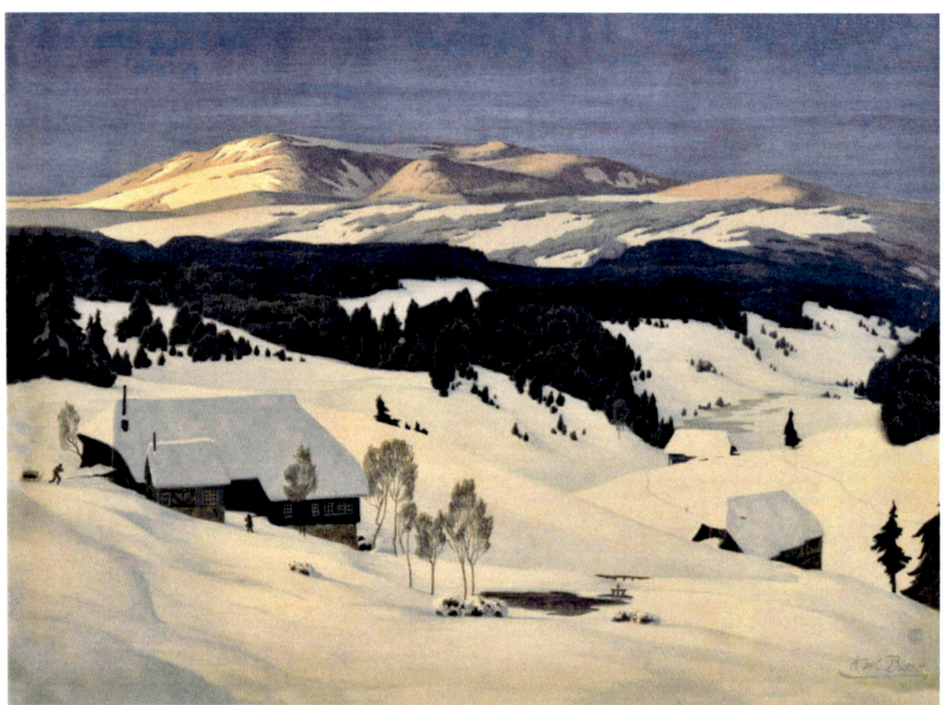

Karl Biese, Scheidender Tag, *coucher du soleil*, 69 x 99 cm, um 1910, Lithographie Teubner

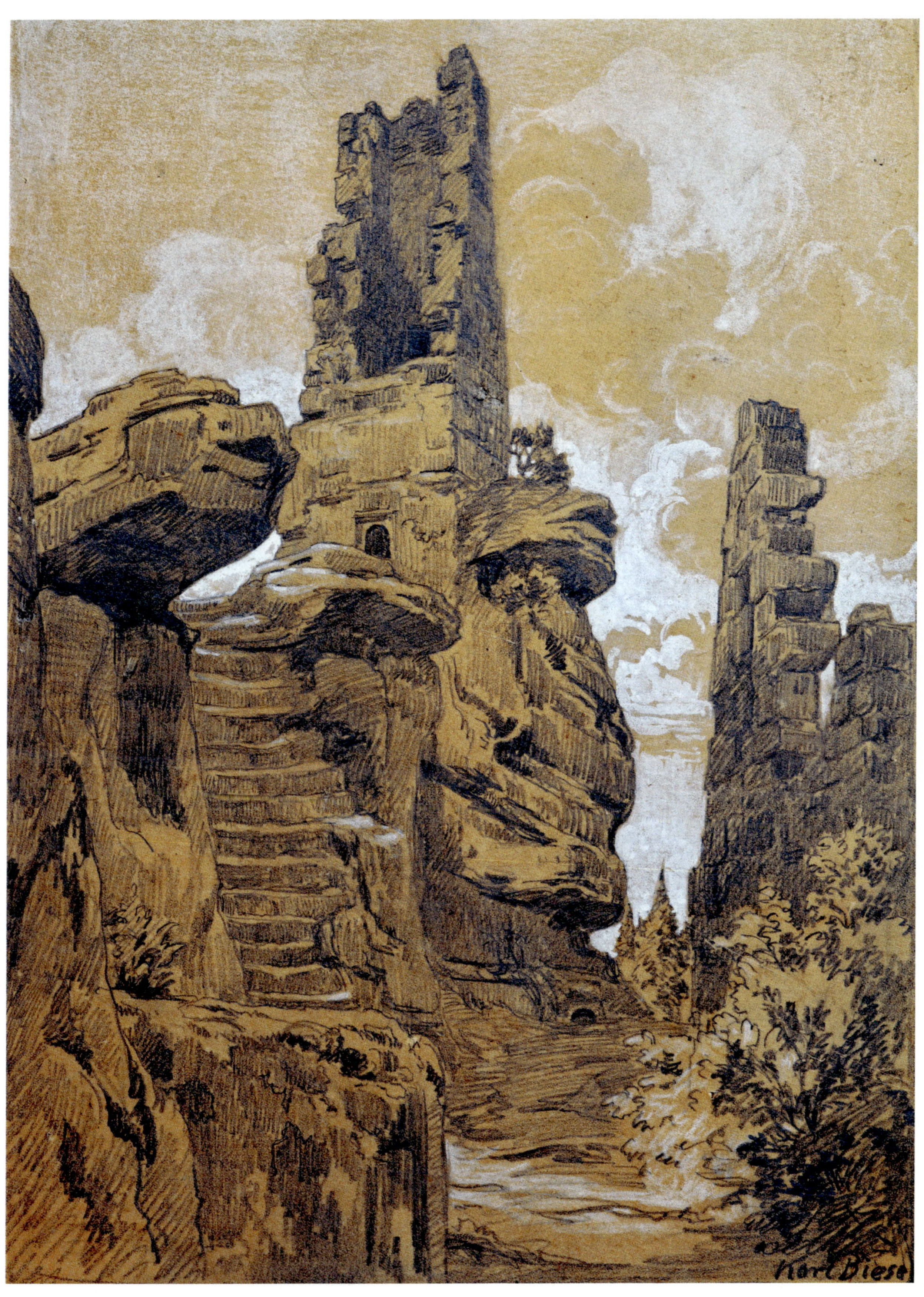


Karl Biese, Ruine Lützelhardt, 27 x 24 cm, 1903, Pastell

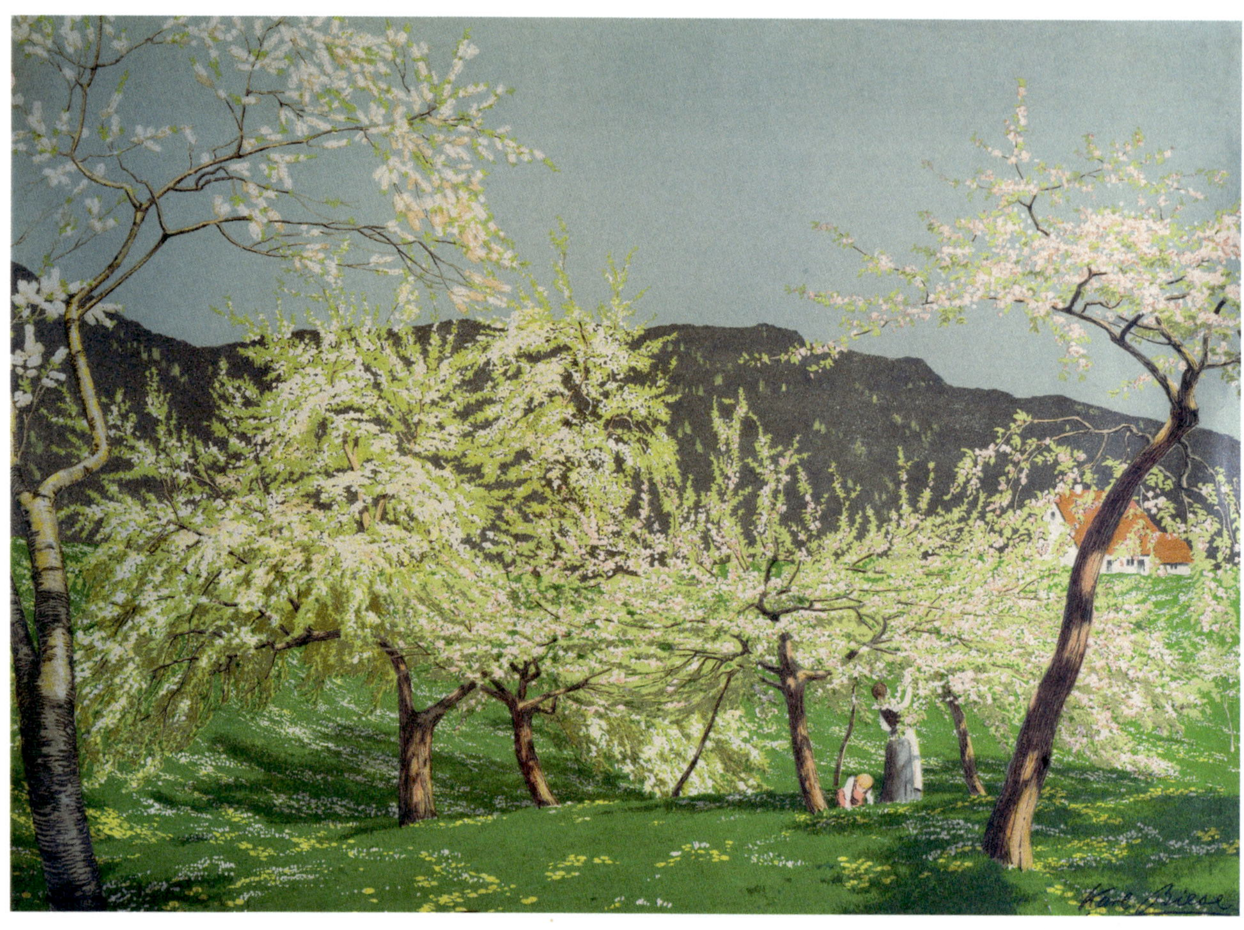

Karl Biese, Blütenpracht, *printemps*, 70,5 x 100,5 cm,
Sig. Karl Biese, um 1910, Lithographie Teubner

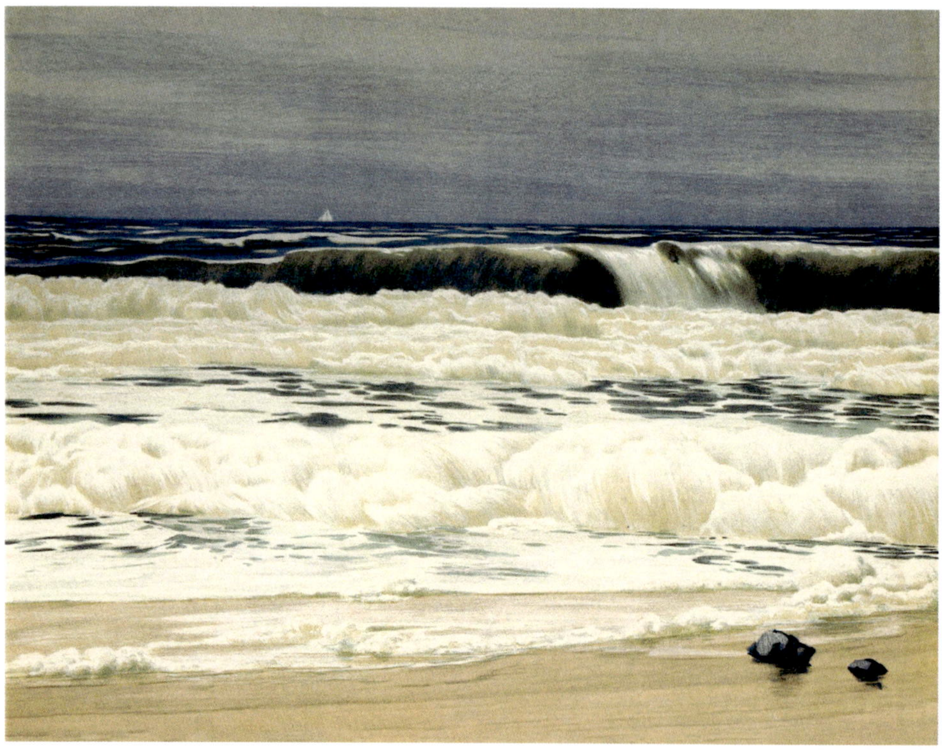

Karl Biese, Meeresbrandung, *vagues déferlantes*,
42,5 x 60 cm, 1913, Lithographie KKK

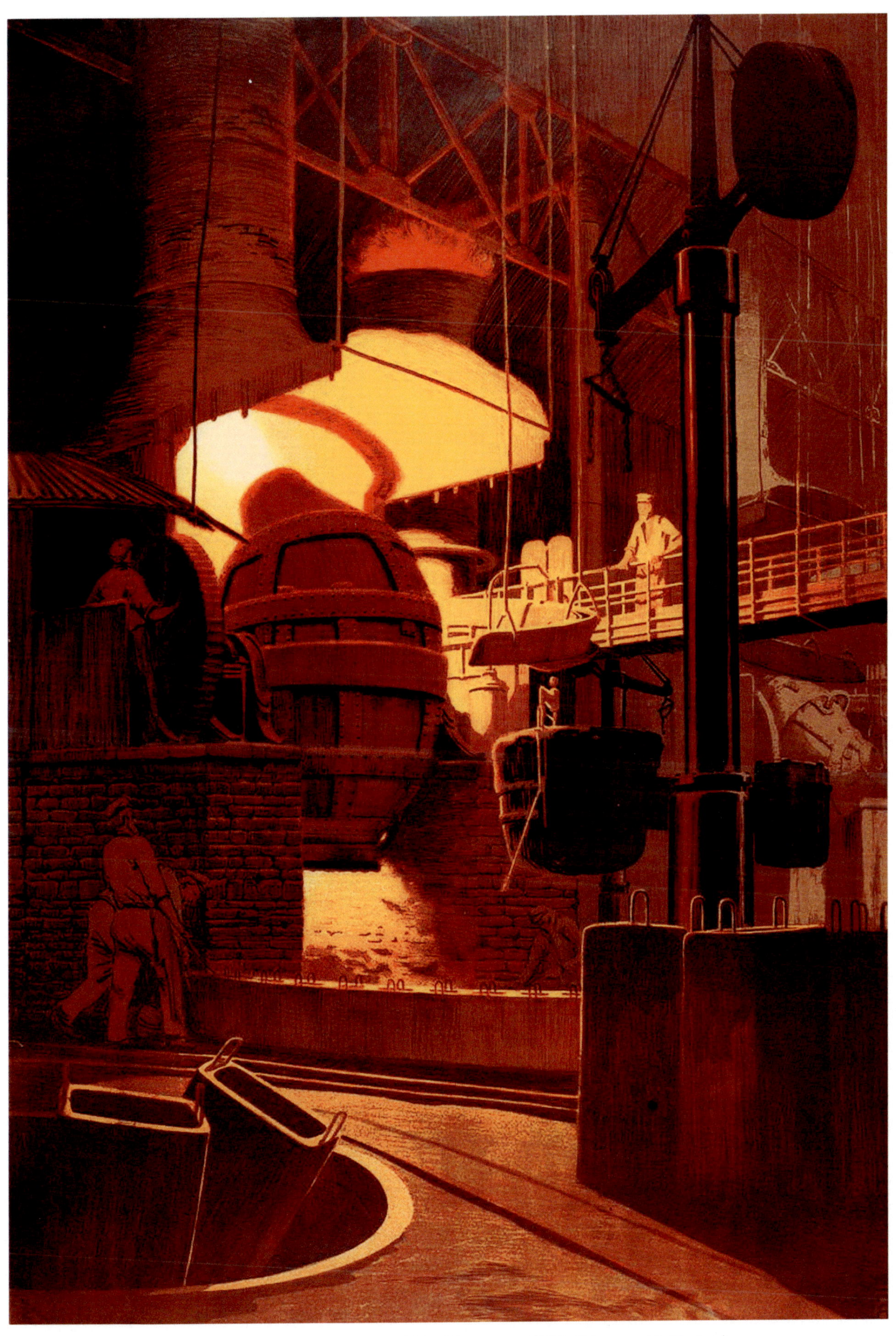

Karl Biese, Im Stahlwerk bei Krupp, *arciéries Krupp*, 100 x 70 cm, um 1910, Lithographie Teubner

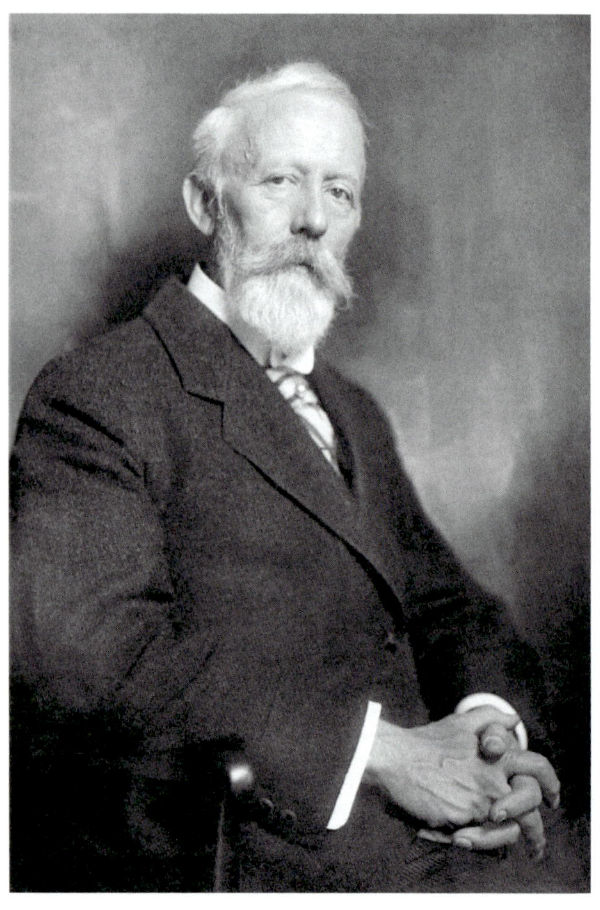

Friedrich Kallmorgen (1856-1924)

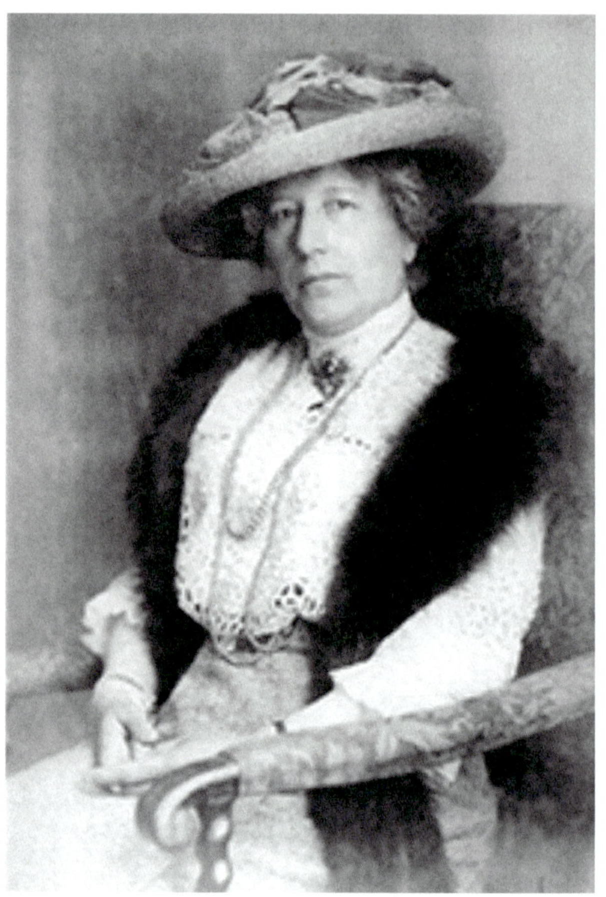

Margarethe Hormuth-Kallmorgen (1857-1916)

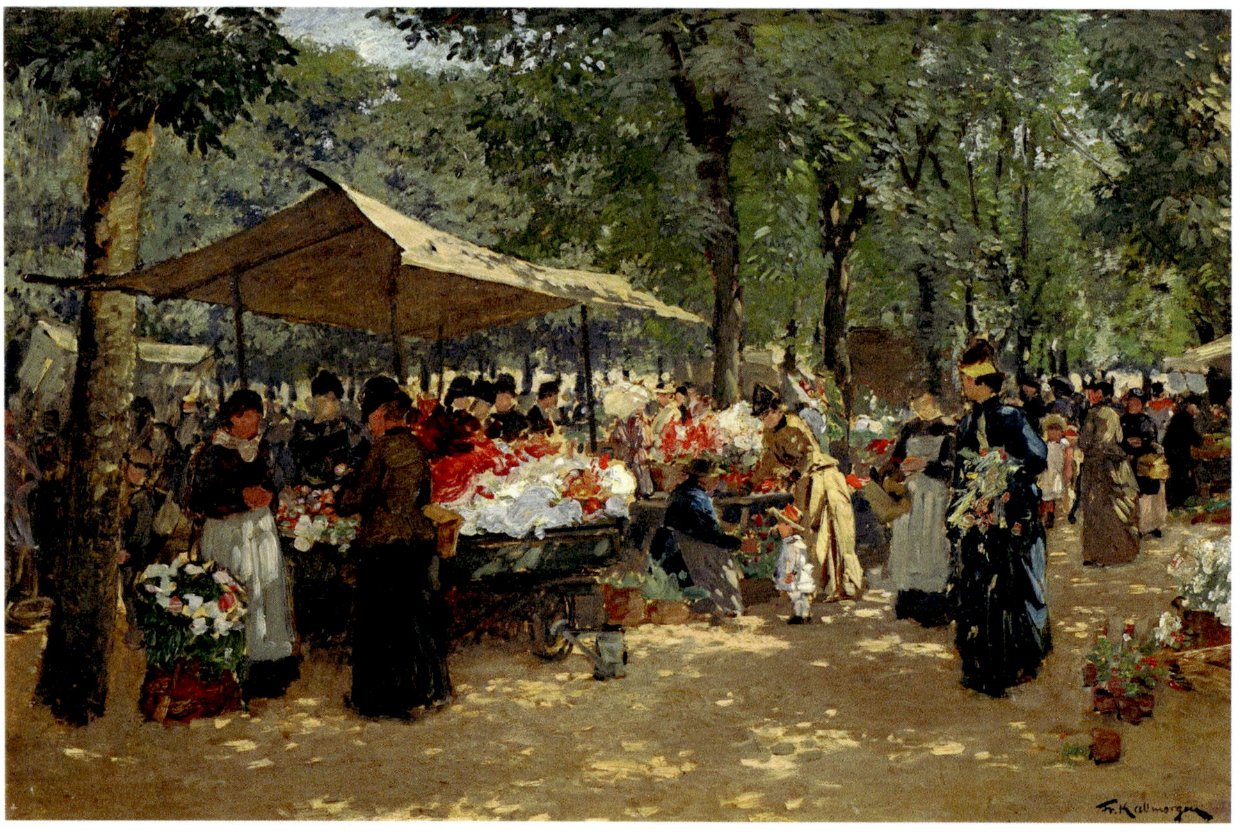

Friedrich Kallmorgen, Der Blumenmarkt in Karlsruhe, *marché de fleurs à Karlsruhe*,
Sig. Fr. Kallmorgen, 46,5 x 73,5 cm, 1887, Öl

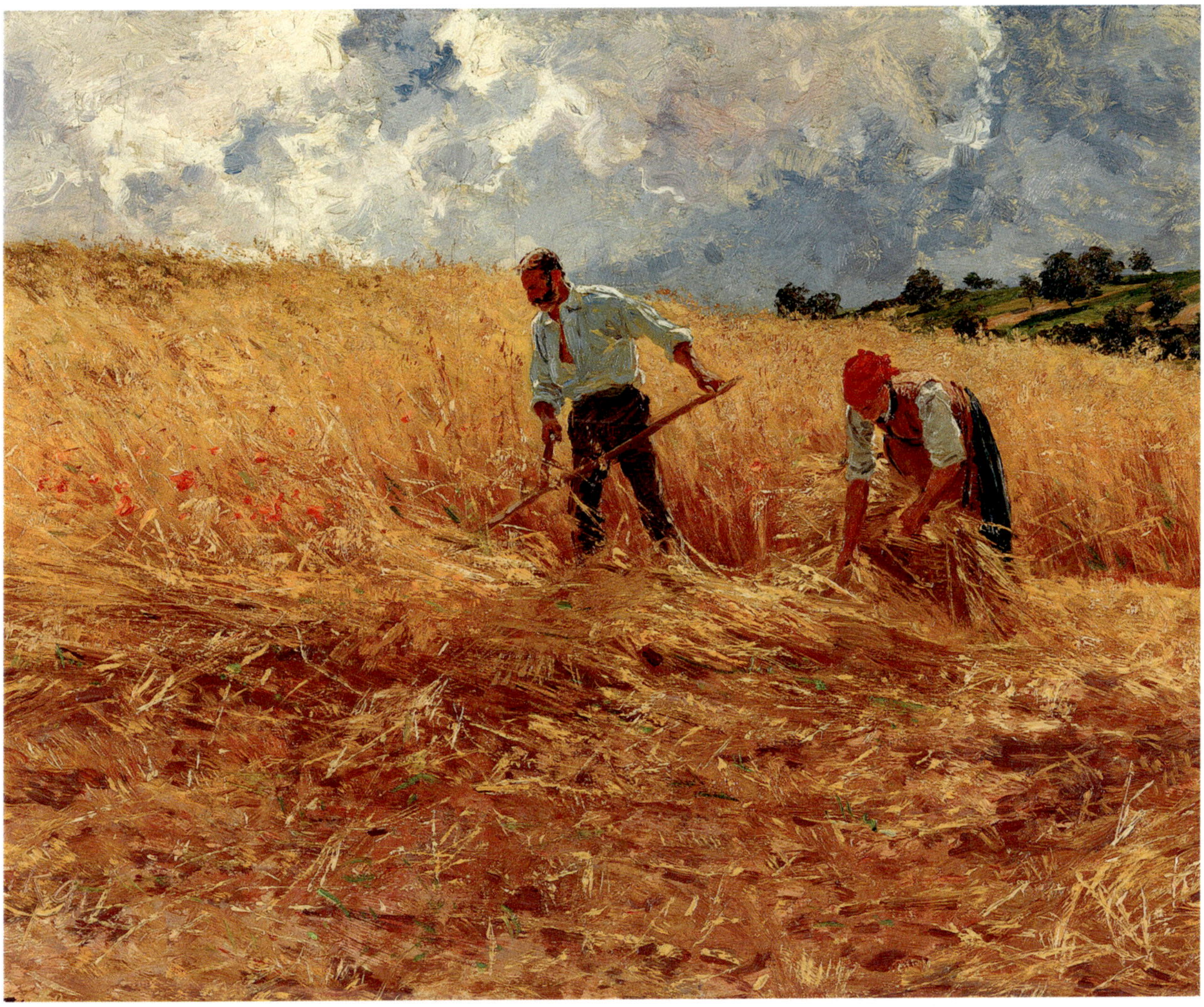

Friedrich Kallmorgen, Erntezeit, *temps de moisson*,
40,5 x 50 cm, 1891, Öl

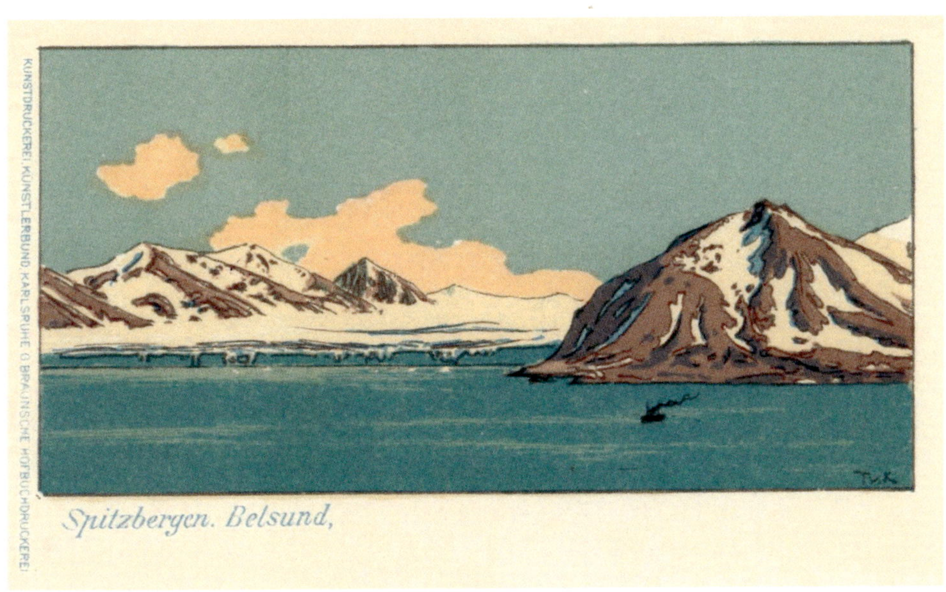


Friedrich Kallmorgen, Spitzbergen, Belsund, Postkarte 1898,
15 x 8 cm, Lithographie KKK

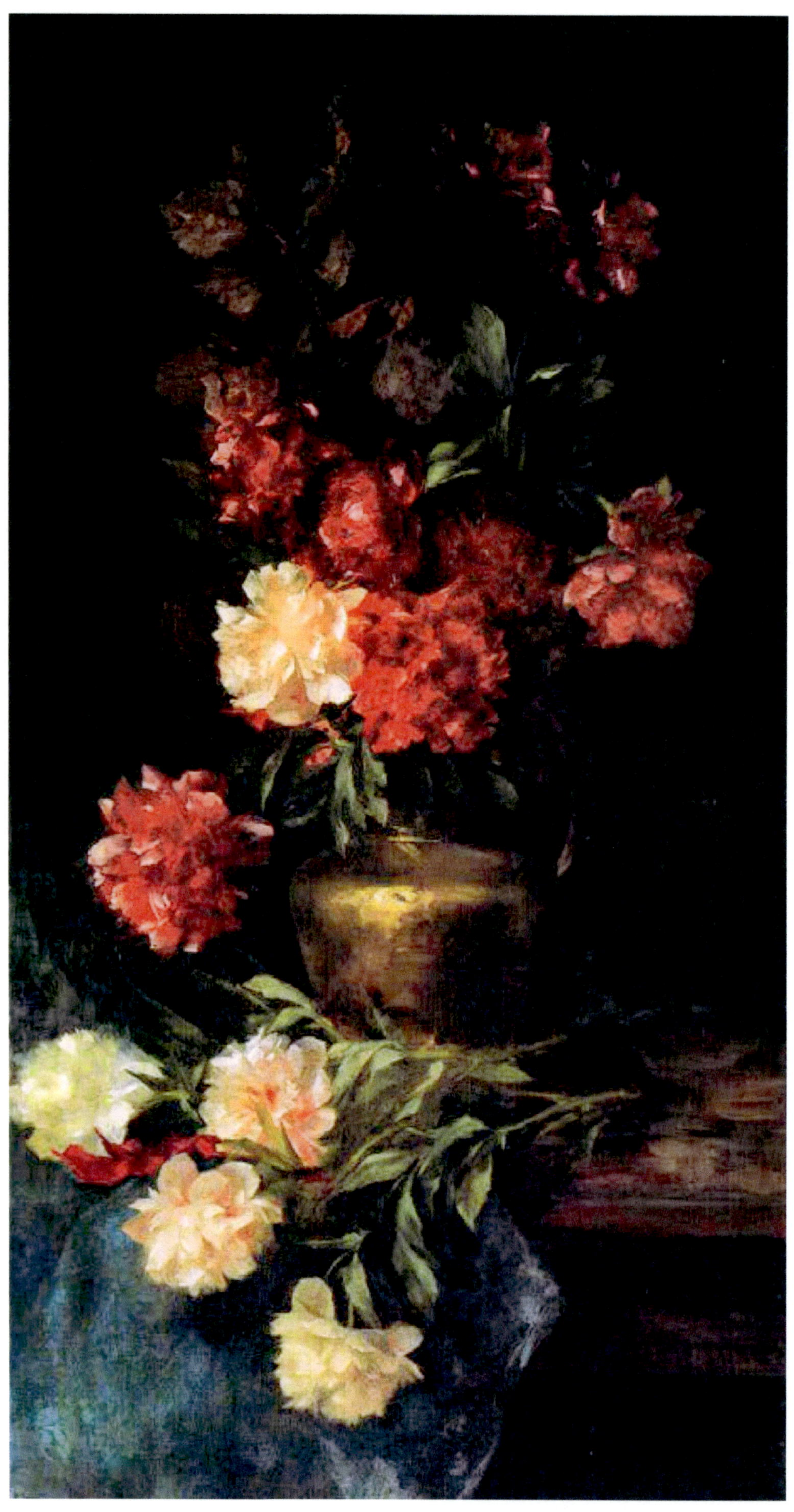

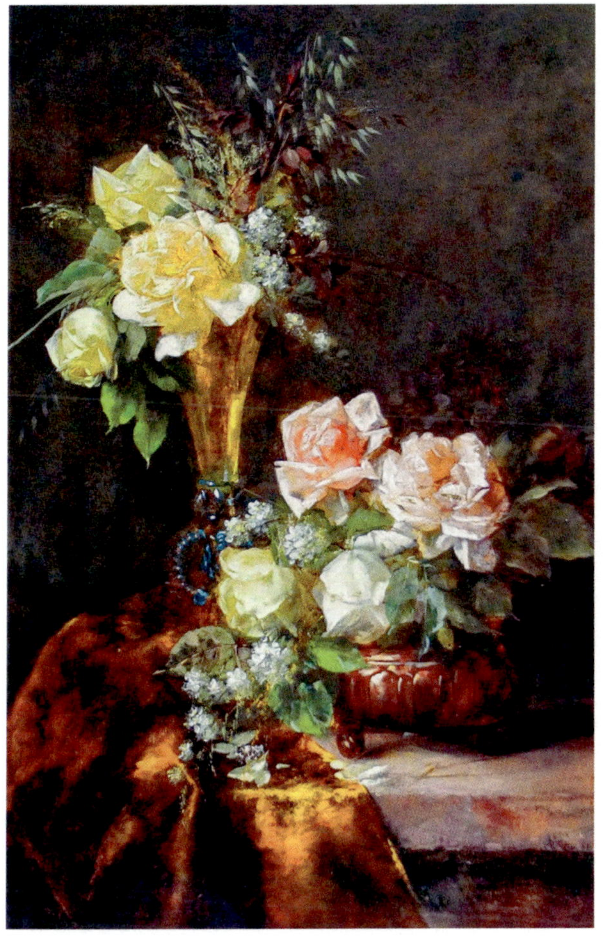

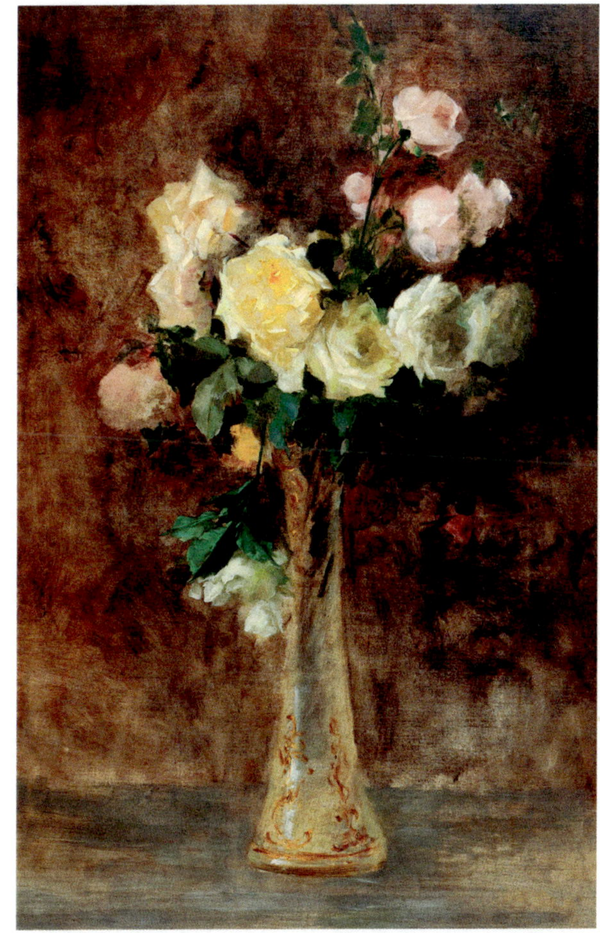

oben links: Margarethe Hormuth-Kallmorgen, Rosen,
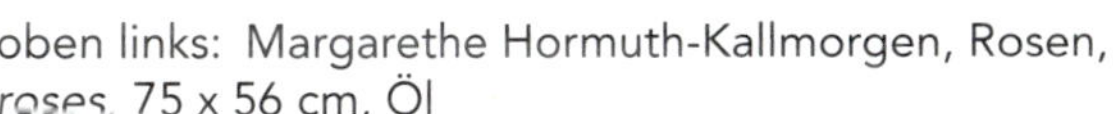
*roses*, 75 x 56 cm, Öl

oben rechts: Margarethe Hormuth-Kallmorgen, Rosenstrauß, *bouquet de roses*, 86,5 x 51,5 cm, Öl

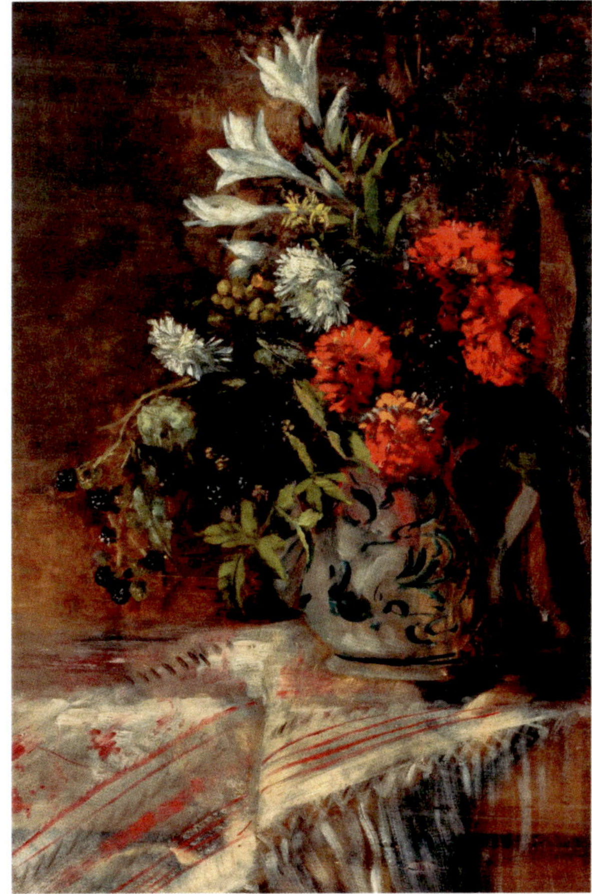

unten rechts: Margarethe Hormuth-Kallmorgen, Lilien und Clivien, *lys et clivias*, 88 x 60 cm, Öl

linke Seite: Margarethe Hormuth-Kallmorgen, Pfingstrosen, *pivoines*, 143 x 77 cm, Öl

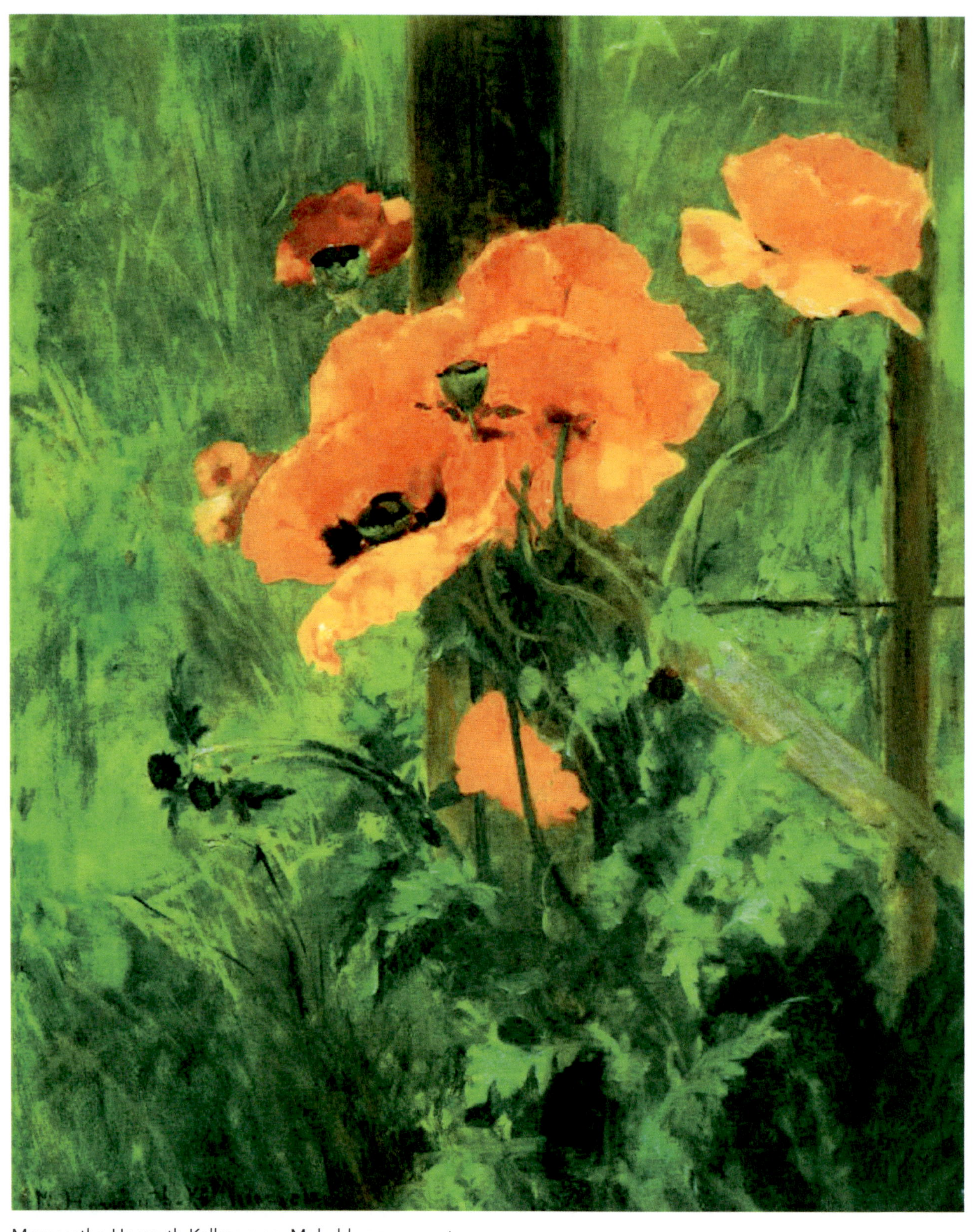

Margarethe Hormuth-Kallmorgen, Mohnblumen, *pavots*,
Sig. M. Hormuth-Kallmorgen, 78,5 x 62 cm, Öl

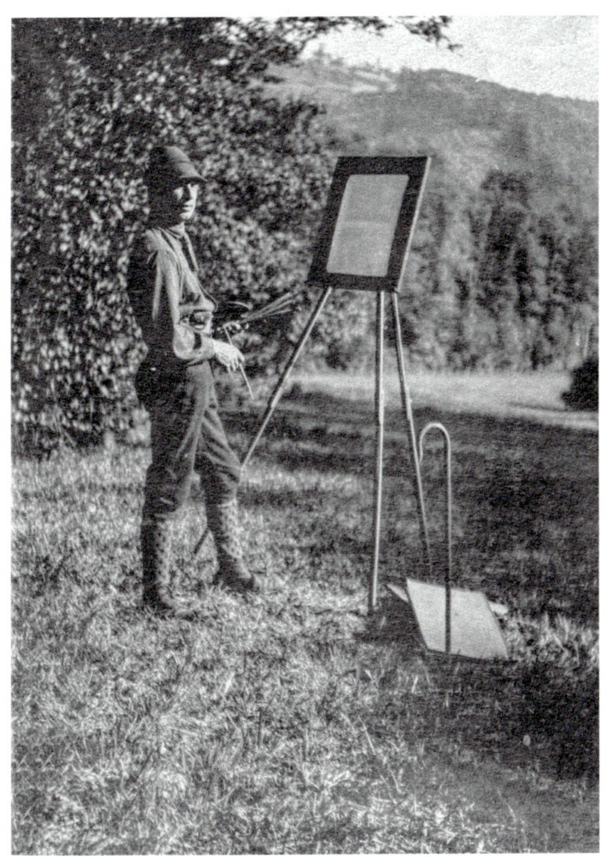

Otto Fikentscher beim Malen, *en train de peindre*

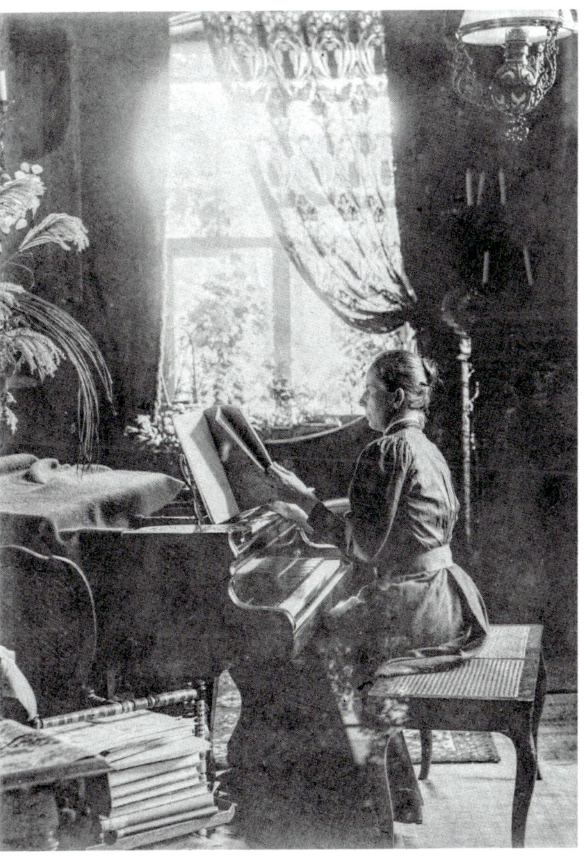

Jenny Fikentscher am Klavier, *au piano*

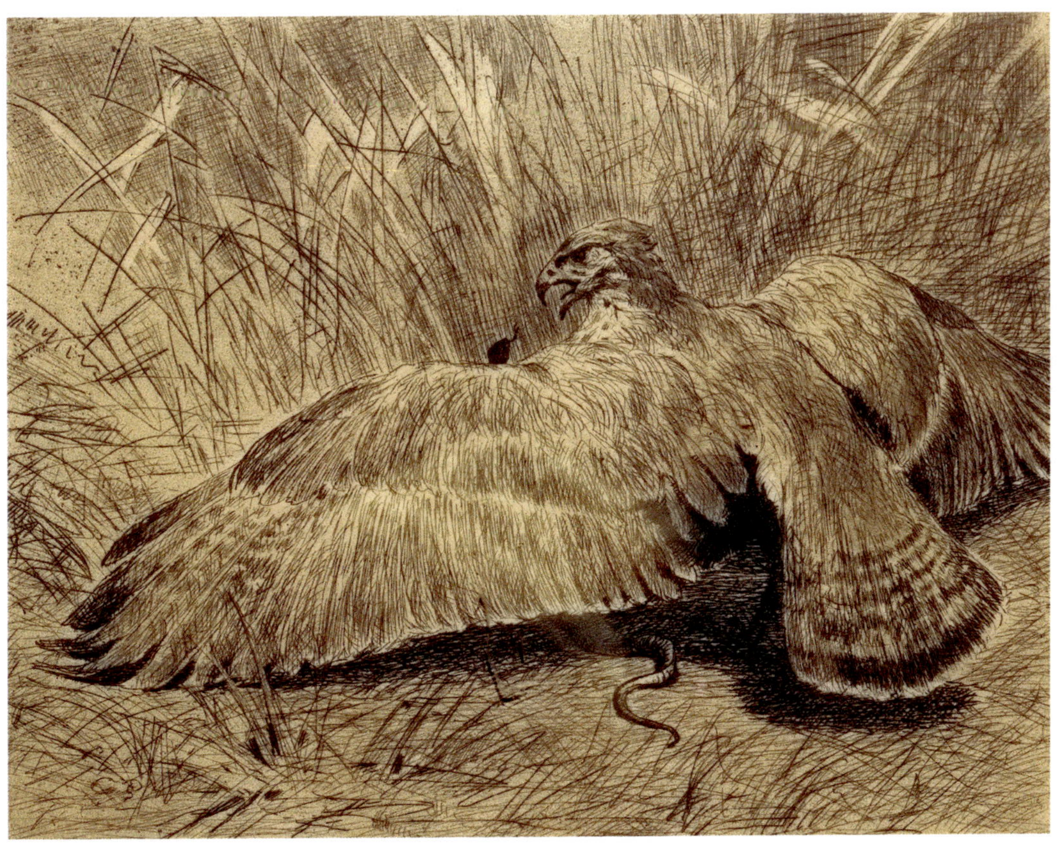

Otto Fikentscher (1862-1945), Bussard und Schlange, *busard et serpent*, 19 x 26,4 cm, 1898, Lithographie KKK

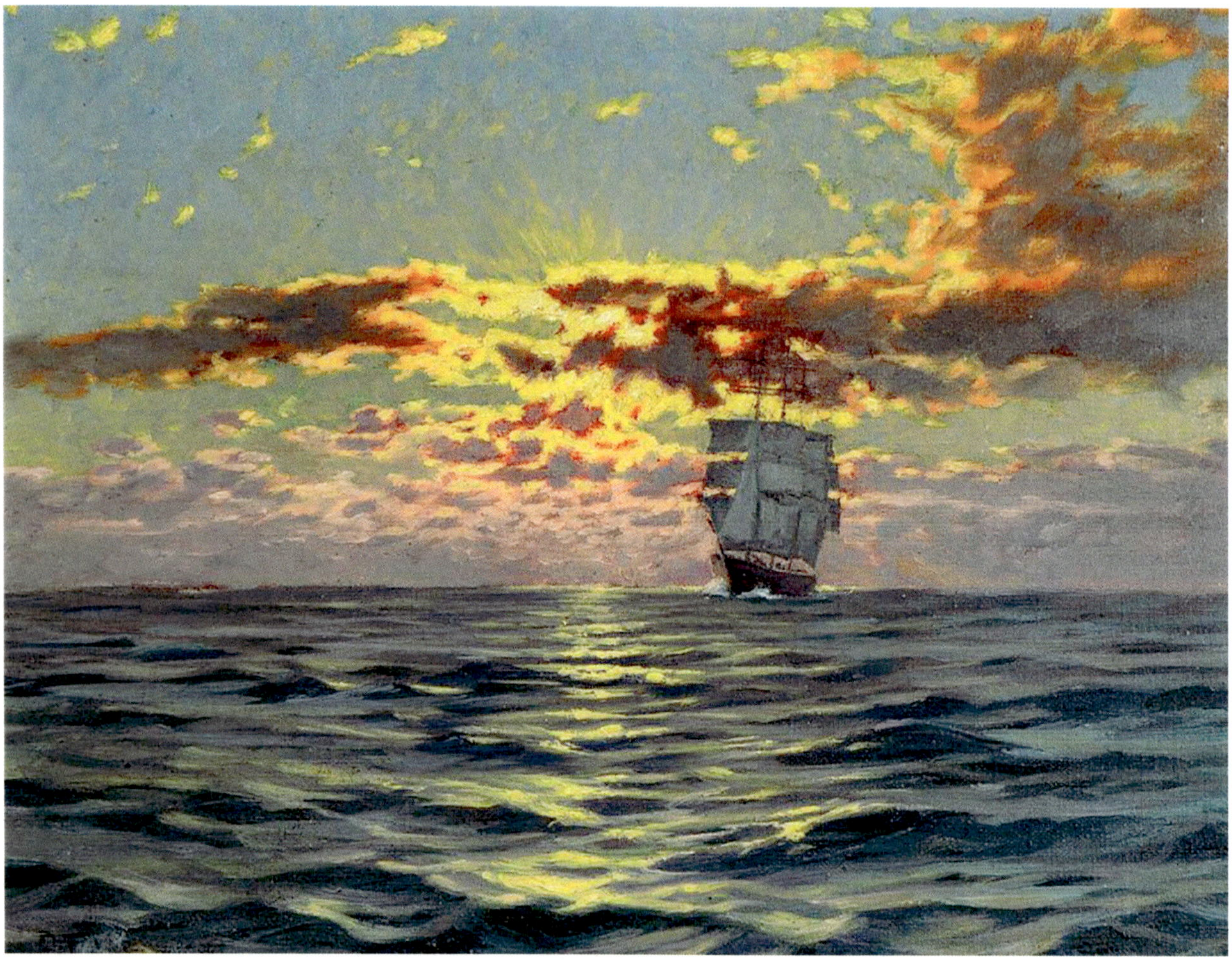

Otto Fikentscher, Abendsonne über dem Meer,
*coucher du soleil sur la mer*, 46 x 63 cm, Öl

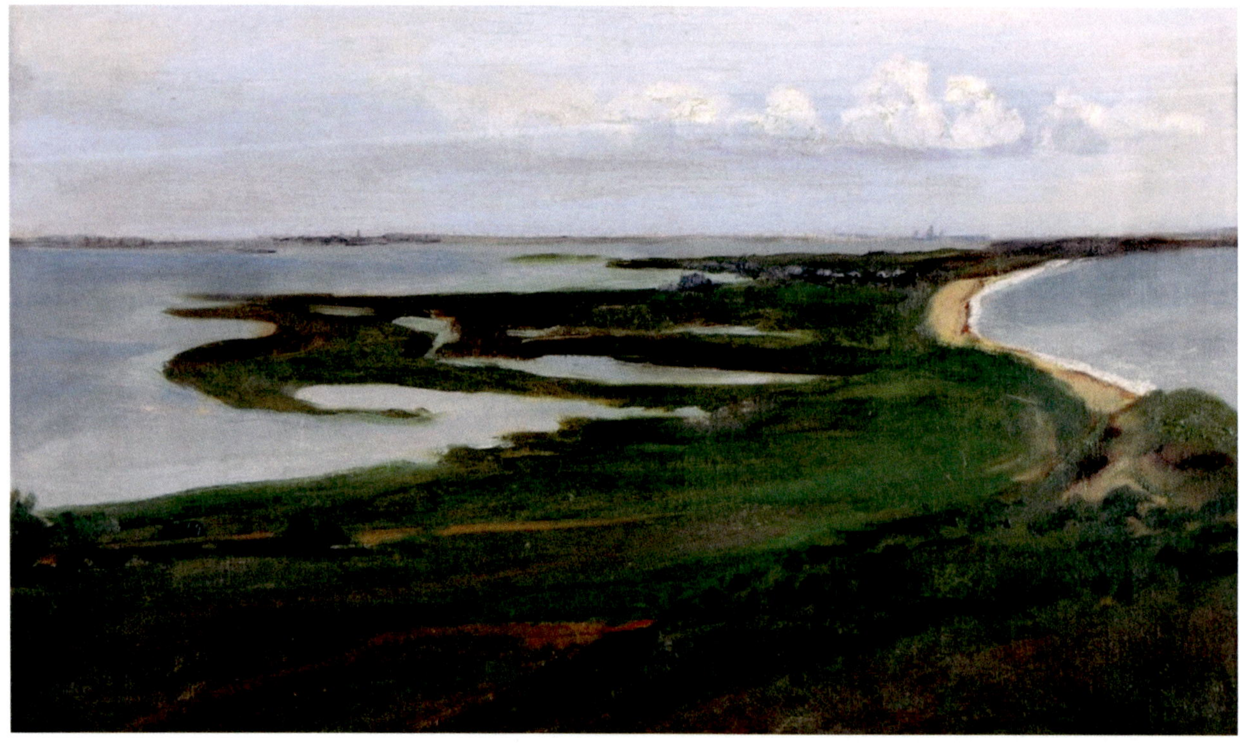

Otto Fikentscher, Hiddensee, Küste und Landzunge,
*cote et langue de terre*, 28 x 42 cm, Öl

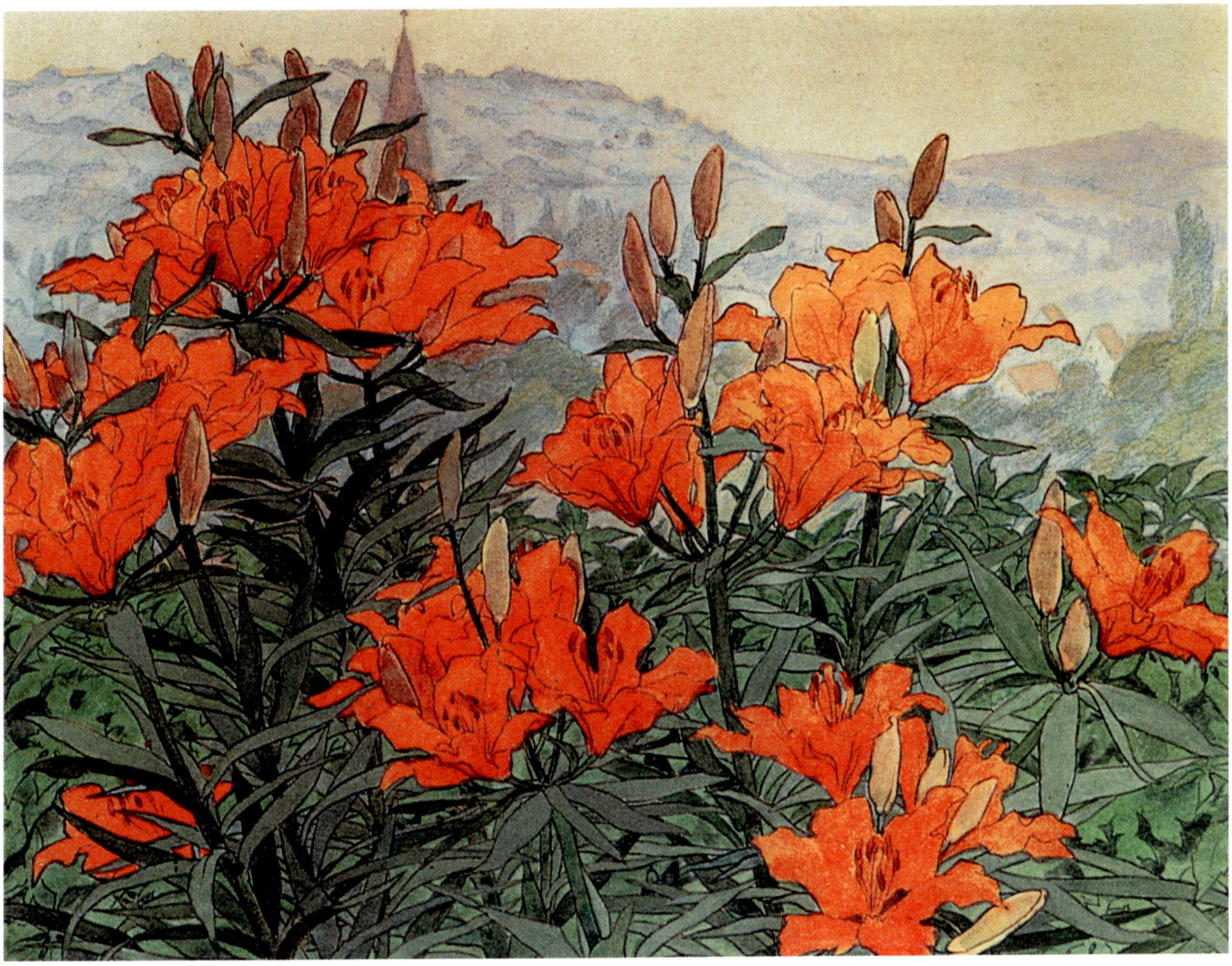

Jenny Fikentscher (1869-1959), Feuerlilien, *lys orangés*, 29,5 x 41 cm, 1904, Lithographie KKK

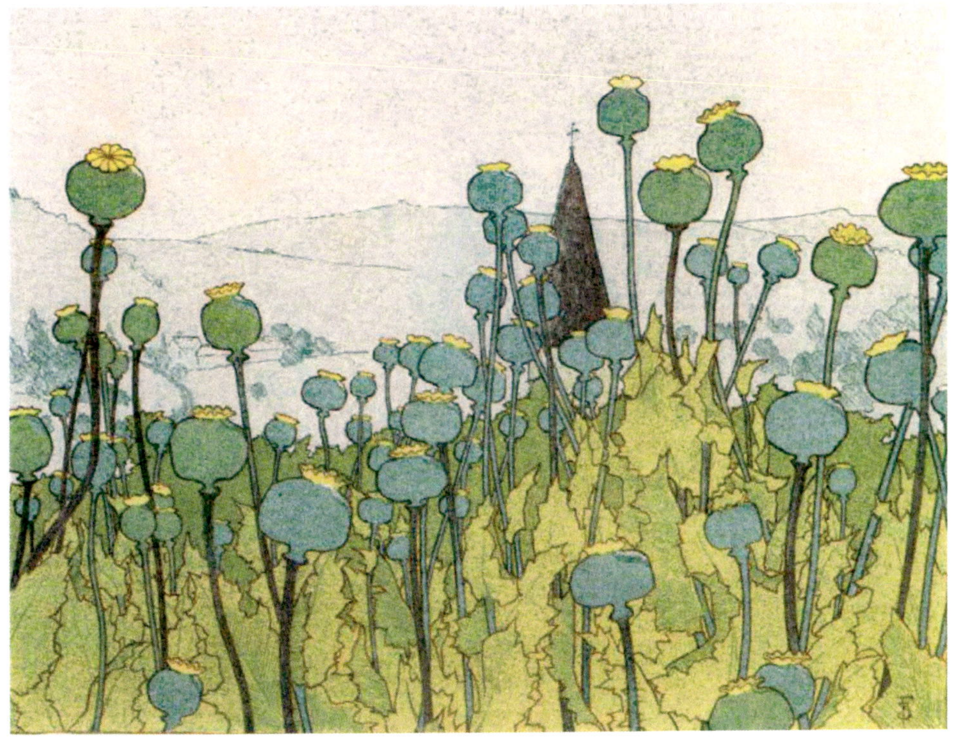

Jenny Fikentscher, Mohnfeld, *champ de pavot*, Sig. JF, 26,7 x 30,7 cm, 1898, Lithographie KKK Teubner

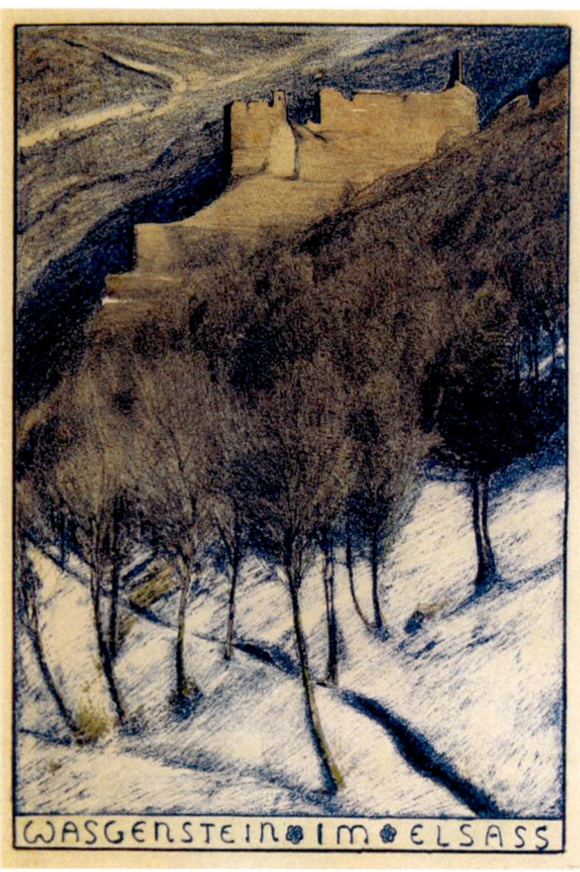


Gustav Kampmann, Wasigenstein im Elsass,
Sig. Weihnachten 1899, Pastell

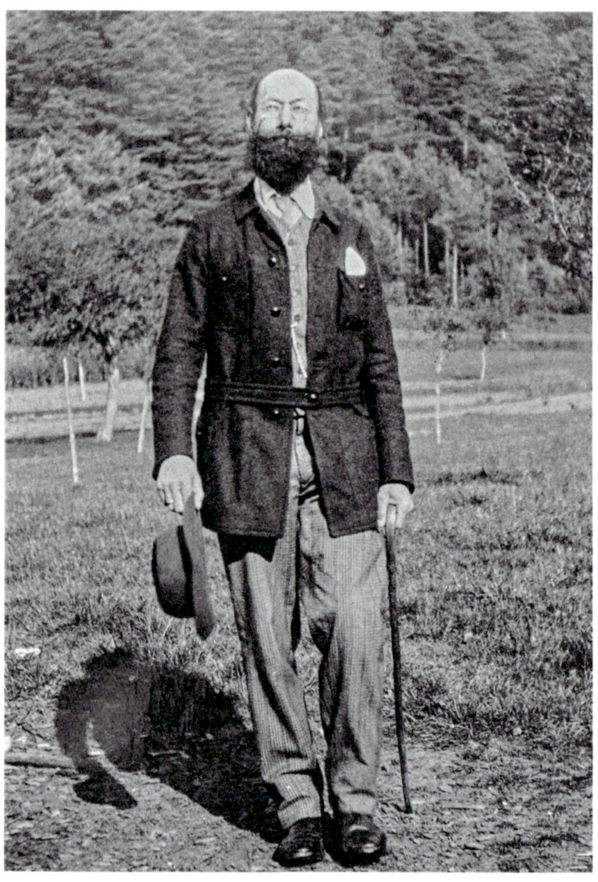

Gustav Kampmann (1859-1917) in Obersteinbach,
Stiefbruder von Jenny Fikentscher, *demi-frère*

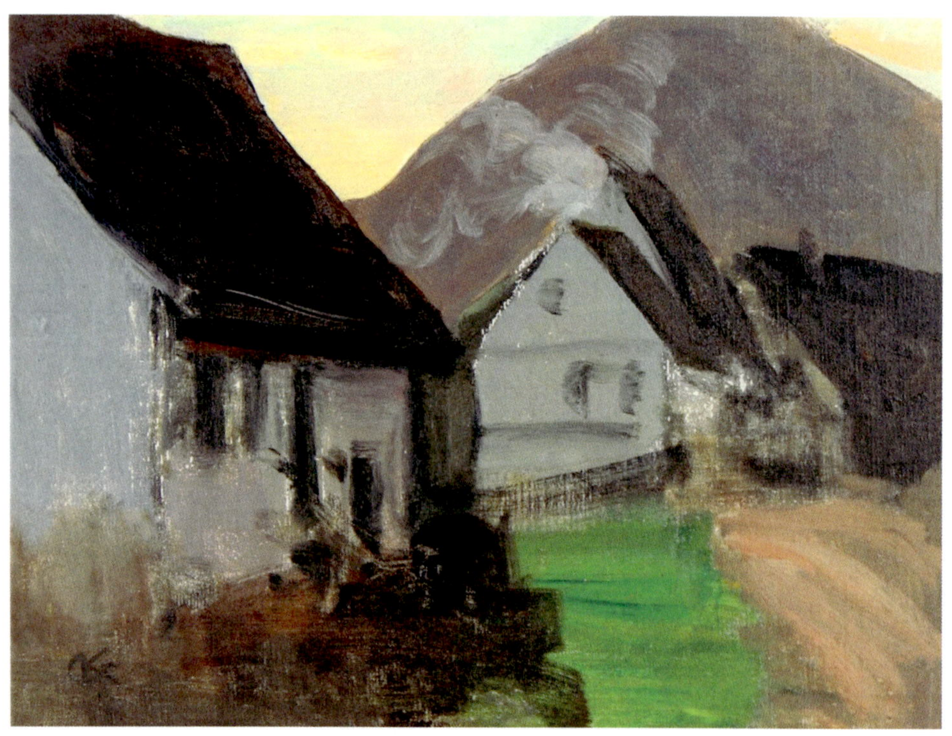

Gustav Kampmann, Obersteinbach,
25 x 33 cm, 1903, Öl

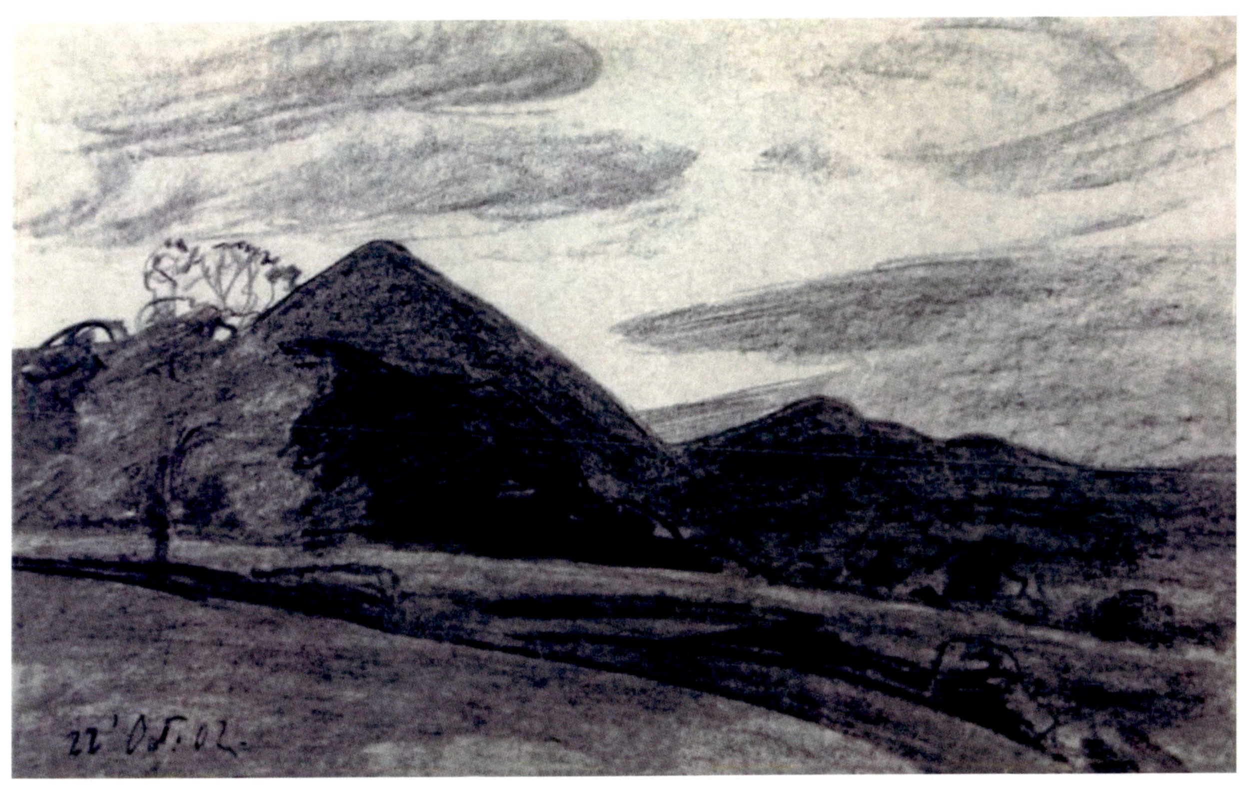

Gustav Kampmann, Obersteinbacher Wintersberg,
39 x 27 cm, Sig. 22. 01. (19)02, Kohle

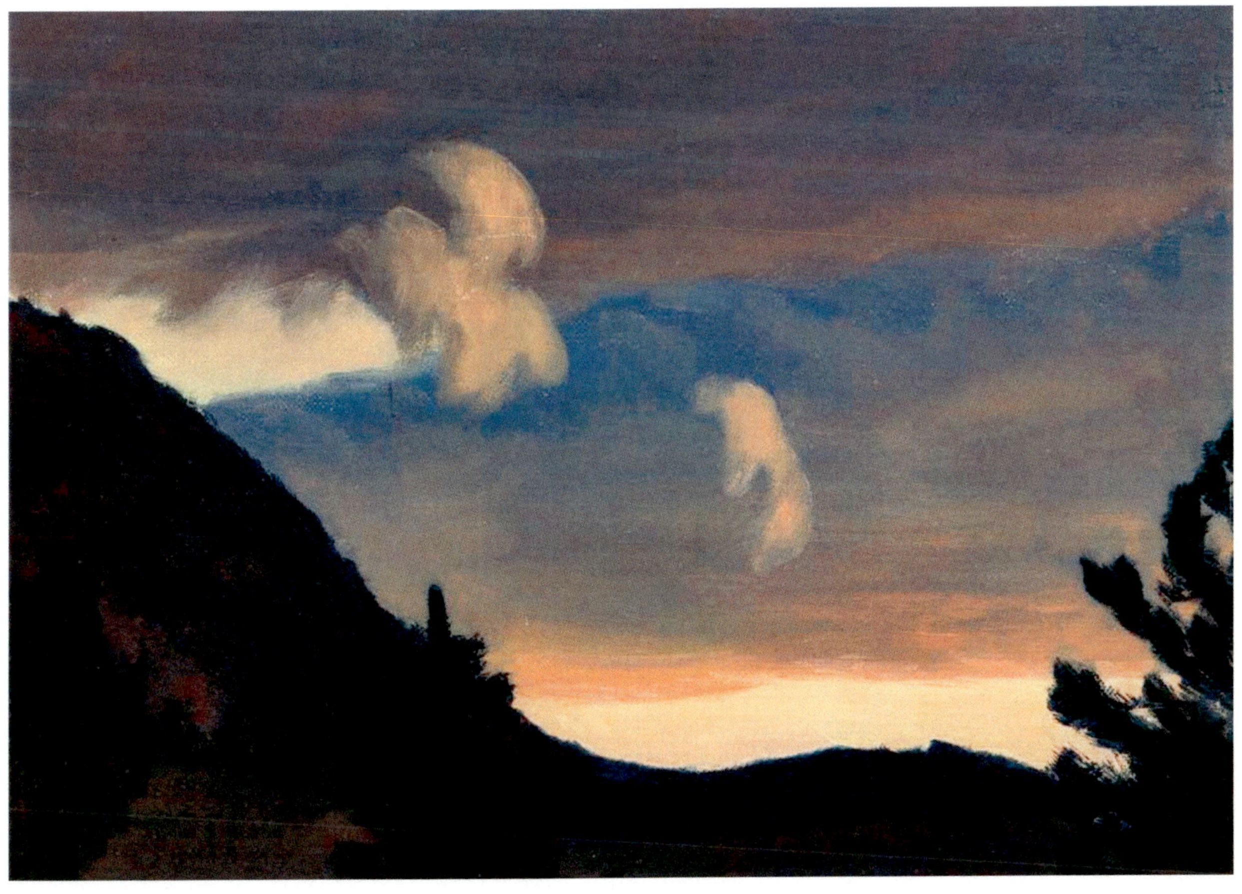

Gustav Kampmann, Gewitterstimmung, *avant l'orage*,
25 x 35 cm, 1904, Öl

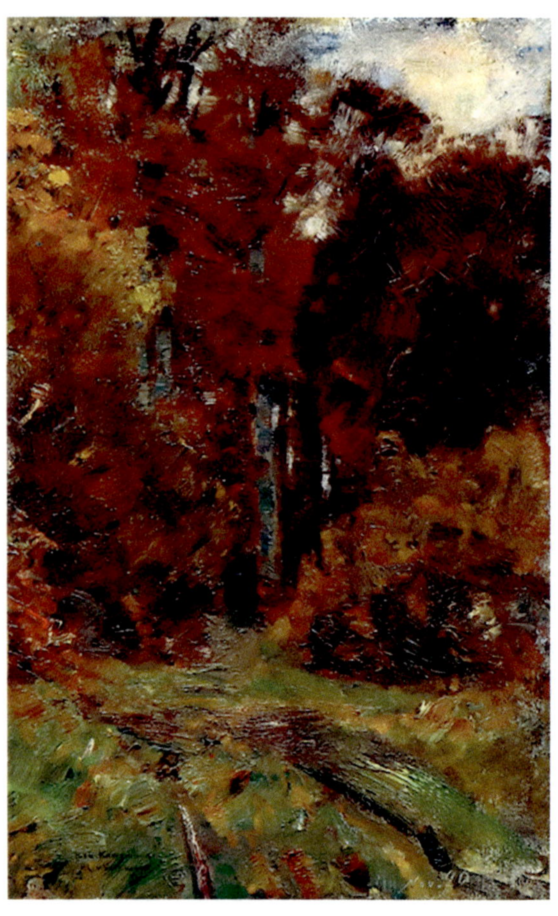

Gustav Kampmann, Waldlichtung, *clairière*, Sig. Gustav Kampmann Nov. 90, 52,5 x 34,2 cm, 1890, Öl

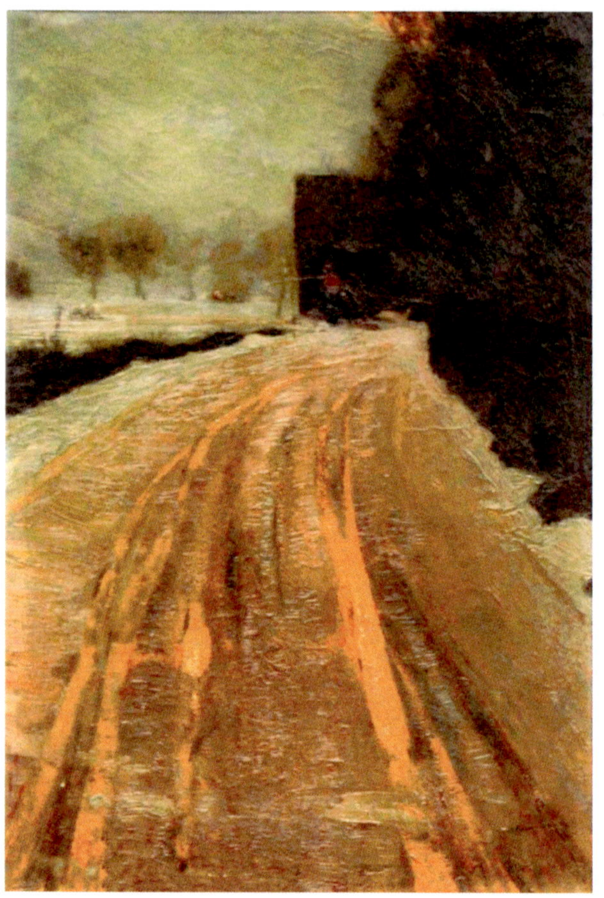

Gustav Kampmann, Ortseingang Obersteinbach im Winter, *en hiver*, 25 x 17 cm, Öl

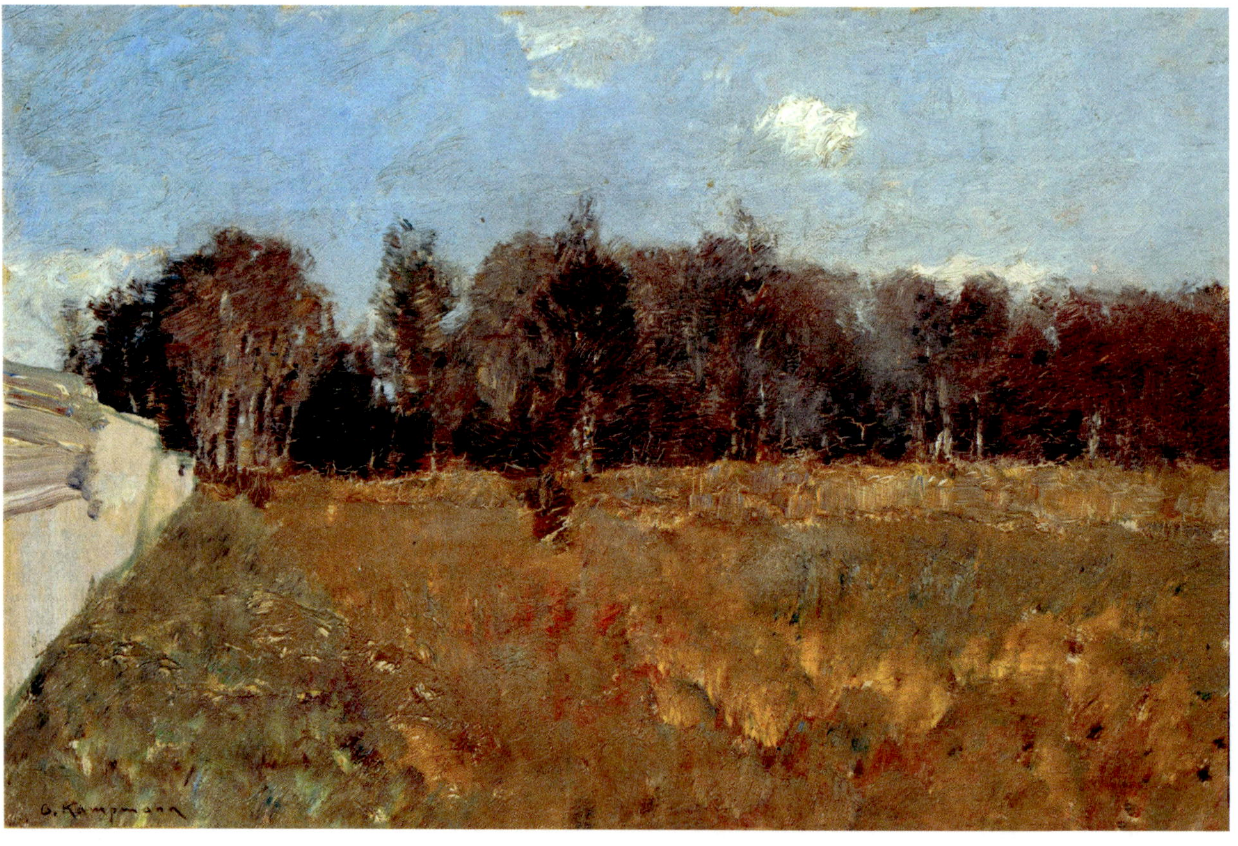


Gustav Kampmann, Wiese und Birken am Ortsrand, *pré et bouleaux*, Sig. G. Kampmann, 28 x 43 cm, Öl

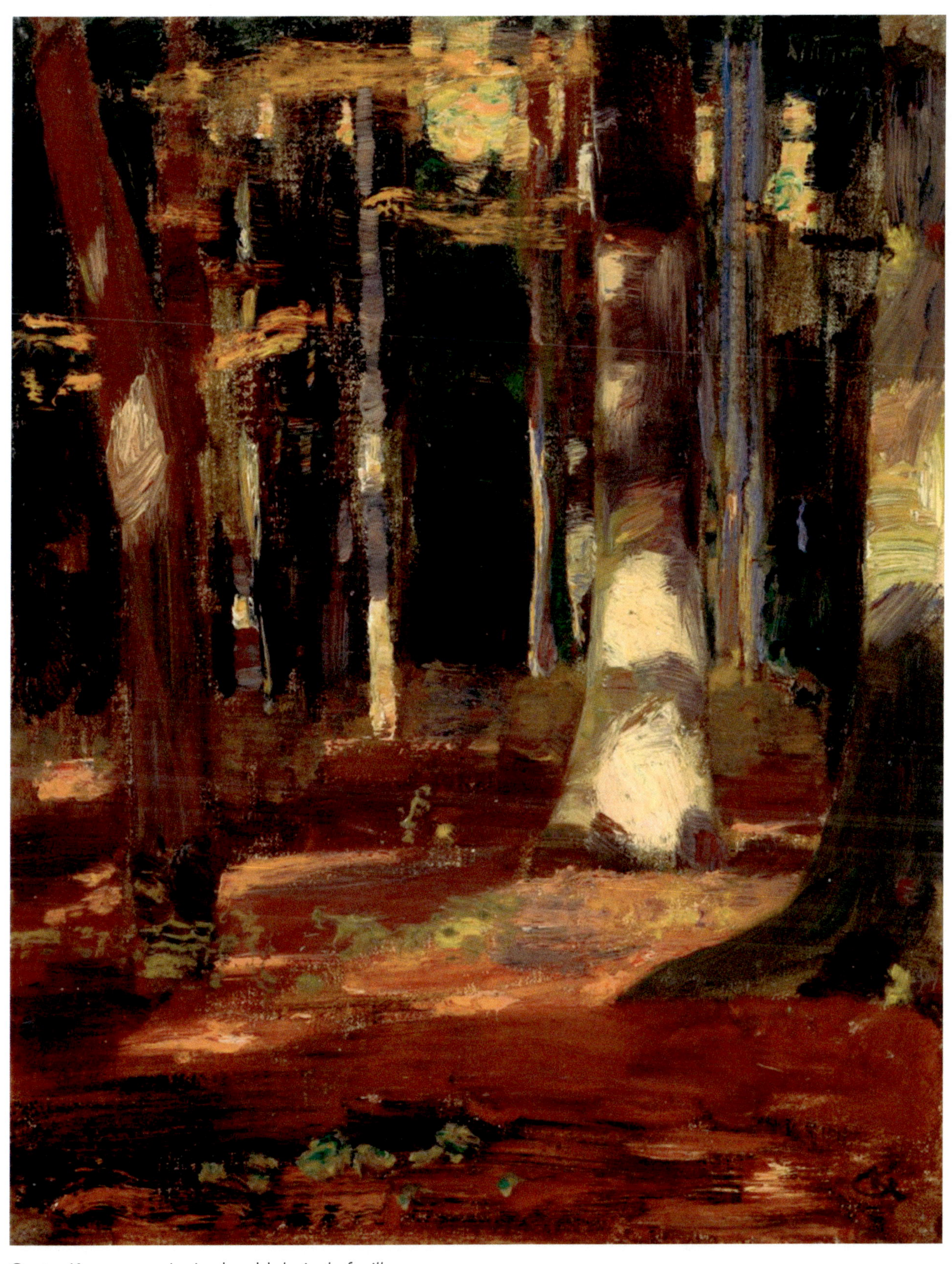

Gustav Kampmann, Im Laubwald, *bois de feuillus*,
30,7 x 24 cm, 1893, Öl

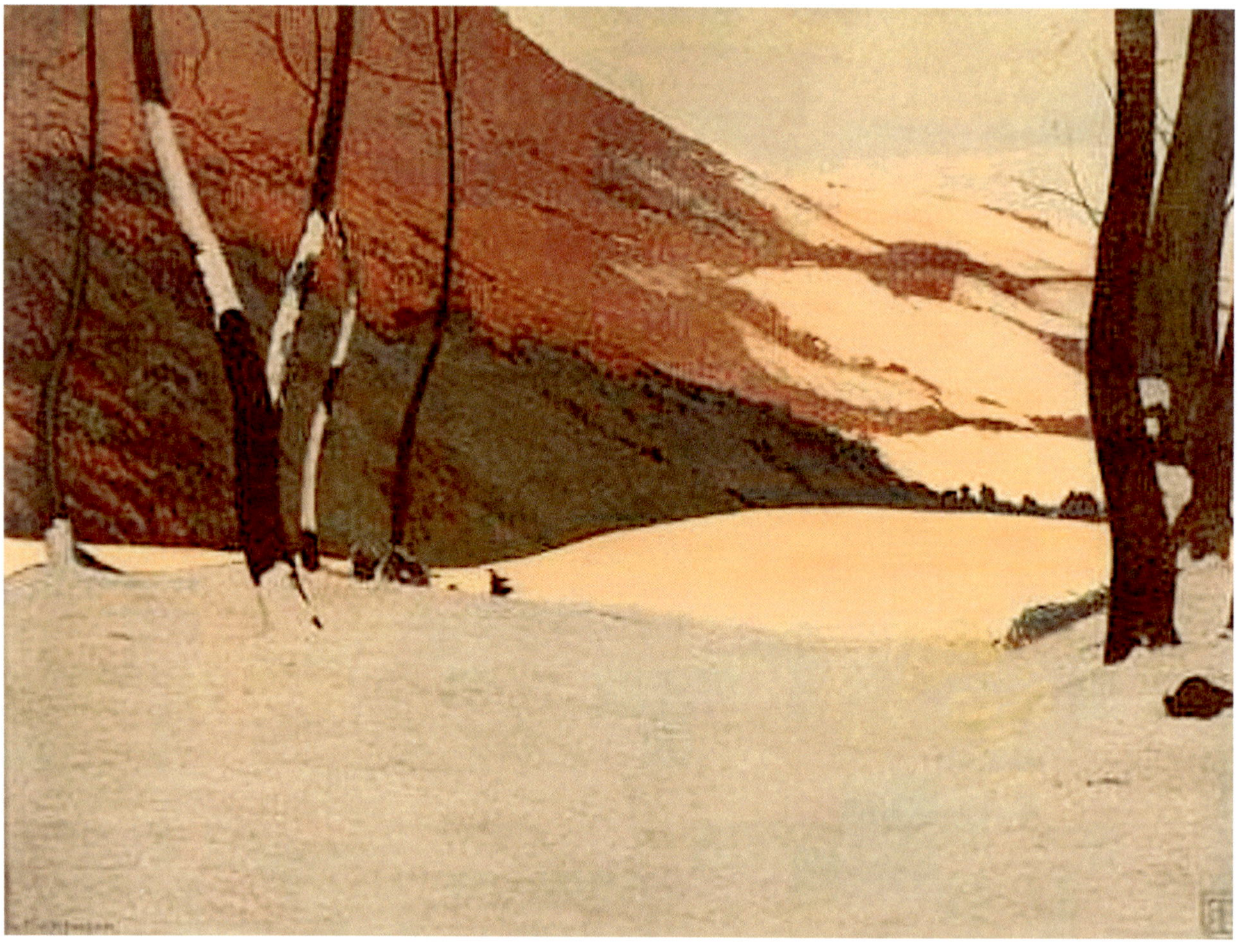

Gustav Kampmann, Bergland im Schnee, *paysage en hiver*,
Sig. G. Kampmann, 55,3 x 75,6 cm, 1901, Lithographie KKK Teubner

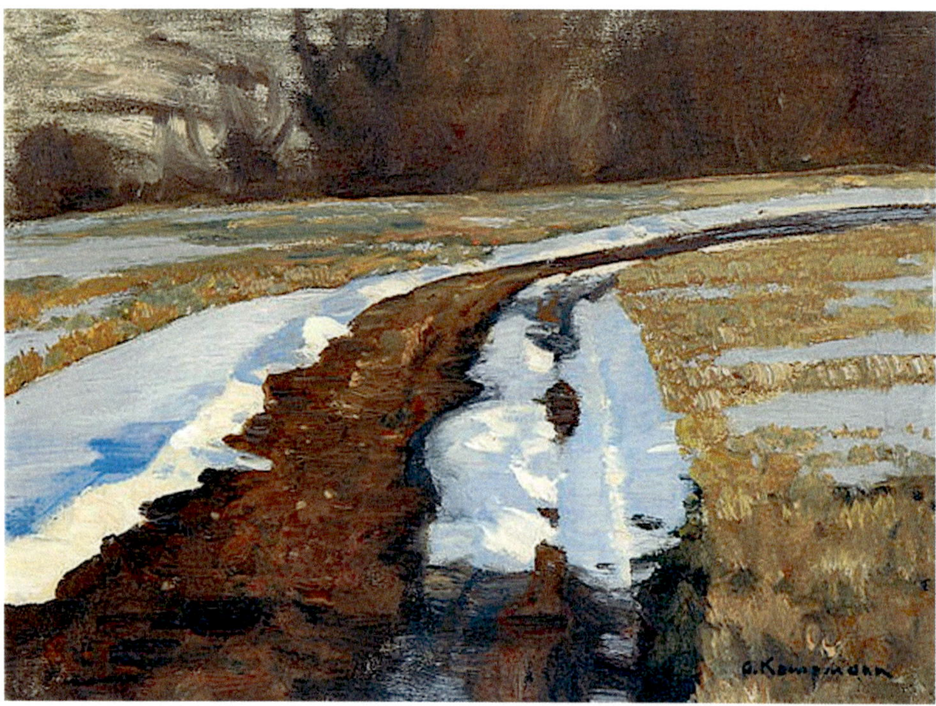

Gustav Kampmann, Feldweg bei der Schneeschmelze, *fonte de neige*,
Sig. G. Kampmann, 24,9 x 33,7 cm, um 1903, Öl

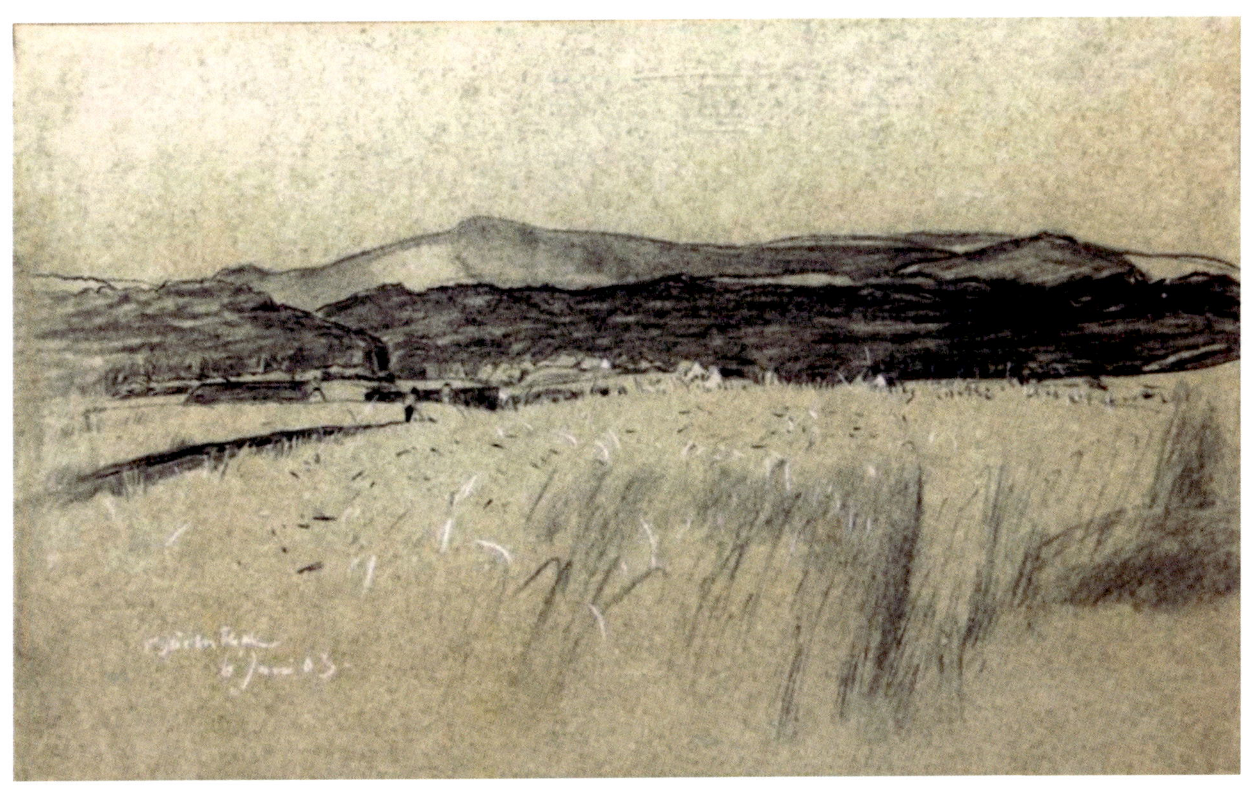

Gustav Kampmann, Bärenthal in Lothringen, *Baerenthal en Moselle*, Sig. Bärenthal 6. Juni (19)03, 29 x 47 cm, Kohle

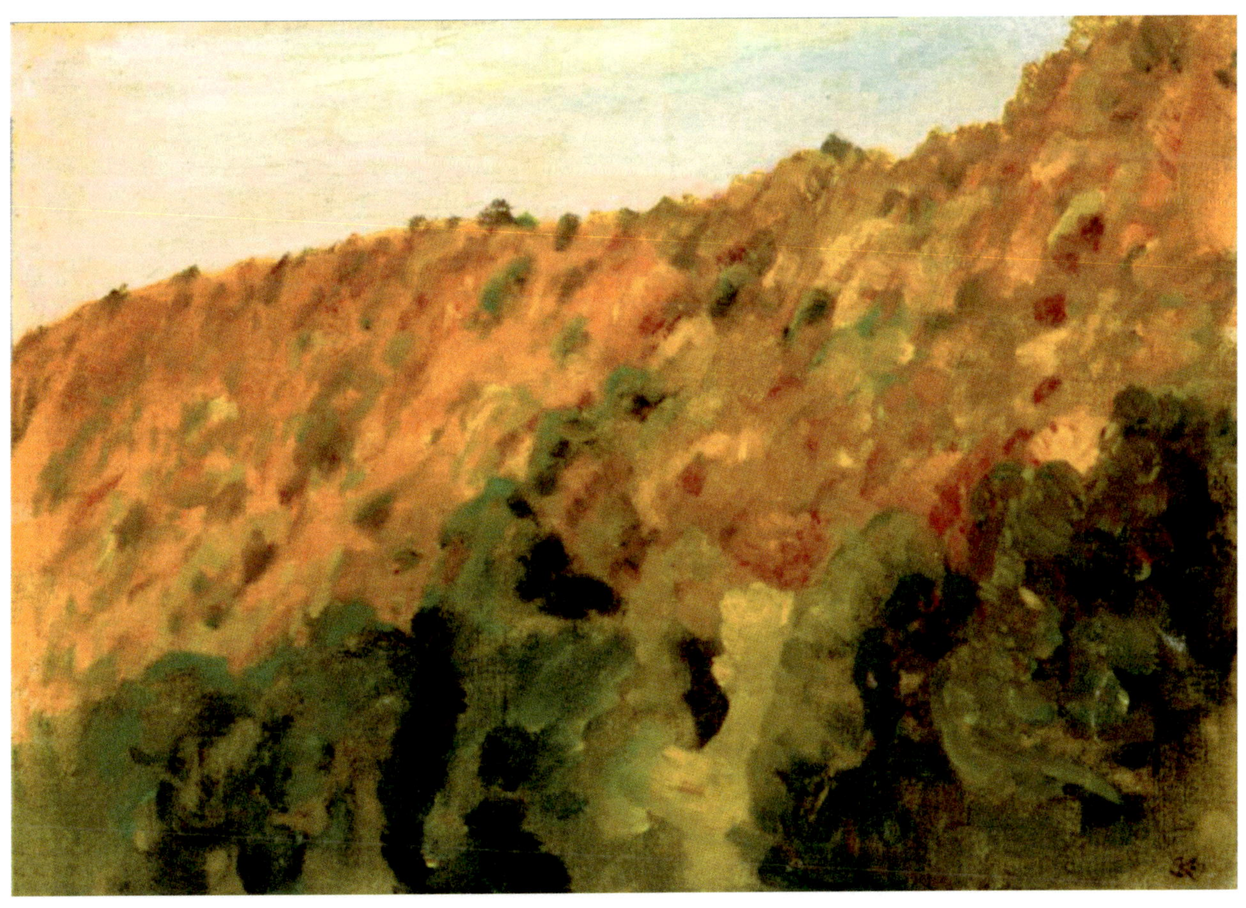

Gustav Kampmann, Herbstwald im Bärenthal bei Philippsburg, *forêt d'automne*, 24 x 34 cm, 1910, Öl

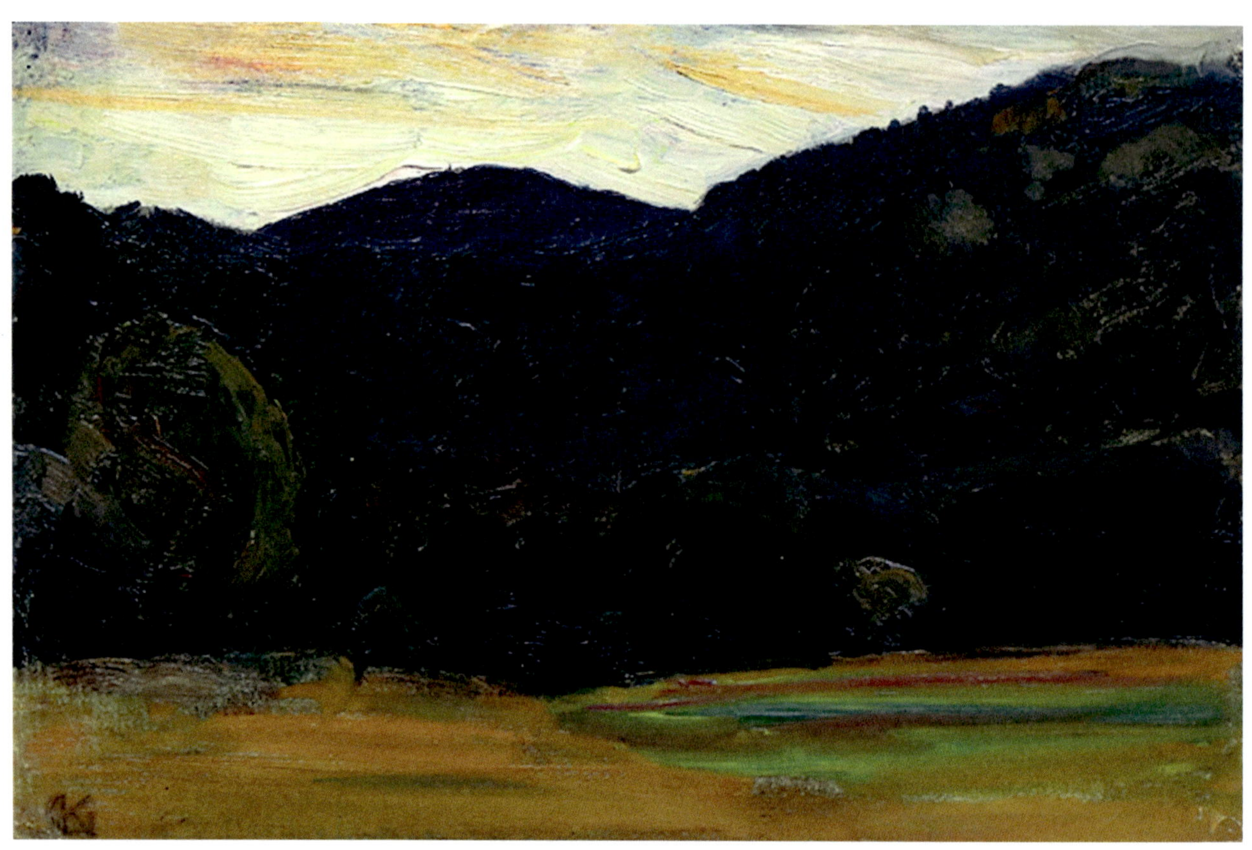

Gustav Kampmann, Florenberg bei Obersteinbach,
28,5 x 42 cm, 1903, Öl

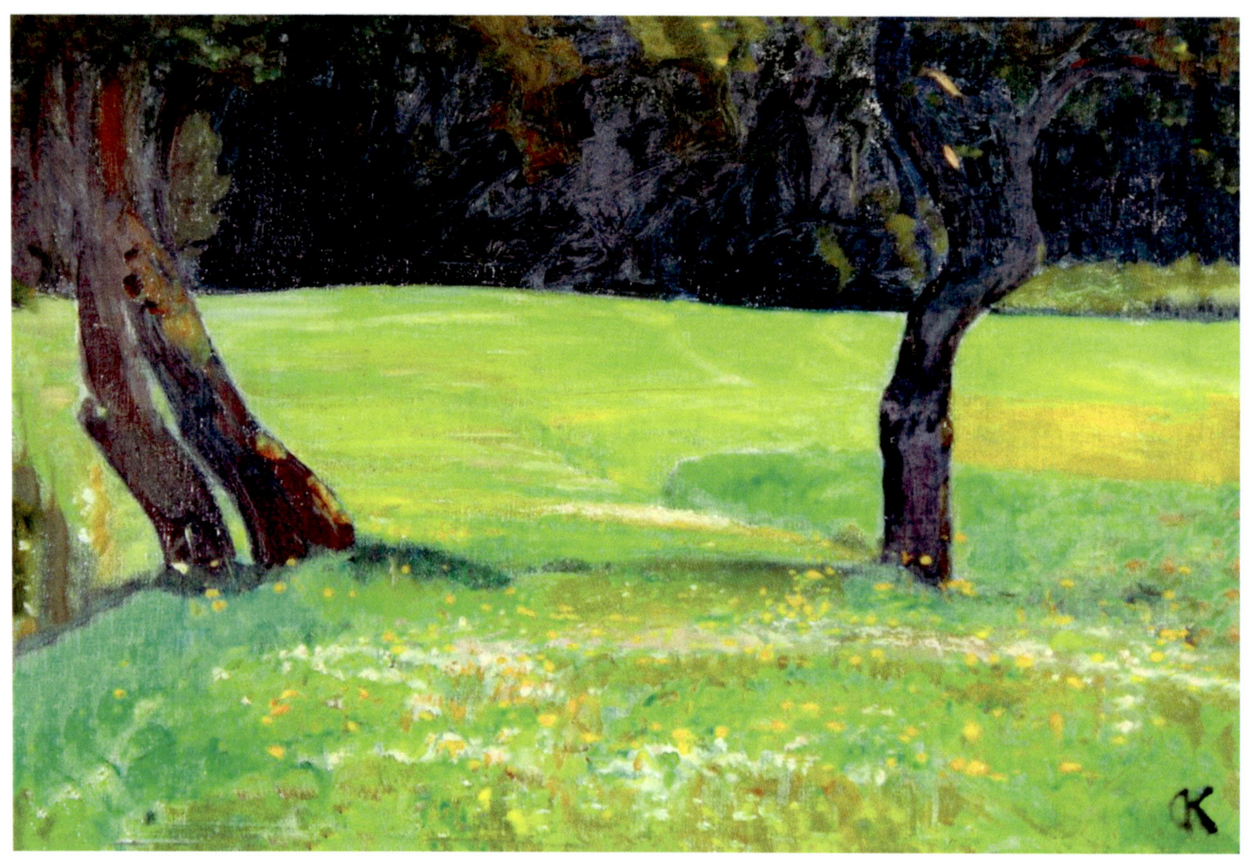

Gustav Kampmann, Sonnenbeschienene Wiese,
*prairie ensoleillée*,27 x 41 cm, Öl

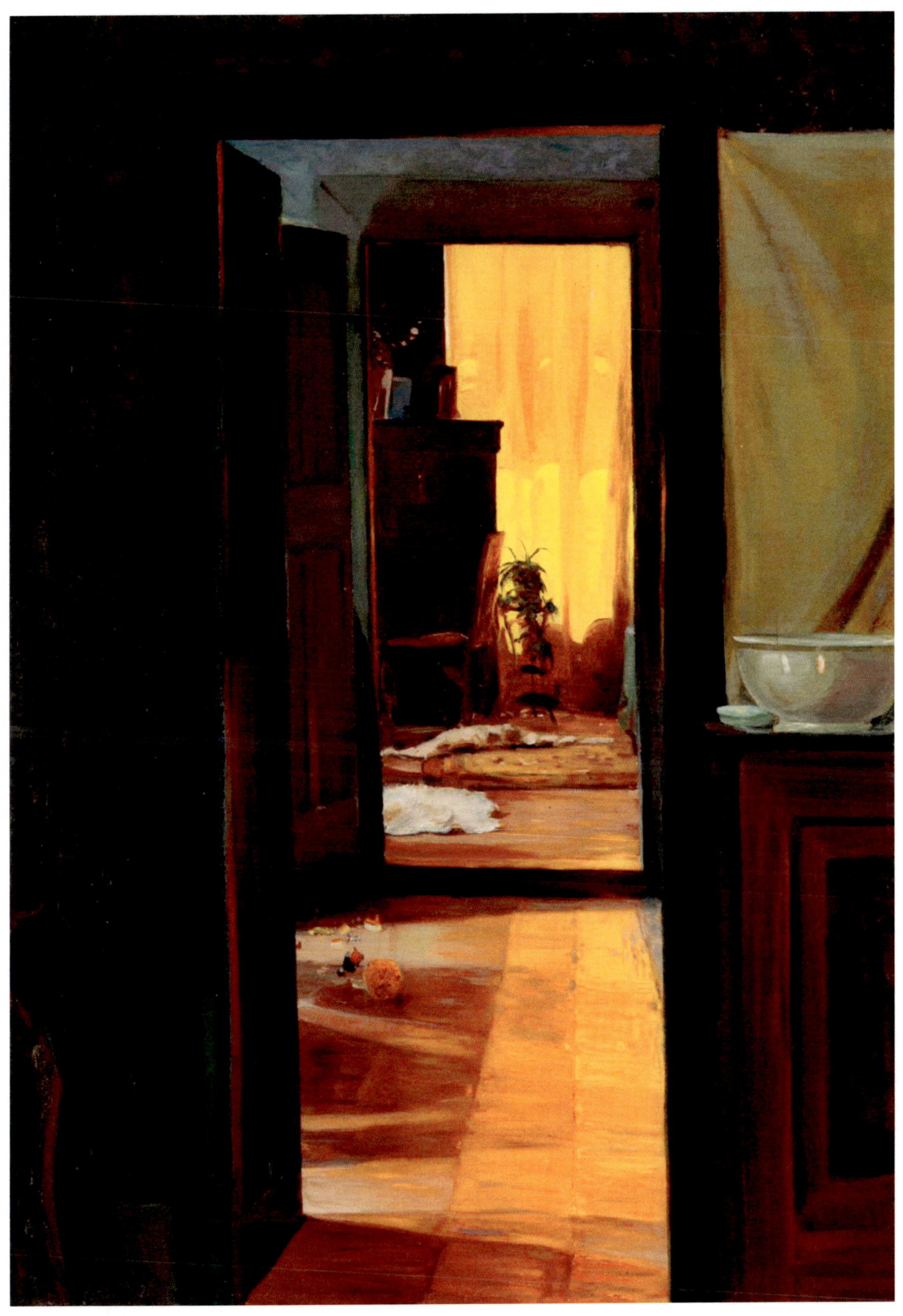

Gustav Kampmann, Sonne im Haus, *rayons de soleil dans la maison*,
71 x 50 cm, 1905, Öl

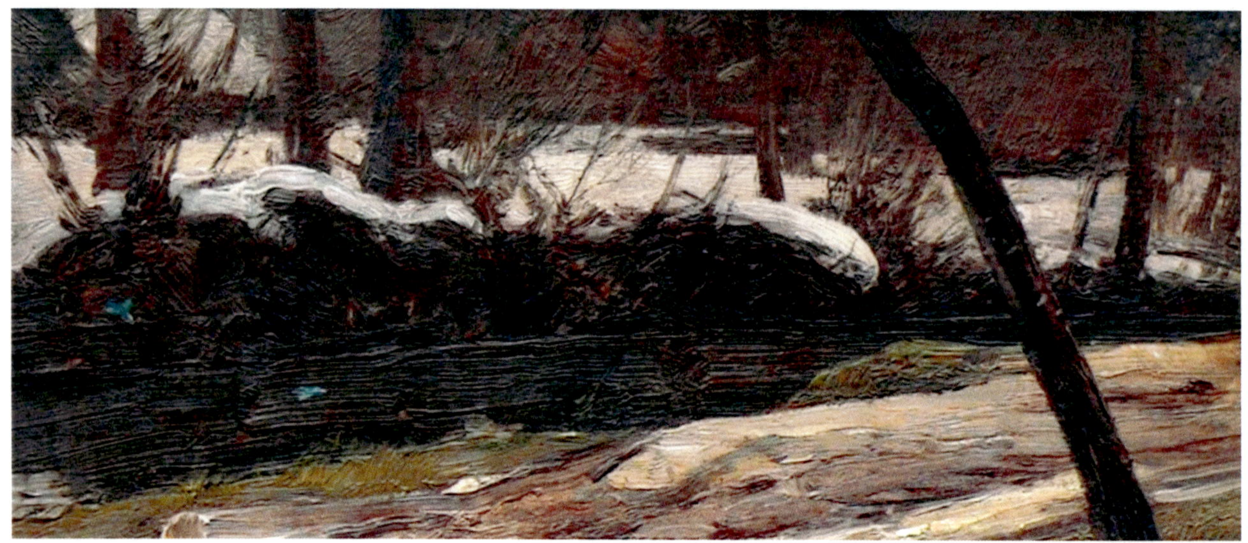

Gustav Kampmann, Tauwetter, *le dégel*,
18,5 x 62 cm, Öl

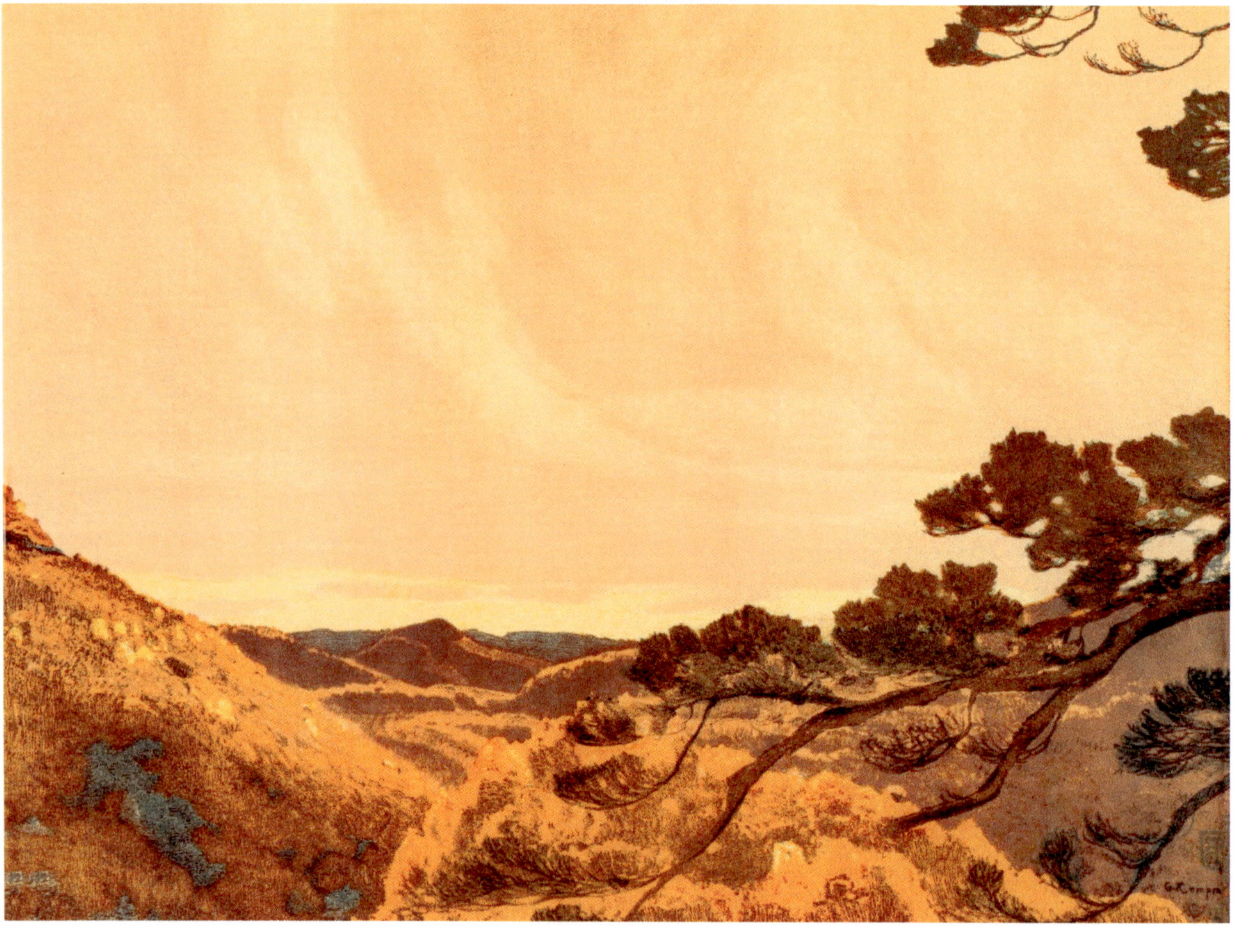

Gustav Kampmann, Sonnenaufgang bei Obersteinbach, *lever du jour*,
29,5 x 41 cm, Lithographie KKK Teubner

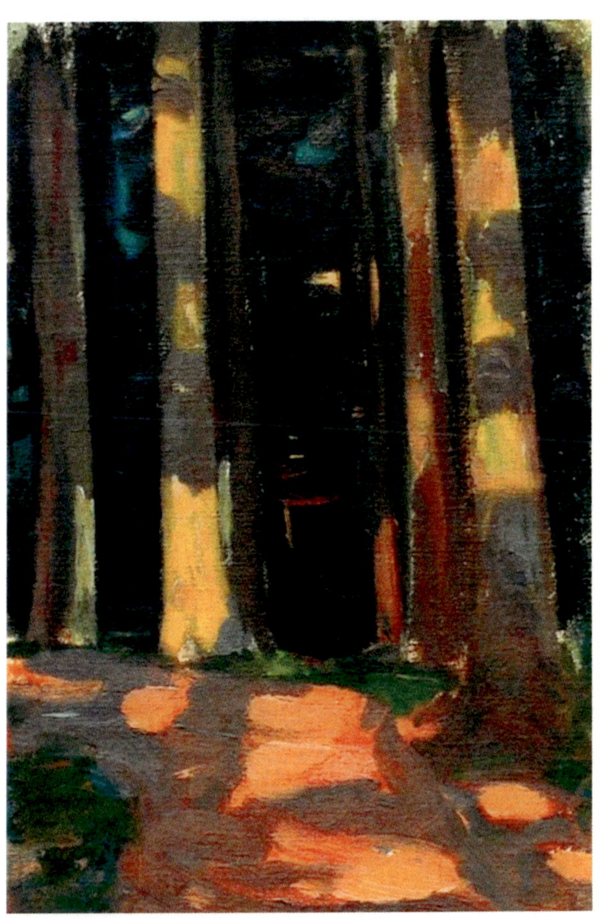

Gustav Kampmann, Waldstück, un sous-bois, 75 x 55 cm, 1902, Öl

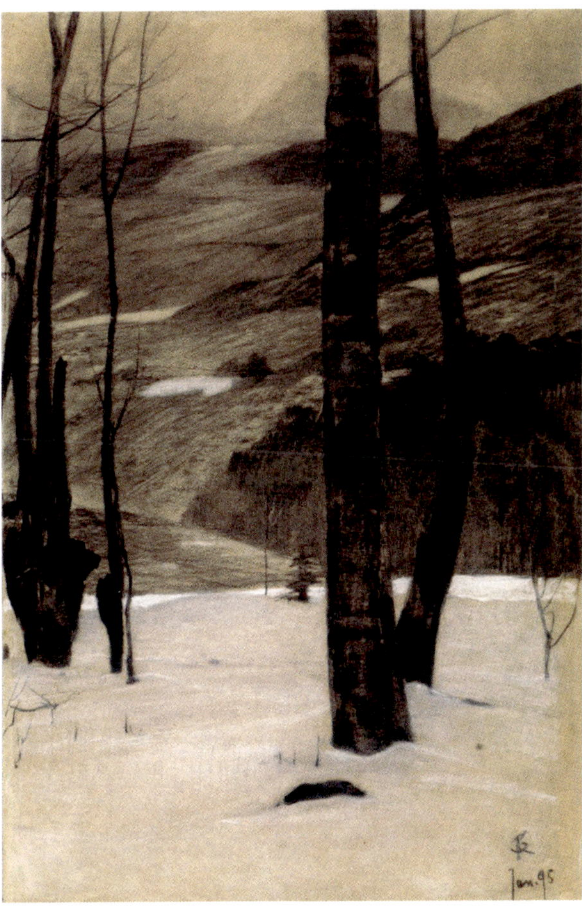

Gustav Kampmann, Feuchter Wintertag, *journée humide en hiver*, Sig. GK Jan. 95, 52,5 x 34,2 cm, Kohle

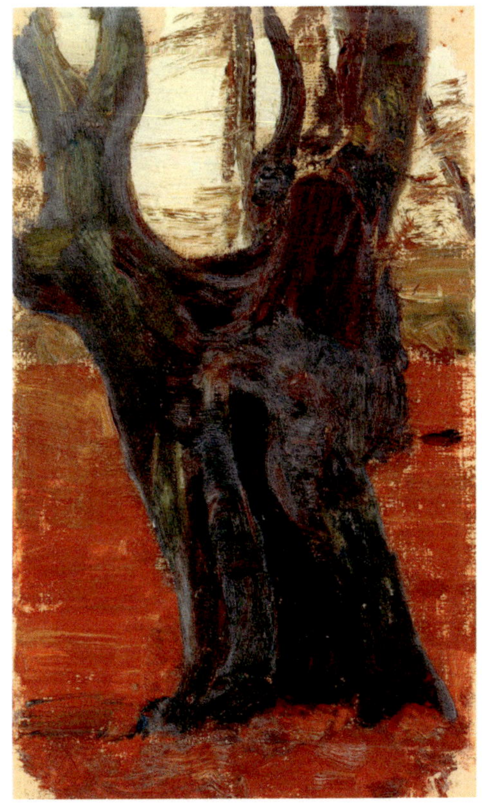

Gustav Kampmann, Baumstudie, *étude d'arbre*, 61 x 45,7 cm, 1893, Öl

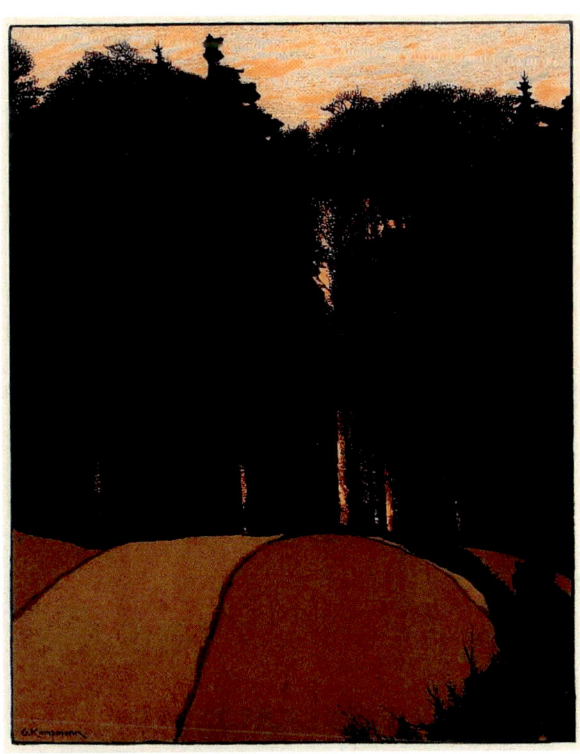

Gustav Kampmann, Feldflur unter Klein Arnsburg, *champ labouré*, 45,5 x 37 cm, 1905, Lithographie KKK

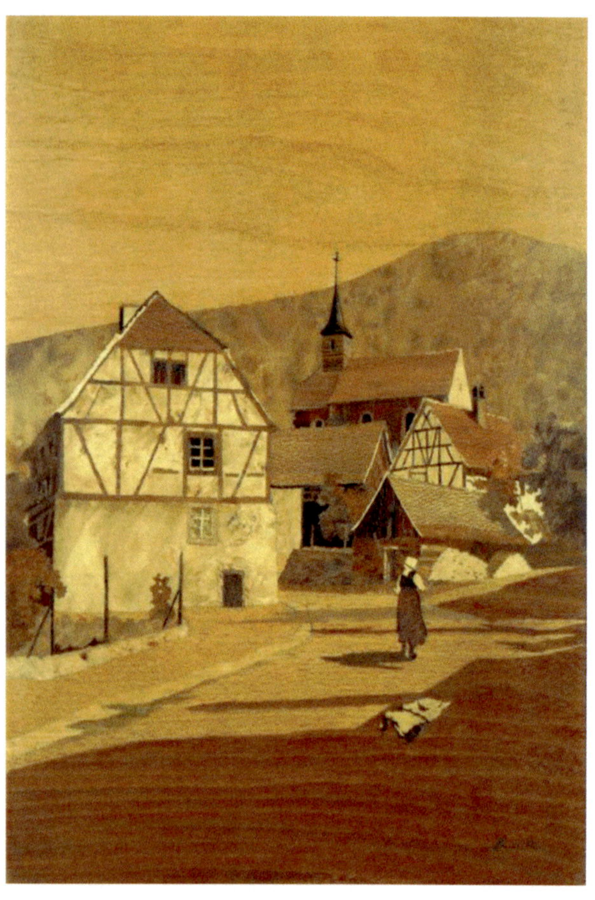

Charles Spindler, Ev. Kirche Niedersteinbach, *église protestante*, 41 x 27 cm, Marqueterie

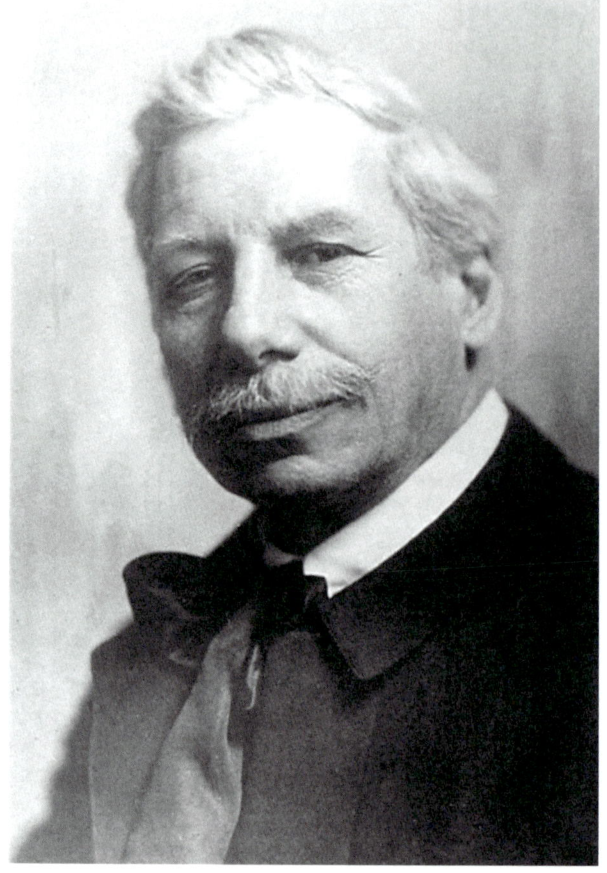

Charles Spindler (1865-1938)

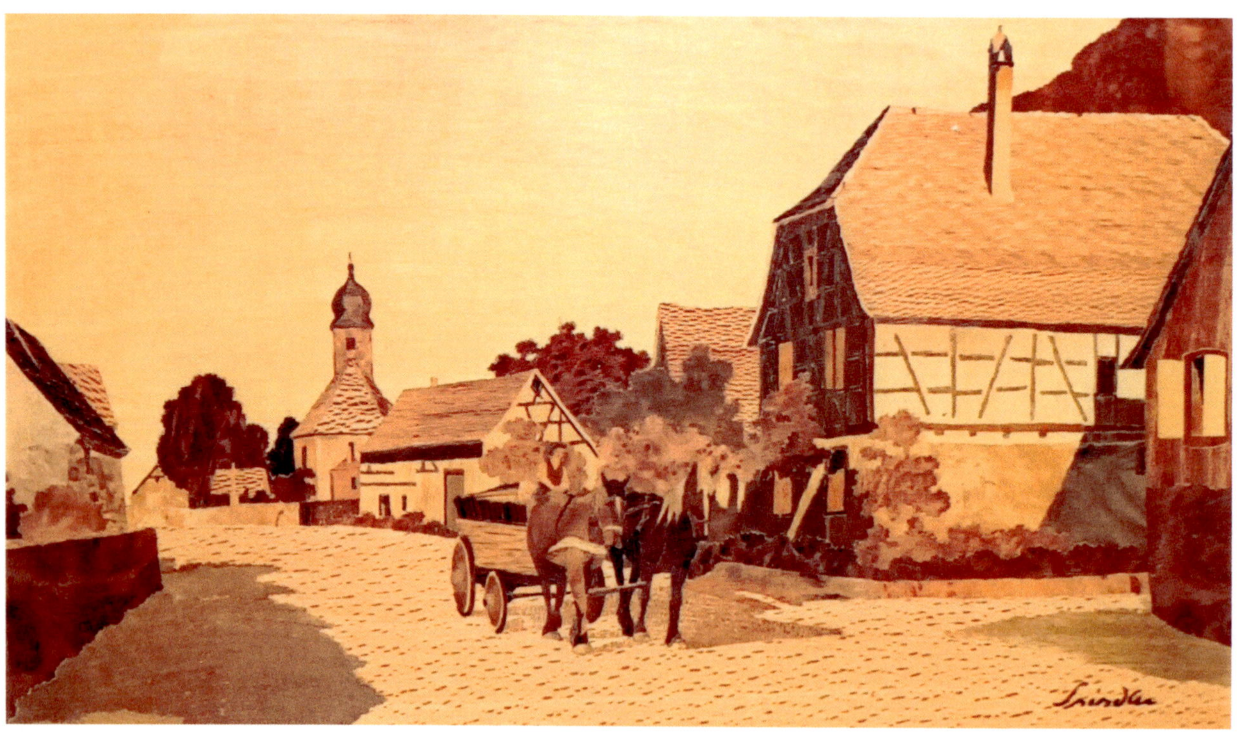

Charles Spindler, Die Hauptstraße in Obersteinbach mit Pferdefuhrwerk, *rue principale avec attelage*, Sig. Spindler, 17,5 x 29,5 cm, Marqueterie

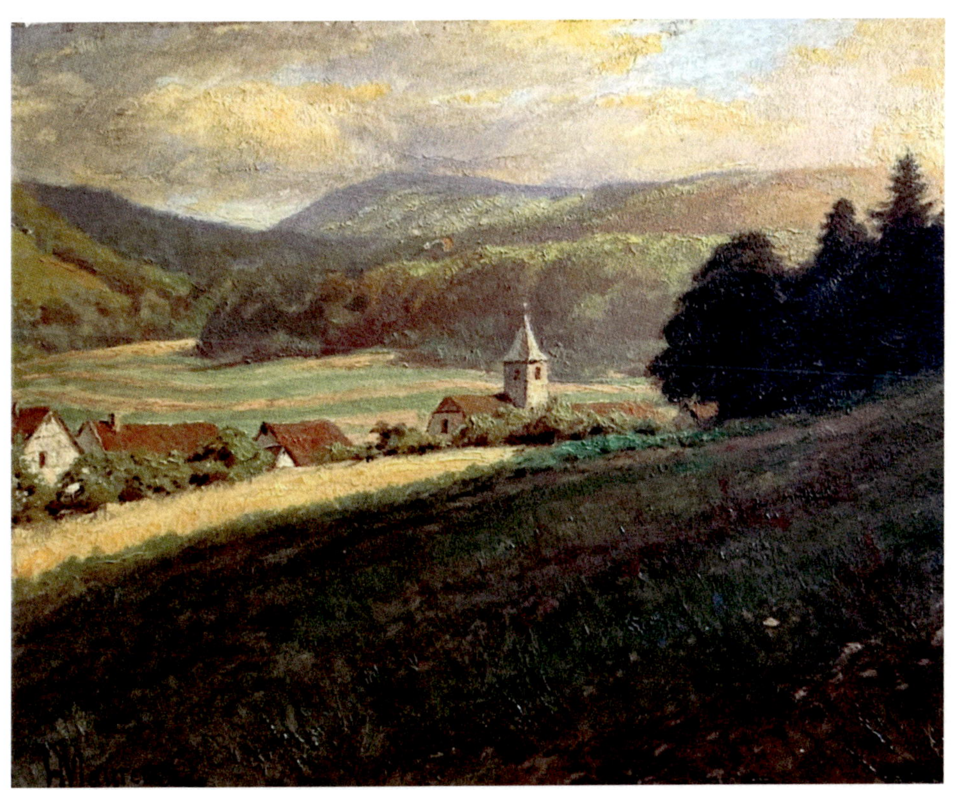

Hermann August Maurer (1861-1934), Obersteinbach,
41 x 62 cm, 1918, Öl

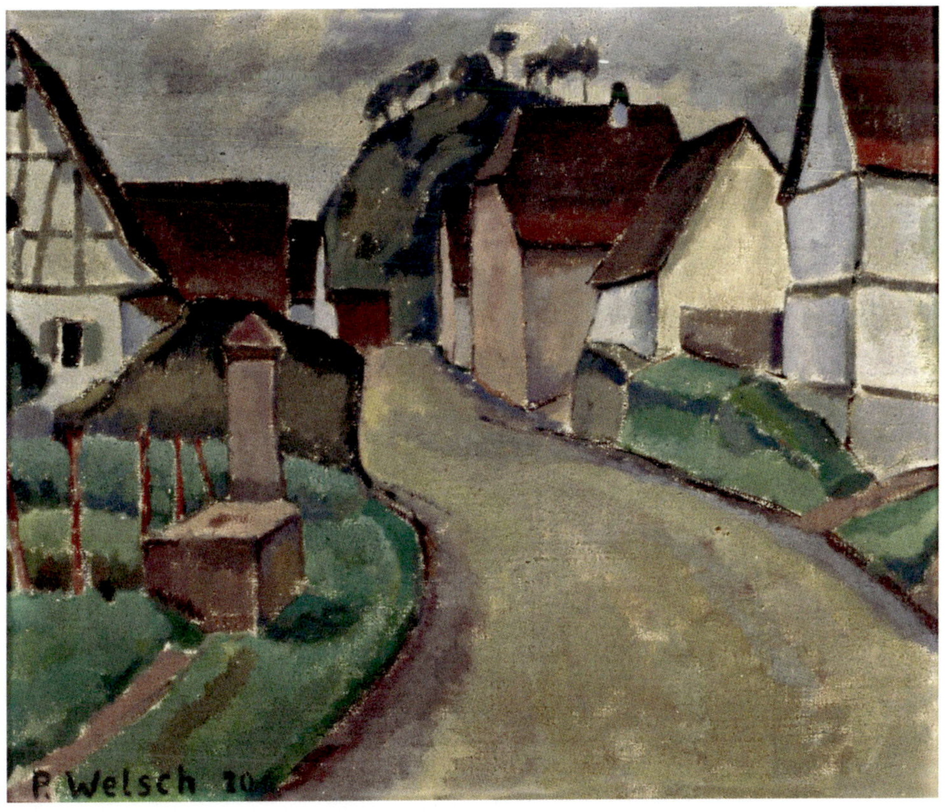


Paul Welsch, Obersteinbach, Sig. P. Welsch (19)20,
54 x 65 cm, Öl

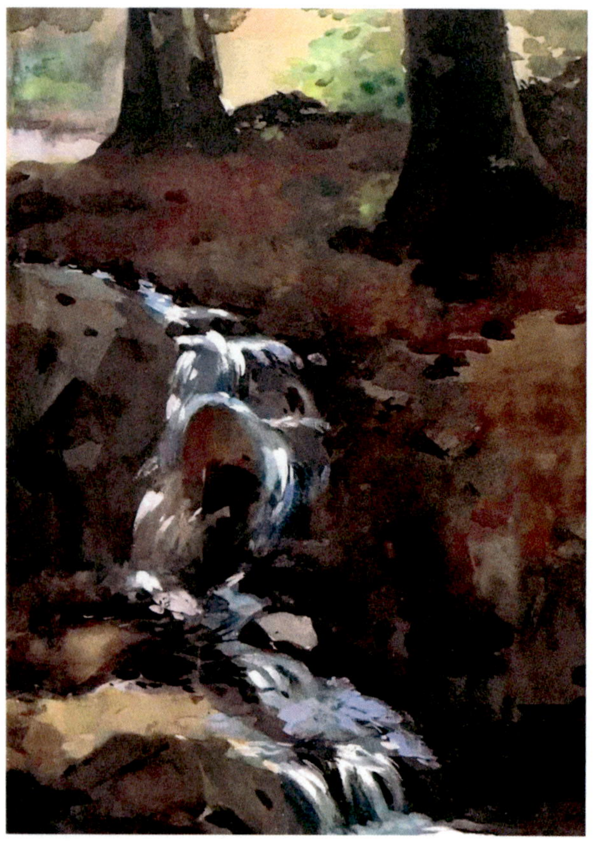

René Allenbach, Bächlein in den Vogesen, *ruisseau dans les Vosges*, 27 x 19 cm, um 1910, Gouache

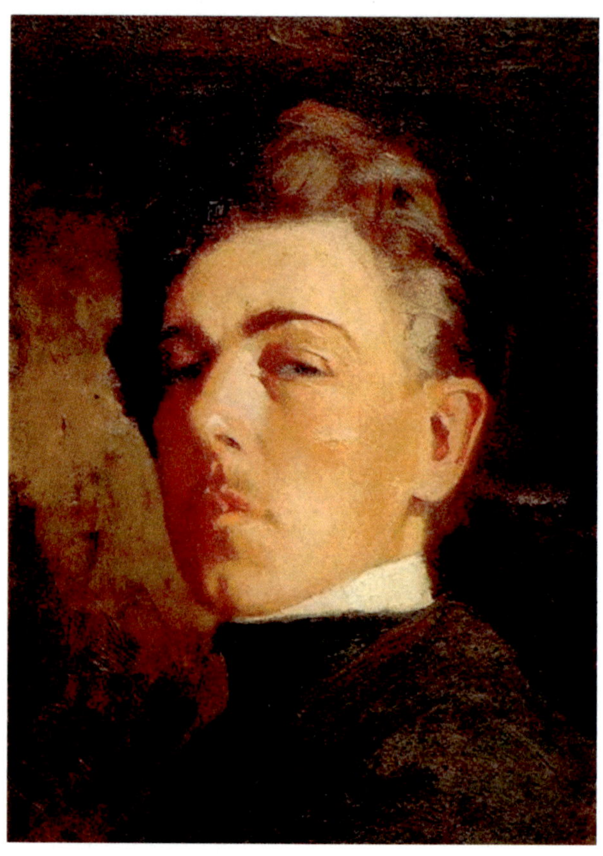

René Allenbach (1889-1958), Portrait, 1909, 40 x 28,5 cm, Öl

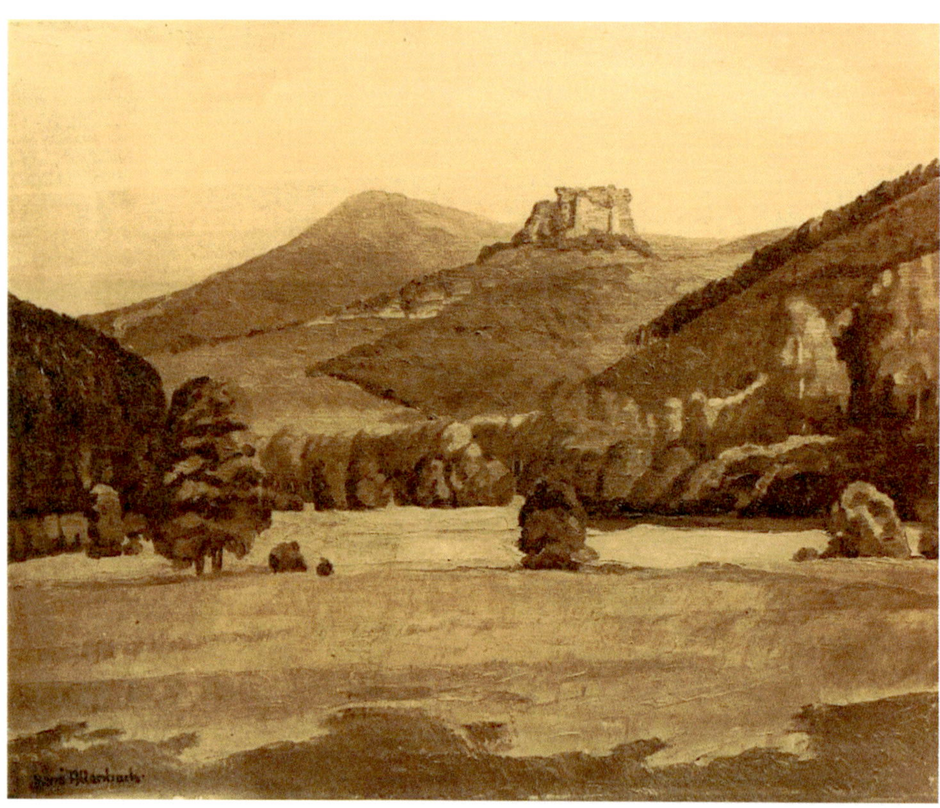

René Allenbach, Fleckenstein 1920

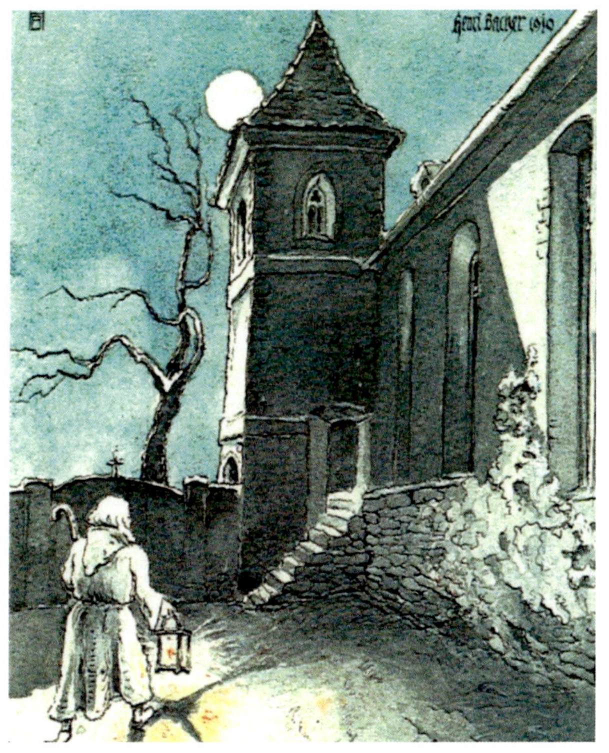

Henri Bacher, Liebfrauenberg, 1910, Zeichnung koloriert

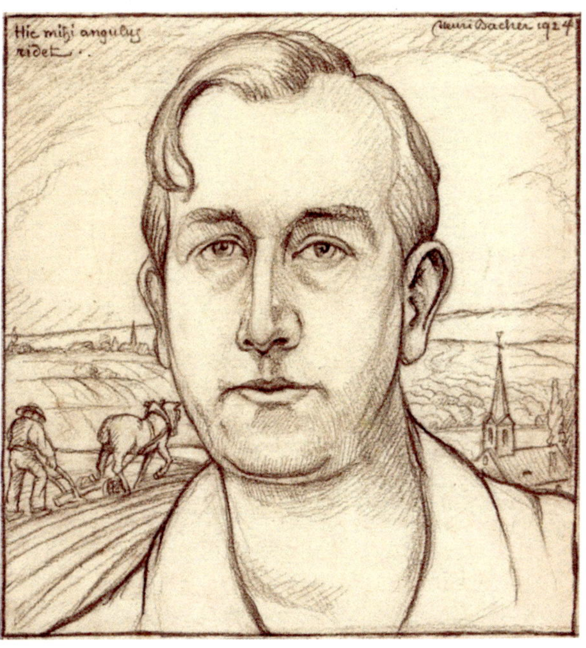


Henri Bacher (1890-1934), Portrait, Sig. Hic mihi angulus ridet. (Dieser Landstrich macht mich glücklich, *Cette terre me rend heureux*, Zitat aus Ovid), Henri Bacher 1924, Pastell

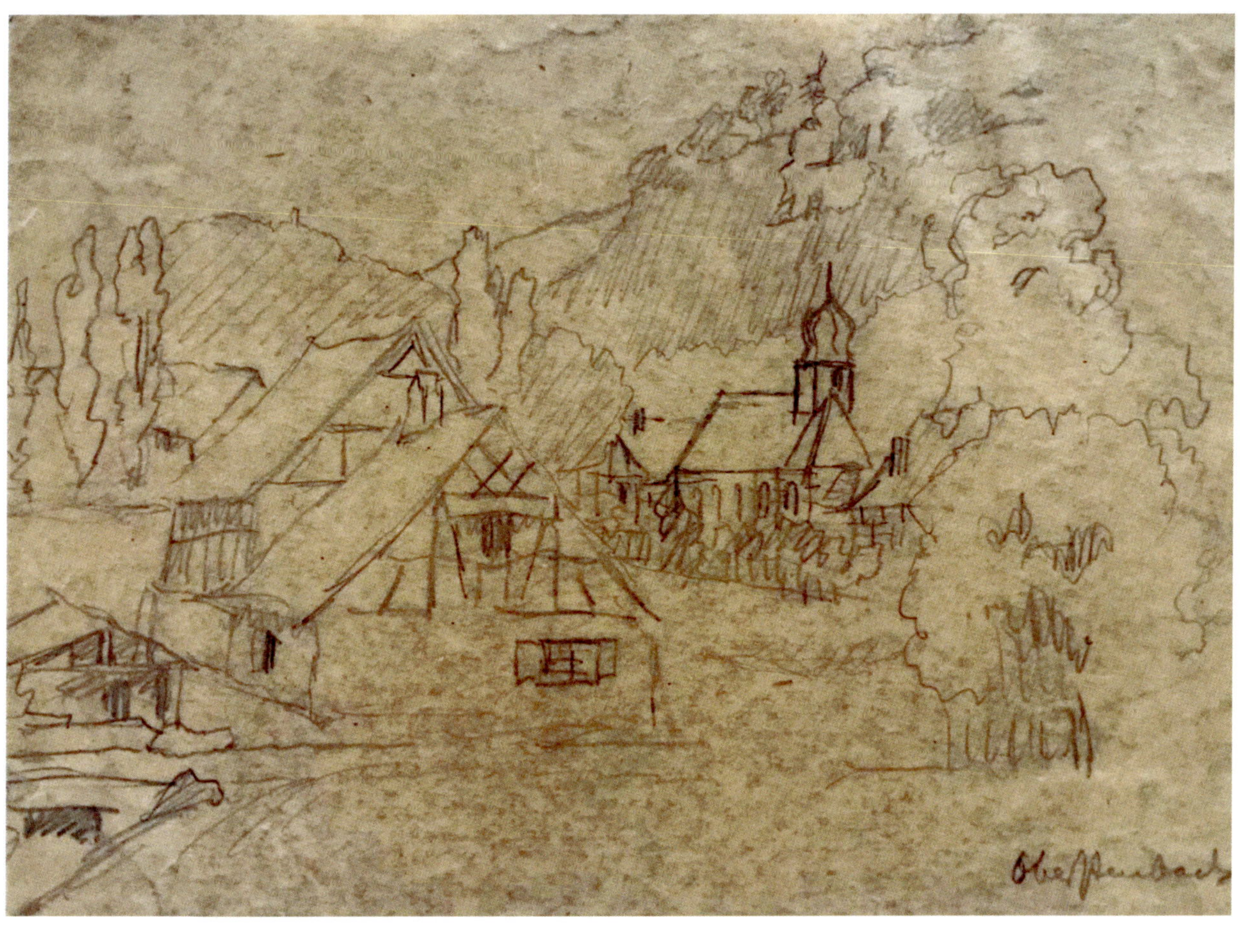


Henri Bacher, Obersteinbach, Skizze zu einem Linolschnitt, *esquisse*

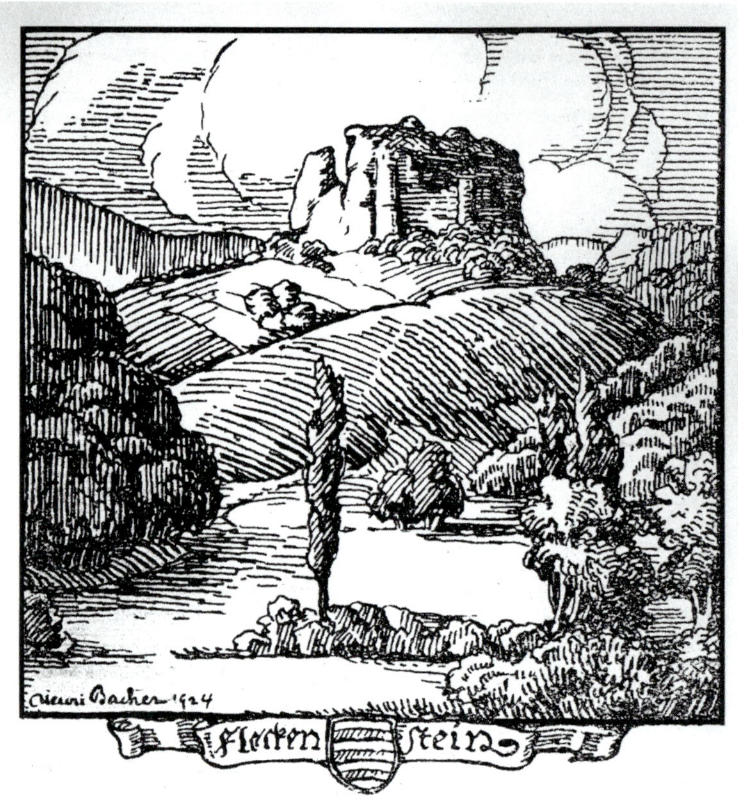


Henri Bacher, Fleckenstein 1924, Linolschnitt

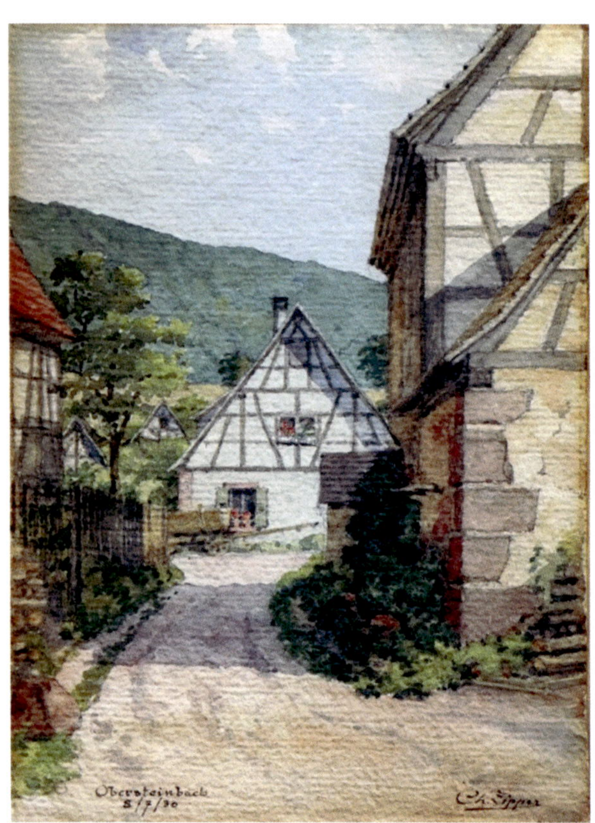


Charles Zipper (1870-1954), Obersteinbach, im Unterdorf, 25 x 19 cm, Sig. Obersteinbach 8. 7. 1930, Gouache

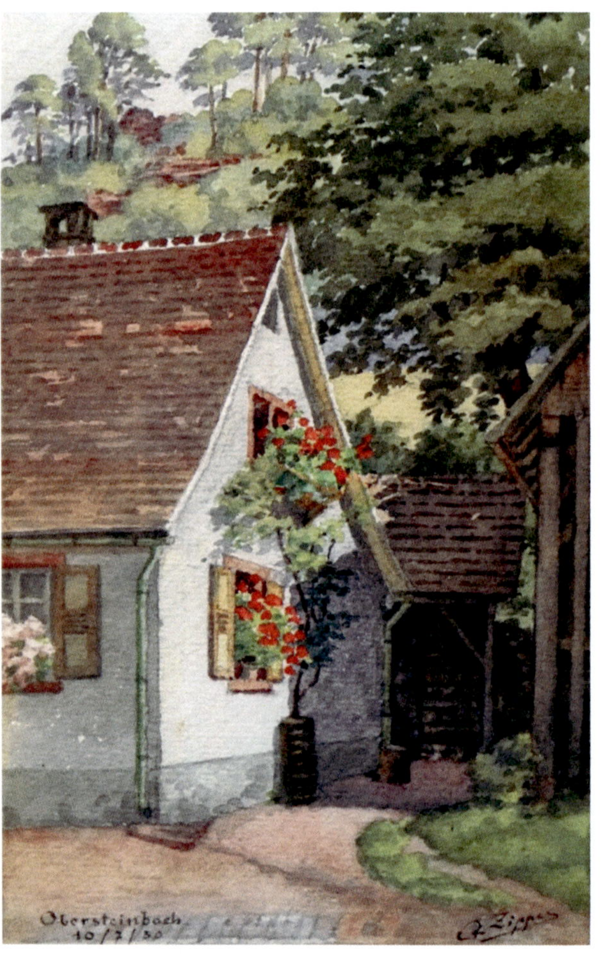


Charles Zipper, Obersteinbach, im Oberdorf. 25,2 x 14 cm, Sig. Obersteinbach 10. 7. 1930, Gouache

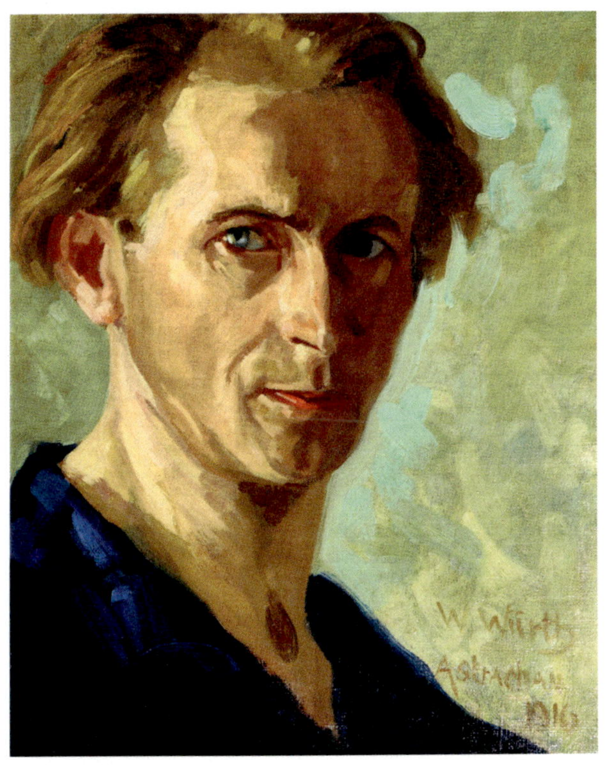

Willy (Würth-)Deutschmann (1880-1960), Portrait, 1916, Öl

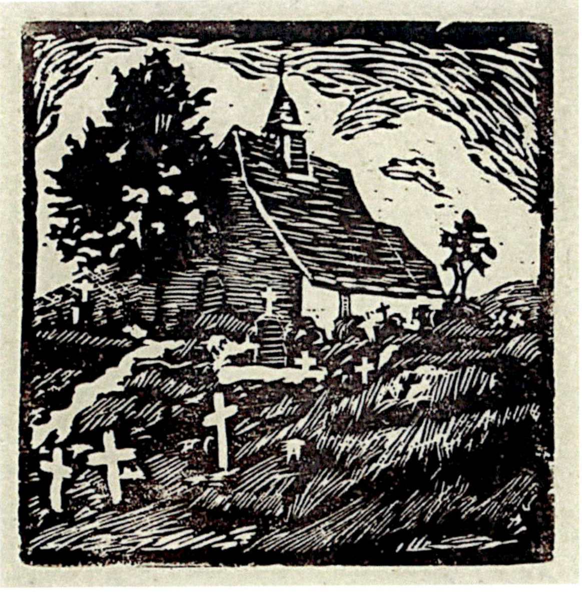

Willy Deutschmann, Ulrichskapelle bei Fischbach, *chapelle St. Ulrich à Fischbach*, Holzschnitt

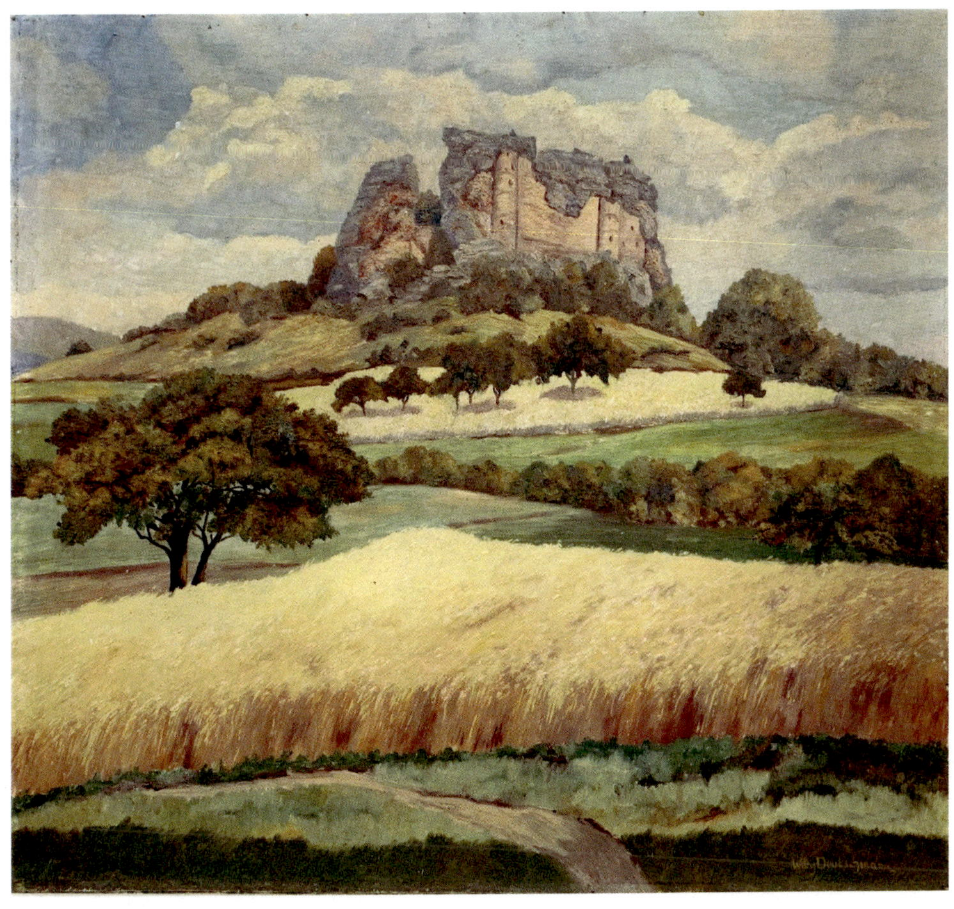

Willy Deutschmann, Fleckenstein, 58,5 x 64,5 cm, um 1955, Öl

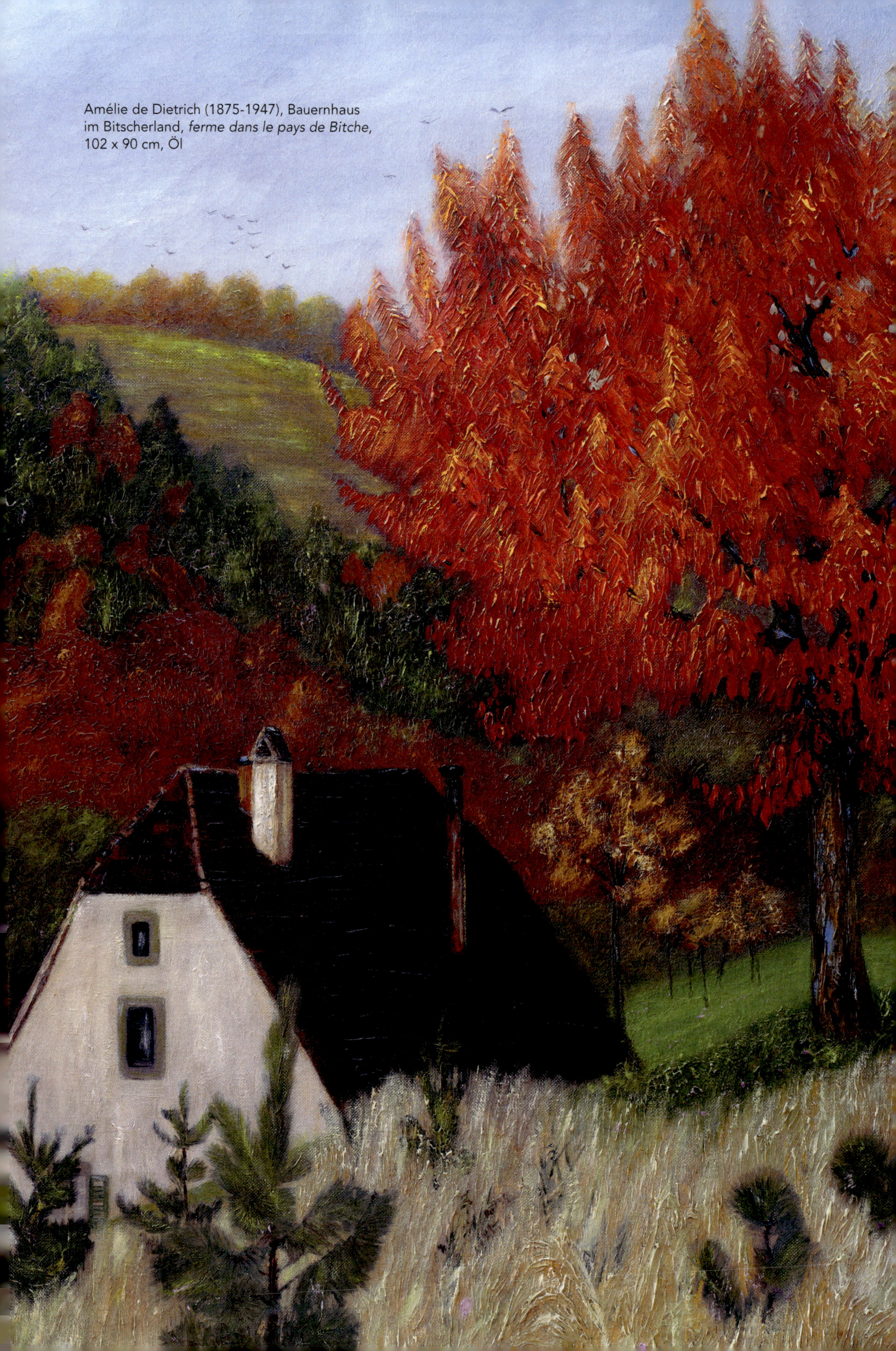

Amélie de Dietrich (1875-1947), Bauernhaus im Bitscherland, *ferme dans le pays de Bitche*, 102 x 90 cm, Öl

## Die Schülerinnen Franz Heins

Es war eine bunt gemischte Gesellschaft, die sich in der Malerkolonie zusammenfand. Die jungen Damen aus der Malerinnenschule in Karlsruhe waren ihrem Lehrer gefolgt. In seinem ebenso kenntnisreichen wie launigen Artikel[1] schrieb der elsässische Literat Carl Gruber im Jahr 1908: „Ein Karlsruher Künstler, Franz Hein, wurde auf die bunte Hügellandschaft aufmerksam und siedelte sich im Herbst bei Frickers[2] an. Indem er seine Malklasse nach sich zog, entstand im Lauf der Jahre, was er halb scherzend, halb ernsthaft, die Künstlerkolonie Obersteinbach nennt, obwohl bei der Vereinzelung des führenden Geistes ein Vergleich mit Dachau oder Worpswede nicht möglich wäre; noch nicht möglich ist."

Auch wenn der Ausgang des Ersten Weltkrieges das Ende der Malerkolonie Obersteinbacn herbeigeführt hat und die Malschülerinnen in alle Himmelrichtungen zerstreute: Die Zeit in Obersteinbach und die Begegnungen mit Franz Hein, seinen Malerkollegen Karl Biese, Gustav Kampmann, Friedrich Kallmorgen und Otto Fikentscher hat ihnen viele Anregungen und Eindrücke mitgegeben. Gruber schreibt: „Der hünenhafte Karlsruher Kampmann ist durch Freundschaft mit Hein Stammgast in Obersteinbach geworden. Am Abendtisch versammelt sich die kleine Künstlergemeinde um den Herrn Professor, der alle möglichen Schnurren erzählt, oder aus dem Schatz seiner immensen Belesenheit zum besten gibt. Franz Hein ist eine Erscheinung, die unter der gegenwärtigen Malergeneration schwer Platz findet ..."[3]

Zusammen mit Carl Gruber nehmen wir Einblick in das Miteinander von Lehrkräften und Malschülerinnen im gastlichen Haus von Fricker-Sensfelder[4]: „Im Speisezimmer hängen hübsche

1 Künstlerkolonie Obersteinbach, in: Wasigenstein. Beiträge zur Förderung heimatlicher Poesie, Kunst und Geschichte. Beilage zu „Die Vogesen". Zeitschrift für Touristik und Landeskunde, Straßburg i. Els. Nr. 4, 1908, Ausgabe vom 15. April 1908. Wiederabdruck in Band I (2019), S. 63-69, Zitat von S. 65.

2 Das Gasthaus Fricker-Sensfelder besteht noch: Das Hotel Anthon in Obersteinbach.

3 Zitat von Band I, S. 66 f.

4 Tagebuch von Obersteinbach, in: Carl Gruber: Ein Wasgauherbst. Von der Schönheit der Nordvogesen, Straßburg 1909; Wiederabdruck in Band I, S. 70-81, Zitat von S. 71.

## Les femmes élevès de Franz Hein

La colonie de peintres est composée de membres hétéroclites. Les jeunes femmes de l'école de peinture de Karlsruhe ont suivi leur professeur. Dans son article à la fois bien informé et plein d'humour[1], l'homme de lettres alsacien Carl Gruber écrit en 1908 : « Un artiste de Karlsruhe, Franz Hein, attiré par le paysage coloré des collines, s'est installé en automne chez les Fricker[2]. En attirant à lui sa classe de peinture, il crée au fil des ans ce qu'il appelle, sur un ton mi-plaisanterie mi-sérieux, la colonie d'artistes d'Obersteinbach, bien que, vu l'approche non collective de celle-ci, une comparaison avec Dachau ou Worpswede ne serait pas possible ; n'est pas encore possible ».

Même si l'issue de la Première Guerre mondiale provoque la fin de la colonie de peintres d'Obersteinbach et disperse les élèves peintres aux quatre coins du monde : le temps passé à Obersteinbach et les rencontres avec Franz Hein, ses collègues peintres Karl Biese, Gustav Kampmann, Friedrich Kallmorgen et Otto Fikentscher leur ont donné beaucoup d'idées et d'impressions. Gruber écrit : « Kampmann, le géant de Karlsruhe, est devenu un habitué d'Obersteinbach grâce à son amitié avec Hein. À la table du soir, la petite communauté d'artistes se réunit autour de Monsieur le Professeur, qui raconte toutes sortes d'anecdotes, ou donne le meilleur de lui-même en puisant dans le trésor de son immense érudition. Franz Hein est une figure qui a du mal à trouver sa place parmi la génération actuelle de peintres ... »[3]

En compagnie de Carl Gruber, nous découvrons la cohabitation des enseignants et des élèves dans l'accueillante maison FrickerSensfelder[4] : « Dans la salle à manger, il y a de jolis dessins d'après des motifs locaux. Le nom de Franz Hein est inscrit

1 Colonie d'artistes d'Obersteinbach, dans : *Wasigenstein. Beiträge zur Förderung heimatlicher Poesie, Kunst und Geschichte.* Supplément à « *Die Vogesen* » (Les Vosges). *Zeitschrift für Touristik und Landeskunde, Straßburg i. Els. Nr. 4*, 1908, édition du 15 avril 1908. Reproduit dans le tome I (2019), p. 63-69, citation de la p. 65.

2 L'auberge Fricker-Sensfelder existe toujours : l'hôtel Anthon à Obersteinbach.

3 Citation tirée du tome I, p. 66 et suiv.

4 Journal d'Obersteinbach, dans : Carl Gruber : *Ein Wasgauherbst. Von der Schönheit der Nordvogesen*, Strasbourg 1909 ; réimprimé dans le tome I, p. 70-81, citation de la p. 71.

Zeichnungen nach Lokalmotiven. Franz Hein steht darunter. Wer das ist, ergibt sich beim Abendbrot. Auf den Gängen ist es lebendig geworden, Mädchenlachen erfüllt den Flur, aus der Küche dringt eine laute, mit viel Gekicher durchsetzte Unterhaltung von Personen des schwächeren Geschlechts, Frau Fricker mahnt und zankt, jetzt wird in den oberen Stuben noch schnell Toilette gemacht, was man so in Obersteinbach Toilette nennt, dann kommt's truppweise zur Tür herein. Freiere Manieren, sich zu Hause fühlen, Künstlervölkchen. Sie setzen sich an den Mitteltisch. Eine Teetasse bleibt frei. Aha! Da ist der Erwartete. Der vielgenannte ‚Herr Professor', Zeus und Apollo, Franz Hein. Ein schmächtiges Männchen mit freundlichen, milden Zügen, etwas slavischer Typ, huscht an seinen Platz, reibt sich die von der Nachtluft angehauchten feinen Hände und entlädt sich wie elektrisch in einer sprudelnden witze- und anekdoten Konversation. Man muß hinhören, man gerät selber in den Bann des vortrefflichsten aller Lehrer. Das also ist der Karlsruher Professor, der vor einem Jahrzehnt Obersteinbach malerisch entdeckt hat, und seitdem, obwohl zuletzt nach Sachsen verschlagen, allherbstlich mit seinen Schülerinnen Wochen und Monate stillen Freiluftschaffens hier verbringt."

Die Gruppe der Malschülerinnen läßt sich in drei Gruppen einteilen:
Es handelt sich vor allem um Töchter wohlhabender Eltern, z.B. Marianne Knapp aus Straßburg, wo ihr Vater, Georg Friedrich Knapp, Professor für Ökonomie an der Kaiser-Wilhelms-Universität ist. Ihre Schwester Elly ist als Gattin des Bundespräsidenten Theodor Heuss und Gründerin des Deutschen Müttergenesungswerks bekannt. Oder Amélie de Dietrich, Tochter des Eisenhüttenbesitzers Féderic de Dietrich im benachbarten Bad Niederbronn, Reichshofen und Mutterhausen. Dora Horn-Zippelius ist die Tochter des Karlsruher Rechtsanwalts Dr. Arnold Horn und wird 1909 den Architekten Hans Zippelius heiraten. Anna Winnecke aus Straßburg ist die Tochter des dort an der Universität lehrenden Astronomieprofessors August Winnecke. Sie wird später die Ehefrau des Bankdirektors Karl Engelmann. Sabine Hackenschmidt wurde im Obersteinbach benachbarten Dorf Windstein geboren als Tochter des dortigen Pfarrers Karl Hackenschmidt, der sich als

en dessous. On découvre le « personnage » pendant le dîner. Les couloirs sont devenus vivants, des rires de jeunes filles emplissent le couloir, de la cuisine s'échappe une conversation bruyante, entrecoupée de ricanements, de personnes du sexe faible, Madame Fricker rappelle à l'ordre et se chamaille, on fait encore rapidement sa toilette dans les chambres du haut, enfin ce qu'on appelle toilette à Obersteinbach, puis tout le monde entre groupe par groupe par la porte. Des manières plus libres, se sentir chez soi, un petit peuple d'artistes. Ils s'assoient à la table centrale. Une tasse de thé reste libre. Aha ! Voilà celui que l'on attendait. Le fameux « Monsieur le Professeur », Zeus et Apollon : Franz Hein. Un petit homme frêle aux traits aimables et doux, de type un peu slave, se précipite à sa place, se frotte les mains délicates, humidifiées par l'air de la nuit, et, comme parcouru par une décharge électrique, se lance dans une conversation pétillante de blagues et d'anecdotes. Il faut tendre l'oreille, on tombe soi-même sous le charme du plus excellent des professeurs. Voilà donc le professeur de Karlsruhe qui, il y a une dizaine d'années, a découvert la peinture à Obersteinbach et qui, depuis, bien qu'ayant déménagé en Saxe, y passe chaque automne des semaines et des mois de création silencieuse en plein air avec ses élèves ».
Le groupe des femmes élèves-peintres peut être divisé en trois catégories :
Il s'agit surtout de filles de parents aisés, comme Marianne Knapp de Strasbourg, où son père, Georg Friedrich Knapp, est professeur d'économie à l'université Kaiser Wilhelm. Sa sœur Elly est connue pour être l'épouse du président allemand Theodor Heuss et la fondatrice de l'organisation caritative allemande *Müttergenesungswerk.* Ou encore Amélie de Dietrich, fille du propriétaire d'une usine sidérurgique, Fréderic de Dietrich, dans les villes voisines de Niederbronn-les-Bains, Reichshofen et Mouterhouse. Dora Horn-Zippelius est la fille du Dr. Arnold Horn, avocat à Karlsruhe, et épousera l'architecte Hans Zippelius en 1909. Anna Winnecke de Strasbourg est la fille d'August Winnecke, professeur d'astronomie à l'université de Strasbourg. Elle deviendra plus tard l'épouse du directeur de banque Karl Engelmann. Sabine Hackenschmidt est née dans le village de Windstein, voisin d'Obersteinbach, fille du pasteur local Karl Hackenschmidt, qui s'est fait

Mitbegründer der Studentenverbindung Argentina, als Schriftsteller und Pfarrer an der Jung-St. Peter-Kirche in Straßburg einen Namen gemacht hat. Sie alle haben ein wohlhabendes und kulturell interessiertes Elternhaus und haben meist auch keine materiellen Sorgen im Leben gehabt.

Eine weitere Gruppe hat familiäre Beziehungen zu Familien ihrer Lehrer: Elise und Marie Peppmüller sind Nichten des Malers Otto Fikentscher.

Die dritte Gruppe wird von Malschülerinnen aus Karlsruhe gebildet. Sie haben nur teilweise Erfolg mit ihrer Malerei, versuchen sich z. T. auch als Schriftstellerin oder als Handarbeitslehrerin. Aber wenn sie nicht einen Hauptberuf oder wohlhabende Männer an ihrer Seite haben, bleibt ihre Kunst eine brotlose Kunst. Martha Kropp muß bereits 1937 in Karlsruhe Sozialhilfe in Anspruch nehmen. Trotzdem nimmt sie an Kunstausstellungen teil und wird wiederholt mit Kunst- und Literaturpreisen bedacht. Von einigen, wie etwa Käthi Baur, wissen wir nur ganz wenig. Er ist schwer, überhaupt Arbeiten von ihnen ermitteln zu können.

Ganz wichtig im Zusammenleben in der Obersteinbacher Malerkolonie sind die Ehefrauen der Künstler. Sie malen größtenteils selbst, wie Jenny Fikentscher, Margarethe Hormuth-Kallmorgen und sind im Gespräch mit den Malschülerinnen – von Frau zu Frau – auch leichter anzusprechen als die großen Meister. Von keinem der Maler ist bekannt, daß sie auch fotografieren. Aber Jenny Fikentscher und Margarethe Hormuth-Kallmorgen können mit der damals noch recht jungen Technik umgehen. Anders wären ihre im 2021 erschienenen Band II über die Malerkolonie Obersteinbach publizierten Fotos nicht entstanden.

Im folgenden werden die Malschülerinnen hier vorgestellt:

Käthi Baur,
* 1860 Gießen, lebte in Leipzig, † ?
Von ihr haben wir lediglich zwei Leipzig betreffende Zeichnungen.

un nom en tant que cofondateur de la confrérie d'étudiants Argentina, en tant qu'écrivain et en tant que pasteur de l'église Saint-Pierre-le-Jeune à Strasbourg. Elles sont toutes issues d'une famille aisée et intéressée par la culture et n'ont pour la plupart pas eu de soucis matériels dans leur vie.

Un autre groupe a des liens familiaux avec les familles de leurs professeurs : Elise et Marie Peppmüller sont des nièces du peintre Otto Fikentscher.

Le troisième groupe est formé par des élèves peintres de Karlsruhe. Elles n'ont qu'un succès partiel avec leur peinture et s'essaient parfois à l'écriture ou à l'enseignement des travaux manuels. Mais si elles n'ont pas un métier principal ou des hommes aisés à leurs côtés, cela reste un art peu lucratif. Martha Kropp doit faire appel à l'aide sociale dès 1937 à Karlsruhe. Malgré cela, elle participe à des expositions d'art et reçoit à plusieurs reprises des prix artistiques et littéraires. De certaines élèves, comme Käthi Baur, nous ne savons que très peu de choses. Il est même difficile de trouver des œuvres d'elles.

Les épouses des artistes sont très importantes dans la vie commune de la colonie de peintres d'Obersteinbach. Elles peignent pour la plupart elles-mêmes, comme Jenny Fikentscher, Margarethe Hormuth-Kallmorgen, et sont plus faciles à aborder dans les conversations avec les femmes élèves-peintres – de femme à femme – que les grands maîtres. Il n'est pas connu si un quelconque de ces peintres a également pris des photos. Cependant, Jenny Fikentscher et Margarethe Hormuth-Kallmorgen savent se servir de cette technique encore très récente à l'époque. Leurs photos publiées dans le tome II sur la colonie de peintres d'Obersteinbach, paru en 2021, n'auraient pas vues le jour autrement.

Les femmes élèves-peintres sont présentées ci-dessous :

Käthi Baur,
Née en 1860 à Gießen, vit à Leipzig, † ?
Nous n'avons que deux dessins d'elle concernant Leipzig.

Amélie de Dietrich,
* 1875 Jägerthal, † 1947 Montetruc/Kanada
Als eine der fünf Töchter des Eisenwerksbesitzers Charles-Fréderic de Dietrich und seiner Gattin Anna Bernardine von Türck hatte sie eine gute Ausbildung genossen, war aber wegen ihrer Kleinwüchsigkeit und verkürzten Gießmaßen körperlich eingeschränkt. Ab 1895 besuchte sie die Malklasse von Franz Hein in Karlsruhe, wo sie sich mit der Generalstochter Margot Grupe anfreundete und über sie auch zu Heins Malerkolonie nach Obersteinbach kam. Nach dem Tod ihrer Mutter 1906 ging sie nach England, heiratete 1910 den Bruder ihrer englischen Freundin und wanderte mit ihm nach der Geburt des ersten Sohnes nach Kanada aus, wo man alternative Landwirtschaft betrieb. Aus der Obersteinbacher Zeit sind mehrere Arbeiten erhalten, siehe Band I S. 166 und Band II, S. 155-163.

Margot Grupe,
* 1872 Stralsund, † ?
Ihr Fachgebiet war nicht nur die Malerei, sondern sie war auch Handarbeitslehrerin und Reformpädagogin. Im Fach Kunstgewerbe publizierte sie Hilfsbücher wie „Die neue Nadelarbeit“ (1914), „Verzierungsarbeiten“ (1922), „Methodik des Nadelarbeits-Unterrichts (zusammen mit Elisabeth Altmann und Anna Mundorff)(1927).
Bei der Ausstellung „Die Frau in Haus und Beruf“ in den Ausstellungshallen am Zoologischen Garten vom 24. Februar bis 24. März 1912 nahm sie mit ihren Arbeiten teil. Im Ersten Weltkrieg engagierte sie sich in der Betreuung von verwundeten Soldaten und publizierte dazu 1916 bei Callwey in München „Kultur in den Kriegslazaretten“. 1914 präsentierte sie ihre Handarbeiten bei der Weltausstellung für Buchgewerbe und Graphik in Leipzig mit dem Titel „Das Haus der Frau“. Zusammen mit ihrer Mutter, der Offizierswitwe Jenny Grupe und ihrer ebenfalls als Künstlerin tätigen Schwester Adele Grupe wohnte sie in der erhaltenen Jugendstil-Villa „Zankapfel“ in Babelsberg-Nord, Rosa-Luxemburg-Straße 13, erbaut 1920/21 von der Architektin Emilie Winkelmann.

Amélie de Dietrich,
Née en 1875 à Jaegerthal, † en 1947 Montetruc/Canada
Amélie est l'une des cinq filles du propriétaire de l'usine sidérurgique Charles-Fréderic de Dietrich et de son épouse Anna Bernardine von Türck ; elle bénéficie d'une bonne éducation, mais est physiquement diminuée en raison de sa petite taille et de ses membres raccourcis. À partir de 1895, elle fréquente la classe de peinture de Franz Hein à Karlsruhe, où elle se lie d'amitié avec la fille de général Margot Grupe et, par son intermédiaire, rejoint également la colonie de peintres de Hein à Obersteinbach. Après la mort de sa mère en 1906, elle part pour l'Angleterre, épouse en 1910 le frère de son amie anglaise et émigre avec lui, après la naissance de leur premier fils, au Canada, où l'on pratique une agriculture alternative. Plusieurs travaux de l'époque d'Obersteinbach ont été conservés, voir tome I p. 166 et tome II, p. 155-163.

Margot Grupe,
Née en1872 à Stralsund, † ?
Sa spécialité n'est pas seulement la peinture, elle est également professeur de travaux manuels et pédagogue réformiste. Dans le domaine des arts appliqués, elle publie des livres auxiliaires tels que *Die neue Nadelarbeit* (Les nouveaux travaux d’aiguille) (1914), *Verzierungsarbeiten* (Travaux de décoration) (1922), *Methodik des Nadelarbeits-Unterrichts* (Méthodologie de l'enseignement des travaux d'aiguille), avec Elisabeth Altmann et Anna Mundorff (1927).
Elle participe avec ses travaux à l'exposition *Die Frau in Haus und Beruf* (La femme au foyer et au travail) qui se tient dans les halls d'exposition du jardin zoologique du 24 février au 24 mars 1912. Pendant la Première Guerre mondiale, elle s'engage dans l'assistance aux soldats blessés et publie à ce sujet en 1916 chez Callwey à Munich *Kultur in den Kriegslazaretten* (La culture dans les hôpitaux de guerre). En 1914, elle présente ses travaux manuels à l'exposition mondiale de l'artisanat du livre et des arts graphiques de Leipzig sous le titre *Das Haus der Frau* (La maison de la femme). Avec sa mère, la veuve d'officier Jenny Grupe, et sa sœur Adele Grupe, également artiste, elle vit dans la villa Art nouveau conservée *Zankapfel* à Babelsberg-Nord, Rosa-Luxemburg-Straße 13, construite en 1920/21 par l'architecte Emilie Winkelmann.

Sabine Hackenschmidt,
* 13. 5. 1873 Windstein bei Jägerthal, † 6. 6. 1939 Straßburg
Studium 1902-1904 in Karlsruhe bei Franz Hein und Walter Conz, ab 1908 Mitglied im Karlsruher Künstlerbund, 1913/38 Mitarbeiterin im Kupferstichkabinett der Städtischen Museen in Straßburg. Für das Casino in Merkweiler-Pechelbronn führte sie Wandmalereien aus und gestaltete von 1912 bis 1914 den Elsässer Kalender. 1919 erschien ihre Graphiksammlung Souvenirs d'Alsace. Siehe auch Bd. I, S. 142-145 und Band II S. 148-149.

Dora Horn-Zippelius,
* 28. 8. 1876 Karlsruhe, † 17. 2. 1967 Karlsruhe
1897/99 Studium an der Malerinnenschule in Karlsruhe bei Otto Kemmer, Caspar Ritter und Franz Hein, außerdem bei Angelo Jank in München, seit 1904 Mitglied des Karlsruher Künstlerbundes, 1906/08 auch als Schauspielerin tätig, 1909 Heirat mit dem Architekten Hans Zippelius, 1910 Studienaufenthalt in Griechenland, 1912 und 1916 Geburt der Kinder Arnold und Adelhart, zusammen mit der Bildhauerin Eugenie Kaufmann 1912 Gründung des Bundes Badischer Künstlerinnen, der sich für die Gleichstellung von Künstlerinnen einsetzte und Ausstellungen veran staltete. 1935 wurde der BBK aufgelöst und Horn-Zippelius engagierte sich ab 1933 in der NSDAP als Kreisfrauenschaftsleiterin in Ettlingen, als NS-Propagandaleiterin und Gauschulungsleiterin der NS-Frauenschaft in Baden. 1936 trat sie von allen Posten zurück, weil sie sich der Gleichschaltung der Künstlervereinigungen widersetzte. Ihre Obersteinbacher Werke s. Bd. I, S. 146-149.

Marianne Knapp-Lesser,
* 15. 6. 1879 Straßburg , † 23. 8. 1966 Heidelberg
Als Tochter des an der Straßburger Universität wirkenden Professors für Ökonomie Georg Friedrich Knapp erhielt sie, wie ihre Schwester Elly Knapp, die Gattin von Bundespräsident Theodor Heuss, eine sehr gute Ausbildung. 1907 heiratete sie den jüdischen Arzt und Physiologen Ernst J. Lesser, den Entdecker des Insulins. 1914 stellte sie bei der

Sabine Hackenschmidt,
Née le 13-05-1873 à Windstein près de Jaegerthal, † le 06-06-1939 à Strasbourg
Études de 1902 à 1904 à Karlsruhe chez Franz Hein et Walter Conz, membre du *Karlsruher Künstlerbund* (Association des artistes de Karlsruhe) à partir de 1908, collaboratrice du cabinet des estampes et des dessins des musées municipaux de Strasbourg de 1913 à 1938. Elle réalise des peintures murales pour le casino de Merkweiler-Pechelbronn et conçoit le calendrier alsacien de 1912 à 1914. En 1919, sa collection de dessins « Souvenirs d'Alsace » est publiée. Voir aussi tome I, p. 142-145 et tome II p. 148-149.

Dora Horn-Zippelius,
Née le 28-08-1876 à Karlsruhe, † le 17-02-1967 à Karlsruhe
Études de 1897/99 à l'école de peinture de Karlsruhe avec Otto Kemmer, Caspar Ritter et Franz Hein, en outre avec Angelo Jank à Munich ; à partir de 1904, membre de l'Association des artistes de Karlsruhe, de 1906 à 1908 également active en tant qu'actrice, mariage en 1909 avec l'architecte Hans Zippelius, séjour d'études en 1910 en Grèce, naissance des enfants Arnold et Adelhart en 1912 et 1916 ; conjointement avec la sculptrice Eugenie Kaufmann, fondation en 1912 de l'Association des femmes artistes badoises, qui s'engage pour l'égalité des femmes artistes et organise des expositions. En 1935, l'association est dissoute et Dora Horn-Zippelius s'engage à partir de 1933 dans le parti national-socialiste en tant que responsable des femmes de l'arrondissement d'Ettlingen, directrice de la propagande nazie et directrice de la formation de l'association des femmes nazies de Bade. En 1936, elle démissionne de tous ses postes car elle s'oppose à la mise au pas des associations d'artistes. Ses œuvres d'Obersteinbach figurent dans le tome I, p. 146-149.

Marianne Knapp-Lesser,
Née le 15-06-1879 à Strasbourg , † le 23-08-1966 à Heidelberg
Fille de Georg Friedrich Knapp, professeur d'économie à l'université de Strasbourg, elle reçoit, comme sa sœur Elly Knapp, épouse du président allemand Theodor Heuss, une très bonne éducation. En 1907, elle épouse le médecin et physiologiste juif Ernst J. Lesser, le découvreur de l'insuline. En 1914, elle ex-

Ersten Internationalen Graphischen Kunst-Ausstellung in Leipzig aus und war nicht nur als Malerin, sondern auch als Fotografin tätig. Von 1903 studierte sie in München an der Damenakademie des Münchner Künstlerinnenvereins und war ab 1903 Mitglied des Karlsruher Künstlerbundes. Als Schülerin Franz Heins wandte sie sich auch dem Steindruck zu und lieferte ausdrucksstarke Drucke bei Teubner und Voigtländer in Leipzig, Siehe Band I, S. 150 f. und Band II, S. 154.

pose à la première exposition internationale d'art graphique de Leipzig et travaille non seulement comme peintre, mais aussi comme photographe. À partir de 1903, elle étudie à Munich à l'Académie féminine de l'association des artistes de Munich et devient membre de l'Association des artistes de Karlsruhe à partir de 1903. En tant qu'élève de Franz Hein, elle se tourne également vers la lithographie et livre des impressions expressives chez Teubner et Voigtländer à Leipzig, voir tome I, p. 150 et suiv. et tome II, p. 154.

Martha Kropp,
* 27. 4. 1880 Aachen, † 8. 10. 1968 Karlsruhe
Studium an der Kunstgewerbeschule in Karlsruhe und 1905/07 an der dortigen Malerinnenschule bei Ludwig Schmid-Reutte, 1908/14 Studienaufenthalt in Paris, ab 1914 in Karlsruhe als Malerin und Schriftstellerin tätig, Teilnahme an größeren Ausstellungen ab 1923, Siehe auch Band I, S. 152-153 und Band II, S. 151 f.

Martha Kropp,
Née le 27-04-1880 à Aix-la-Chapelle, † le 08-10-1968 à Karlsruhe
Études à l'école des arts et métiers de Karlsruhe et, de 1905 à 1907 à l'école de peinture de cette ville chez Ludwig Schmid-Reutte, séjour d'études à Paris de 1908 à 1914 ; à partir de 1914, active à Karlsruhe en tant que peintre et écrivain, participation à de grandes expositions à partir de 1923, voir également tome I, p. 152-153 et tome II, p. 151 et suiv.

Marie Ortlieb,
* 25. 3. 1867 Freiburg i. B., † 19. 11. 1938 Karlsruhe
1893/94 Studium an der Malerinnenschule Karlsruhe bei Max Roman und Otto Kemmer, Privatunterricht bei Friedrich Kallmorgen, 1897 bei Bernhard Buttersack in Haimhausen bei München, 1901/02 wieder an der Malerinnenschule in Karlsruhe, ab 1904 Mitglied des Karlsruher Künstlerbundes, Teilnahme an der Großen Deutschen Kunstausstellung in Karlsruhe, 1938 an der Ausstellung im Badischen Kunstverein.

Marie Ortlieb,
Née le 25-03-1867 à Fribourg-en-Brisgau, † le 19-11-1938 à Karlsruhe
Études de 1893 à 1894 à l'école de peinture de Karlsruhe auprès de Max Roman et Otto Kemmer, cours privés auprès de Friedrich Kallmorgen, en 1897 auprès de Bernhard Buttersack à Haimhausen près de Munich ; de 1901 à 1902, retour à l'école de peinture de Karlsruhe ; à partir de 1904, membre de l'association des artistes de Karlsruhe, participation à la grande exposition d'art allemande à Karlsruhe, en 1938 à l'exposition au *Badischer Kunstverein* (Société badoise des Arts).

Elise Peppmüller,
* 7. 11. 1866 Chemnitz, † vor 1932
Schülerin von Adolf Maennchen und Franz Hein, ab 1900 in Grötzingen, ab 1904 Gastmitglied im Karlsruher Künstlerbund, später zusammen mit Marie als Malerin in Halle tätig. Beide waren Nichten von Otto Fikentscher. Siehe auch Band I, S. 154-157.

Elise Peppmüller,
Née le 07-11-1866 à Chemnitz, † avant 1932
Élève d'Adolf Maennchen et de Franz Hein, à partir de 1900 à Grötzingen ; à partir de 1904 membre invité de l'Association des artistes de Karlsruhe, travaillant plus tard avec Marie Peppmüller comme peintre à Halle. Toutes deux sont des nièces d'Otto Fikentscher. Voir également le tome I, p. 154-157.

Marie Peppmüller,
* 13. 1. 1875 , † 1962 Halle/Saale
Ihre Mutter war die Schwester von Otto Fikentscher. Sie gehörte zum Karlsruher Künstlerbund

Marie Peppmüller,
Née le 13-01-1875, † en 1962 à Halle/Saale
Sa mère est la sœur d'Otto Fikentscher. Elle fait partie de l'Association des artistes de Karlsruhe et

und später zum Künstlerverein auf dem Pflug in Halle. Ihre Ausbildung absolvierte sie an der Kunstakademie in Karlsruhe. Franz Hein führt sie im Katalog seiner Schülerinnen auf. Sie brachte ihre Steindruck-Arbeiten bei Teubner und Voigtländer in Leipzig heraus. Sie war verheiratet mit Felix Peppmüller und trat nach dessen Tod (1904) mit eigenen Arbeiten ins Licht der Öffentlichkeit. Über sie s. Band I, S. 156 f.

Louise Pollitzer,
* 19. 5. 1875 Wien; † nach Mai 1940 in München
Über sie ist wenig bekannt. Sie wohnte in München, Leopoldstraße 41, und war als Malerin und Kunstgewerblerin gemeldet. Im März 1910 stellte sie im Wiener Belvedere bei Österreichs Secession aus. 1912 stellte sie bei der Schau „Die Frau in Haus und Beruf" ihre Handarbeiten aus. Ihr Schicksal als Jüdin in der NS-Zeit ist ungeklärt. Aus ihrer Zeit in der Künstlerkolonie Obersteinbach sind etliche prächtigen Arbeiten erhalten, siehe Band I, 158 f. und Band II, S. 153. Ihre Lehrer waren Friedrich König in Wien, Karl Schmoll und Franz Hein in Karlsruhe. Sie arbeitete für den Werkbund und die Deutschen Werkstätten.

Gertrud Schäfer,
* 1. 2. 1880 Lot bei Brüssel, † 13. 2. 1945 Dresden
Um 1900 nahm sie Malunterricht bei Robert Sterl in Dresden in der von ihm gegründeten Malschule für Damen. 1904 stellte sie in der Großen Kunstausstellung dort aus und wurde Mitglied in der Dresdner Kunstgenossenschaft, bei den Dresdner Künstlerinnen und Künstlerverein Weimar, beim Malerinnen-Verein Karlsruhe und im Karlsruher Künstlerbund. Sie stellte bei zahlreichen Gelegenheiten aus, in Dresden 1908 und 1909, 1907 in Leipzig, 1910 in Hamburg, 1912 in Chemnitz und in Bremen, 1934 und 1935 in Dresden. 1945 kam sie beim Bombenangriff auf Dresden ums Leben.

plus tard de l'Association des artistes « *auf dem Pflug* » à Halle. Elle suit sa formation à l'académie des arts de Karlsruhe. Franz Hein la mentionne dans le catalogue de ses élèves. Elle publie ses travaux de lithographie chez Teubner et Voigtländer à Leipzig. Elle est mariée à Felix Peppmüller et après la mort de ce dernier (en 1904), elle apparaît au grand jour avec ses propres travaux. Voir à son sujet le tome I, p. 156 et suiv.

Louise Pollitzer,
Née le 19-05-1875 à Vienne ; † après mai 1940 à Munich
On sait peu de choses sur elle. Elle habite à Munich, Leopoldstrasse 41, et est inscrite comme peintre et artisan d'art. En mars 1910, elle expose au Belvédère de Vienne dans le cadre de la Sécession autrichienne. En 1912, elle expose ses travaux manuels à l'exposition *Die Frau in Haus und Beruf* (La femme à la maison et au travail). Son destin de juive pendant la période nazie n'est pas élucidé. De sa période dans la colonie d'artistes d'Obersteinbach, plusieurs œuvres magnifiques ont été conservées, voir tome I, p. 158 et suiv. et tome II, p. 153. Ses professeurs sont Friedrich König à Vienne, Karl Schmoll et Franz Hein à Karlsruhe. Elle travaille pour le *Deutsche Werkbund* (Union de l'œuvre allemande) et l'entreprise *Deutsche Werkstätten.*

Gertrud Schäfer,
Née le 01-02-1880 à Lot près de Bruxelles, † le 13-02-1945 à Dresde
Vers 1900, elle prend des cours de peinture auprès de Robert Sterl à Dresde, dans l'école de peinture pour dames qu'il a fondée. En 1904, elle expose à la Grande exposition d'art de cette ville et devient membre de la *Dresdner Kunstgenossenschaft* (La Ligue des artistes de Dresde), du groupe *Dresdner Künstlerinnen* (artistes de Dresde) et du *Künstlerverein Weimar* (Association des artistes de Weimar), de l'Association des femmes peintres de Karlsruhe et du *Karlsruher Künstlerbund* (Association des artistes de Karlsruhe). Elle expose à de nombreuses occasions, à Dresde en 1908 et 1909, à Leipzig en 1907, à Hambourg en 1910, à Chemnitz et à Brême en 1912, à Dresde en 1934 et 1935. En 1945, elle perd la vie lors du bombardement de Dresde.

Bertha Welte,
* 12. 1. 1872 Karlsruhe, † 7. 8. 1931 Karlsruhe
1895/1900 Schülerin Franz Heins, ab 1899 Mitglied im Karlsruher Künstlerbund, stellte bei den Jubiläumsausstellungen 1902 und 1906 in Karlsruhe aus, außerdem 1923 bei der Großen Deutschen Kunstausstellung.

Anna Winnecke-Engelhorn,
* 9. 1. 1875 Straßburg, † 15. 3. 1957 Grünwald bei München
Sie war die Tochter des Astronomen Friedrich August Theodor Winnecke (1895-1897). Er war auf seinem Forschungsgebiet seiner Zeit führend. Als Professor der Straßburger Universität sorgte er für den Bau der damals modernsten Sternwarte in Europa. Seine Ehefrau Hedwig Luise geb. Dell war führend im Deutschen Evangelischen Frauenbund tätig. Ihre Tochter Anna Mathilde Wilhelmine Winnecke war Mitglied des Evangelisch-sozialen Kongresses Friedrich Naumanns. 1906 nahm sie mit ihrer Mutter und ihrem Bruder, dem in Mülhausen tätigen Pfarrer Ernst August Friedrich Winnecke (1869-1956), an der Kongresstagung in Jena teil und wird als „Fräulein Anna Winnecke, Lehrerin, wohnhaft in Straßburg-Ruprechtsau", in der Teilnehmerliste aufgeführt. Ihr späterer Ehemann war der Bankdirektor Karl Engelmann, der 1927 verstarb. Später war sie in München ansässig und betrieb in der Nähe der Universität eine Pension. Sie war eine entschiedene Gegnerin des Nationalsozialismus. Von ihr sind kaum Kunstwerke erhalten, siehe Band I, S. 164 f.

Eine ganze Anzahl der jungen Malerinnen in Obersteinbach hat sich nicht auf dem Gebiet des Farb-Steindrucks betätigt, sondern die traditionellen Maltechniken gepflegt, wie etwa Dora Horn-Zippelius, Luise Pollitzer, Anna Winnecke und Amélie de Dietrich. Viel stärker waren ihre Lehrer dieser neuen Technik verbunden, neben Franz Hein vor allem Gustav Kampmann, Otto und Jenny Fikentscher und Hans von Volkmann, seltener auch Friedrich Kallmorgen.

Bertha Welte,
Née le 12-01-1872 à Karlsruhe, † le 07-08-1931 à Karlsruhe
Élève de Franz Hein de 1895 à 1900, membre du *Karlsruher Künstlerbund* à partir de 1899, elle expose aux expositions anniversaires de 1902 et 1906 à Karlsruhe, ainsi qu'en 1923 à la grande exposition d'art allemande.

Anna Winnecke-Engelhorn,
Née le 09-01-1875 à Strasbourg, † le 15-03-1957 à Grünwald près de Munich
Elle est la fille de l'astronome Friedrich August Theodor Winnecke (1895-1897). Winnecke est à l'avant-garde de son temps dans son domaine de recherche. En tant que professeur à l'université de Strasbourg, il veille à la construction de l'observatoire astronomique le plus moderne d'Europe à l'époque. Son épouse Hedwig Luise, née Dell, joue un rôle de premier plan dans la Fédération allemande des femmes protestantes. Leur fille Anna Mathilde Wilhelmine Winnecke est membre du Congrès social évangélique de Friedrich Naumann. En 1906, elle participe avec sa mère et son frère, le pasteur Ernst August Friedrich Winnecke (1869-1956), qui travaille à Mulhouse, à la réunion du congrès à Iéna et figure dans la liste des participants en tant que « Mademoiselle Anna Winnecke, institutrice, domiciliée à Strasbourg-Robertsau ». Son futur mari est le directeur de banque Karl Engelmann, qui décède en 1927. Plus tard, elle s'installe à Munich et tient une pension près de l'université. Elle est une opposante farouche au national-socialisme. Il ne reste pratiquement pas d'œuvres d'art d'elle, voir tome I, p. 164 et suiv.

Un grand nombre de jeunes femmes peintres d'Obersteinbach ne se lancent pas dans le domaine de la lithographie couleur, mais cultivent les techniques picturales traditionnelles, comme Dora Horn-Zippelius, Luise Pollitzer, Anna Winnecke et Amélie de Dietrich. Leurs professeurs sont beaucoup plus liés à cette nouvelle technique, outre Franz Hein, surtout Gustav Kampmann, Otto et Jenny Fikentscher et Hans von Volkmann, plus rarement aussi Friedrich Kallmorgen.

Zwei der in Obersteinbach tätigen Malerinnen seien hier ausführlicher vorgestellt:

## Sabine Hackenschmidt

In seinem Bericht über die Ständige Kunstausstellung des Pfälzischen Kunstvereins im Heydenreich-Haus zu Speyer schreibt ein Kenner[5]:
„Das Beste der Ausstellung, was nämlich künstlerische Eigenart anbelangt, hat wohl Sabine Hackenschmidt aufzuweisen, aber weniger in den Gemälden, als in Radierung und farbiger Lithographie. Abgesehen von den kleinen Radierungen, deren jede eine Perle für sich ist, fesselt besonders den Blick das im Abendschein glänzende Straßburger Münster, ein Meisterstück von farbiger Vereinfachung eines Natureindrucks. Den Ölgemälden merkt man etwas zu sehr die zur Einfachheit drängende lithographische Kunstauffassung an, doch ist eine Charakterlandschaft von träumerischem Farbenreiz dabei, aus den Nordvogesen, bei welcher auch diese Art der Auffassung ein geschlossenes Ganzes ergibt.«

Friedrich Ulm

„Als sich Sabine Hackenschmidt am 10 Januar 1939 von ihrer Arbeit am Museum trennte, erfüllte sie der Gedanke, nunmehr ihre Zeit und Kraft ganz der Kunst zu widmen; Pinsel und Stift ließen sie den Abschied von der geliebten Tätigkeit vergessen. Im Frühjahr 1939 veranstaltete sie eine Ausstellung ihrer Bilder und graphischen Werke im Städtischen Kunsthaus in der Brandgasse. Es war die Frucht von langen Arbeitsjahren, was sie hier einem weiteren Kreise darbot an Zeichnungen, Holzschnitten und Radierungen, meist Bilder aus der elsässischen Landschaft, aus dem Schwarzwald und aus dem vertrauten Straßburg mit seinen schönen alten Gassen. Unbedingtes Vertrautsein mit dem Technischen, Sicherheit der Beobachtung und der Zeichnung und die Wärme des persönlichen Gefühlsanteils geben ihren graphischen Werken das Gepräge. Das Malerische, Farbige, Beschwingte zeichnet ihre Blumenbilder

5 Literarischer Verein der Pfalz-Pfälzischer Kunstverein, V. Beilage 1912, in: Pfälzisches Museum 1912, S. 49 f.

Deux parmi les femmes peintres actives à Obersteinbach sont présentées ici plus en détail :

## Sabine Hackenschmidt

Dans son rapport sur l'exposition permanente d'art du *Pfälzischer Kunstverein* (Association artistique du Palatinat) dans la maison Heydenreich à Spire, un connaisseur[5] écrit :
« Le meilleur de l'exposition, en termes d'originalité artistique, est sans doute à mettre au crédit de Sabine Hackenschmidt, mais moins dans les peintures que dans les gravures et les lithographies couleur. Hormis les petites gravures, dont chacune est une perle en soi, le regard est particulièrement captivé par la cathédrale de Strasbourg qui brille dans la lumière du soir, un chef-d'œuvre de simplification colorée d'une impression naturelle. Les peintures à l'huile sont un peu trop marquées par la conception lithographique de l'art qui pousse à la simplicité, mais on y trouve un paysage caractéristique des Vosges du Nord, d'un charme onirique et coloré, pour lequel ce type de conception forme un ensemble cohérent. »

Friedrich Ulm

« Lorsque Sabine Hackenschmidt se sépare de son travail au musée le 10 janvier 1939, l'idée de consacrer désormais tout son temps et ses forces à l'art la remplit ; pinceaux et crayons lui font oublier le départ de son activité bien-aimée. Au printemps 1939, elle organise une exposition de ses tableaux et de ses œuvres graphiques à la Maison municipale des arts (*Städtisches Kunsthaus*), dans la Brandgasse. Elle expose ici à un cercle plus large des dessins, des gravures sur bois et des gravures à l'eau-forte – la plupart du temps des images de la campagne alsacienne, de la Forêt-Noire et de la ville familière de Strasbourg avec ses belles vieilles ruelles – qui sont le fruit de longues années de travail. Une familiarité absolue avec la technique, la sûreté de l'observation et du dessin et la chaleur des sentiments personnels donnent à ses œuvres graphiques leur caractère si particulier. Le pittoresque, la couleur, l'effervescence caractérisent ses

5 *Literarischer Verein der Pfalz - Pfälzischer Kunstverein*, V. Supplément 1912, dans : *Pfälzisches Museum* (Musée du Palatinat) 1912, p. 49 et suiv.

aus; alles, was ihre Kunst schuf, ist von der Herzenswärme ihrer liebenswerten Persönlichkeit durchdrungen."[6]

Anna Maria Renner

In seinem Aufsatz „Die elsässische Landschaftsmalerei von 1871 bis 1918" schreibt ein Fachmann[7]: „Sabine Hackenschmidt, eine Tochter des Straßburger Pfarrers und Dichters Karl Hackenschmidt, malte und radierte eine größere Anzahl Landschaften aus dem Elsaß. In weitere Kreise drangen die Zeichnungen elsässischer Motive, die sie als Monatsbilder für mehrere Jahrgänge eines, zuerst von Schlesier und Schweichardt erschienenen Kalenders zeichnete. Die Darstellungen geben zahlreiche bekannte elsässische Architekturbilder und Gebirgslandschaften aus dem ganzen Lande in dem Zustande wieder, in dem sie sich zur Entstehungszeit der Blätter befanden. Ihre Sachlichkeit ist anerkennenswert, doch scheint dieselbe so stark betont, daß sie eine tiefere Beseelung der Blätter ausschließt. Im Auftrage des Verbandes Straßburger Künstler fertigte sie einen Steindruck in drei Farben, einen Blick auf das Münster über die alten Dächer eines Hofes in der Krämergasse; als Jahresgabe an die Mitglieder des Künstlerverbandes kam das Blatt in viele Hände."

Theodor Kern

## Jenny Fikentscher[8]

Bei einem ersten Blick auf die Werke Jenny Fikentschers würde man nicht auf den Gedanken kommen, daß sie von einer Künstlerin geschaffen sind. Breit und klar umzieht die Kontur die Formen. Starke Farben bestimmen die Kompositionen. Wo Lichtwirkungen angewandt werden, sind sie geschlossen und von einer Intensität, daß die getroffenen Gegenstände von den Strahlen gleich-

6 Die Malerin und Graphikerin Sabine Hackenschmidt, Straßburg, in: Mein Heimatland. Oberrheinische Blätter für Volkskunde, Heimat- und Naturschutz, Denkmalpflege, Familienforschung und Kunst 28, 1941, S. 9-11.

7 In: Elsass-Lothringisches Jahrbuch 12, 1933, S. 271 ff., Zitat von S. 289 f.

8 Wilhelm R. Valentiner: Otto und Jenny Fikentscher, in: Die Graphischen Künste 28, 1905, S. 95-100, Zitat von S. 99 f.

tableaux de fleurs ; tout ce que son art a créé est imprégné de la chaleur du cœur de sa personnalité attachante »[6].

Anna Maria Renner

Dans son article « La peinture de paysage alsacienne de 1871 à 1918 », un spécialiste écrit[7] : « Sabine Hackenschmidt, fille du pasteur et poète strasbourgeois Karl Hackenschmidt, a peint et gravé un grand nombre de paysages d'Alsace. Ses dessins de motifs alsaciens, qu'elle a réalisés comme illustrations mensuelles pour plusieurs années d'un calendrier publié par Schlesier et Schweickhardt, se sont répandus dans d'autres cercles. Les représentations reproduisent de nombreux paysages architecturaux et montagneux alsaciens connus dans tout le pays, dans l'état où ils se trouvaient à l'époque où les feuilles ont été réalisées. Leur objectivité mérite d'être reconnue, mais celle-ci semble si fortement soulignée qu'elle exclut toute animation profonde des feuilles. À la demande de l'association des artistes strasbourgeois, elle réalise une lithographie en trois couleurs, une vue de la cathédrale par-dessus les vieux toits d'une cour de la rue Mercière ; en tant que cadeau annuel aux membres de l'association des artistes, la feuille passe entre de nombreuses mains ».

Theodor Kern

## Jenny Fikentscher[8]

Un premier regard sur les œuvres de Jenny Fikentscher ne donnerait pas l'impression qu'elles ont été créées par une artiste féminine. Les contours sont larges et clairs et entourent les formes. Des couleurs fortes déterminent les compositions. Lorsque des effets de lumière sont utilisés, ils sont fermés et d'une intensité telle que les

6 La peintre et graphiste Sabine Hackenschmidt, Strasbourg, dans : *Mein Heimatland. Oberrheinische Blätter für Volkskunde, Heimat- und Naturschutz, Denkmalpflege, Familienforschung und Kunst* 28, 1941, p. 9-11.

7 dans : *Elsass-Lothringisches Jahrbuch* (Annuaire d'Alsace et de Lorraine) 12, 1933, p. 271 et suiv., citation p. 289 et suiv.

8 Wilhelm R. Valentiner : *Otto und Jenny Fikentscher*, dans : *Die Graphischen Künste* (Les arts graphiques) 28, 1905, p. 95-100, citation p. 99 et suiv.

sam verzehrt werden. Die Technik ist männlich, kräftig, bisweilen fast gewaltsam.
Daß sich hinter diesen Äußerungen eines starken Temperamentes in der Tat echte Künstlerschaft birgt, beweist schon die weise abkürzende Sicherheit der bald kräftigen, bald zarten Linienführung. Ohne Linie ist keine Kunst denkbar, aber die Kontur hat in der modernen Malerei eine andere Bedeutung als etwa in der des XV. oder XVI. Jahrhunderts, in welcher im allgemeinen nicht die Farbe, sondern die Zeichnung Grundbedingung der Malerei war. Die Zeichnung ist nun zum unsichtbaren Gerippe geworden, das umhüllt und fast aufgesogen wird von der Farbe und dem Licht. Da aber, wo die Linie um dekorativer Wirkungen willen deutlicher hervortritt, umgrenzt sie nicht mehr die einzelnen wirklichen Gegenstände, sondern die Farben und die Lichthülle, von welcher diese ihrem momentanen Standpunkt entsprechend zufällig umgeben werden. Daher spielt bei modernen Gemälden die Farbe für die Komposition eine entscheidendere Rolle als die Linie. Dies gilt auch für Werke Frau Fikentschers. Starkes Temperament wird sich auf dem Gebiet der Farbe in starken Kontrasten der Töne äußern, in einer Vorliebe für lebhafte Nuancen. Man vergleiche etwa irgend eine Lithographie Otto Fikentschers mit einer solchen seiner Frau. Dem Bräunlich, mit dem ein mattes Grün korrespondiert, dem gedämpften Blaurötlich, dem das Weiß auf den Lithographien des Mannes entspricht, stehen auf Jenny Fikentschers Blättern Zusammenstellungen gegenüber, wie starkes Carmin-Zinnober und Blaugrün oder Schwarzblau und Orange. Was aber den einzelnen Farbton betrifft, so begegnet man bei Fikentscher kaum einmal einem starken Rot oder Gelb, für seine Frau sind diese Töne geradezu charakteristisch. Was sich aber bei der Betrachtung der Kunst Otto Fikentschers ausführen ließ, darf auch hier mit anderer Begründung wiederholt werden, daß sich gerade in einer stark persönlichen Kunst deutlich das künstlerische Streben der Zeit spiegle.
Moderne Empfindung spricht aus der äußeren Anordnung der Werke Jenny Fikentschers. Im Gegensatz zu Blumenstücken vergangener Zeiten gibt sie an Stelle der Überfülle dekorative Einfachheit. Selbst bei Blättern größeren Formats dient die ganze Darstellung der Charakteristik einer einzigen Blumenart, deren Wesen mit einem modernen

objets touchés sont pour ainsi dire dévorés par les rayons. La technique est virile, puissante, parfois presque violente.
Derrière ces propos témoignant d'un fort tempérament se cache en fait une véritable qualité d'artiste, c'est d'ailleurs ce que prouve le tracé tantôt vigoureux, tantôt délicat, qui s'affranchit des détails. Sans ligne, aucun art n'est concevable, mais le contour a une autre signification dans la peinture moderne que dans celle du XVe ou du XVIe siècle, où la condition de base de la peinture n'est généralement pas la couleur, mais le dessin. Le dessin est désormais devenu une structure invisible, enveloppée et presque absorbée par la couleur et la lumière. Mais là où la ligne apparaît plus clairement pour des effets décoratifs, elle ne délimite plus les différents objets réels, mais les couleurs et l'enveloppe de lumière qui les entoure de manière aléatoire en fonction de leur position momentanée. C'est pourquoi, dans les peintures modernes, la couleur joue un rôle plus décisif que la ligne dans la composition. Cela vaut également pour les œuvres de Mme Fikentscher. Un fort tempérament se traduira en termes de couleurs par de forts contrastes de tons, par une prédilection pour les nuances vives. Il suffit de comparer une lithographie d'Otto Fikentscher avec une autre de sa femme. Au brunâtre auquel correspond un vert terne, au bleu-rouge atténué auquel correspond le blanc sur les lithographies de son mari, s'opposent sur les feuilles de Jenny Fikentscher des compositions telles que le vermillon carminé fort et le bleu-vert ou le bleu noir et l'orange. Mais en ce qui concerne les teintes individuelles, on ne rencontre pratiquement jamais de rouge ou de jaune vif chez Fikentscher, alors que ces tons sont tout à fait caractéristiques de sa femme. Mais en observant l'art d'Otto Fikentscher, on peut y voir une autre justification, à savoir que c'est justement dans un art très personnel que se reflètent clairement les aspirations artistiques de l'époque.
L'aspect extérieur des œuvres de Jenny Fikentscher témoigne d'une sensibilité moderne. Contrairement aux compositions florales d'autrefois, elle remplace la surabondance par une simplicité décorative. Même dans les feuilles de grand format, toute la représentation sert à caractériser une seule espèce de fleur, dont l'essence est expliquée avec un sens moderne de la particularité personnelle de la fleur sur différents exemplaires du

Sinn für die persönliche Eigenart der Blume an verschiedenen Exemplaren derselben Gattung erläutert wird. An die Stelle der Wiedergabe von Buketten und Kränzen, die sich von gleichgetöntem Grunde abheben, tritt das Blumenstück in Verbindung mit der Landschaft. Die berechtigte Furcht des modernen Künstlers, Eindrücke von Atelierstimmungen zu wecken, wurde also auch für die Neugestaltung des Blumenstückes entscheidend. Frau Fikentscher malt die Blumen inmitten ihrer ländlichen Umgebung, so wie sie in der freien Natur in Gruppen vereinigt stehen und durch massige Farbenwirkungen den Blick entzücken.

Mit dieser neuen Auffassung sind einmal die Kompositionsmöglichkeiten unendlich bereichert. Die Blumen in der Landschaft können von den verschiedensten Standpunkten, unter immer wechselnder Beleuchtung, vor stets belebtem Hintergrund beobachtet und wiedergegeben werden. Reichtum und Mannigfaltigkeit der Anordnung in jedem neuen Werk entspricht aber dem Sinn des modernen Betrachters, der nicht wie derjenige aus der vorangehenden Periode überall an die Kunst des Komponierens erinnert werden will. Wir wollen von einem modernen Gemälde – wie oft ist dies schon ausgesprochen worden – vor allem empfinden, daß wir einen Ausschnitt der Natur, die wahr und große gesehen ist, vor uns haben, daß alles, was dargestellt ist, innerlich begründet und lebensvoll wiedergegeben sei. Diesem Bedürfnis ist auch in der Kunst Frau Fikentschers Rechnung getragen. So schon dadurch, daß uns die Blumen ungepflückt, nicht nur scheinbar lebendig in Vasen gestellt oder zu Kränzen geflochten, vor Augen geführt werden. Alles nebensächliche Beiwerk, wie Säulen, Marmorplatten oder gar die geliebten Plüschdecken, die in der alten Zeit nur dezent angebracht wurden, nach und nach aber an Pracht die Blumen womöglich zu übertreffen bestimmt waren, ist überflüssig geworden. Die höchste künstlerische Kraft wird immer aus dem Blumengebilde selbst gesogen, die Umgebung dient nur dazu, seine Farben zu stärkerem Leuchten zu bringen.

Da nun weiter der moderne Geschmack die Natur in reicher Fülle, in ungebrochener Kraft dargestellt sehen will, so ist es begreiflich, daß er sich hinter den Blumen die groß und einfach geformten, die intensiv gefärbten aussuchte. So finden wir bei Frau Fikentscher großen roten Mohn, Löwenzahn, Feu-

même genre. La reproduction de bouquets et de couronnes se détachant sur un fond de même ton est remplacée par la pièce florale en relation avec le paysage. La crainte justifiée de l'artiste moderne d'éveiller des impressions d'ambiance d'atelier est donc également devenue décisive pour la nouvelle conception de la pièce florale. Mme Fikentscher peint les fleurs au milieu de leur environnement rural, telles qu'elles sont réunies en groupes dans la nature et ravissent le regard par leurs effets de couleurs massifs.

Avec cette nouvelle conception, les possibilités de composition sont infiniment enrichies. Les fleurs dans le paysage peuvent être observées et représentées depuis les points de vue les plus divers, sous un éclairage toujours changeant, sur un fond toujours animé. La richesse et la diversité de la création dans chaque nouvelle œuvre correspondent cependant au sens du spectateur moderne, qui ne veut pas, comme celui de la période précédente, être rappelé partout à l'art de la composition. Nous voulons avant tout ressentir d'une peinture moderne – combien de fois cela a-t-il été dit – que nous avons devant nous un fragment d'une nature telle qu'elle apparaît réellement, que tout ce qui est représenté est intérieurement fondé et rendu de manière vivante. Ce besoin est également pris en compte dans l'art de Mme Fikentscher. Déjà par le fait que les fleurs nous sont présentées non cueillies, et non pas seulement vivantes en apparence, placées dans des vases ou tressées en couronnes. Tous les accessoires secondaires, comme les colonnes, les plaques de marbre ou même les couvertures en peluche adorées qui, à l'époque, ne sont disposées que discrètement, mais qui, peu à peu, sont destinées à surpasser les fleurs en termes de splendeur, sont devenus superflus. La plus grande force artistique est toujours puisée dans la composition florale elle-même, l'environnement ne sert qu'à faire briller ses couleurs plus intensément.

Comme le goût moderne veut voir la nature représentée dans une abondance riche, dans une force intacte, il est compréhensible qu'il choisisse parmi les fleurs celles qui sont grandes et de forme simple, celles qui sont intensément colorées. C'est ainsi que nous trouvons chez Mme Fikentscher, d'une part, de grands coquelicots rouges, des pissenlits, des lys orangés, des géraniums et d'autres encore, d'autre part, comme exemples d'une conception linéaire simple – l'art

erlilien, Geranien und andere, andererseits als Beispiele einfacher linearer Gestaltung – der modernen Kunst ist ja die Betonung der Grundlinien, der Horizontalen und Vertikalen eigentümlich – etwa die Schwertlilien, den Schirling, die Mohnkolben, die Tulpen mit ihren geraden Stielen.

Noch eine dritte Gruppe fällt aber unter den von Frau Fikentscher bevorzugten Pflanzen auf. Man kann sie als die schlichten, bescheidenen unter den Feld- und Gartenpflanzen bezeichnen, bei denen die Blüte vor Blättern und Stielen fast verschwindet. Dazu gehören Disteln, Weberkarden, Pheris-Wedel, Feuerbohnen, Wiesenschäumchen, Weidenröschen, Schirling und andere. Wollte man auch die Wahl solcher Blumen und Empfindungen, die unserer Zeit charakteristisch sind, in Zusammenhang bringen, so könnte man sagen, daß unsere Zeit sozialer Ideen den Zug, das Verstoßene in ein verklärendes Gewand von Linie und Farbe zu hüllen und ans Tageslicht zu ziehen, liebt.

Wilhelm R. Valentiner

moderne est en effet caractérisé par l'accentuation des lignes de base, de l'horizontale et de la verticale – par exemple les iris, la ciguë, les épis de coquelicot, les tulipes avec leurs tiges droites.

Mais un troisième groupe se distingue parmi les plantes préférées de Mme Fikentscher. On peut les qualifier de simples et modestes parmi les plantes des champs et des jardins, chez lesquelles la fleur disparaît presque devant les feuilles et les tiges. Il s'agit notamment des chardons, des cardères sauvages, des fétuques de Phéris, des haricots écarlates, de l'écume des prés, de l'épilobe, de l'iris et d'autres. Si l'on voulait faire un parallèle entre le choix de telles fleurs et les sentiments caractéristiques de notre époque, on pourrait dire que notre époque imprégnée d'idées sociales aime « envelopper » les défavorisés selon un modèle idéalisé de lignes et de couleurs et de les faire remonter à la lumière du jour.

Wilhelm R. Valentiner

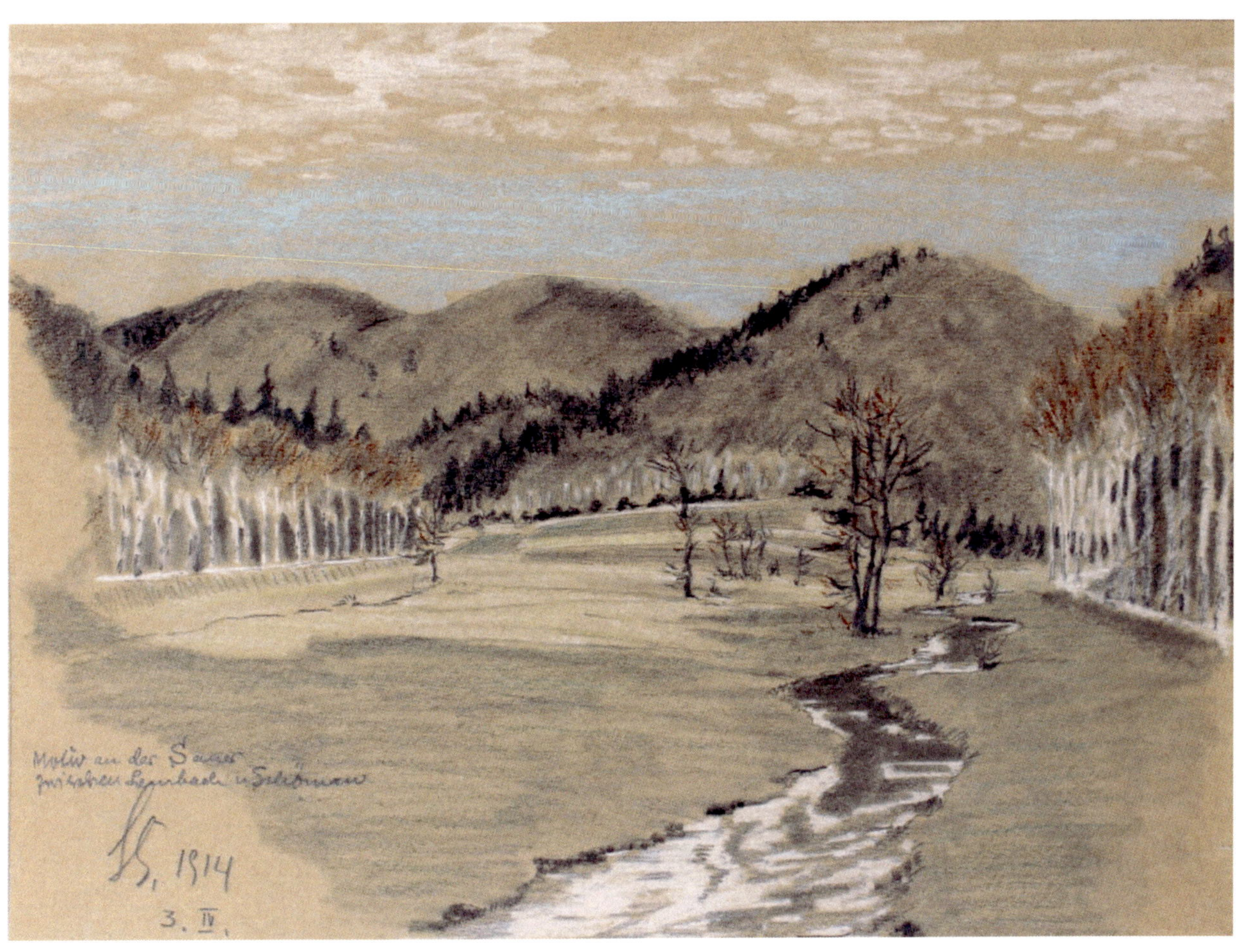


Gerda Scharf, Einmündung des Steinbachtals ins Sauertal, 20,3 x 27,3 cm, Sig. Motiv an der Sauer zwischen Lembach und Schönau G.S. 3. IV. 1914, auf der Rückseite Inschrift, Gerda Scharf, Bleistift koloriert, *vallée de la Sauer et du Steinbach*

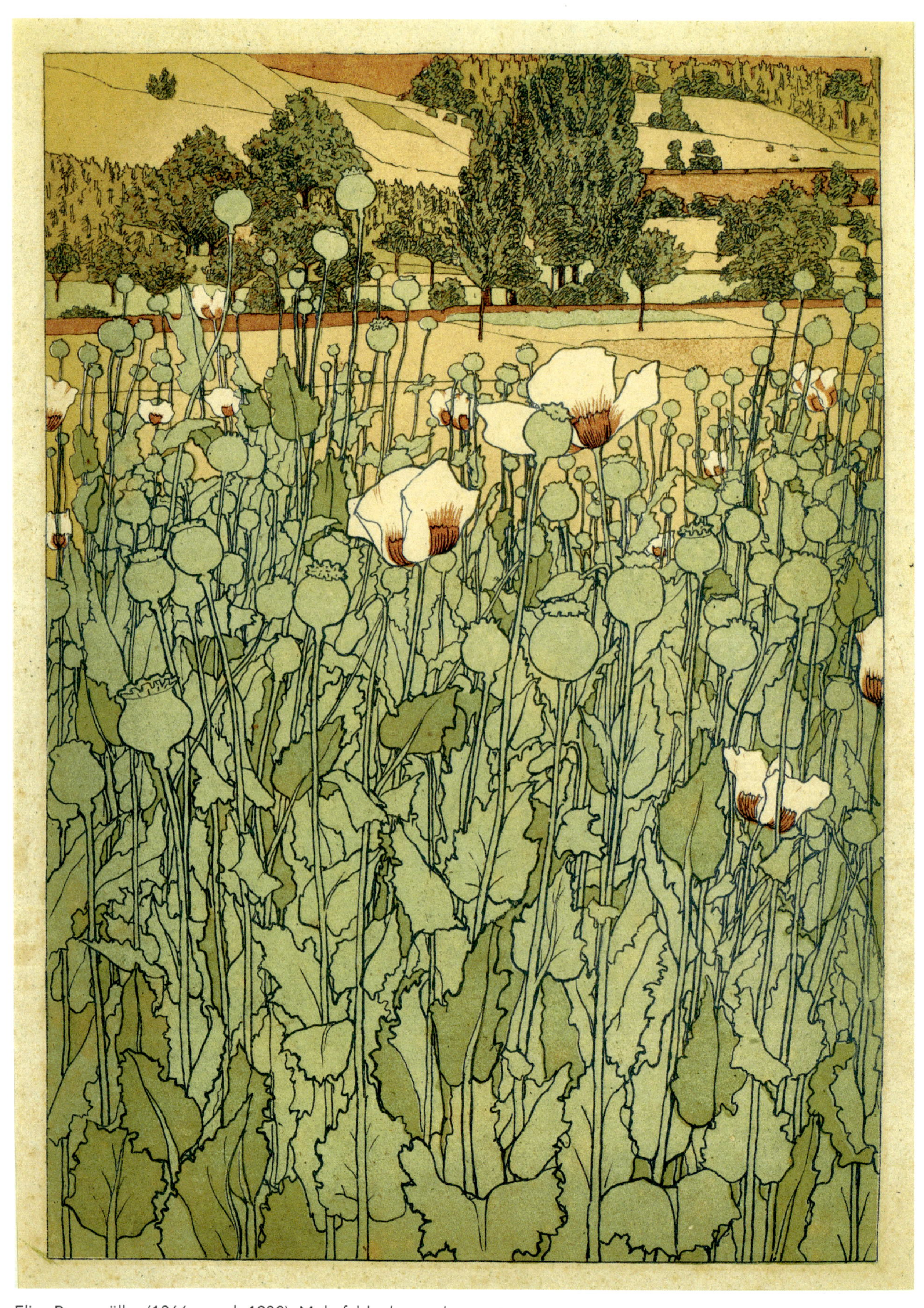

Elise Peppmüller (1866 – nach 1932), Mohnfeld, *champ de pavots*,
36,3 x 25,8 cm, Lithographie KKK

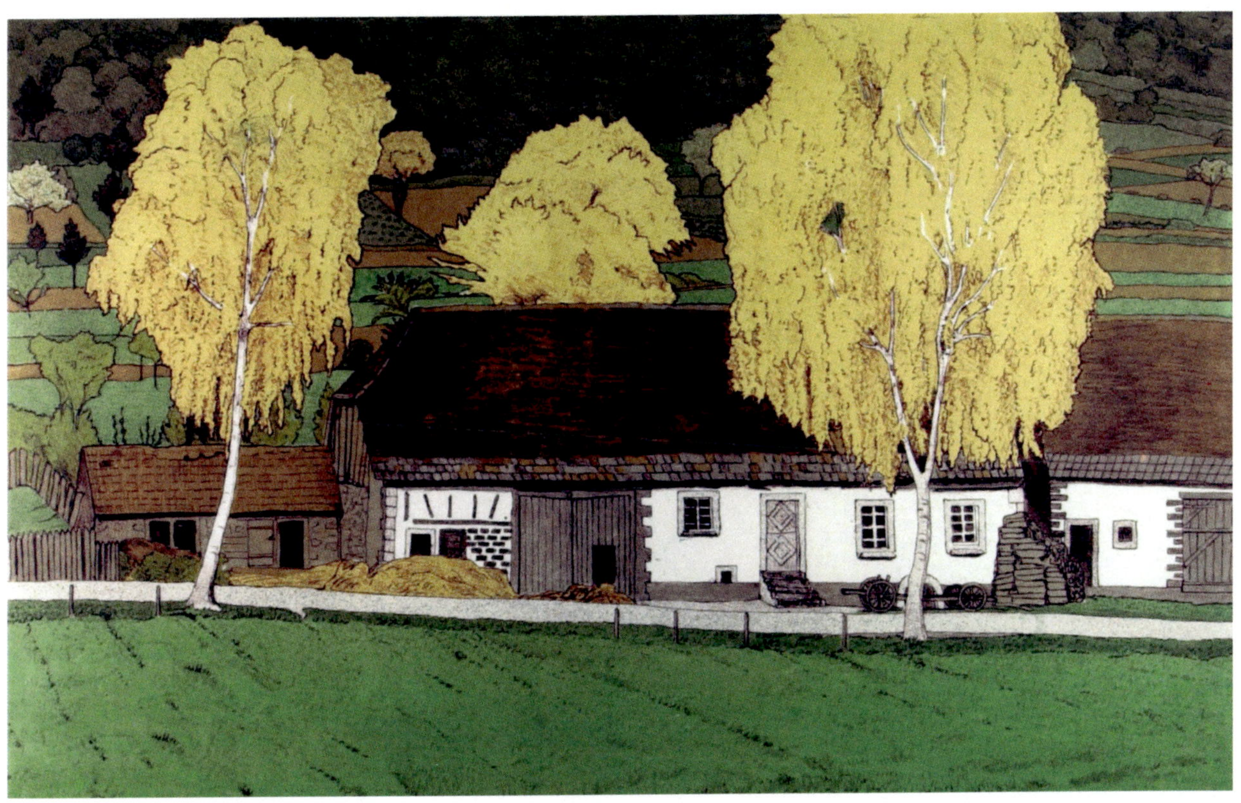

Elise Peppmüller, Stilles Haus, *maison typique*, Bauernhaus in Obersteinbach, 34 x 48 cm, 1918, Lithographie KKK

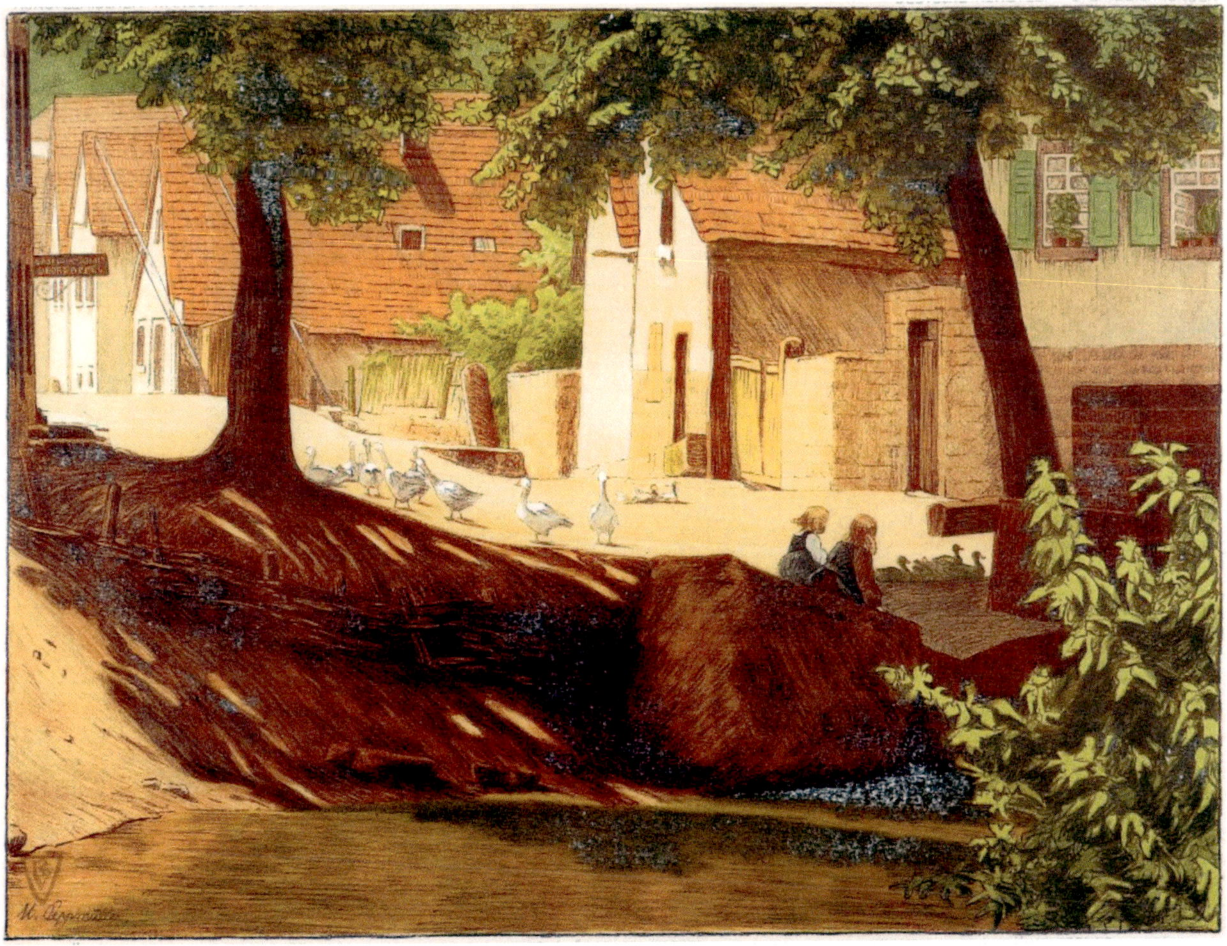

Marie Peppmüller (1875-1962), Am Dorfteich, *à la mare du village*, 75 x 55 cm, um 1905, Lithographie Voigtländer

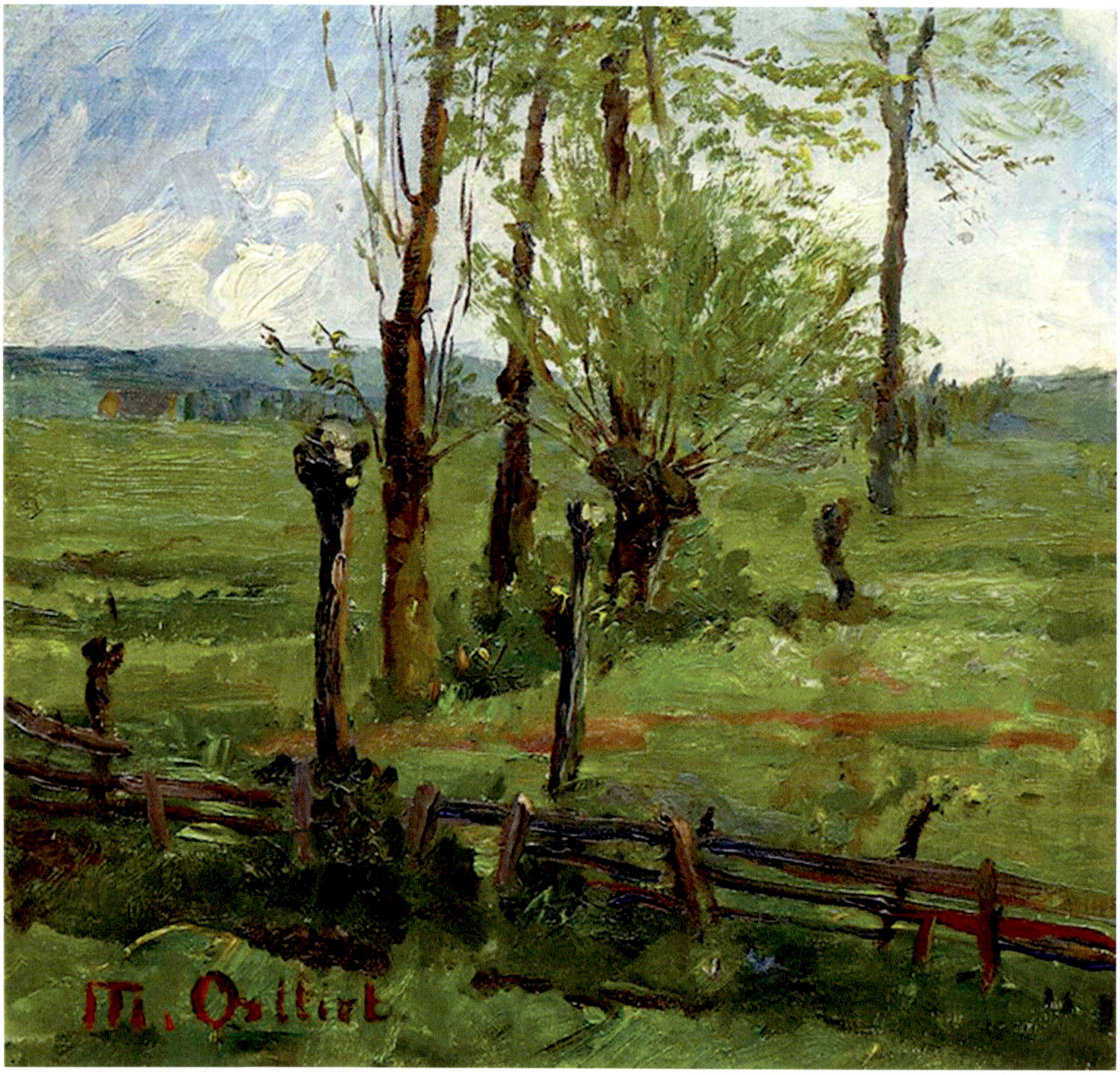

Marie Ortlieb (1867-1938), Kopfweiden auf der Viehkoppel, *les saules têtards*, 42 x 39 cm, Öl

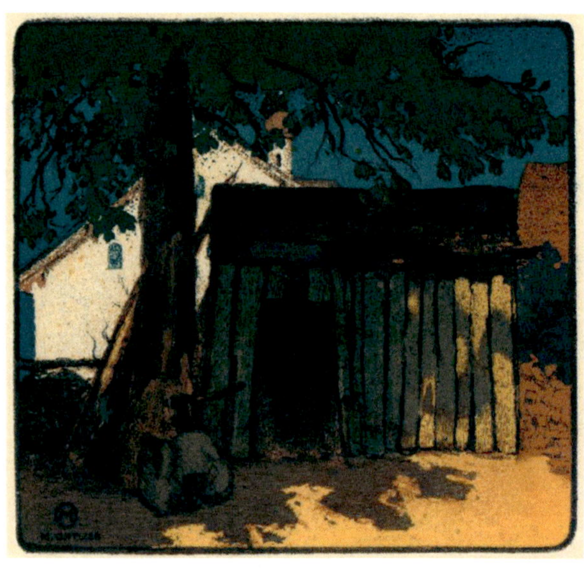

Marie Ortlieb, Holzschuppen, *remise de bois*, 23,5 x 26 cm, Lithographie KKK

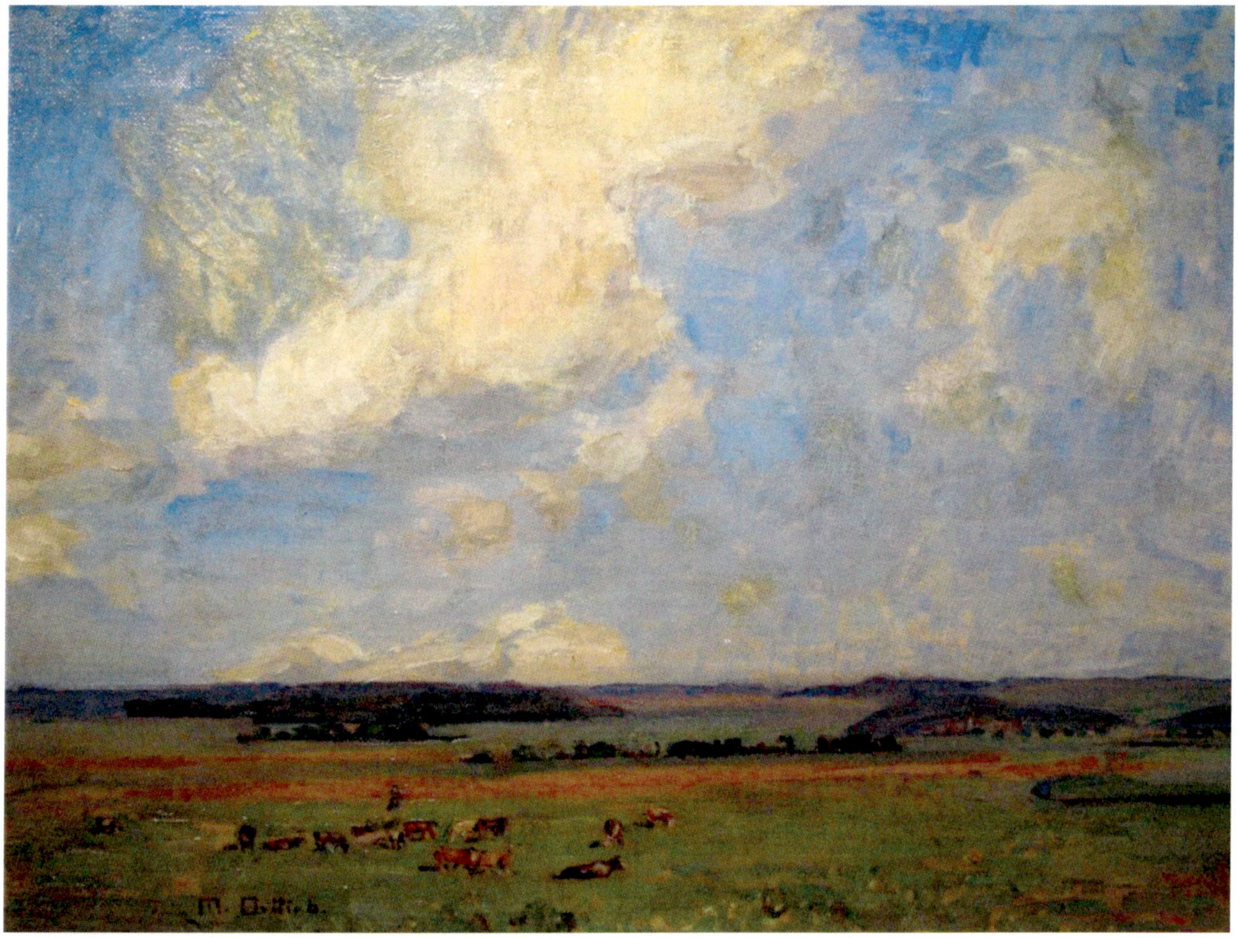

Marie Ortlieb, Sommerwolken, *nuages d' été*, Sig. M. Ortlieb, 45 x 61 cm, Öl

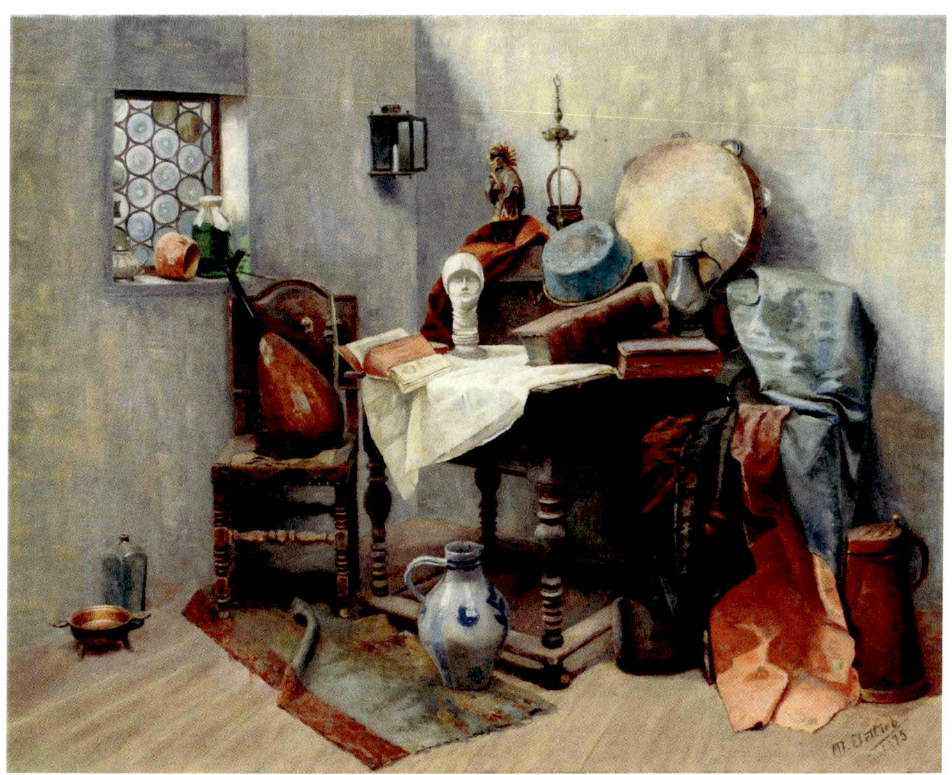

Marie Ortlieb, Musikalisches Stilleben, *nature morte musicale*, 95 x 75 cm, 1895, Öl

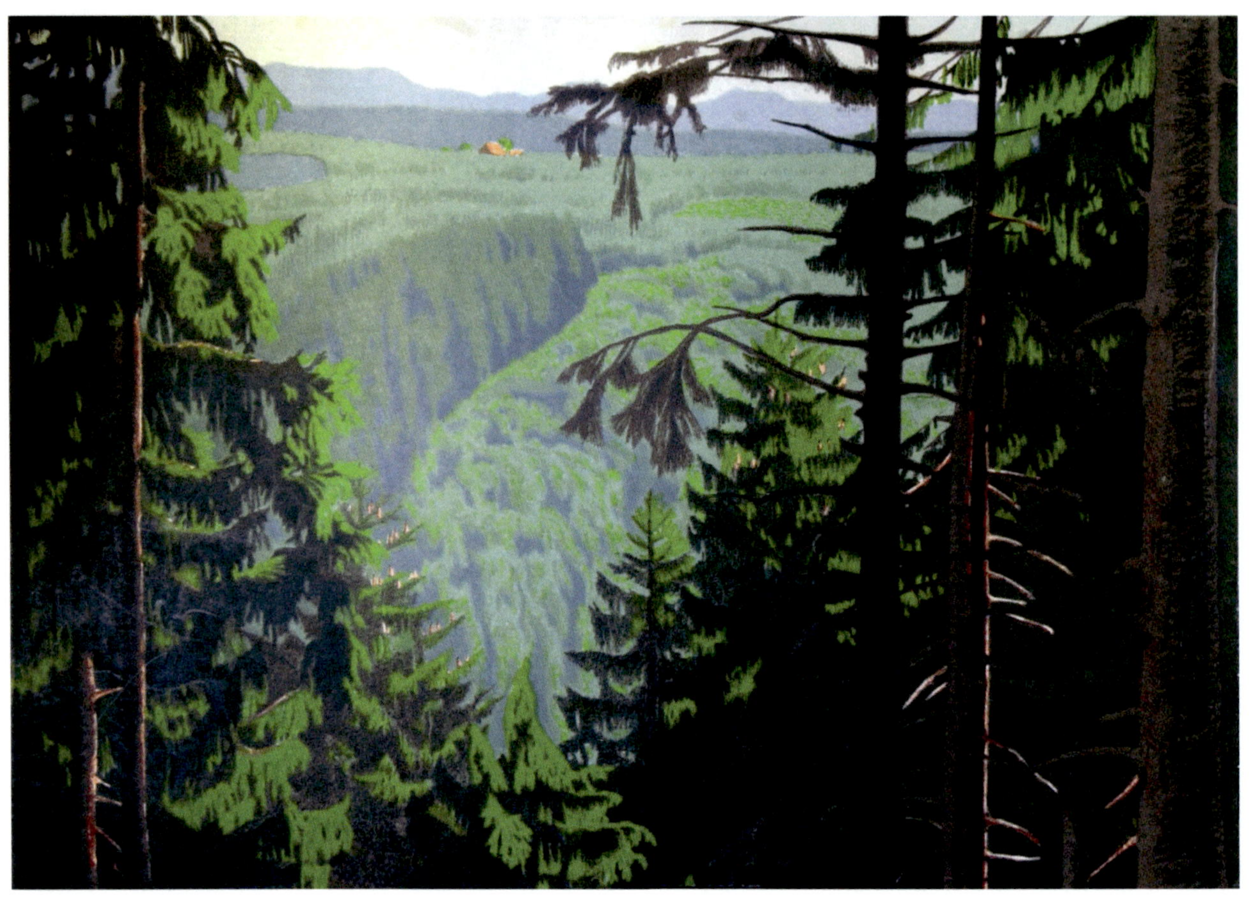

Bertha Welte (1872-1931), Ausblick, *panorama*,
30 x 50 cm, 1907, Lithographie Voigtländer

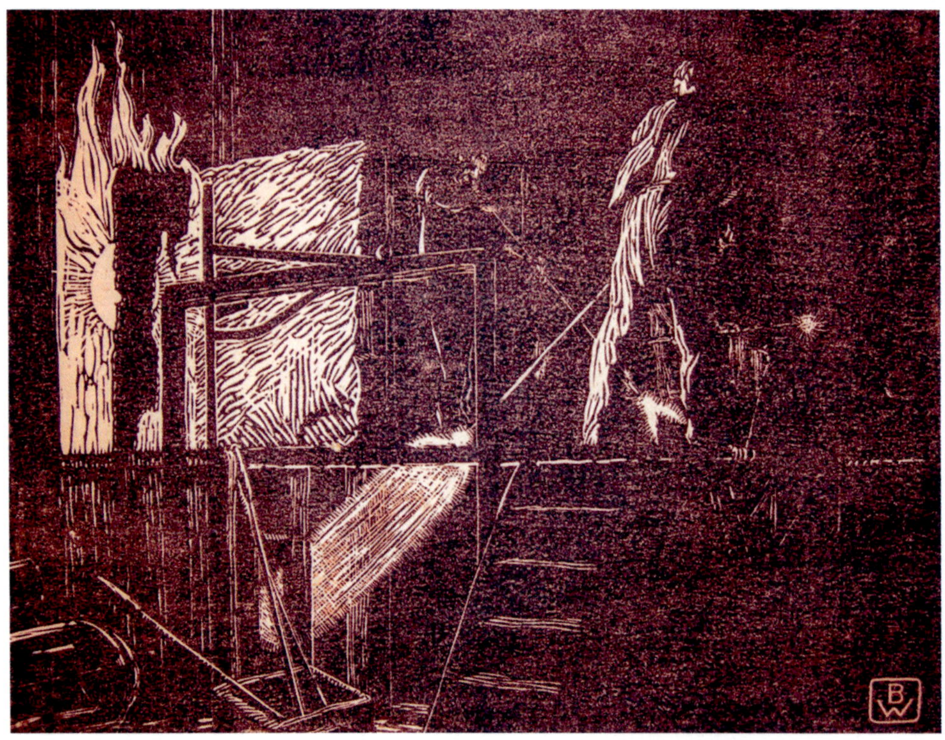

Bertha Welte, In der Glashütte, *à la verrerie*, 25,5 x 33,5 cm, 1907, Linolschnitt

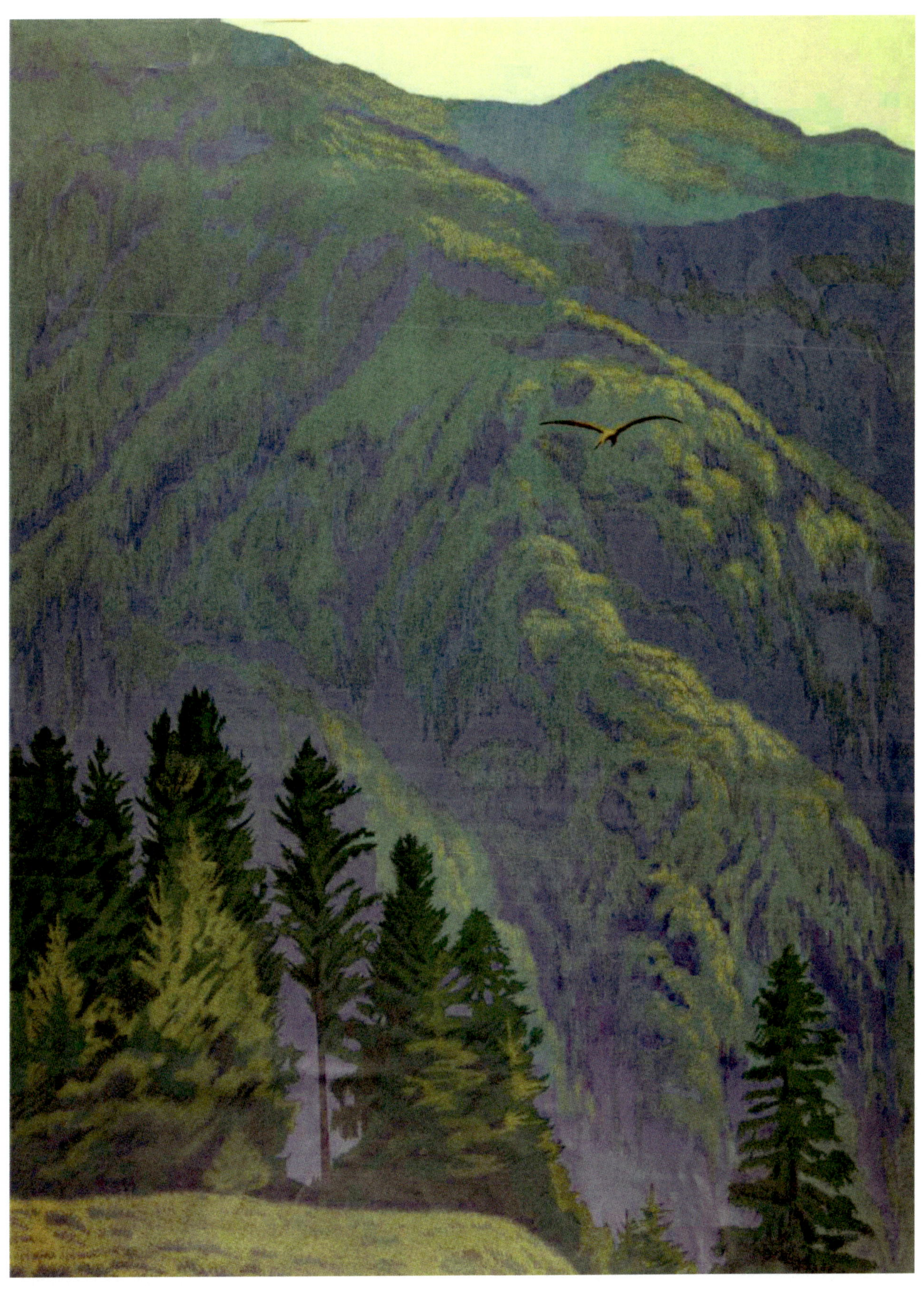

Bertha Welte, Bergeinsamkeit, *solitude*,
75 x 55,5 cm, Lithographie Voigtländer

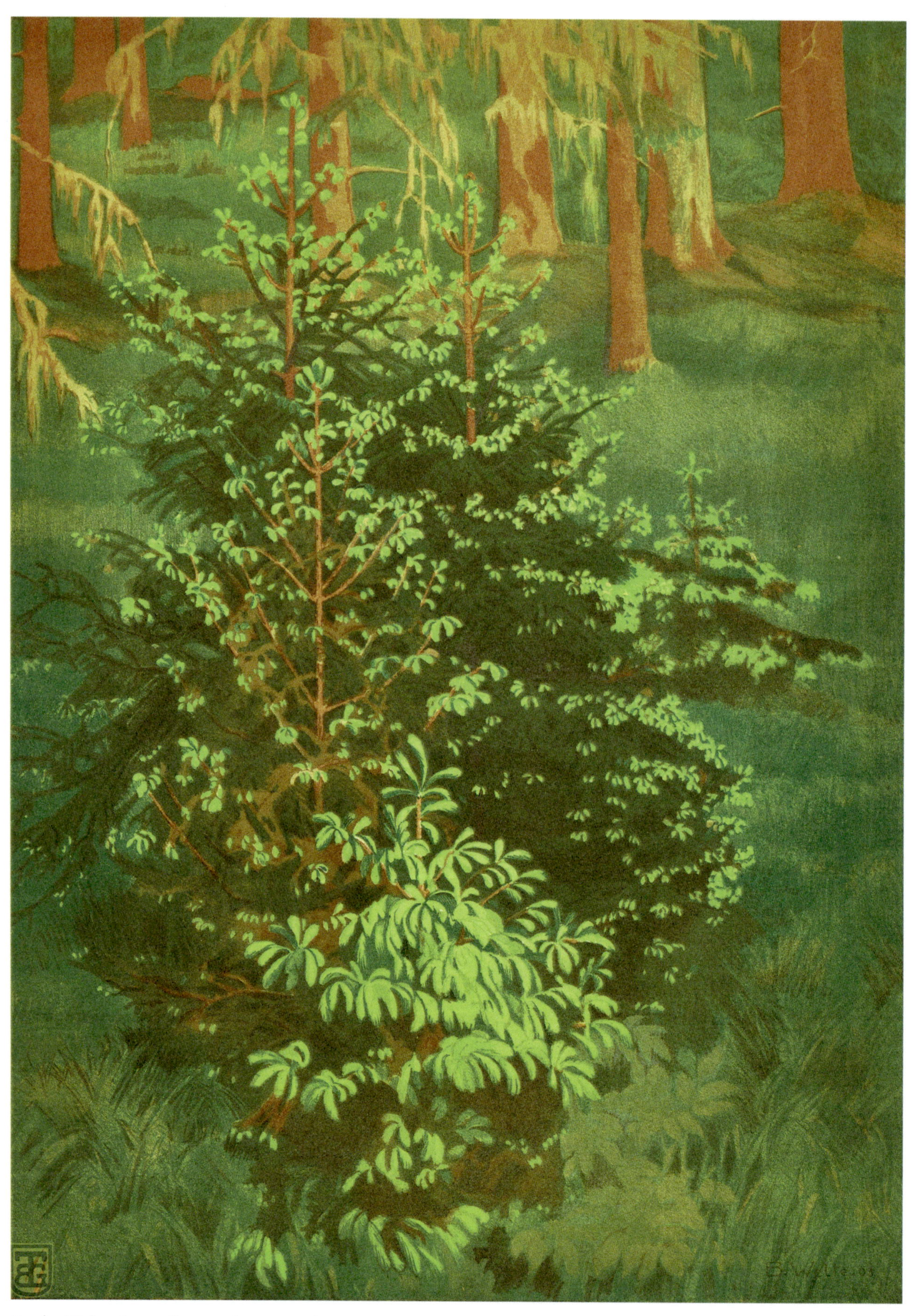

Bertha Welte, Junge Tannen, *jeunes sapins*,
75,5 x 55 cm, 1909, Lithographie Teubner

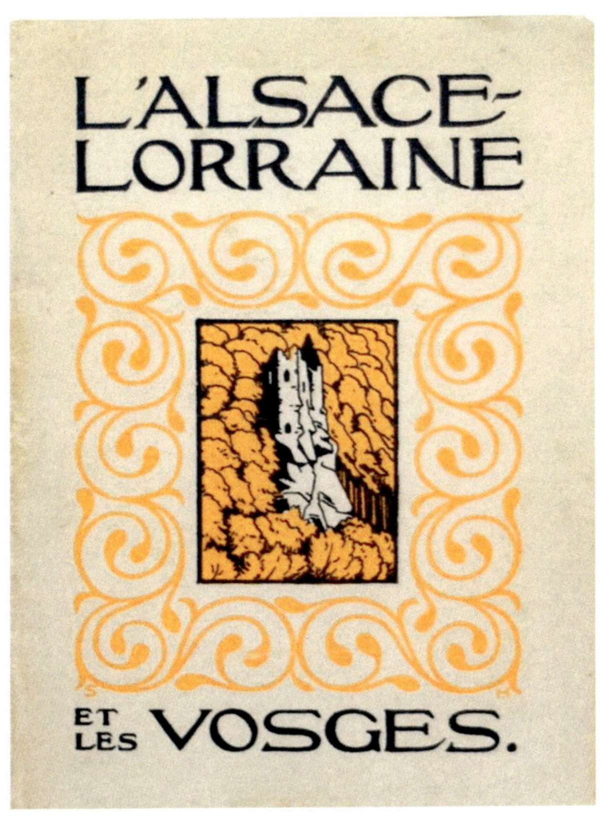


Sabine Hackenschmidt, Wasigenstein, 1910, Lithographie

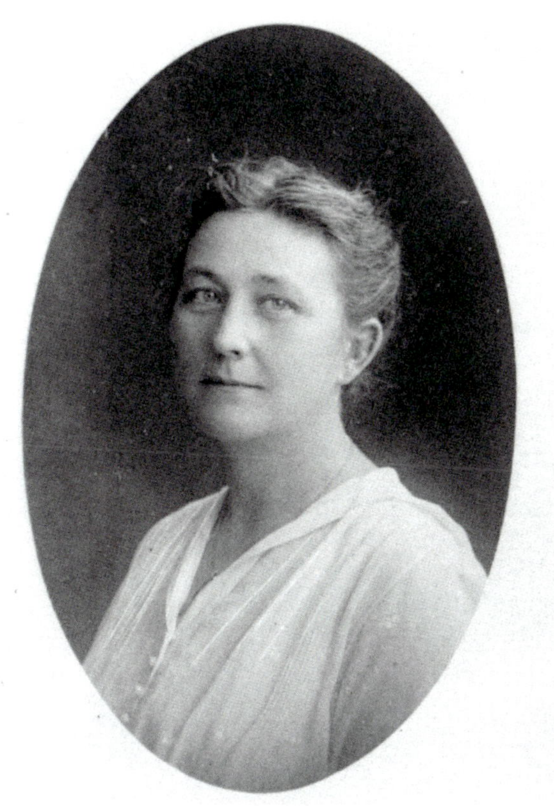

Sabine Hackenschmidt (1873-1939)

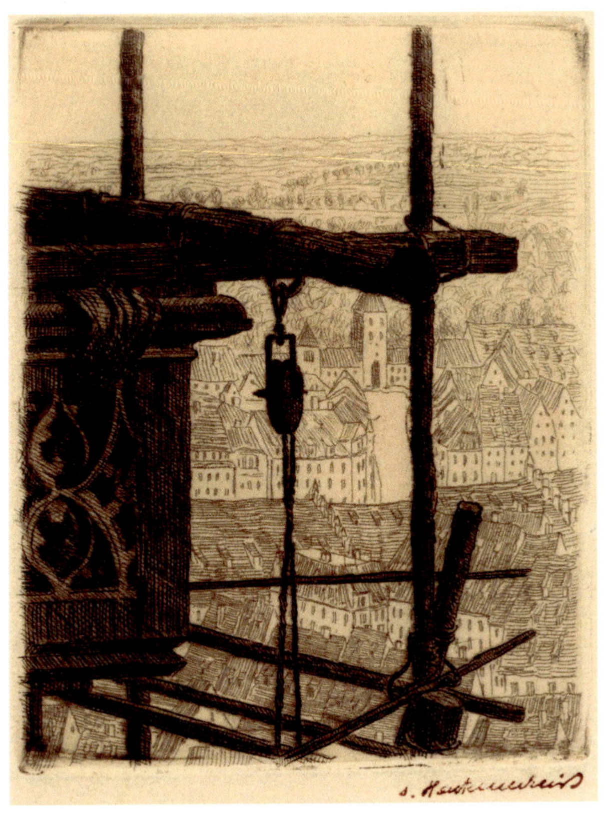

Sabine Hackenschmidt, Baugerüst am Straßburger Münster, *échafaudage à la cathédrale de Strasbourg*, Radierung

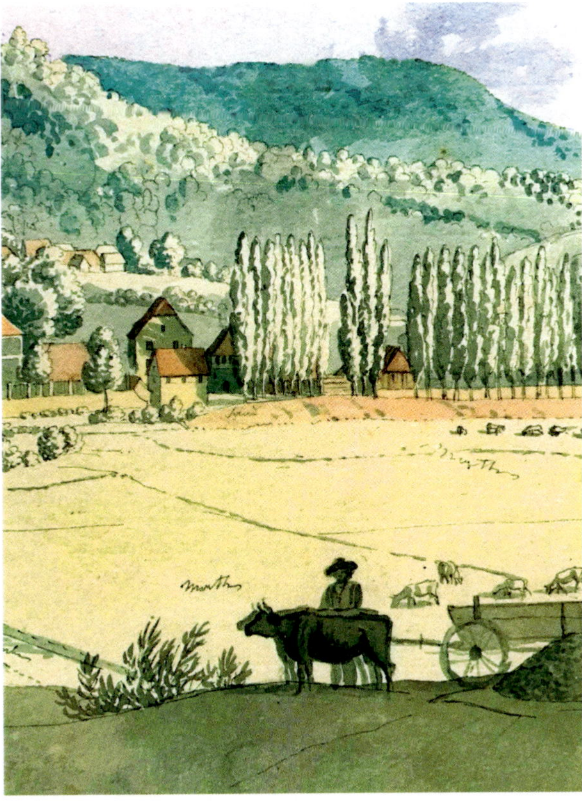

Sabine Hackenschmidt, Matten im Sauertal, Brückmühle bei Gunstett, *vallée de la Sauer, moulin de Gunstett*, Gouache

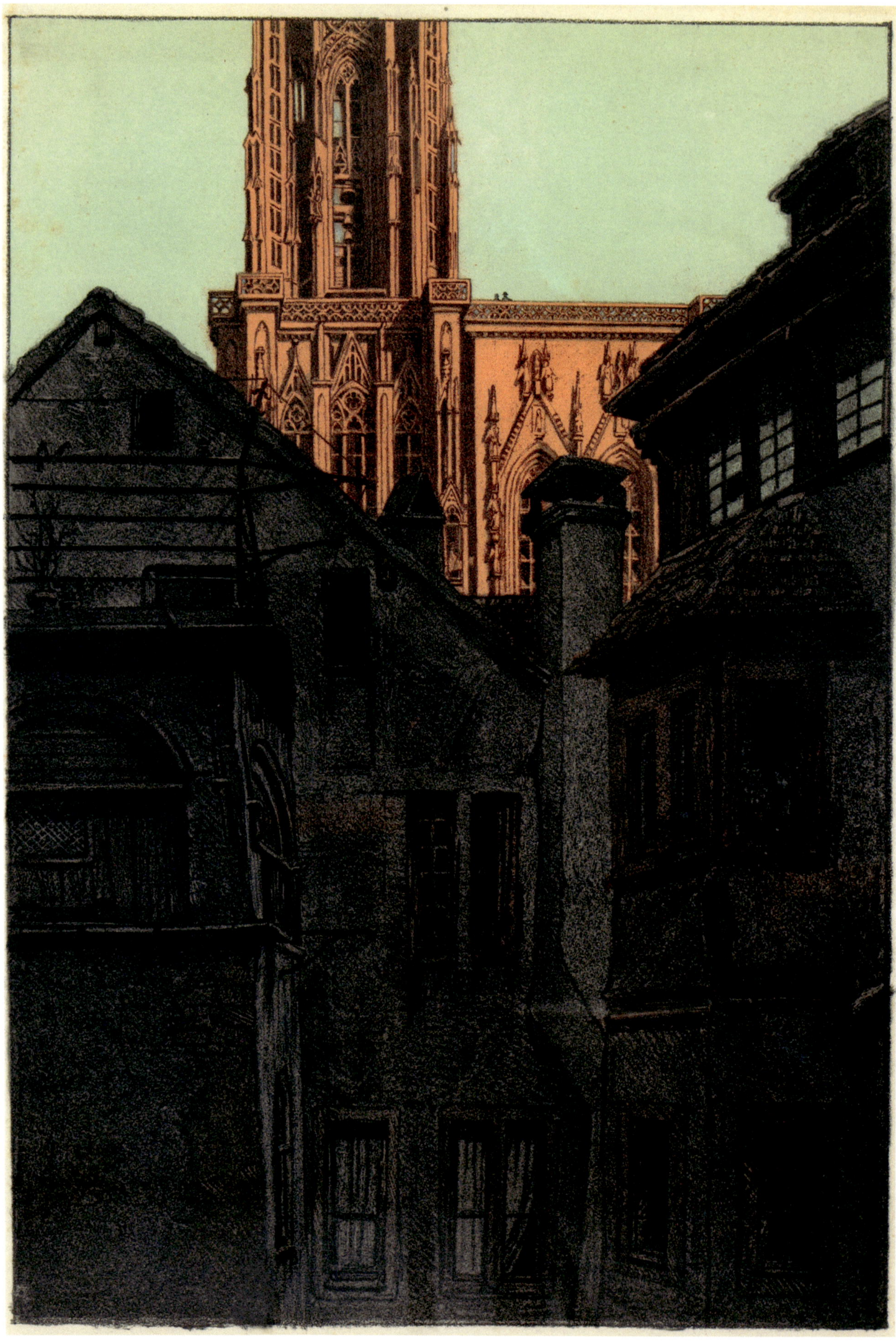

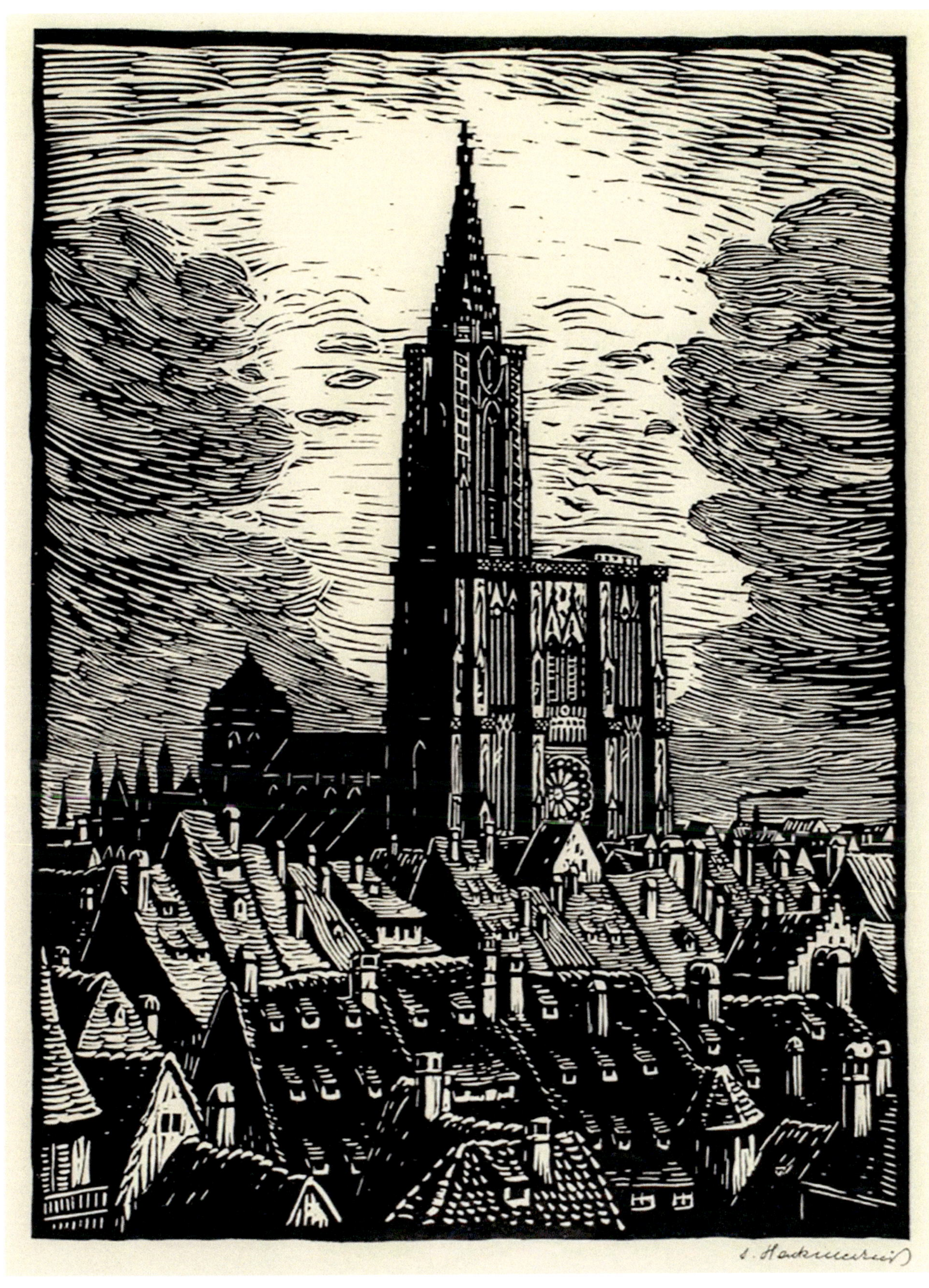

Sabine Hackenschmidt, Das Straßburger Münster, *la cathédrale de Strasbourg*, 39,3 x 29,8 cm, Holzschnitt

linke Seite: Sabine Hackenschmidt, Blick aus meinem Fenster, *vue de ma fenêtre*,
Sig. S. Hackenschmidt 1905, 60,5 x 42,2 cm, Lithographie

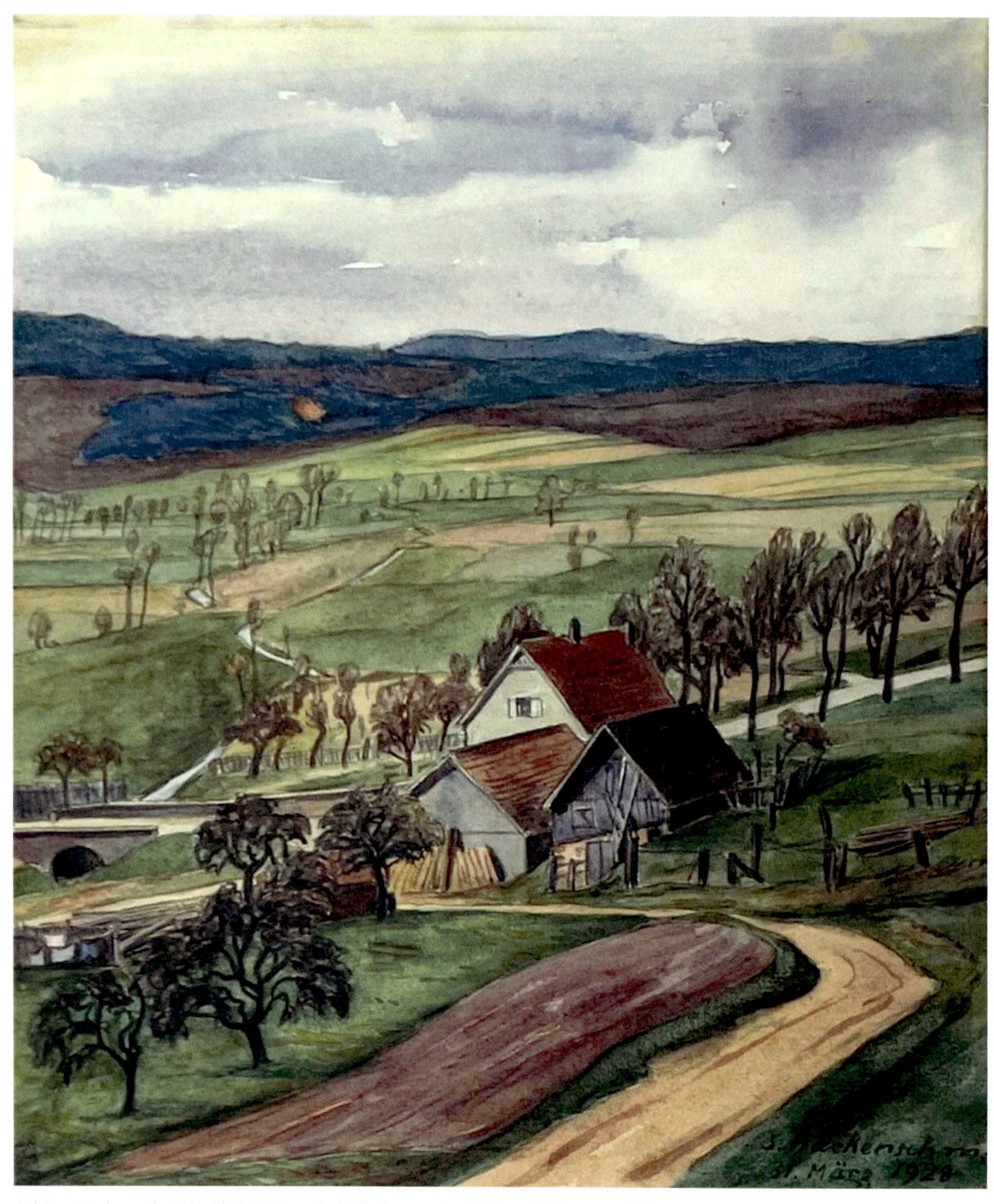

Sabine Hackenschmidt, Elsässisches Gehöft, *ferme alsacienne*,
Sig. S. Hackenschmidt 31. März 1928, Aquarell

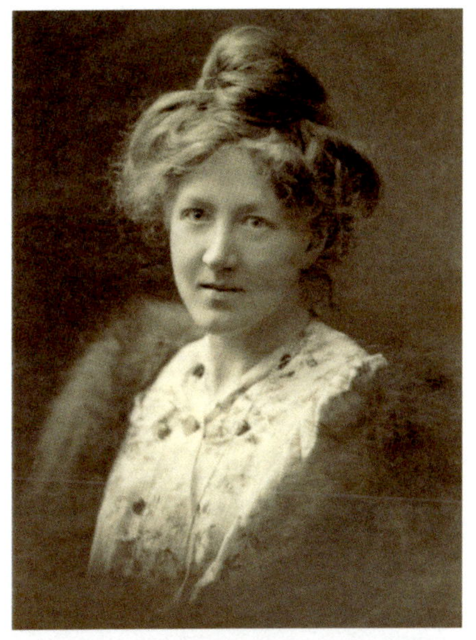

Dora Horn-Zippelius (1876-1967)

Dora Horn-Zippelius,
Fuchsien-Stilleben,
*fuchsias*, 59,1 x 56,9 cm,
1913, Öl

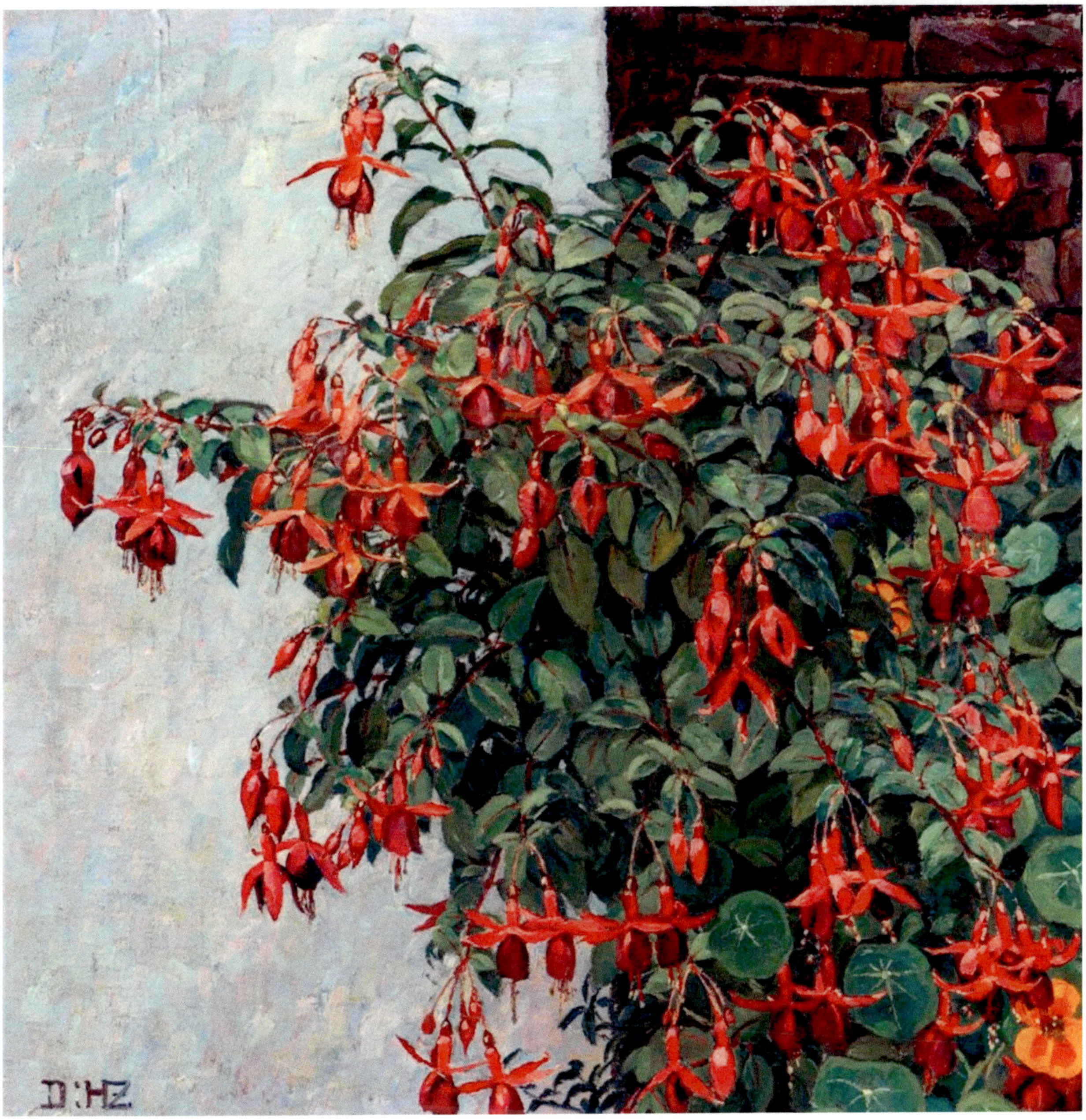

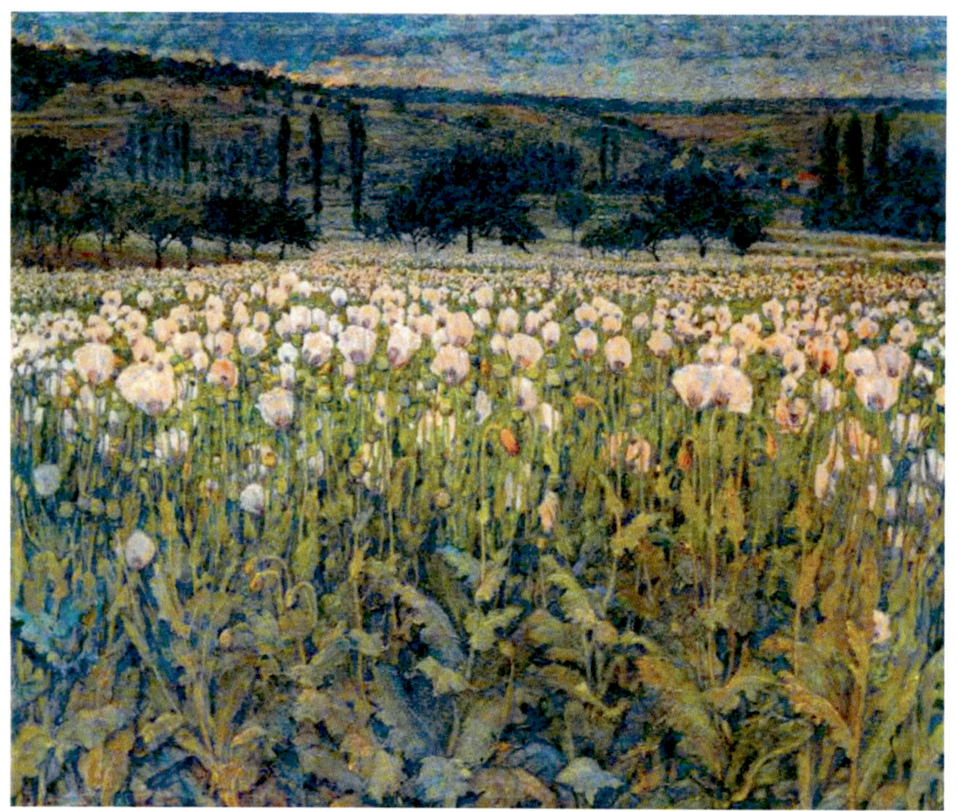

Dora Horn-Zippelius, Mohnfeld, *champ de pavots*, 178 x 209 cm, 1919, Öl

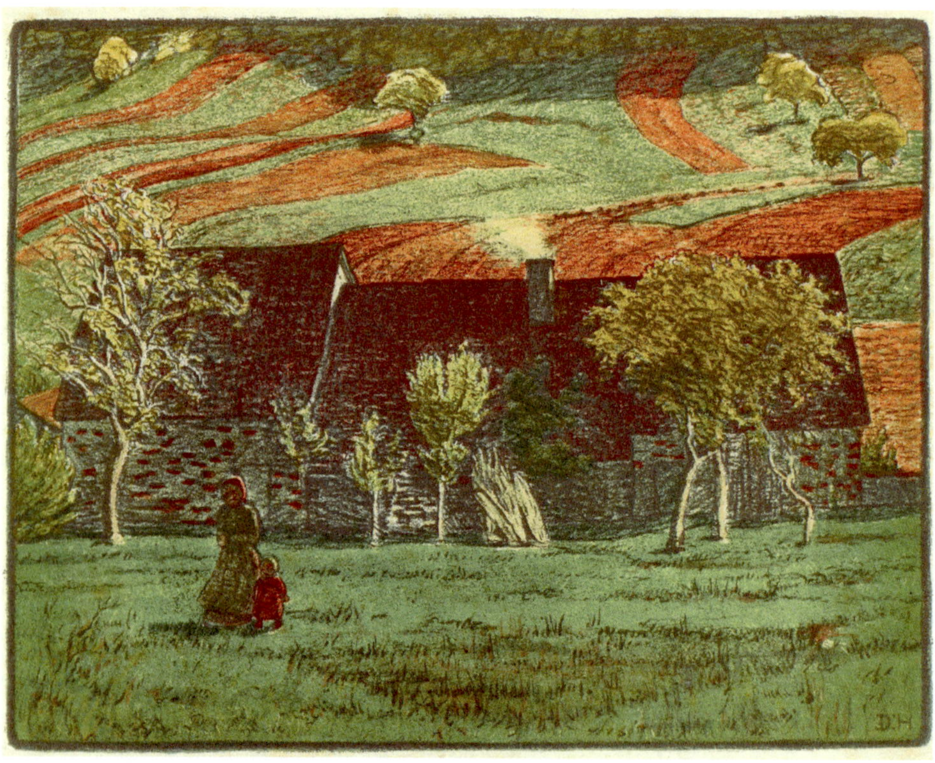

Dora Horn-Zippelius, Bauernhaus in Obersteinbach,
*ferme*, Kohlezeichnung koloriert

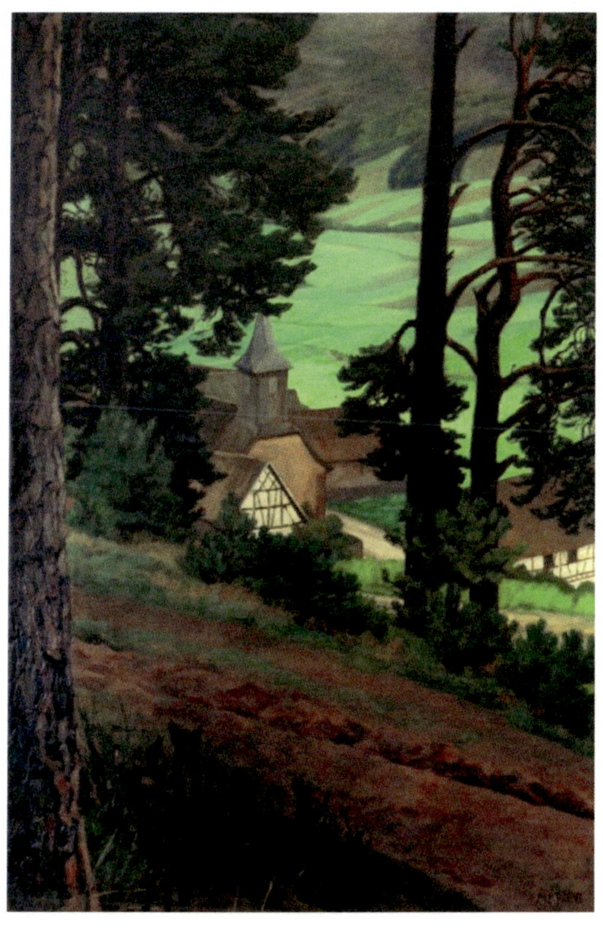

Martha Kropp, Ev. Kirche Obersteinbach,
*église protestante*, um 1900, Öl

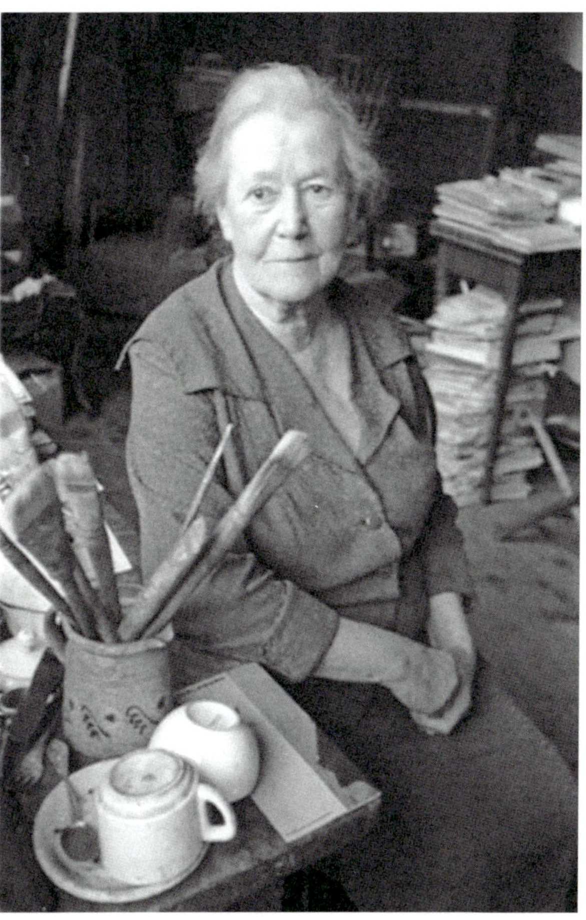

Martha Kropp (1880-1968)

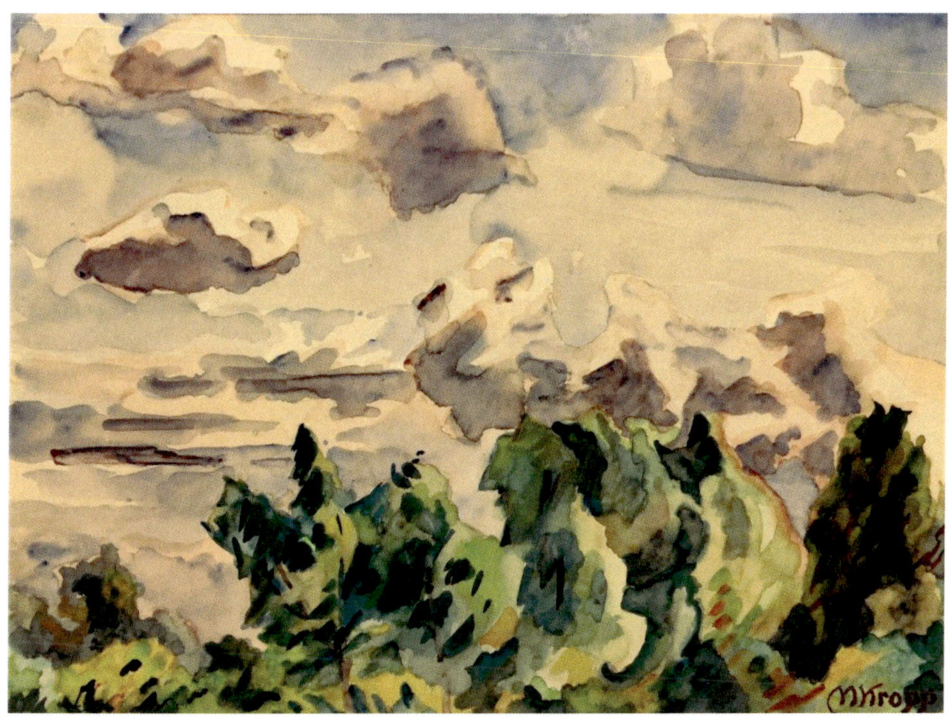


Martha Kropp, Wolken und Wind, *vents et nuages*,
Sig. M. Kropp, 30 x 40 cm, um 1920, Aquarell

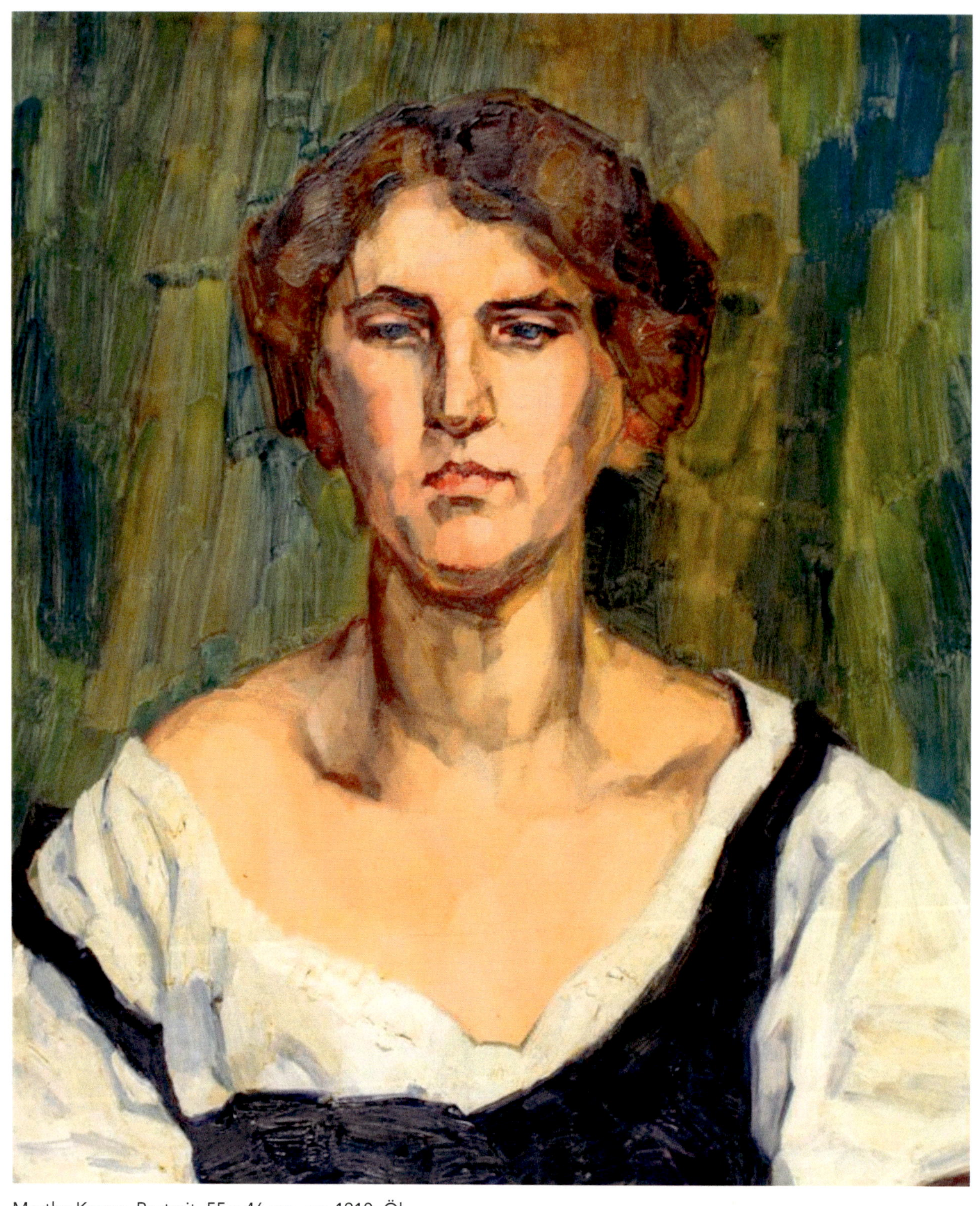

Martha Kropp, Portrait, 55 x 46 cm, um 1910, Öl

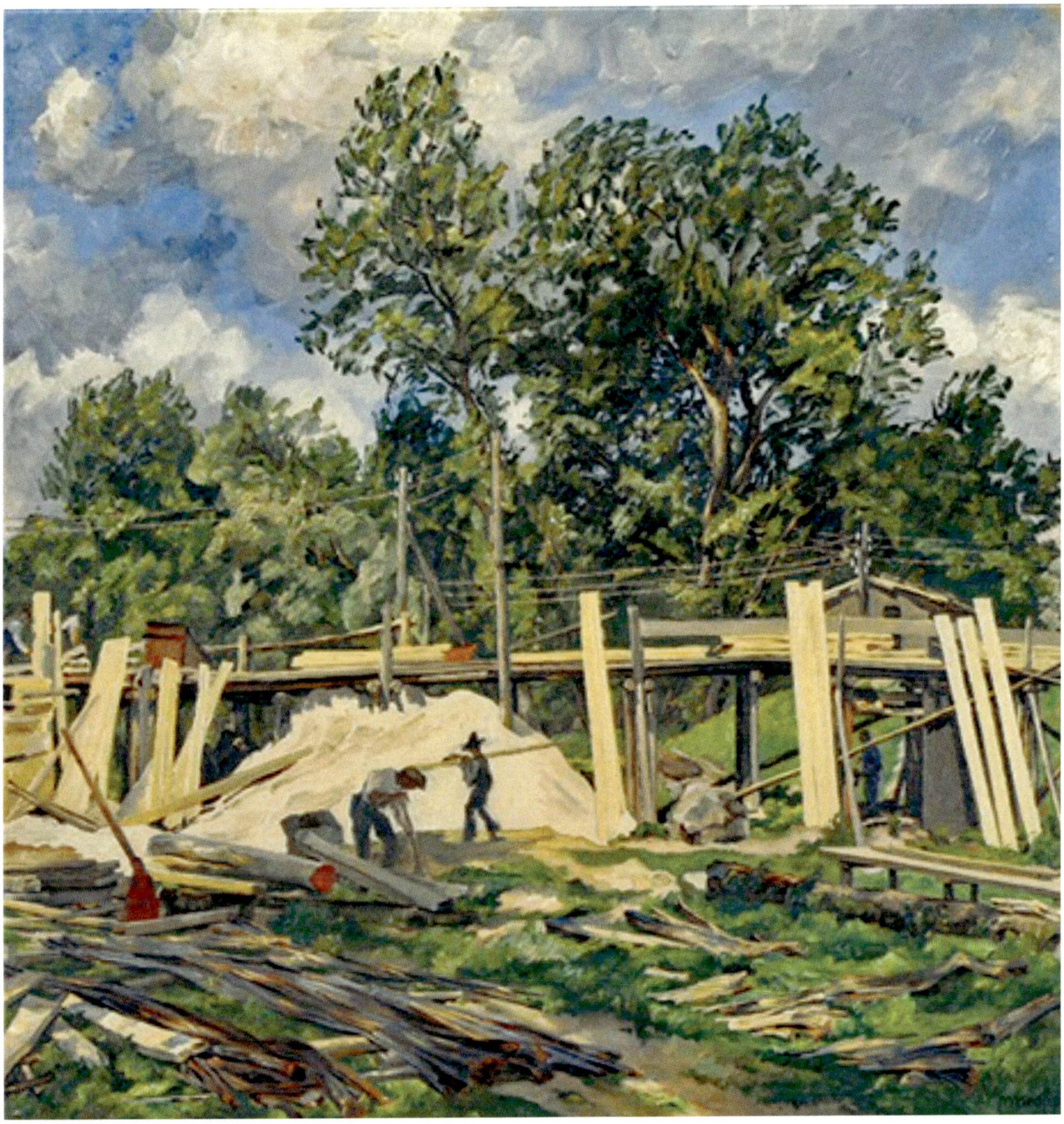

Martha Kropp, Brückenbau, *construction d'un pont*, 77 x 77 cm, Öl

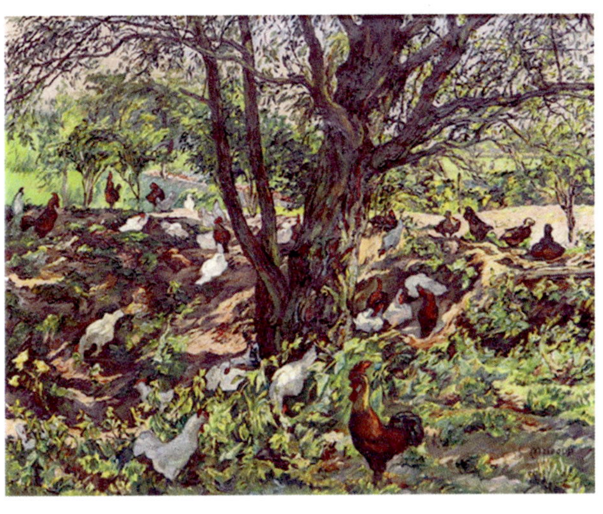

Martha Kropp, Hühnerhof, *basse-cour*, Sig. M. Kropp, 62,5 x 75,4 cm, Öl

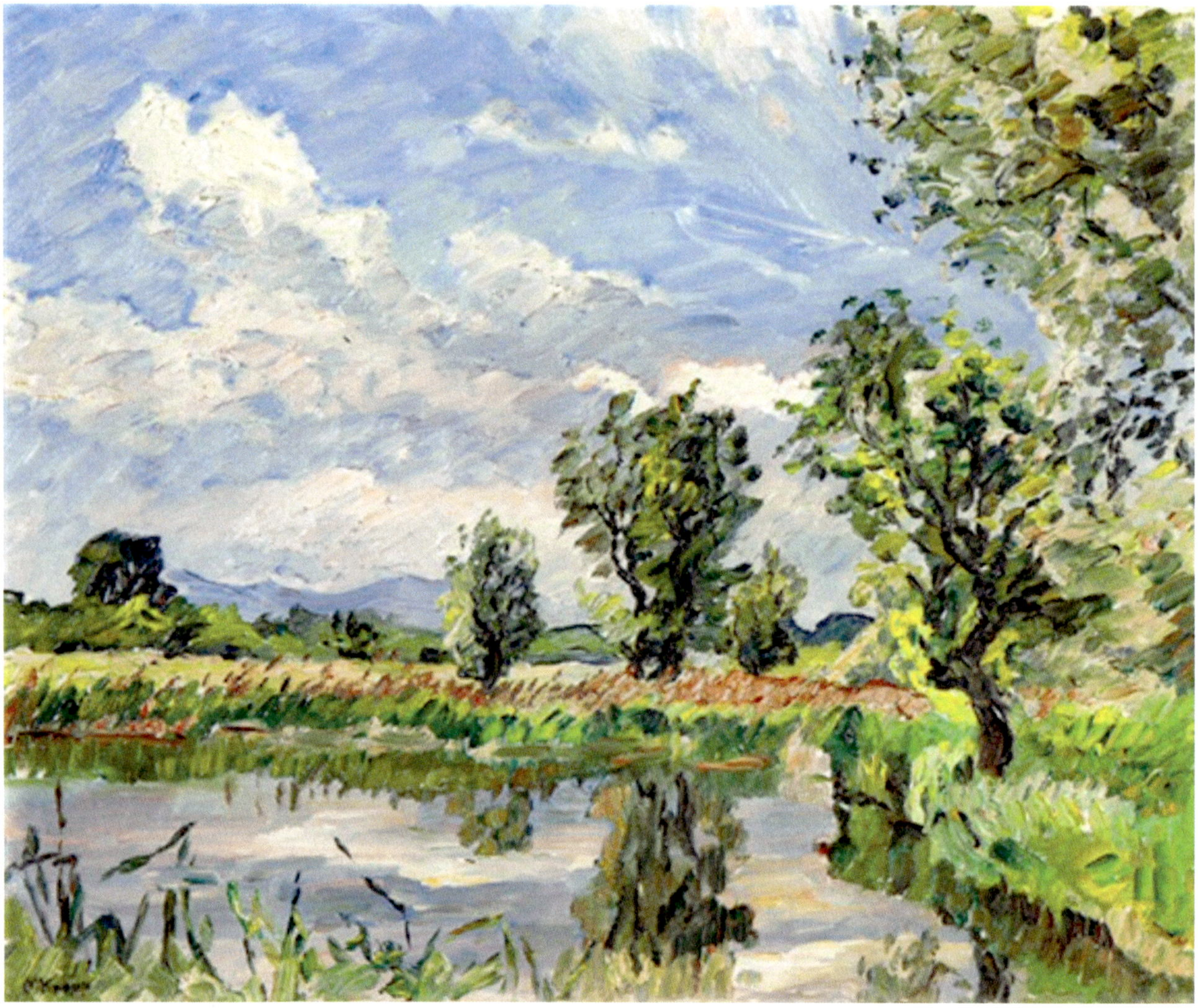

Martha Kropp, Am Altrhein, *le Rhin sauvage*,
Sig. M. Kropp, 50 x 62 cm, Öl

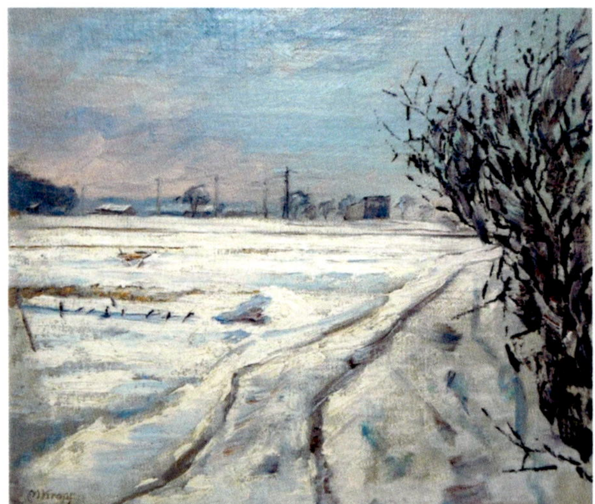

Martha Kropp, Verschneite Felder, *champs enneigés*,
Sig. M. Kropp, 36 x 42,5 cm, Öl

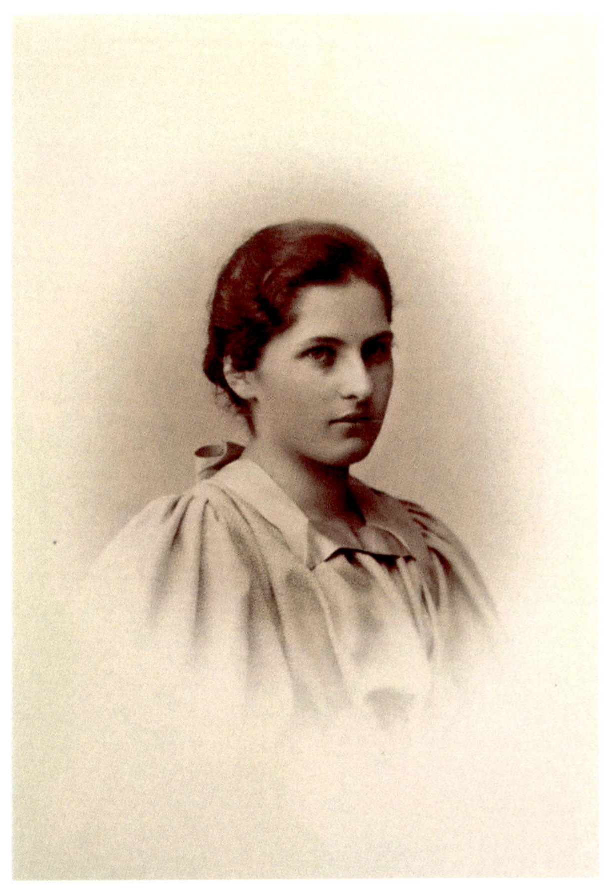

Marianne Knapp-Lesser (1896-1966)

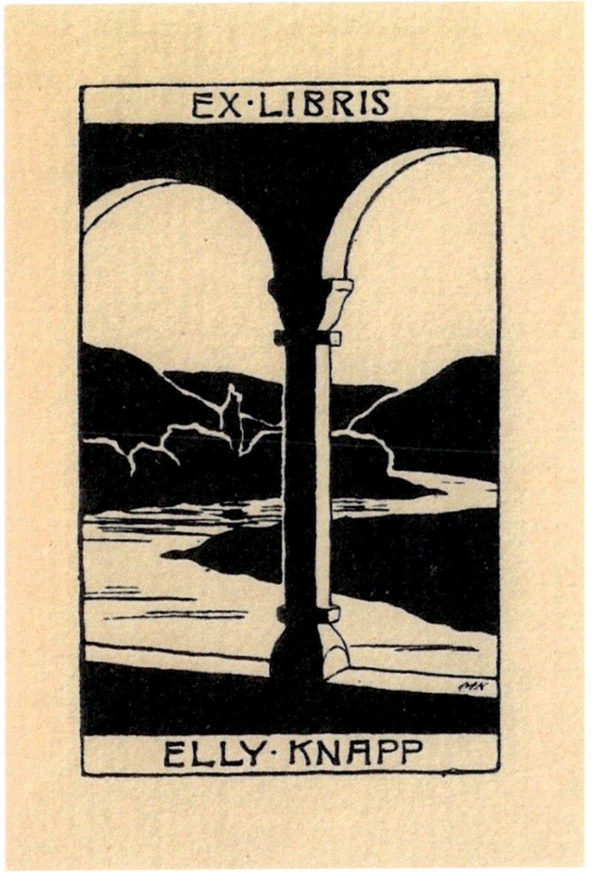


Marianne Knapp-Lesser, Exlibris für Elly Heuss-Knapp, ihre Schwester, sig. M.K.

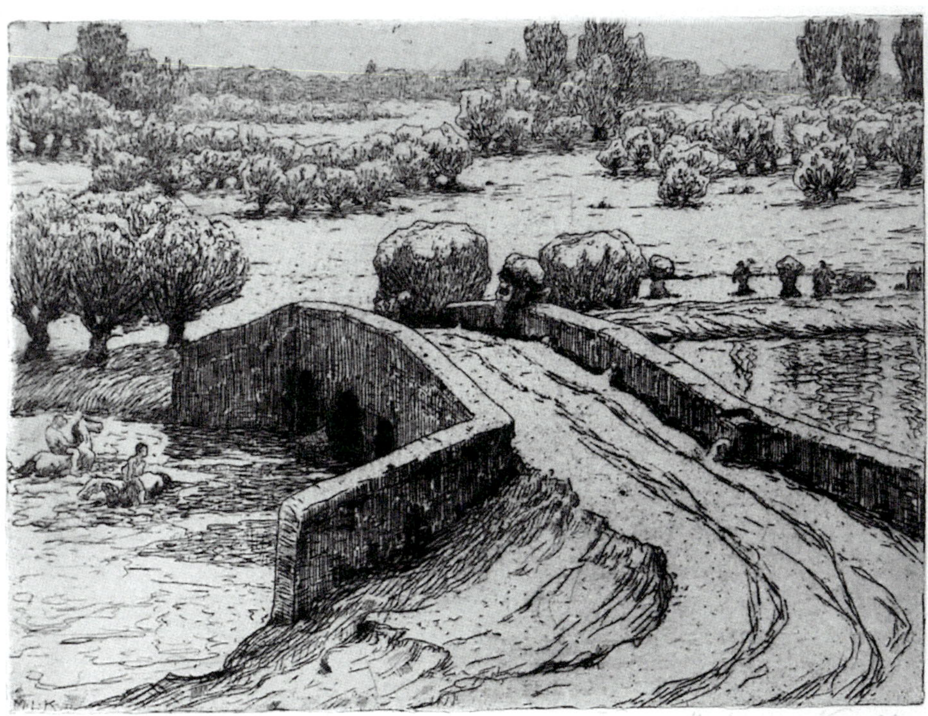

Marianne Knapp-Lesser, Pferdeschwemme an der Brücke, *lavage des chevaux*, Kohlezeichnung

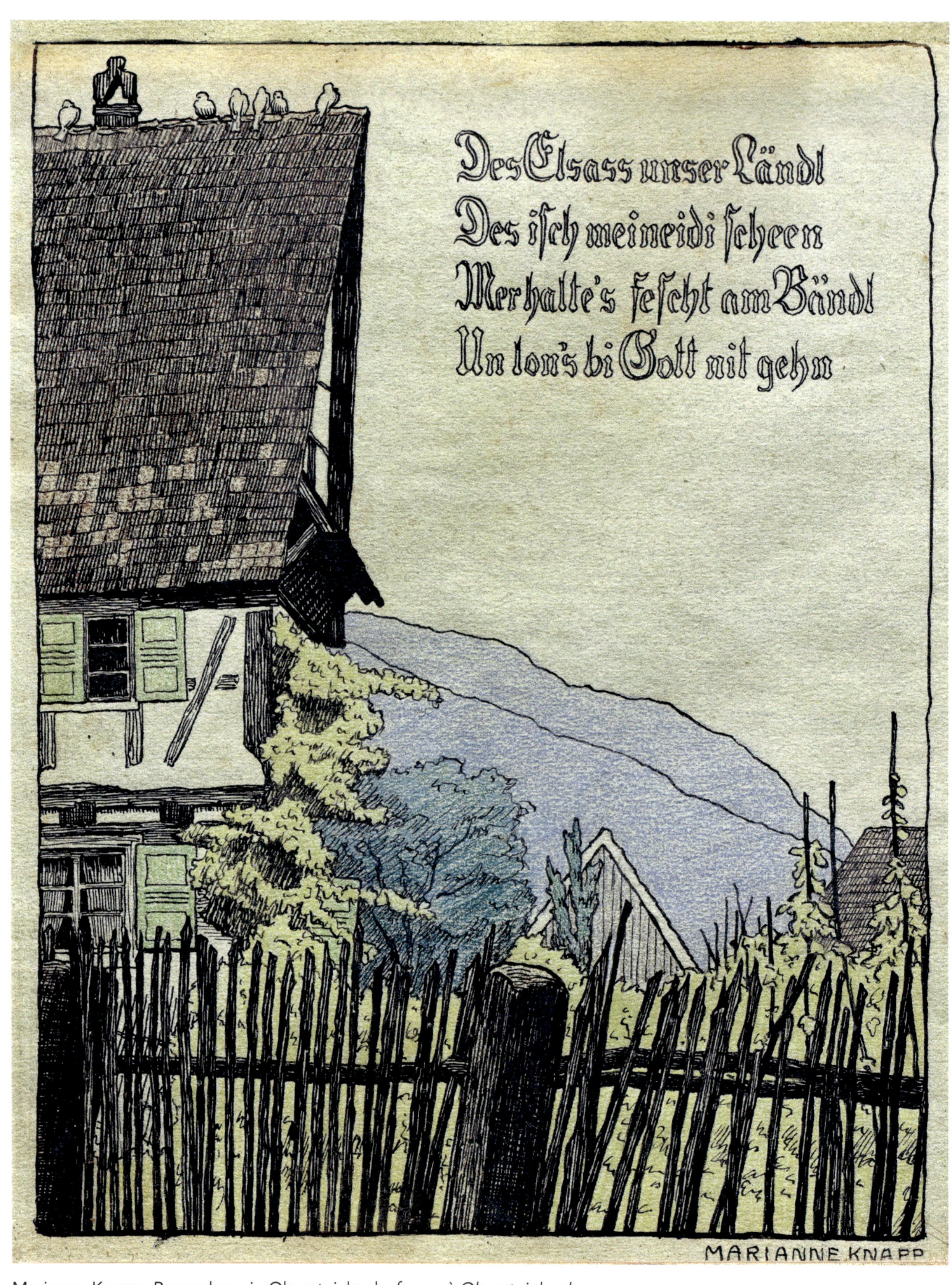


Marianne Knapp, Bauernhaus in Obersteinbach, *ferme à Obersteinbach*, 29 x 20 cm, Text von Ehrenfried Stoeber (1779-1835), Zeichnung koloriert

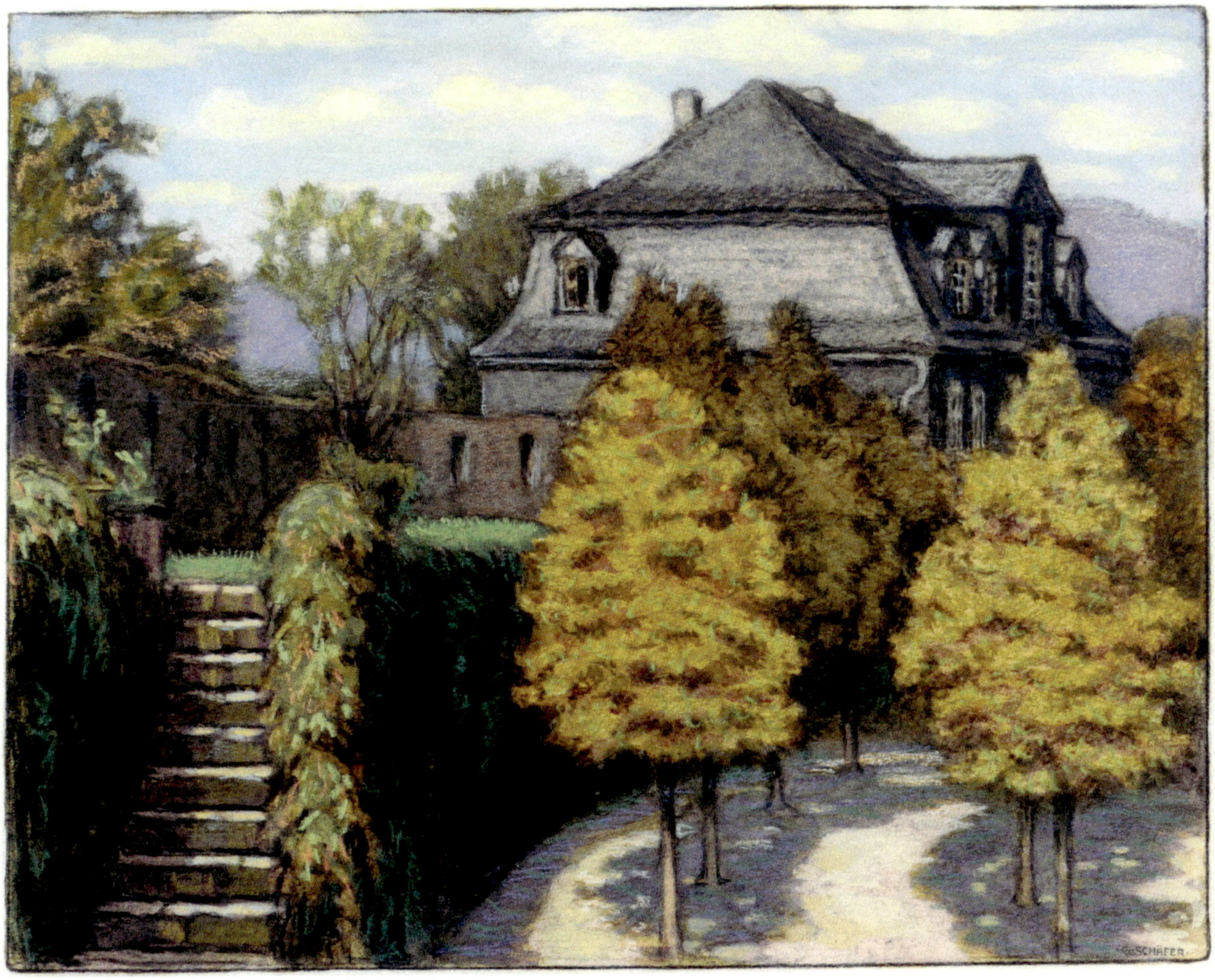

Gertrud Schäfer (1880-1945), Haus am Terrassengarten, *maison bourgeoise avec terrasse*, 31,6 x 24,5 cm, Pastell

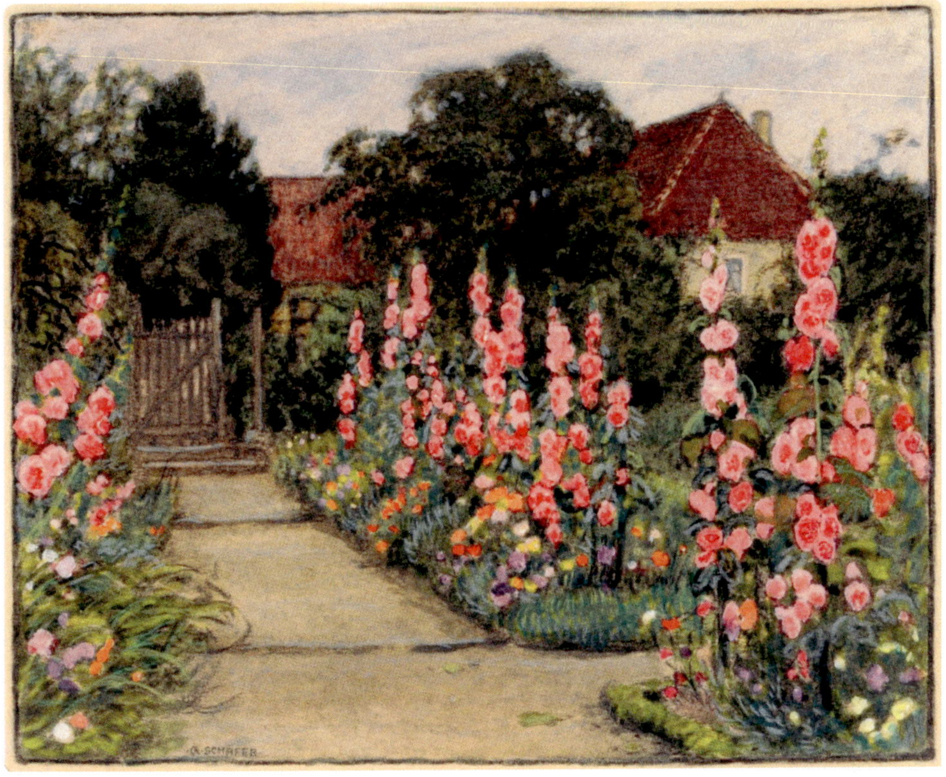

Gertrud Schäfer, Stockrosen im Bauerngarten, *roses trémières au jardin*, 24,9 x 31,7 cm, Aquarell und Kreide

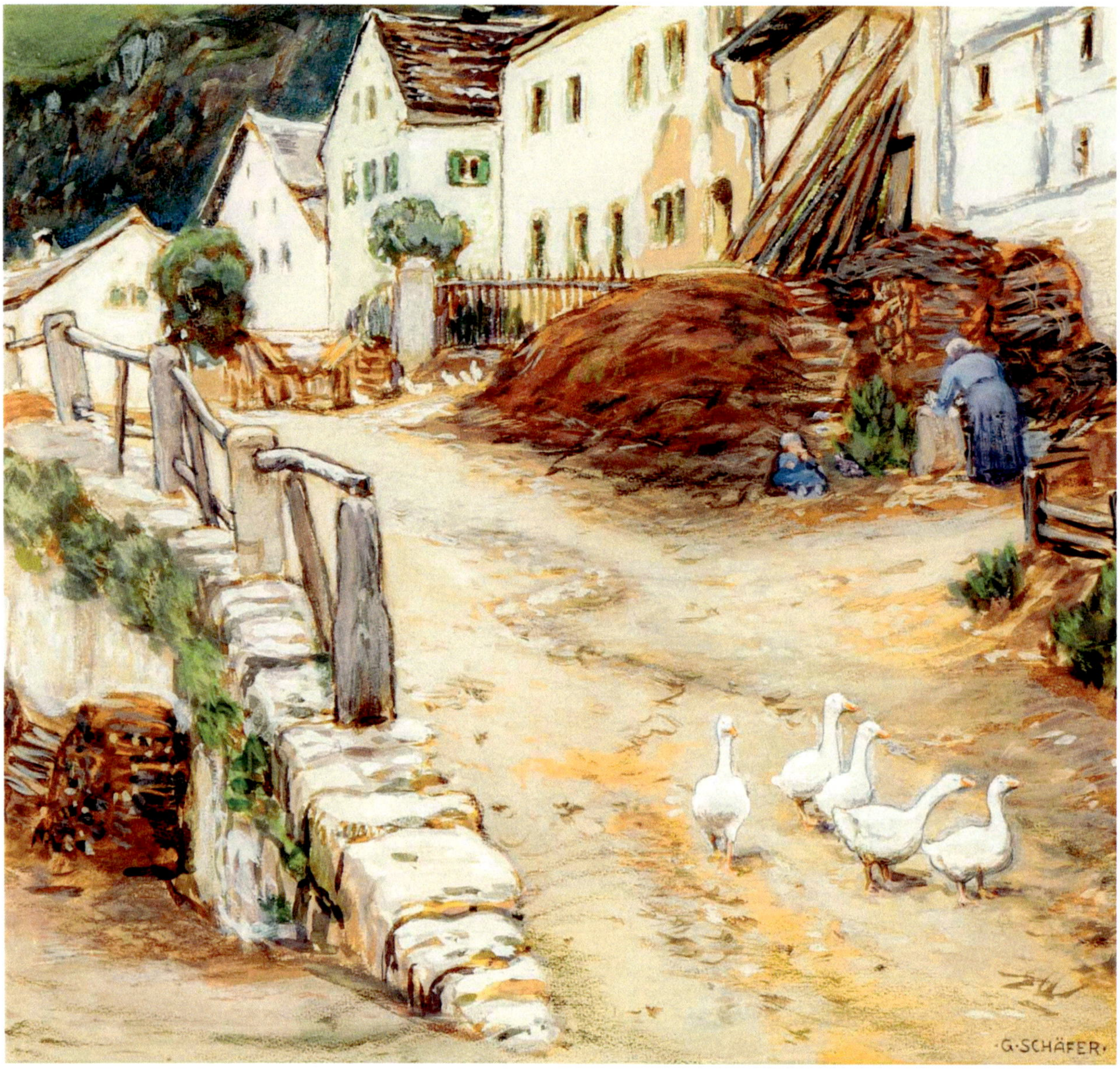

Gertrud Schäfer, Dorfstraße, *rue de village*, 41 x 36 cm, Gouache

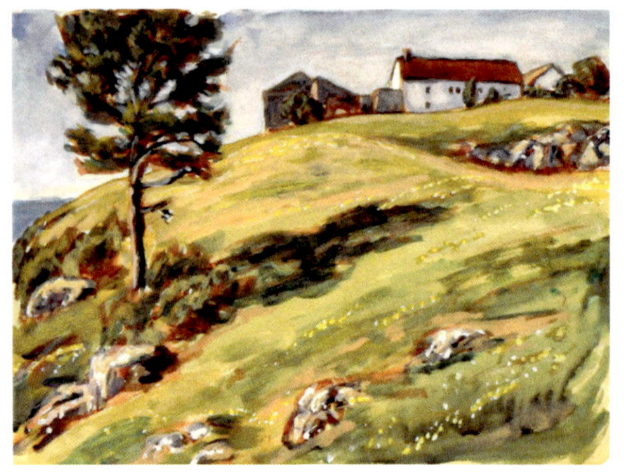

Gertrud Schäfer, Einsame Höhe, *solitude*, 10 x 15 cm, 1903, Lithographie

rechte Seite unten: Louise Pollitzer (1875 – um 1940), Obersteinbach, Oberdorf am Feierabend, repos après le travail, 1903, Zeichnung

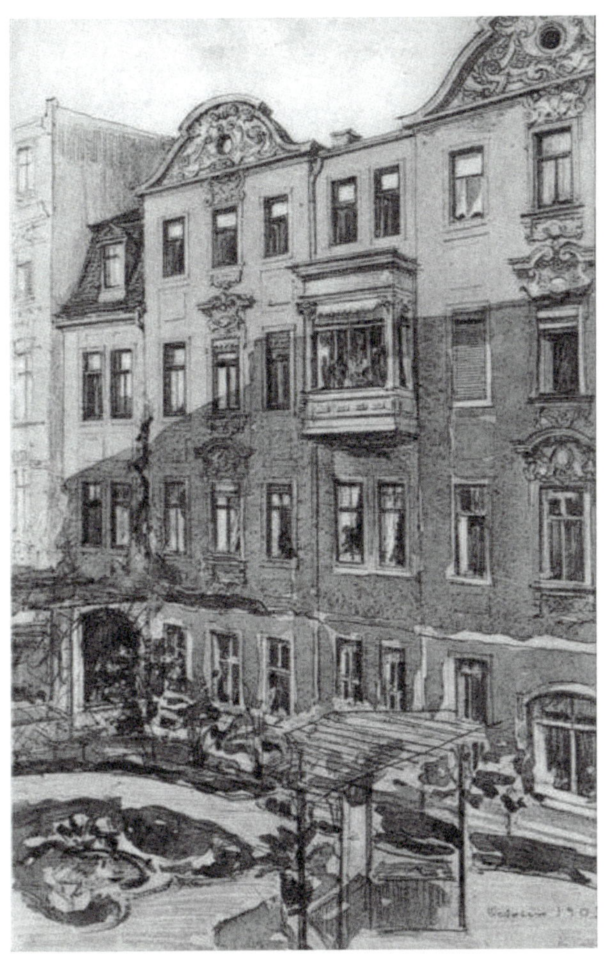

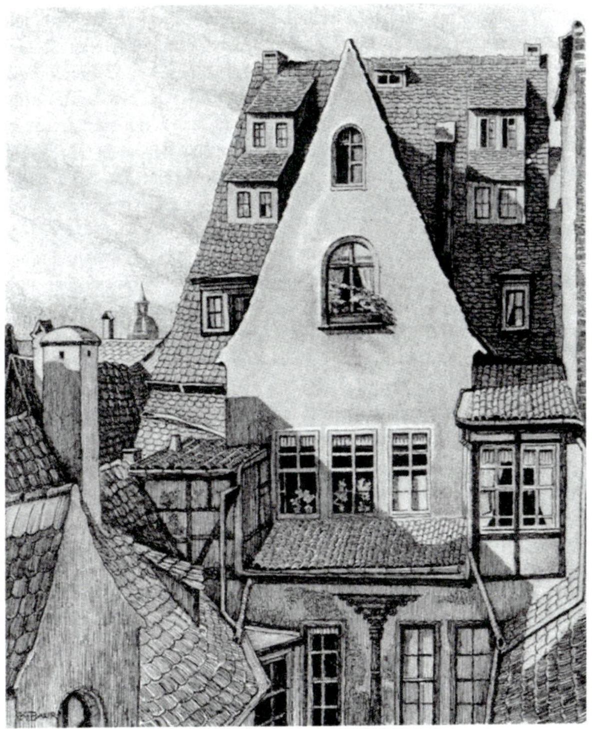

Käthi Baur, Deutrichs Hof in Leipzig, *cour Deutrich à Leipzig*, 10,4 x 12,5 cm, um 1910, Federzeichnung

Käthi Baur, (1860-?) Die Baursche Schule in Leipzig, *école Baur à Leipzig*, um 1910, Zeichnung

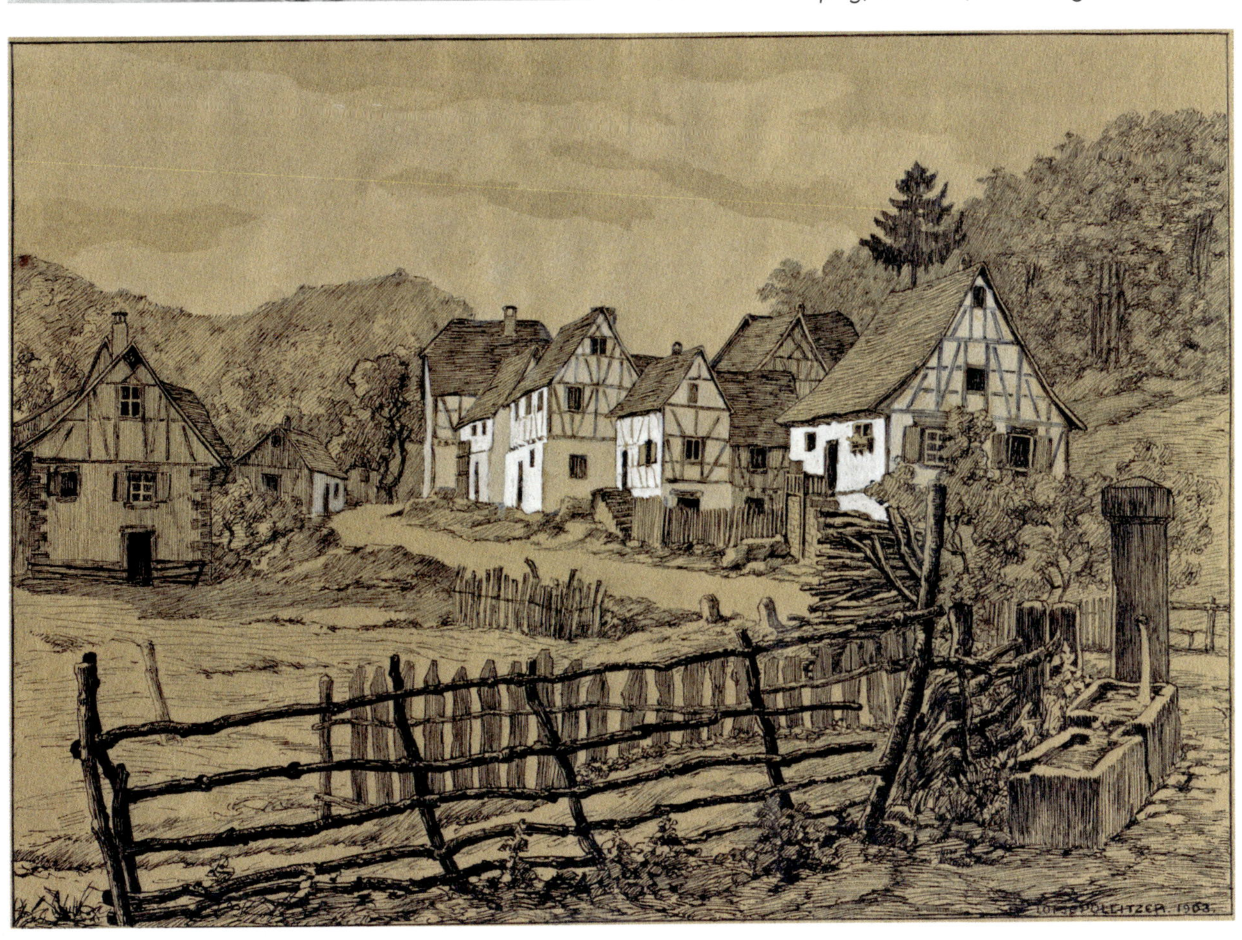

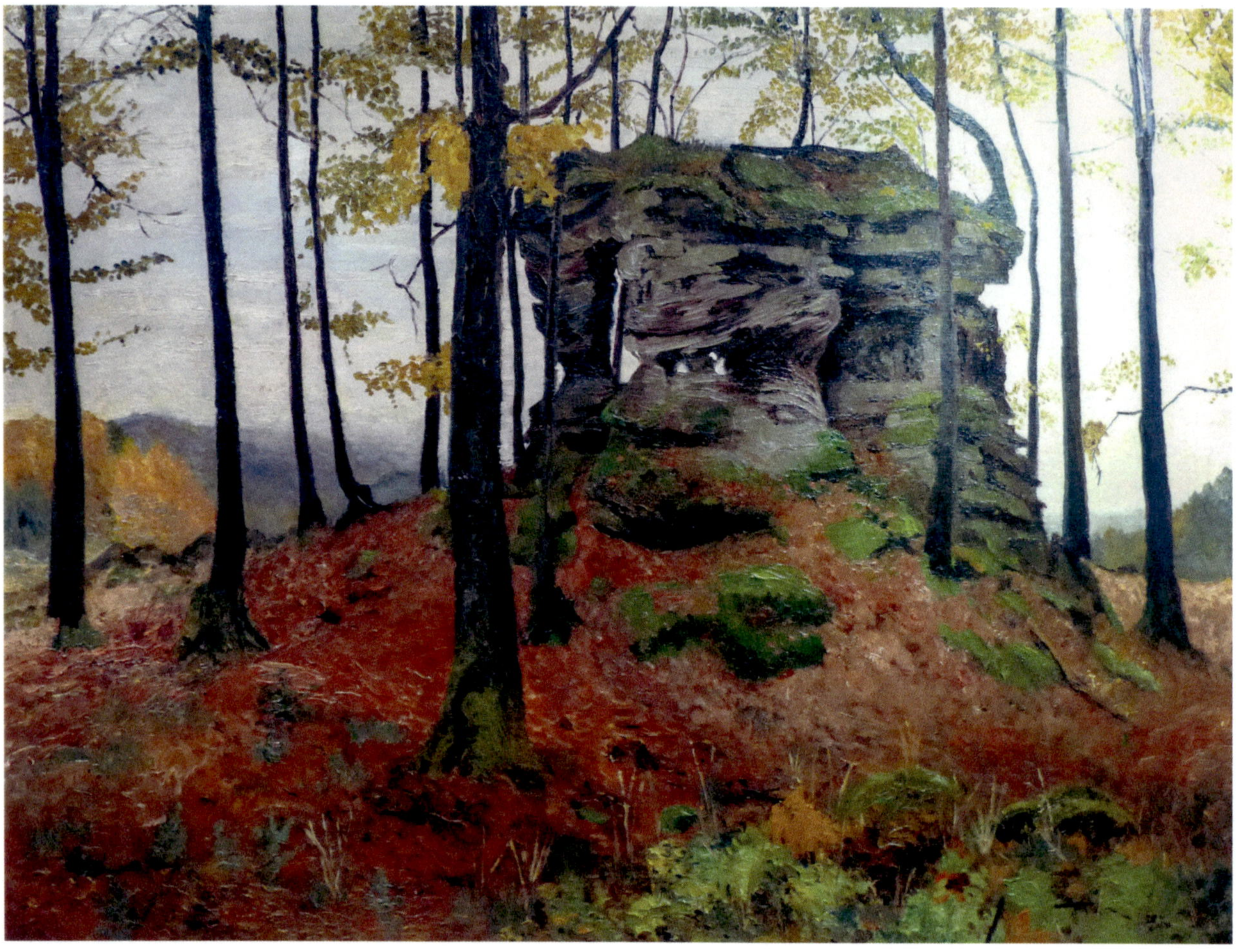

Amélie de Dietrich, Abrahmsfelsen bei Stürzelbronn, Öl

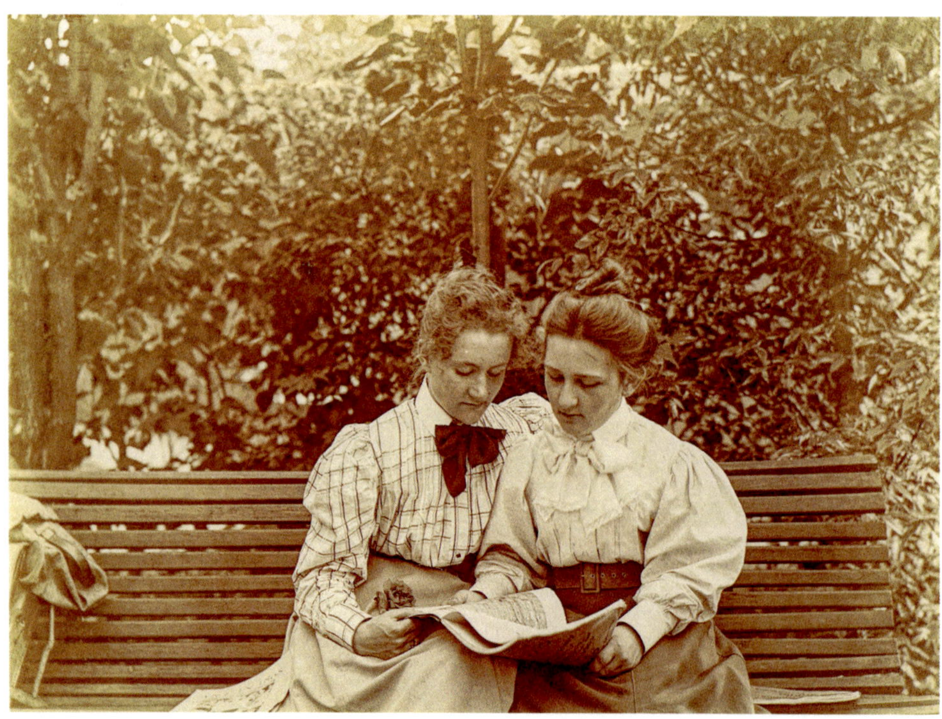

Zwei Malschülerinnen, links Margot Grupe, rechts Amélie de Dietrich, *deux élèves-peintres*

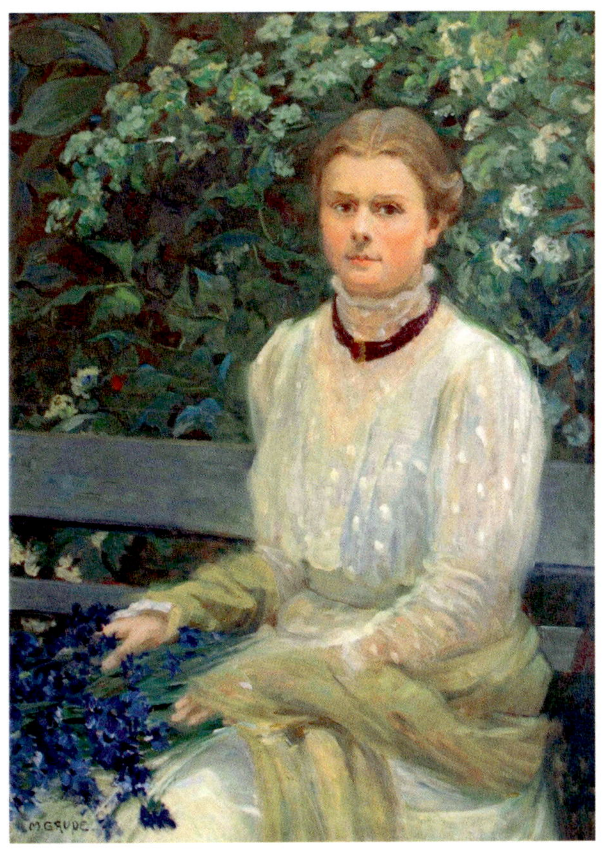


Margot Grupe, Frau Tine, *madame Tine*,
Sig. M. GRUPE, 106 x 77 cm, 1909, Öl

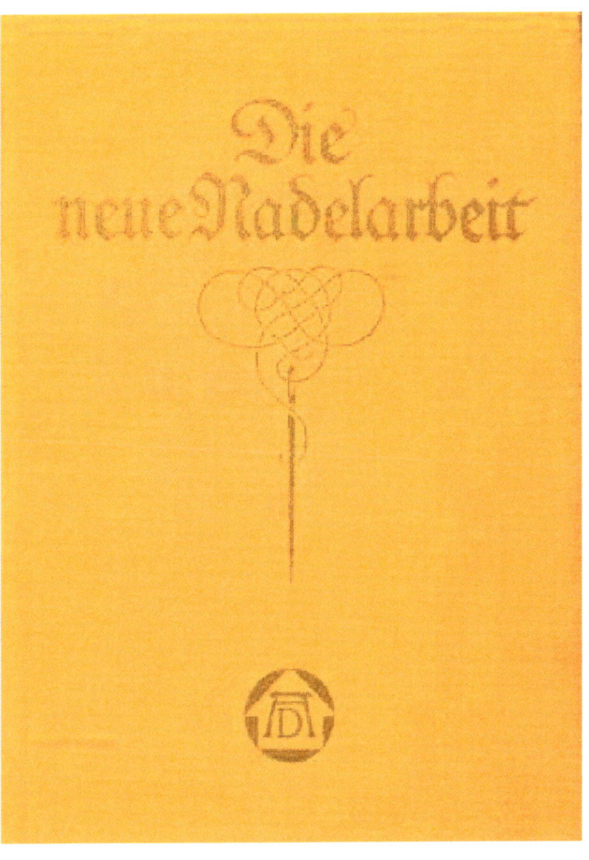


Margot Grupe, Die neue Nadelarbeit, *les nouveaux travaux d'aiguilles*, Arbeitsbuch 1924

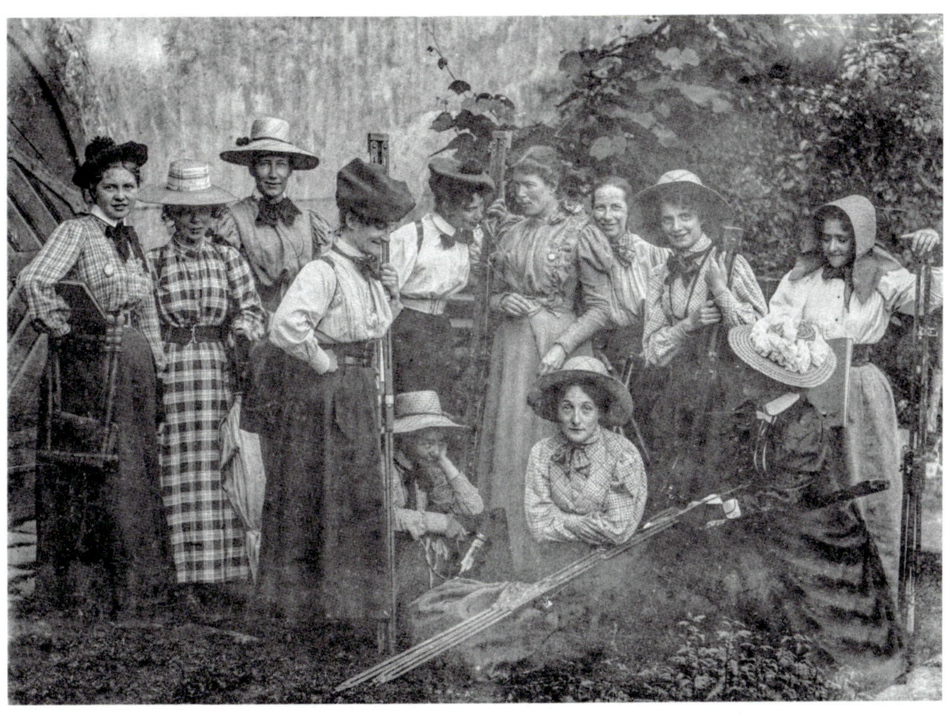

Die Malweiber mit ihren Utensilien, *les femmes peintres*

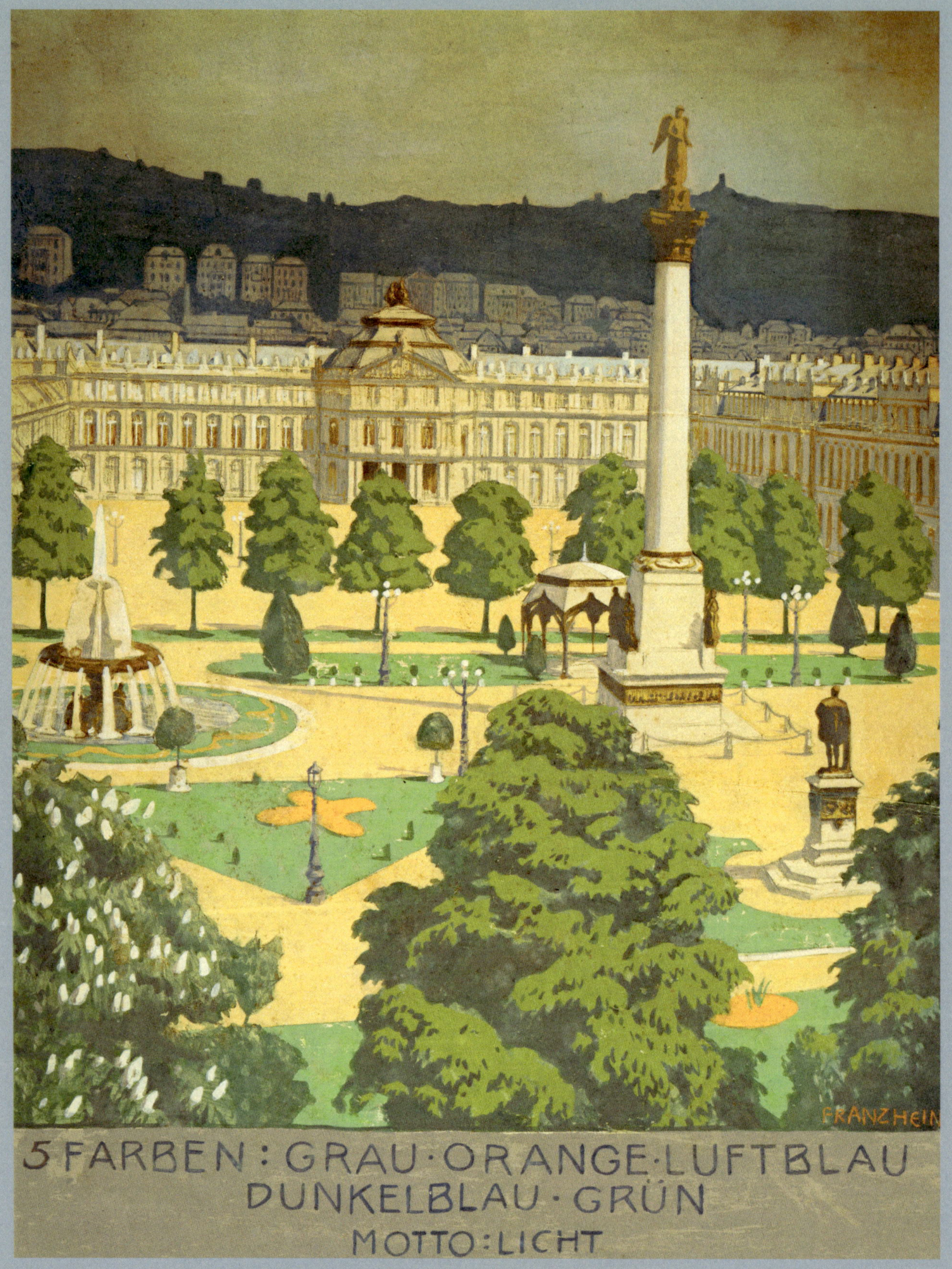


Franz Hein, Das Prinzip des Steindrucks mit mehreren Farben, *le principe de la lithographie multicolore*, Stuttgart, Schloßplatz, 98 x 70 cm

# Franz Heins Leistungen beim Steindruck

Die 1897 gegründete „Kunstdruckerei Karlsruher Künstlerbund" wurde sehr rasch zu einem Marktführer auf dem Gebiet der Farblithographie. Franz Hein wurde 1896 Mitglied des Künstlerbundes und wurde 1899 dessen Präsident als Nachfolger von Leopold Graf von Kalckreuth. In rascher Folge erschienen hier seine farbigen Steindrucke, z. B. Die Nixe im Goldfischteich (1899, 1904), Nixe am Stein (1902), Vogesenlandschaft (1907), Herbstreifmorgen (1905), Bär und Prinzessin (1899), Das Tal (1910, 1911, 1916, 1918), Der Winter (1902), Der Reiter (1902, 1914), Irrlicht (1900), Kaktusblüten, Am Webstuhl, Ostergruß, Lilie, Minne, Die Wunderblume, Märchen, Frühlingslied.

Der Kunsthistoriker Jean Louis Sponsel (1858-1930) äußert sich in einem ausführlichen Artikel[1] „Die Karlsruher Künstler-Lithographien" 1898/99: „Die vervielfältigenden Künstler erfreuen sich in unseren Tagen bei der Künstlerschaft einer steigenden Beliebtheit und einer so eifrigen Pflege, wie man es in dem Zeitalter der Photographie und der photomechanischen Reproduktion noch vor wenigen Jahren kaum für möglich gehalten hätte ... Es scheint mir, als wenn die Künstlervereine, indem sie neben anderem neuerdings die Pflege des Kunstdrucks so energisch in die Hand genommen haben, von neuem dazu berufen seien, die Wege anzubahnen, um die Kunst zu einem Gemeingut des Volkes werden zu lassen!
Der Karlsruher Künstlerbund ist darin, ob mit dieser Absicht oder ohne sie, am weitesten vorangegangen. Die Schöpfungen seiner Mitglieder auf dem Gebiete der Originallithographie, sowohl die in den vom Bunde herausgegebenen Hefte erschienenen, wie auch die von den Einzelnen besonders angefertigten Drucke, haben vor manchen ähnlichen Versuchen zunächst Das voraus, daß sie zumeist nicht in unfertigen Skizzen bestehen, sondern daß sie als ausgeführte, gleichmäßig durchgebildete Arbeiten sich darbieten. Die meisten jener Blätter wollen nicht lediglich in der Mappe betrachtet sein, sondern sie können sehr

1 Deutsche Kunst und Dekoration. Illustrierte Monatshefte zur Förderung Deutscher Kunst 3, 1898/99, S. 70-84.

# Les œuvres lithographiques de Franz Hein

Fondée en 1897, l'imprimerie d'art « *Kunstdruckerei Künstlerbund Karlsruhe* » devient très rapidement un leader du marché de la lithographie couleur. Franz Hein devient membre du *Künstlerbund* (Association des artistes) en 1896 et en devient le président en 1899, succédant au comte Leopold von Kalckreuth. Ses lithographies en couleur y sont rapidement publiées, comme par exemple *Die Nixe im Goldfischteich* (La naïade dans l'étang aux poissons rouges) (1899, 1904), *Nixe am Stein* (Naïade sur un rocher) (1902), *Vogesenlandschaft* (Paysage vosgien) (1907), *Herbstreifmorgen* (Matinée givrée d'automne) (1905), *Bär und Prinzessin* (Ours et princesse) (1899), *Das Tal* (La vallée) (1910, 1911, 1916, 1918), *Der Winter* (L'hiver) (1902), *Der Reiter* (Le cavalier) (1902, 1914), *Irrlicht* (Flammerole) (1900), *Kaktusblüten* (Fleurs de cactus), *Am Webstuhl* (Sur le métier à tisser), *Ostergruß* (Salutation de Pâques), *Lilie* (Lys), *Minne*, *Die Wunderblume* (La fleur miraculeuse), *Märchen* (Conte), *Frühlingslied* (Chanson de printemps).

L'historien de l'art Jean Louis Sponsel (1858-1930) s'exprime dans un article détaillé[1], *Die Karlsruher Künstler-Lithographien* (Les lithographies d'artistes de Karlsruhe), datant de 1898/99 : « Les artistes reproducteurs jouissent de nos jours d'une popularité croissante auprès de la communauté des artistes et d'un soin si assidu qu'on ne l'aurait guère cru possible il y a quelques années encore à l'époque de la photographie et de la reproduction photomécanique ... Il me semble que les associations d'artistes, en s'occupant, entre autres, si énergiquement de l'impression d'art, sont de nouveau appelées à ouvrir la voie pour faire de l'art un bien commun du peuple !
Le *Karlsruher Künstlerbund* (Association des artistes de Karlsruhe) est l'association qui est allée le plus loin en la matière, que ce soit intentionnellement ou non. Les créations de ses membres dans le domaine de la lithographie originale, qu'il s'agisse des cahiers publiés par l'Association ou des impressions réalisées par des particuliers, ont,

1 Art et décoration allemands. *Illustrierte Monatshefte zur Förderung Deutscher Kunst* 3, 1898/99, p. 70-84.

gut auch als Wandschmuck gelten. Und dies ist als ein grosser Gewinn anzusehen. Denn erwägt man, was seither als Schmuck des Hauses von Werken des Kunstdruckes für wenig Geld zu haben war, so erinnert man sich bald mit Schrecken der dürftigen Leistungen der Industrie, die mit dem farbigen ‚Oeldruckbild' oder mit einfarbigen Kunstvereins-Kupferstichen den Geschmack weiterer Kreise in Deutschland verdorben hat. Für dasselbe Geld, das für jene Kunst-Surrogate ausgegeben wird, läßt sich aber heute bei uns ein Originaldruck erwerben, der einen künstlerischen Werth hat und fortdauernd den ästhetischen Sinn seines Besitzers zu erfreuen und zu heben in der Lage ist. Denn durch Nichts kann der Sinn für Kunst so sehr gefördert werden, als durch den eigenen Besitz eines Kunstwerkes, dessen täglicher Anblick auf den Geschmack seines Besitzers nie ohne Einfluss bleibt. Das Bedürfnis nach einem solchen billig zu erwerbenden Wandschmuck hat sich bei uns in Deutschland mehr und mehr geltend gemacht. Wie mancher Kunstfreund, dessen Mittel nicht ausreichten, sich ein theures Kunstwerk anzuschaffen, hat ein moderneres Plakat in seinem Heim aufgehangen! Eine Zeitlang hoffte man, der Frankfurter Meister Hans Thoma werde mit seinen Steindrucken diesem Bedürfnis entgegenkommen. Doch waren einerseits diejenigen Drucke, denen er mit Farben einen bildmässigen Eindruck gab, so theuer, dass nur der reiche Mann sie erwerben konnte, andererseits aber hatten die lediglich als Steindrucke hergestellten Blätter eine so breite, kaum noch dekorative Wirkung, dass sie dem Zwecke als Wandschmuck weniger gut zu dienen vermochten. Unter den Kunstdrucken der Mitglieder des Karlsruher Künstlerbundes wüsste ich eine ganze Reihe von Blättern auszuwählen, die in jeder Hinsicht als eine Zierde der Wände zu gelten hätten.

Mögen die Karlsruher Künstler bei ihrem Vorhaben, sich im Kunstdruck zu bethätigen, sich der Lithographie zunächst aus dem Grunde bedient haben, weil diese in allen ihren Ausdrucksmitteln leicht zu erlernen ist und nur geringe Herstellungskosten verursacht, oder sei es, dass die leichte Verwendbarkeit der Farbe hierzu in erster Linie bestimmend gewesen ist, sie haben jedenfalls durch ihre Erzeugnisse wesentlich dazu beigetragen, dass die Werthschätzung der Lithogra-

par rapport à d'autres tentatives similaires, ceci de plus qu'elles ne consistent pas en des esquisses inachevées, mais qu'elles se présentent comme des travaux achevés et uniformément élaborés. La plupart de ces feuilles ne veulent pas seulement être contemplées dans une chemise à dessin, mais peuvent aussi très bien servir de décoration murale. Et cela doit être considéré comme un grand bénéfice. Car si l'on considère ce que l'on pouvait obtenir depuis lors comme ornement de la maison à partir d'œuvres d'art imprimées pour peu d'argent, on se souvient bientôt avec effroi des maigres prestations de l'industrie qui a gâché le goût de cercles plus larges en Allemagne avec l'impression couleur à l'huile ou avec les gravures sur cuivre monochromes de l'Association d'artistes. Mais pour le même argent que celui dépensé pour ces substituts artistiques, on peut aujourd'hui acquérir chez nous une impression originale qui a une valeur artistique et qui est en mesure de réjouir et d'éveiller en permanence le sens esthétique de son propriétaire. Car rien ne peut autant stimuler le sens artistique que la possession d'une œuvre d'art, dont la vue quotidienne ne reste jamais sans influence sur le goût de son propriétaire. Le besoin d'une telle décoration murale, que l'on peut acquérir à bon marché, s'est fait de plus en plus sentir chez nous en Allemagne. Combien d'amateurs d'art, dont les moyens n'étaient pas suffisants pour se procurer une œuvre d'art coûteuse, ont accroché une affiche moderne chez eux ! Pendant un temps, on a caressé l'espoir que le maître de Francfort Hans Thoma répondrait à ce besoin avec ses lithographies. Mais, d'une part, les estampes auxquelles il donnait une impression picturale avec des couleurs étaient si chères que seul un homme riche pouvait les acquérir et, d'autre part, les feuilles réalisées uniquement en lithographie avaient un effet si large, à peine encore décoratif, qu'elles pouvaient moins bien servir à décorer les murs. Parmi les gravures d'art des membres de l'Association des artistes de Karlsruhe, je pourrais choisir toute une série de feuilles qui, à tous égards, pourraient être considérées comme un ornement mural.

Que les artistes de Karlsruhe, dans leur projet de se lancer dans l'impression d'art, se soient d'abord servis de la lithographie parce qu'elle est facile à apprendre dans tous ses moyens d'expression et

phie als Kunstwerk ganz bedeutend gestiegen ist. Man konnte die Wege, die die Karlsruher Künstler damit einzuschlagen beabsichtigten, schon auf der vorjährigen internationalen Kunstausstellung zu Dresden erkennen, wo sie zuerst mit einer geschlossenen Gruppe dieser ihrer Werke auftraten. Inzwischen aber hat sich das, was damals erst in vielversprechenden Keimen zu erblicken war, zu einer reifen und reichen Blüthe entfaltet. Die Künstler sind sich der Grenzen der Darstellungsmittel der Lithographie vollkommen bewusst, und sie wissen auch, worin die Stärke derselben liegt. Indem sie einerseits darauf verzichten, grosse Raumtiefe darzustellen und feine Tonübergänge auszudrücken, verstehen sie anderseits sowohl kräftige Farbenwirkungen, wie einheitliche Schilderungen vorzutragen. Das Studium der Farbe und des Farbenauftrags spielt in ihren Lithographien eine grosse Rolle, und die Karakteristischen Eigenthümlichkeiten der Malweise einzelner führender Meister des Bundes lassen sich doch auch in den Lithographien entdecken, obwohl die Vortragsweise dem Material entsprechend eine ganz andere geworden ist. Man kann von den Karlsruher Farben-Steindrucken sagen, dass sie den von ihren Meistern gewonnenen Eindruck mehr nach der dekorativen Seite hin ergänzen.

Bezeichnend für den Geist, der den Karlsruher Künstlerbund in künstlerischer Hinsicht zu beseelen scheint, ist es, dass keines seiner Mitglieder sich von der Betätigung in der Lithographie ausschliesst. Vom ältesten bis zum jüngsten Mitgliede haben sie alle, Lehrer sowohl als Schüler, ihre Beiträge geliefert, soweit ich das zu überblicken vermag; und dies hat zweifellos dazu beigetragen, dass sie gegenseitig von einander gelernt haben und sich so schnell in dem neuen Gebiete in voller Herrschaft zu bewegen vermochten. Ja die meisten der Blätter haben trotz ihrer Verschiedenheit im Einzelnen doch einen gewissen einheitlichen Karakter, der beispielsweise in den von Karlsruhe ausgegangenen Künstlerpostkarten sich am deutlichsten erkennen lässt und hier eine bestimmte spezifische Karlsruherische Vortragsweise und Farbenskala aufweist. Es verdient noch hervorgehoben zu werden, da man bei unseren Künstlern heutzutage so gerne diesen oder jenen ausländischen Einfluss nachzuweisen sucht und besonders im Farbendruck überall japanische Einflüsse wittert, dass gerade die bodenwüchsige Selbständigkeit der Karls-

qu'elle n'entraîne que de faibles coûts de fabrication, ou que la facilité d'utilisation de l'encre ait été déterminante en premier lieu, ils ont en tout cas largement contribué, par leurs produits, à ce que l'estimation de la valeur de la lithographie en tant qu'œuvre d'art augmente de manière très significative. On peut déjà reconnaître les voies que les artistes de Karlsruhe ont l'intention d'emprunter lors de l'exposition internationale d'art de Dresde de l'année dernière, où ils se produisent avec leurs œuvres dans un premier temps dans le cadre d'un groupe fermé. Mais entre-temps, ce qui n'est alors qu'une germination prometteuse s'est développé en une floraison riche et mûre. Les artistes sont parfaitement conscients des limites des moyens de représentation de la lithographie, et ils savent aussi où réside la force de celle-ci. En renonçant, d'une part, à représenter une grande profondeur d'espace et à exprimer de fines transitions de tons, ils savent, d'autre part, produire aussi bien des effets de couleurs vifs que des descriptions uniformes. L'étude de la couleur et de l'application des couleurs joue un grand rôle dans leurs lithographies, et les particularités caractéristiques de la manière de peindre de certains maîtres éminents de l'Association se laissent également découvrir dans les lithographies, bien que l'exécution et le style soit devenus très différents en raison du matériau. On peut dire des lithographies en couleur de Karlsruhe qu'elles complètent davantage l'impression obtenue par leurs maîtres en termes d'aspect décoratif.

Ce qui est significatif de l'esprit qui semble animer l'Association des artistes de Karlsruhe du point de vue artistique, c'est qu'aucun de ses membres ne s'exclut de la pratique de la lithographie. Du plus ancien au plus jeune membre, tous, professeurs et élèves, apportent leur contribution, pour autant que je puisse en juger ; et cela a sans aucun doute contribué à ce qu'ils apprennent les uns des autres et qu'ils parviennent si rapidement à se mouvoir en toute maîtrise dans ce nouveau domaine. En effet, malgré leur diversité, la plupart des feuilles présentent un certain caractère d'unité, qui se manifeste par exemple le plus clairement dans les cartes postales d'artistes émises par Karlsruhe, où l'on retrouve un style et une gamme de couleurs spécifiques à Karlsruhe. Il convient encore de souligner que, puisque l'on cherche aujourd'hui si volontiers à déceler chez nos artistes telle ou

ruher Kunstdrucke offenbar in die Augen springen muss … Prof. F. Kallmorgen, ein Schüler Schönlebers und der erste Vorsitzende des Künstlerbundes, hat auf dem Gebiet der Postkarte sich mit grossem Glück versucht. Seine zehn Postkarten ‚von der Wasserkant' zeigen zumeist holländische Kinder an Strande in ihrer originellen Tracht in weniger kräftigen Farben. Seine holländischen Studien hat der Künstler sodann noch in grösseren Lithographien verwertet … Ebenso hat Gustav Kampmann einige interessante landschaftliche Steindrucke geliefert, in denen er auf eine vornehme Tonwirkung von feinem Reiz ausgeht … Eine gleichfalls dekorative Vortragsweise unter Betonung der Fläche liebt Franz Hein, der seine Motive gern in mittelalterlich-romantischer Ausstaffierung vorträgt. Seine Jungfrauen tragen Kronen auf dem Haupte, spielen mit der Harfe oder symbolisieren die Minne und erscheinen zwischen Lilienstengeln, der Reiz von Farbe und Form überwiegt den Inhalt. Auch in humoristischer Erzählung hat sich der Künstler in einer Anzahl von Menukarten das Mittelalter als Schauplatz gewählt und dabei in zarten Farben im Flächendrucke gut stilisierte Gestalten vorgeführt: der König empfängt den Braten, der Koch läßt die Prinzessin von der Speise kosten, Pagen tragen die Speisen auf, Ritter ziehen zur Burg, fahrende Musikanten kommen zum Spiel. Einen ganz anderen Karakter als alle diese Blätter zeigen seine Kaktusblüten, wobei es dem Künstler sichtlich darauf ankam, das lebhafte Roth der Blüten aus dem blaugrünen Blättergrunde so herausleuchten zu lassen, wie er es in der Wirklichkeit beobachtet hat.
Das Gebiet des Blumenstücks hat man in Karlsruhe sonst den Damen überlassen. Frau Jenny Fikentscher zeigt einige Rosen in zarten Farben und im Flächendruck von guter dekorativer Wirkung. Bedeutender und als keckes Wagestück sehr bemerkenswerth erscheint das mit wildem Wein überwachsene Haus; das Laub ist vorn brennend roth und erscheint nach hintenzu braunroth. Fräulein Bertha Welte zeigt gleichfalls einige dekorativ gute Blumenstücke, während Frau Roman in ihren mit zwei Farben gedruckten Blumen auf Menukarten in dem Fortlassen der Umrisse um die glatte leblose Fläche zu sehr durch die Plakatmanier beeinflusst erscheint. Damit ist dem Plakat-Stil für solche Blätter doch ein zu grosser Einfluss zugesprochen … Hierzu bilden die Landschaften von Franz Hoch einen ausgesprochenen

telle influence étrangère et que l'on subodore partout des influences japonaises, notamment dans l'impression couleur, c'est précisément l'indépendance des estampes de Karlsruhe qui doit sauter aux yeux. … Le professeur F. Kallmorgen, élève de Schönleber et premier président de l'Association des artistes, s'est essayé avec beaucoup de bonheur à la carte postale. Ses dix cartes postales *von der Wasserkant* (Au bord de l'eau) montrent pour la plupart des enfants hollandais à la plage dans leur costume original et dans des couleurs moins vives. L'artiste exploite ensuite ses études hollandaises dans de grandes lithographies ... Gustav Kampmann livre également quelques lithographies intéressantes de paysages, dans lesquelles il part d'un effet de tonalité distingué et d'un charme délicat ... Franz Hein aime également un style décoratif mettant l'accent sur la surface, et présente volontiers ses motifs dans un décor médiéval-romantique. Ses vierges portent des couronnes sur la tête, jouent de la harpe ou symbolisent la « Minne » et apparaissent entre des tiges de lys, le charme de la couleur et de la forme l'emportant sur le contenu. Dans un récit humoristique, l'artiste choisit également le Moyen-Âge comme décor pour un certain nombre de cartes de menu, présentant des personnages bien stylisés dans des couleurs douces imprimées en aplats : le roi reçoit le rôti, le cuisinier fait goûter le plat à la princesse, des pages apportent les plats, des chevaliers se rendent au château, des musiciens ambulants entrent en scène. Ses fleurs de cactus présentent un tout autre caractère que toutes ces feuilles, l'artiste ayant visiblement tenu à faire ressortir le rouge vif des fleurs du fond bleu-vert des feuilles, tel qu'il l'a observé dans la réalité.
À Karlsruhe, le domaine de la pièce florale est habituellement laissé aux dames. Mme Jenny Fikentscher montre quelques roses aux couleurs douces et à l'impression en aplat d'un bon effet décoratif. La maison recouverte de vigne sauvage apparaît plus importante et très remarquable, un vrai coup d'audace ; le feuillage est rouge vif à l'avant et brun-rouge à l'arrière. Mlle Bertha Welte montre également quelques bonnes pièces florales décoratives, tandis que Mme Roman, dans ses fleurs imprimées en deux couleurs sur des cartes de menu, semble trop influencée par le style de l'affiche en abandonnant les contours autour de la surface lisse et inerte. L'influence du style de l'affiche est donc

Gegensatz. Das wie eine illiuminierte Zeichnung wirkende altdeutsche Städtchen auf einem Hügel mit seinen rothbraunen Dächern hat etwas anheimelnd Gemüthvolles. Auch die toniger angelegten Blätter, die Pappeln, die Kirche, die Birken, sind stimmungsvoll empfunden. Dass das seither lange genug lediglich der Industrie überlassen gebliebene Gebiet des Plakats, der Postkarte, Glückwunschkarte, Menukarte, der Weinetiquette die Karlsruher Künstler mit vielem Erfolg sich erobert haben, ist schon gelegentlich angeführt worden. Die moderne Künstlerpostkarte nebst ihren verwandten Gebieten verdient in dieser Zeitschrift einmal in ihren seitherigen Leistungen selbständig gewürdigt zu werden. Die Mitglieder des Karlsruher Künstlerbundes haben sich, wie dieser Überblick wohl erkennen lässt, in der kurzen Zeit, seitdem sie sich der Lithographie gewidmet haben, mit soviel Erfolg darin bethätigt, dass man ihren weiteren Leistungen mit hohen Erwartungen entgegenzusehen berechtigt ist. Geradezu glänzend ist der Karlsruher Künstlerbund mit seinen Original-Lithographien in der heurigen Jahres-Ausstellung im Münchener Glaspalast vertreten, wo sich die meisten der oben besprochenen Arbeiten befinden. Die Vollständigkeit dieser Gruppe ermöglicht so recht einen vollen Überblick über das künstlerische Bekenntnis. Dem neuen Leben, das der Karlsruher Kunst erblüht ist, wünschen wir ein kräftiges Glück auf!"

Die im Mai 1897 gegründete KKK bestand bis zum Jahr 1984. Sie gehörte zu den Gründern des Deutschen Werkbundes im Jahr 1907. Durch die Farb-Lithographie war die Möglichkeit gegeben, gute Kunst in künstlerischen Originalwerken preiswert zu den Kunden zu bringen als „Kunst für alle". Vor allem in den ersten Jahren war die KKK als Unternehmen vor allem für die Mitglieder des Künstlerbundes tätig, in der Hauptsache für die Grötzinger Malerkolonie wie Hein, Otto und Jenny Fikentscher, Gustav Kampmann und Karl Biese. Daneben war KKK von Anfang an für die Industrie tätig, z. B. Werbematerial, Prospekte, Plakate und Verpackungen. Für das Großherzogtum Baden wurden hier die Briefmarken gedruckt, auch Weinetiketten, Preislisten und großformatige Aushänge. 1901 schloß KKK mit den Verlagen B. G. Teubner und R. Voigtländer in Leipzig einen Kooperationsvertrag zur Herausgabe und Vertrieb von künstleri-

trop importante pour de telles feuilles... Les paysages de Franz Hoch forment un contraste saisissant. La petite ville allemande sur une colline avec ses toits brun-rouge, qui ressemble à un dessin enluminé, a quelque chose d'agréable et chaleureux. Les feuilles plus tonales, les peupliers, l'église, les bouleaux, sont également empreints d'ambiance. Nous avons déjà évoqué occasionnellement le fait que les artistes de Karlsruhe ont conquis avec succès le domaine de l'affiche, de la carte postale, de la carte de vœux, de la carte de menu et de l'étiquette de vin, domaine qui a été laissé trop longtemps à la seule industrie. La carte postale d'artiste moderne et ses domaines apparentés méritent d'être appréciés de manière indépendante dans cette revue pour les réalisations qu'ils ont accomplies depuis lors. Les membres de l'Association des artistes de Karlsruhe se sont, comme le montre cet aperçu, engagés avec tant de succès dans la lithographie depuis qu'ils s'y sont consacrés que l'on est en droit d'attendre beaucoup de leurs futures réalisations. L'Association des artistes de Karlsruhe est brillamment représentée avec ses lithographies originales à l'exposition annuelle de cette année au *Glaspalast* (Palais des glaces) de Munich, où se trouvent la plupart des œuvres évoquées ci-dessus. L'exhaustivité de ce groupe permet ainsi d'avoir un aperçu complet de l'engagement artistique. Nous souhaitons bonne chance à la nouvelle vie qui s'est épanouie dans l'art de Karlsruhe ! »

Fondée en mai 1897, l'imprimerie d'art *KKK* a existé jusqu'en 1984. Elle fait partie des fondateurs du *Deutscher Werkbund* (Union de l'œuvre allemande) en 1907. La lithographie couleur offre la possibilité d'apporter aux clients de l'art de qualité sous forme d'œuvres artistiques originales à un prix avantageux, autrement dit « l'art pour tous ». Au cours des premières années, l'imprimerie *KKK* est surtout active en tant qu'entreprise pour les membres du *Künstlerbund* (Association des artistes), principalement pour la colonie de peintres de Grötzingen comme Hein, Otto et Jenny Fikentscher, Gustav Kampmann et Karl Biese. Parallèlement, l'imprimerie *KKK* travaille dès le début pour l'industrie, par exemple pour du matériel publicitaire, des prospectus, des affiches et des emballages. C'est ici que son imprimés, pour le compte du Grand-Duché de Bade, les timbres-poste, ainsi que des étiquettes de vin, des listes de prix et des affiches

schen Schnellpressedrucken. Die Mindestauflage betrug 1.000 Stück, was sich bis zu 10.000 Exemplaren steigern konnte. Diese waren zum Preis von 1 bis 6 Reichsmark zu erwerben. Sondereditionen und handsignierte Exemplare kosteten von 30 bis 50 RM. Sie wurden nicht in Leipzig, sondern ausschließlich in Karlsruhe hergestellt. Durch die Werbung aus beiden Standorten wurde ein größerer Kundenkreis erreicht. Für 1912 sind als Teilhaber bei KKK nachweisbar: Hans von Volkmar und Ivo Puhonny mit je 10.000 RM, Carl Langhein mit 8.000 RM, Hans Thoma mit 6.000 RM, Otto Fikentscher, Gustav Kampmann, Karl Otto Matthaei, Hans Schroeder mit je 5.000 RM, Gustav Schönleber mit 3.500 RM, Walter Conz, Hellmut Eichrodt, Otto Eichrodt, Heinrich Freytag, Wilhelm Hempfling, Walter Strich-Chapell, Wilhelm Süs und Karl Walther mit je 2.000 RM, Karl Biese und Anton Glück mit je 1.000 RM. Die größten Anteile besaß der Künstlerbund selbst (9.000 RM), die Verleger und Druckereibesitzer Albert und Richard Knittel (je 49.000 RM), Julius Schlinck (Fa. Palmin) mit 35.000 RM, und Otto Meßmer (Meßmer-Tee) mit 25.000 RM[2].
Ein weiterer Schwerpunkt im süddeutschen Raum war der Verlag von Hubert Köhler in München. Er verlegte die Werke des Malers Ernst Liebermann (1869-1960). In Berlin erschienen im Verlag von Fischer & Franke zahlreiche Künstler-Steindrucke. Wichtigster Standort für die Farblithographie war und blieb aber Jahrzehnte hindurch die Buchstadt Leipzig mit drei Verlagshäusern: Der 1811 von Benedictus Gotthelf Teubner gegründete Verlag B. G. Teubner, bei dem im Jahr 1908 insgesamt 870 Personen beschäftigt waren. Der 1841 von Richard Voigtländer in Bad Kreuznach gegründete Verlag wurde durch dessen Sohn Robert 1876 in Leipzig fortgeführt und bestand bis um 1930. In Leipzig war auch der Kunstverlag Merfeld & Donner ansässig, bei dem z. B. die Künstler Wilhelm Schacht (1852-1951), Fritz Beckert (1877-1962) und Emmy Müller-Müller (1866-1940) drucken ließen. Den größten Anteil an Steindruck-Exemplaren haben die Unternehmen Teubner und Voigtländer.

Die Künstler aus Grötzingen, die in Karlsruhe und Obersteinbach junge Menschen in der Malerei ausbildeten, haben manche von ihnen für die

2 Wikipedia-Artikel: Kunstdruckerei Künstlerbund Karlsruhe.

grand format. En 1901, l'imprimerie *KKK* conclut un contrat de coopération avec les maisons d'édition B. G. Teubner et R. Voigtländer à Leipzig pour la publication et la distribution d'impressions artistiques sur presse rapide. Le tirage minimum est de 1 000 exemplaires et peut aller jusqu'à 10 000 exemplaires. Ceux-ci peuvent être achetés au prix de 1 à 6 Reichsmark (RM). Les éditions spéciales et les exemplaires signés à la main coûtent de 30 à 50 RM. Ils ne sont pas fabriqués à Leipzig, mais exclusivement à Karlsruhe. La publicité provenant des deux sites permet d'atteindre une clientèle plus large. En 1912, les associés de l'imprimerie *KKK* sont : Hans von Volkmar et Ivo Puhonny avec 10 000 RM chacun, Carl Langhein avec 8 000 RM, Hans Thoma avec 6 000 RM, Otto Fikentscher, Gustav Kampmann, Karl Otto Matthaei, Hans Schroeder avec 5 000 RM, Gustav Schönleber avec 3 500 RM, Walter Conz, Hellmut Eichrodt, Otto Eichrodt, Heinrich Freytag, Wilhelm Hempfling, Walter Strich-Chapell, Wilhelm Süs et Karl Walther avec 2 000 RM chacun, Karl Biese et Anton Glück avec 1 000 RM chacun. Les parts les plus importantes sont détenues par l'Association des artistes elle-même (9 000 RM), les éditeurs et propriétaires d'imprimeries Albert-et Richard Knittel (49 000 RM chacun), Julius Schlinck (société Palmin) avec 35 000 RM, et Otto Meßmer (Meßmer-Tee) avec 25 000 RM[2].
Un autre point fort dans le sud de l'Allemagne est la maison d'édition de Hubert Köhler à Munich. Celle-ci édite les œuvres du peintre Ernst Liebermann (1869-1960). À Berlin, la maison d'édition Fischer & Franke publie de nombreuses lithographies d'artistes. Mais le site le plus important pour la lithographie couleur est et reste pendant des décennies la ville de Leipzig, qui a le statut de « ville du livre », avec trois maisons d'édition : la maison d'édition B. G. Teubner, fondée en 1811 par Benedictus Gotthelf Teubner, qui emploie 870 personnes en 1908 ; la maison d'édition fondée en 1841 par Richard Voigtländer à Bad Kreuznach est reprise par son fils Robert en 1876 à Leipzig et existe jusque vers 1930 ; la maison d'édition d'art Merfeld & Donner est également établie à Leipzig, chez qui les artistes Wilhelm Schacht (1852-1951), Fritz Beckert (1877-1962) et Emmy Müller-Müller (1866-1940), entre autres, font imprimer leurs

2 Article de Wikipedia : Imprimerie d'art *Kunstdruckerei Künstlerbund Karlsruhe (KKK)*.

noch neue Technik der Farblithographie begeistern können. Bei der Kunstdruckerei Karlsruher Künstlerbund haben Marie und Elise Peppmüller und Marie Ortlieb drucken lassen, bei Voigtländer Bertha Welte und Marianne Knapp-Lesser.

œuvres. Les maisons d'édition Teubner et Voigtländer sont les plus grandes productrices de lithographies.

Les artistes de Grötzingen, qui ont formé des jeunes à la peinture à Karlsruhe et à Obersteinbach, ont réussi à enthousiasmer certains d'entre eux pour la technique encore nouvelle de la lithographie couleur. Marie et Elise Peppmüller, ainsi que Marie Ortlieb, ont fait imprimer auprès de l'imprimerie d'art *Kunstdruckerei Künstlerbund Karlsruhe*, Bertha Welte et Marianne Knapp-Lesser chez Voigtländer.

## Die Künstler in der Literatur

René Allenbach
* 6. 3. 1889 Nanterre, † 28. 5. 1958 Dettwiller
Daniel Maes: René Allenbach, peintre et graveur alsacien, Kaysersberg 1987, François Lotz: Artistes, Peintre Alsaciens de jadis et de naguère (1880-1982), Kaysersberg 1985, S. 15 f.

Henri Bacher
* 4. 1. 1890 Saargemünd, † 15. 2. 1934 Straßburg
Band I, S. 168 f.; Bernhard H. Bonkhoff / Michel Guerrier / Martin Siegwalt: Henri Bacher, Maler der Heimat und des Glaubens, peintre du terroir et de la foi, Colmar 2008.

Karl Biese
* 19.9. 1863 Wandsbeck bei Hamburg,
† 19. 11. 1926 Tübingen
Thieme-Becker IV, S. 15; Band I, S. 104-107, Bd. II, S. 120-122; Die Grötzinger Malerkolonie S. 71 f.

Willy Deutschmann
* 28. 2. 1880 Oberflörsheim,
† 25. 11. 1960 Petersbächel
Helmut Striffler: Willy Deutschmann. Bilder des Wasgau, Pirmasens 1983, Ludwigswinkel 1983.

Otto Fikentscher
* 6. 7. 1862 Zwickau, † 26. 2. 1945 Baden-Baden
Thieme-Becker Xl, S. 952, Band I, S. 108-109, Band II, S. 136-139; Die Grötzinger Malerkolonie S. 77 f.

## Les artistes dans la littérature

René Allenbach
Né le 06-03-1889 à Nanterre,
† le 28-05-1958 à Dettwiller
Daniel Maes : René Allenbach, peintre et graveur alsacien, Kaysersberg 1987, François Lotz : Artistes, Peintre Alsaciens de jadis et de naguère (1880-1982), Kaysersberg 1985, p. 15 et suiv.

Henri Bacher
Né le 04-01-1890 à Sarreguemines,
† le 15-02-1934 à Strasbourg
Tome I, p. 168 et suiv. ; Bernhard H. Bonkhoff / Michel Guerrier / Martin Siegwalt : Henri Bacher, Peintre du terroir et de la foi, Colmar 2008.

Karl Biese
Né le 19-09-1863 à Wandsbeck près de Hambourg, † le 19-11-1926 à Tübingen
Thieme-Becker IV, p. 15 ; tome I, p. 104-107, tome II, p. 120-122 ; *Die Grötzinger Malerkolonie* (La colonie de peintres de Grötzingen) p. 71 et suiv.

Willy Deutschmann
Né le 28-02-1880 à Oberflörsheim,
† le 25-11-1960 à Petersbächel
Helmut Striffler : Willy Deutschmann. *Bilder des Wasgau* (Images de la Vasgovie), Pirmasens 1983, Ludwigswinkel 1983.

Otto Fikentscher
Né le 06-07-1862 à Zwickau,
† le 26-02-1945 à Baden-Baden
Thieme-Becker Xl, p. 952, tome I, p. 108-109, tome

Jenny Fikentscher, geb. Nottebohm
* 1. 6. 1669 Kattowitz, † 26. 4. 1959 Gernsbach, Stiefschwester von Gustav Kampmann
Thieme-Becker XI, S. 551, Band I, S. 110-111, Band II, S. 140-143; Die Grötzinger Malerkolonie S. 75 f.

Franz Hein
* 30. 11. 1863 Hamburg-Altona,
† 21. 10. 1927 Leipzig
Thieme-Becker XVI, S. 284-286, Band I, S. 45-102, Band II, S. 109-115; Die Grötzinger Malerkolonie S. 79 ff.; Leo Mülfahrt: Kleines Lexikon Karlsruher Maler, Karlsruhe 1980, S. 56 f. Autobiographie: Wille und Weg, Leipzig 1924.

Franz Xaver Hoch
* 20. 5. 1869 Freiburg, † 17. 6. 1916 Vogesen
Thieme-Becker XVII S. 163; Leo Mülfahrt, S. 148.

Friedrich Kallmorgen
* 15. 11. 1856, † 2. 6. 1924 Grötzingen
Thieme-Becker XVII, S.163-165, Band I, S. 120-121, Band II, S. 123-127; Die Grötzinger Malerkolonie S. 87 ff. Friedrich Kallmorgen 1856-1924, Ausstellungskatalog Hamburg 1981.

Margarethe Hormuth-Kallmorgen
* 22. 8. 1858 Heidelberg, † 7. 7. 1916 Heidelberg
Thieme-Becker XVII, S. 513, Band I, S. 122-123, Band II, S. 129-131; Gisela Nehring-Knab: Margarethe Hormuth-Kallmorgen. Lebensbild einer Blumenmalerin, Karlsruhe 1994.

Gustav Kampmann
*30. 9. 1859 Boppard,
† 12. 80 1917 Bad Godesberg
Thieme-Becker XIX, S. 509-511, Band I, S. 112-119, Band II, S. 132-135; Die Grötzinger Malerkolonie S. 101 ff.; Stefan Borchardt (Hg.): Gustav Kampmann. Zwischen Tag und Nacht. Gemälde, Zeichnungen, Lithographien, Beuron 2010.

II, p. 136-139 ; *Die Grötzinger Malerkolonie* (La colonie de peintres de Grötzingen) p. 77 et suiv.

Jenny Fikentscher, née Nottebohm
Née le 01-06-1669 à Kattowitz, † 26-04-1959 à Gernsbach, belle-sœur de Gustav Kampmann
Thieme-Becker XI, p. 551, tome I, p. 110-111, tome II, p. 140-143 ; *Die Grötzinger Malerkolonie* (La colonie de peintres de Grötzingen) p. 75 et suiv.

Franz Hein
Né le 30-11-1863 à Hambourg-Altona,
† le 21-10-1927 à Leipzig
Thieme-Becker XVI, p. 284-286, tome I, p. 45-102, tome II, p. 109-115 ; *Die Grötzinger Malerkolonie* (La colonie de peintres de Grötzingen) p. 79 et suiv. ; Leo Mülfahrt : *Kleines Lexikon – Karlsruher Maler* (Petit lexique – Peintres de Karlsruhe), Karlsruhe 1980, p. 56 et suiv. Autobiographie : *Wille und Weg*, Leipzig 1924.

Franz Xaver Hoch
Né le 20-05-1869 à Fribourg,
† le 17-06-1916 dans les Vosges
Thieme-Becker XVII p. 163 ; Leo Mülfahrt, p. 148.

Friedrich Kallmorgen
Né le 15-11-1856, † le 02-06-1924 à Grötzingen
Thieme-Becker XVII, p. 163-165, tome I, p. 120-121, tome II, p. 123-127 ; *Die Grötzinger Malerkolonie*, p. 87 et suiv. Friedrich Kallmorgen 1856-1924, Catalogue de l'exposition à Hambourg 1981.

Margarethe Hormuth-Kallmorgen
Née le 22-08-1858 à Heidelberg,
† le 07-07-1916 à Heidelberg
Thieme-Becker XVII, p. 513, tome I, p. 122-123, tome II, p. 129-131 ; Gisela Nehring-Knab : Margarethe Hormuth-Kallmorgen. *Lebensbild einer Blumenmalerin*, Karlsruhe 1994.

Gustav Kampmann
Né le 30-09-1859 à Boppard,
† le 12-08-1917 à Bad Godesberg
Thieme-Becker XIX, p. 509-511, tome I, p. 112-119, tome II, p. 132-135 ; *Die Grötzinger Malerkolonie* (La colonie de peintres de Grötzingen) p. 101 et suiv. ; Stefan Borchardt (éd.) : Gustav Kampmann. *Zwischen Tag und Nacht. Gemälde, Zeichnungen, Lithographien*, Beuron 2010.

Adolf Luntz
* 27. 1. 1875 Wien, † 14. 2. 1934 Karlsruhe
Thieme-Becker XXIII, S. 472; Leo Mülfahrt: Kleines Lexikon Karlsruher Maler, Karlsruhe 1980, S. 82 f.

Charles Spindler
* 11. 3. 1865 Börsch, † 3. 3. 1938 Leopoldsau
Thieme-Becker XXXI, S. 382, Band I, S. 180-181; Alphonse Traestler / Michel Loetscher: Charles Spindler. L'age d'or d'un artiste en Alsace, Nancy 2009.

Hans Thoma
* 2. 10. 1839 Bernau, † 7. 110 1924 Karlsruhe
Thieme-Becker XXXIII, S. 47-51; Augustinermuseum Freiburg (Hg.): Hans Thoma. Lebensbilder. Gemäldeausstellung zum 150. Geburtstag, Königstein/Taunus 1989; Frank Engehausen (Hg.): Hans Thoma (1839-1924), Zur Rezeption des badischen Künstlers im Nationalsozialismus und in der Nachkriegszeit, Ostfildern 2022.

Hans von Volkmann
* 19. 5. 1860 Halle, † 29. 4. 1927 Halle
Thieme-Becker XXXIV, S. 522 f., Band I, S. 124-125, Band II; Leo Mülfahrt: Kleines Lexikon Karlsruher Maler, Karlsruhe 1980, S.115.

Paul Welsch
* 26.7.1889 Straßburg, † 16. 6. 1954 Paris
Thieme-Becker 35, S. 363, Band I, S. 184-185; Pia Wendling: Paul Welsch 1869-1954. in: Musée Historique, Hagenau 2006.

Charles Zipper
* 9. 12. 1870 Straßburg, † 17. 3. 1954 Paris
François Lotz: Artistes Peintres alsaciens de jadis et de naguère, S. 365.

Adolf Luntz
Né le 27-01-1875 à Vienne,
† le 14-02-1934 à Karlsruhe
Thieme-Becker XXIII, p. 472 ; Leo Mülfahrt, p. 82.

Charles Spindler
Né le 11-03-1865 à Boersch,
† le 03-03-1938 à Saint-Léonard
Thieme-Becker XXXI, p. 382, tome I, p. 180-181; Alphonse Traestler / Michel Loetscher : Charles Spindler. Nancy 2009.

Hans Thoma
Né le 02-10-1839 à Bernau,
† le 07-11-1924 à Karlsruhe
Thieme-Becker XXXIII, p. 47-51 ; *Augustinermuseum Freiburg* (Musée des Augustins Fribourg) (éd.) : Hans Thoma. *Lebensbilder* (Biographie). Exposition de peinture à l'occasion du 150e anniversaire, Königstein/Taunus 1989 ; Frank Engehausen (éd.) : Hans Thoma (1839-1924), *Zur Rezeption des badischen Künstlers im Nationalsozialismus und in der Nachkriegszeit*, Ostfildern 2022.

Hans von Volkmann
Né le 19-05-1860 à Halle, † le 29-04-1927 à Halle
Thieme-Becker XXXIV, p. 522 et suiv., tome I, p. 124-125, tome II ; Leo Mülfahrt, p.115.

Paul Welsch
Né le 26-07-1889 à Strasbourg,
† le 16-06-1954 à Paris
Thieme-Becker 35, p. 363, tome I, p. 184-185 ; Pia Wendling : Paul Welsch 1869-1954 ; dans : Musée Historique, Haguenau 2006.

Charles Zipper
Né le 09-12-1870 à Strasbourg,
† 17. 3. 1954 à Paris
François Lotz: Artistes Peintres alsaciens de jadis et de naguère, p. 365.

Wie Steindruck entsteht, *réalisation de la lithographie*

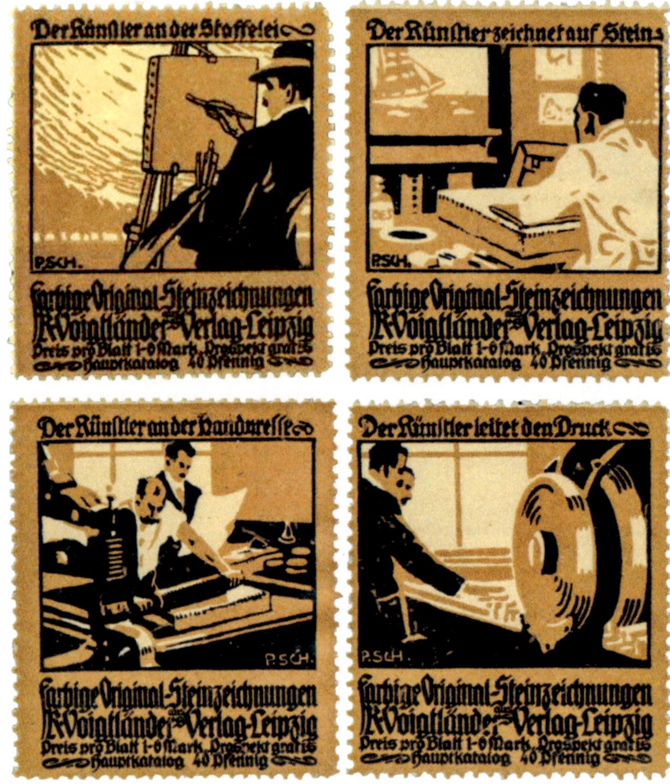


Wo Lithographie verwendet wird, *utilisation de la lithographie*

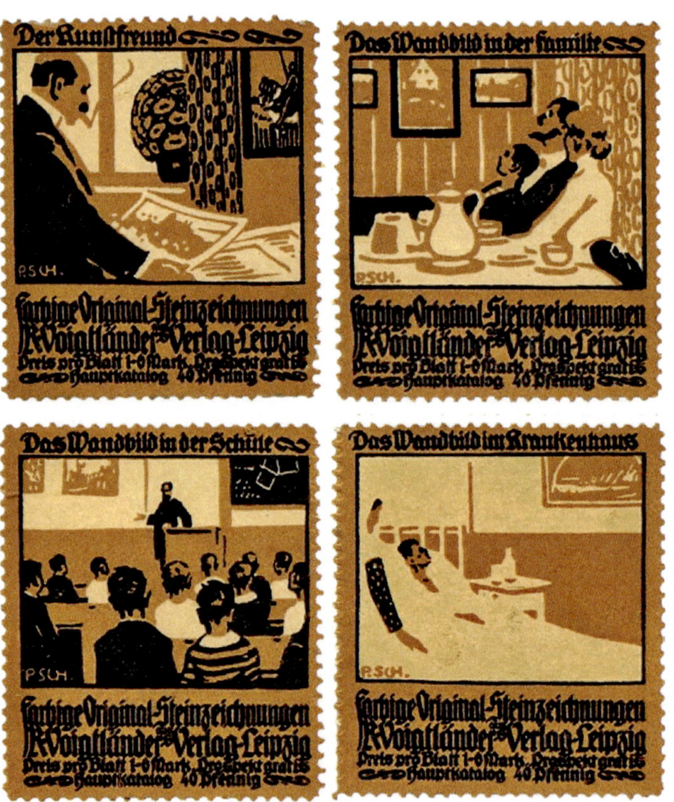


Paul Schneider (1884-1969), 1910, Briefverschlussmarken, Voigtländer

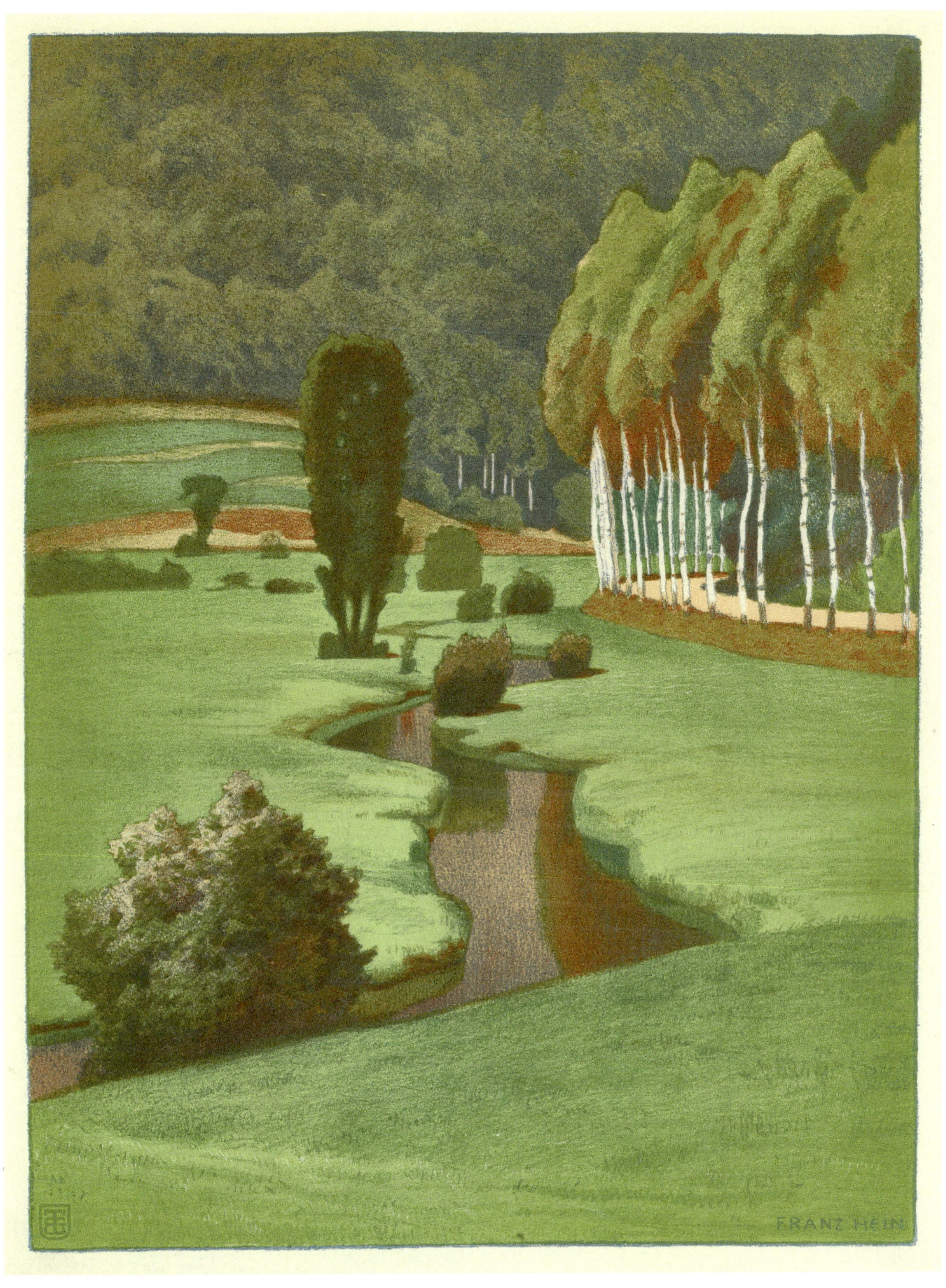


Franz Hein (1863-1927), Das Tal (bei Niedersteinbach), *la vallée*,
57 x 44 cm, um 1910, Teubner

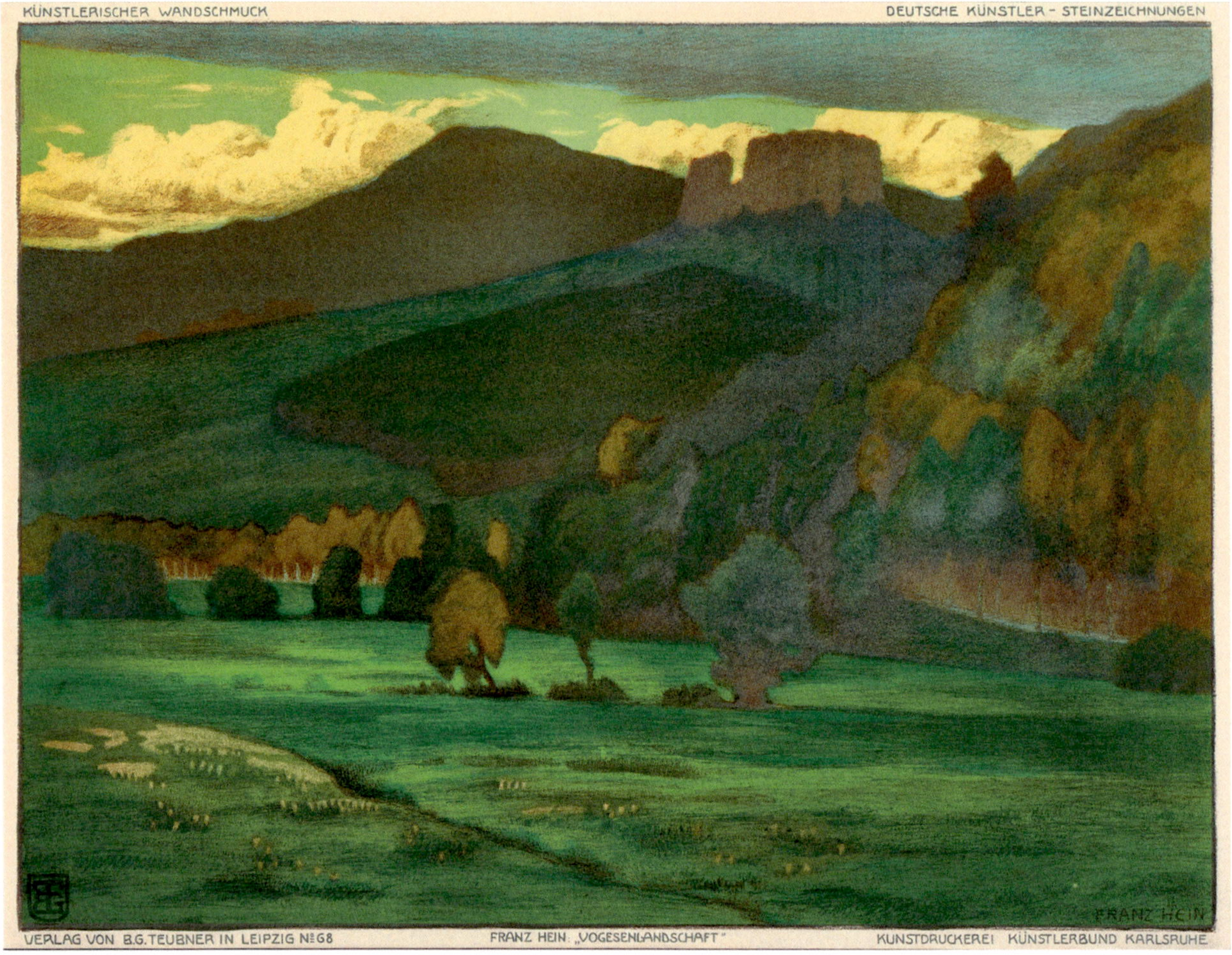

Franz Hein, Vogesenlandschaft, *paysage des Vosges*,
Sig. FRANZ HEIN, 55,5 x 76 cm, 1907, KKK Teubner

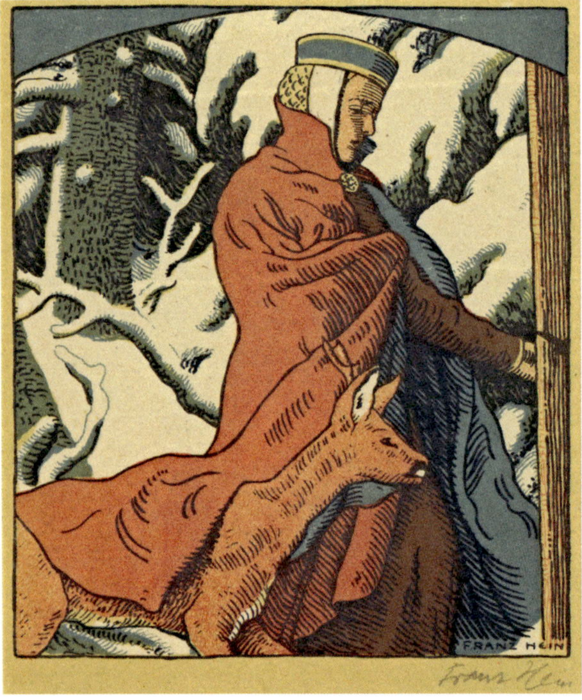


Franz Hein Kopie, Der Winter, *l'hiver*, Sig. Franz Hein,
20 x 18 cm, 1902, KKK

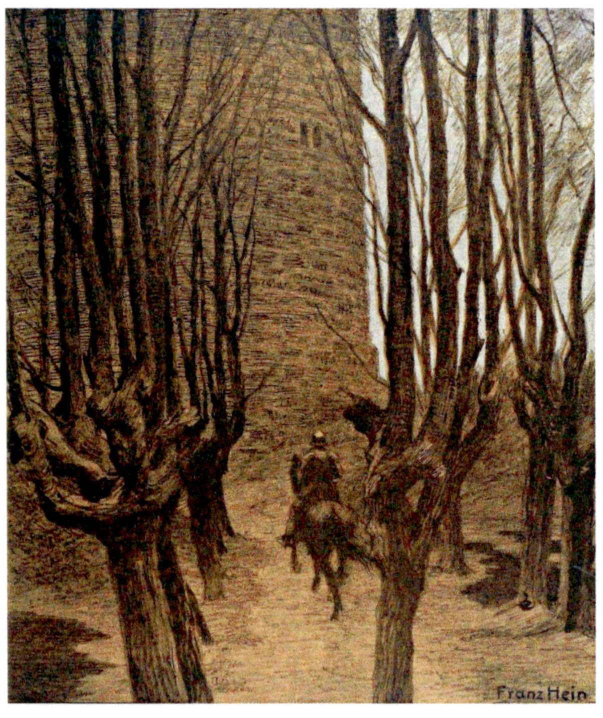


Franz Hein, Der Reiter, *le chevalier*, Sig. Franz Hein,
33 x 29 cm, 1902, Teubner

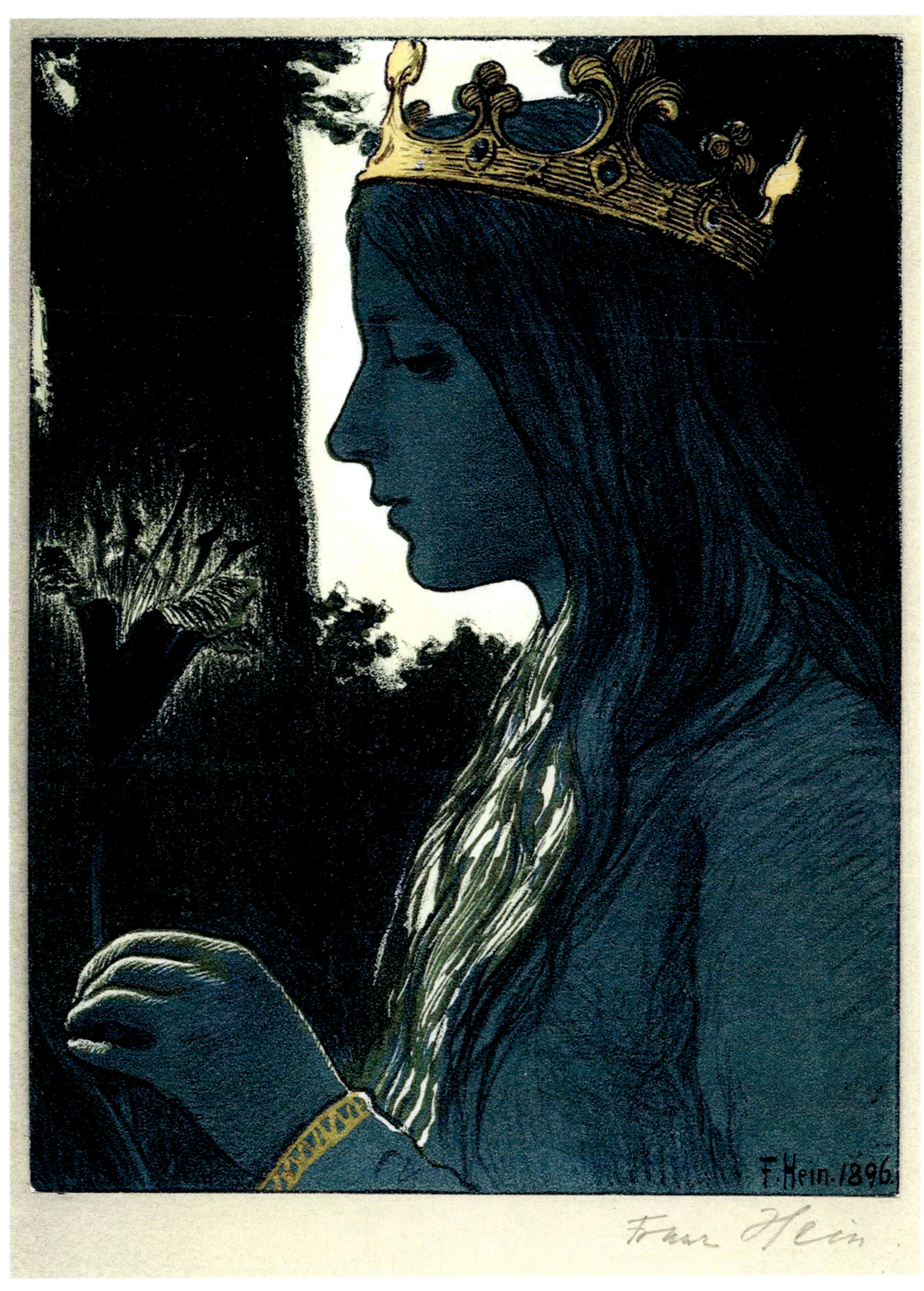


Franz Hein, Die Wunderblume, *la fleur merveilleuse,*
24,5 x 19 cm, 1896, KKK

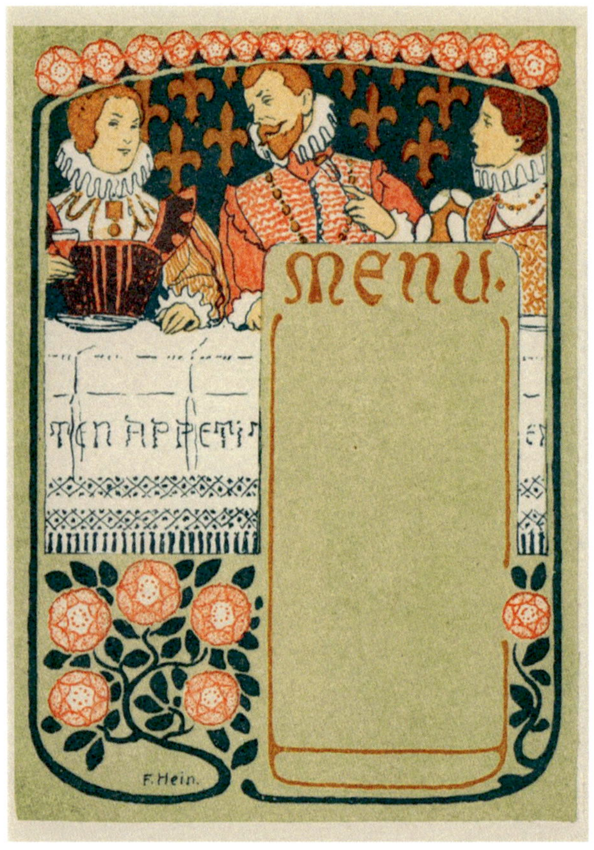


Franz Hein, Menu, 17,6 x 12 cm, KKK

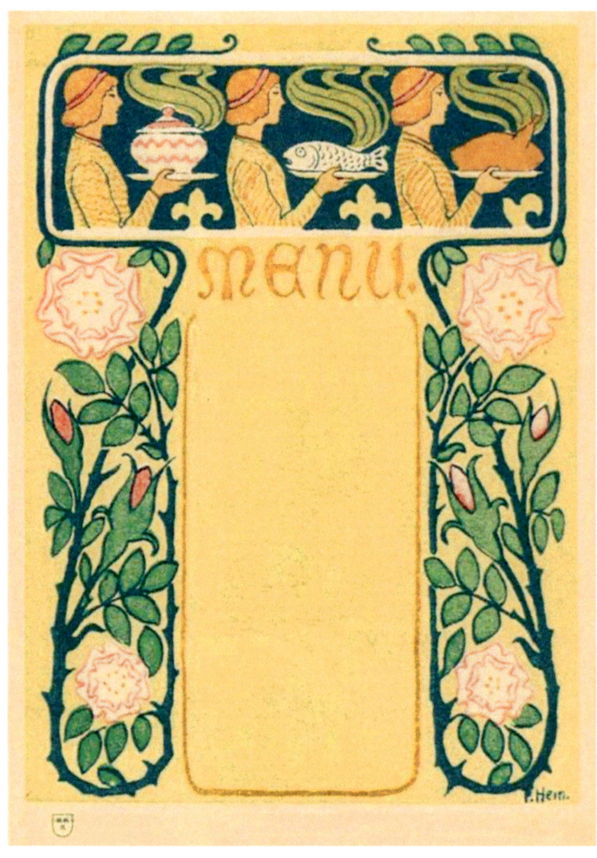


Franz Hein, Menu 17,6 x 12 cm, KKK

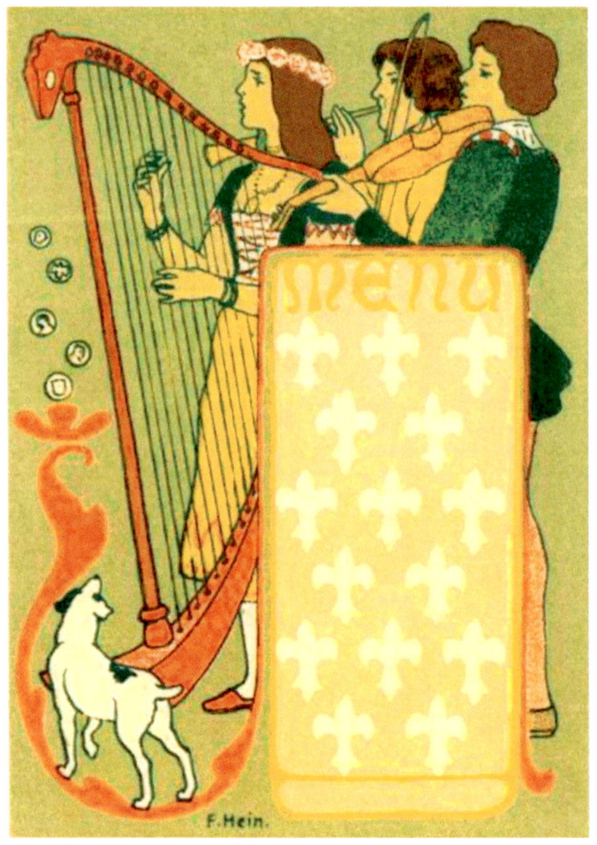


Franz Hein, Menu, 17,6 x 12 cm, KKK

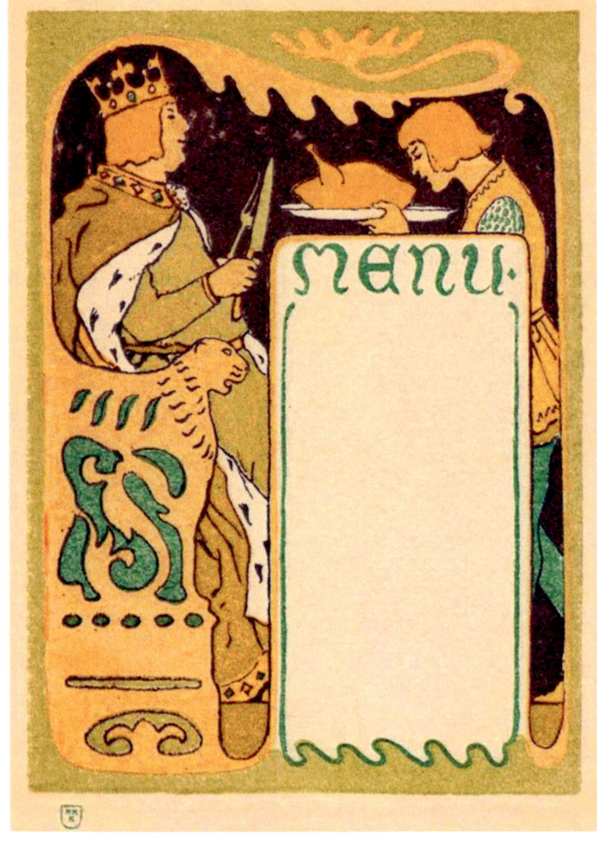


Franz Hein, Menu, 17,6 x 12 cm, KKK

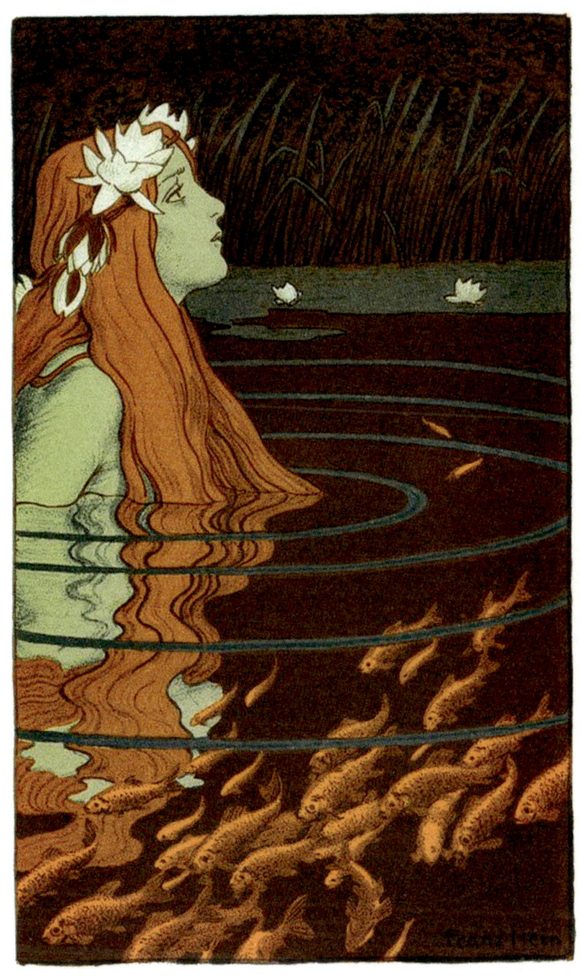

Franz Hein, Die Nixe im Goldfischteich, *l'ondine et les poissons rouges*, 21,4 x 13,1 cm, 1900, KKK

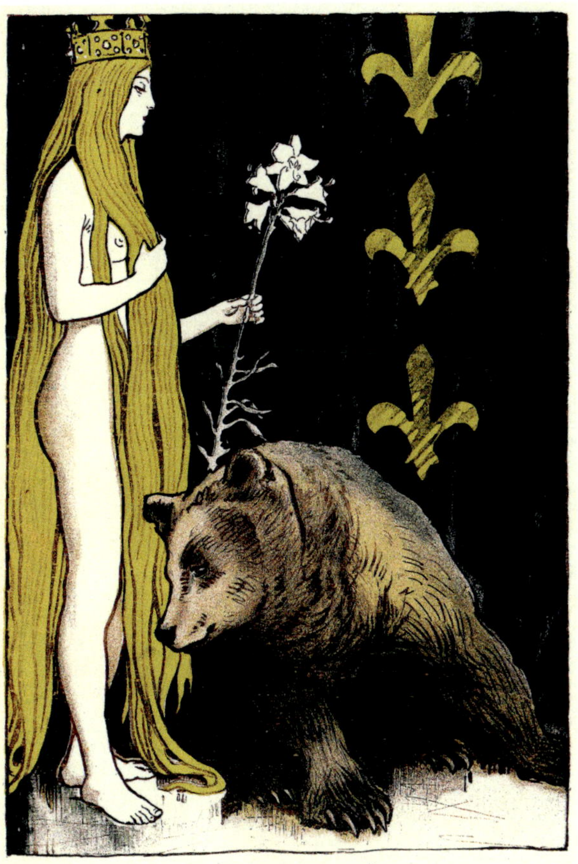

Franz Hein, Der Bär und die Prinzessin, *l'ours et la princesse*, 14 x 9 cm, 1899, KKK

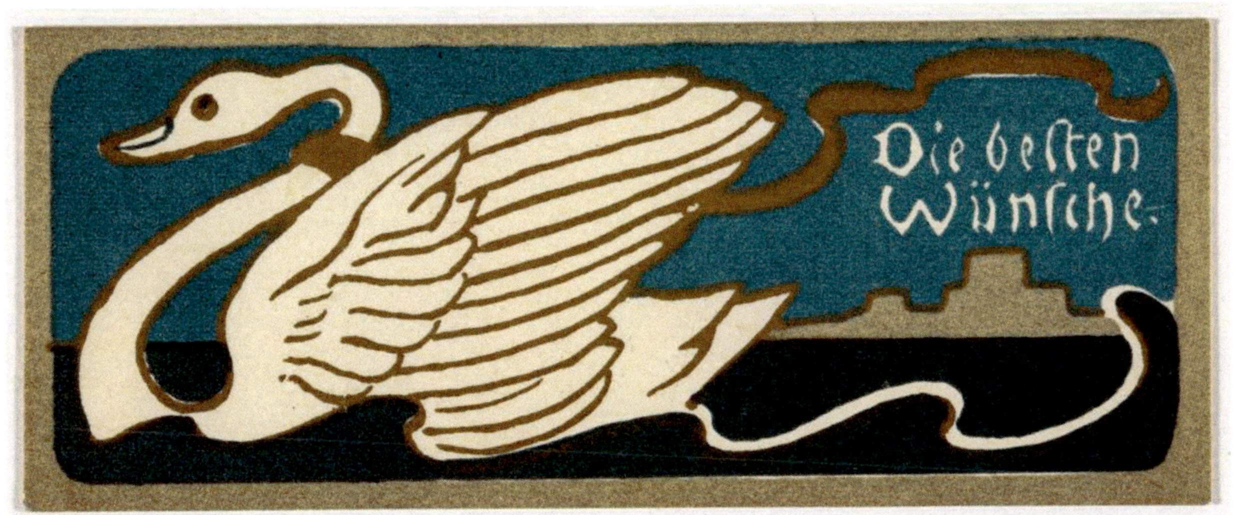


Franz Hein, Glückwunschkarte, *carte des voeux*, KKK

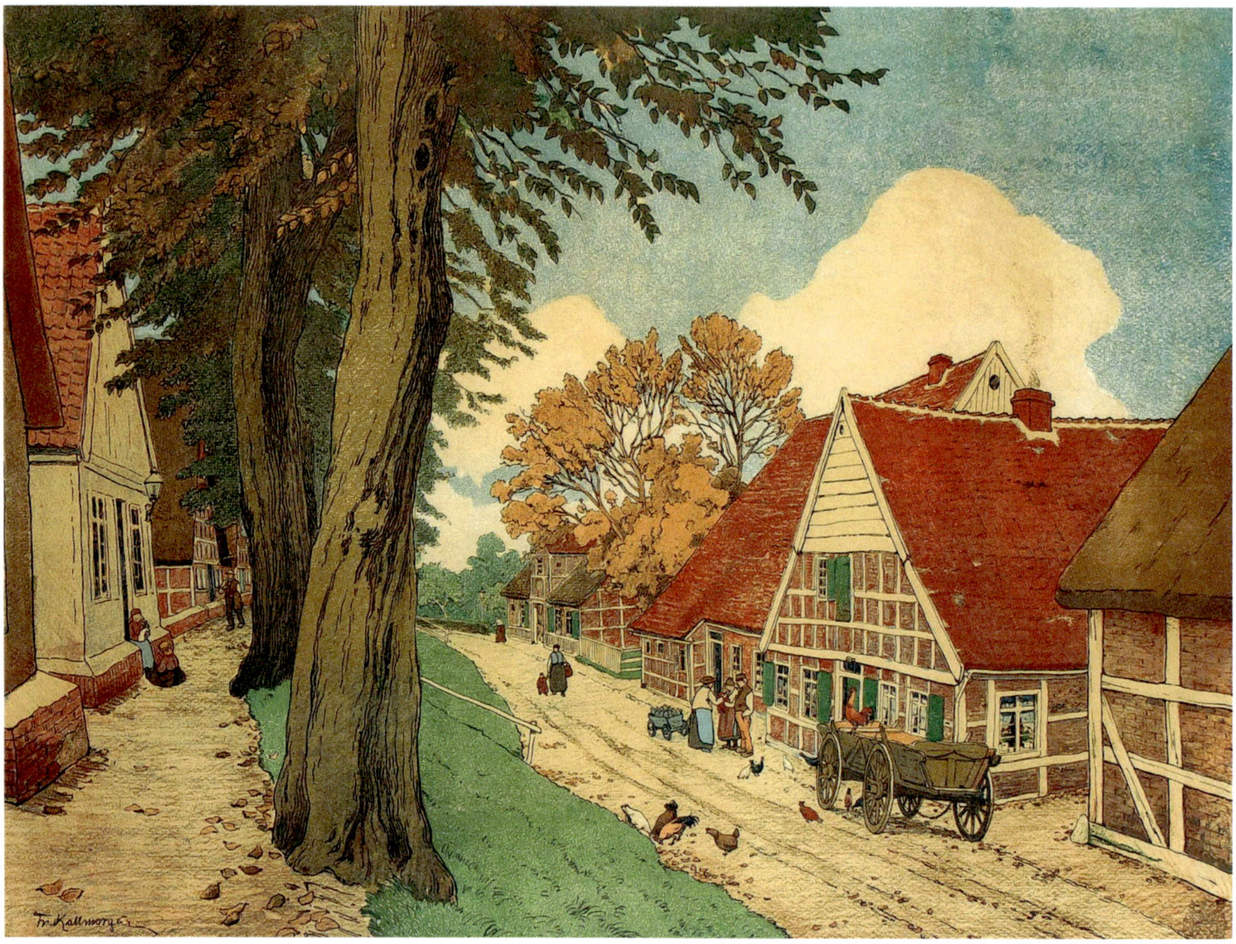

Friedrich Kallmorgen (1856-1924), Niederdeutsches Dorf, *village du nord de l'Allemagne*, 75 x 55 cm, 1901, Voigtländer

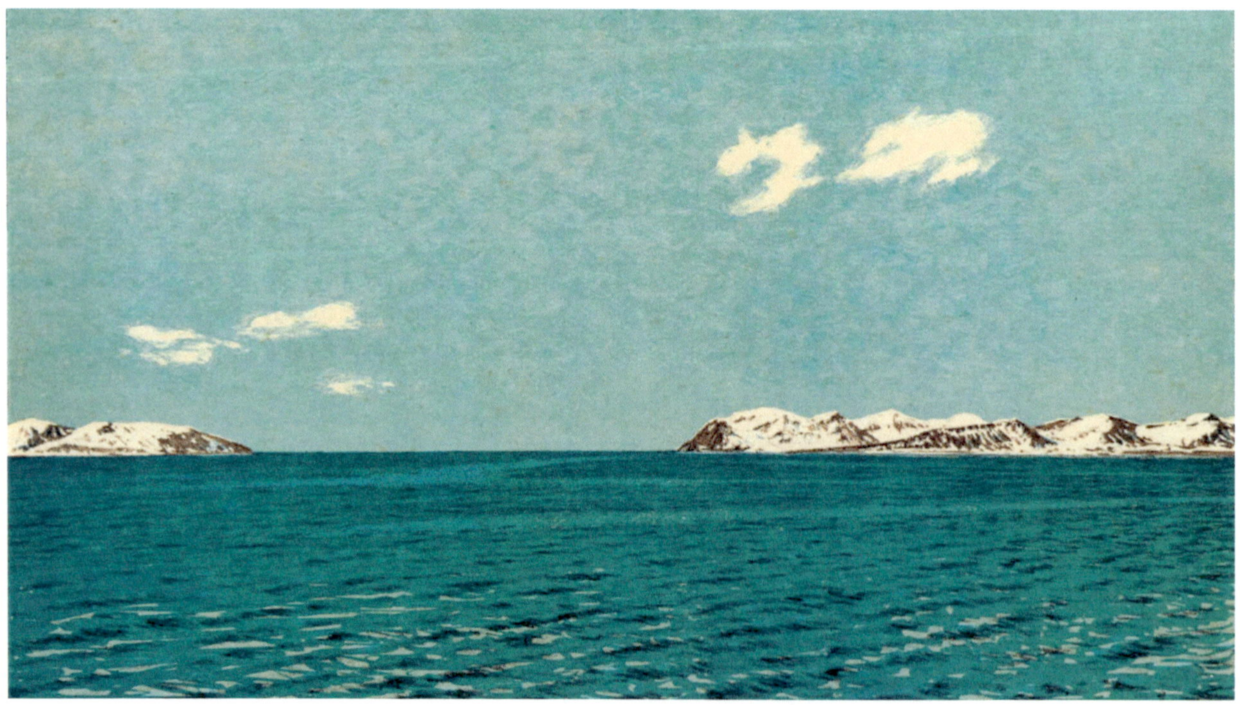

Friedrich Kallmorgen, Spitzbergen, Sig. Ins Meer hinaus!, 19,8 x 35,8 cm, 1898, KKK

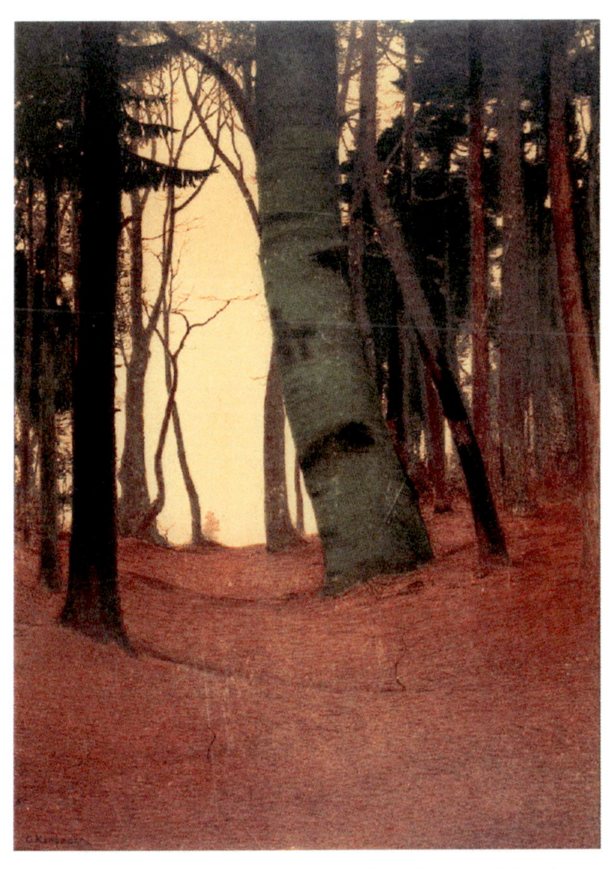

Gustav Kampmann (1859-1917), Abend im Wald, *à la tombée de la nuit,* Sig. G. Kampmann, 75,3 x 55,1 cm, 1905, KKK

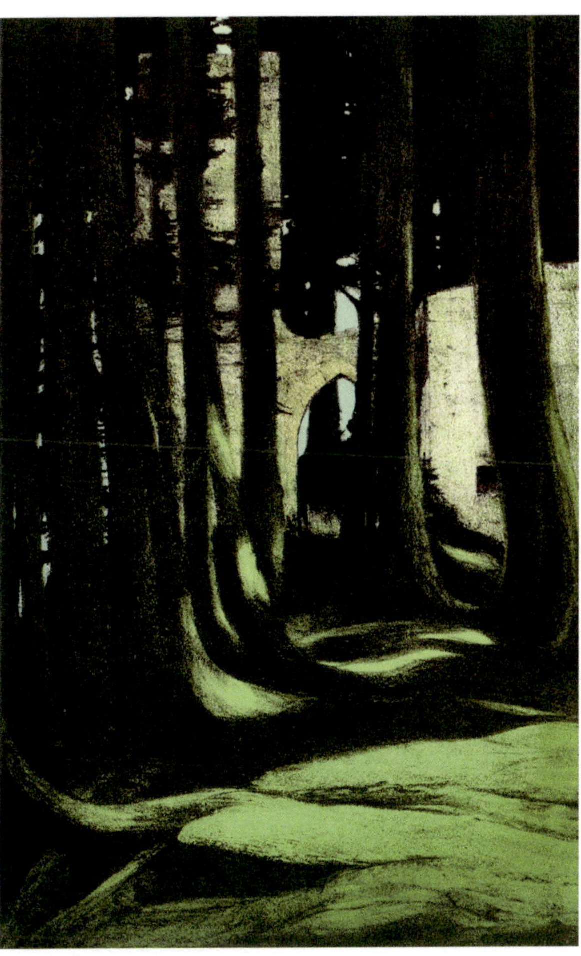

Gustav Kampmann, Ruine im Walde, *ruine en forêt,* 44,5 x 28,5 cm, 1898, Verein für vervielfältigende Kunst, Wien

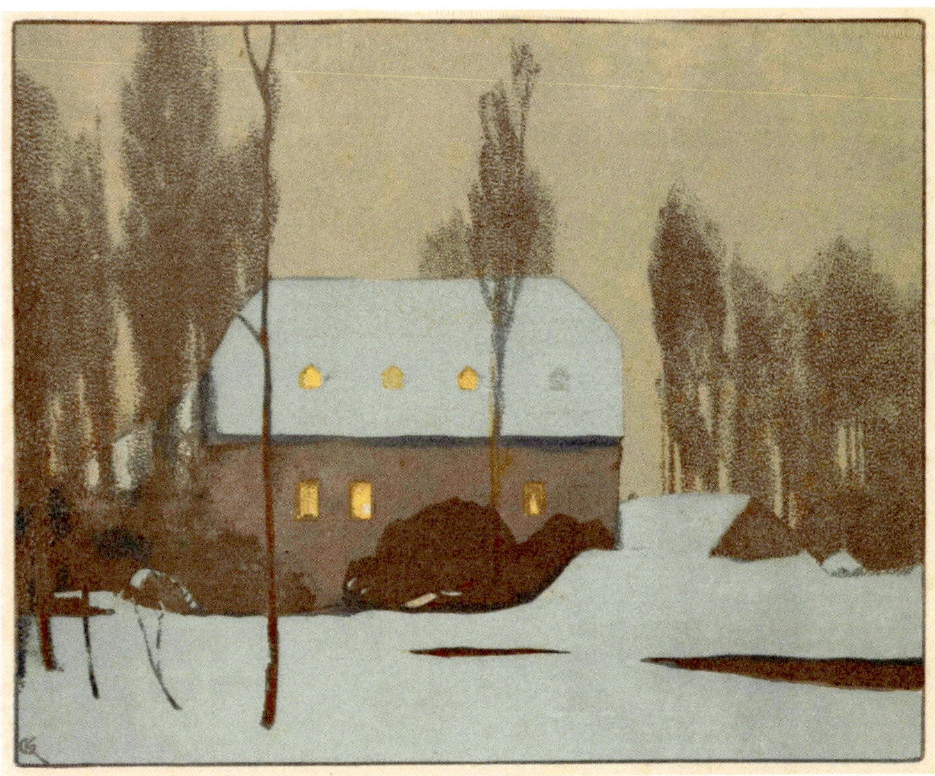

Gustav Kampmann, Im Zwielicht, *à la mi-journée*, 19,7 x 24,8 cm, 1900, KKK

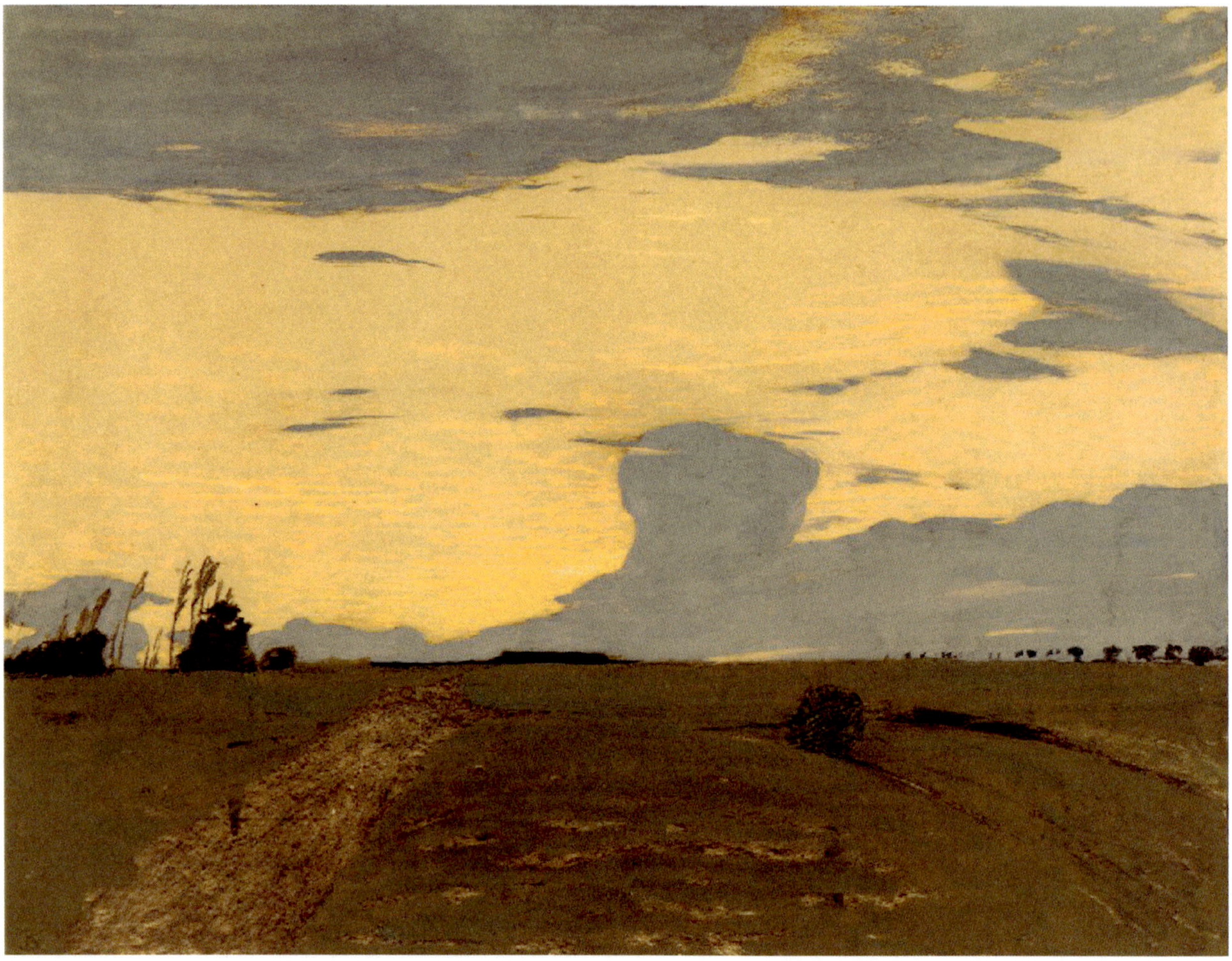

Gustav Kampmann, Abendwolken, *nuages du soir,* 1902, 54,8 x 72 cm, KKK Voigtländer

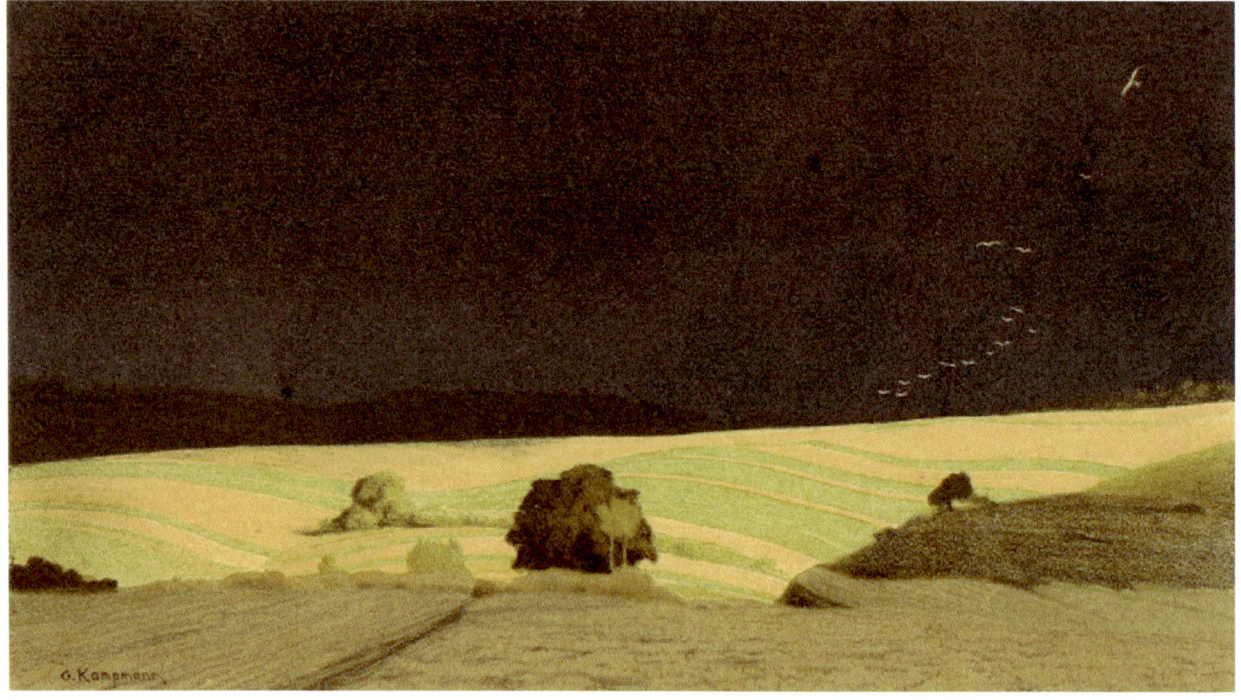

Gustav Kampmann, Sig. G. Kampmann, Im Sonnenschein, *rayons de soleil,*
20 x 36,7 cm, KKK

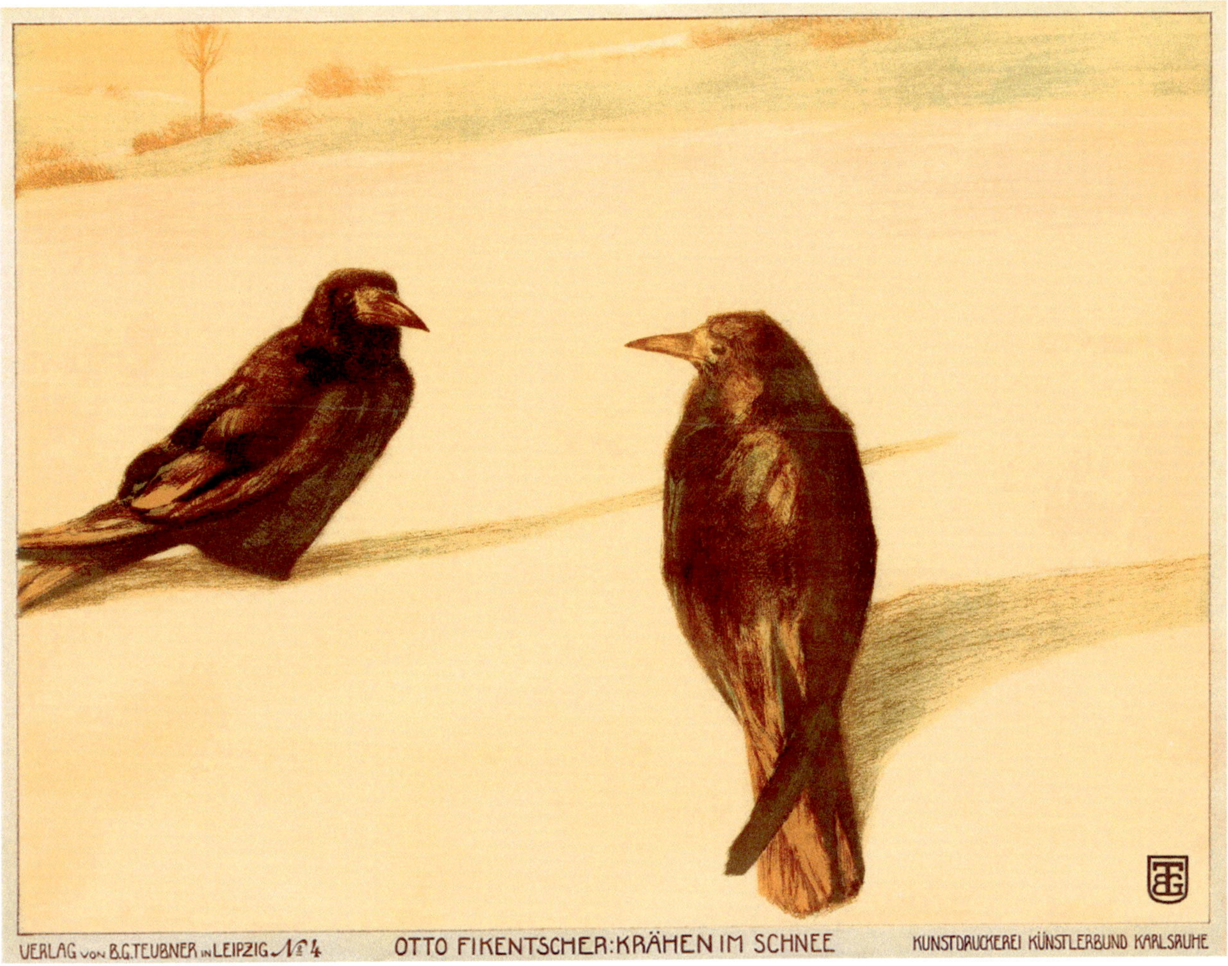

Otto Fikentscher (1862-1945), Krähen im Schnee, *corbeaux dans la neige*, Sig. Otto Fikentscher, 55,7 x 75,5 cm, KKK Teubner

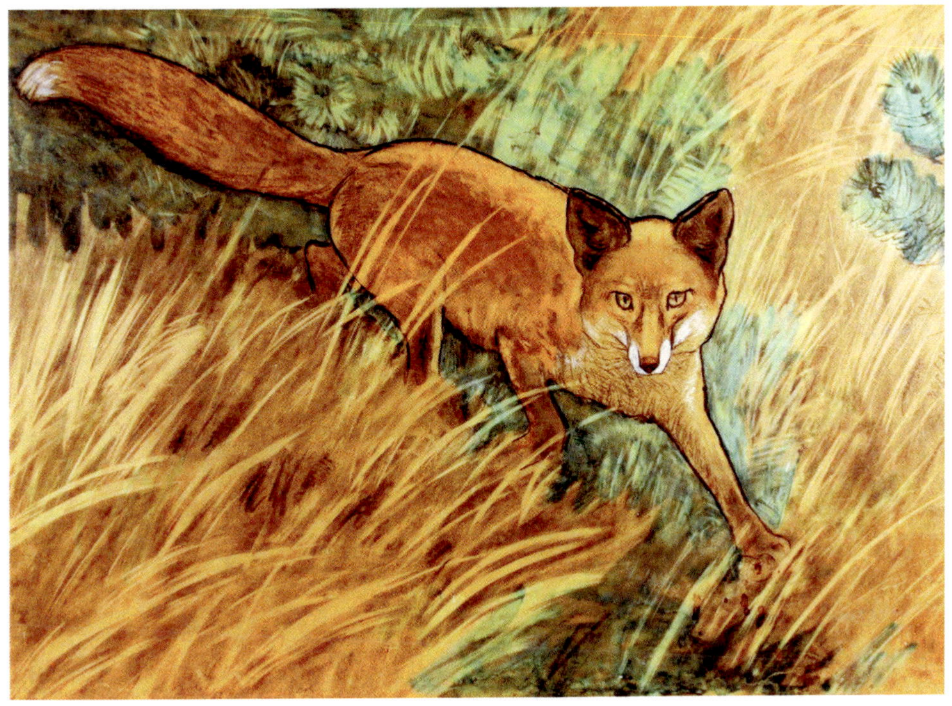

Otto Fikentscher, Fuchs im Ried, *renard dans le Ried*
99 x 69 cm, KKK

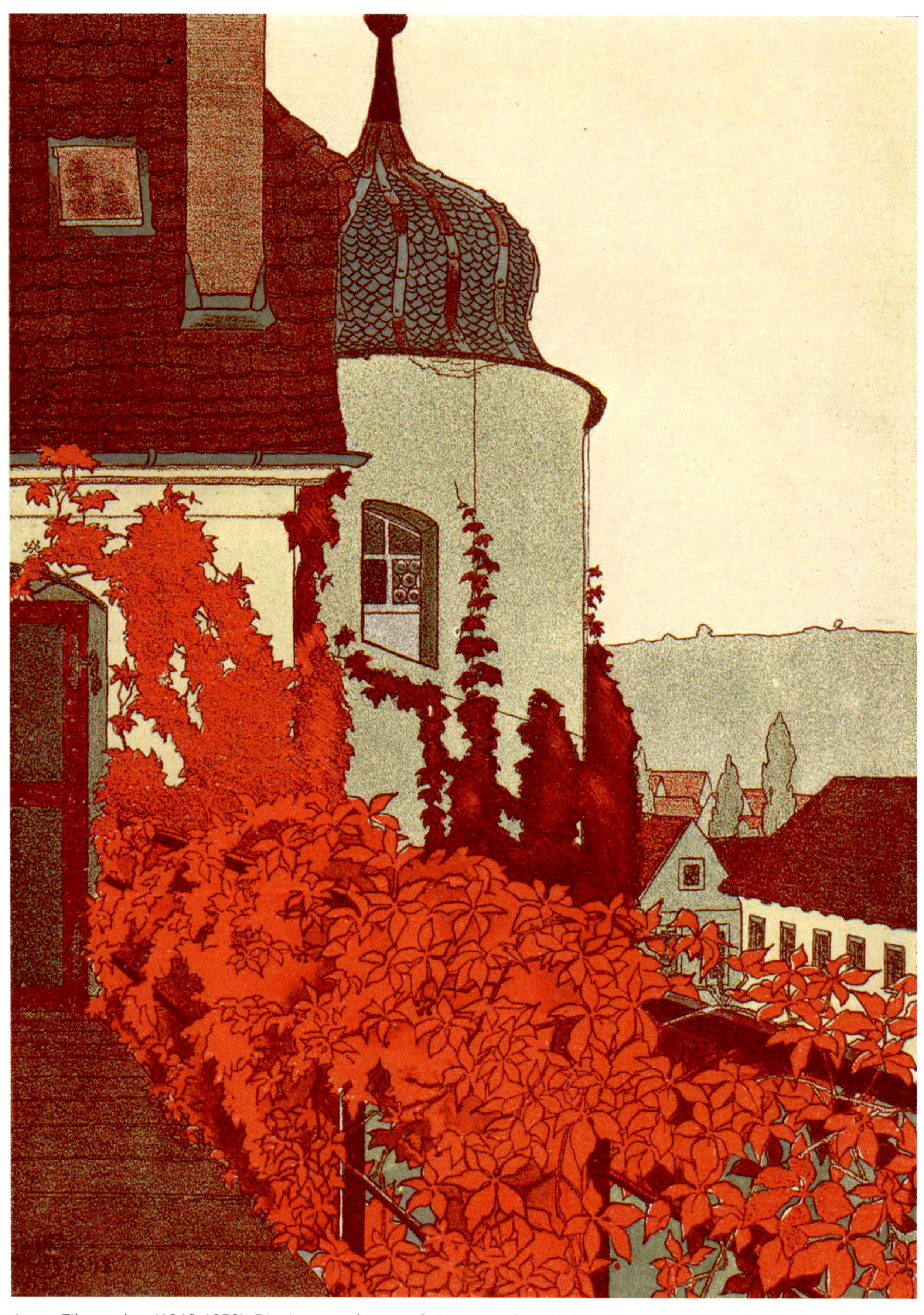

Jenny Fikentscher (1869-1959), Die Augustenburg in Grötzingen, Sig. JF, 30 x 23,5 cm, 1898, KKK

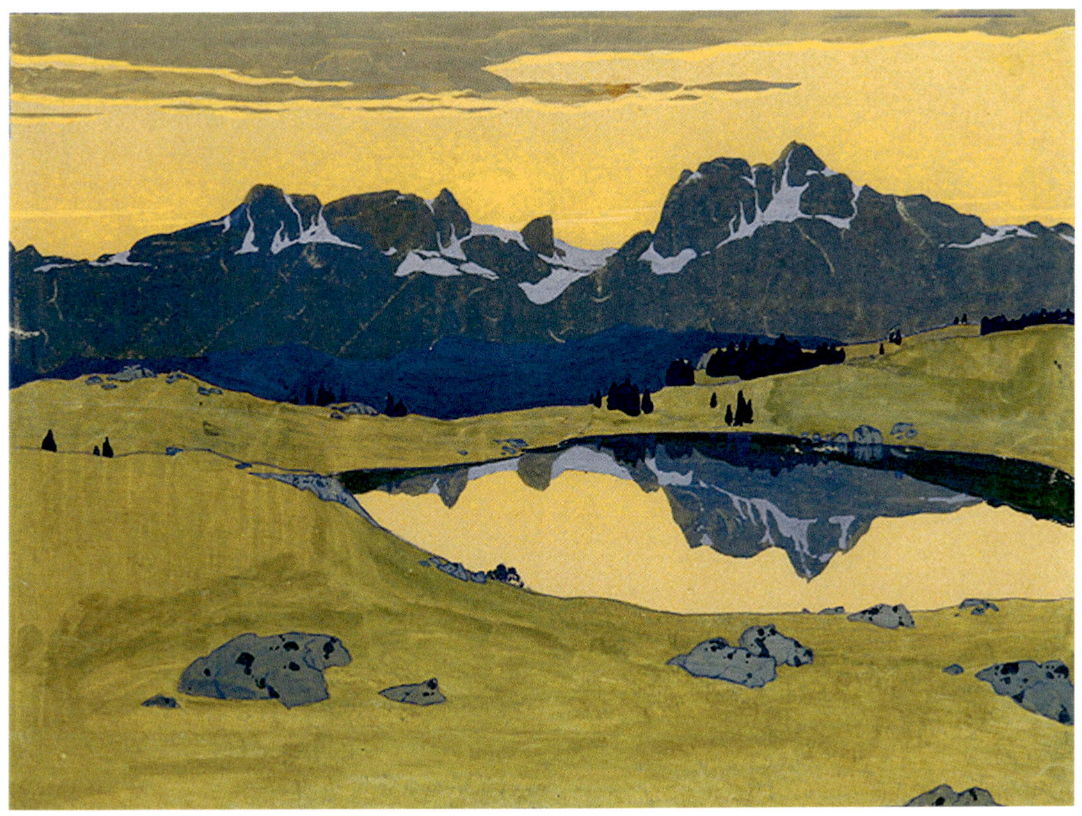

Franz Xaver Hoch (1869-1916), Morgen im Hochgebirge, *levée du jour à la montagne,*
55 x 75 cm, 1901, Teubner

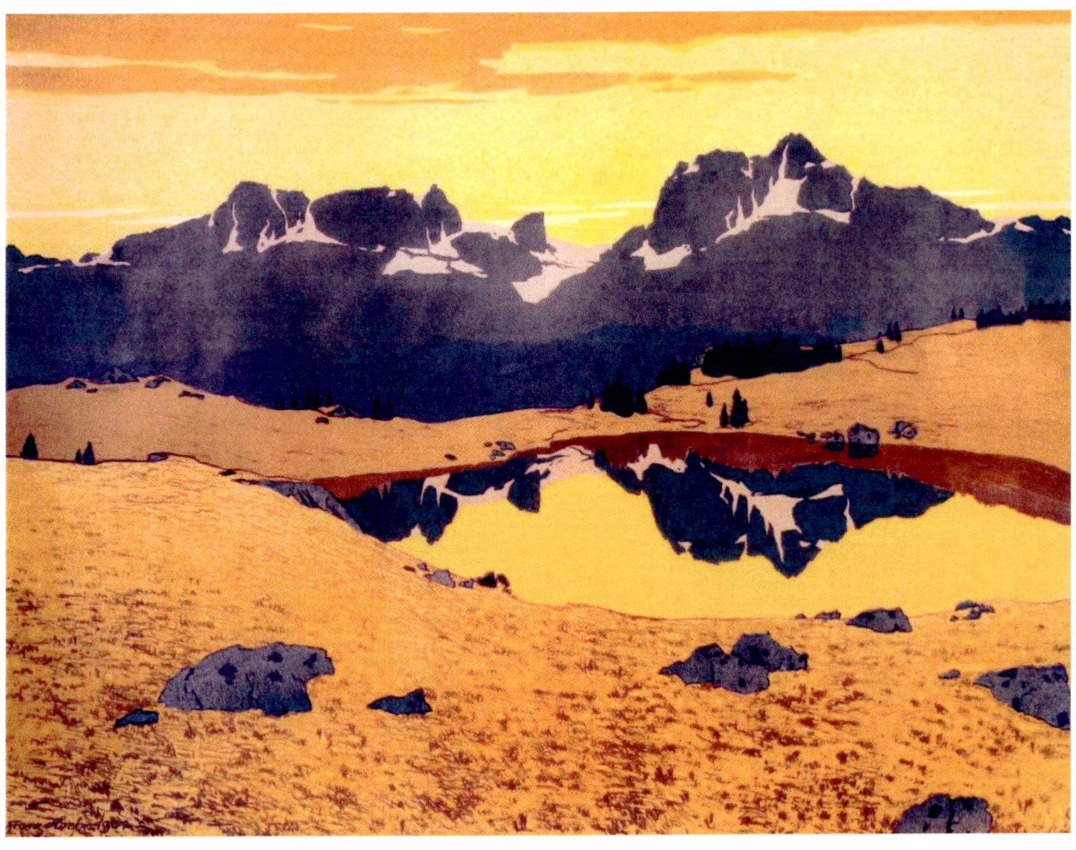

Franz Xaver Hoch, Morgen im Hochgebirge, *levée du jour à la montagne,*
55 x 75 cm, 1901, Teubner

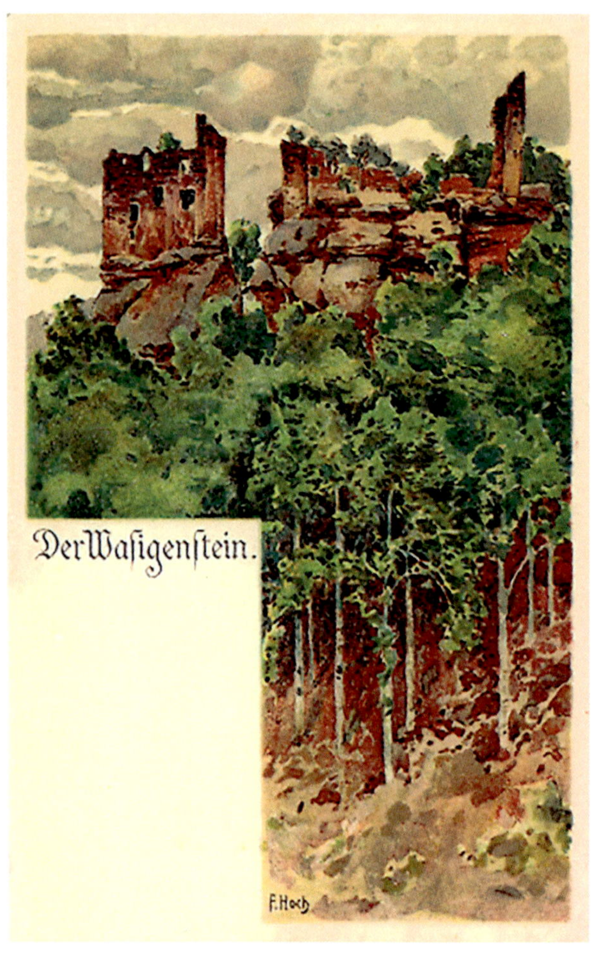


Franz X. Hoch, Der Wasigenstein, Sig. F. Hoch, 15 x 10 cm, 1899, Kunstverlag Velten Karlsruhe

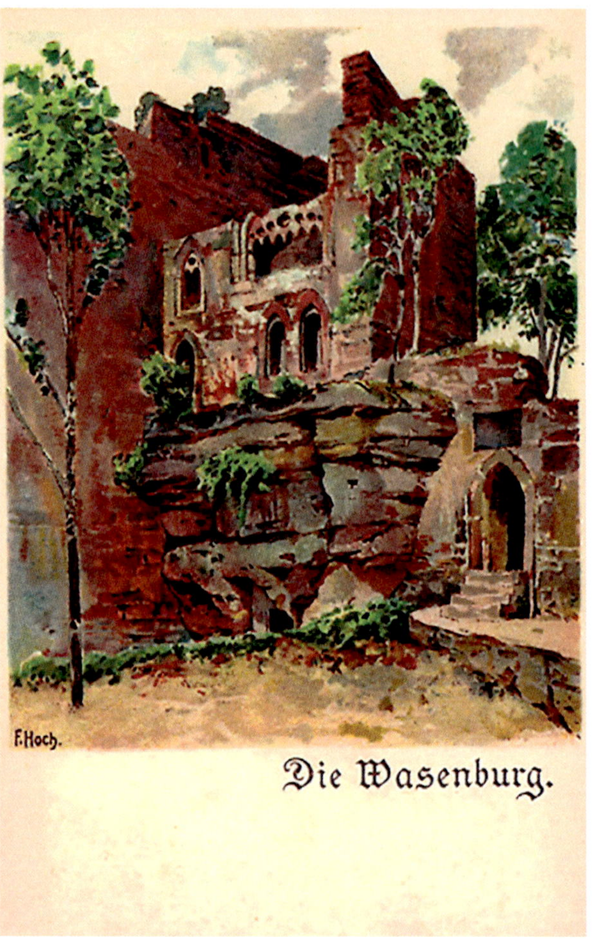


Franz X. Hoch, Die Wasenburg, Sig. F. Hoch, 15 x 10 cm, 1899, Kunstverlag Velten Karlsruhe

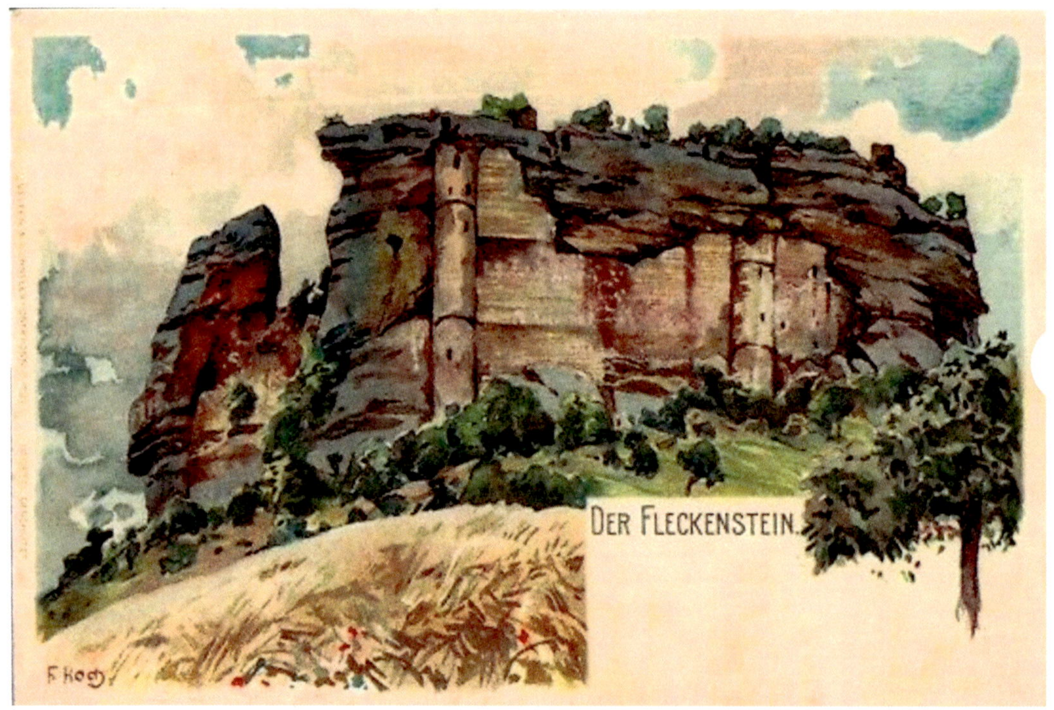


Franz Xaver Hoch, Der Fleckenstein, Sig. F. Hoch, 10 x 15 cm, 1899, Kunstverlag Velten Karlsruhe

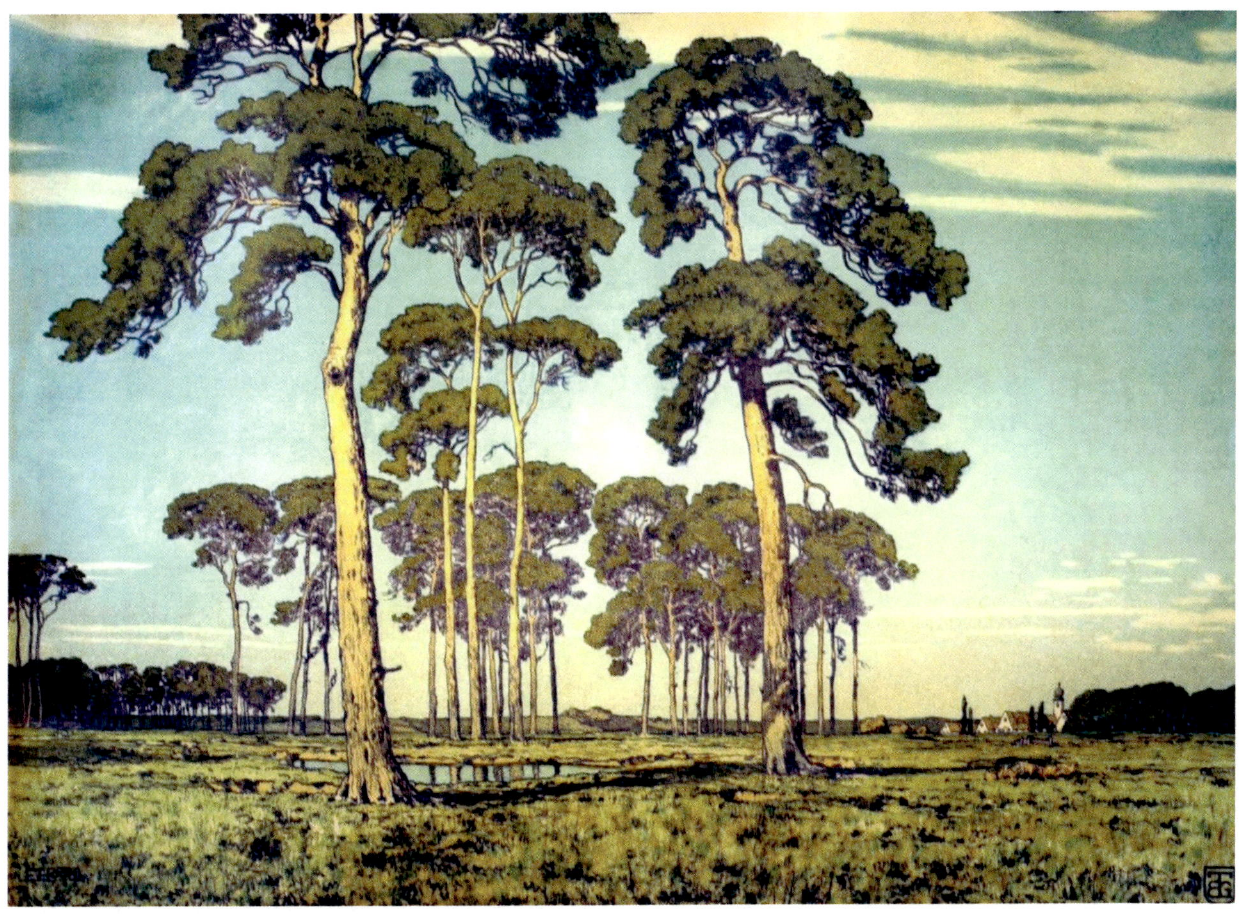

Franz Xaver Hoch, Kiefern, *pins*, 70 x 60 cm, 1905, Teubner

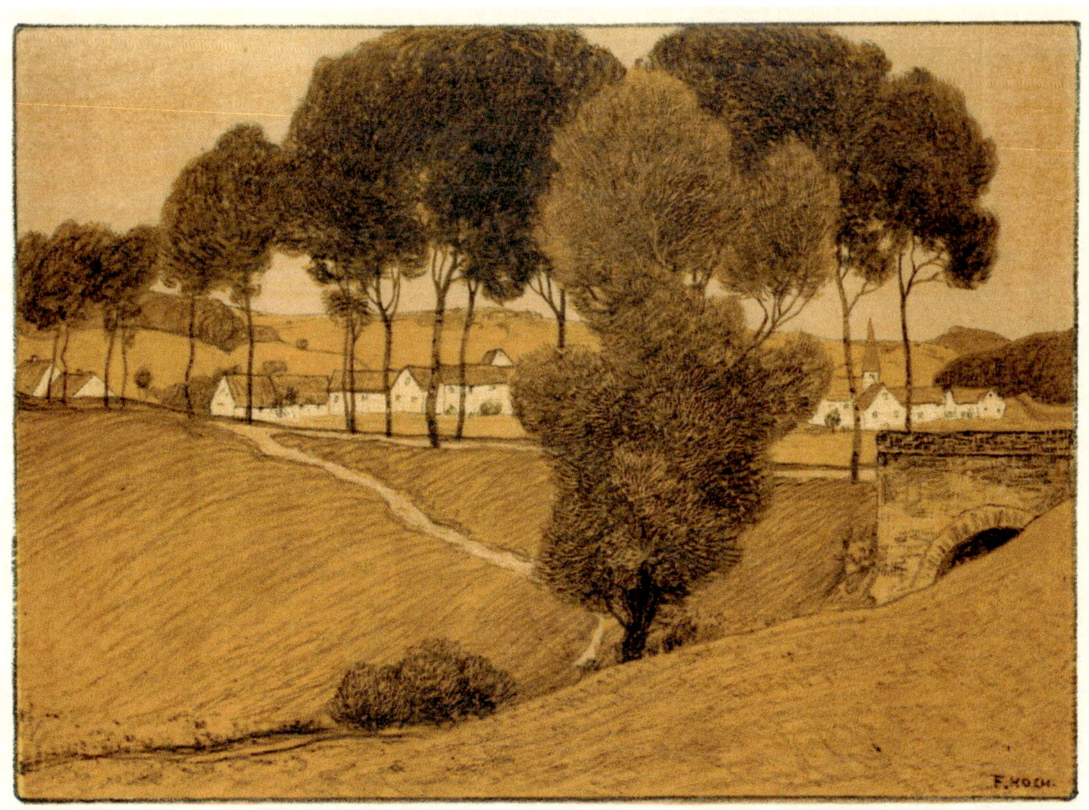



Franz Xaver Hoch, Sig. F. Hoch, München, Trübes Wetter, *triste temps*, 39 x 50,6 cm

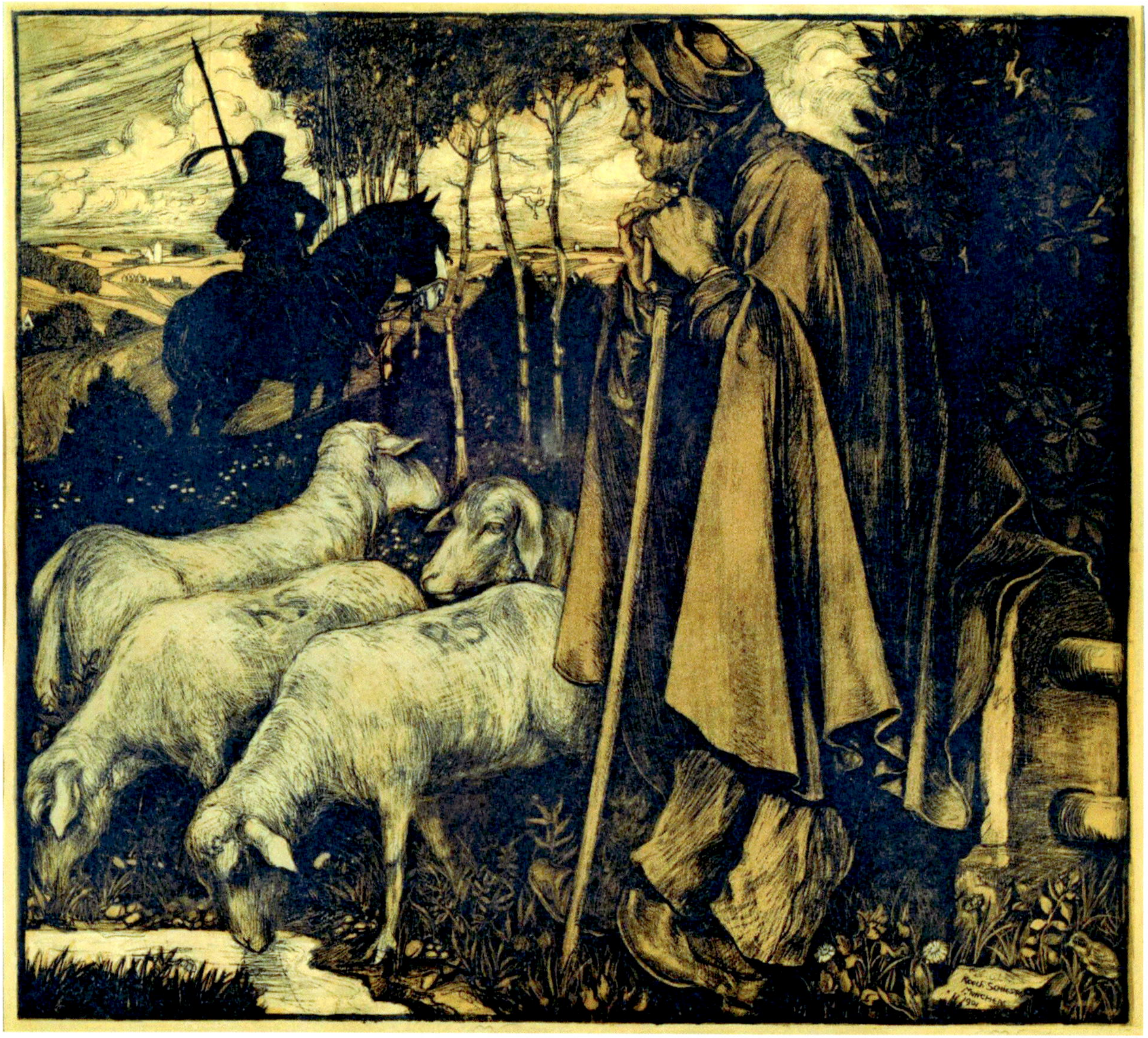

Rudolf Schiestl (1878-1931), Der Schäfer, le berger, Sig. RUDOLF SCHIESTL MÜNCHEN 1901, 56,5 x 63,5 cm, Köhler

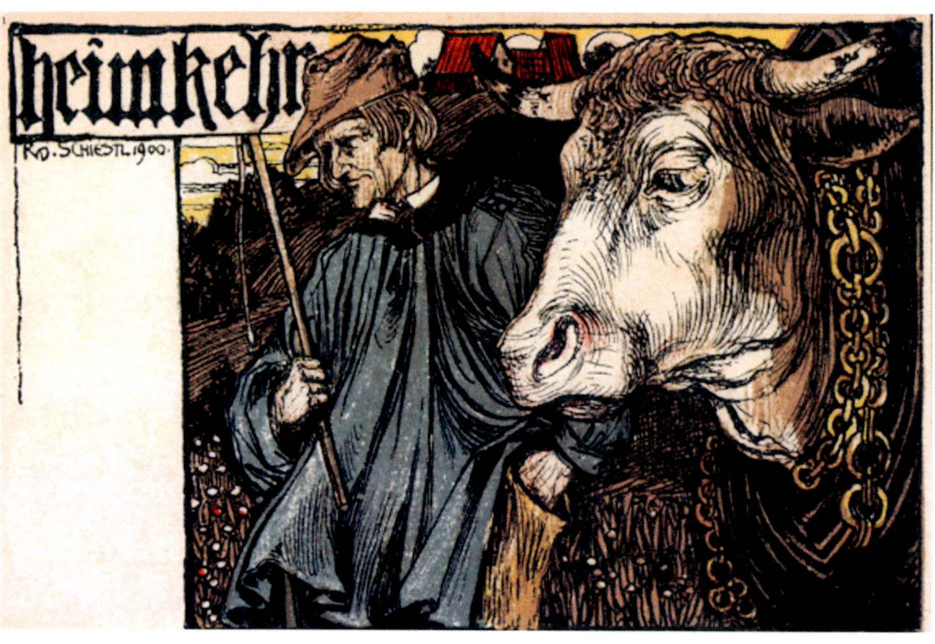


Rudolf Schiestl, Heimkehr, le retour, Sig. RD SCHIESTL 1900, 11 x 15 cm, Köhler

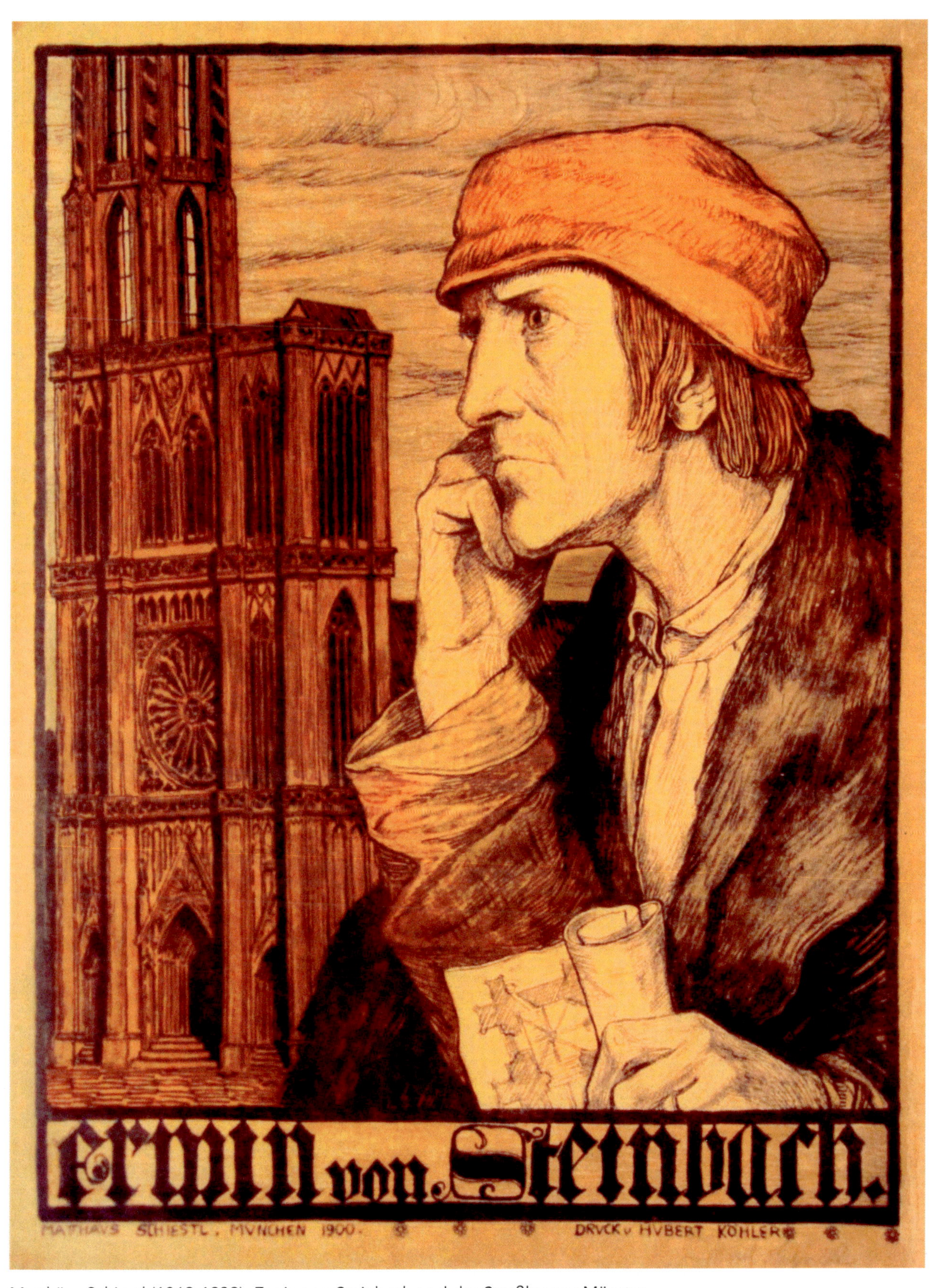


Matthäus Schiestl (1869-1939), Erwin von Steinbach und das Straßburger Münster,
*Erwin de Steinbach et la cathédrale de Strasbourg*, 1900, Köhler

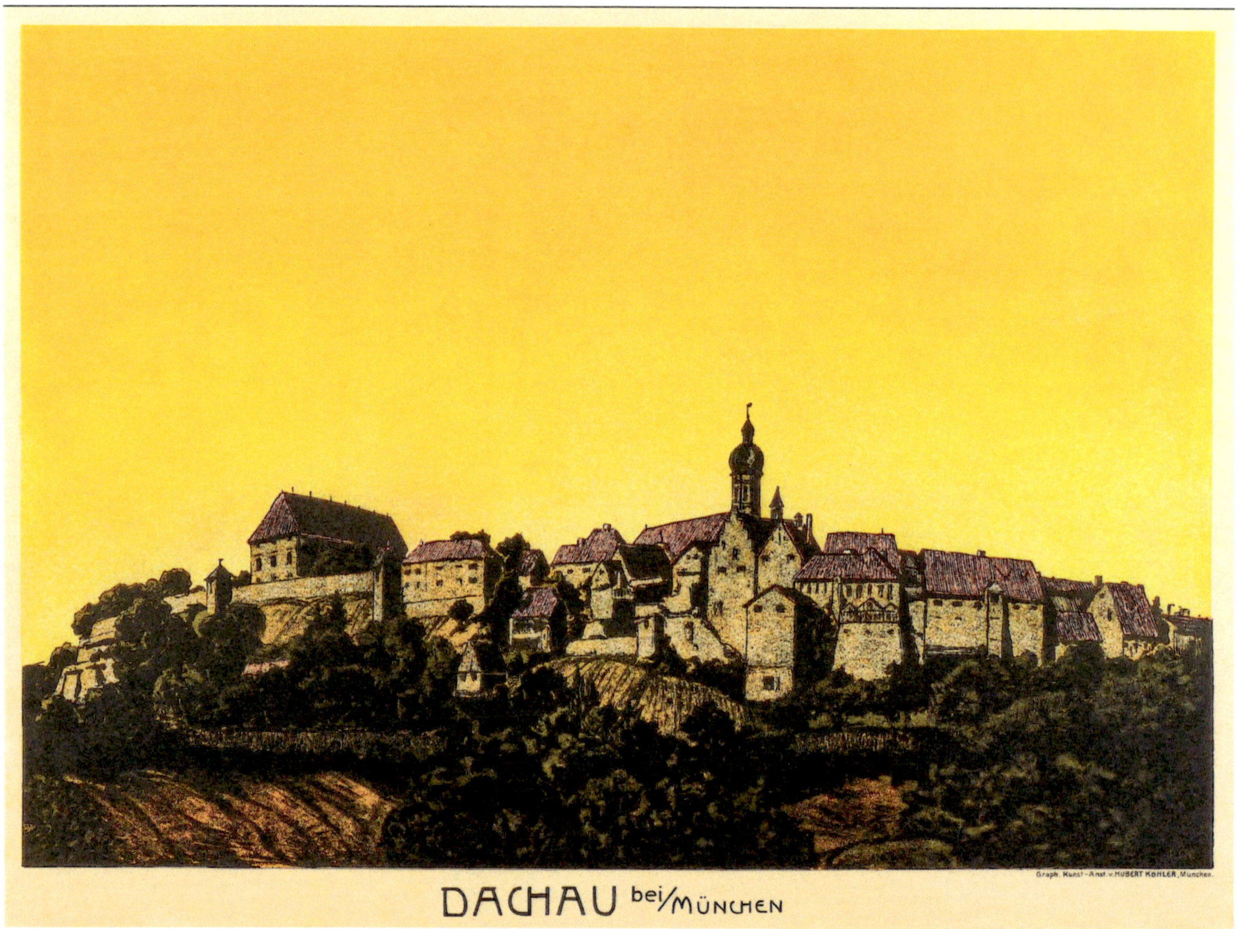

Ecka Oelsner-Possekel (1893-1962), Dachau bei München, 44,4 x 64,6 cm, um 1910, Köhler

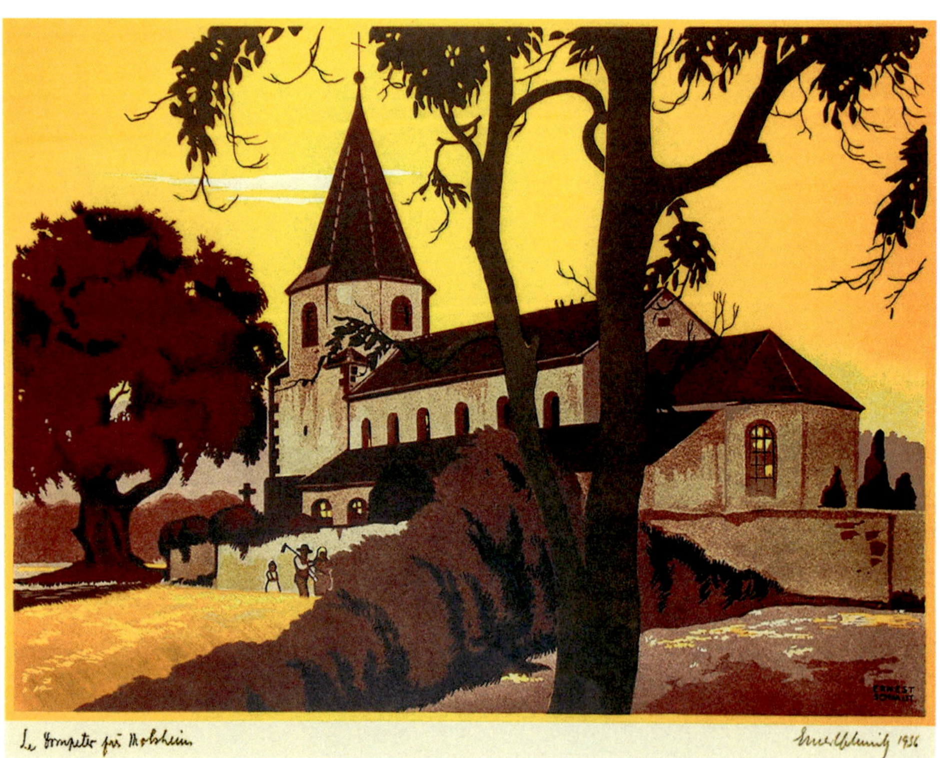

Ernest Schmitt (1902-1977), Avolsheim, Dompeter, 47 x 60 cm, 1936

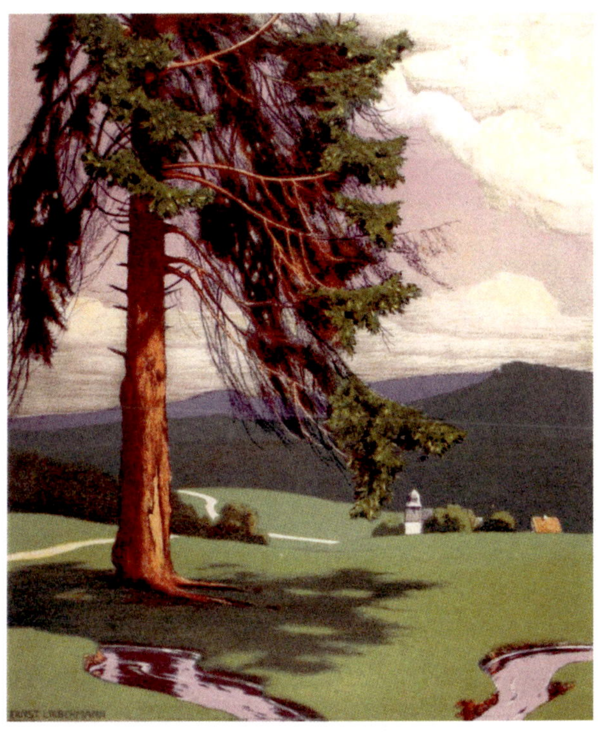

Ernst Liebermann (1869-1960), O Tannenbaum, *l'ode au sapin*, 36,5 x 30,5 cm, um 1910, Fischer & Franke

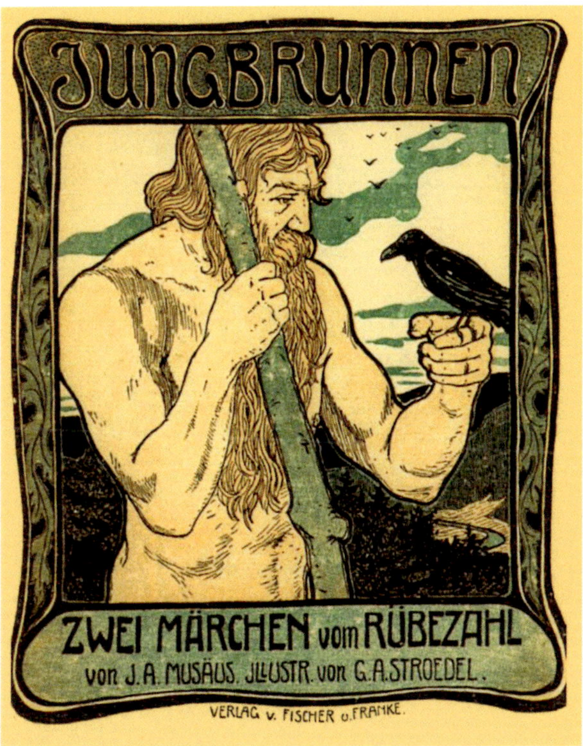


Georg Albert Rödel (1870-1938), Jungbrunnen, *fontaine de Jouvence*, 1900, Fischer & Franke

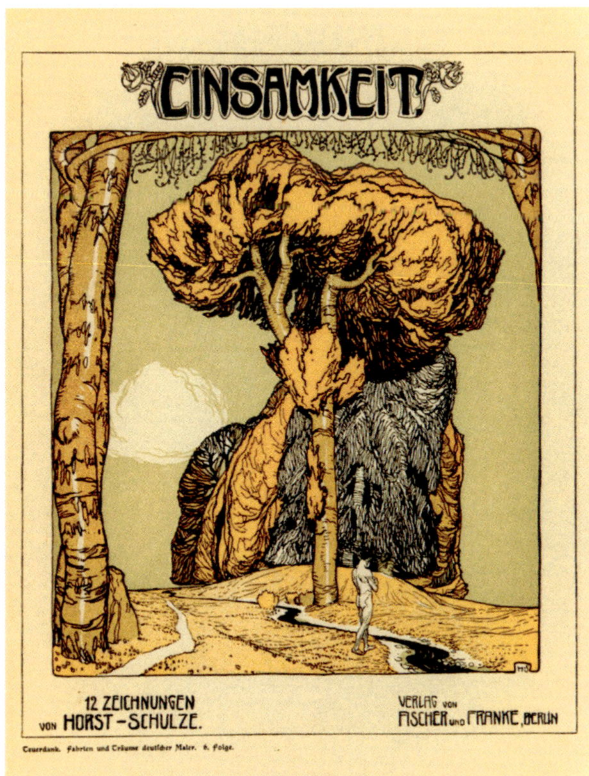


Paul Horst-Schulze (1876-1937), Einsamkeit, *solitude*, Sammelmappe, 1901, Fischer & Franke

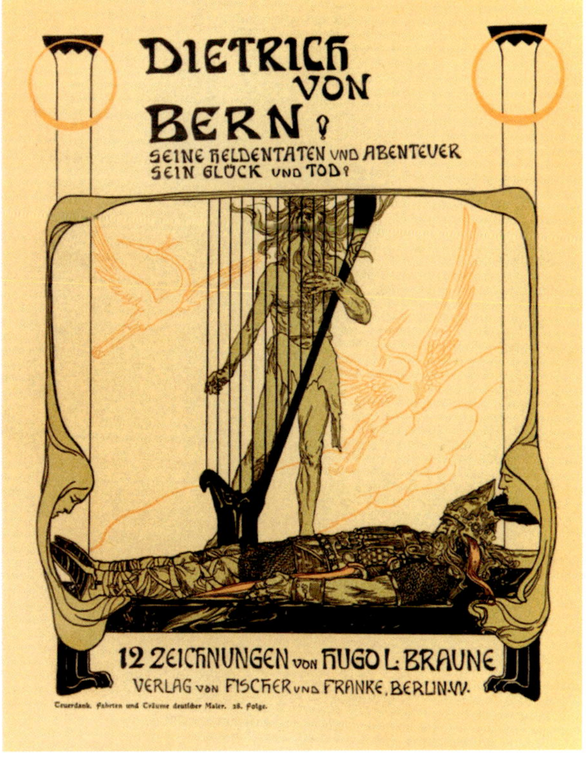


Hugo L. Braune (1872-1937), Dietrich von Bern, Sammelmappe, 1901, Fischer & Franke

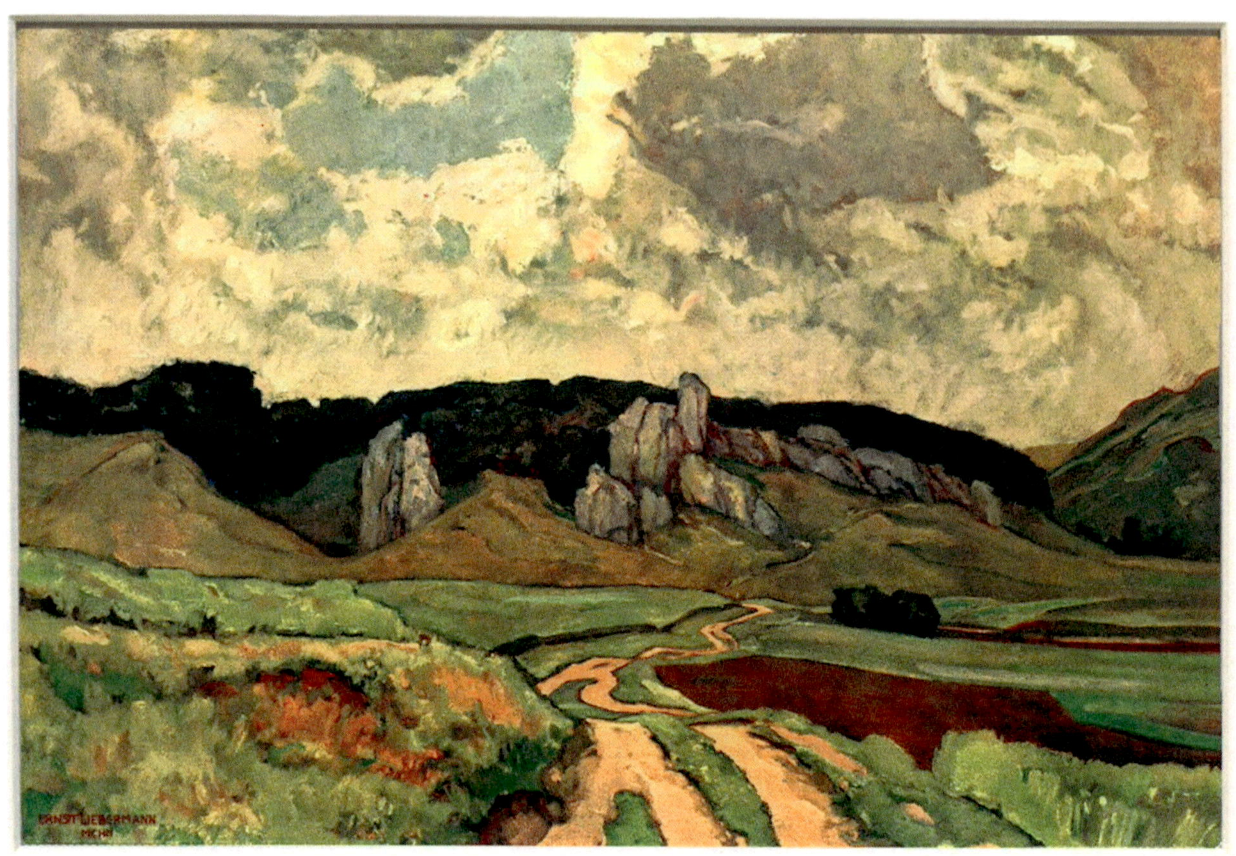

Ernst Liebermann, Felsengruppe, *les rochers*, Sig. ERNST LIEBERMANN MCHN, 27 x 38 cm, Köhler

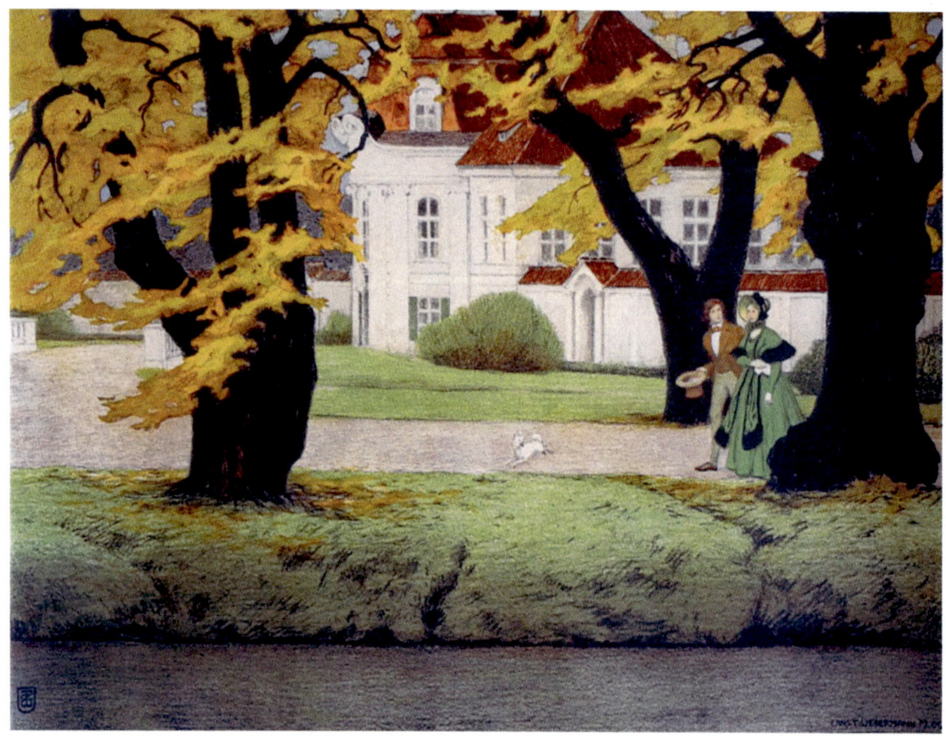

Ernst Liebermann, Im Park, *au parc*, 58,5 x 79 cm, 1906, Teubner

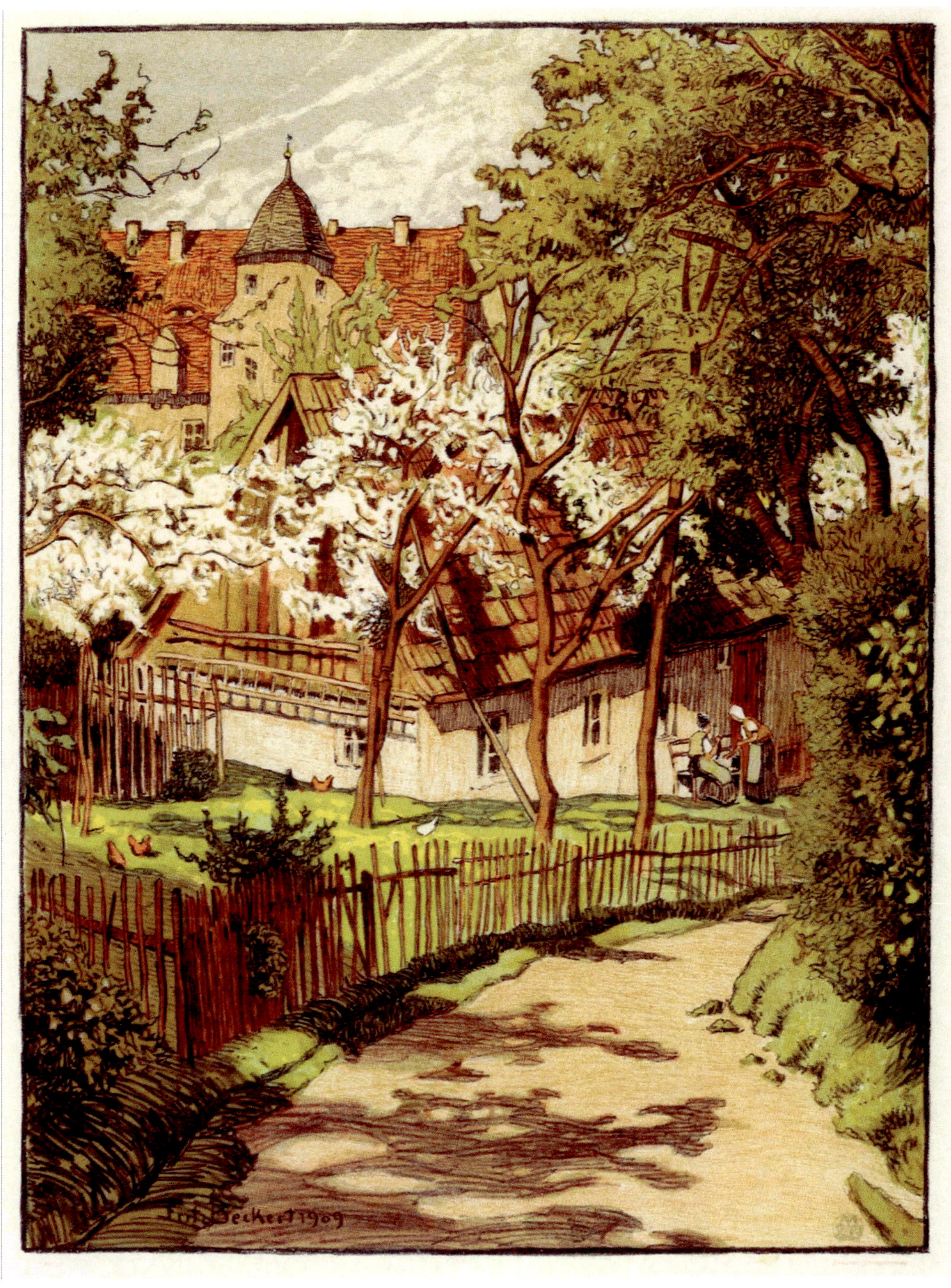

Fritz Beckert (1873-1967), Im Mai, *au mois de mai*, (Sächsisches Landgut), 40,4 x 38 cm, 1909, Merfeld & Donner

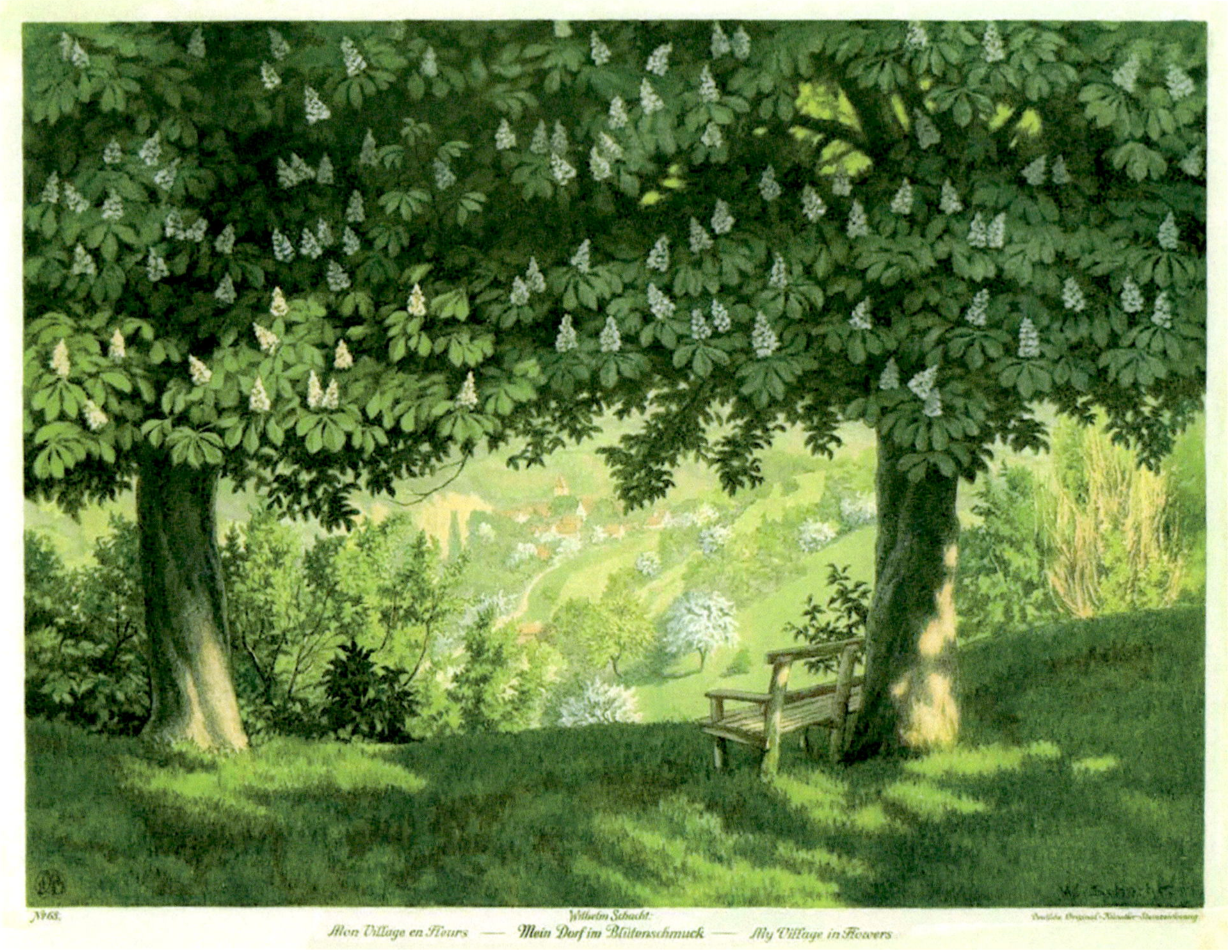

Wilhelm Schacht
Mon Village en Fleurs — Mein Dorf im Blütenschmuck — My Village in Flowers

Wilhelm Schacht (1902-1978), Mein Dorf im Blütenschmuck, *mon village en fleurs,*
40 x 50 cm, Merfeld & Donner

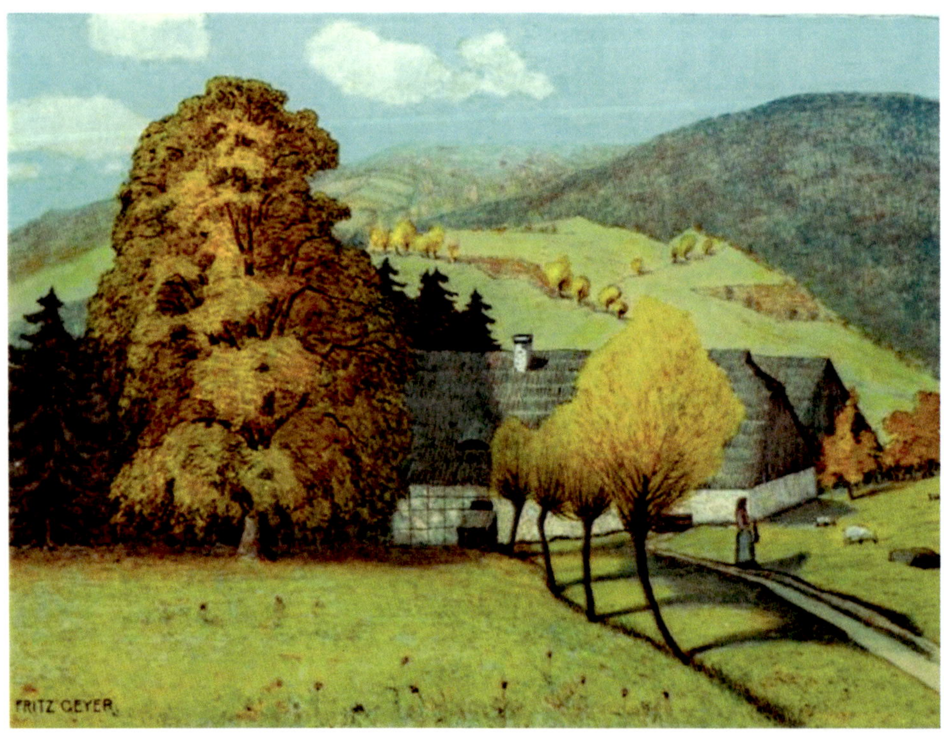


Fritz Geyer, (1873-1949), Herbst im Gebirge, *automne dans les montagnes,*
30 x 41 cm, 1908, Merfeld & Donner

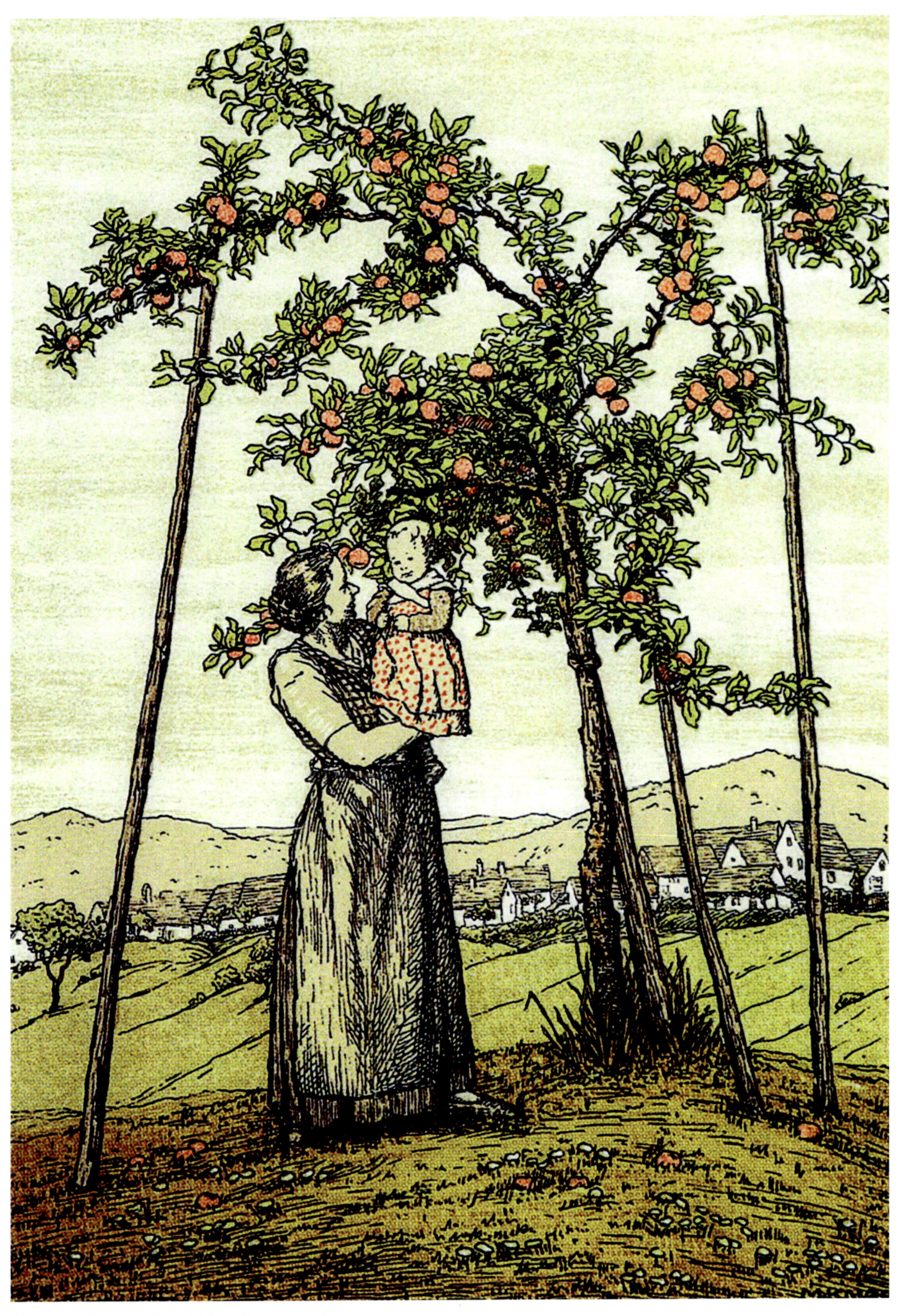

Marianne Knapp (1896-1966), Unterm Apfelbaum, *sous le pommier*,
55 x 42 cm, 1909, Teubner

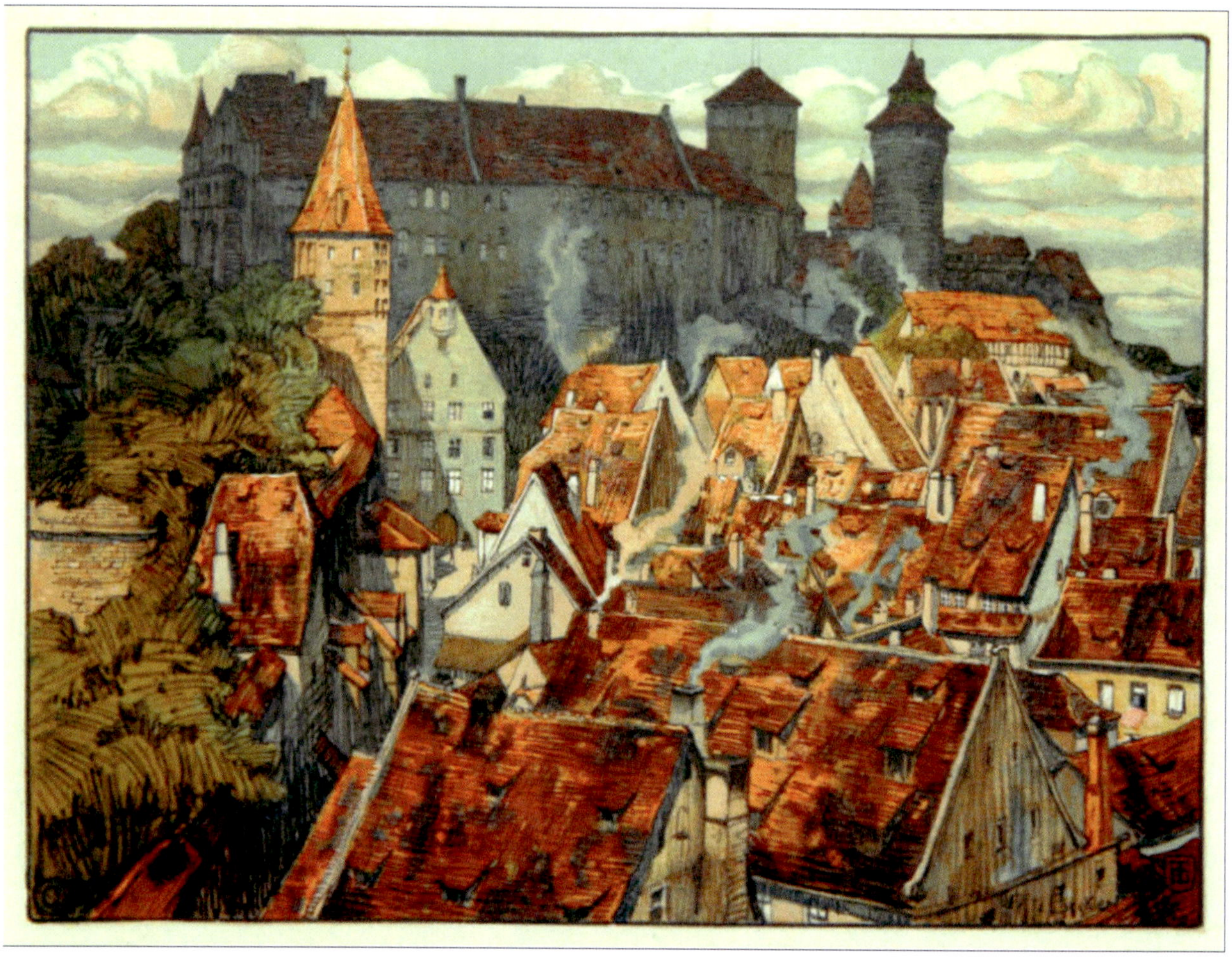

Fritz Beckert, Die Nürnberger Burg, *Nuremberg, château*, 30 x 42 cm, 1906, Teubner

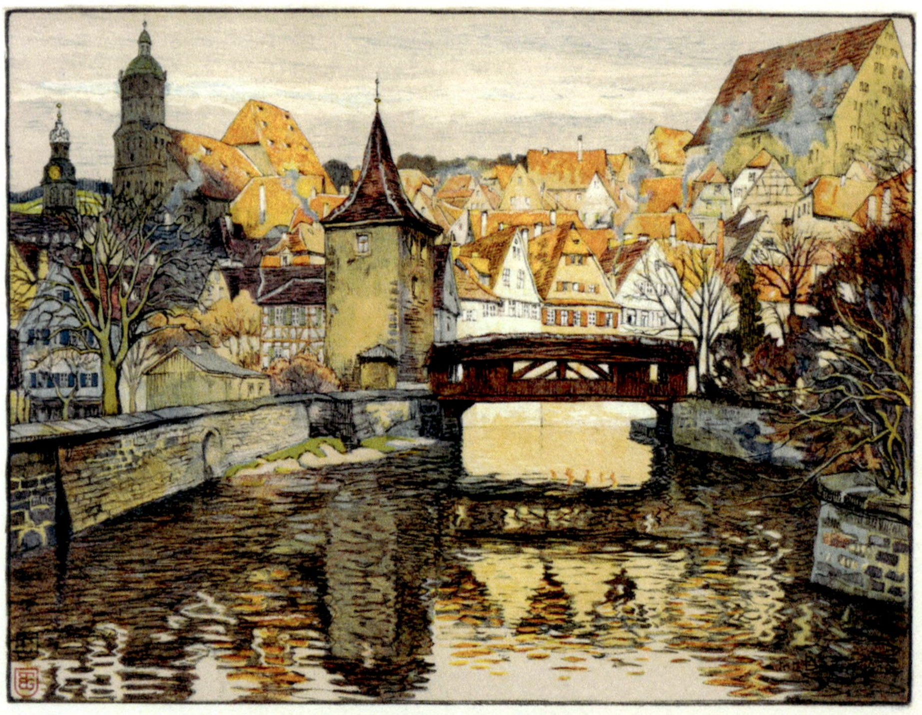

Fritz Beckert, Schwäbisch Hall, 30 x 42 cm, 1910, Teubner

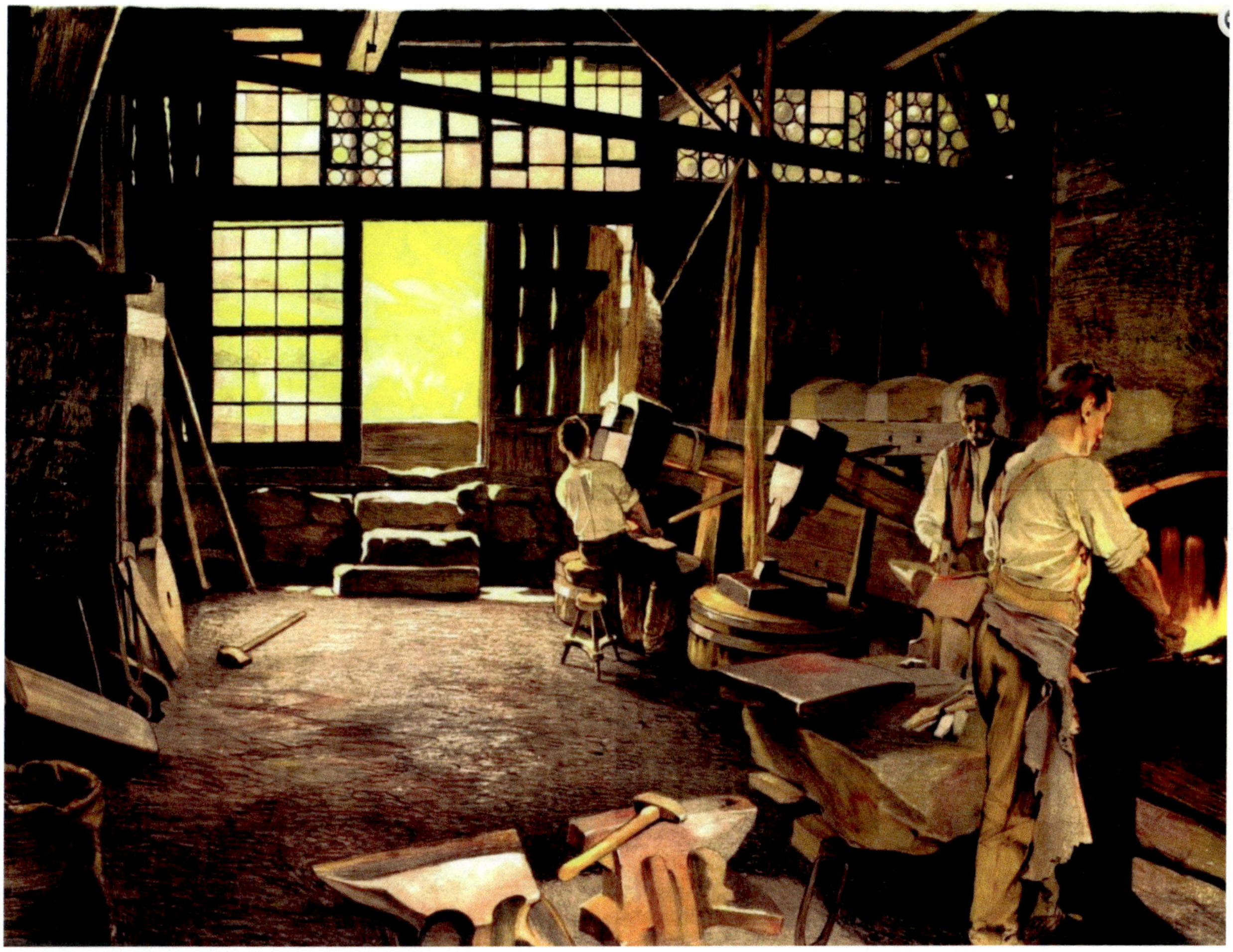

Richard Mahn (1866-1951), Allgäuer Hammerschmiede, *la forge*, 66 x 77 cm, um 1910, Merfeld & Donner

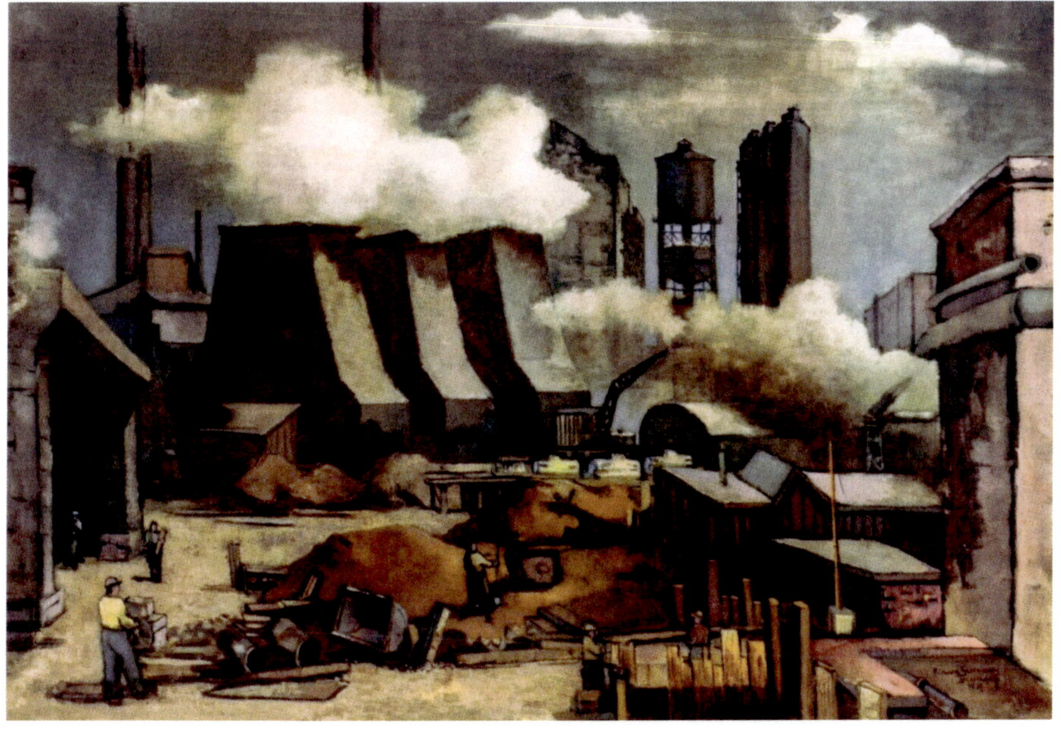

Richard Gessner (1894-1989), Industrielandschaft, *paysage industriel*, 25 x 37 cm, 1938

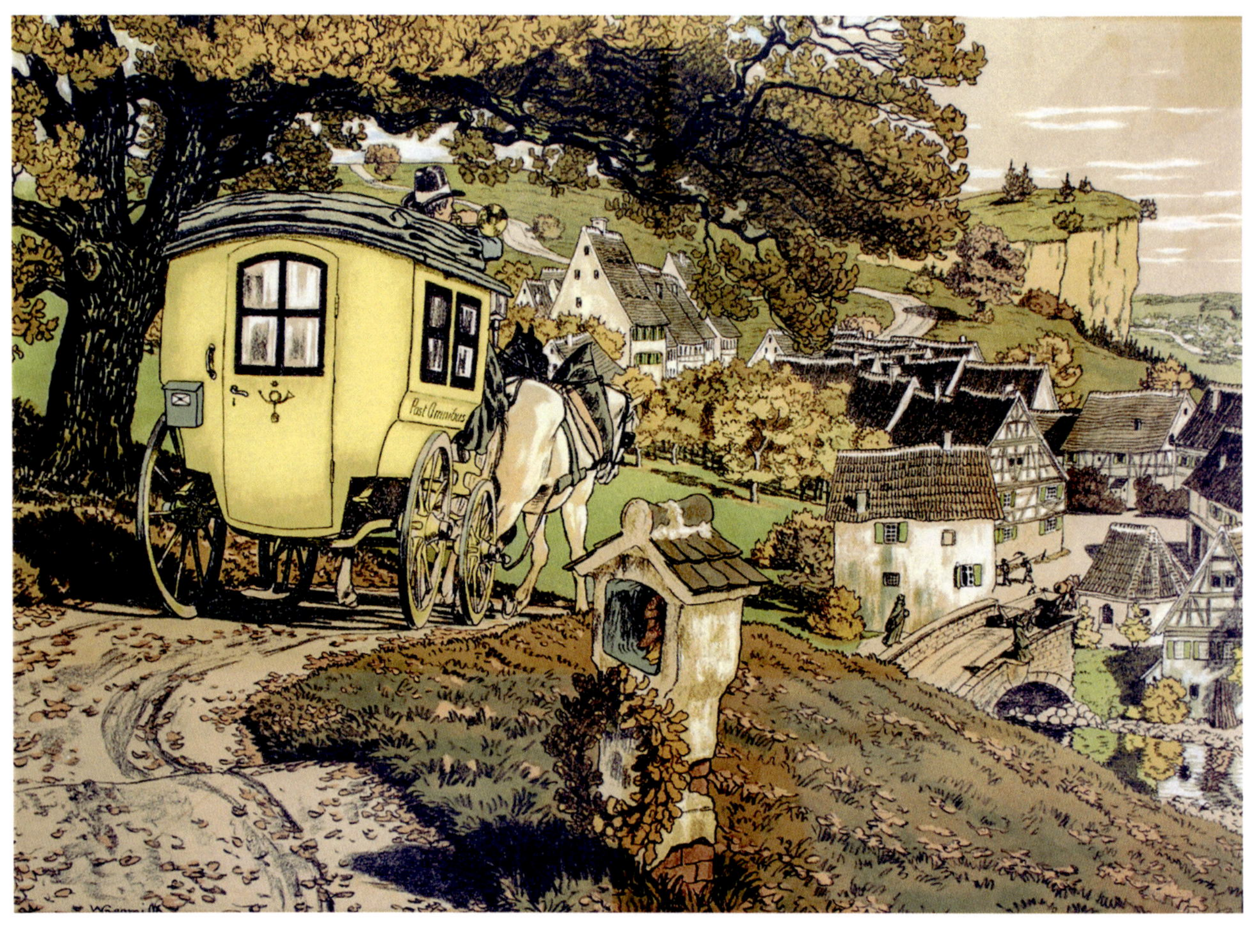


Walther Georgi (1871-1924), Der Post-Omnibus, *la malle-poste*, Sig. W. Georgi 1906, 70 x 97 cm, Teubner

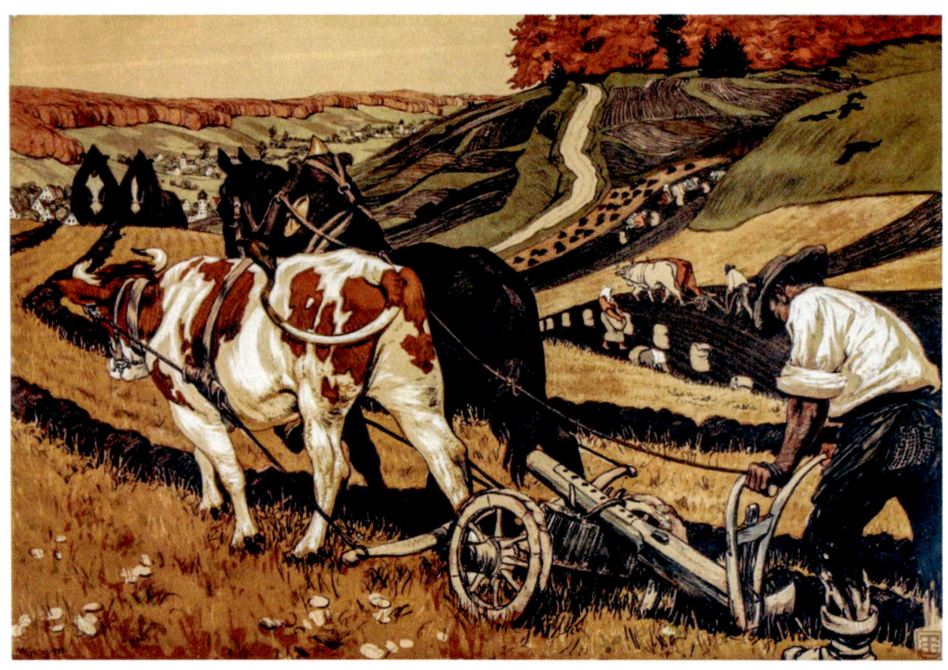

Walther Georgi, Pflügender Bauer, *le laboureur*, Sig. W. Georgi 1901, 80 x 100 cm, Teubner

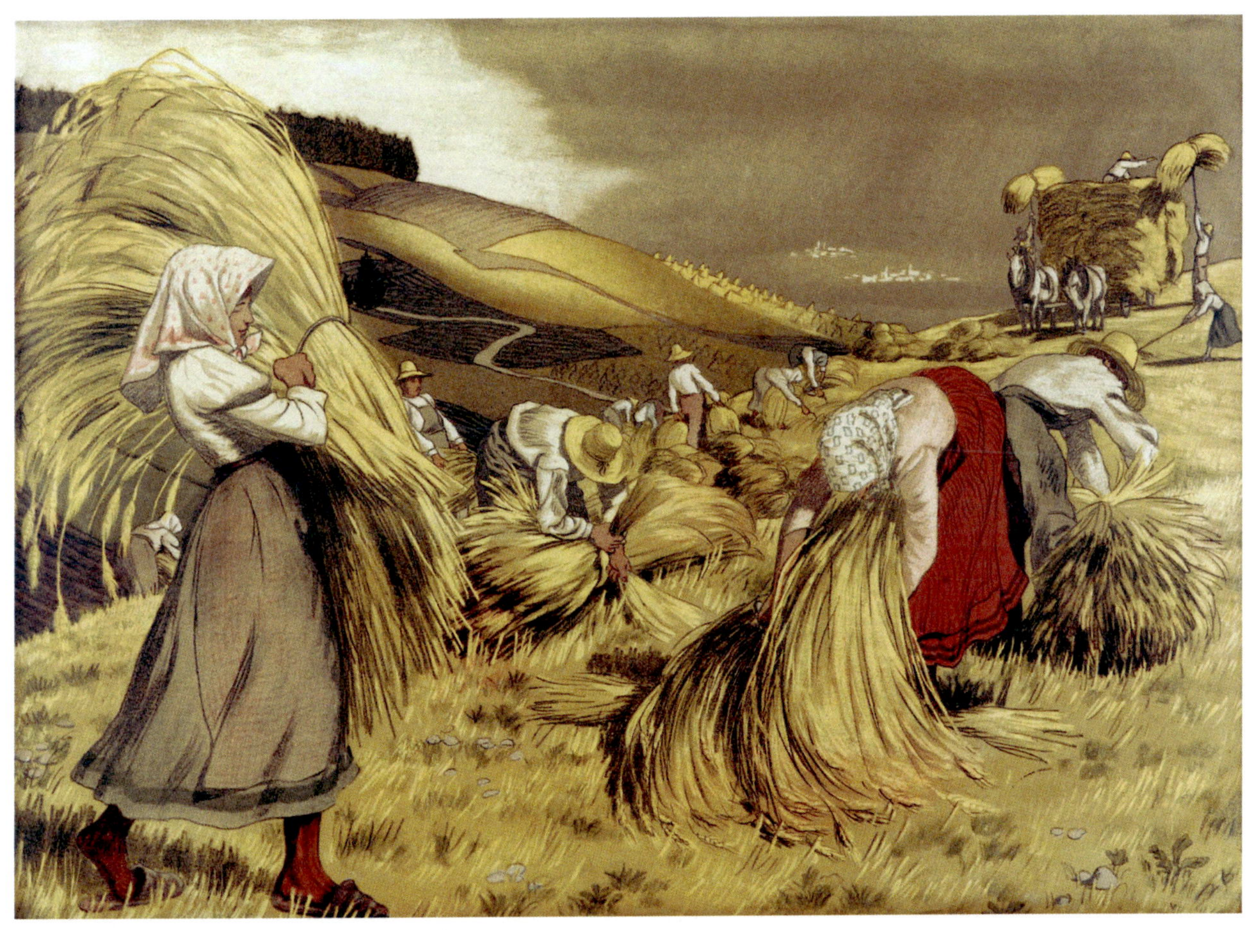

Walther Georgi, Kommender Sturm, *avant l'orage*, Sig. W. Georgi 1905, 27 x 39 cm, Teubner

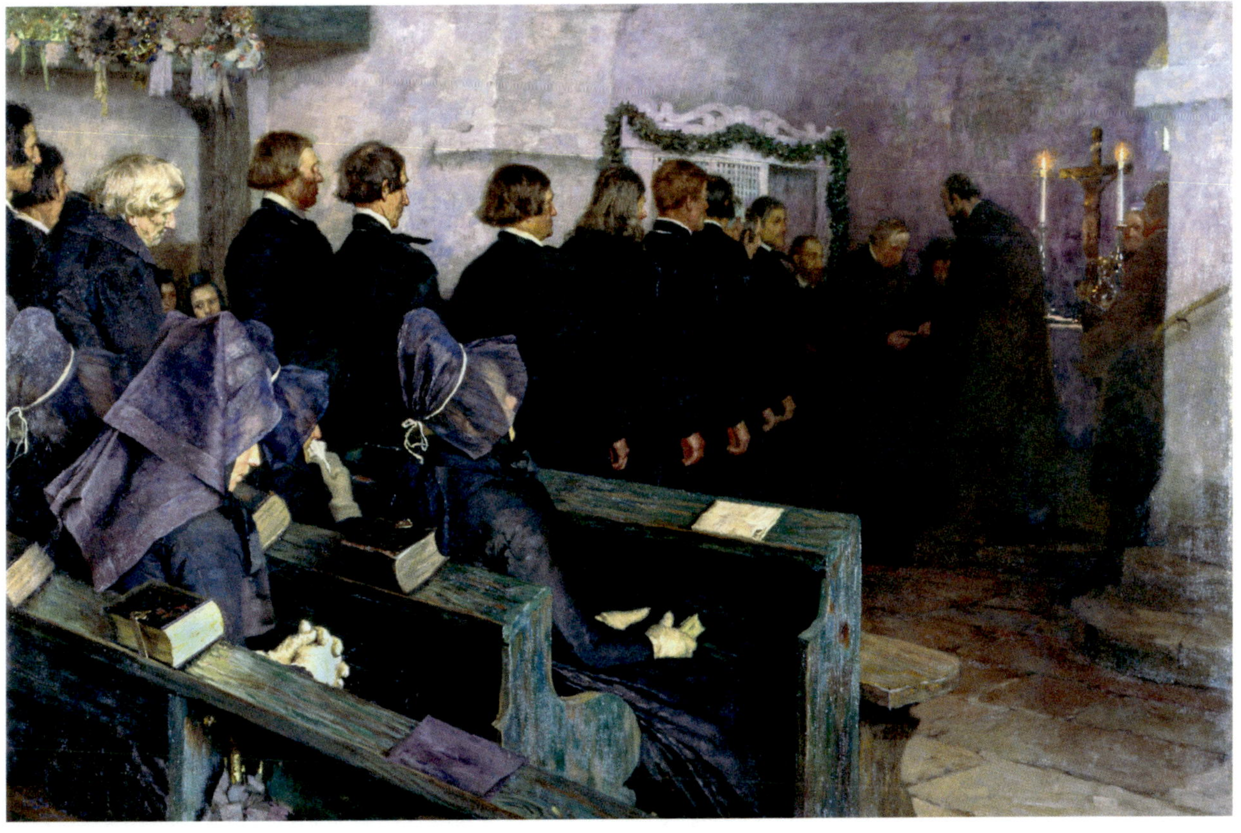

Carl Bantzer (1857-1941) Abendmahlsfeier in Wenkbach in Hessen,
*la sainte-cène*, 50 x 62 cm, 1892

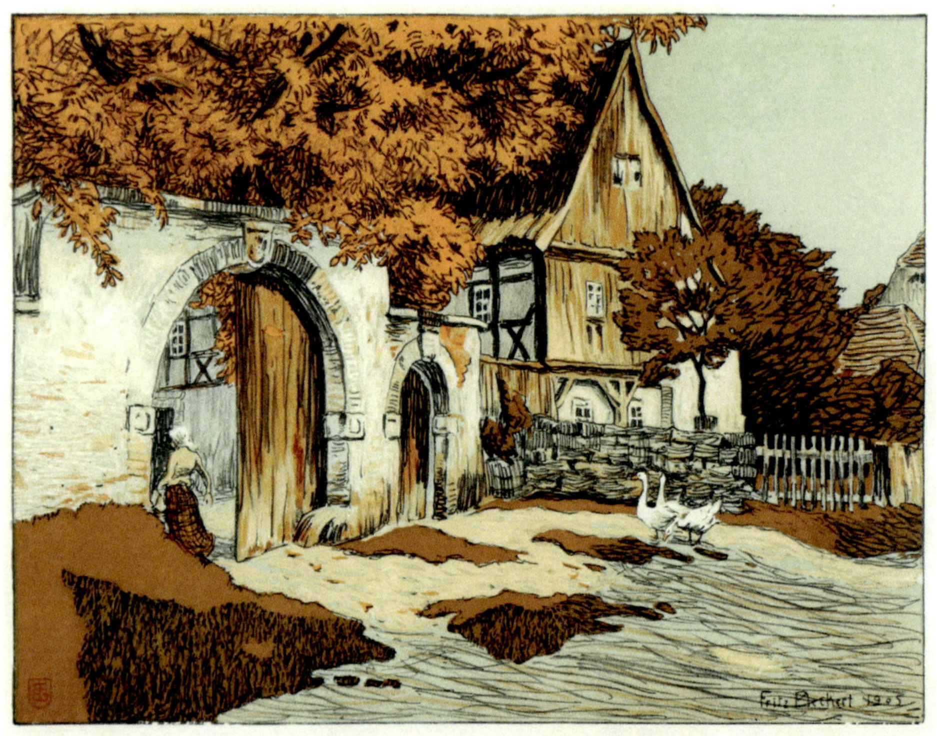

Fritz Beckert, Bauernhof in Lohmen in Sachsen, *ferme en Saxe*, Sig. Fritz Beckert 1905, 40,8 x 32,2 cm, Teubner

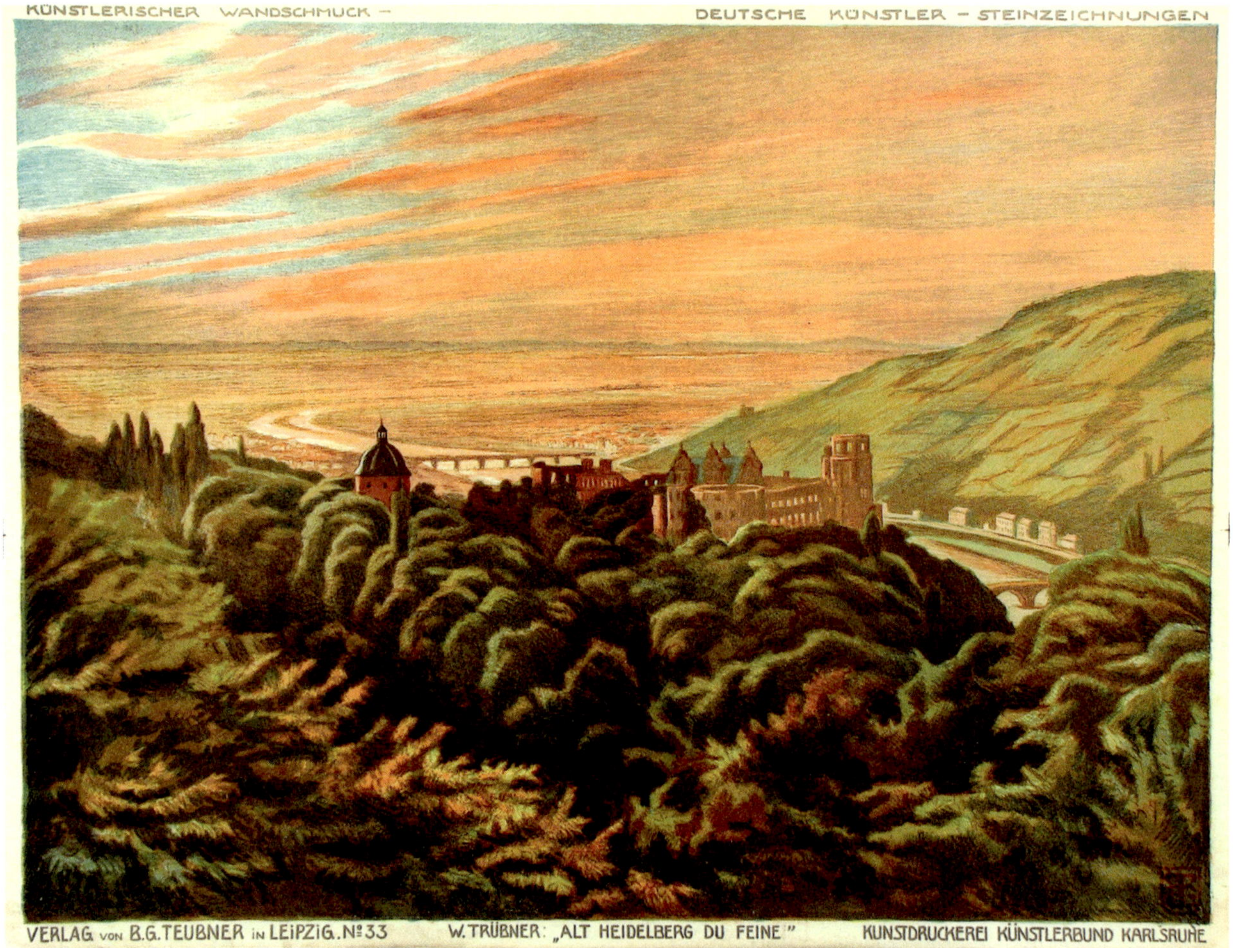

KÜNSTLERISCHER WANDSCHMUCK – DEUTSCHE KÜNSTLER – STEINZEICHNUNGEN

VERLAG VON B.G.TEUBNER IN LEIPZIG. No 33 W.TRÜBNER: „ALT HEIDELBERG DU FEINE" KUNSTDRUCKEREI KÜNSTLERBUND KARLSRUHE

Wilhelm Trübner (1851-1917), Alt Heidelberg, du Feine, 63 x 76 cm, 1904, KKK Teubner

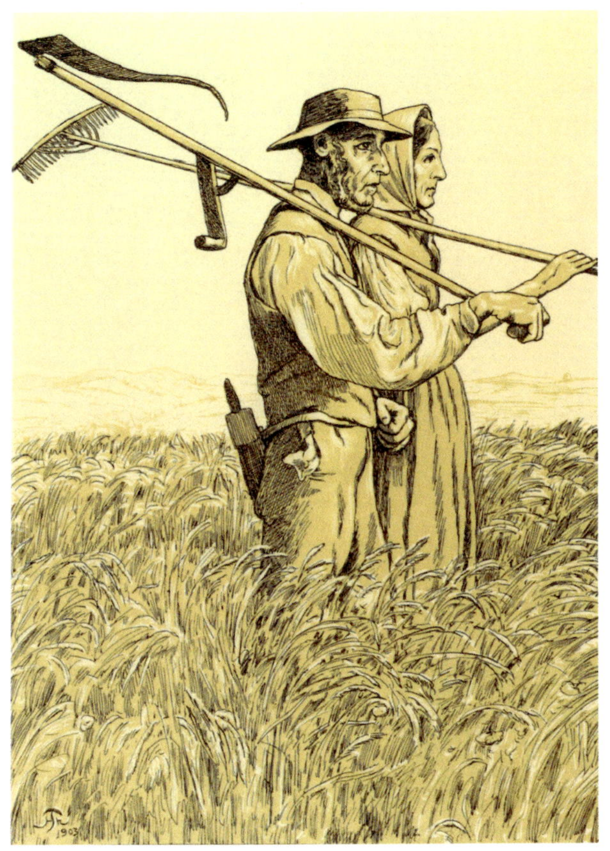

Hans Thoma (1839-1924), Schnitterpaar, *faucheurs*, 49,7 x 36,7 cm, Sig. HTh 1903, KKK

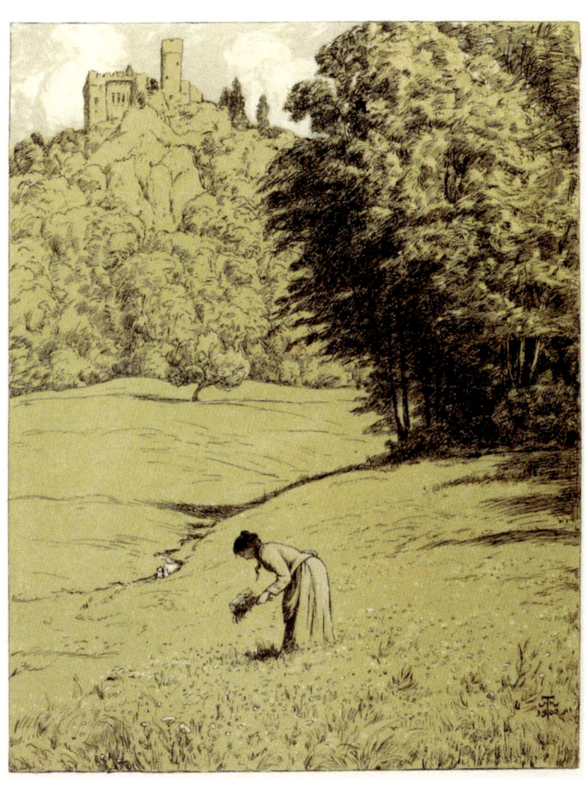

Hans Thoma, Blumenpflückerin, *le bouquet de fleurs*, 48,2 x 38,4 cm, Sig. HTh 1900

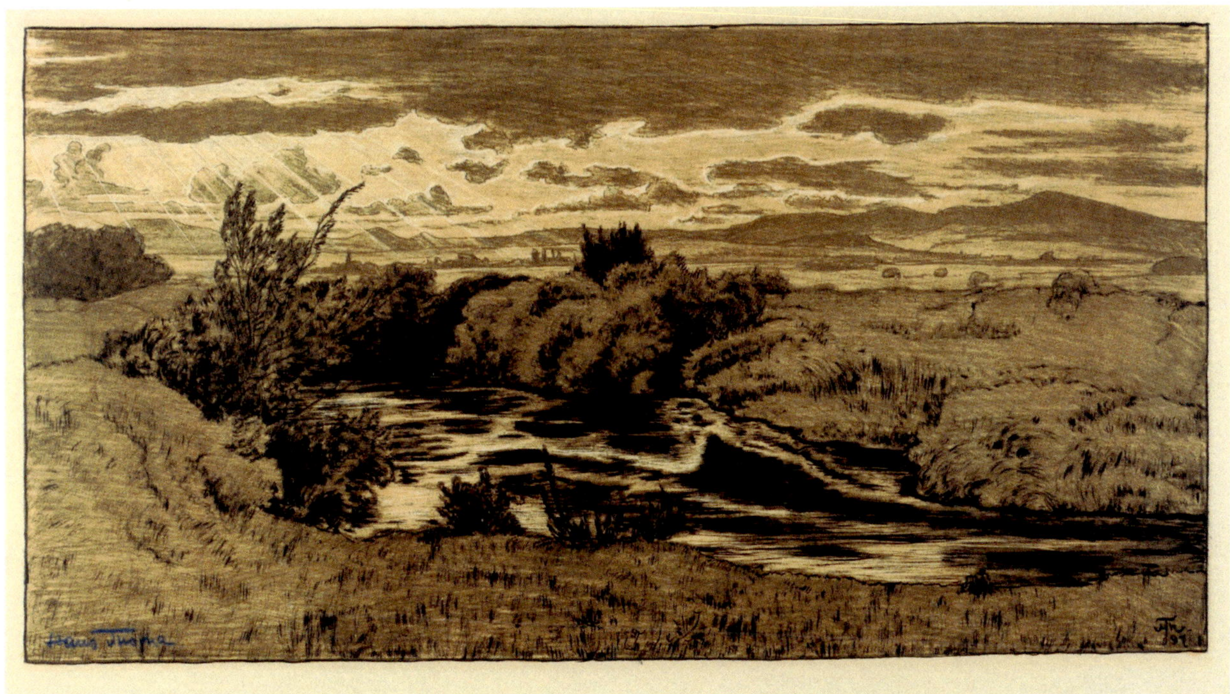

Hans Thoma, Sommerabend an der Nidda, *soir en été*, 25,2 x 48,4 cm, Sig. Hans Thoma, (18)97 HTh, KKK

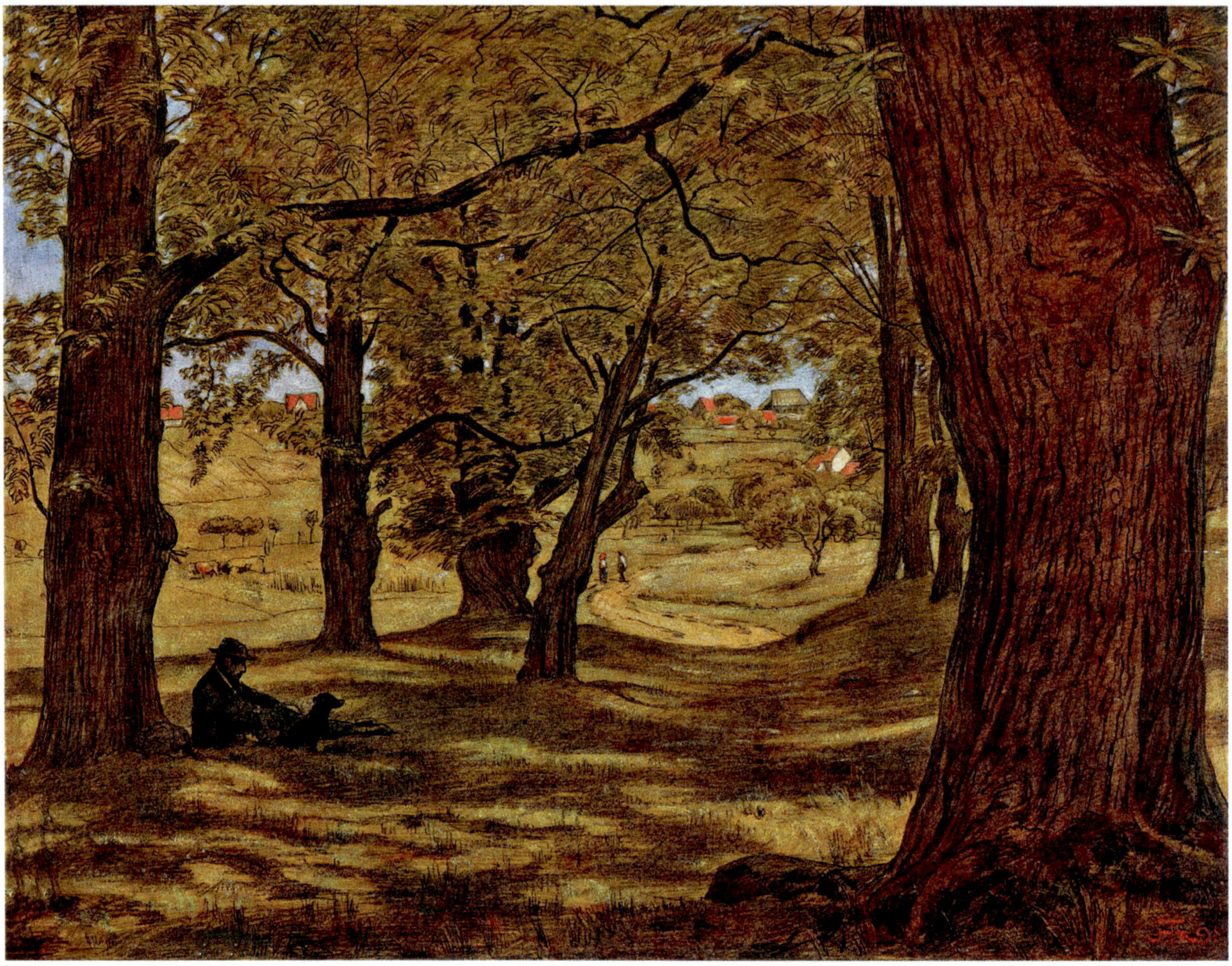

Hans Thoma, Kastanienhain in Oberursel, *châtaignraie*, 44,5 x 58 cm, Sig. HTh (18)98, KKK

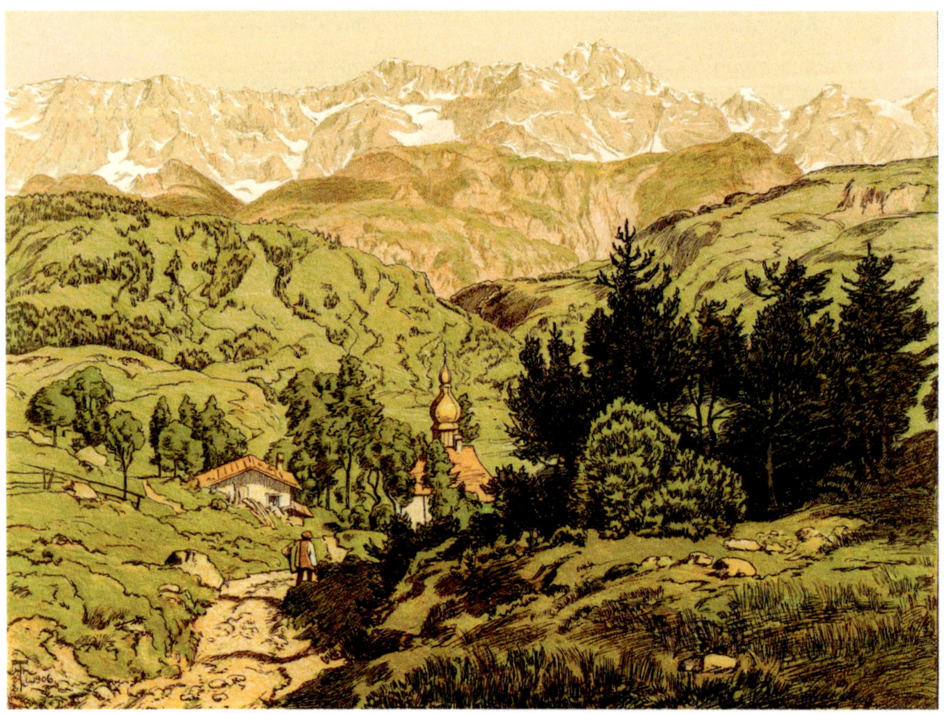

Hans Thoma, Die Alpen (St. Anton bei Partenkirchen), *les Alpes*, 43,7 x 60,2 cm, 1906, KKK Voigtländer

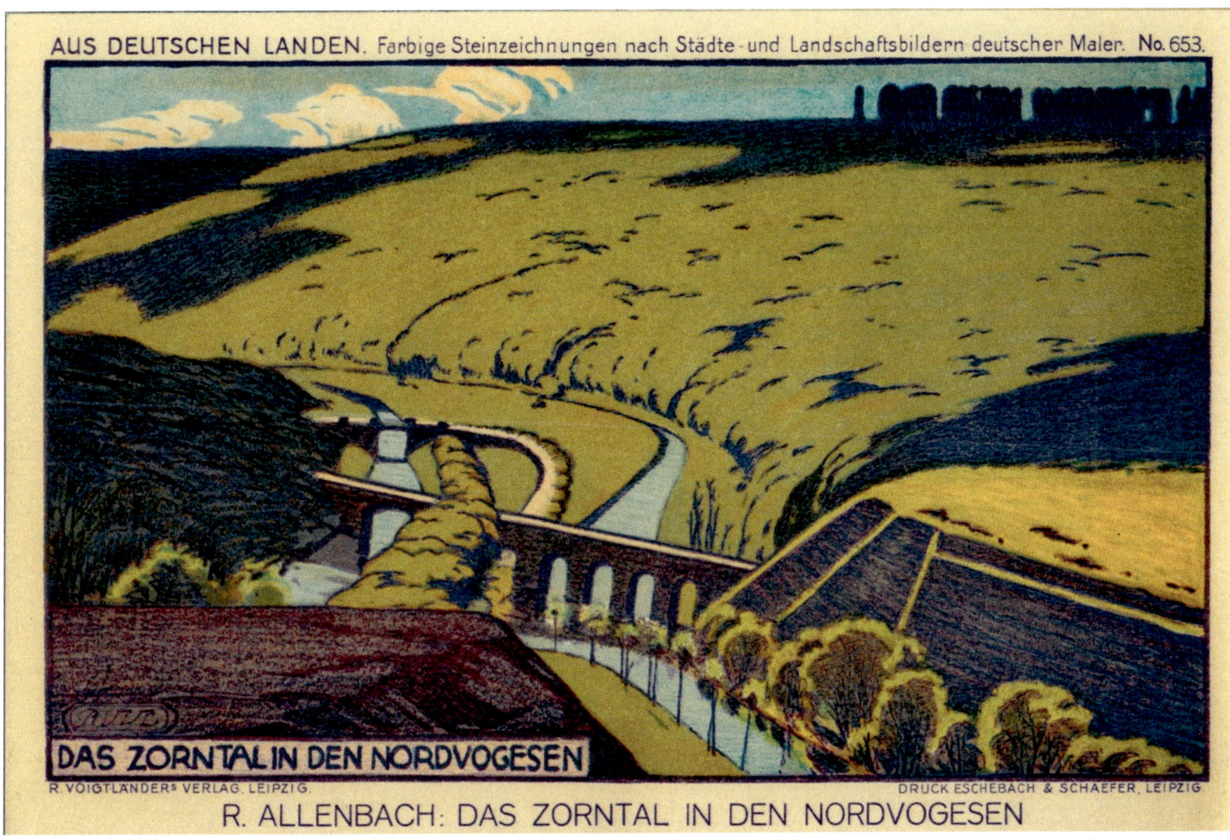


René Allenbach (1889-1958), Das Zorntal in den Nordvogesen, *la vallée de la Zorn*, 28,5 x 17 cm, um 1910, Voigtländer

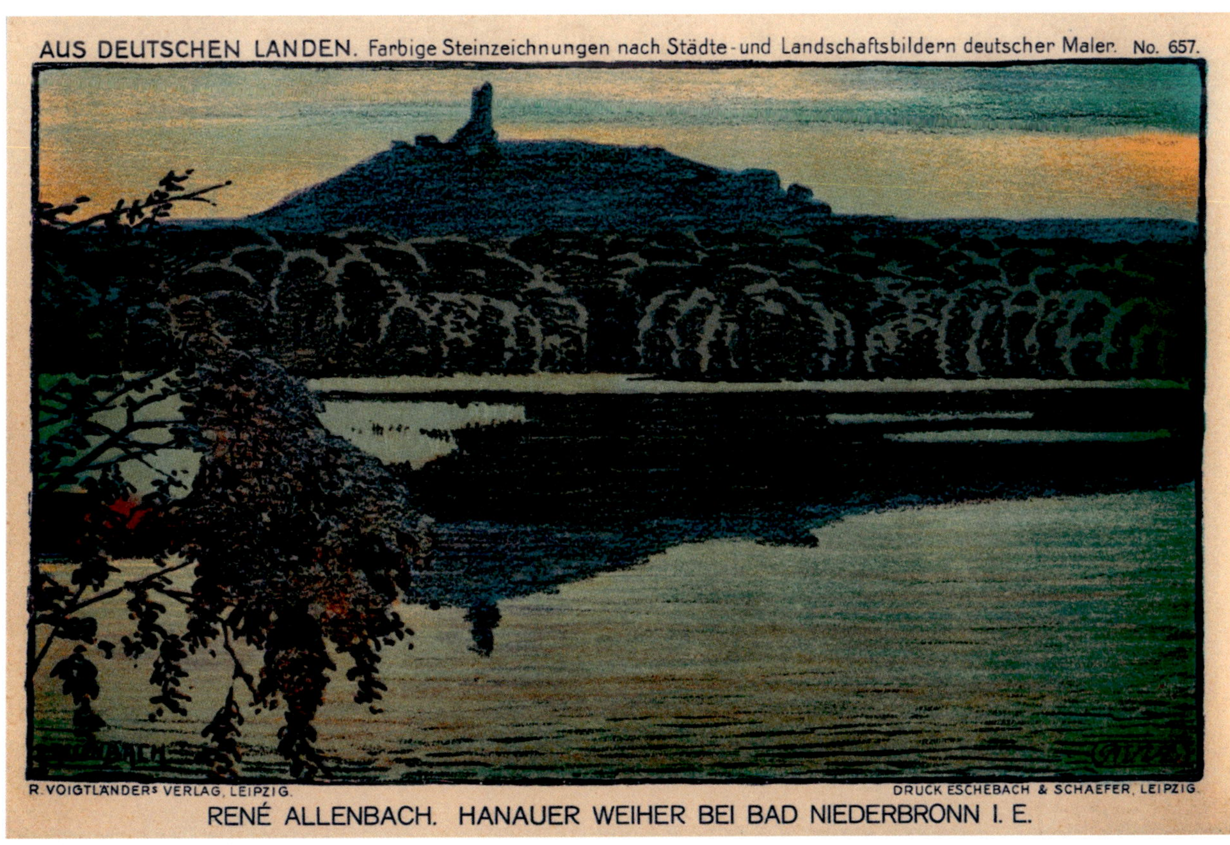


René Allenbach, Hanauer Weiher bei Bad Niederbonn im Elsass, étang de Hanau, 28,5 x 17 cm, um 1910, Voigtländer

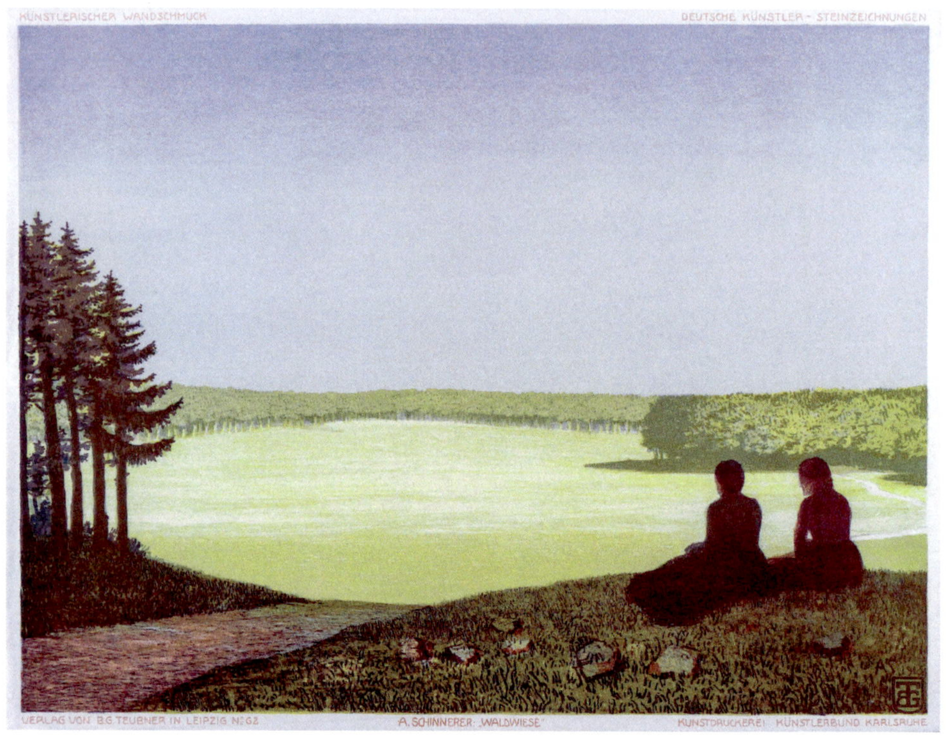


Adolf Schinnerer (1876-1949), Waldwiese, *pairie en forêt,*
55,5 x 75,7 cm, 1903, KKK Teubner

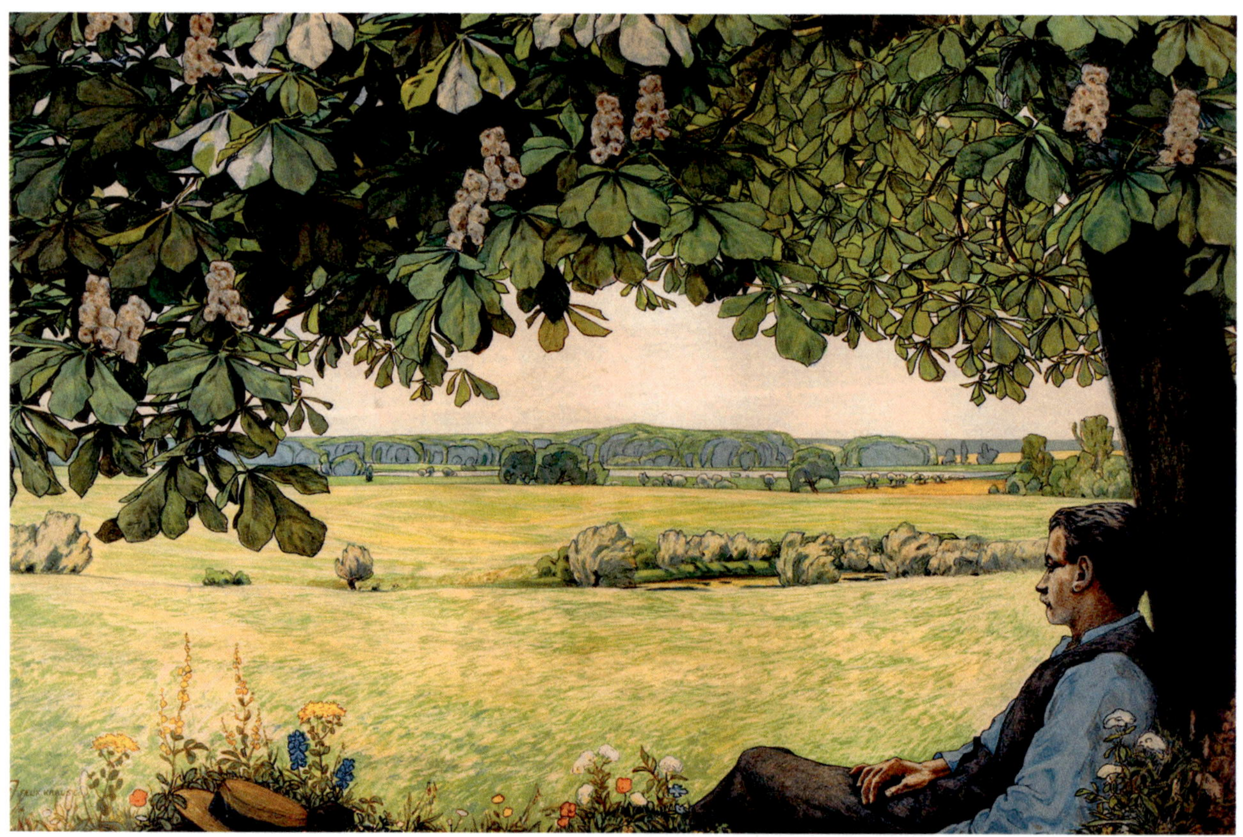

Felix Krause (1873-1943), Der Wanderer, *le randonneur*, Sig. Felix Krause,
69,5 x 99 cm, Voigtländer

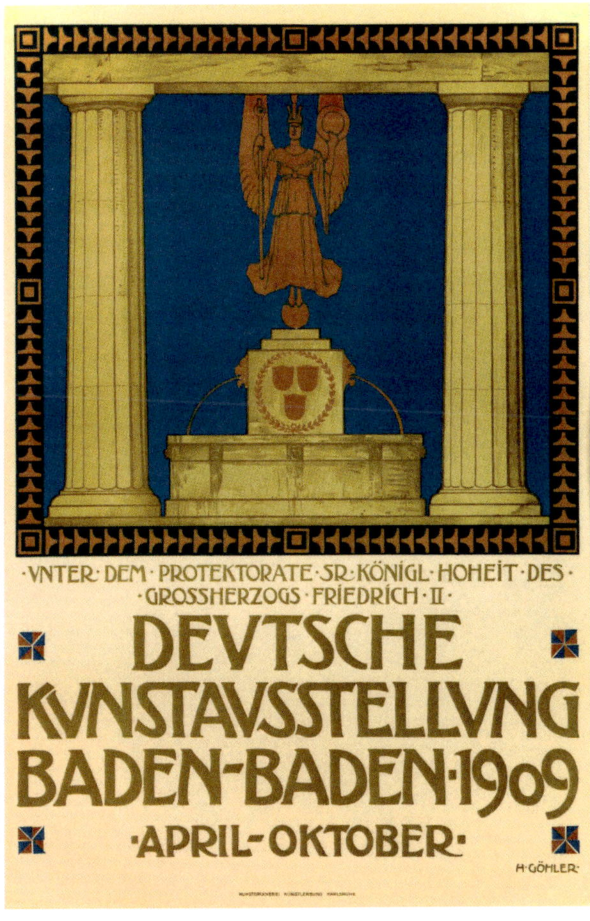


Hermann Göhler (1874-1964), Plakat, *affiche*, 84 x 57 cm. 1907, KKK

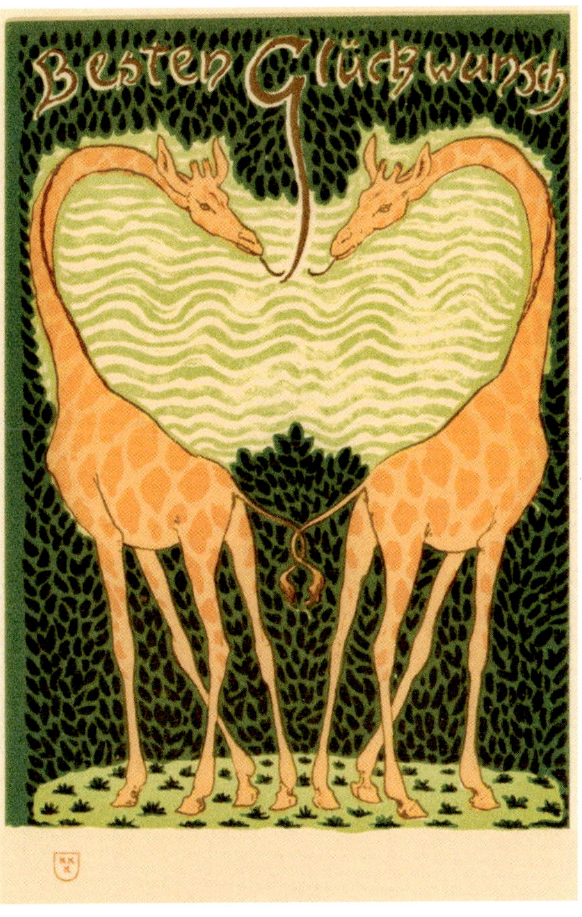


Hans R. von Volkmann (1860-19279, Herzliche Glückwünsche, *le voeux en forme du coeur,* 14 x 8,9 cm, um 1898, KKK

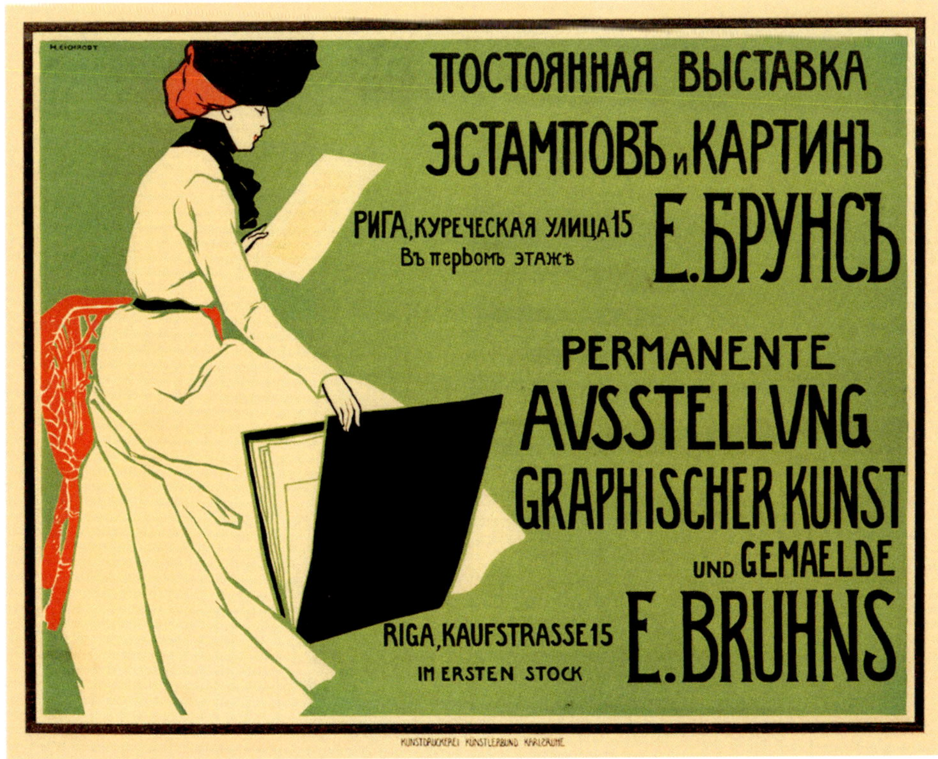


Hellmut Eichrodt (1872-1943), Plakat zur Permanenten Ausstellung graphischer Kunst und Gemälde von E. Bruhns in Riga, *affiche pour l' exposition permanente à Riga*, um 1900, KKK

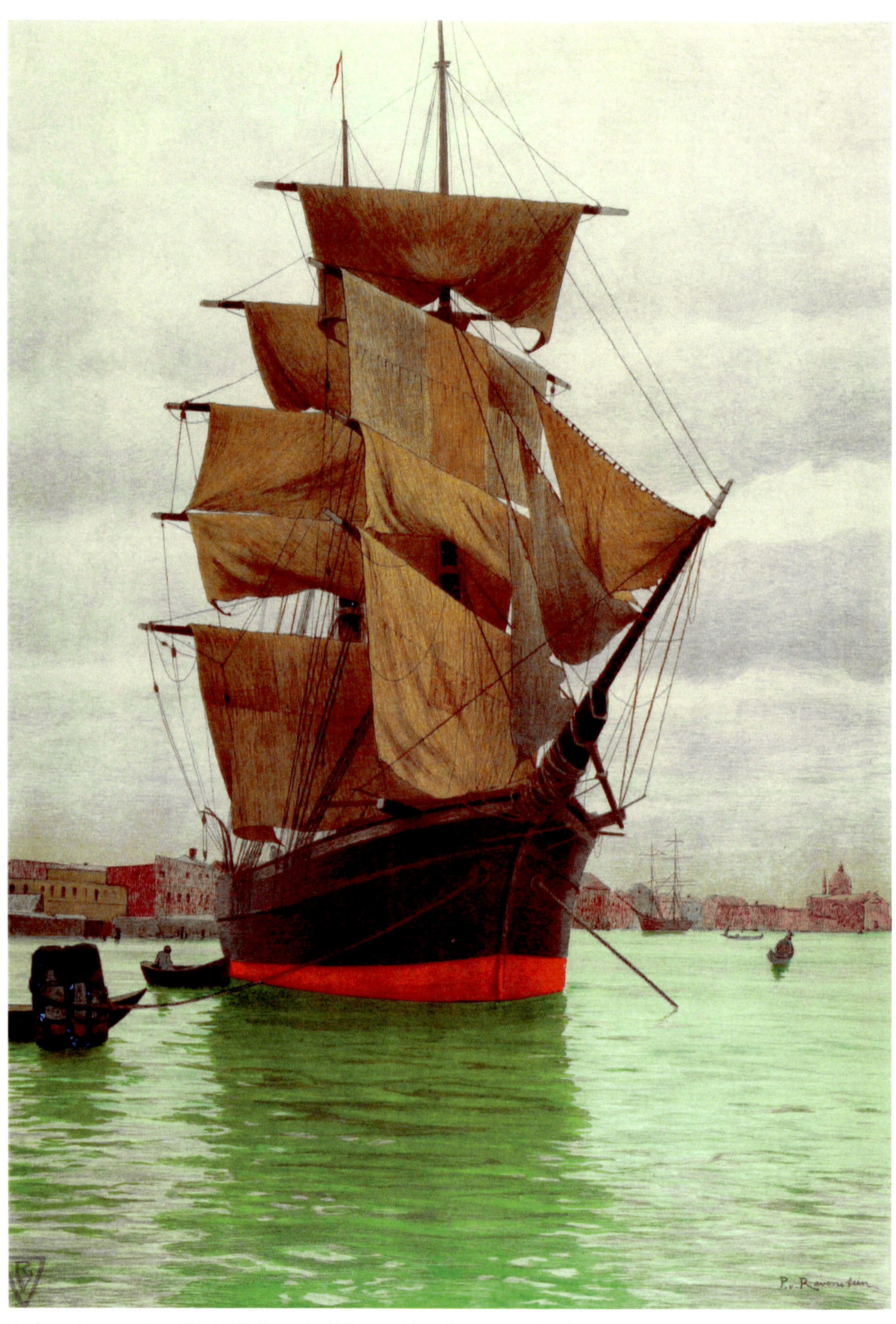


Paul von Ravenstein (1854-1938), Brigg im Hafen vor Venedig, *bateau à voiles à Venise*, 76 x 54,9 cm, um 1900, KKK Voigtländer

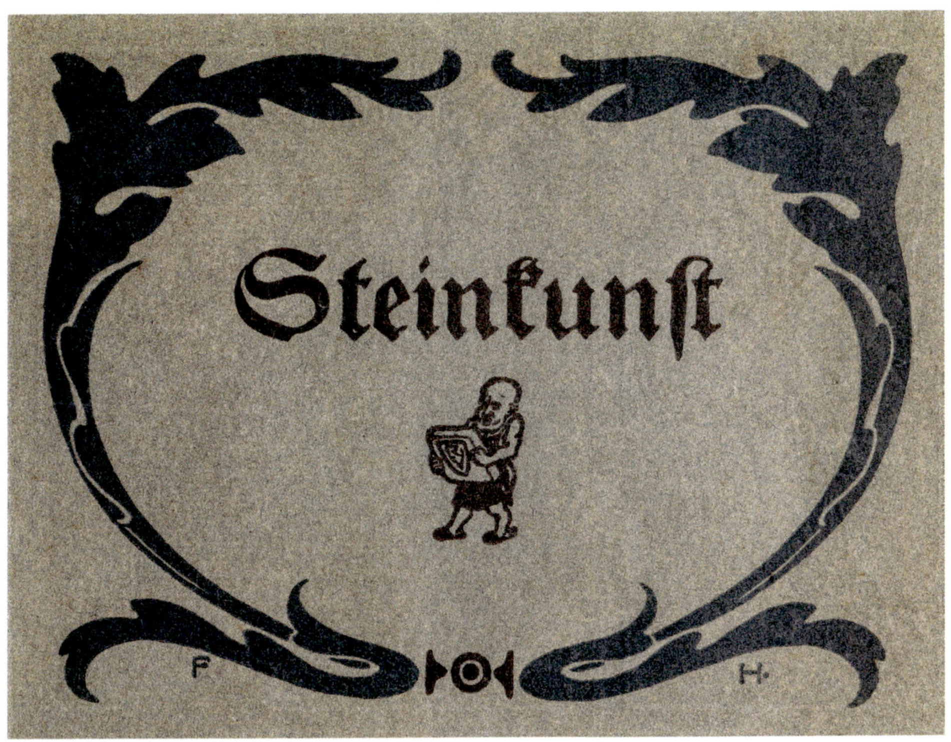


Franz Heins Titelblatt der Voigtländer-Werbeschrift für Steinkunst, *publicité pour la lithographie*, 1905

Scheinkunst

Steinkunst

So schwerwiegend sind die Gründe für gute Steinkunst!

A.G.

## Wie kämpft man gegen Scheinkunst?

Zunächst, indem man mil R. Voigtländers Künstler-Steinzeichnungen das **eigene Heim** schmückt.

Indem man **Freunde** und **Bekannte** aufrüttelt und ihnen das künstlerische Gewissen schärft.

Indem man für Kunstzwecke bestimmte **öffentliche Gelder,** für die Steinkunst gewinnt. 2000 Bilder in Wohnzimmern, Schulen u. dgl. wirken unendlich mehr und kosten weniger als so manches Denkmal.

Indem man überall, auch in der Öffentlichkeit, darauf hinweist, daß **Kunstsinn** und **Kunstbesitz keine Kostenfrage mehr,** sondern durch die Steinkunst zur **Geschmacksfrage** geworden sind, und daß Scheinkunst ein Zeichen der Unbildung ist.

**Kunstvereine,** Vereine für **Heimatpflege** und andere auf künstlerische Kultur gerichtete Vereine insbesondere werden in solcher Erweckung des künstlerischen Gewissens die lohnendsten Aufgaben finden.

Je stärker der Absatz der Bilder ist, um so schneller kann die Auswahl vermehrt werden. Die Künstler freuen sich der neuen Aufgaben.

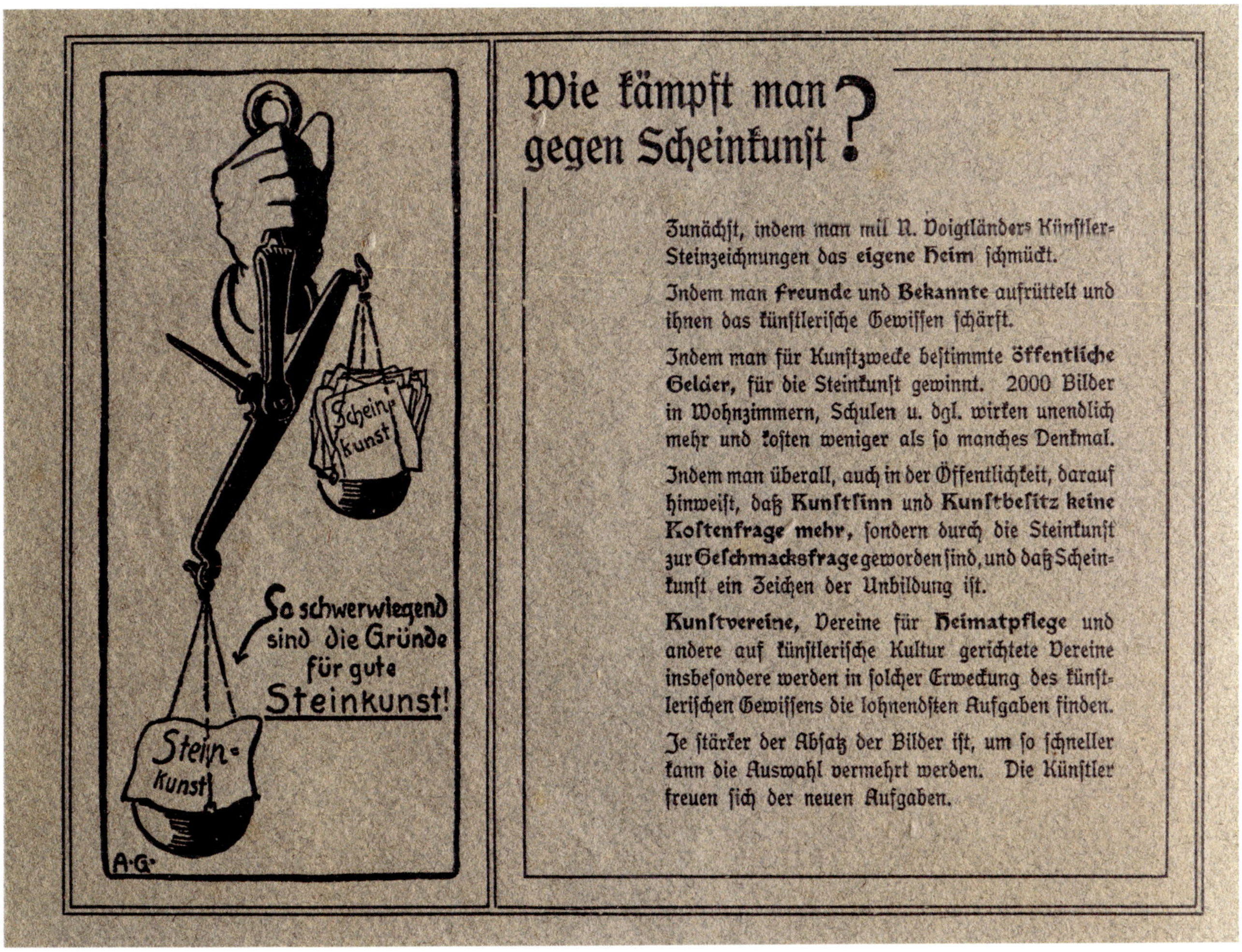

Werbung für die Steinkunst, *publicité pour la lithographie*, 1905

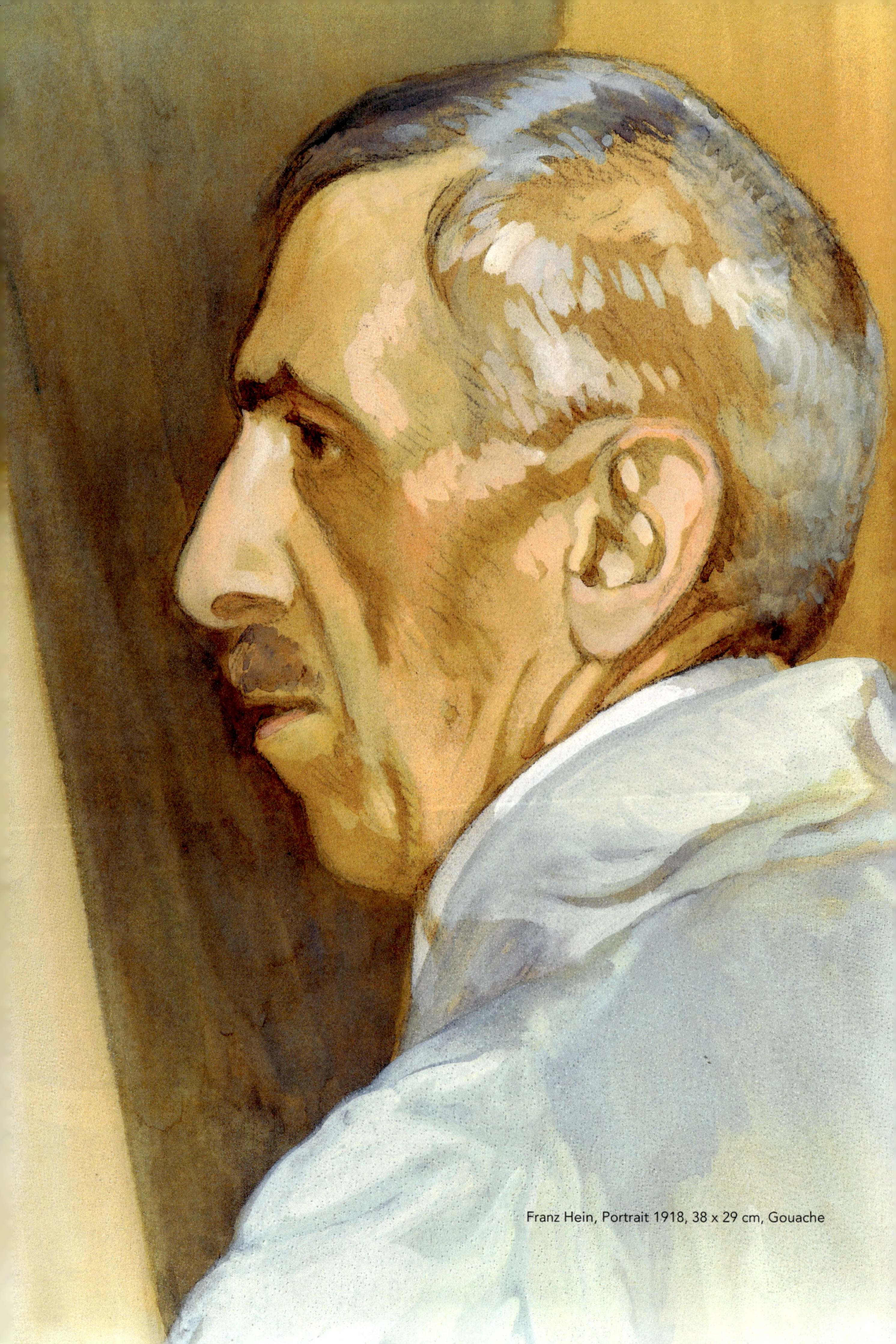

Franz Hein, Portrait 1918, 38 x 29 cm, Gouache

## Franz Heins Gesamtwerk

Franz Hein war nicht nur der Maler des Waldes, wenn auch diese Seite seines Werkes für die Malerkolonie Obersteinbach die umfangreichste und die fruchtbarste seines Schaffens gewesen ist. Hier wird nun sein im Nachlaß erhaltenes Oeuvre in zehn Abteilungen vorgestellt. Den größten Raum nehmen dabei die Familienbilder ein:

1. Meer und Strand (13),
2. Heins Familie (28),
3. Grötzingen und Umgebung (17),
4. Blumenbilder (15),
5. Märchenbilder (10),
6. Portraitbilder (5),
7. Religiöse Bilder (10),
8. Leipziger Bilder (6),
9. Aktbilder (8),
10. Sonstige Motive (13).

Im Anhang seiner Autobiographie „Wille und Weg“ sind bei den im Buch vertretenen Kunstdrucken die damaligen Besitzer der Originale festgehalten. Der 2012 von Rainer Behrends und Lothar Beyer zusammengestellte Text- und Bildband „Eine Familiengeschichte zwischen bildender Kunst und Naturwissenschaften. Franz Hein sen. (1863 1927), Maler - Franz Hein jun. (1892-1976), Chemiker“ bietet weiteres Bildmaterial.
Es ist recht selten, daß das Lebenswerk eines bedeutenden Künstlers derart umfassend erhalten ist. Als Mitglied der Karlsruher Sezession, die sich von der akademischen Malerei befreit und nach der freien Natur gemalt hat, widmete er sich mit seinen Kollegen in der Grötzinger und der Obersteinbacher Malerkolonie der Darstellung der unberührten Natur und dem Leben der einfachen Leute, Bauern und Handwerker, Köhler und Steinhauer. Ihm war es wichtig, neben seinen vielfältigen Beziehungen zu Malerkollegen, Mäzenen, Kunstinteressierten und der „Höheren Gesellschaft“ Kontakt zu den Werktätigen zu haben. Beim Entstehen seines Bildes vom Steinbruch in Grünwettersbach 1885 notiert er: „Ich ging weiter und ging in meinen Steinbruch. Auch dort habe ich mit den einfachen Menschen gelebt.“ Barfuß, nur bekleidet mit Hemd und Hose, ertrug er den Steinstaub und die brütende Hitze.

## L'œuvre de Franz Hein

Franz Hein n'est pas seulement le peintre de la forêt, même si cet aspect de son œuvre a été le plus vaste et le plus fécond de sa création pour la colonie de peintres d'Obersteinbach. Son œuvre, conservée en héritage, est présentée ici en dix sections :

1. La mer et la plage (13 motifs),
2. La famille de Hein (28 motifs),
3. Grötzingen et ses environs (17 motifs),
4. Fleurs (15 motifs),
5. Contes de fées (10 motifs),
6. Portraits (5 motifs),
7. Religieux (10 motifs),
8. Leipzig (6 motifs),
9. Nus (8 motifs),
10. Autres motifs (13).

Les motifs familiaux y occupent la plus grande place.
Dans l'annexe de son autobiographie „Wille und Weg“, les impressions d'art représentées dans le livre sont accompagnées de l'identité des anciens propriétaires des originaux. Le livre de textes et d'illustrations rédigé en 2012 par Rainer Behrends et Lothar Beyer – *Eine Familiengeschichte zwischen bildender Kunst und Naturwissenschaften. Franz Hein sen. (1863-1927), Maler - Franz Hein jun. (1892-1976), Chemiker* (Une histoire de famille entre les arts plastiques et les sciences naturelles. Franz Hein senior (1863-1927), peintre - Franz Hein junior (1892-1976), chimiste) - propose d'autres illustrations.
Il est assez rare que l'œuvre d'un artiste important soit conservée de manière aussi complète. En tant que membre de la Sécession de Karlsruhe, qui s'affranchit de la peinture académique et peint la nature vivante, il se consacre, avec ses collègues de la colonie de peintres de Grötzingen et d'Obersteinbach, à la représentation de la nature intacte et de la vie des gens simples, notamment les paysans et les artisans, les charbonniers et les tailleurs de pierre. Outre ses multiples relations avec des collègues peintres, des mécènes, des amateurs d'art et la « haute société », il est important pour lui d'être en contact avec les travailleurs. Lors de la réalisation de son tableau de la carrière de Grünwettersbach en 1885, il note : « J'ai continué et je suis

Aber Hein war nicht nur ein begabter Maler, er dichtete auch und sorgte dafür, daß seine Verse vertont wurden und gestaltete die Umschläge der Notenausgaben. Für die neue Drucktechnik der farblich gestalteten Steindrucke hat er sich besonders eingesetzt und hat dabei die Kunstdruckerei des Karlsruher Künstlerbundes sehr gefördert.
Mit den großen Lithographie-Verlagen in Leipzig, Teubner und Voigtländer, bestand eine gute Zusammenarbeit. Leider hat er kein Sortiment seiner lithographischen Arbeiten angelegt. Jedenfalls ist in seinem Nachlaß davon kaum etwas erhalten. Vielmehr war sein Schwerpunkt die Ölmalerei.
In seiner Ausbildungszeit als Theater- und Bühnenmaler hatte er die Fähigkeit erworben, Innenräume auszumalen, z. B. repräsentative Bürgerhäuser und Restaurants, sowie Kirchen. In seiner Autobiographie berichtet er darüber. Ein dichtes Netzwerk von befreundeten Künstlern und denen, die er unterrichtet hatte, ermöglichte ihm die Teilnahme an Ausstellungen und das Erlangen neuer Aufträge, vor allem auch bei der Buch- und Zeitschriftenillustration. Eine eigene Werbeabteilung hatte er nicht, die Plakate zu den Ausstellungen gestaltete er selbst. Sie waren geradezu Kunstwerke.
Thematisch zusammenhängende Motive wie seine „Waldbilder“ oder der „Wasgenwald“ vermarktete er in Kunstmappen. Aber auch in kleinformatiger Gebrauchskunst war er ein Meister: Exlibris, Menukarten, Schutzumschläge, Einladungen und Buchtitel tragen seine Handschrift.
In einer durch die Fülle neuer Erfindungen immer schnellebiger werdendenen Welt suchte der Künstler sehr oft nach Ruhe und Entspannung. Bereits der Umzug aus der Residenz- und Landeshauptstadt Karlsruhe in das beschauliche Grötzingen brachte dieses Streben zum Ausdruck. Fernsprecher, elektrisches Licht, Automobil, Luftverkehr, ein immer dichter werdendes Eisenbahnnetz und die fortschreitende Industrialisierung brachten rasch das Ende der alten Beschaulichkeit, nicht nur in den Städten, sondern auch in den Dörfern des Umlandes. So ist es nur zu verständlich, daß Hein und seine Karlsruher Malerkollegen im nahen Elsass das suchten und fanden, war sie an Erholung und künstlerischer Inspiration brauchten. Der große Anteil Obersteinbacher Motive im Gesamtwerk von Franz Hein und Gustav Kampmann belegen dies. Die MalerKolonie Obersteinbach war für sie Urlaub vom Alltag und Lehrtätigkeit zugleich.

allé dans ma carrière. Là aussi, j'ai vécu avec les gens simples ». Pieds nus, vêtu seulement d'une chemise et d'un pantalon, il supporte la poussière de pierre et la chaleur étouffante.

Mais Hein n'est pas seulement un peintre doué, il fait aussi de la poésie et veille à ce que ses vers soient mis en musique, en concevant les couvertures des éditions de partitions. Il s'engage particulièrement en faveur de la nouvelle technique d'impression des lithographies en couleur et encourage ainsi grandement l'imprimerie d'art de l'Association des artistes de Karlsruhe.
Il entretient une bonne collaboration avec les grandes maisons d'édition de lithographies de Leipzig, Teubner et Voigtländer. Malheureusement, il ne constitue pas d'assortiment de ses travaux lithographiques. En tout cas, il n'en reste pratiquement rien dans son héritage. Il se concentre plutôt sur la peinture à l'huile.
Au cours de sa formation de peintre de théâtre et de scène, il acquiert la capacité de peindre des intérieurs, par exemple des maisons bourgeoises représentatives et des restaurants, ainsi que des églises. Il en parle dans son autobiographie. Un réseau dense d'amis artistes et de ceux à qui il a enseigné lui permet de participer à des expositions et d'obtenir de nouvelles commandes, notamment dans l'illustration de livres et de magazines. Il n'a pas de service de publicité, il conçoit lui-même les affiches de ses expositions, qui sont de véritables œuvres d'art.
Il commercialise des motifs thématiques comme ses « peintures de forêts » ou le « *Wasgenwald* » (Pays de Vasgovie) dans des chemises à dessin. Mais il est également passé maître dans l'art utilitaire de petit format : ex-libris, cartes de menu, jaquettes, invitations et titres de livres portent sa signature.
Dans un monde de plus en plus agité en raison de l'abondance de nouvelles inventions, l'artiste recherche très souvent le calme et la détente. Le déménagement de Karlsruhe, capitale du Land, dans la paisible ville de Grötzingen exprime déjà cette aspiration. Le téléphone, la lumière électrique, l'automobile, le transport aérien, un réseau ferroviaire de plus en plus dense et l'industrialisation croissante mettent rapidement fin à la tranquillité d'antan, non seulement dans les villes, mais aussi dans les villages des environs. Il est donc tout à fait

Franz Hein hat sich selbst als Maler des Waldes und der Märchen bezeichnet. Die Zusammenstellung seines Oeuvres zeigt, daß diese Bezeichnung einen wesentlichen Teil seines Schaffens darstellt. Seine Waldbilder vereint das Kapitel I dieses Buches. Daran schließen sich die Blumen- und Gartenbilder nahtlos an. Obwohl er ab 1905 in Leipzig ansässig war, entfallen auf die Großstadt ganz wenige Motive. Direkte Industriedarstellungen finden sich nicht in Heins Schaffen.

In einer Zeit, in der im gesamten Deutschen Kaiserreich der sprichwörtliche „Platz an der Sonne" das erklärte Ziel der Bevölkerung war, hat der Künstler sich durch Fleiß und Beharrlichkeit aus armen Verhältnissen herausgearbeitet und sich bei seinen Kollegen und beim kunstinteressierten Publikum eine geachtete Stellung erworben. Und in diesem Streben nach oben war Hein kein Einzelgänger, sondern ein geselliger Mensch, der sich gerne mitteilte und obendrein ein gern gehörter Lehrer gewesen ist. Sein Einsatz galt vor allem auch den jungen Frauen, die das Malen lernen wollten, und denen der Weg an die Universitäten und Akademien teilweise noch nicht offen stand. Die von ihm gegründete und betriebene Malerkolonie Obersteinbach bot ihnen jenseits der damals noch fast ausschließlich von Männern geprägten Welt eine Plattform, wo sie sich angenommen und gefördert wußten. Durch seinen Einsatz für die Farb-Lithographie sorgten Franz Hein und sein Kollegenkreis dafür, daß gute Kunst zu erschwinglichen Preisen für die ärmeren Bevölkungskreise ihren Weg fand. Etliche seiner Malschülerinnen sind ihm dabei gefolgt.

Durch die Trilogie zur Malerkolonie Obersteinbach ist das zuvor weithin vergessene Wirken dieser Künstlerkolonie nun umfassend dargestellt. Die literarischen Zeugnisse, die Fotoaufnahmen und das umfangreiche Oeuvre Franz Heins, seiner Malerkollegen und seiner Malschülerinnen ergeben zusammen die Dokumentation des Alleinstellungsmarkmals der Gemeinde Obersteinbach, das den Ort unverwechselbar heraushebt, umgeben vom Kranz der Burgruinen, gelegen in herrlicher Landschaft, erfüllt von dem Zauber, der auch nach Franz Hein hier die Menschen bis in die Gegenwart erfaßt.

Heins besondere Verdienste für den Steindruck, die Lithographie, belegen zwei zeitgenössische Zeugnisse. Hermann Voss, Kunsthistoriker und

compréhensible que Hein et ses collègues peintres de Karlsruhe cherchent et trouvent dans l'Alsace toute proche ce dont ils ont besoin en termes de repos et d'inspiration artistique. La grande proportion de motifs d'Obersteinbach dans l'ensemble de l'œuvre de Franz Hein et Gustav Kampmann en témoigne. La colonie de peintres d'Obersteinbach est pour eux à la fois un lieu de vacances et d'enseignement.

Franz Hein se décrit lui-même comme un peintre de la forêt et des contes. La compilation de son œuvre montre que cette appellation représente une part essentielle de sa création. le chapitre I de ce livre fait état de ses peintures de forêt. Les peintures de fleurs et de jardins s'y rattachent sans transition. Bien qu'il se soit installé à Leipzig à partir de 1905, il n'y a que très peu de motifs liés à la grande ville. Ainsi, on ne trouve pas de représentations industrielles directes dans l'œuvre de Hein.

À une époque où, dans tout l'Empire allemand, l'objectif déclaré de la population est de se tailler la proverbiale "place au soleil", l'artiste réussit, à force de travail et de persévérance, à s'extraire de milieux pauvres et à acquérir une position respectée par ses collègues et par le public amateur d'art. Et dans cette quête d'ascension, Hein n'est pas un solitaire, mais un homme sociable qui aime communiquer et qui, de surcroît, est un professeur très écouté. Son engagement s'adresse aussi et surtout aux jeunes femmes qui veulent apprendre à peindre et pour lesquelles la voie des universités et des académies n'est pas encore ouverte. La colonie de peintres d'Obersteinbach, qu'il a fondée et gérée, leur offre une plate-forme où elles se sentent acceptées et encouragées, au-delà du monde encore presque exclusivement masculin de l'époque. Grâce à son engagement en faveur de la lithographie couleur, Franz Hein et son cercle de collègues veillent à ce que l'art de qualité trouve son chemin à des prix abordables pour les couches les plus pauvres de la population. Plusieurs de ses élèves peintres le suivent dans cette voie.

Grâce à la trilogie sur la colonie de peintres d'Obersteinbach, l'activité de cette colonie d'artistes, auparavant largement oubliée, est désormais présentée de manière complète. Les témoignages littéraires, les photos et la vaste œuvre de Franz Hein, de ses collègues peintres et de ses femmes élèves-peintres constituent ensemble la documen-

Leiter der Graphischen Sammlung des Museums für bildende Künste in Leipzig, informiert am 25. Februar 1914 das Mitglied des Leipziger Stadtrats Walter Limburger über getätigte Neuanschaffungen. Dabei erwähnt er, daß er von Franz Hein vier Lithographien für insgesamt 80 Mark erworben habe, und daß ihm Hein darüber hinaus noch weitere Lithographien zum Geschenk für die Sammlung gemacht hat. Dabei bezeichnet Voss den Künstler als einen der Begründer der Original-Lithographie in Deutschland[1].

Ein weiterer Beleg für diese Tatsache ist ein engagierter Artikel aus dem Frühjahr 1913 zu den Biblischen Bildern Franz Heins:

In der bedeutenden Kulturzeitschrift „Ost und West. Illustrierte Monatsschrift für Modernes Judentum"[2] stellt die Autorin Helene Lilien unter dem Titel „Zehn neue Bibelbilder von Franz Hein" die großformatigen Illustrationen des Leipziger Professors begeistert vor[3]:

„Es ist mir eine besondere Freude, hier eine Folge von zehn farbigen Originallithographien zur Bibel einführen zu können, die im Verlage von Rudolf Schick u. Co. in Leipzig erschienen sind. Die Blätter sind in ungewöhnlich grossen Format gehalten und geben in halblebensgrossen Figuren besonders eindrucksvolle Bibelscenen wieder.

Der Künstler, Franz Hein, der Mitbegründer und langjährige Vorsitzende des Karlsruher Künstlerbundes, hat die Wünsche und Bedürfnisse unsrer Zeit in Betreff von Bibelbildern verstanden und setzt die Handlung in das Land der Bibel und in die Zeit der entlegenen Geschehnisse. Man sieht auf diesen Bildern nicht, wie in den Illustrationen von Schnorr v. Carolsfeld und anderen, wie Deutsche des Mittelalters uns die Geschehnisse der Bibel in deutscher Landschaft vorspielen, sondern wir erleben die Vorgänge, wie Menschen der Bibel, Orientalen, im Lande der Bibel, im Orient erlebt haben.

Da sehen wir Rebekka, wie sie mit dem Wasser gefüllten Kruge vom Palmen umstandenen Brunnen emporgestiegen ist und von Elieser um einen Trunk Wasser angesprochen wird. Sowohl Elieser wie Rebekka, als auch die übrigen Männer und Frauen sind in biblischer Tracht, Kamele sieht

1 Kathrin Iselt: „Sonderbeauftragter des Führers". Der Kunsthistoriker und Museumsmann Hermann Voss (1884-1969), Köln-Weimar-Wien 2010, S.45.

2 Berlin 1901-1923.

3 Ebd. 13, 1913, Sp. 249-254.

tation de la caractéristique unique de la commune d'Obersteinbach, qui distingue le lieu de manière incomparable, entouré de la couronne des ruines du château, situé dans un paysage magnifique, rempli de la magie qui, même après Franz Hein, saisit les gens jusqu'à nos jours.

Les mérites particuliers de Hein pour l'impression sur pierre (la lithographie), sont attestés par deux témoignages contemporains de Hein. Hermann Voss, historien de l'art et directeur de la collection graphique du musée des beaux-arts de Leipzig, informe le 25 février 1914 Walter Limburger, membre du conseil municipal de Leipzig, des nouvelles acquisitions effectuées. Il mentionne qu'il a acquis quatre lithographies de Franz Hein pour un total de 80 marks et que Hein lui a également fait cadeau d'autres lithographies pour la collection. Voss décrit l'artiste comme l'un des fondateurs de la lithographie originale en Allemagne[1].

Une autre preuve de ce fait est un article engagé du printemps 1913 sur les illustrations bibliques de Franz Hein :

Dans l'importante revue culturelle « *Ost und West. Illustrierte Monatsschrift für Modernes Judentum* »[2], l'auteur Helene Lilien présente avec enthousiasme les illustrations grand format du professeur de Leipzig sous le titre « *Zehn neue Bibelbilder von Franz Hein* » (Dix nouvelles illustrations bibliques par Franz Hein)[3] :

« C'est pour moi une joie particulière de pouvoir introduire ici une suite de dix lithographies originales en couleur sur la Bible, parues aux éditions Rudolf Schick u. Co. à Leipzig. Les feuilles sont d'un format inhabituellement grand et reproduisent des scènes bibliques particulièrement impressionnantes dans des figures de la taille d'un demi-homme ».

L'artiste Franz Hein, cofondateur et président de longue date de l'Association des artistes de Karlsruhe, a compris les souhaits et les besoins de notre époque en matière d'illustrations bibliques et place l'action dans le pays de la Bible et à l'époque des événements lointains. Dans ces illustrations,

1 Kathrin Iselt : « *Sonderbeauftragter des Führers* » (Envoyé spécial du Führer). *Der Kunsthistoriker und Museumsmann Hermann Voss* (L'historien de l'art et homme de musée Hermann Voss) (1884-1969), Cologne - Weimar - Vienne 2010, p. 45.

2 « *Ost und West. Illustrierte Monatsschrift für Modernes Judentum* » (Est et Ouest. Revue mensuelle illustrée du judaïsme moderne) - Berlin 1901-1923.

3 Ibid. 13, 1913, p. 249-254.

man über den Köpfen der Knechte, und die Mädchen tragen den Wasserkrug ebenso, wie es noch heute die Frauen im Orient tun.
Auf dem zweiten Bilde „Joseph wird von seinen Brüdern verkauft“ brennt glühend die Sonne vom tiefblauen, südlichen Himmel. Die Brüder und Kaufleute sind angetan mit dem typisch orientalischen Gewande, der Abaje, wie sie die Araber noch heute tragen, sie alle haben das von einer Schnur gehaltene Tuch, das vor den sengenden Strahlen der Sonne schützt, nur der arme Joseph ist unbedeckten Hauptes, als sollte er dem Sonnenstiche preisgegeben werden.
Aber das nächste Bild[4] zeigt ihn als Aegypter, wie er, ein vornehmer Herr, von dem Wagen gestiegen ist, um seinen Vater zu begrüßen, der mit seiner ganzen Familie und all seiner Habe nach Aegypten gezogen ist, um Joseph vor seinem Ende noch einmal zu sehen.
Auch das folgende Bild führt uns nach Aegypten, an die grünen Ufer des Nil, in dem die Prinzessin baden will. Umgeben von ihren Dienerinnen eine – Nubierin fächelt ihr mit dem Pfauenfächer Kühlung zu – entdeckt sie im Schilf ein Körbchen, und als man es ihr bringt, findet sie darin das jüdische Knäblein, das sie Mose nennt. Im Schatten der Bäume halb verborgen steht Miriam und sieht dem Vorgange zu.
Während alle diese Blätter von heller Sonne durchleuchtet sind, folgt jetzt ein Bild von Grösse und Wildheit: Mose, wie er vom Sinai hernieder steigt, die Gesetzestafeln im Arm. Die Figur, in einen tiefroten Mantel gekleidet, füllt fast den ganzen Raum, nur seitlich bleibt ein Ausblick ins Tal auf die Zelte des jüdischen Lagers. Steinig ist der Weg, den er scheitet, tiefe Wolken liegen auf dem Gebirge, der Lichtschein des Herrn blieb hinter ihm. Aber sein Antlitz leuchtet. – Leider hat der Künstler wieder die zwei strahlenden Hörner verwendet, die seit Michelangelo, der als Bildhauer das Leuchten nicht anders darstellen konnte, auch in der Malerei spuken und wahrlich nicht dazu beigetragen, das menschliche Antlitz zu verschönern.
Im Vorraum des Tempels weiht Hanna ihren Sohn Samuel dem Dienste des Herrn. Der Hohepriester segnet den Knaben, während der Vater bescheiden an der Seite steht und ehrfürchtig dem Vorgang zusieht.

4 Siehe Seite 207

on ne voit pas, comme dans les illustrations de Schnorr v. Carolsfeld et d'autres, des Allemands du Moyen Âge retranscrire les événements de la Bible dans un paysage allemand, nous vivons au contraire les événements tels que les hommes de la Bible, les Orientaux, les ont vécus dans le pays de la Bible, en Orient.
Nous voyons Rébecca monter du puits entouré de palmiers avec la cruche remplie d'eau, et Eliezer lui demander à boire. Eliezer et Rébecca, ainsi que les autres hommes et femmes, sont vêtus de costumes bibliques, des chameaux sont visibles au-dessus de la tête des serviteurs et les jeunes filles portent la cruche d'eau comme le font encore aujourd'hui les femmes en Orient.
Dans la deuxième illustration, « Joseph est vendu par ses frères », le soleil brûle d'un bleu profond dans le ciel méridional. Les frères et les marchands sont vêtus de l'habit typiquement oriental, l'abaya, tel que les Arabes la portent encore aujourd'hui, ils ont tous le foulard maintenu par une corde qui les protège des rayons brûlants du soleil, seul le pauvre Joseph a la tête découverte, comme s'il devait être exposé aux piqûres du soleil.
Mais l'illustration suivante[4] le montre en Égypte, descendant de son char pour saluer son père, qui s'est rendu en Égypte avec toute sa famille et tous ses biens, pour revoir Joseph avant sa mort.
L'illustration suivante nous emmène également en Egypte, sur les rives verdoyantes du Nil, où la princesse veut se baigner. Entourée de ses servantes – une Nubienne l'éventant avec son éventail de paon – elle découvre un panier dans les roseaux et, lorsqu'on le lui apporte, elle y trouve le petit garçon juif qu'elle appelle Moïse. Miriam se tient à l'ombre des arbres, à moitié cachée, et observe la scène.
Alors que toutes ces feuilles sont éclairées par un soleil éclatant, voici maintenant une illustration mêlant grandeur et férocité : Moïse descendant du Sinaï, les Tables de la Loi dans les bras. Le personnage, vêtu d'un manteau d'un rouge profond, remplit presque tout l'espace, ne laissant sur le côté qu'une vue dans la vallée sur les tentes du camp juif. Le chemin qu'il emprunte est caillouteux, de profonds nuages recouvrent la montagne, la lueur du Seigneur est restée derrière lui. Mais son visage brille. Malheureusement, l'artiste a une

4 Voir page 207

Welch ein lustiges Bild ist „David und Goliath"! Inmitten eines sonnigen Feldes steht furchtlos und kühn der Knabe David. Goliath in seiner mächtigen Rüstung hat seinen Spass an dem kleinen Knirps, der ihn, trotzdem er unbewaffnet ist, besiegen will, und obgleich der Riese dem Beschauer den Rücken kehrt, sieht man, wie er den Knaben ob seiner Tollkühnheit höhnt und sich über ihn lustig macht. Im Hintergrunde sehen die Krieger voller Spannung dem ungleichen Kampfe zu.
Weniger erfreulich ist „David spielt vor Saul", während „Ruth und Boas" ein Blatt von grosser Schönheit ist[5]. Ein weites, in glühender Sonne leuchtendes Kornfeld, im Hintergrund die ferne Bergkette und darüber ein tiefblauer, südlicher Himmel. Schnitter sind mit der Ernte beschäftigt und Ruth, die einen Arm voll Aehren gesammelt, steht scheu und mit niedergeschlagenen Augen vor Boas, der freundlich mit ihr spricht und Wohlgefallen an ihrer Lieblichkeit und Anmut findet.
Auf dem letzten Bilde sehen wir Tobias, der mit dem Engel Raphael von seiner Reise heimkehrt, von seinen alten Eltern, der Mutter Hanna und dem blinden Tobias freudig begrüsst. –
Nun noch einige Worte über den künstlerischen Wert der Blätter. – Franz Hein gehört, wie schon bemerkt, zu dem Kreise derjenigen Künstler, die sich im Jahre 1896 zum Karlsruher Künstlerbunde zusammengeschlossen und die es sich als Aufgabe gestellt hatten, die Künstlerlithographie zu fördern und auszubilden. Hein selbst hat eine Reihe von schönen Lithographien geschaffen: Märchenbilder und Vogesenlandschaften.
In diesen neuen Bibelbildern greift er zum ersten Mal zu einem ungewöhnlich grossen Format, die Bilder messen 70 x 100 cm; das erfordert natürlich eine ganz andere Gliederung der Komposition, als es bei kleinen Blättern der Fall ist. Hein gibt durchweg wenige sehr grosse Figuren, die fast den ganzen Raum füllen, und nur geringen Platz für Nebenfiguren oder Landschaft lassen. Dadurch erzielt er eine durchaus monumentale Wirkung, die die Bilder für ihren Zweck, als Anschauungsmittel für den Unterricht und als Wandbilder zu dienen, vorzüglich geeignet machen. Auch technisch sind die Bilder ausgezeichnet, was bei einem so geübten Künstlerlithographen nicht weiter verwunderlich ist. Mit wenig fein zusammenge-

5 Siehe Seite 207

nouvelle fois utilisé les deux cornes rayonnantes qui, depuis Michel-Ange – lui qui en tant que sculpteur ne pouvait pas représenter la luminosité autrement – hantent également la peinture et ne contribuent pas vraiment à embellir le visage humain.
Dans le vestibule du temple, Hannah consacre son fils Samuel au service du Seigneur. Le grand prêtre bénit le garçon, tandis que son père se tient humblement à ses côtés et observe la scène avec respect.
Quelle illustration amusante que « David et Goliath » ! Le jeune David, intrépide et téméraire, se tient au milieu d'un champ ensoleillé. Goliath, dans sa puissante armure, s'amuse du petit garçon qui, bien que désarmé, veut le vaincre. Bien que le géant tourne le dos au spectateur, on le voit se moquer de l'audace du garçon et se moquer de lui. Au fond, les guerriers regardent avec excitation le combat inégal.
« David jouant devant Saül » est moins réjouissant, tandis que « Ruth et Boaz » est une feuille d'une grande beauté[5]. Un vaste champ de blé illuminé par un soleil ardent, avec en arrière-plan la chaîne de montagnes lointaines et, au-dessus, un ciel d'un bleu profond et méridional. Les moissonneurs sont occupés à la récolte et Ruth, qui a ramassé des épis, se tient timidement, les yeux baissés, devant Boaz qui lui parle gentiment et apprécie sa douceur et sa grâce.
Dans la dernière illustration, nous voyons Tobias, qui revient de son voyage avec l'ange Raphaël, accueilli avec joie par ses vieux parents, sa mère Anne et Tobias l'aveugle.
Quelques mots encore sur la valeur artistique des feuilles. Comme nous l'avons déjà évoqué, Franz Hein fait partie du cercle d'artistes qui se sont réunis en 1896 au sein de l'Union des artistes de Karlsruhe et qui se sont donné pour mission de promouvoir et de former la lithographie d'artiste. Hein lui-même a créé une série de belles lithographies : illustrations de Contes de fées et Paysages vosgiens.
Dans ces nouvelles illustrations bibliques, Hein a recours pour la première fois à un format inhabituellement grand, avec des dimensions de 70 x 100 cm ; cela exige bien sûr une toute autre articulation de la composition que celle des petites feuilles. Hein n'utilise qu'un petit nombre de très

5 Voir page 207

stimmten Farben hat Hein es verstanden, die der Lithographie eigentümliche Wirkung in schönstem Masse zu erzielen; die südliche Sonne glüht auf dem reifen Getreide, die gebräunte Haut der Körper steht prachtvoll gegen die satten Farben der Gewänder. Auch der Charakter der palästinensischen Landschaft ist vorzüglich wiedergegeben, obgleich der Künstler sie nie mit eigenen Augen gesehen hat. Durch eingehende Studien hat er es verstanden, ihre Eigenart zu erfassen und sie durchaus wahrheitsgetreu wiederzugeben. So bedeuten diese 10 Bibelbilder eine erfreuliche Bereicherung jüdischer Kunst, geschaffen von einem nichtjüdischen Künstler."

grandes figures qui occupent presque tout l'espace, ne laissant que peu de place aux personnages secondaires ou au paysage. Il obtient ainsi un effet tout à fait monumental, qui rend les tableaux parfaitement adaptés à leur fonction de moyens d'illustration pour l'enseignement et de peintures murales. Les images sont également excellentes sur le plan technique, ce qui n'a rien d'étonnant de la part d'un artiste lithographe aussi expérimenté. Avec des couleurs en petit nombre et finement assorties, Hein réussit à obtenir l'effet propre à la lithographie de la plus belle manière ; le soleil méridional brille sur les céréales mûres, la peau bronzée des corps se détache magnifiquement sur les couleurs saturées des vêtements. Le caractère du paysage palestinien est également remarquablement rendu, bien que l'artiste ne l'ait jamais vu de ses propres yeux. Grâce à des études approfondies, il a su en saisir les particularités et les restituer de manière tout à fait fidèle. Ces dix illustrations bibliques représentent donc un enrichissement réjouissant de l'art juif, réalisé par un artiste non juif.

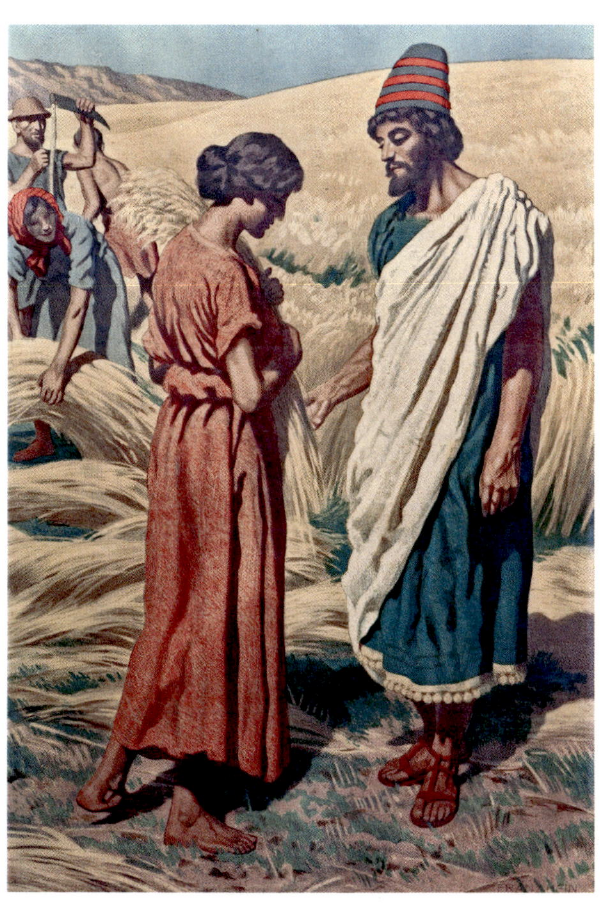

Franz Hein, Boas und Ruth, 99 x 69 cm, Biblische Bilder, 1906, Schick-Verlag Leipzig

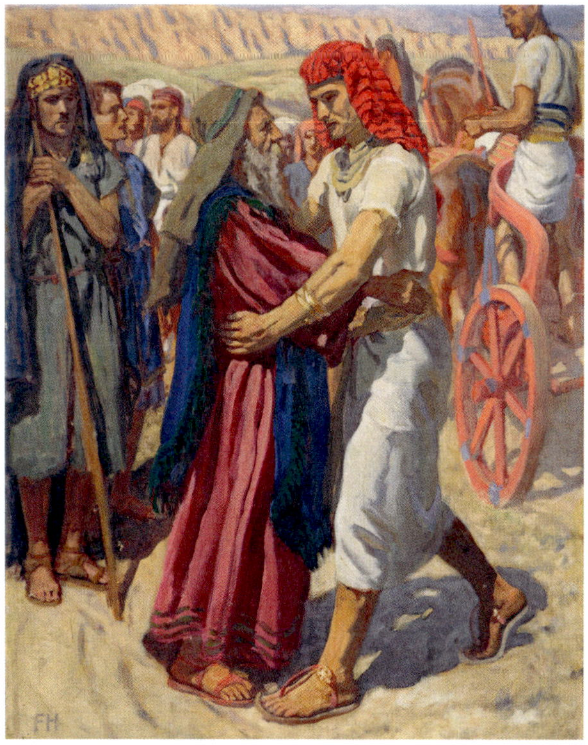


Franz Hein, Josef trifft seinen Vater Jakob und seine Brüder, *Joseph et ses frères*, Sig. F. H., 70 x 68 cm, 1906, Öl, auch als Wandbild im Schick-Verlag Leipzig

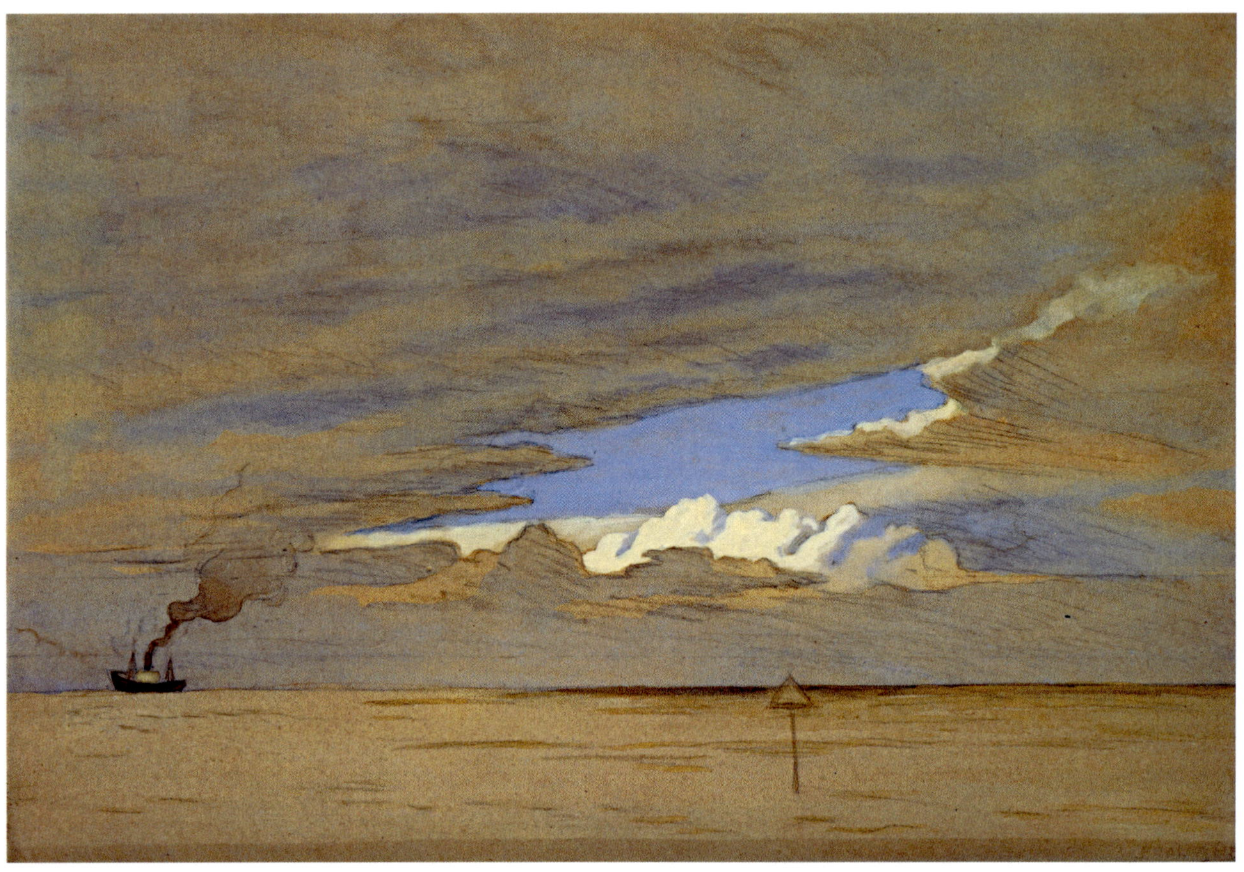

Franz Hein, Dampfschiff am Horizont, *paquebot à l'horizon*, 45 x 32 cm, Aquarell

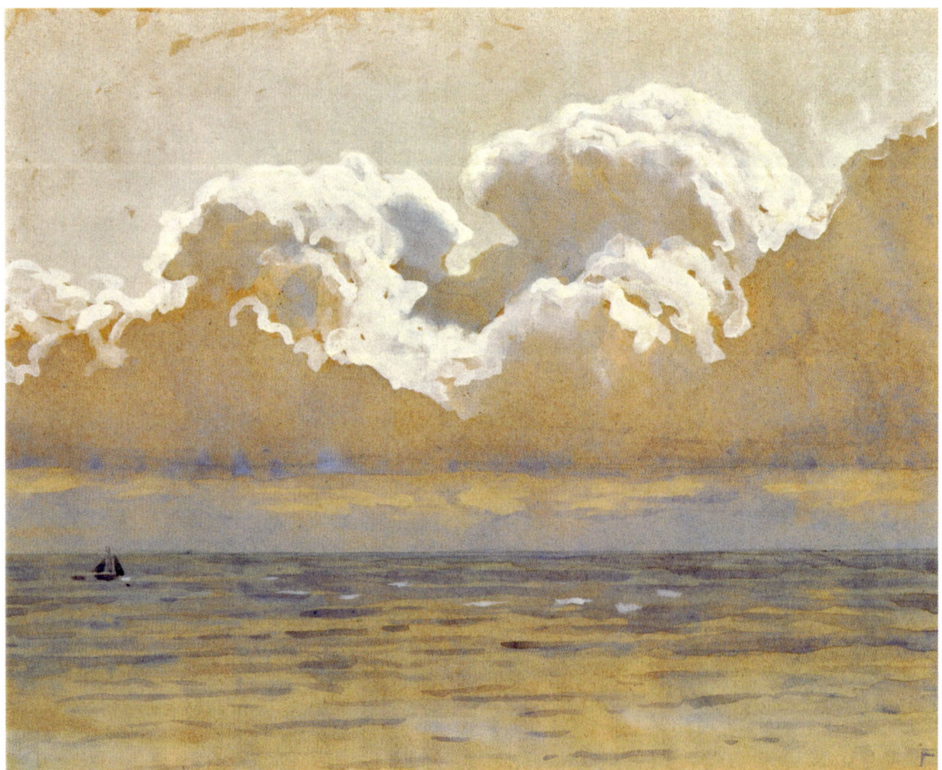

Franz Hein, Seestück, Weiße Wolken, *nuages blancs*,
Sig. F. H., 22 x 26 cm, Gouache

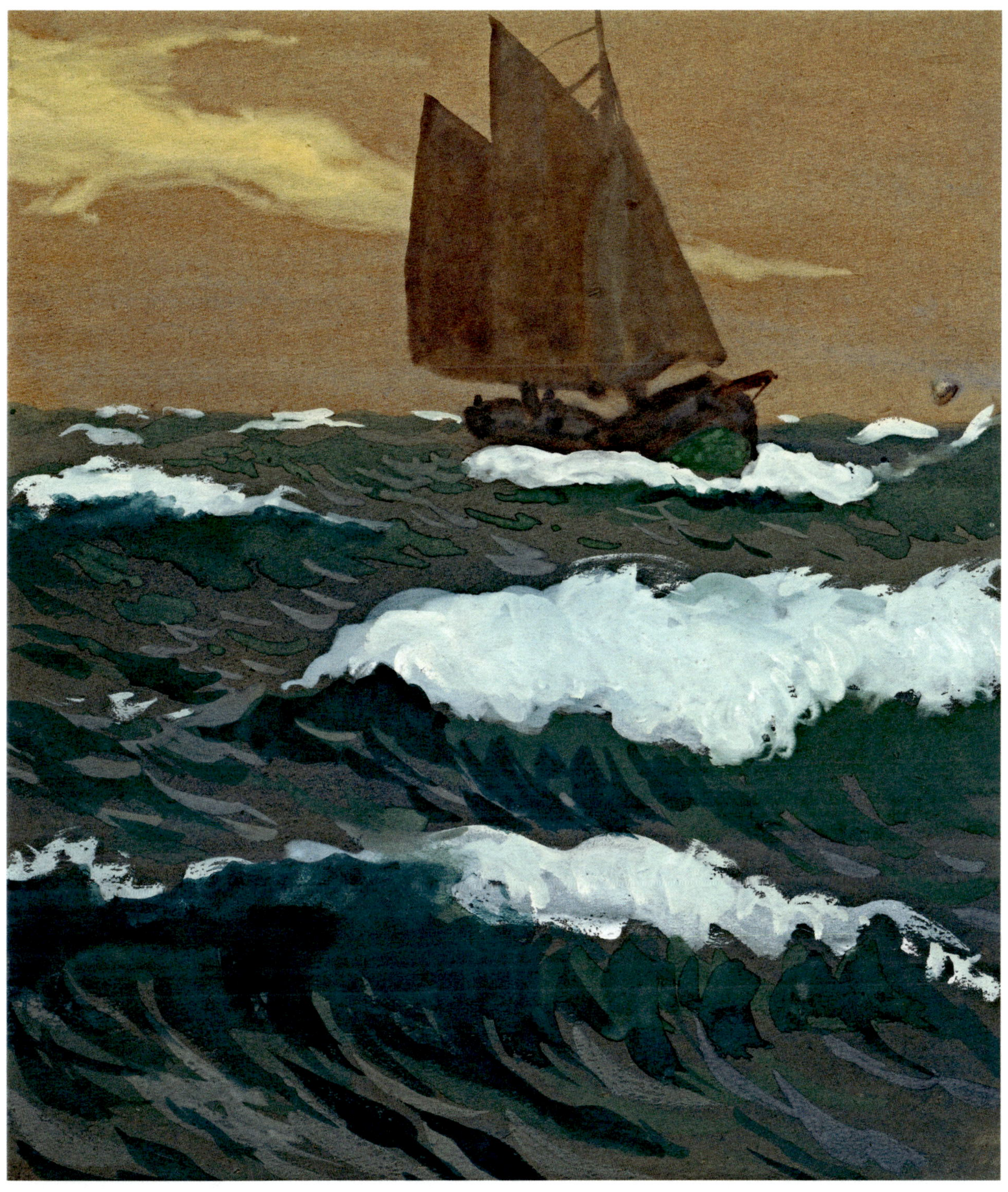

Franz Hein, Finkenwerder Ewer vor Helgoland, *voilier à Helgoland*,
31 x 27 cm, 1906, Aquarell

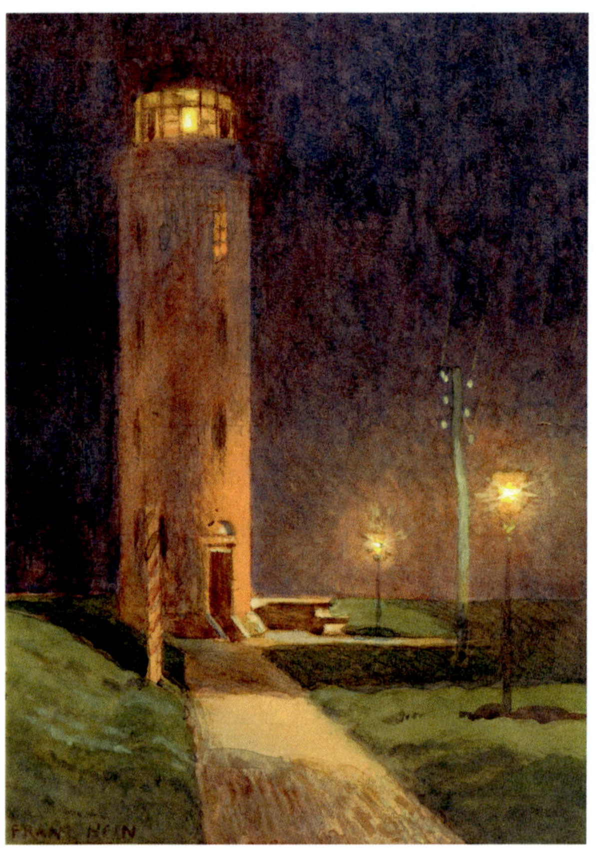

Franz Hein, Leuchtturm am Abend, *phare le soir,*
Sig. FRANZ HEIN, 75 x 54 cm, Öl

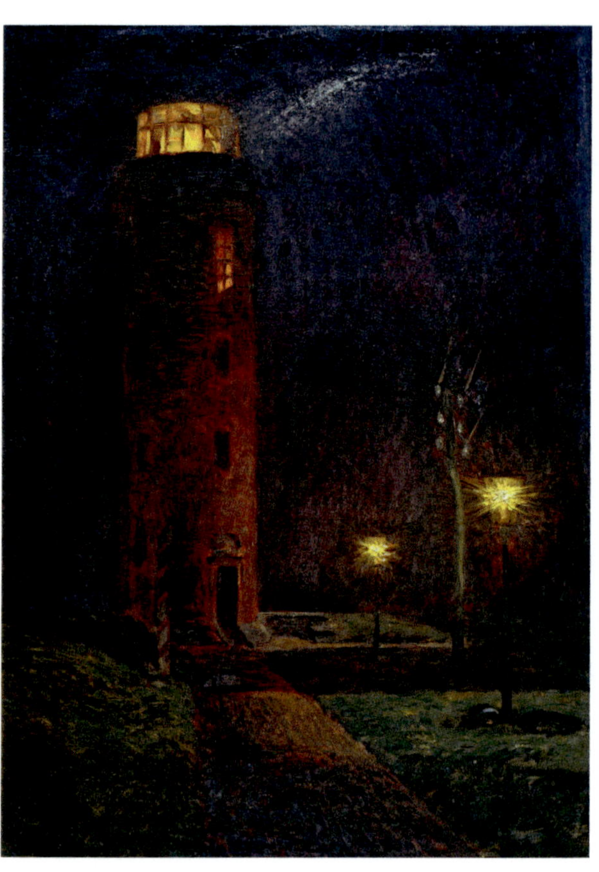

Franz Hein, Leuchtturm bei Nacht, *phare la nuit,*
Sig. FRANZ HEIN, 41 x 30 cm, Öl

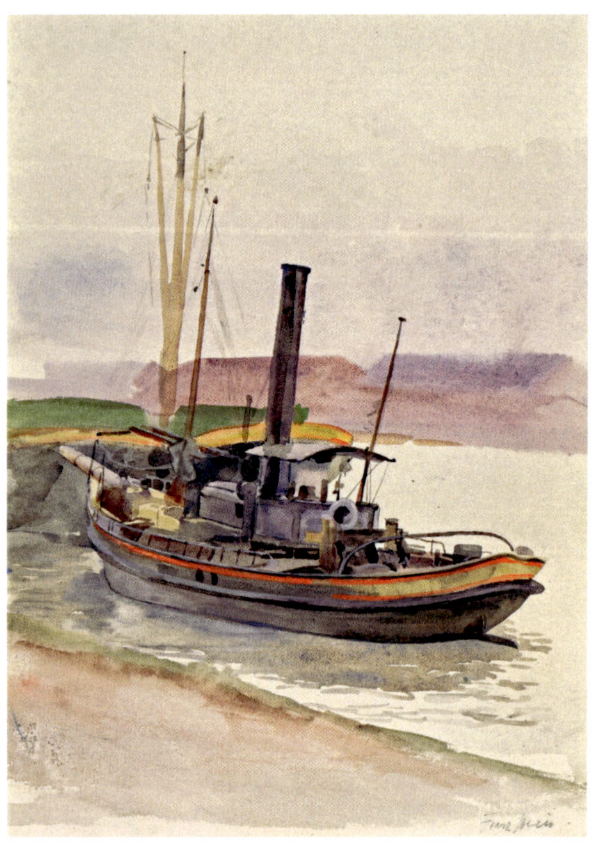

Franz Hein, Kohlenlöscher am Hafen, *navire à vapeur,*
Sig. Franz Hein, 66 x 47 cm, Gouache

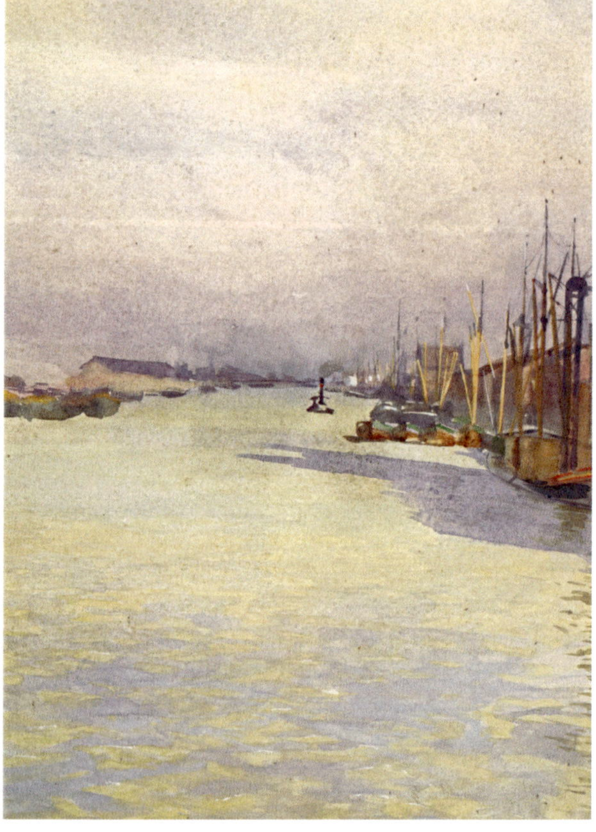

Franz Hein, Am Hafen, *le port*, 40 x 31 cm, Aquarell

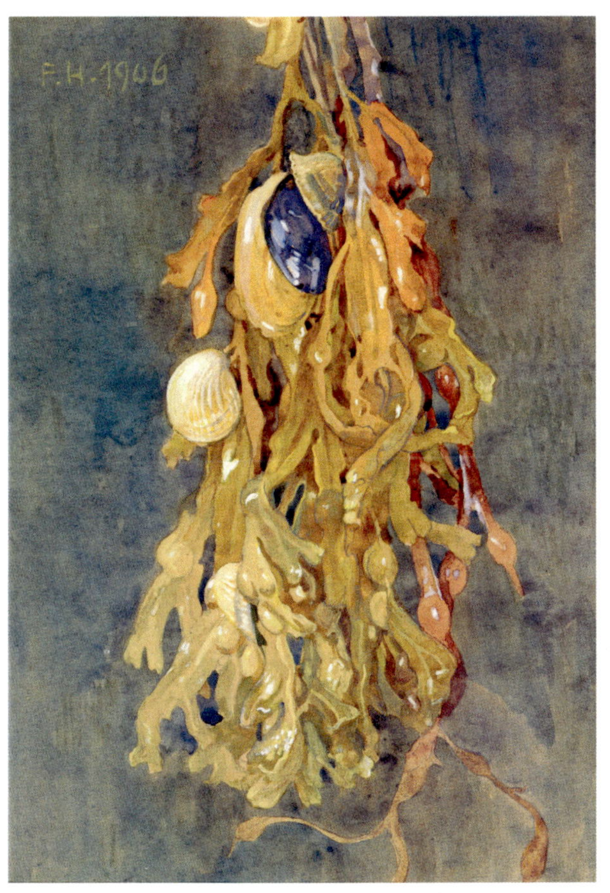

Franz Hein, Nordsee-Aquarium Helgoland, *aquarium à Helgoland, algues et molusques*, Algen und Muscheln, 34 x 24 cm, Sig. F. H. 1906, Gouache

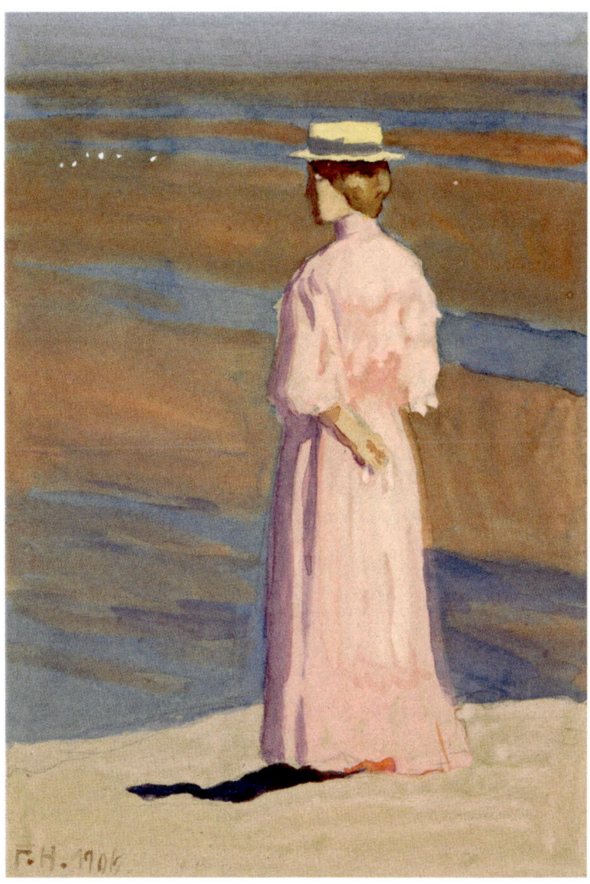

Franz Hein, Frau am Strand, *la dame à la plage*, Sig. F. H. 1906, 26 x 18 cm, Gouache

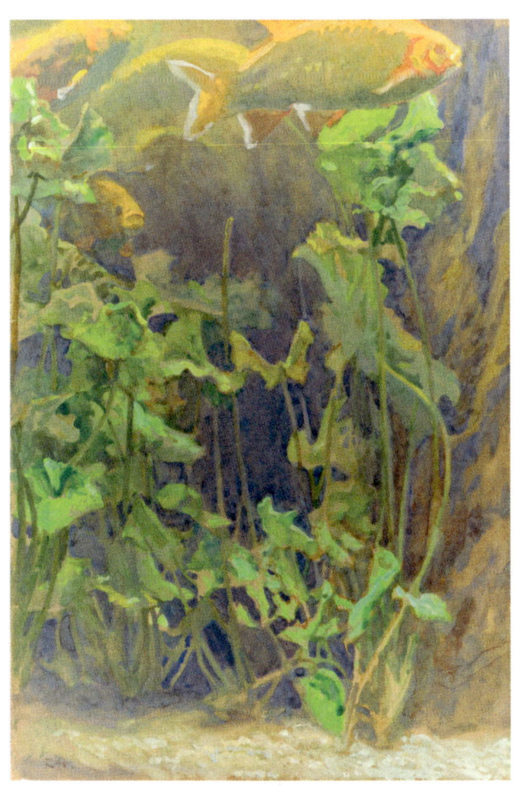

Franz Hein, Nordsee-Aquarium Helgoland, Sig. F. H. 49 x 34 cm, Gouache

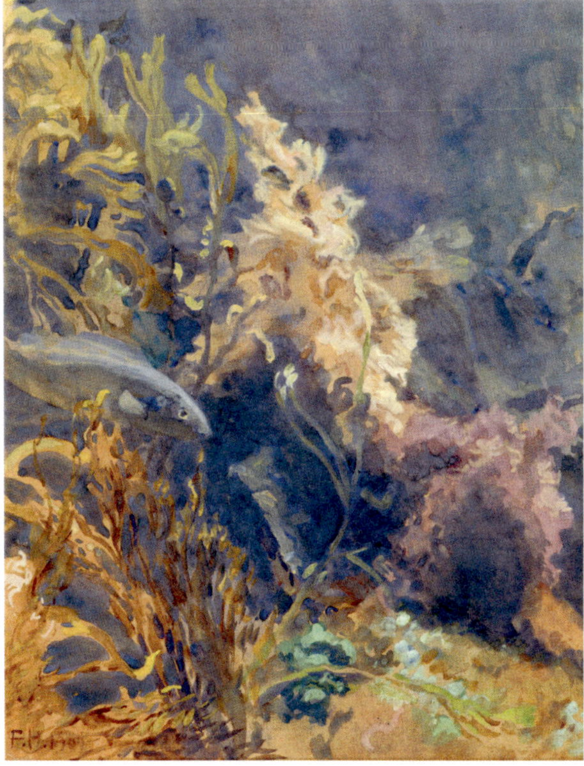

Franz Hein, Nordsee-Aquarium Helgoland, Sig. F. Hein, 33 x 28 cm, Gouache

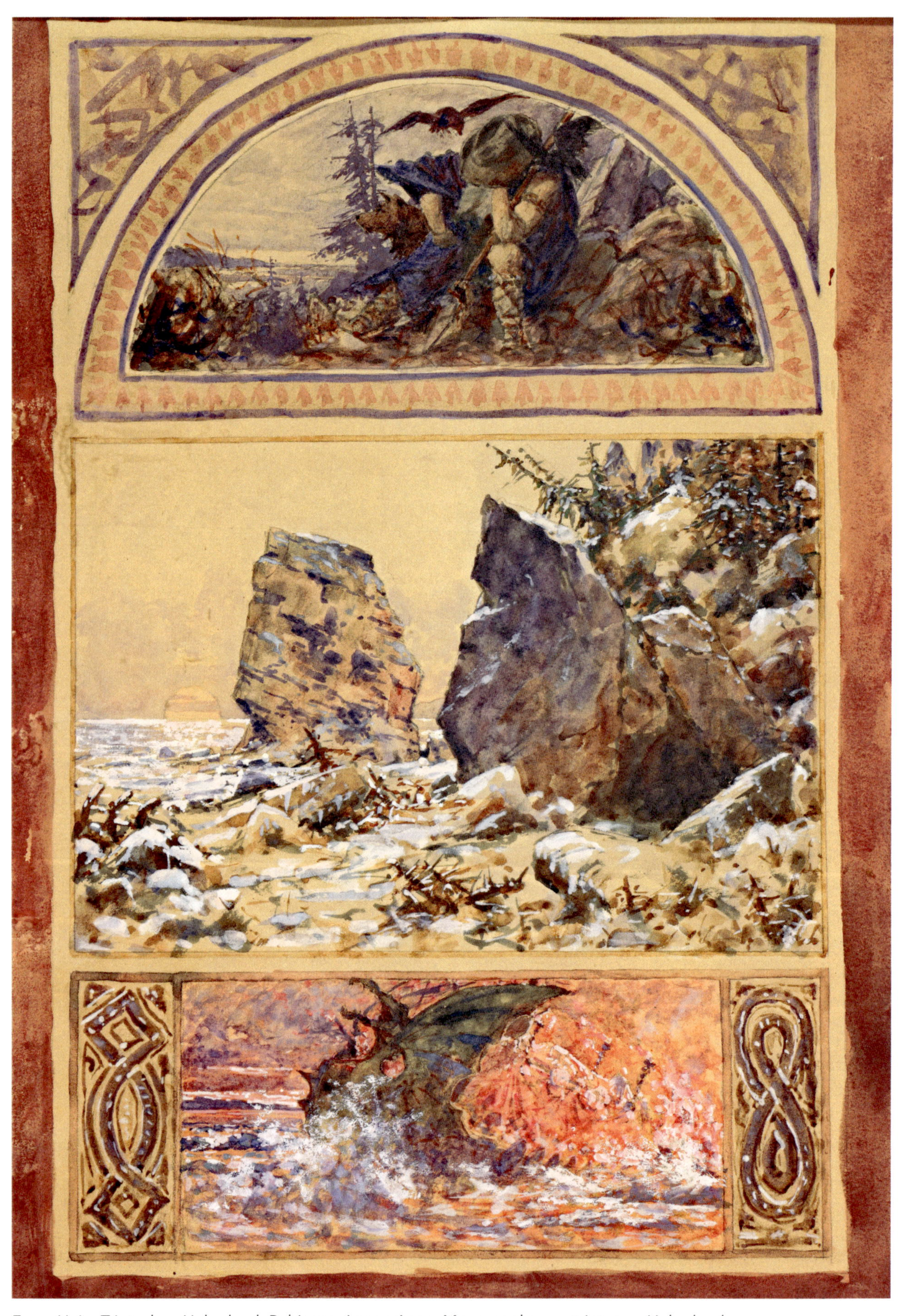

Franz Hein, Triptychon Helgoland, Robinson, Lange Anna, Meerungeheuer, *triptyque Helgoland,*
60 x 45 cm, Gouache

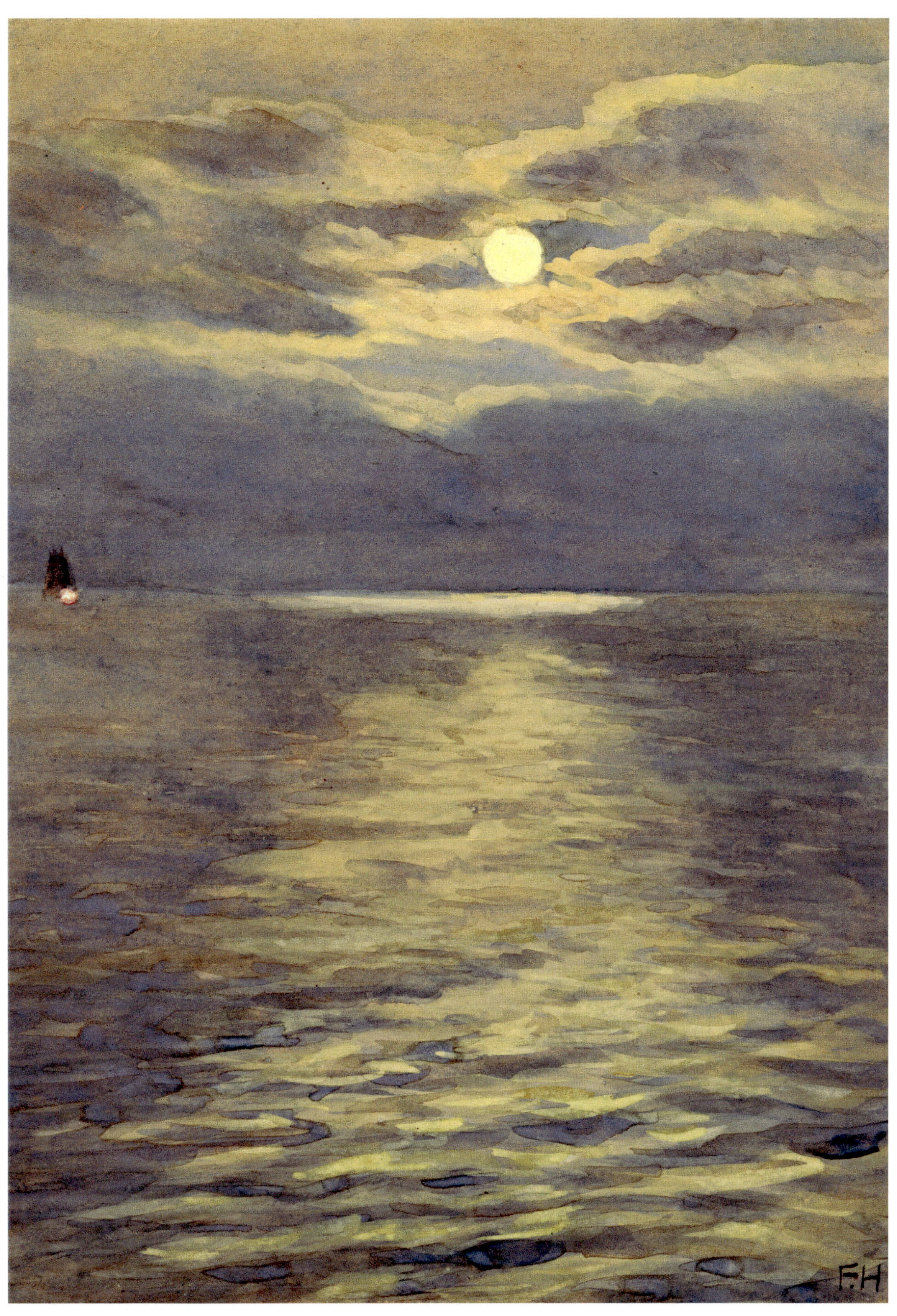


Franz Hein, Abend am Meer, *coucher du soleil sur la mer,*
Sig. F. H., 34 x 27 cm, Aquarell

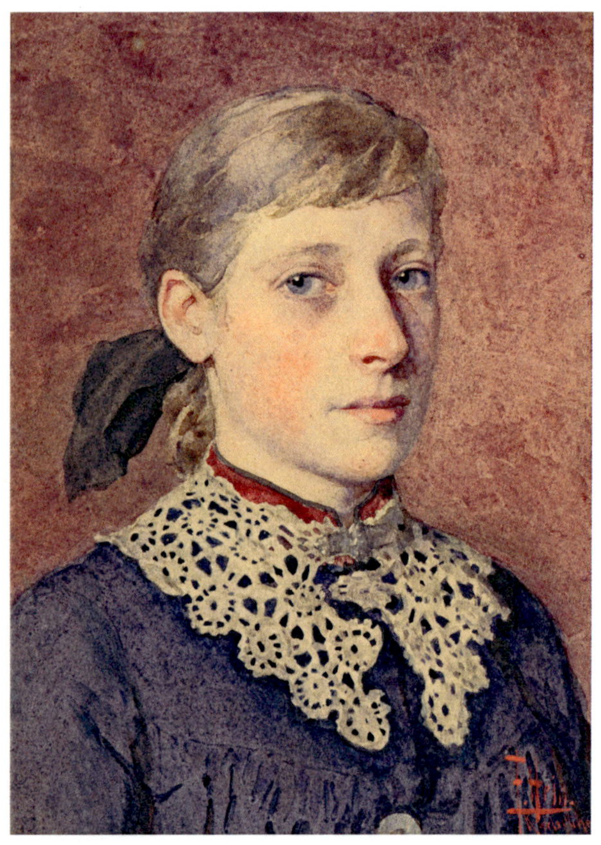

Franz Hein, Ida Hein, Sig. F. Hein Karlsruhe, 69 x 40 cm, Aquarell

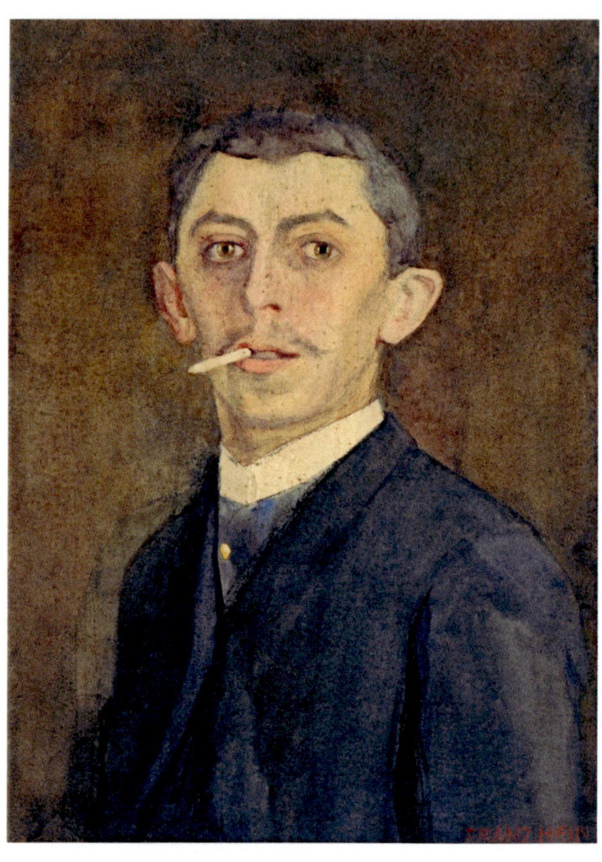

Franz Hein, Franz Hein, Portrait, Sig. FRANZ HEIN, 49 x 35 cm, Aquarell

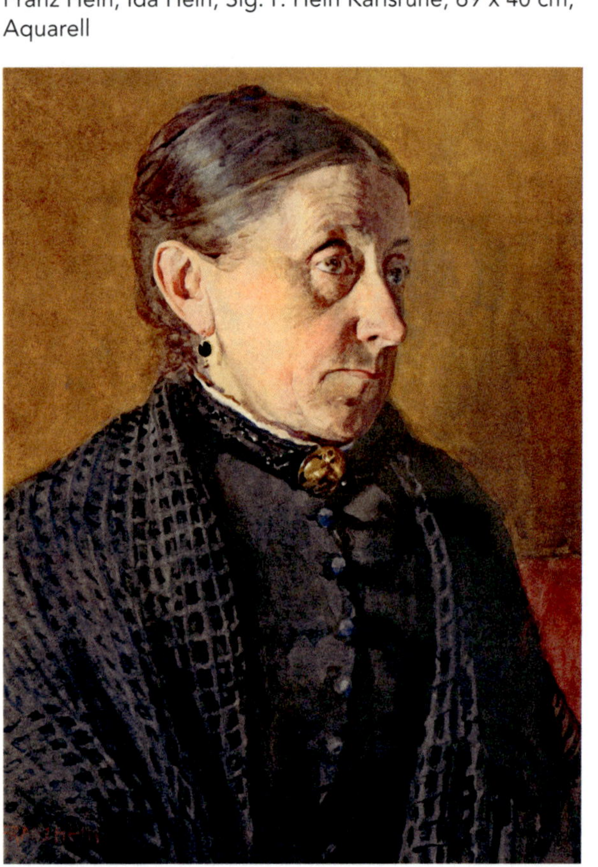

Franz Hein, Heins Mutter, *la mère de Franz Hein*, Sig. FRANZ HEIN, 53 x 38 cm, 1889, Aquarell

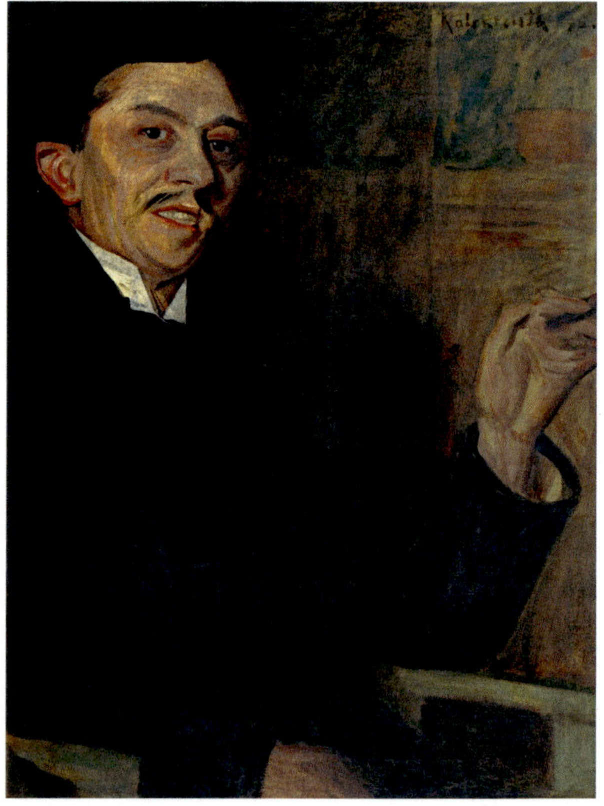

Leopold von Kalckreuth (1855-1928), Portrait Franz Hein, 72 x 58 cm, Öl

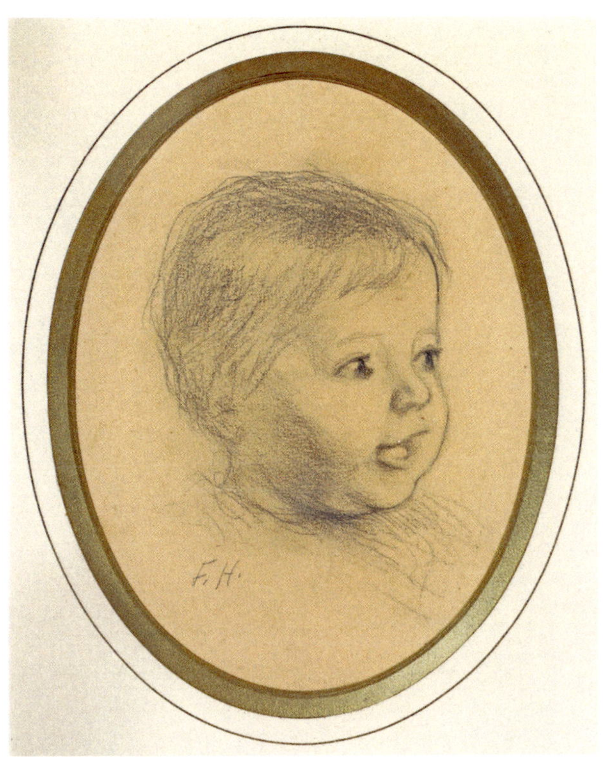

Franz Hein, Hans Hein, Sig. F. H., 24 x 19 cm, Bleistift

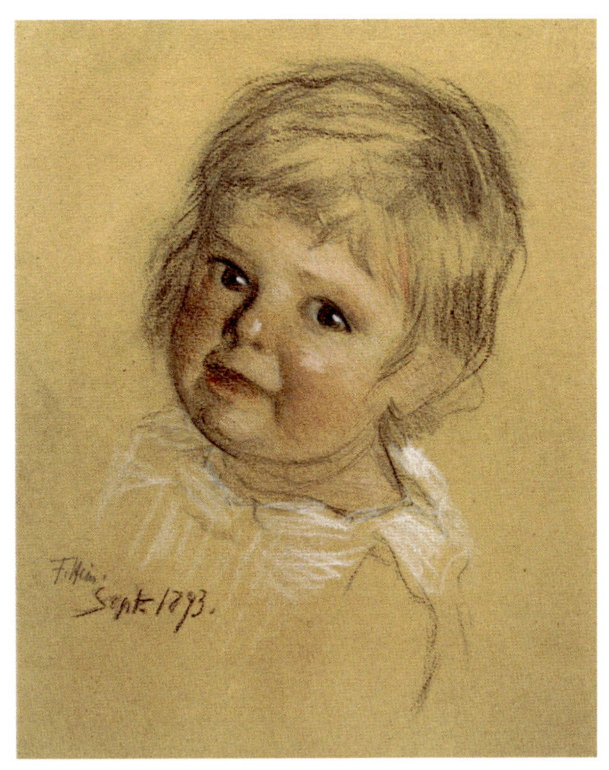

Franz Hein, Der Erstgeborene, *le premier-né,*
Sig. F. Hein Sept. 1893, 64 x 50 cm, Kreidezeichnung

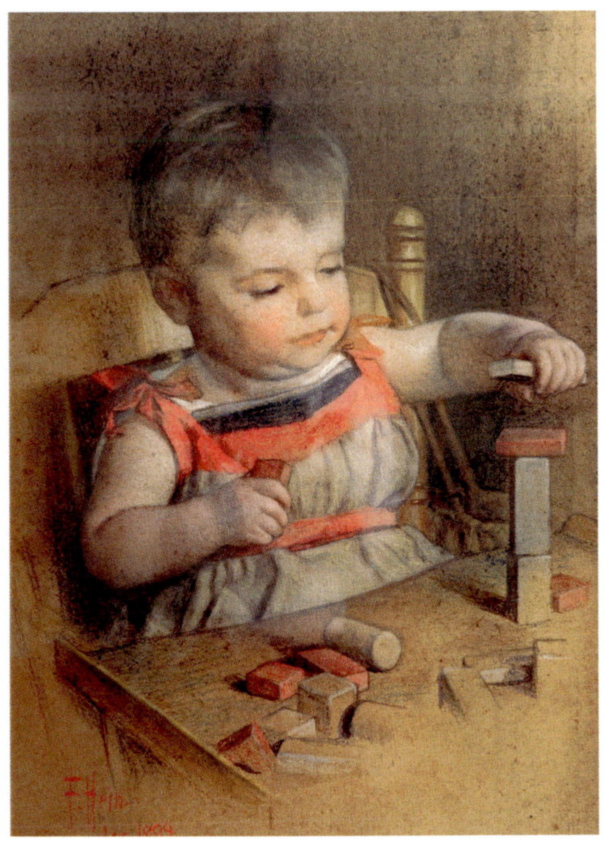

Franz Hein, Franz bauend, *Franz jouant*, 32 x 26 cm,
1894, Pastell

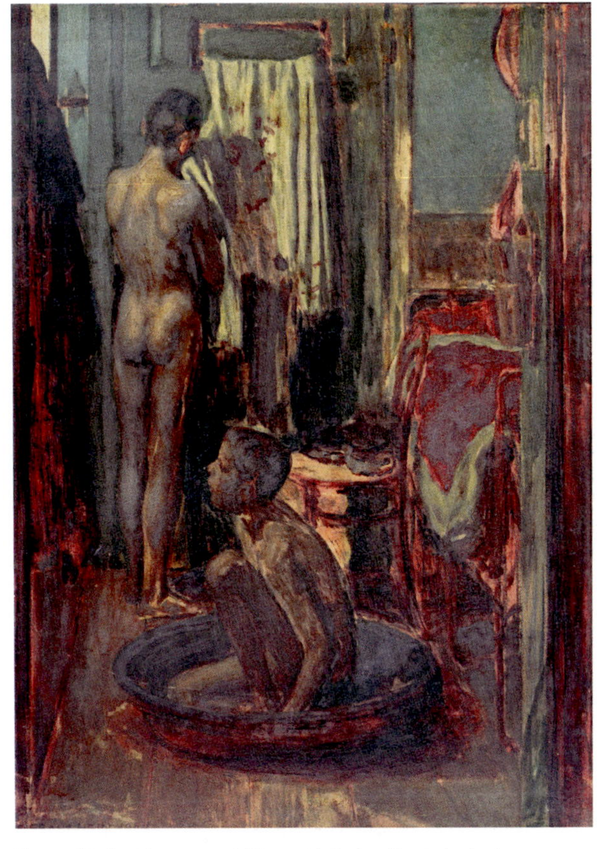

Franz Hein, Franz und Hans Hein im Bad, *le bain,*
67 x 49 cm, Öl

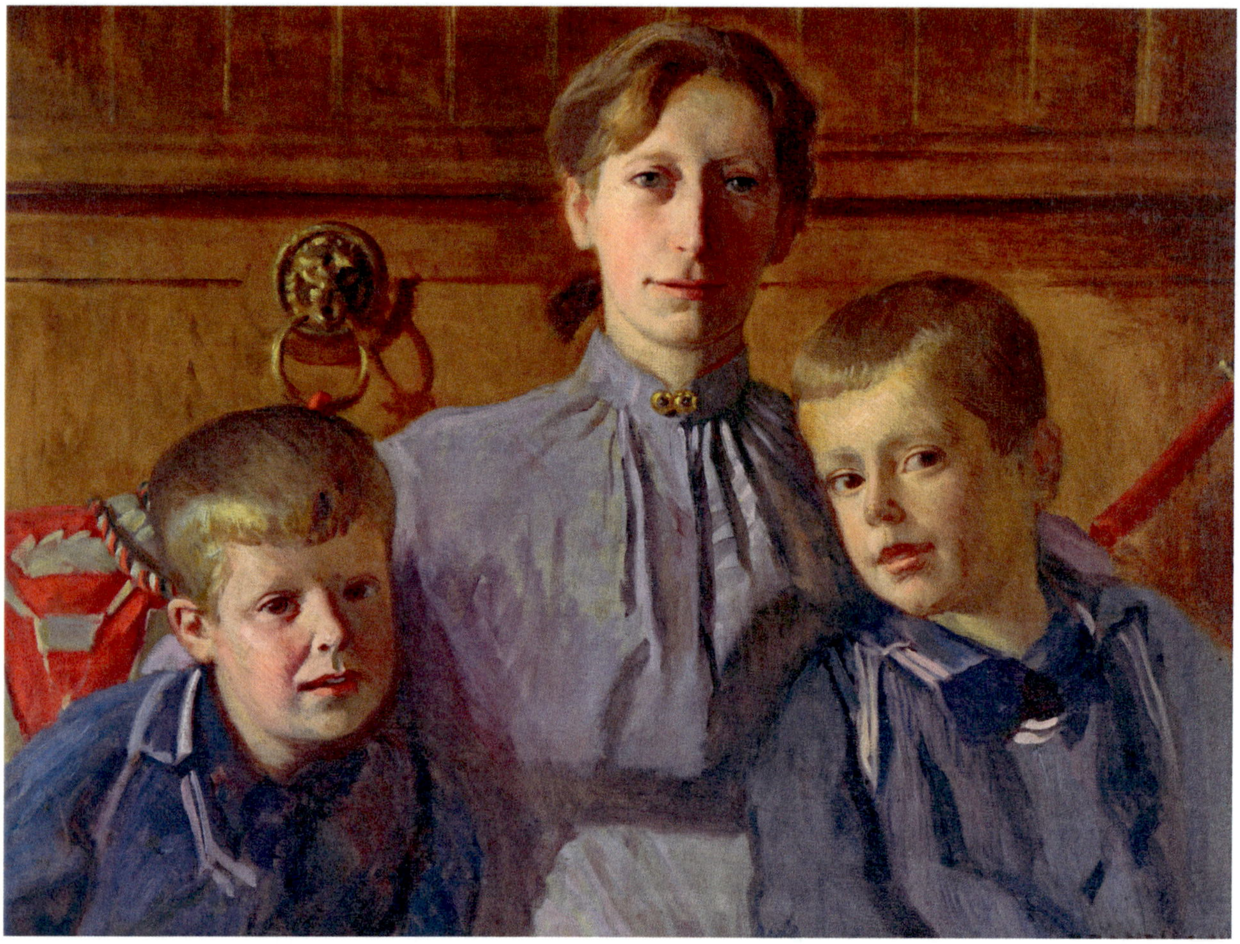

Franz Hein, Familienbild 1897, Ida mit Hans und Franz, *Ida et ses enfants*, 65 x 88 cm, Öl

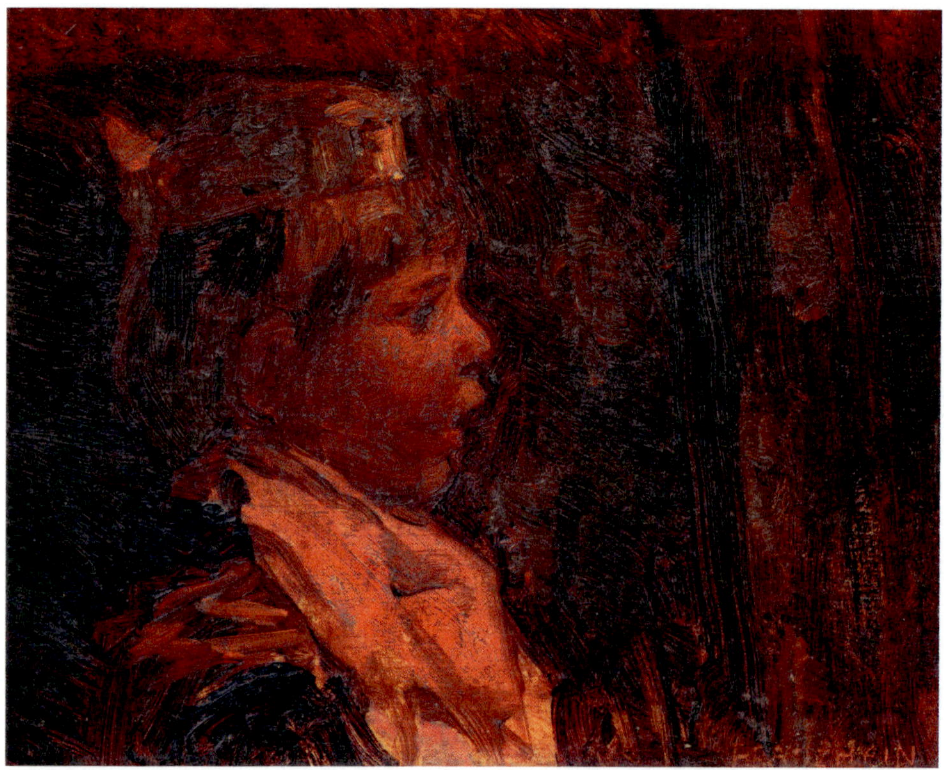

Franz Hein, Hans Hein als kleiner König, *le petit roi*, Sig. FRANZ HEIN, 26 x 22 cm, Öl

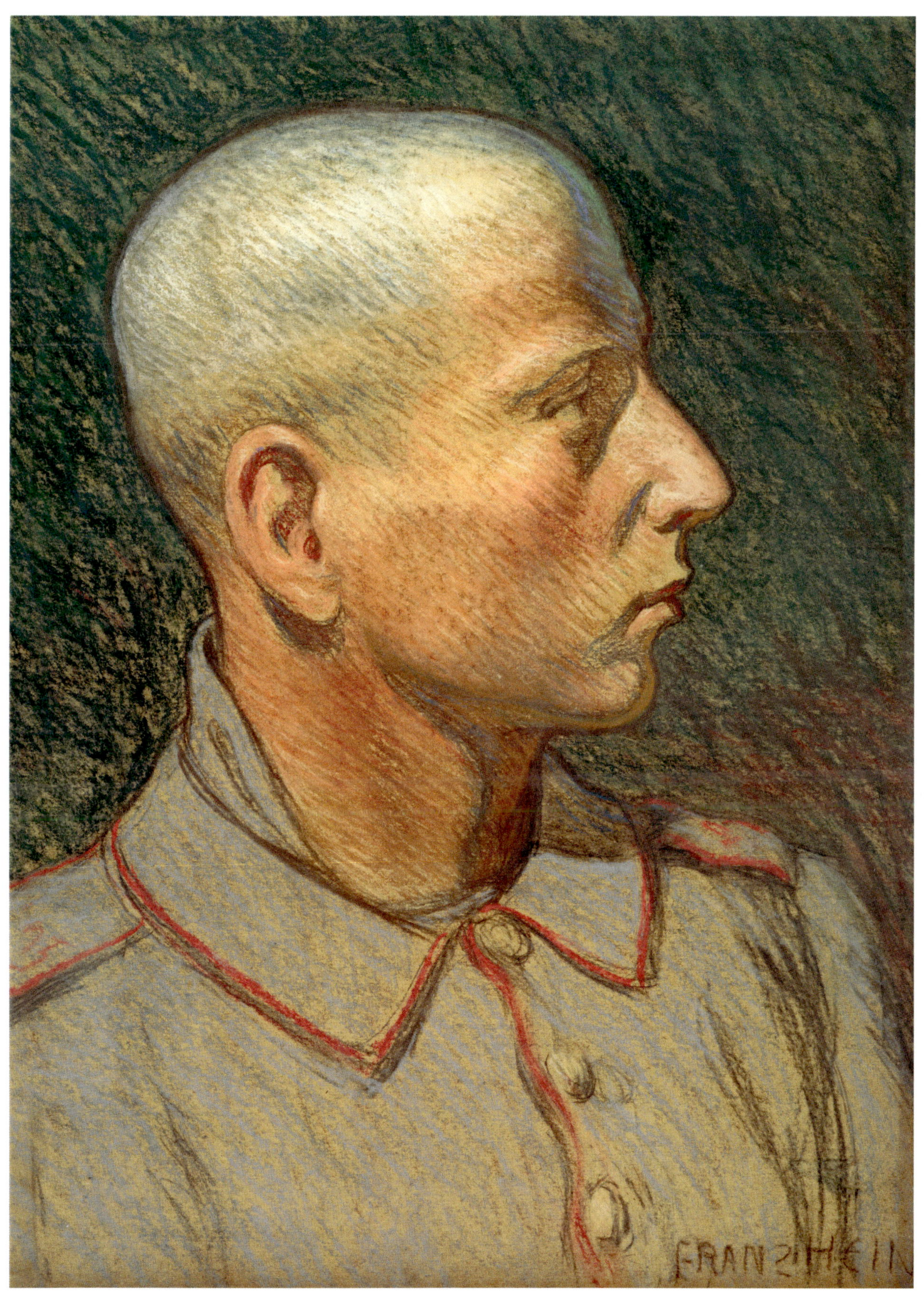


Franz Hein, Hans Hein als Soldat, *Hans, soldat,* Sig. FRANZ HEIN, 47 x 31 cm, 1914, Pastell

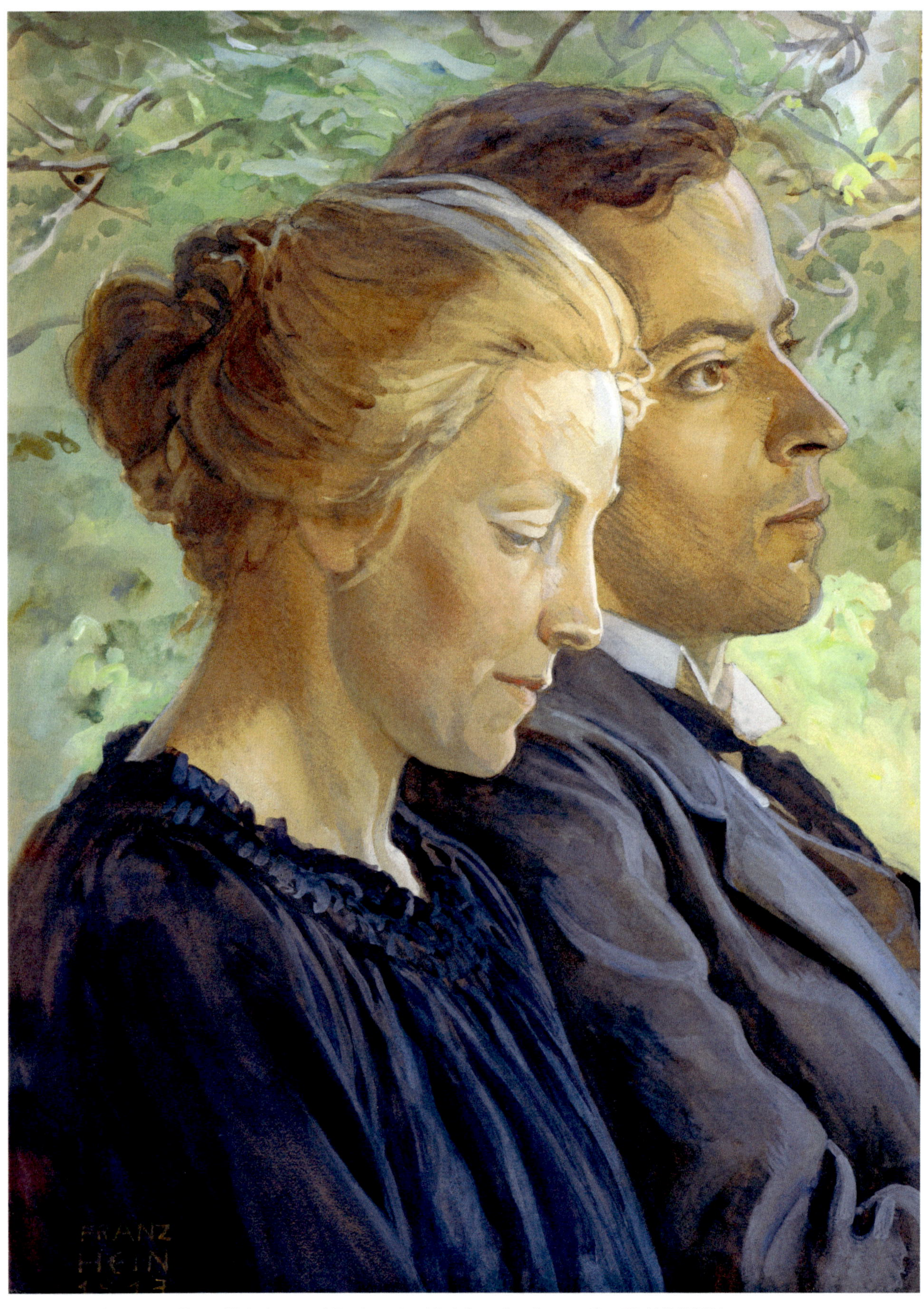


Franz Hein, Brautpaar Franz Hein jun. und Paula, seine Verlobte, *les époux*, Sig. FRANZ HEIN, 48 x 36 cm, 1917, Gouache

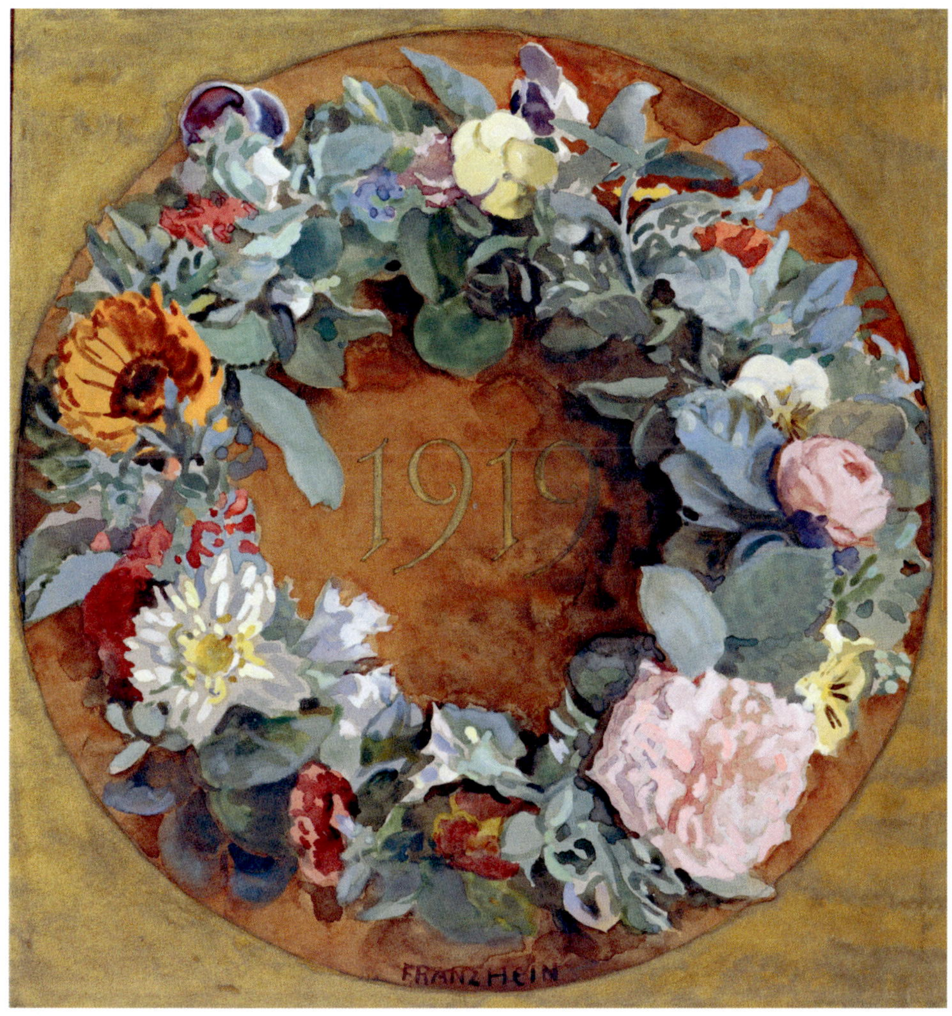


Franz Hein, Blütenkranz zur Verlobung,*couronne de fleurs pour les fiancés,*
Sig.FRANZ HEIN 1919, 33 x 29 cm, Aquarell

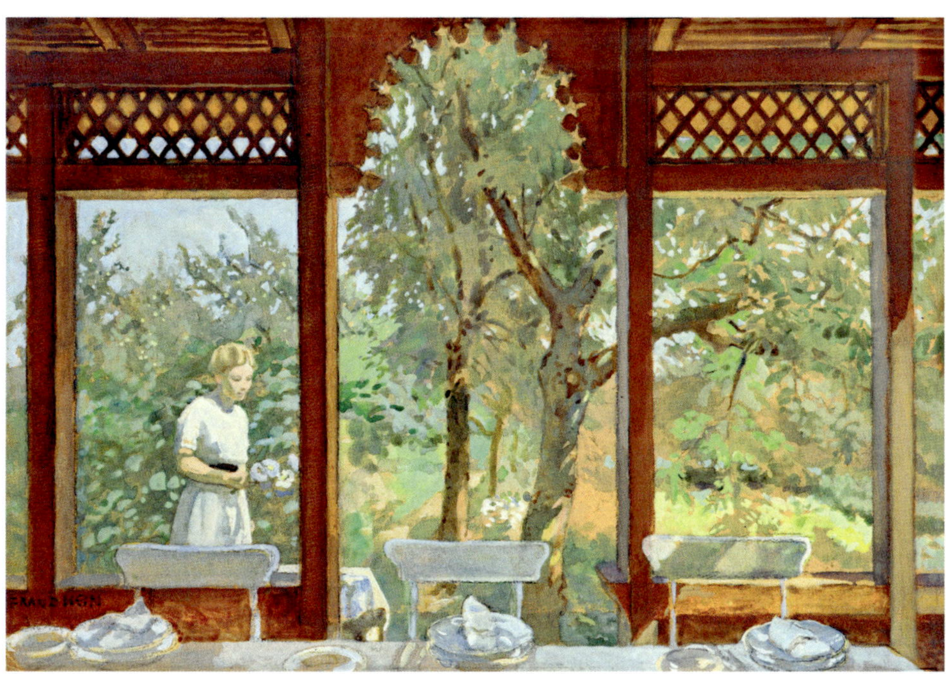

Franz Hein, Paula Hein beim Tischdecken im Gartenhaus des Ritterguts von Leulitz,
*la table festive*, 34 x 49 cm, Gouache

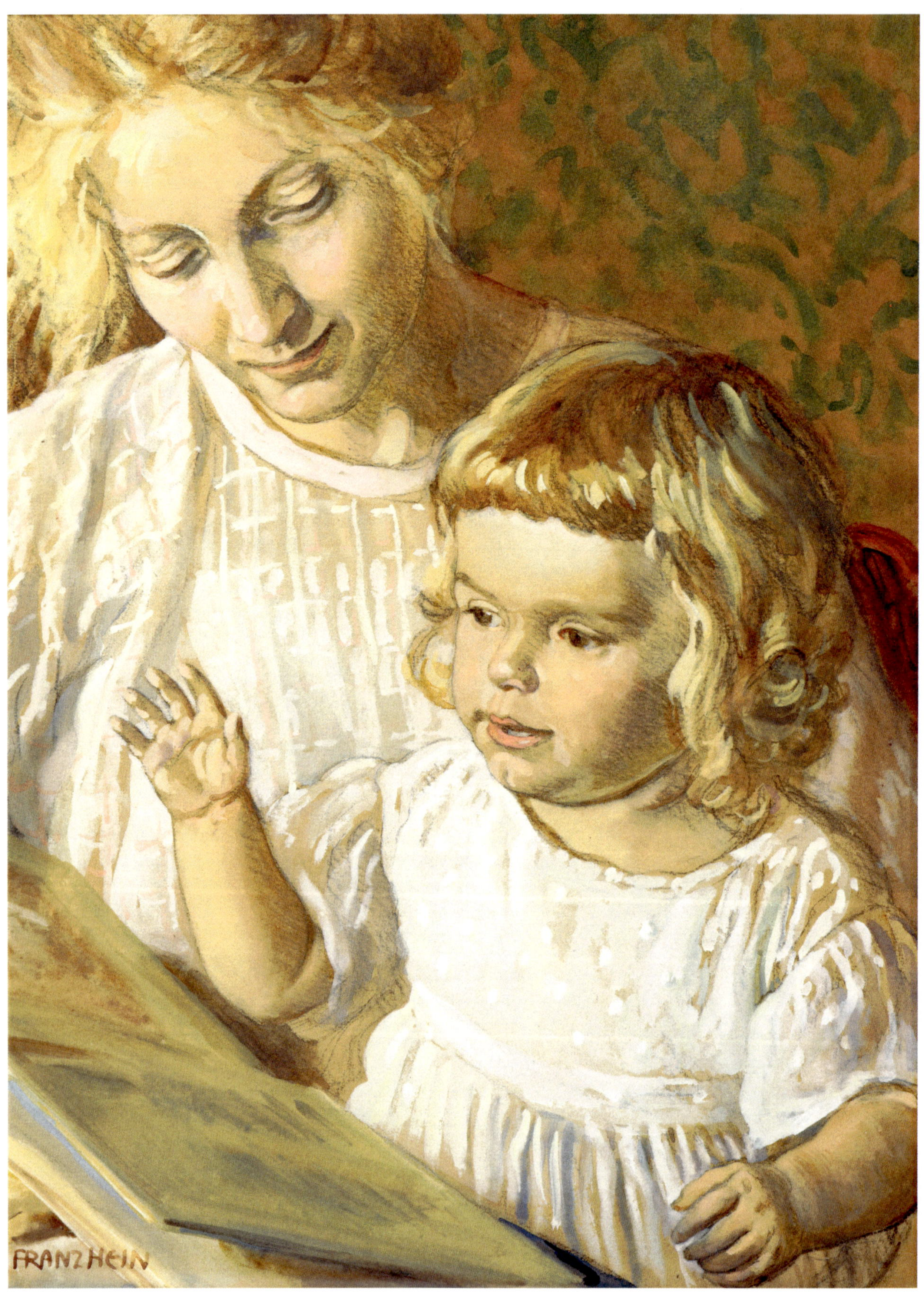


Franz Hein, Paula Hein und Tochter Johanna, *mère et fille*,
Sig. FRANZ HEIN, 48 x 36 cm, Gouache

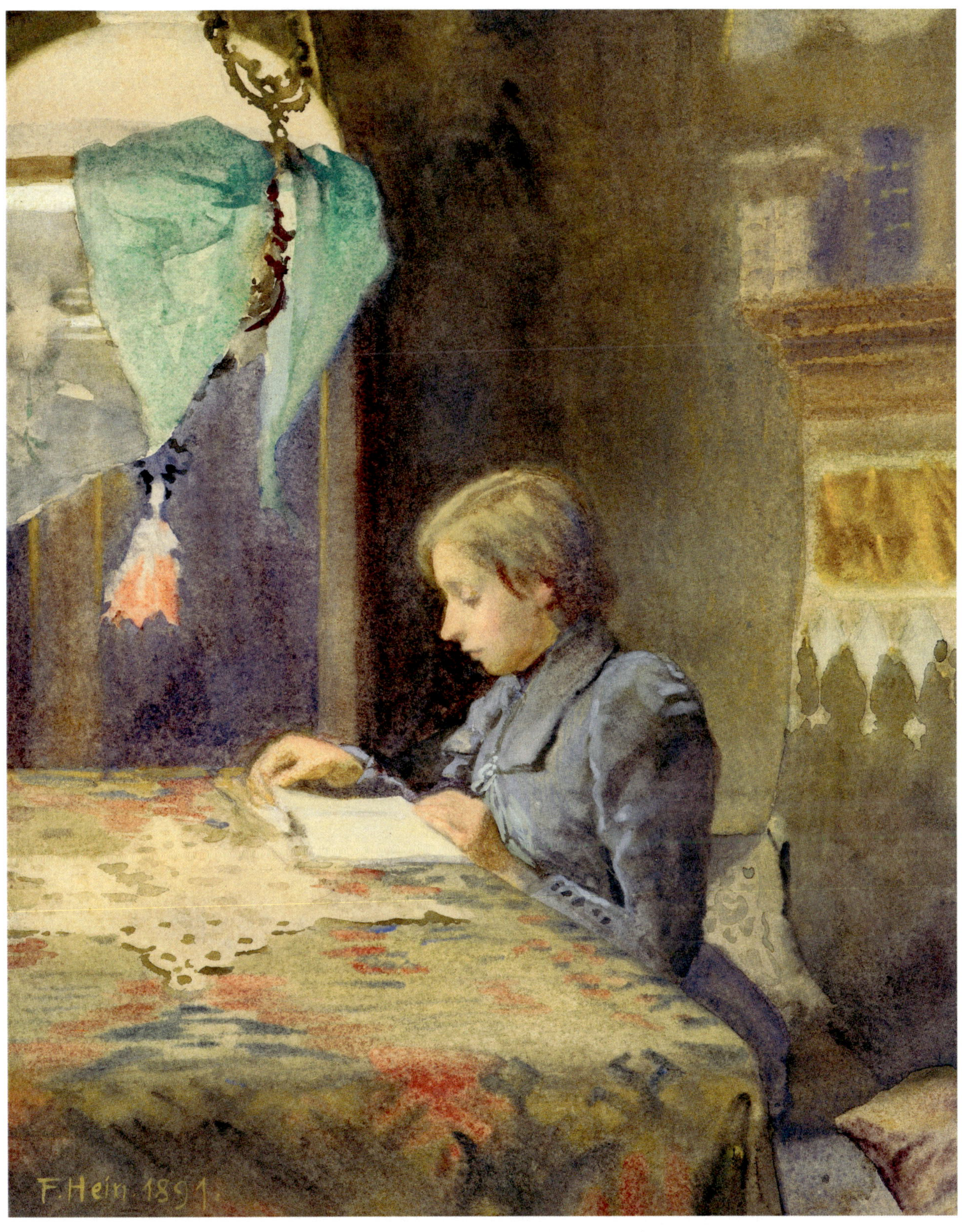


Franz Hein, Ida Hein beim Lesen, *la lecture*, Sig. F. H. 1891, 49 x 35 cm, Gouache

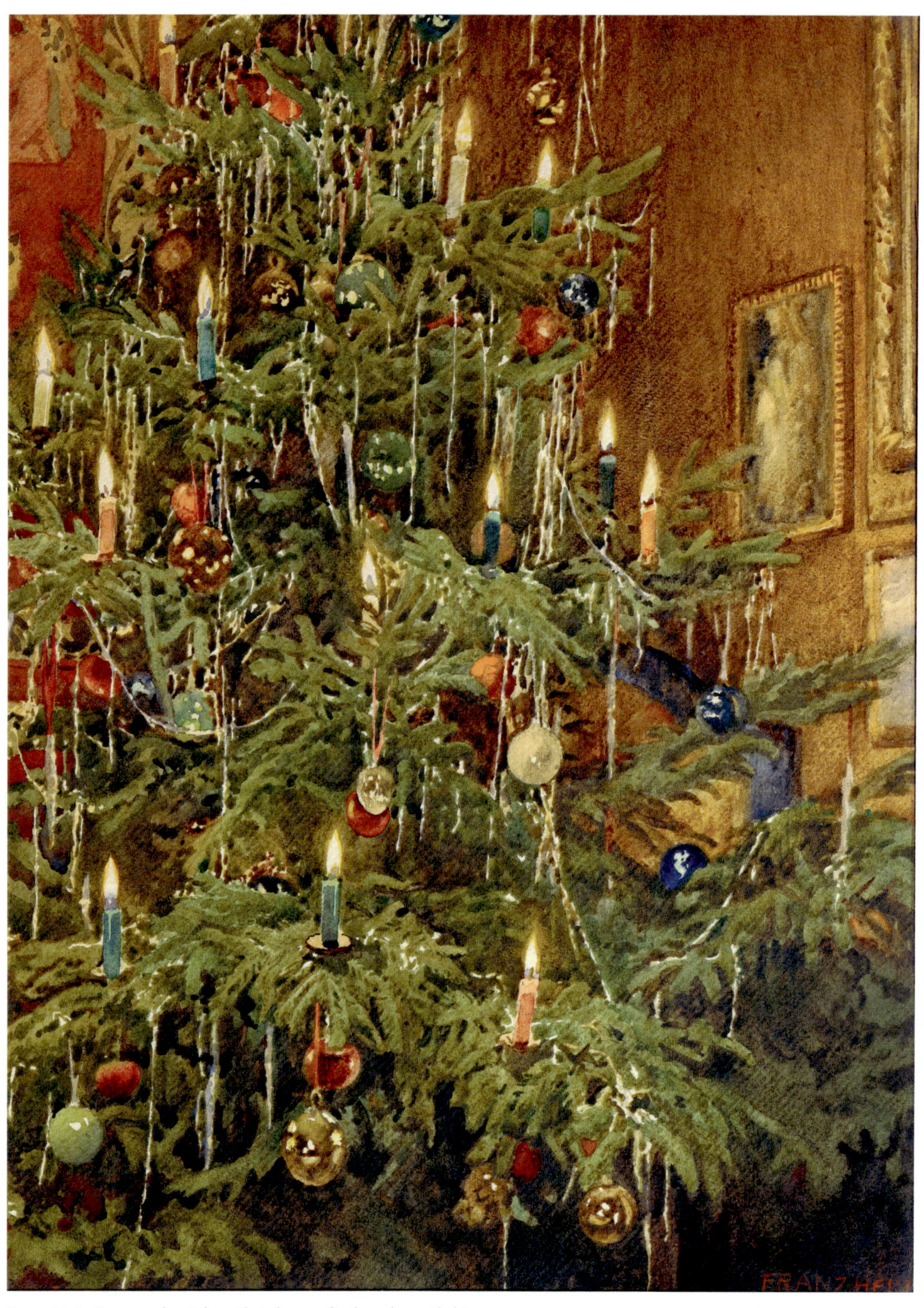

Franz Hein Der geschmückte Christbaum, *l'arbre de noël décoré,*
Sig. FRANZ HEIN, 67 x 49 cm, Gouache

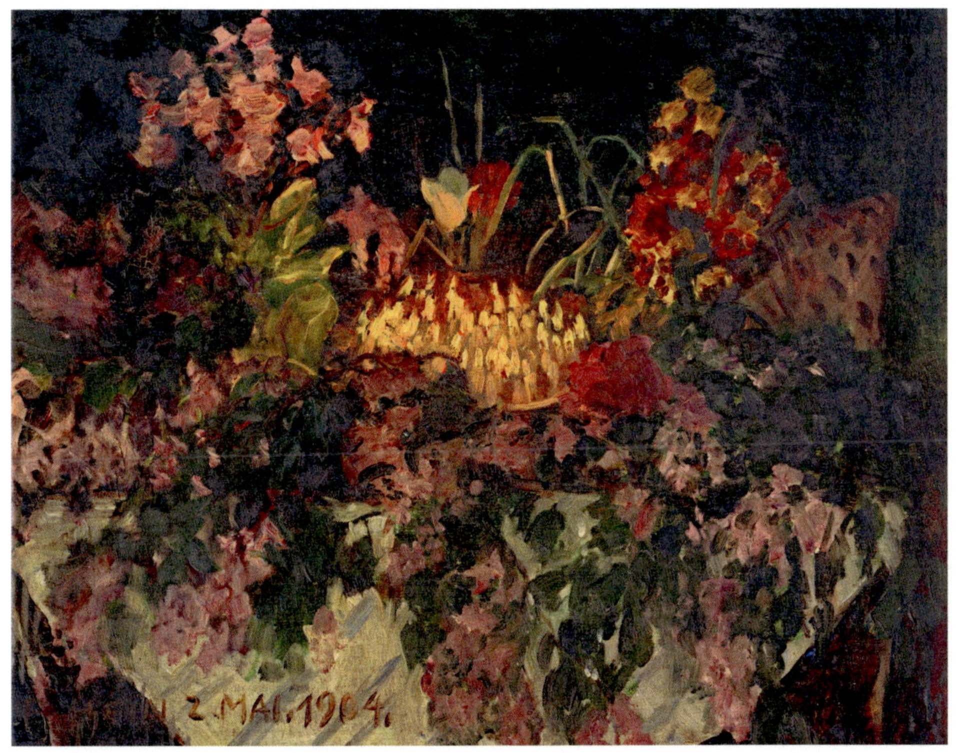


Franz Hein, Brennende Kerzen in Herzform zum Geburtstag von Ida Hein, *l'anniversaire de Ida Hein*, Sig. 2. MAI 1904, 41 x 52 cm, Öl

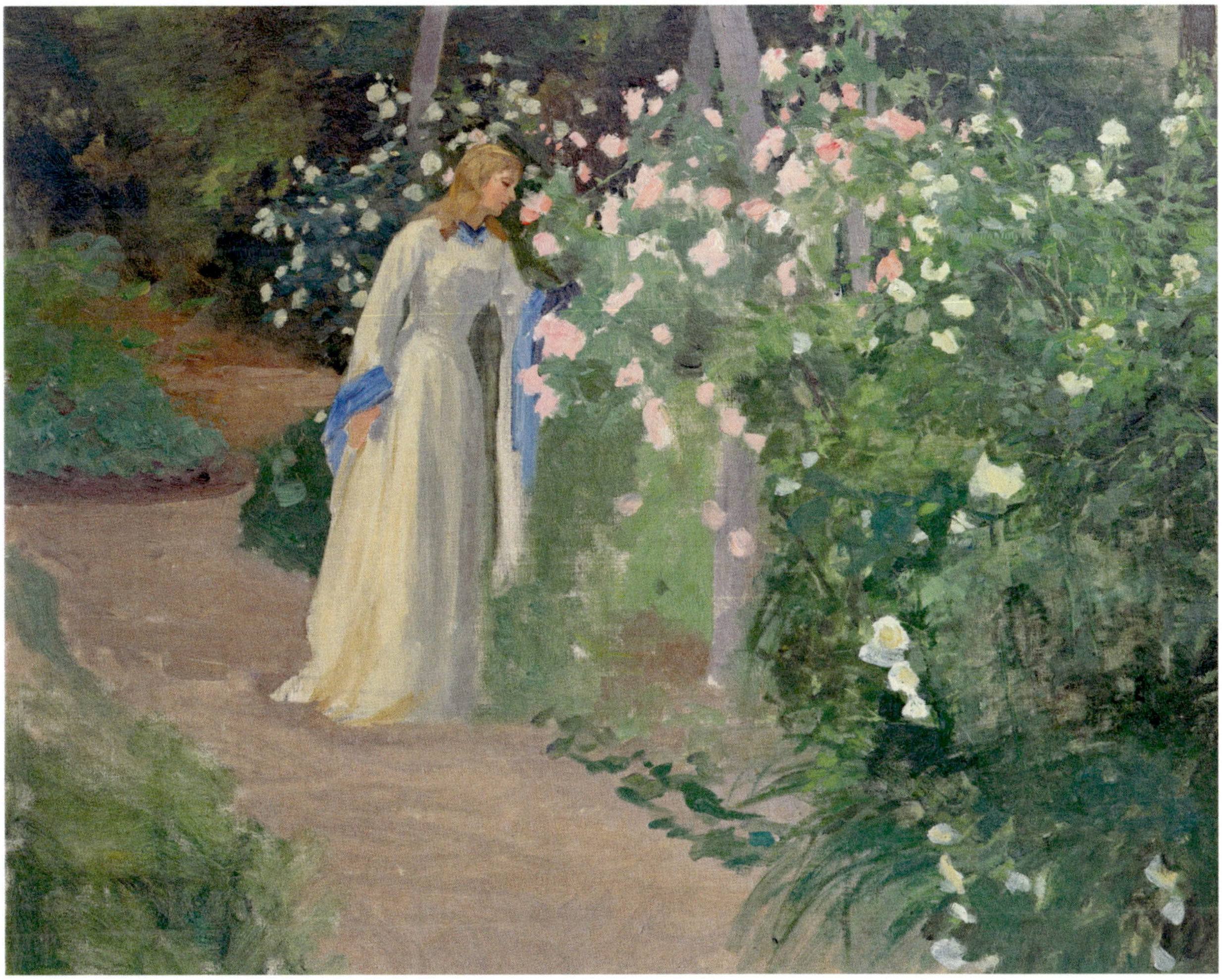

Franz Hein, Ida Hein am Rosenstrauch, *Ida Hein près du rosier*, 55 x 40 cm, Öl

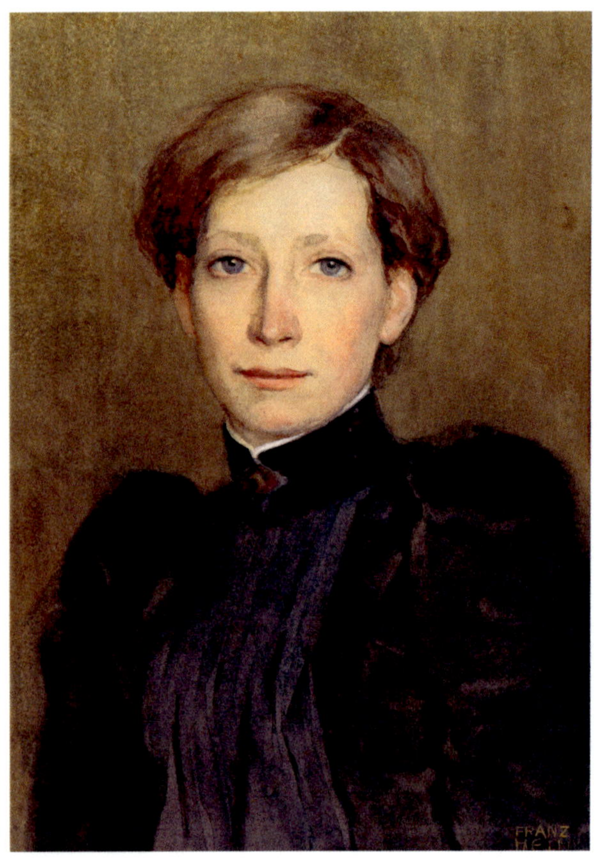

Franz Hein, Ida Hein,
Sig. FRANZ HEIN, 25 x 19 cm, Gouache

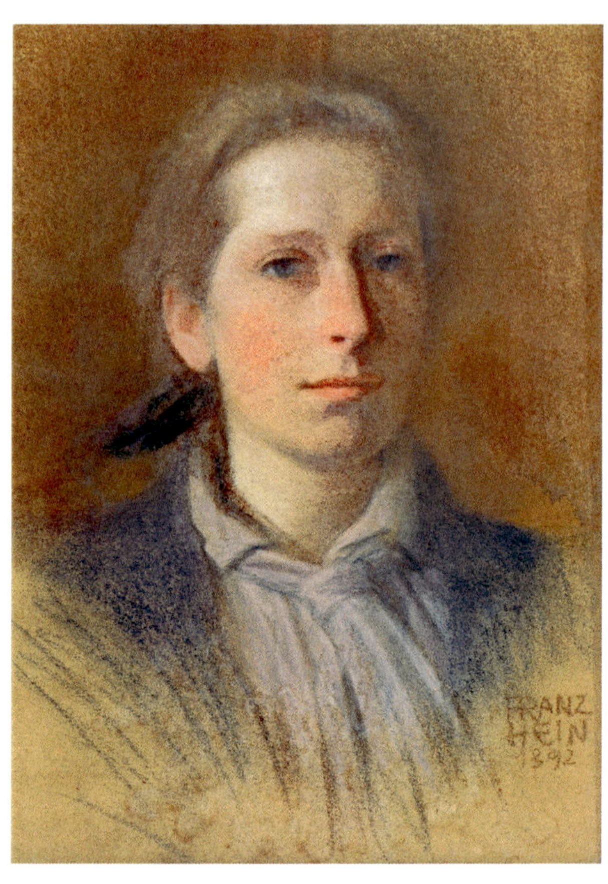


Franz Hein, Ida Hein,
Sig. FRANZ HEIN 1892, 52 x 36 cm, Pastell

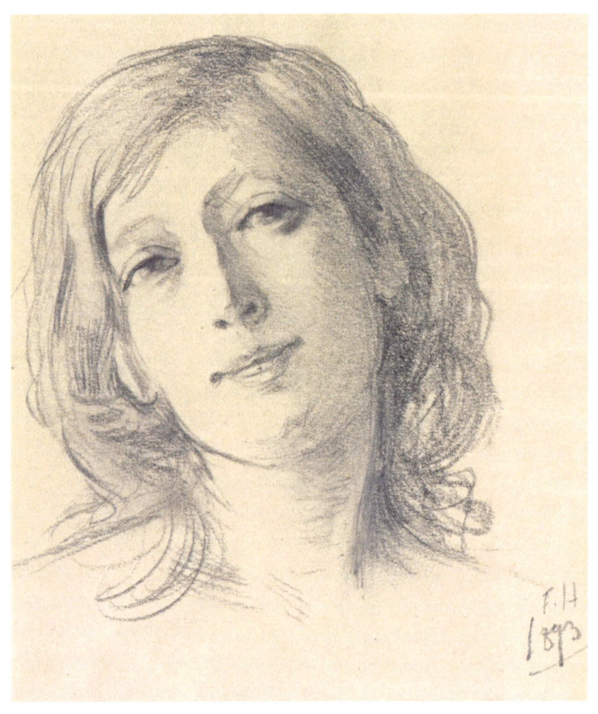


Franz Hein, Meine Frau, *ma femme*,
Sig. F. H. 1893, Kreide

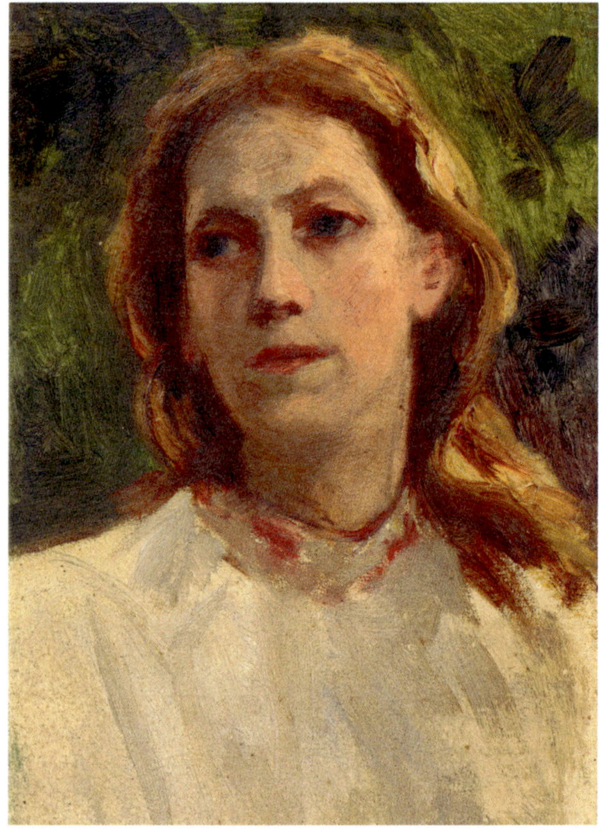

Franz Hein, Ida Hein, 53 x 23 cm, Öl

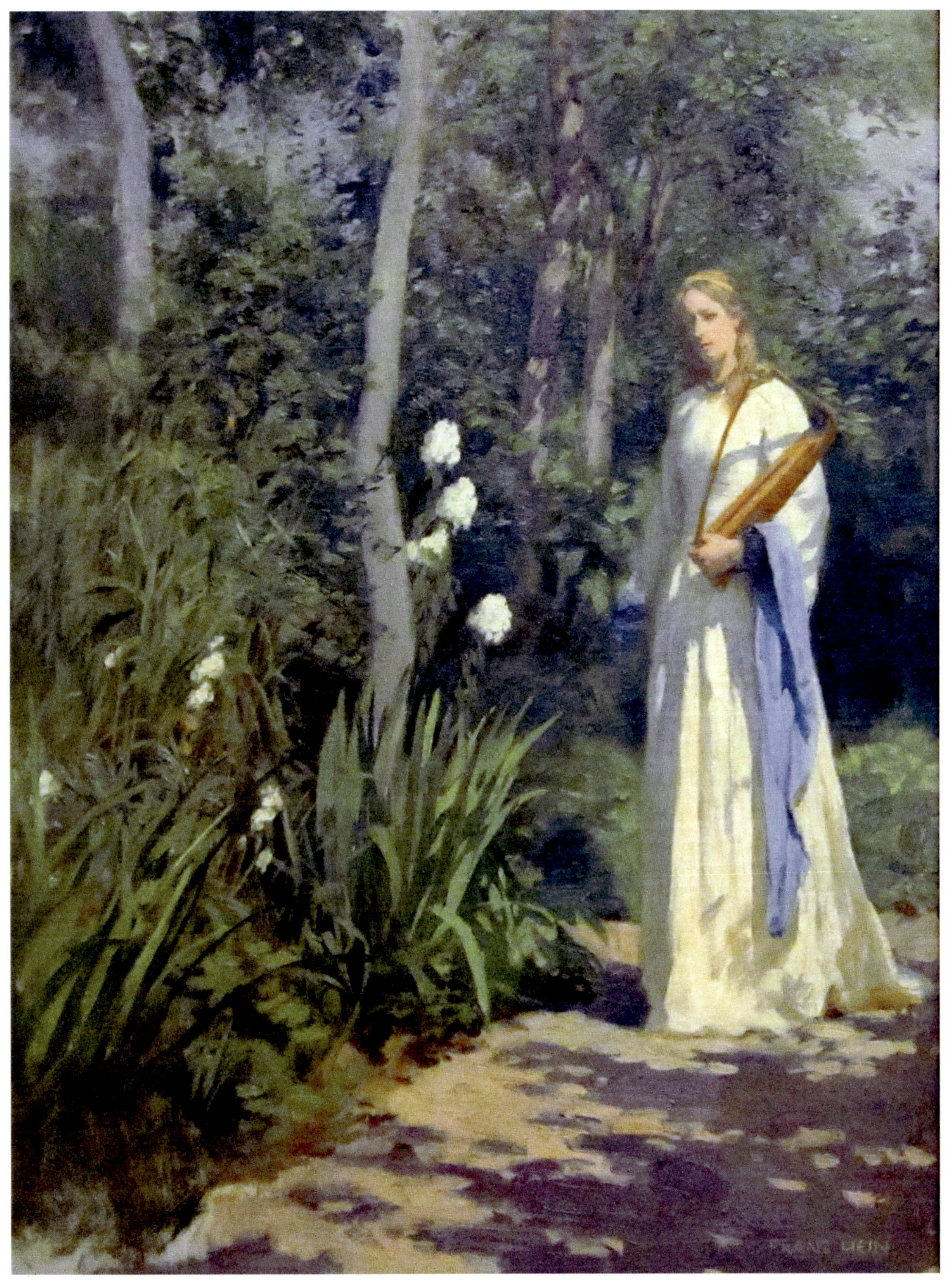

Märchengarten, Ida Hein mit Lyra im Garten der Augustenburg, *Ida Hein à la lyre*,
Sig. FRANZ HEIN, 53,4 x 41 cm, Öl

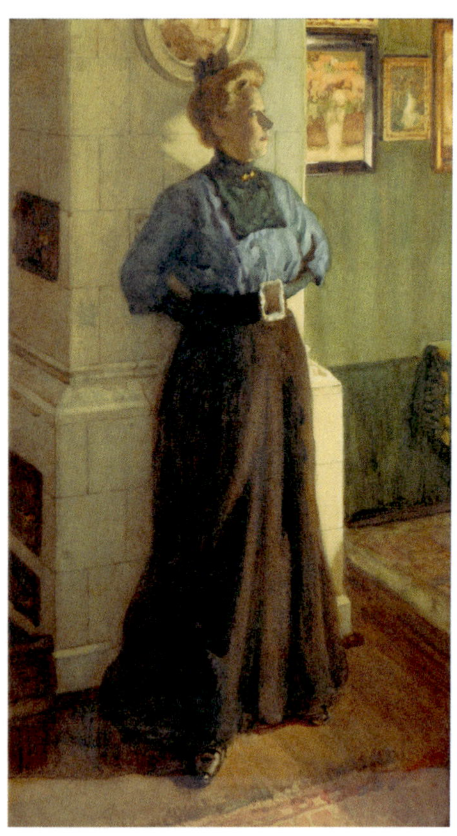

Franz Hein Kopie, Ida Hein am Kachelofen in Grötzingen, *Ida Hein près du poele*

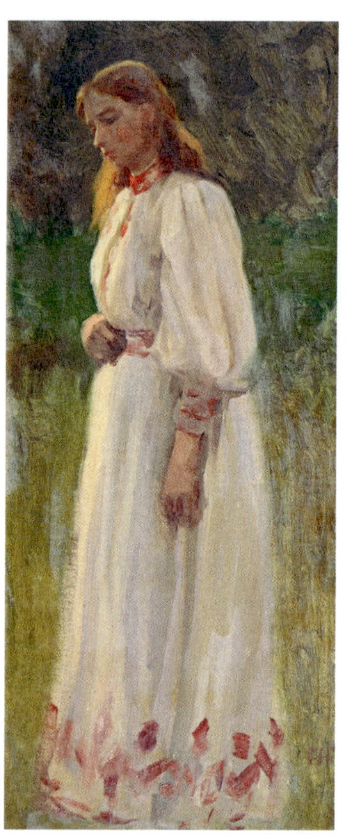

Franz Hein Ida Hein, 69 x 40 cm, Gouache

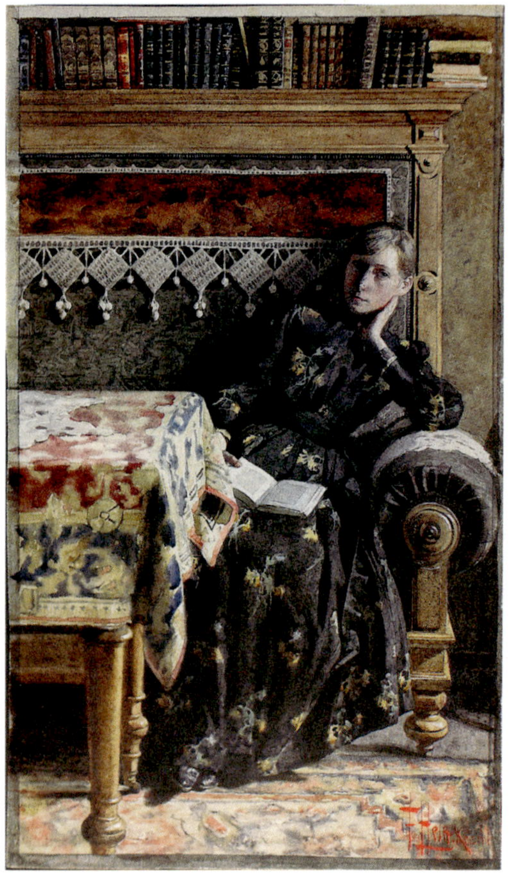

Ida Hein, Sig. Franz Hein Karlsruhe 1882, 40 x 30 cm, Gouache

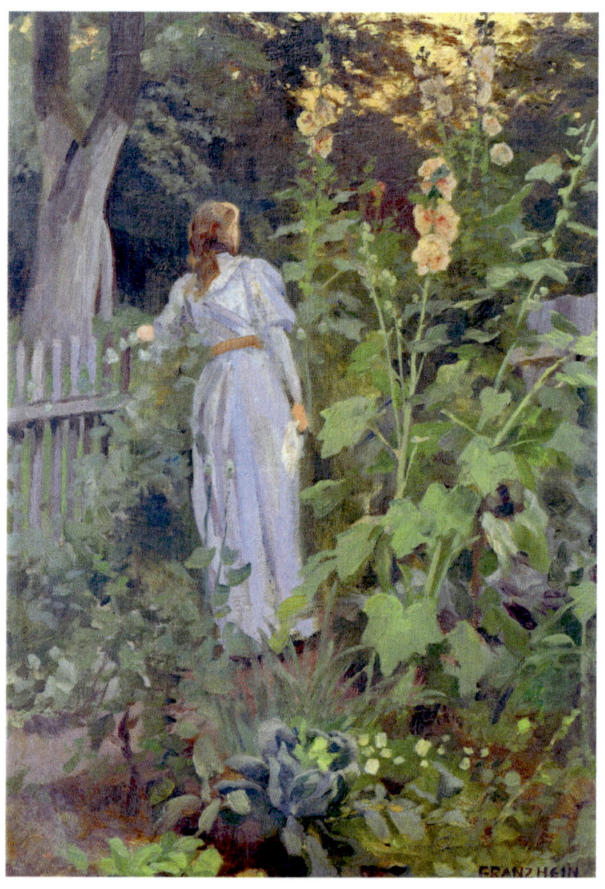


Franz Hein Erwartung, *en attente*, Sig. FRANZ HEIN, 52 x 36 cm, 1893, Öl

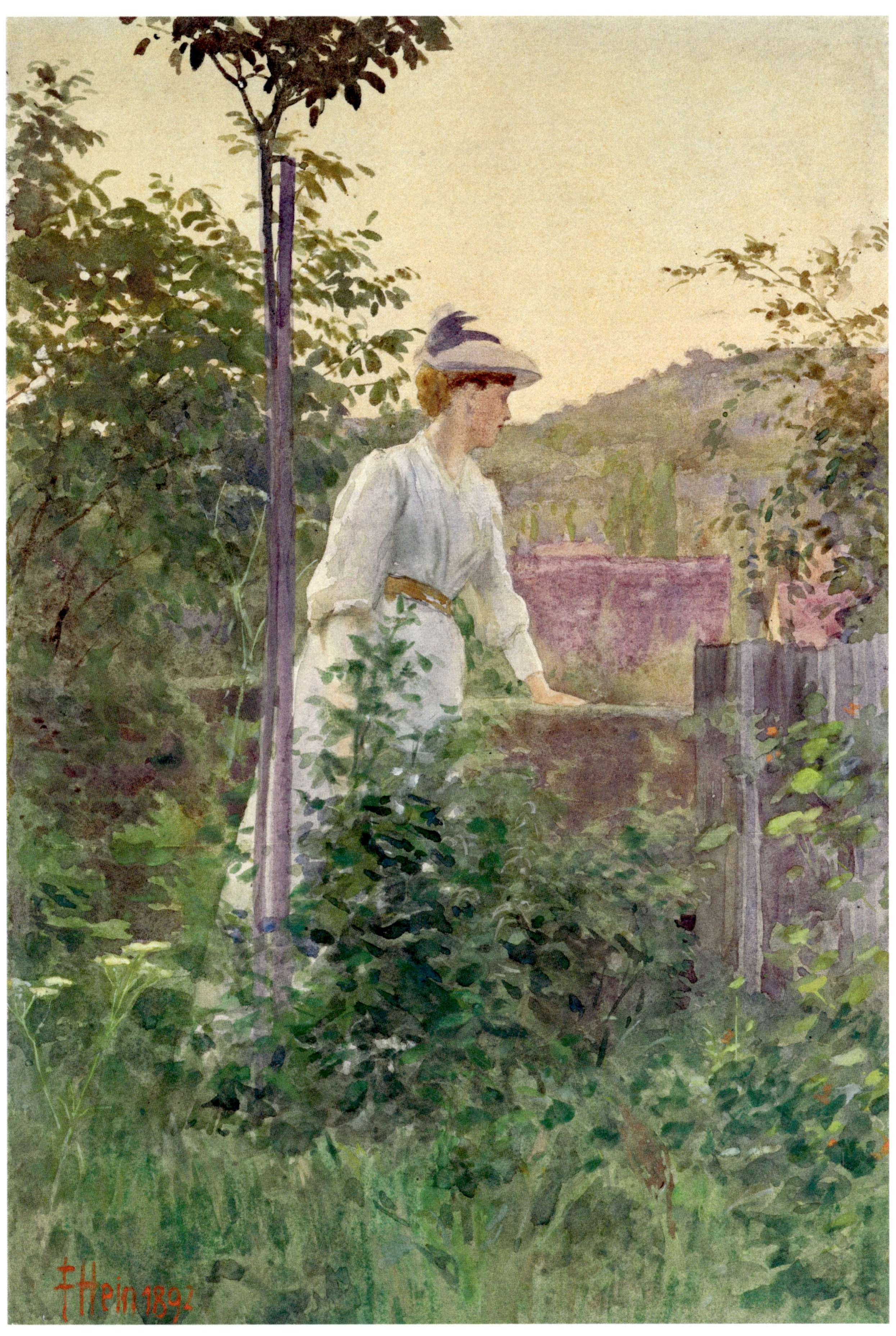


Franz Hein, Irene Braun im Grasgarten, *Irene Braun dans le pré,* 48 x 33 cm, Sig. F. H. 1897, Gouache

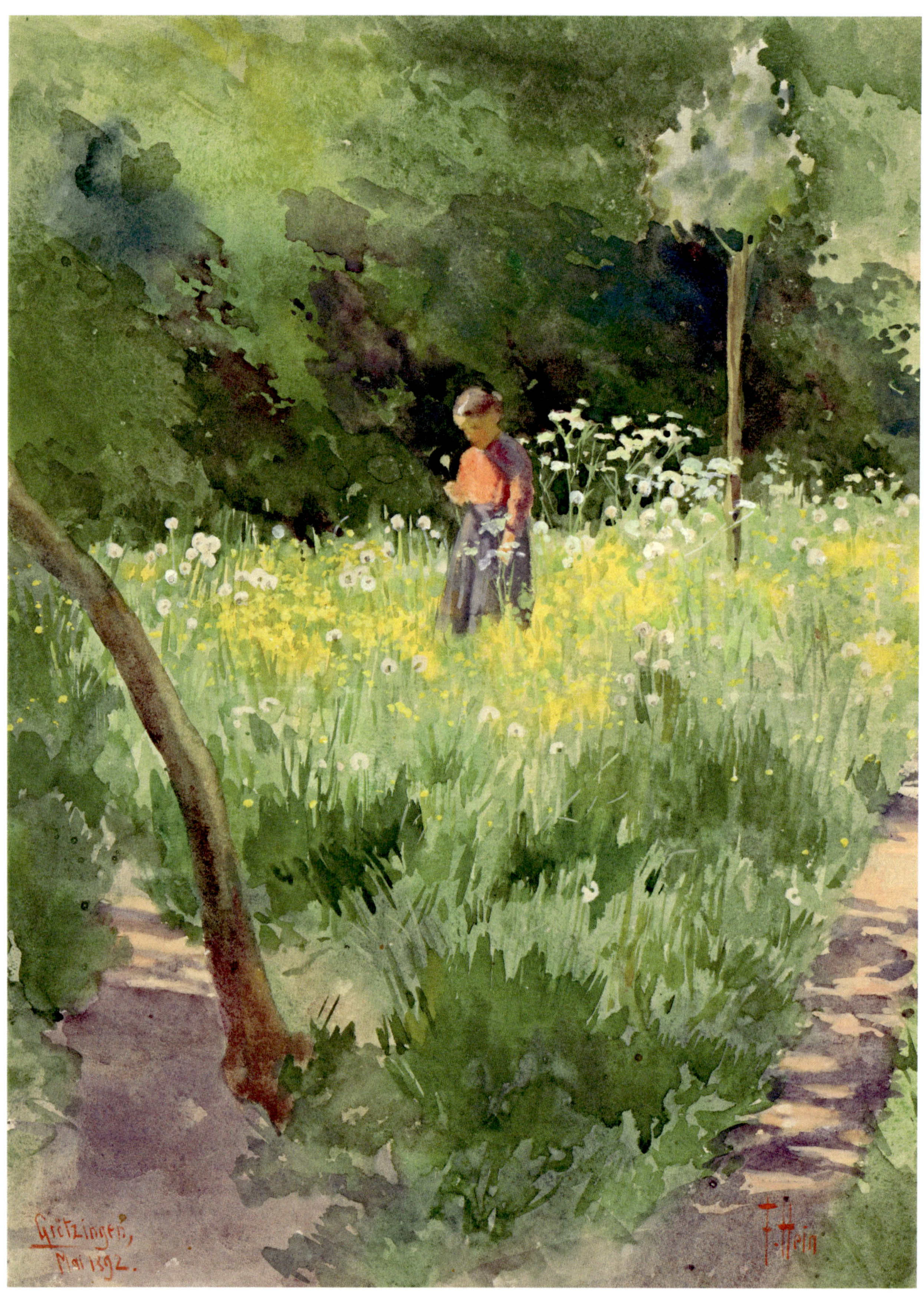


Franz Hein, Ida Hein im Garten, *au jardin à Grötzingen,* Sig. Grötzingen Mai 1892, 41 x 30 cm, Aquarell mit Deckfarben

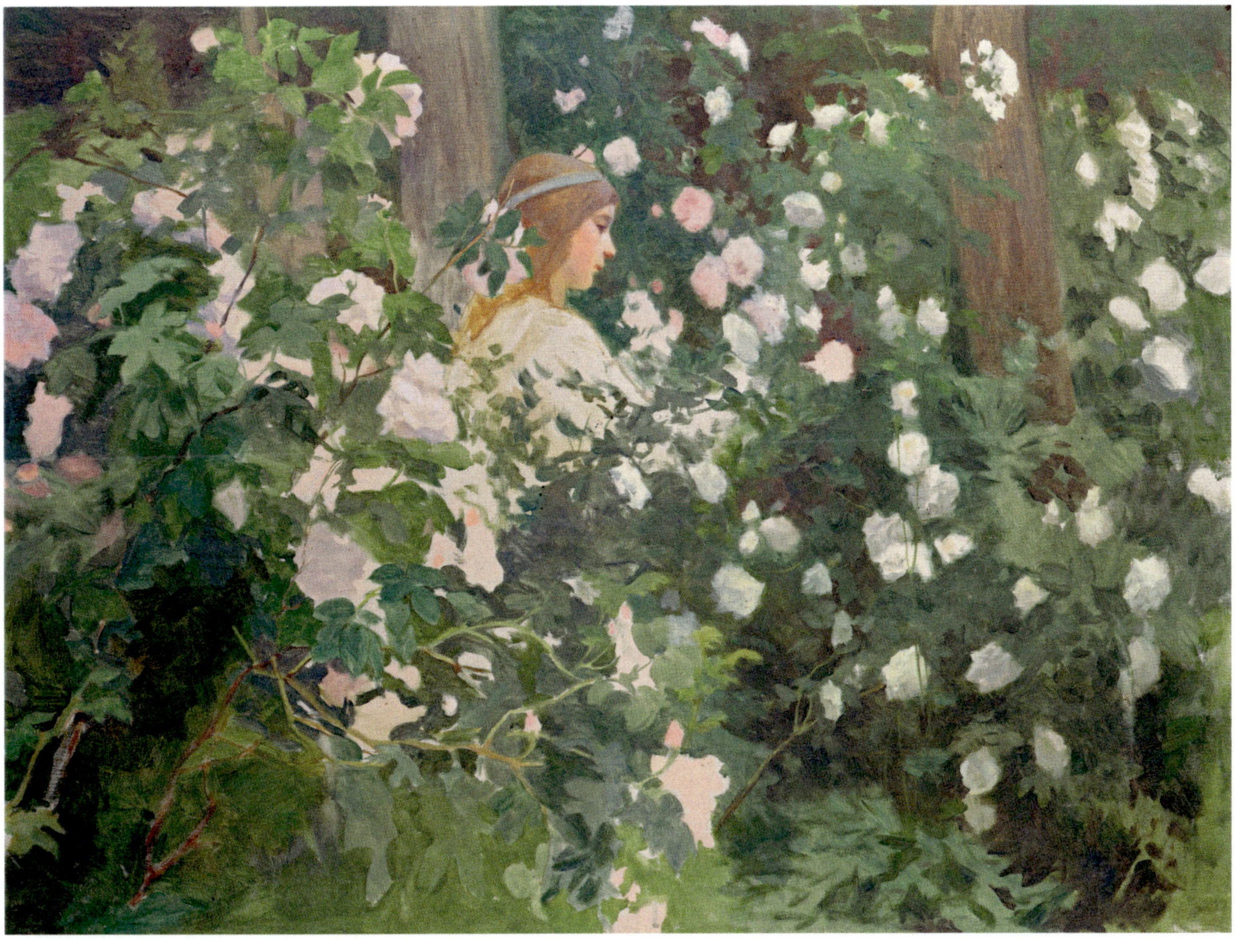

Franz Hein Mädchen am Rosenstrauch, *la jeune fille dans les roses,* 70 x 134 cm, Öl

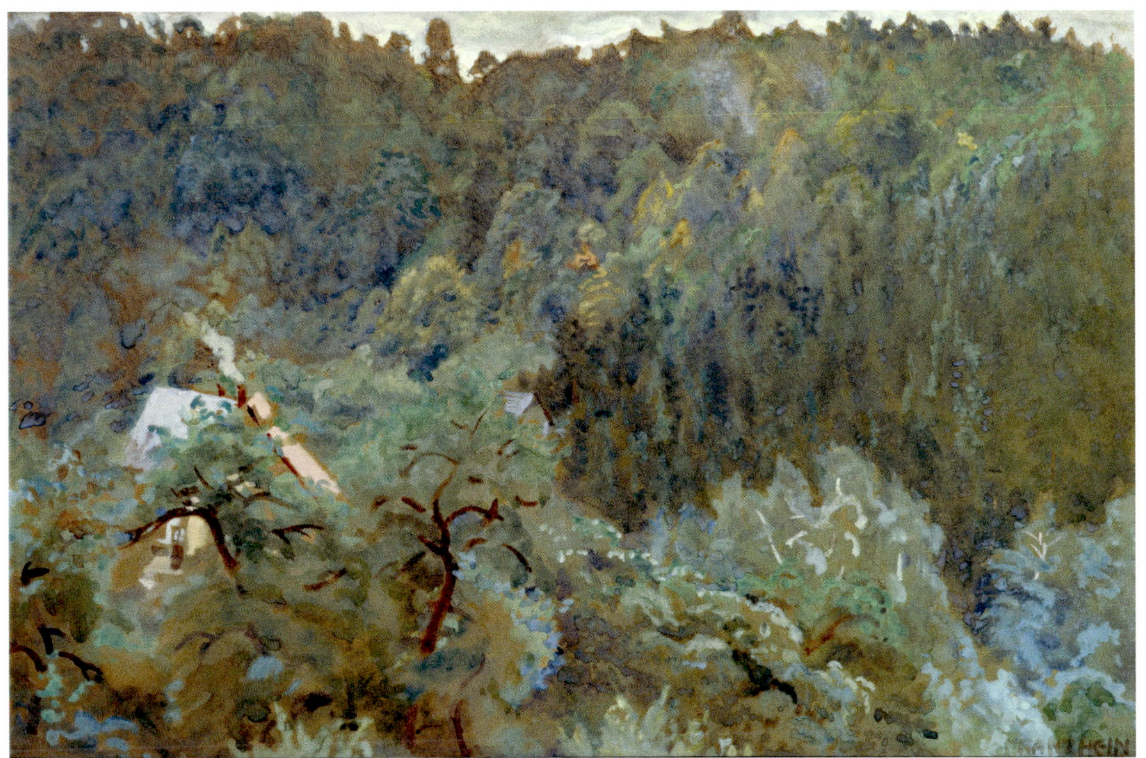

Franz Hein, Herbstregentag, *journée pluvieuse en automne,*
Sig. FRANZ HEIN, 55 x 34 cm, Gouache

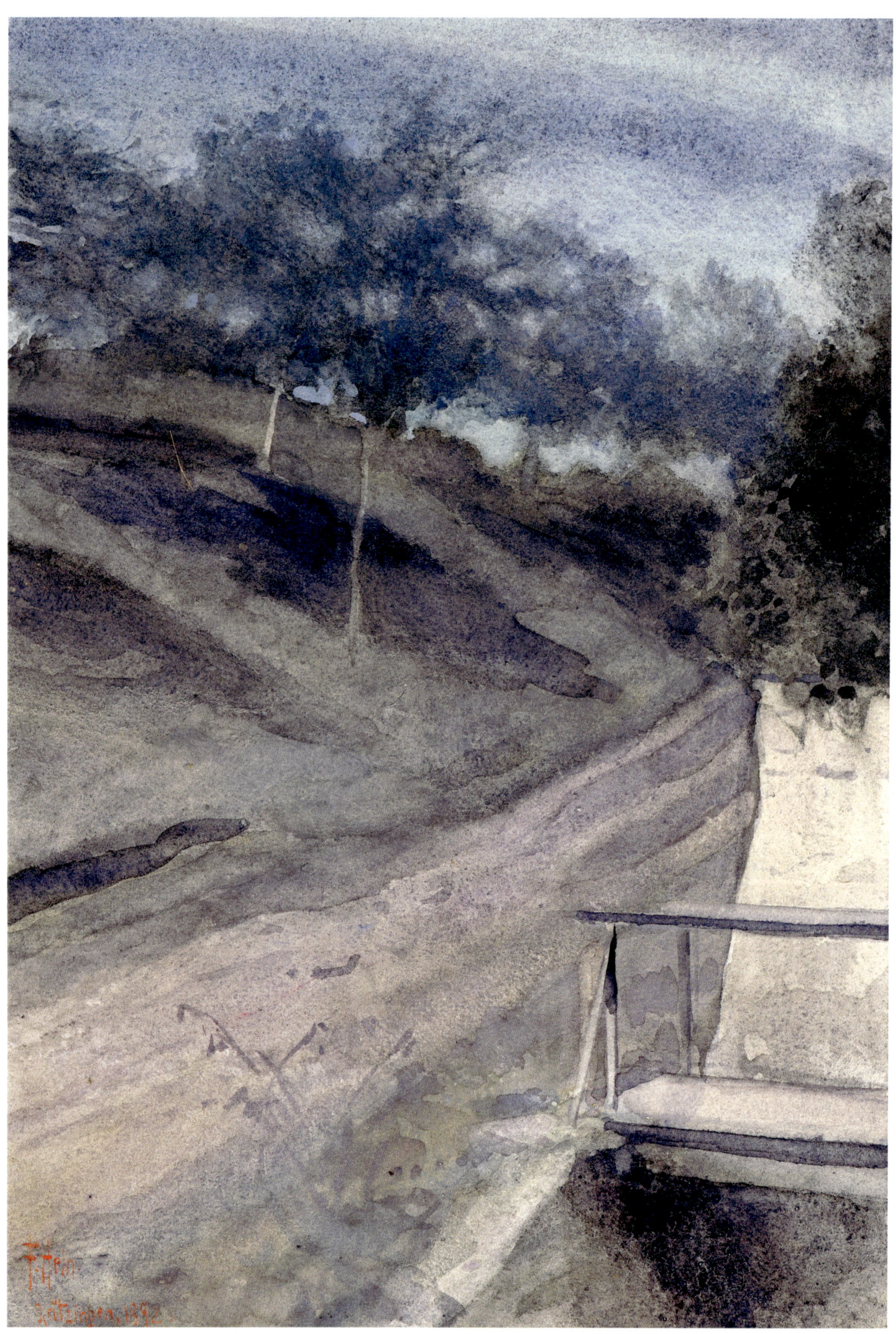

Franz Hein, Straßenbild, *le chemin*, Sig. F. Hein Grötzingen 1893, 38 x 26 cm, Gouache

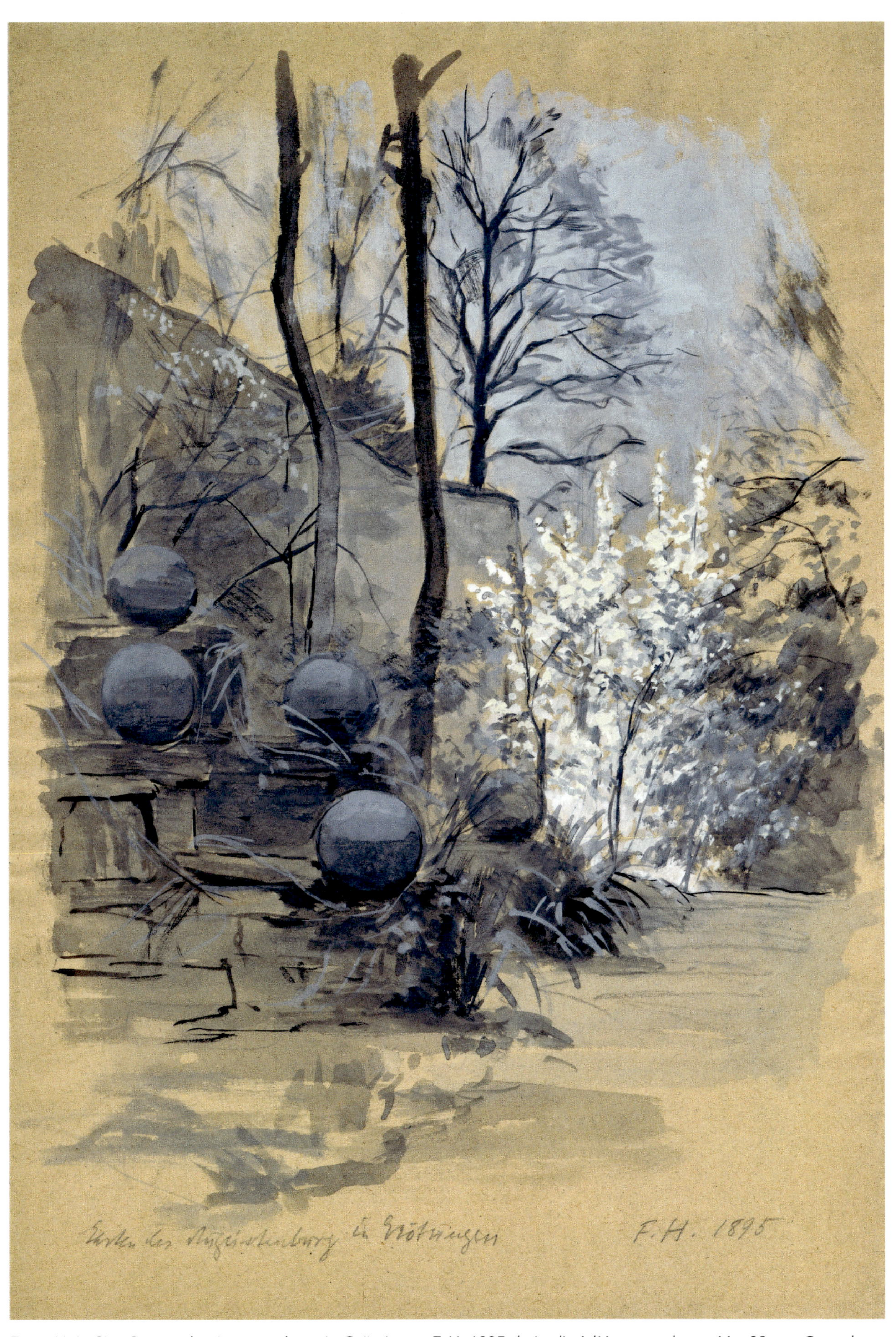


Franz Hein Sig. Garten der Augustenburg in Grötzingen F. H. 1895, *le jardin à l'Augustenburg*, 44 x 33 cm, Gouache

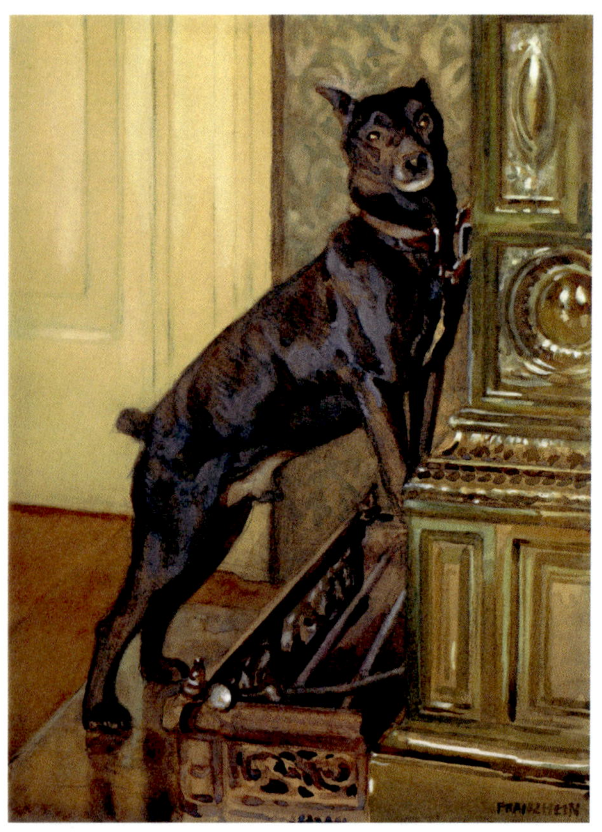

Franz Hein, Hund Morle am Kachelofen in Grötzingen, *Morle devant le poele*, Sig. FRANZ HEIN, 48 x 35 cm, Gouache

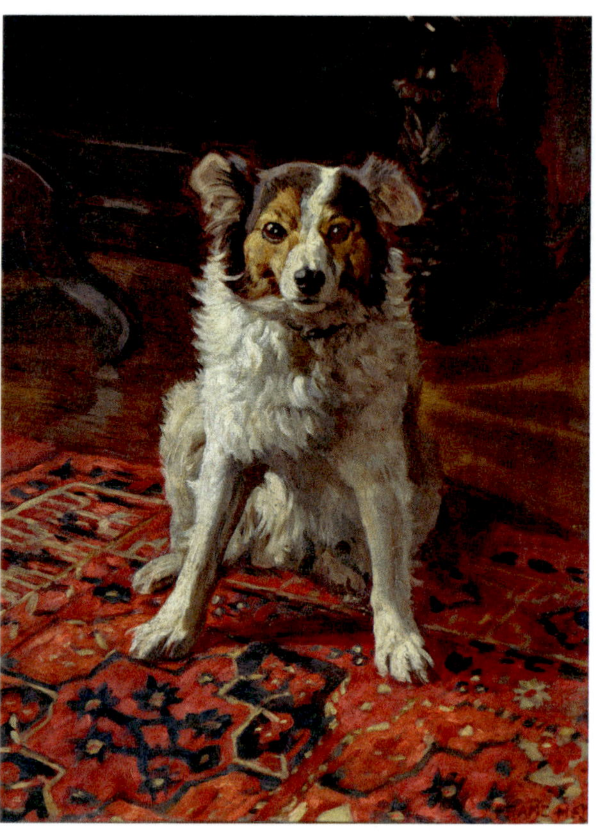

Franz Hein, Hund Bobby, *Bobby le chien*, 69 x 60 cm, 1908, Öl

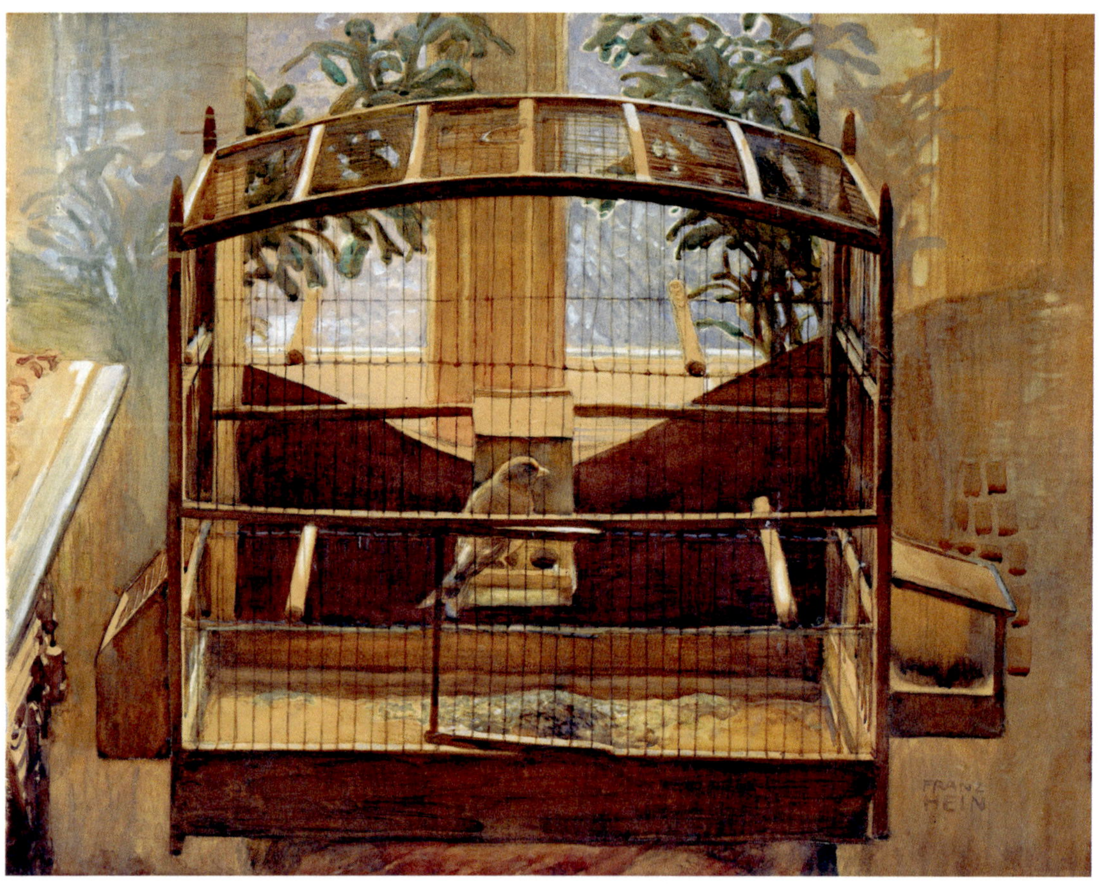


Franz Hein, Vogelbauer, *cage aux oiseaux*, Sig. FRANZ HEIN, 78 x 60 cm, Öl

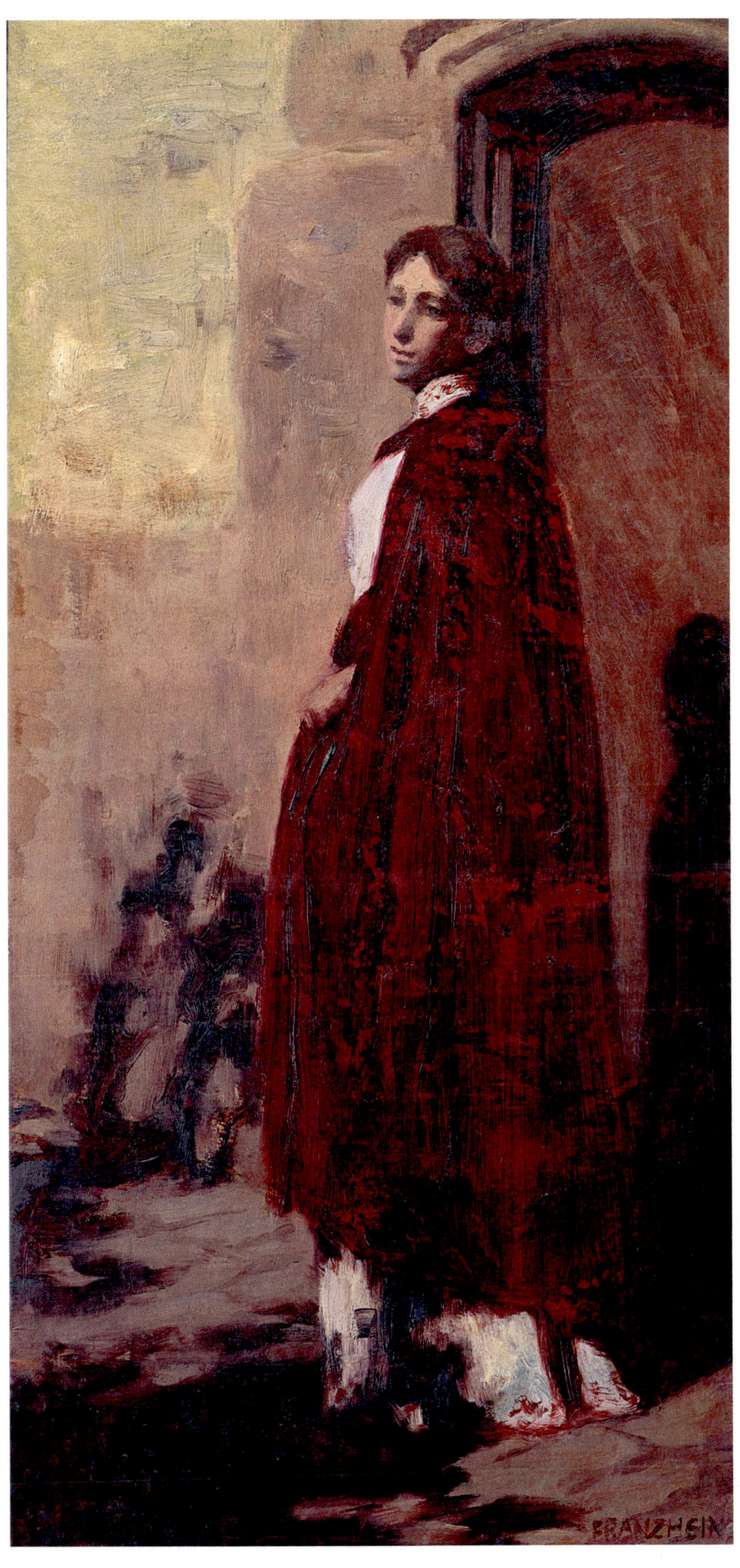


Franz Hein, Mondschein beim Turm bei der Augustenburg, *rayon de lune près de la tour,* Sig. FRANZ HEIN, 66 x 32 cm, Gouache

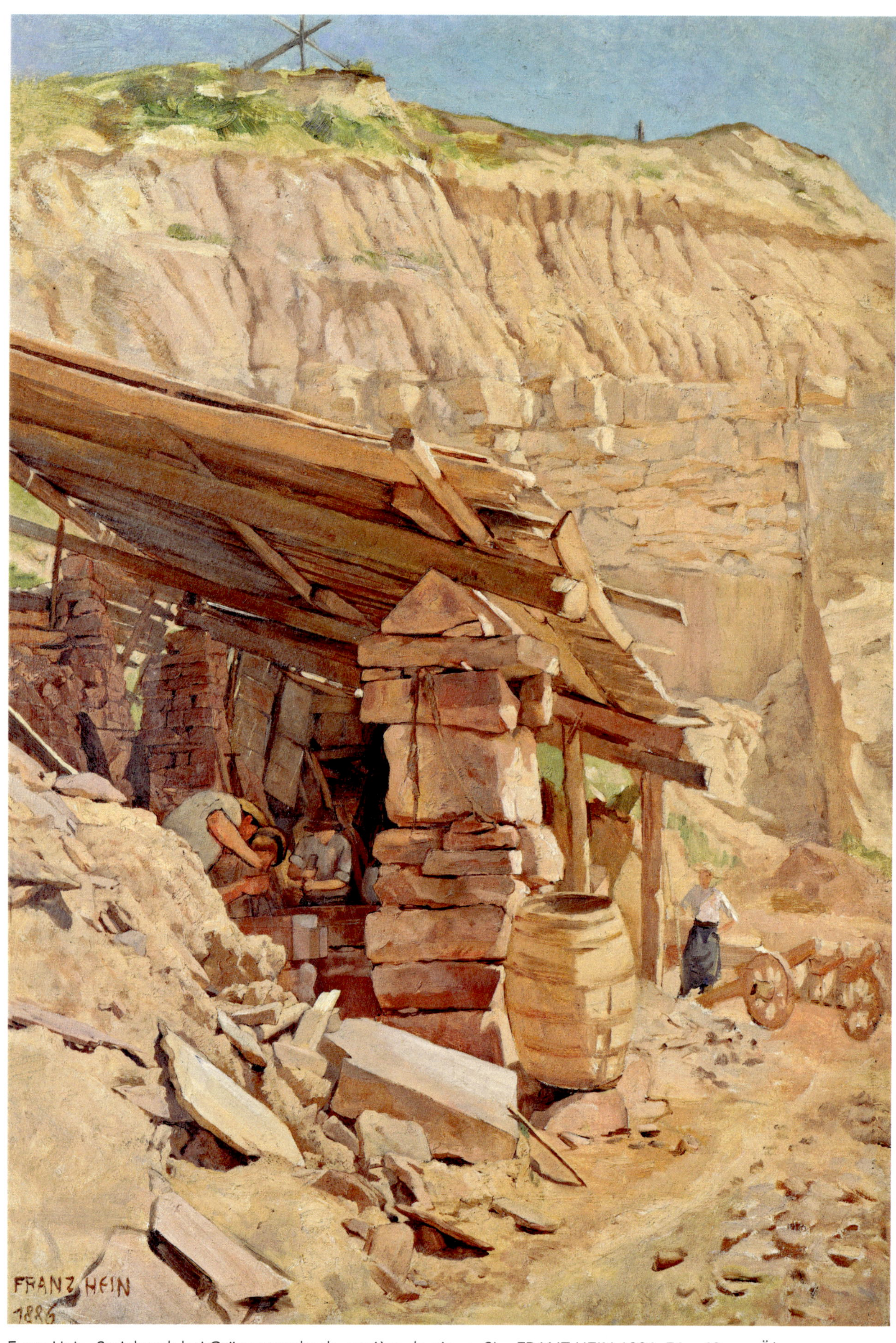


Franz Hein, Steinbruch bei Grünwettersbach, *carrière de pierre*, Sig. FRANZ HEIN 1886, 71 x 49 cm, Öl

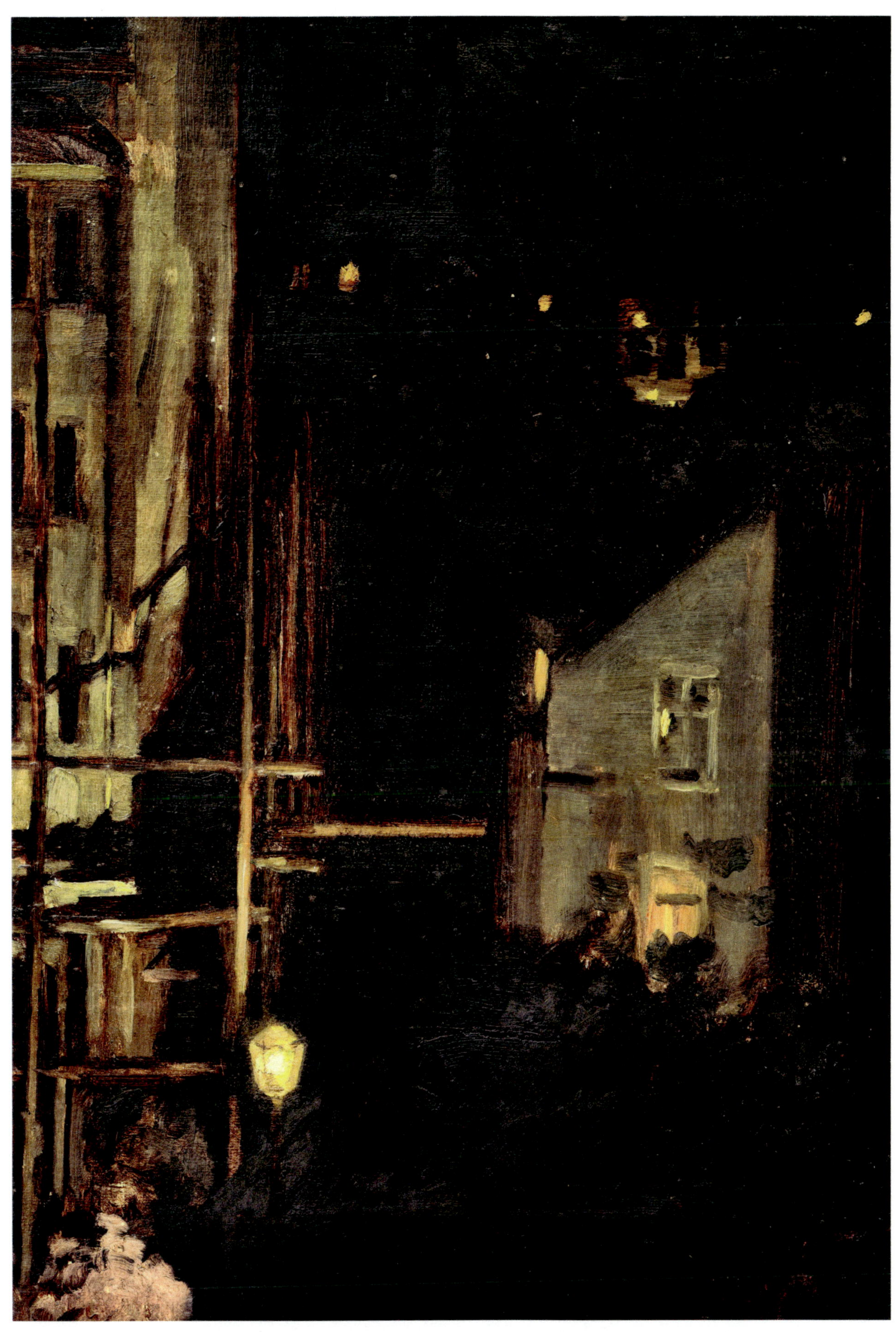

Franz Hein , Städtisches Haus mit Gerüst in der Nacht, *échaffaudage, dans la nuit,* 53 x 40 cm, Öl

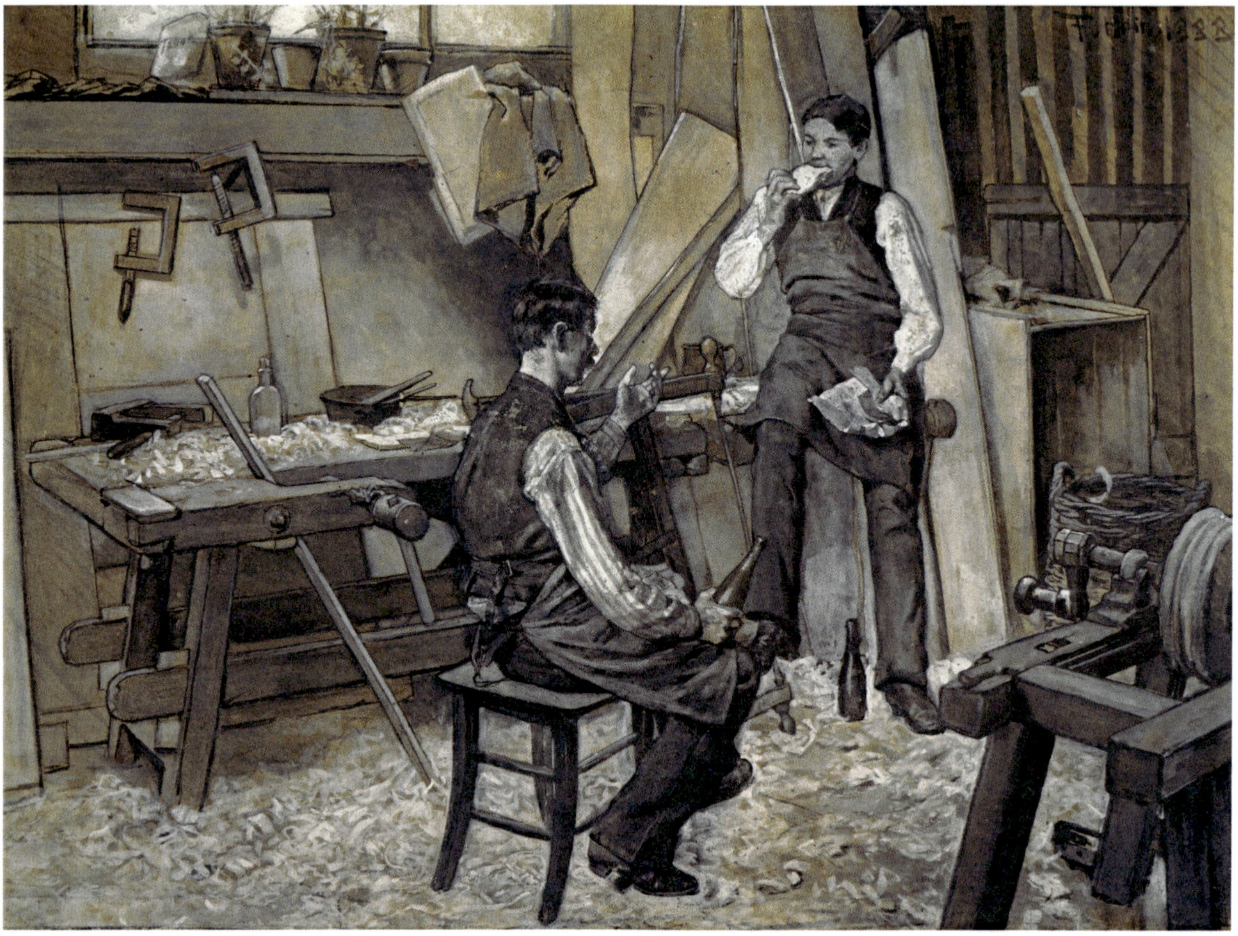

Franz Hein, Vesper in der Tischlerwerkstatt, *la pause dans l'atelier,*
54 x 75 cm, Sig. 1888, Tempera

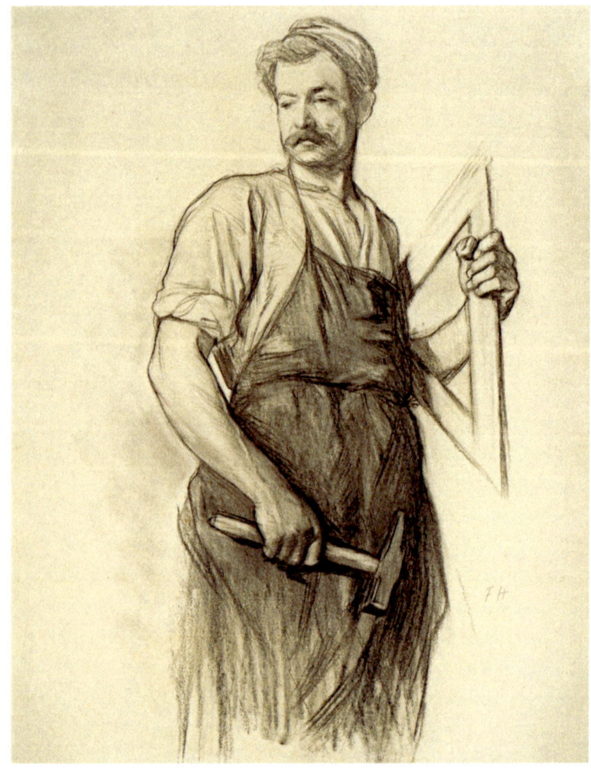

Franz Hein, Der Zimmermann, *le charpentier,*
60 x 48 cm, Kohlezeichnung

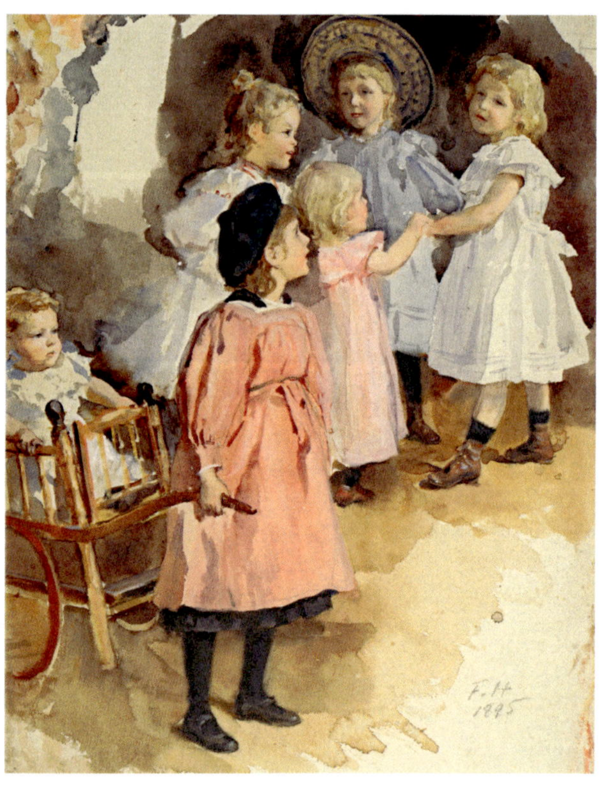

Franz Hein, Kinder beim Spielen, *enfants jouants,*
48 x 33 cm, Sig. F. H. 1895, Gouache

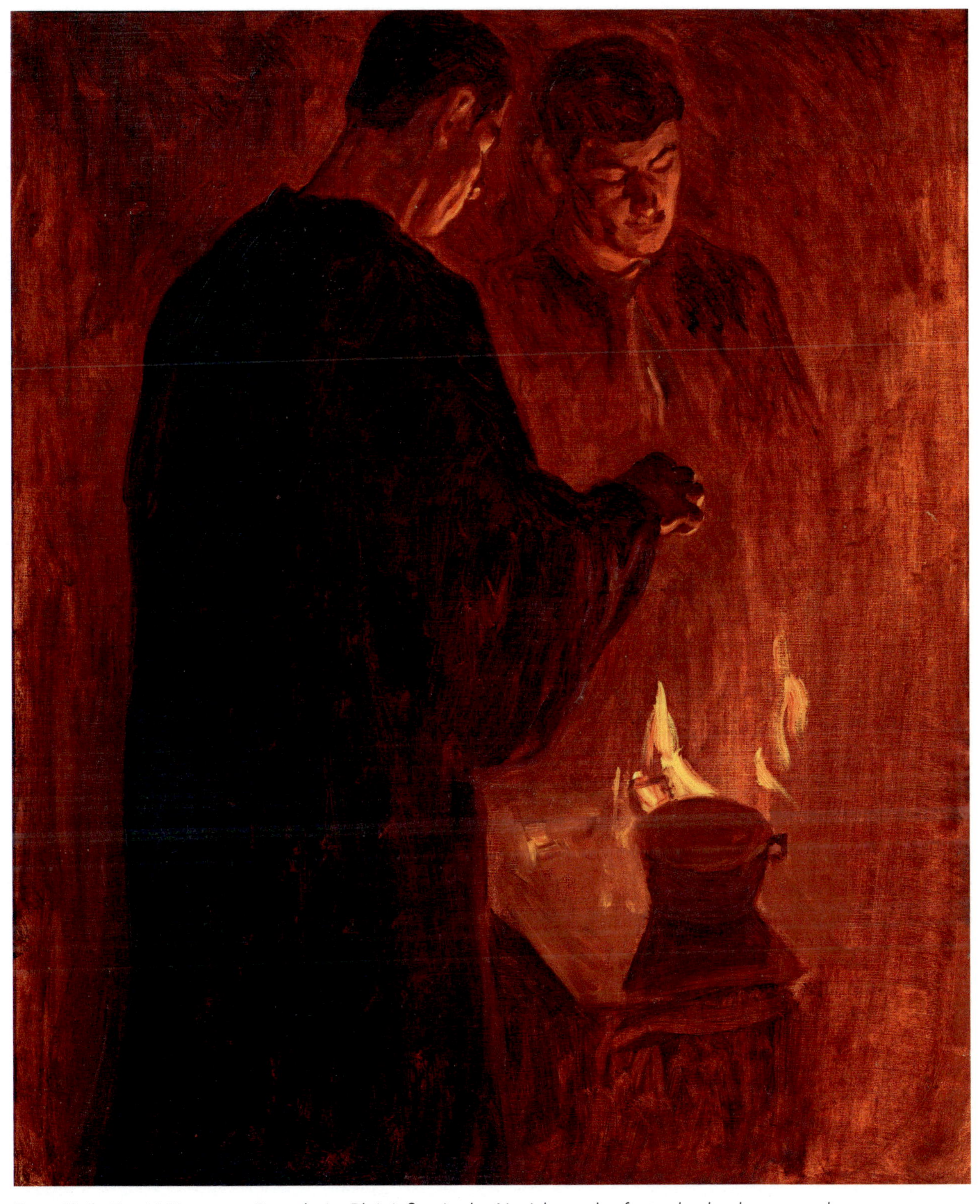

Franz Hein, Zwei Männer am Feuer beim Bleigießen in der Neujahrsnacht, *fonte de plomb au nouvel an*, 64 x 54 cm, Öl

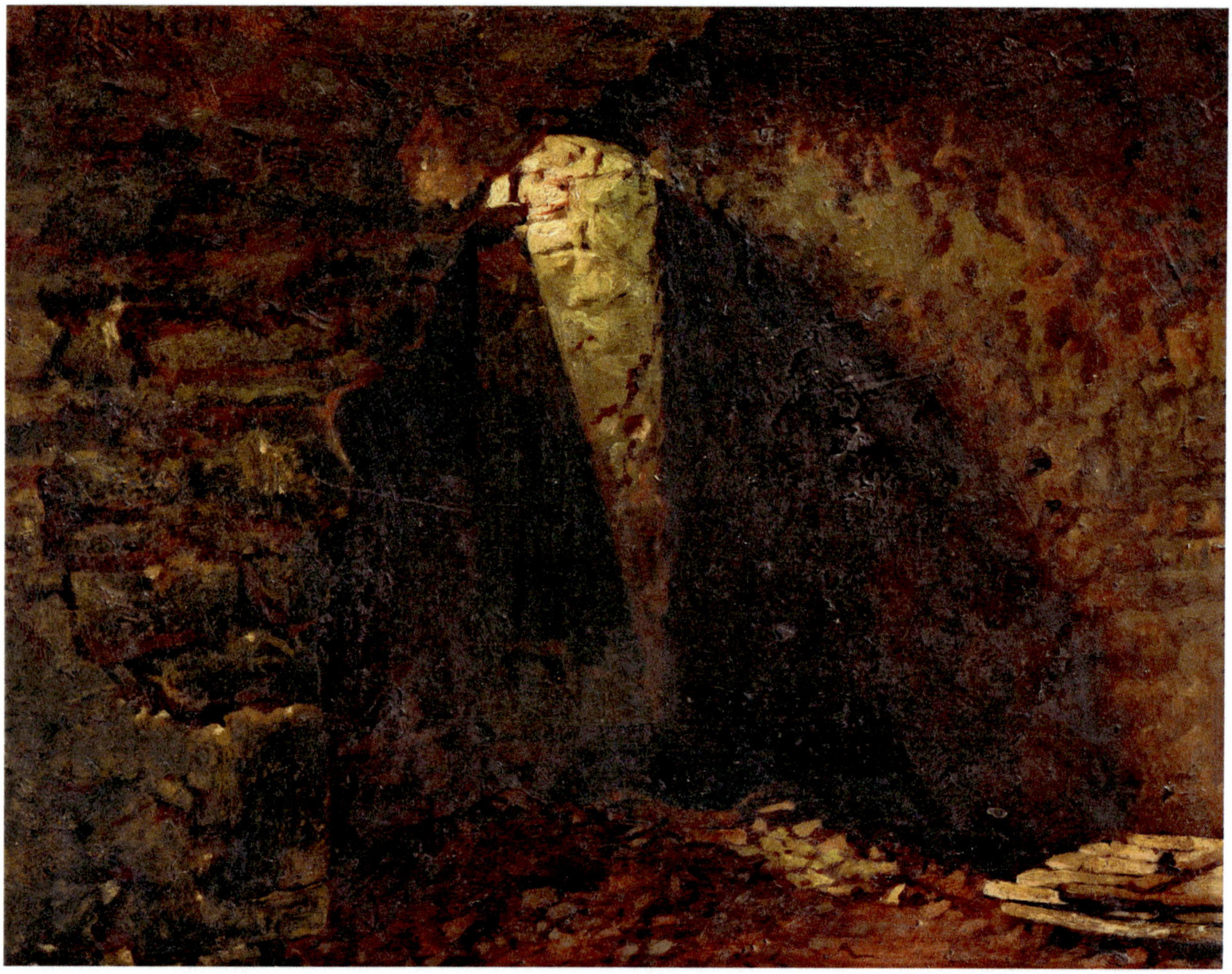

Franz Hein, Sonnenlicht im Kellerfenster, *rayon de soleil à la cave*, 33 x 26 cm, Öl

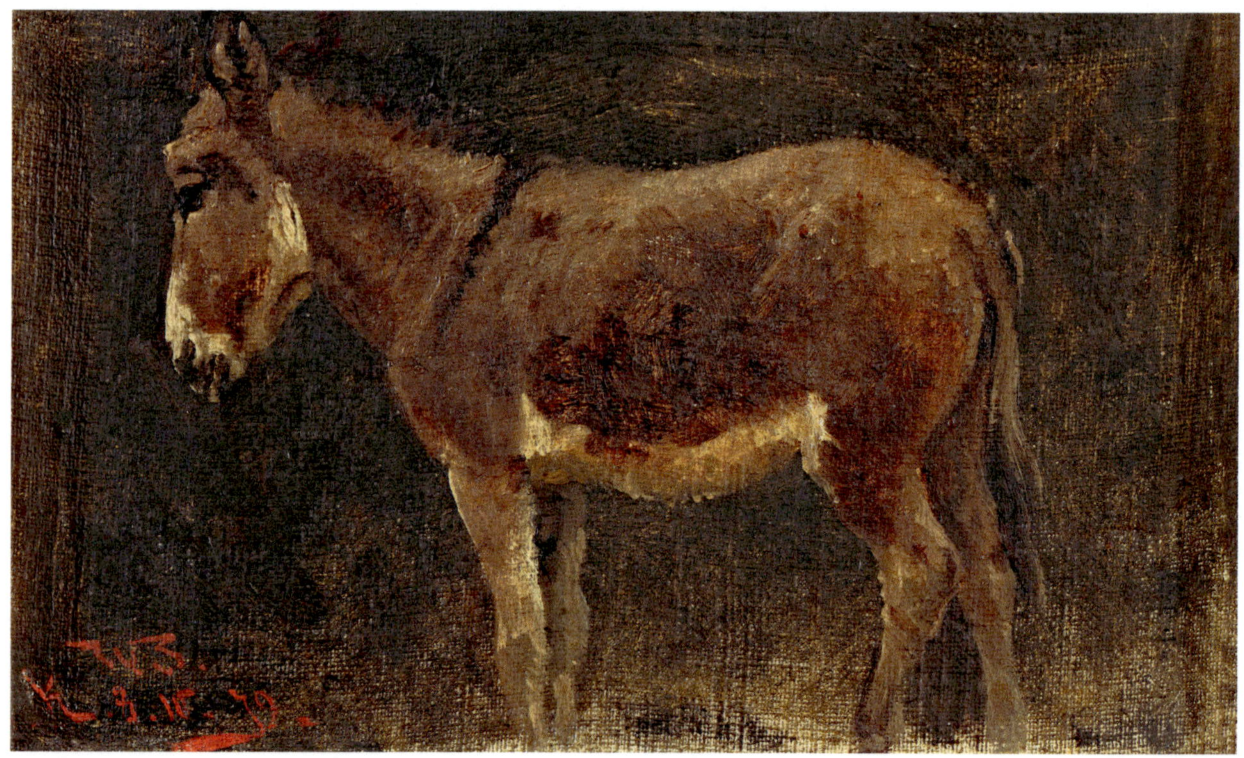

Franz Hein, Junger Esel, *jeune ânon* , 21 x 13 cm, Öl,

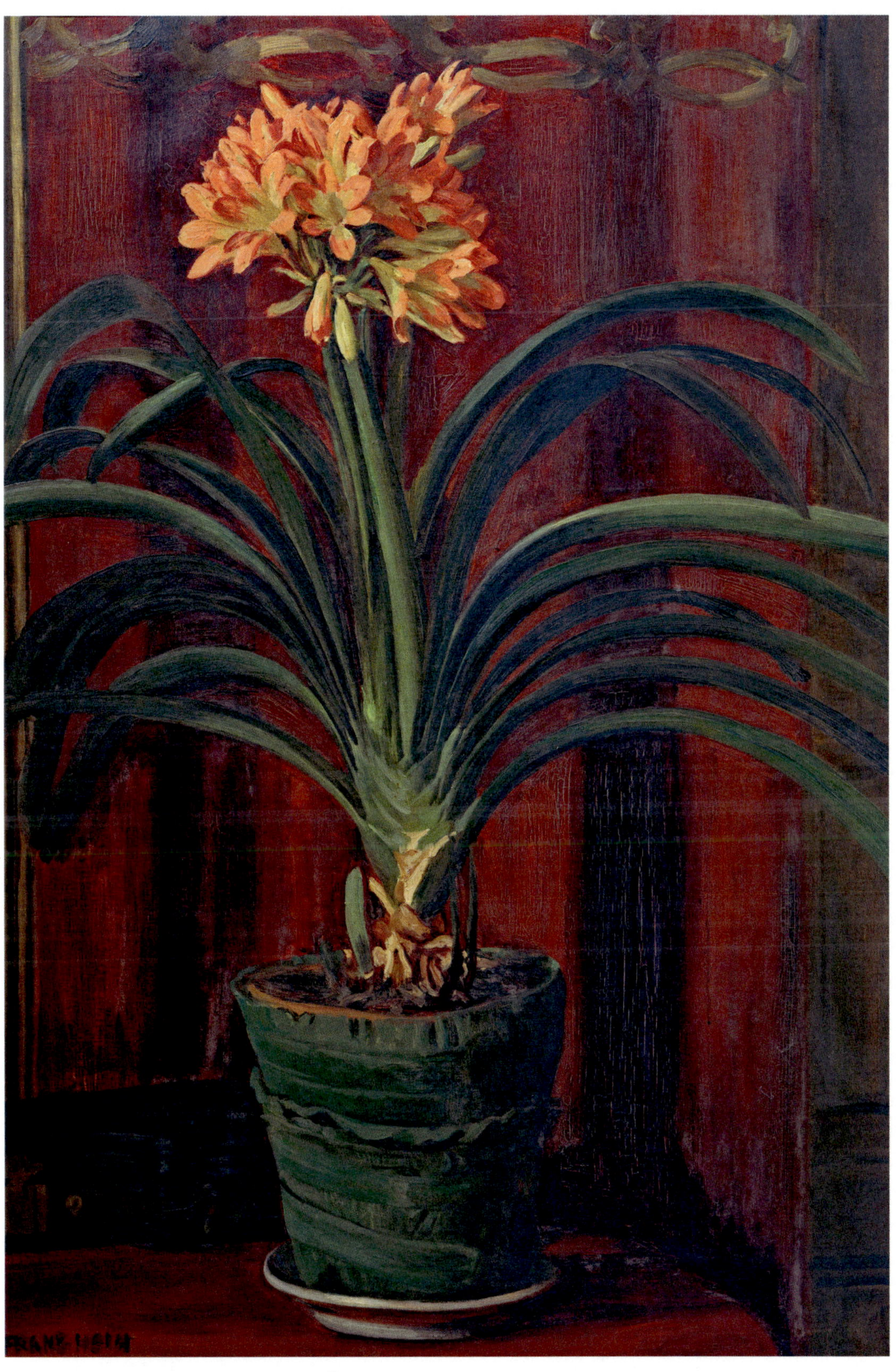

Franz Hein, Clivie, *clivia*, 99 x 70 cm, Öl

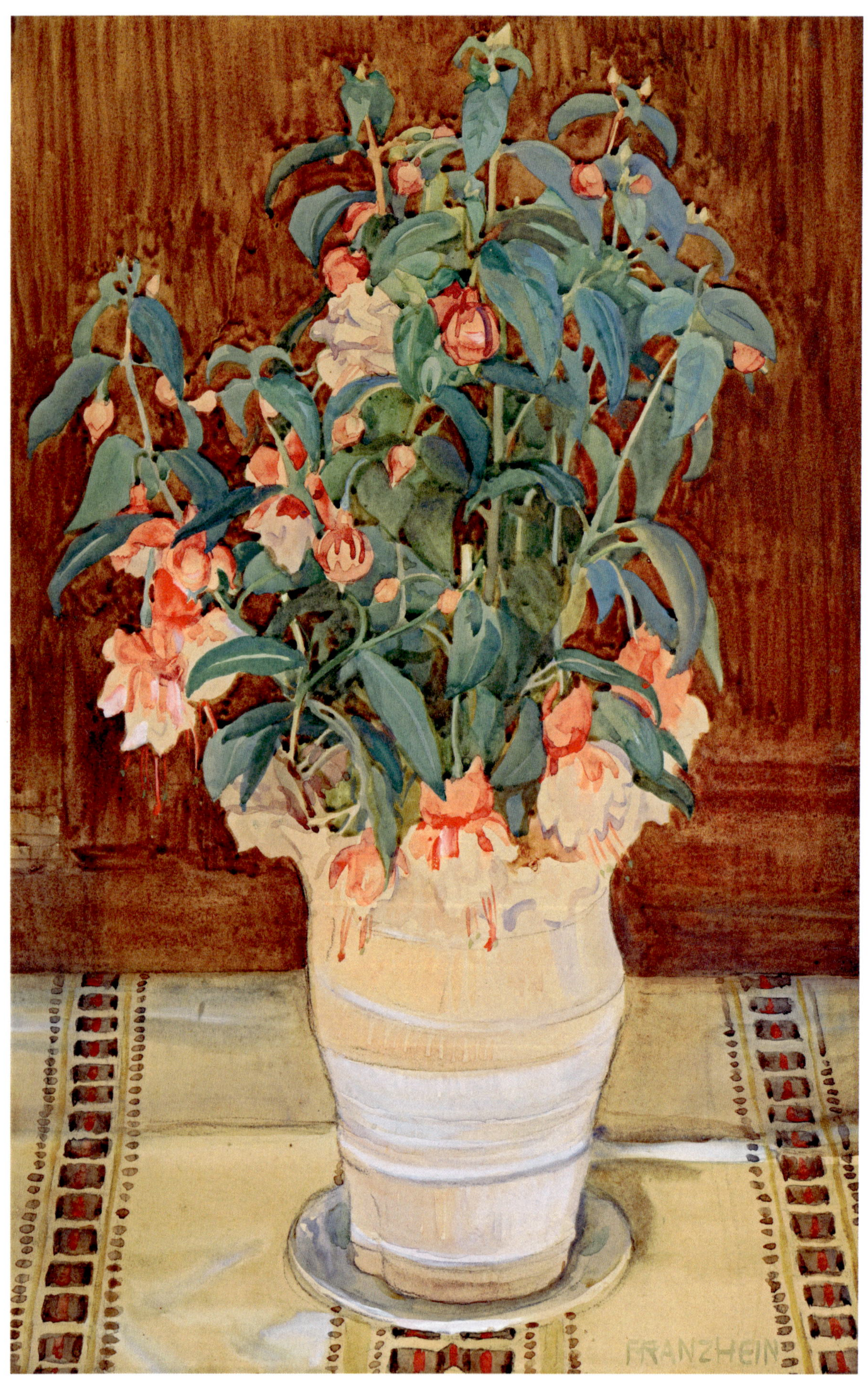


Franz Hein, Blühende Fuchsie, *fuchsia*, Sig. FRANZ HEIN, 55 x 37 cm, Gouache

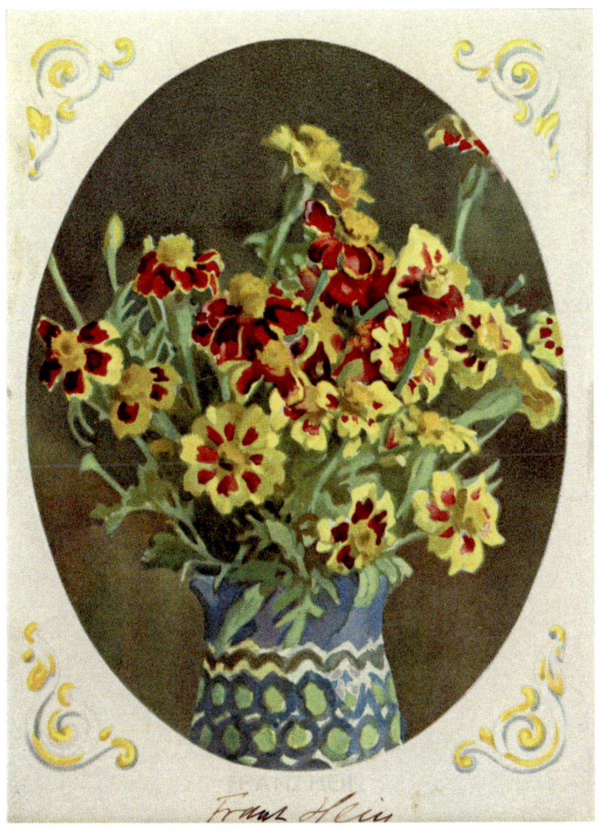

Franz Hein, Studentenblumenstrauß, *tagètes*,
Sig. Franz Hein, 24 x 18 cm, Gouache

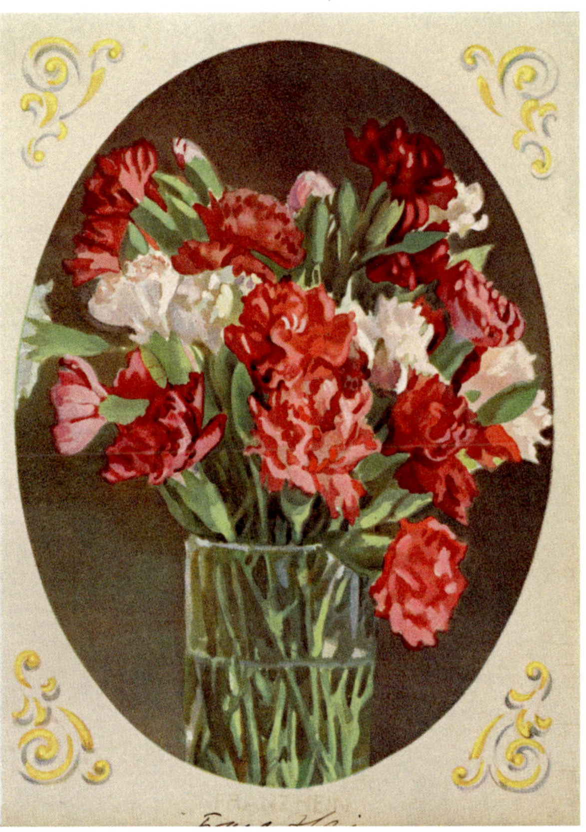

Franz Hein,Nelkenstrauß, *bouquet d' oeillets*,
Sig. Franz Hein, 24 x 18 cm, Gouache

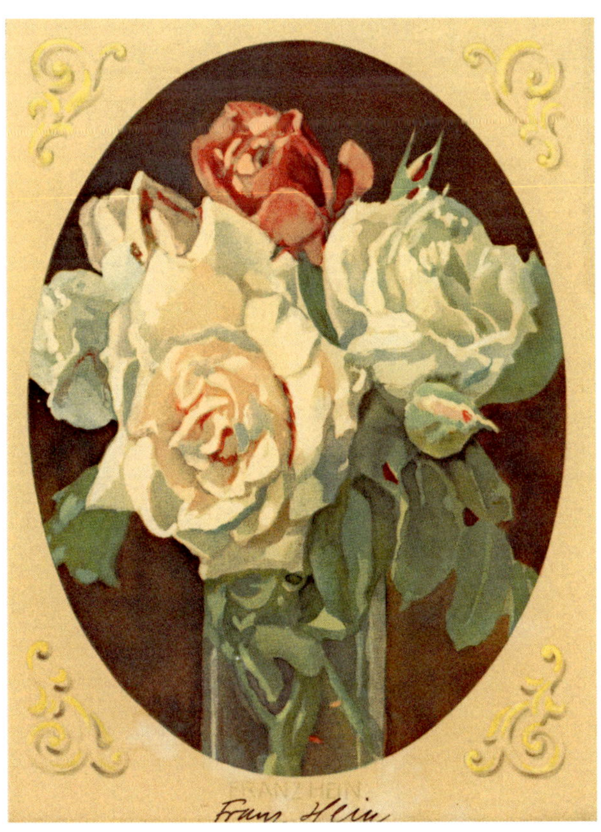

Franz Hein, Rosenstrauß, *bouquet de roses*,
Sig. Franz Hein, 24 x 18 cm, Gouache

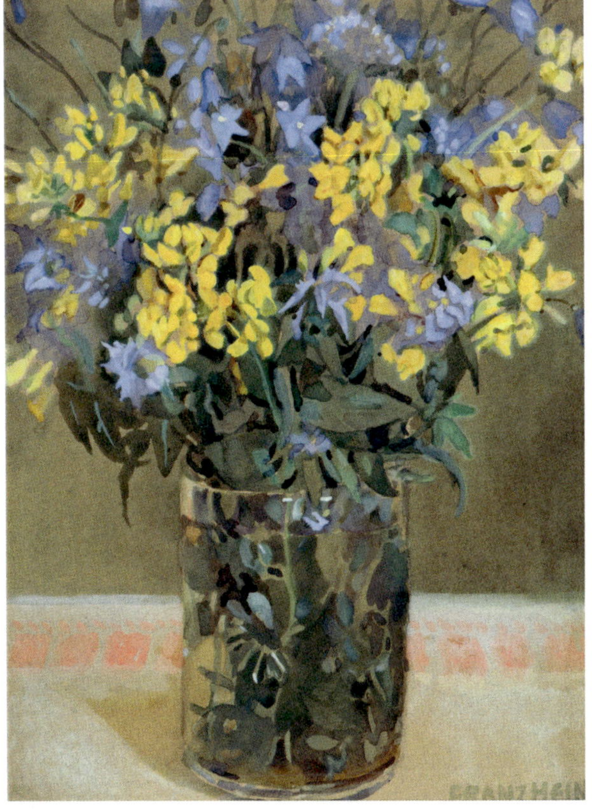

Franz Hein, Waldblumen in Vase, *fleurs de forêt*,
Sig. FRANZ HEIN, 24 x 19 cm, Gouache

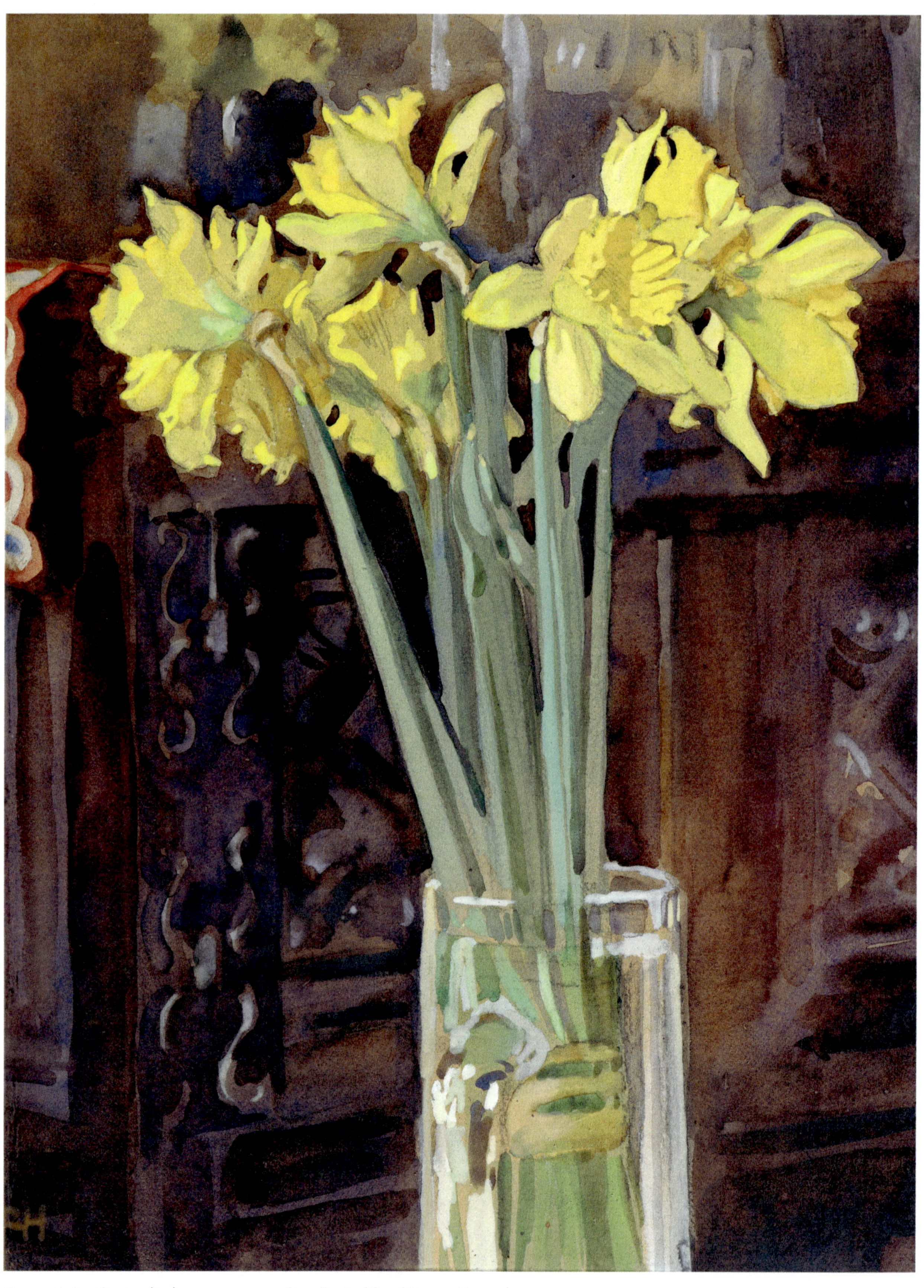

Franz Hein, Osterglocken, *narcisses*, Sig. F. H., 33 x 25 cm, Gouache

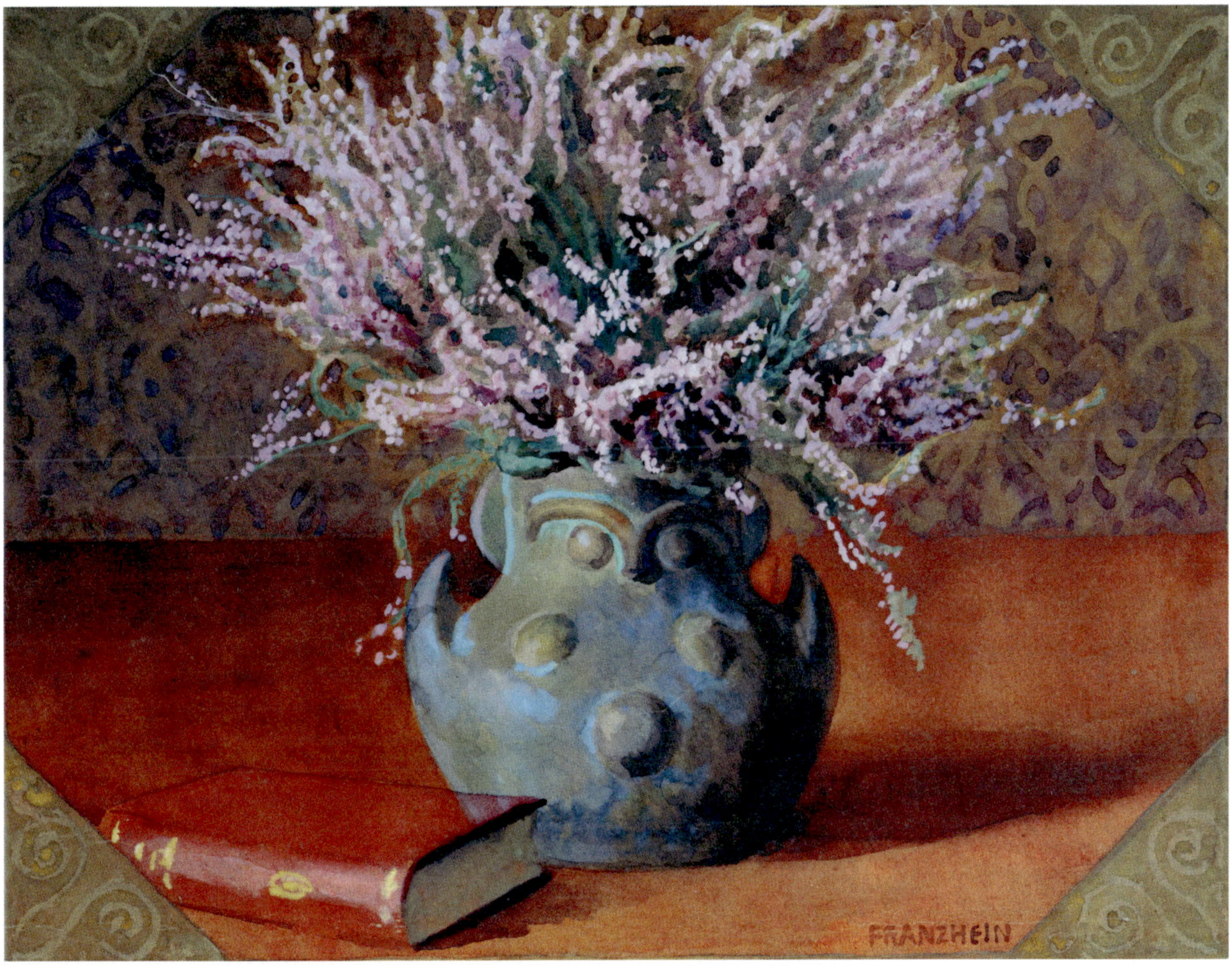

Franz Hein, Heidekrautstrauß in Tonvase, *bruyères*, Sig. FRANZ HEIN, 48 x 34 cm, Gouache

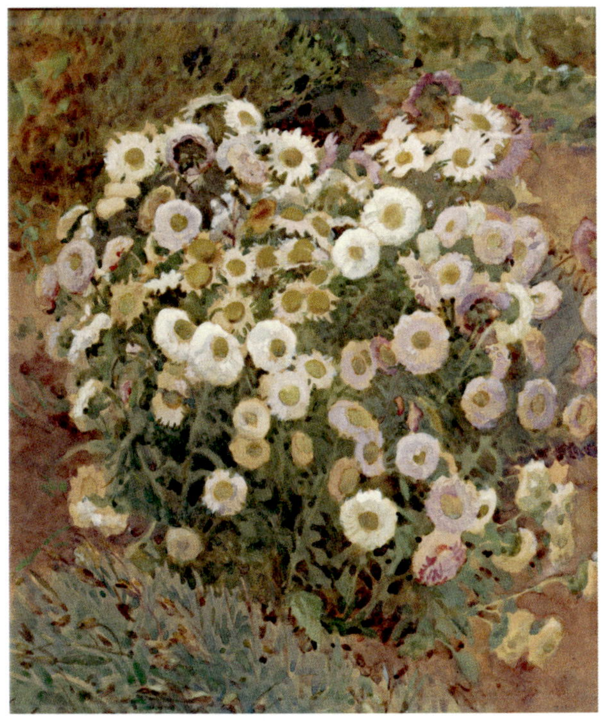

Franz Hein,Blühende Margariten, *marguerites*,
33 x 29 cm, Gouache

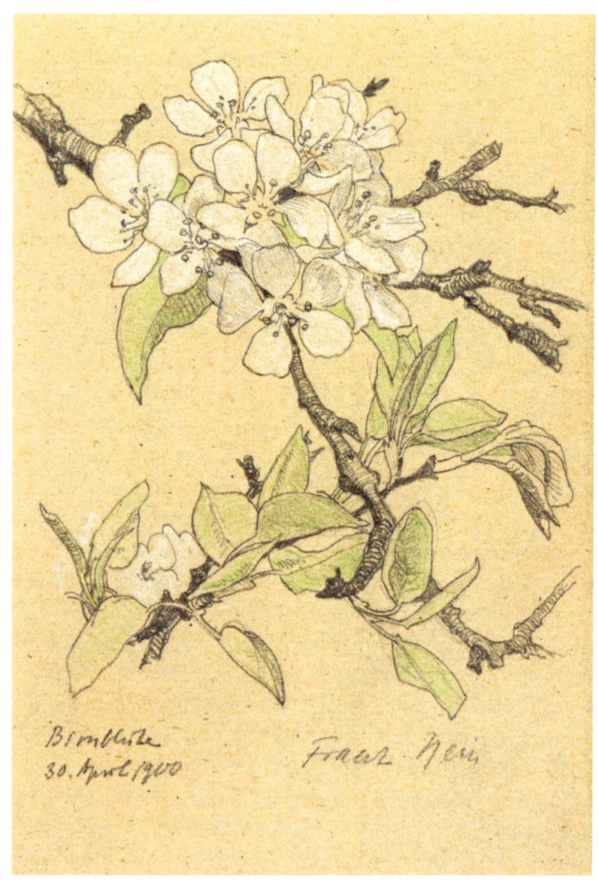


Franz Hein, Sig. Birnblüte, 30. April 1900, *fleurs de poirier,* 22 x 15 cm, Zeichnung, koloriert

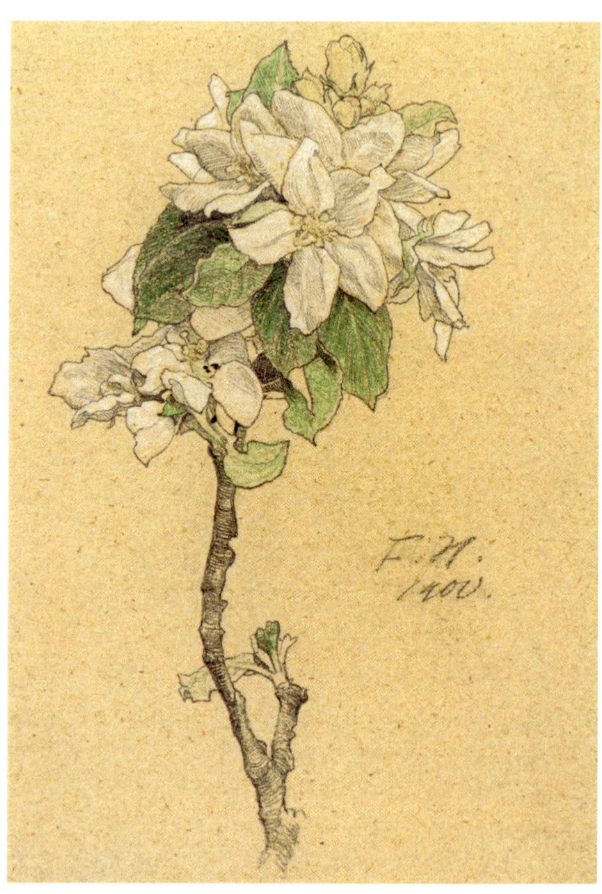


Franz Hein, Apfelblüte, *fleurs de pommier,* 22 x 15 cm, Sig. F. H. 1900, Zeichnung, koloriert

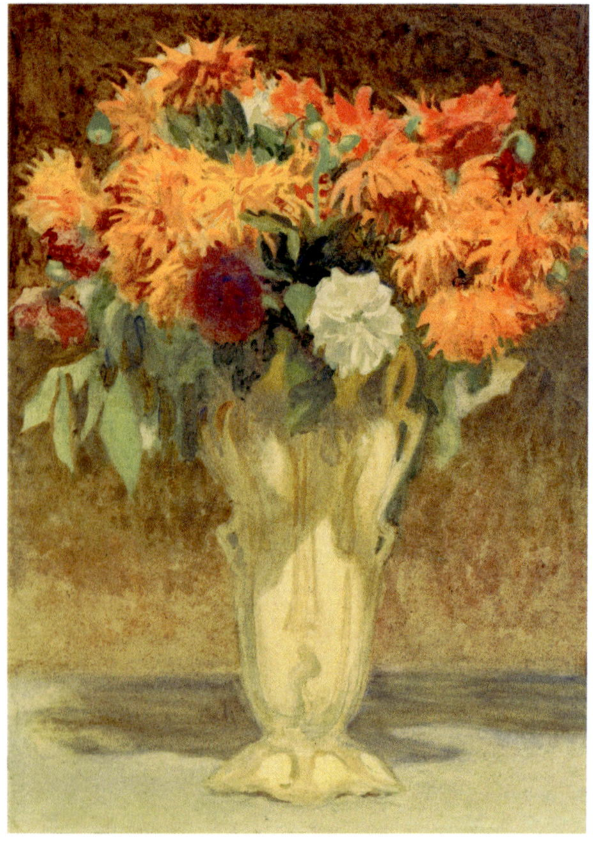

Franz Hein, Dahlien bei der Lampe, *dahlias,* 37 x 27 cm, Gouache

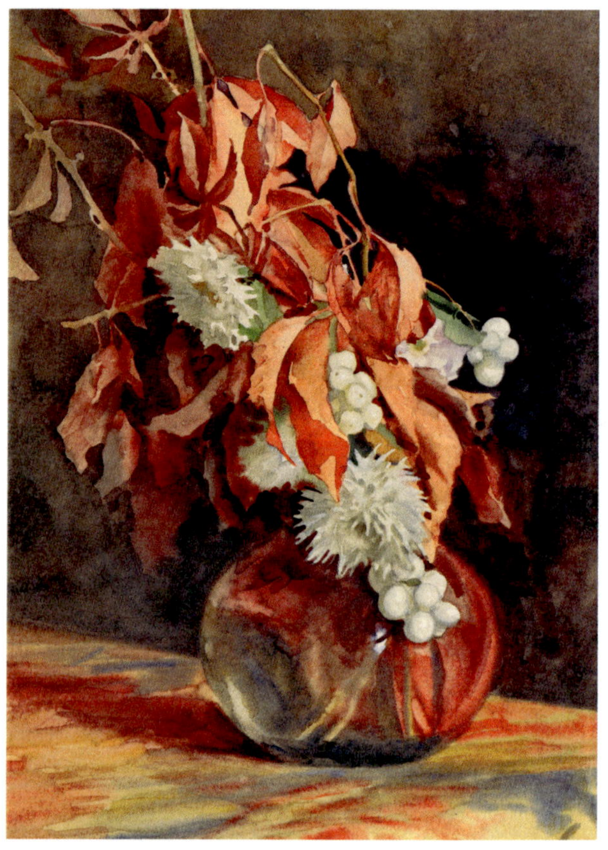

Franz Hein Stilleben, *nature morte, feuilles et fleurs,* Sig. F. Hein 1894, 49 x 30 cm, Gouache

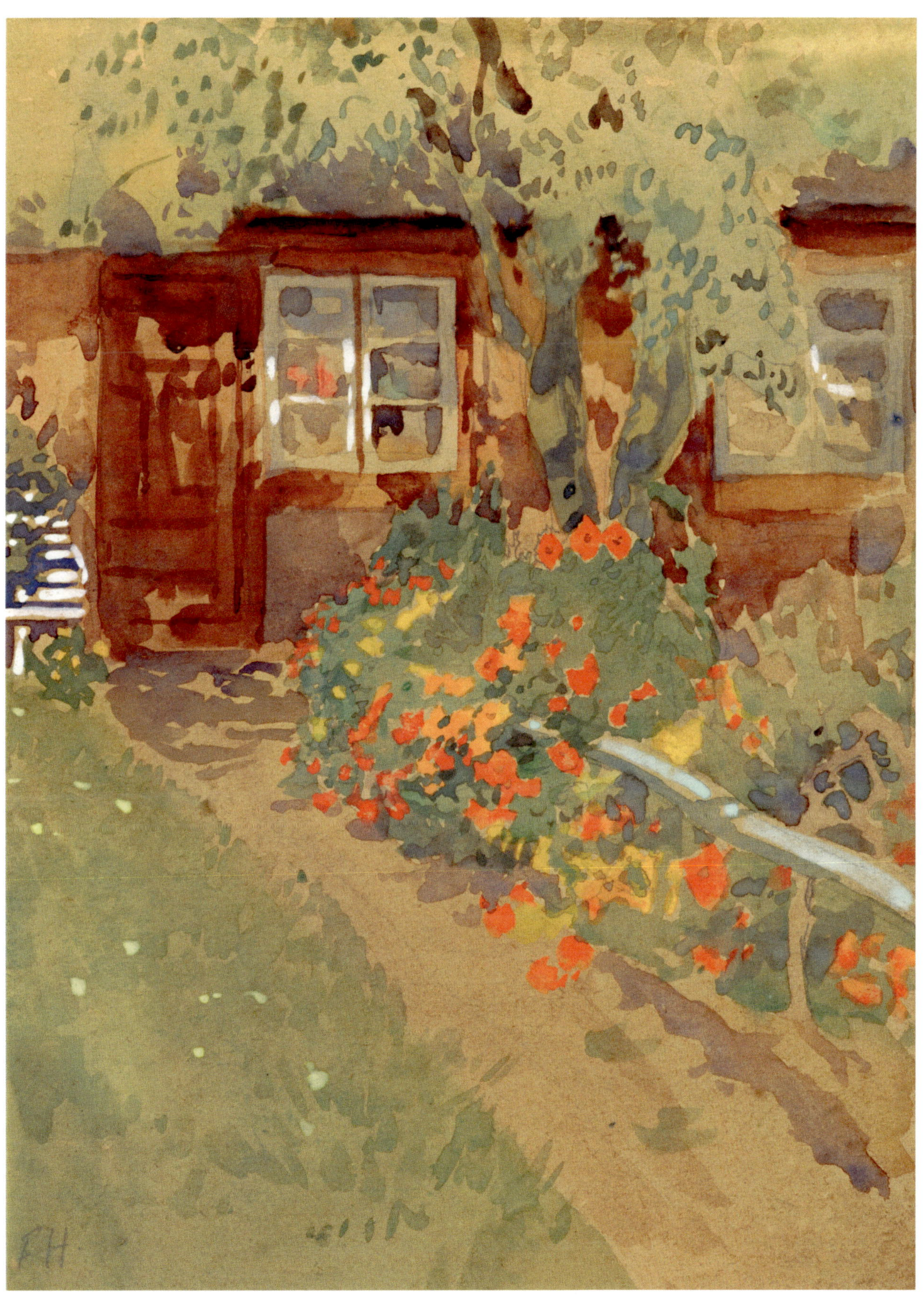

Franz Hein, Gartenlaube und Kapuzinerkresse. *cabanon et capucines,* 27 x 20 cm, Gouache

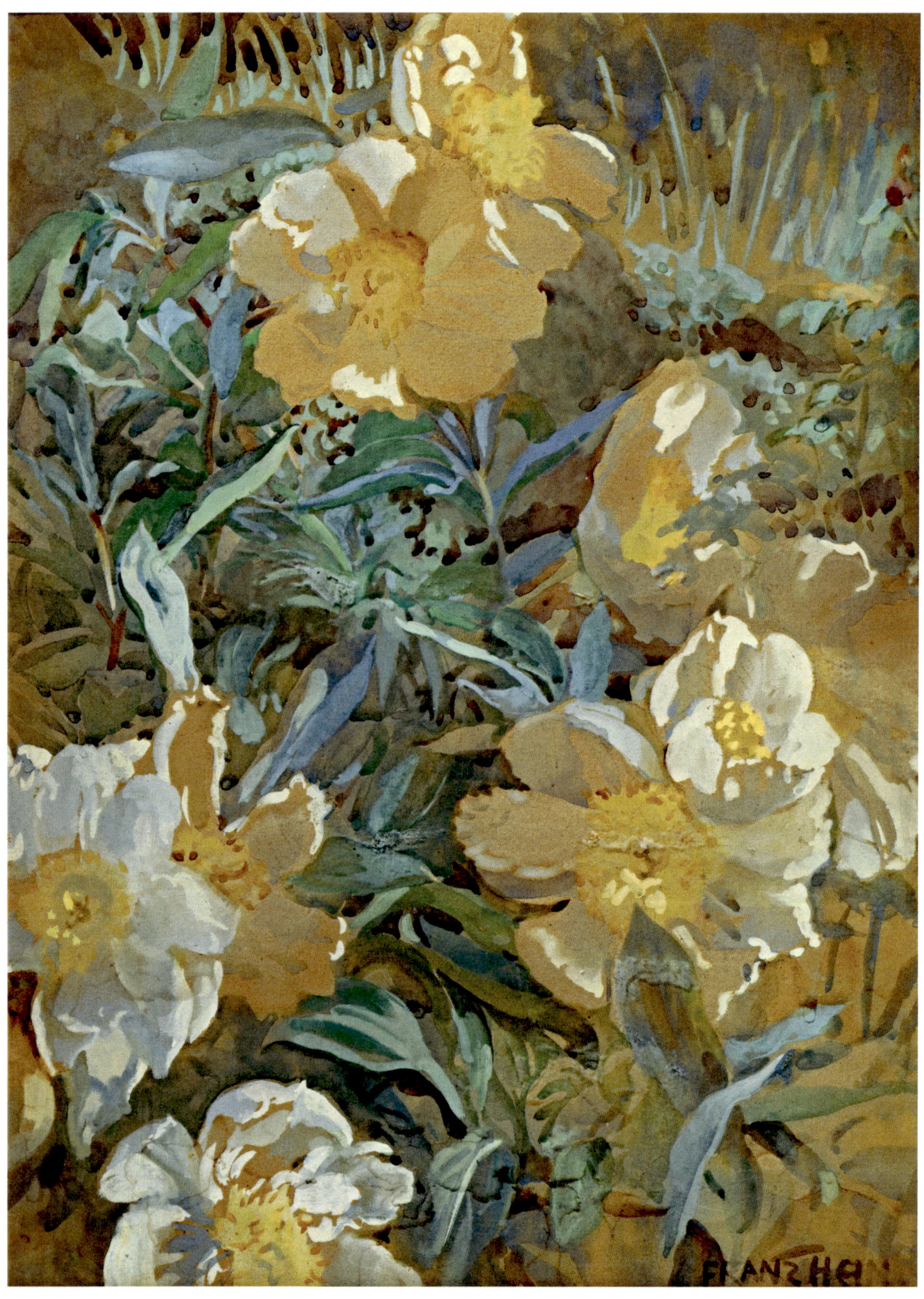

Franz Hein, Christrosen, *roses de noël*, Sig. FRANZ HEIN, 47 x 37 cm, Öl

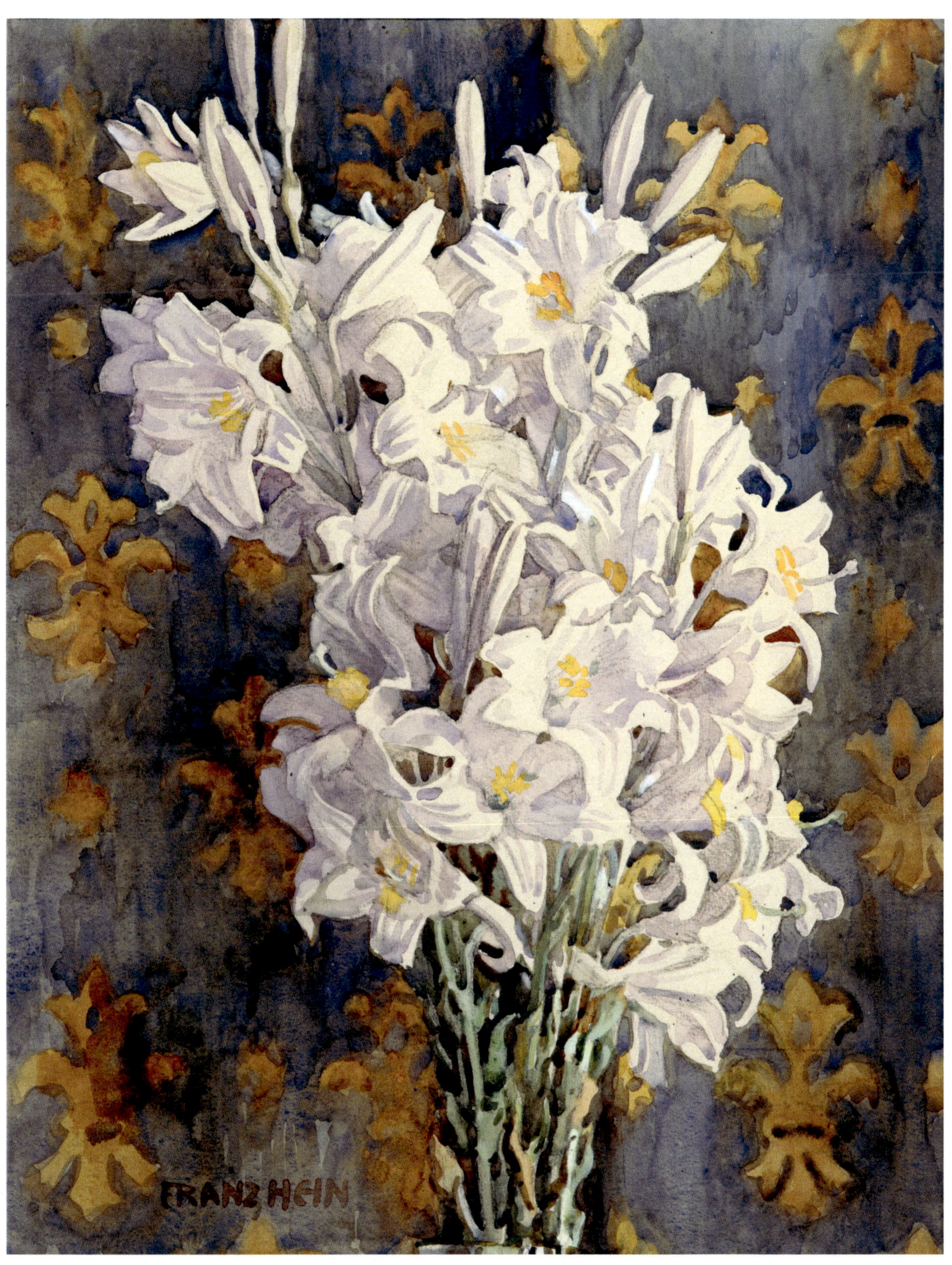


Franz Hein, Lilienstrauß, *fleurs de lys*, Sig. FRANZ HEIN, 50 x 40 cm, Gouache

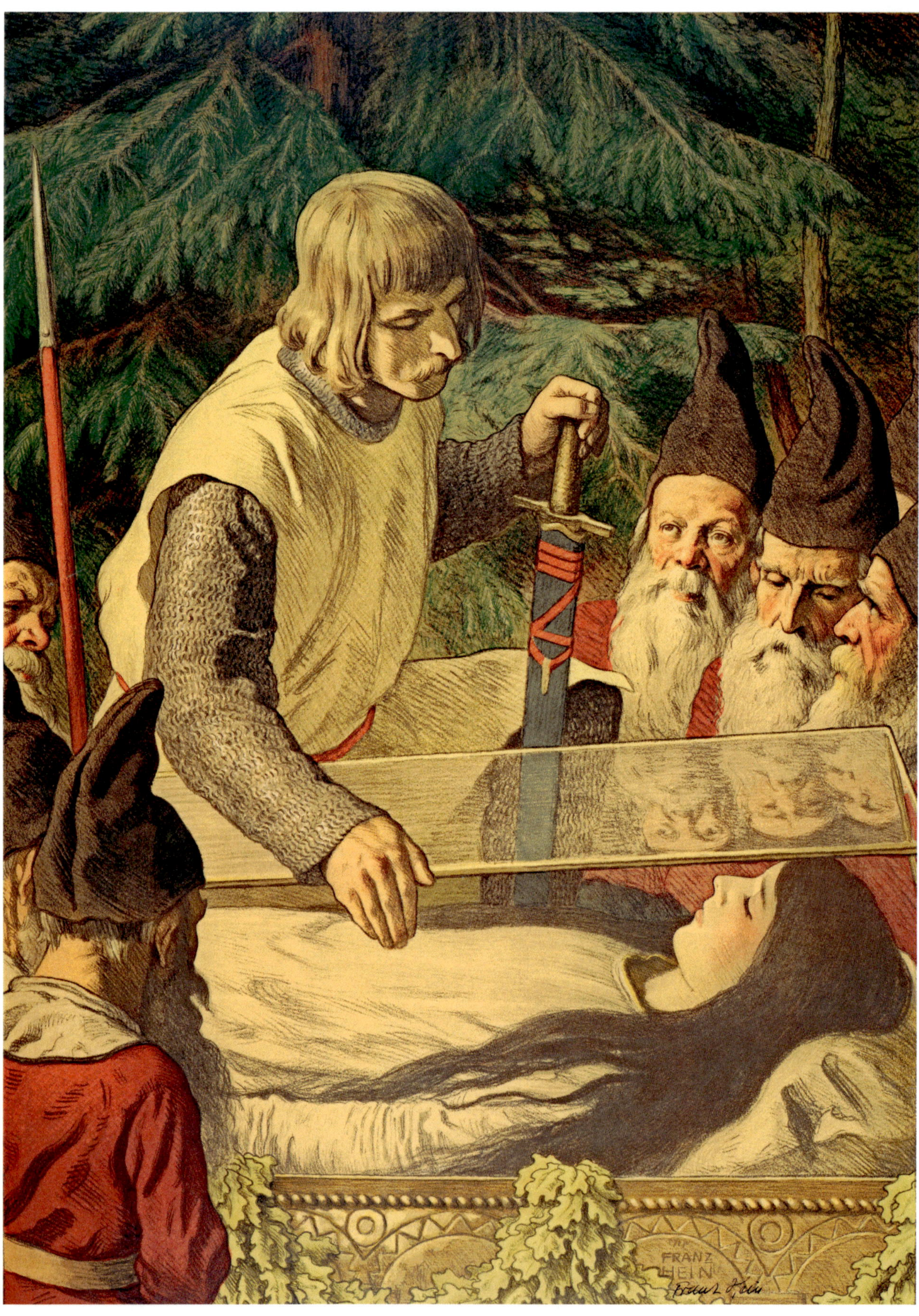


Franz Hein, Der Königsohn bei Schneewittchen im Glassarg, *Blanche-neige*, 77 x 57 cm, 1901, Lithographie Voigtländer

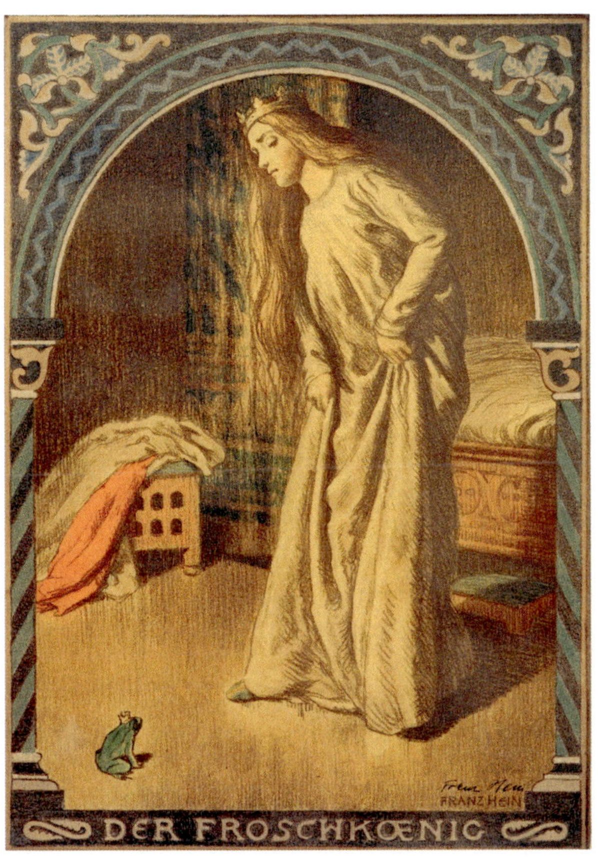


Franz Hein, Der Froschkönig und die Prinzessin, *le prince ensorcellé,* Sig. Franz Hein, 41 x 30 cm, Gouache

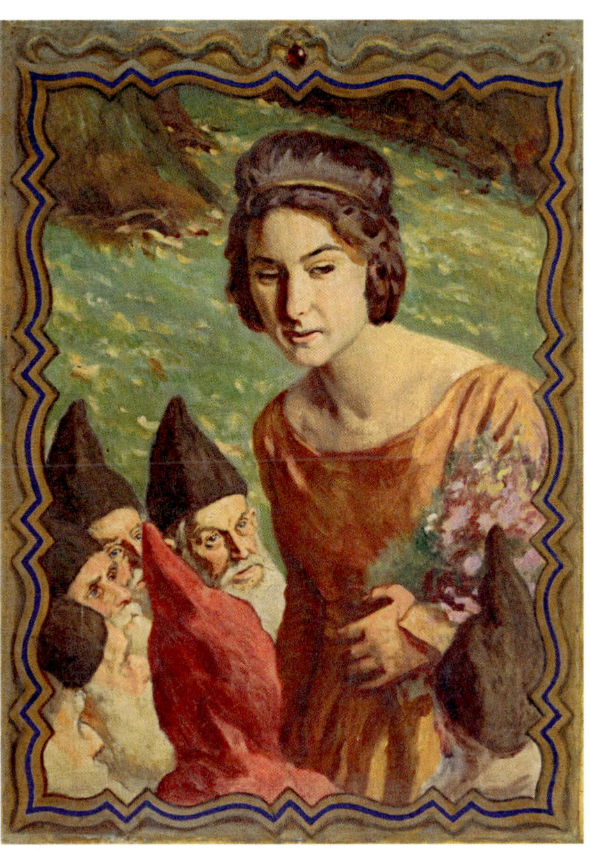

Franz Hein, Schneewittchen und die Zwerge, *Blanche-neige et les nains,* 63 x 46 cm, Öl

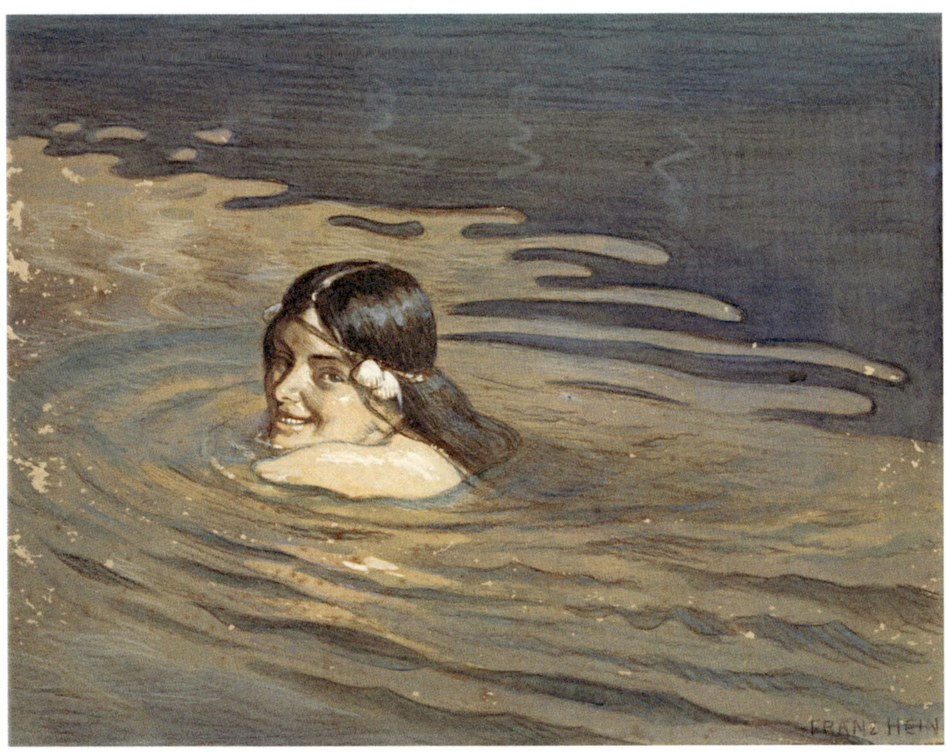

Franz Hein, Nixenstudie, *l'ondine*, Sig. FRANZ HEIN, 72 x 59 cm, Gouache

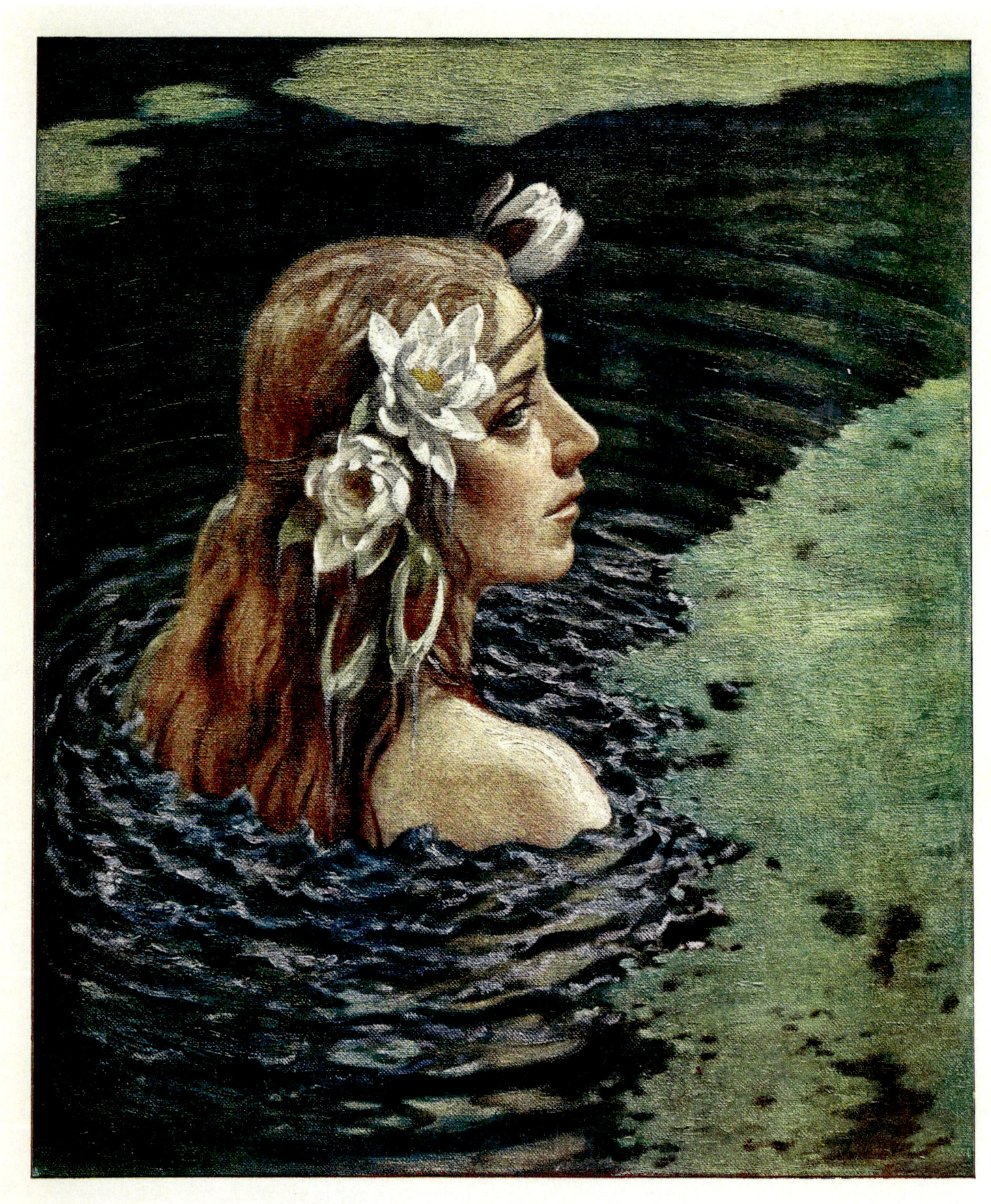

Franz Hein, Die Nixe, *l'ondine*, 51 x 39 cm, Öl

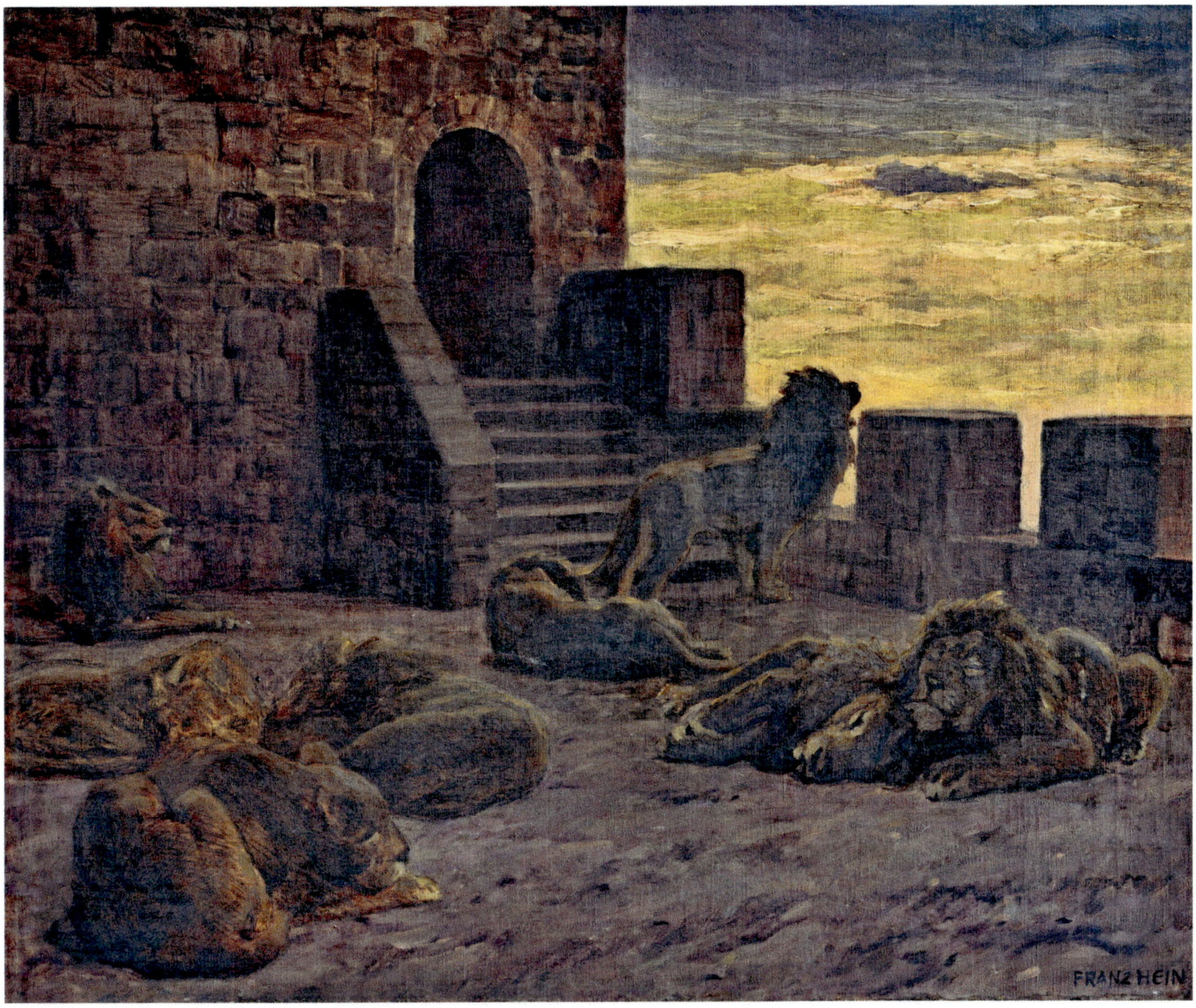

Franz Hein, Die Löwenburg, *le château aux lions*, Sig. FRANZ HEIN, 71 x 58 cm, Öl

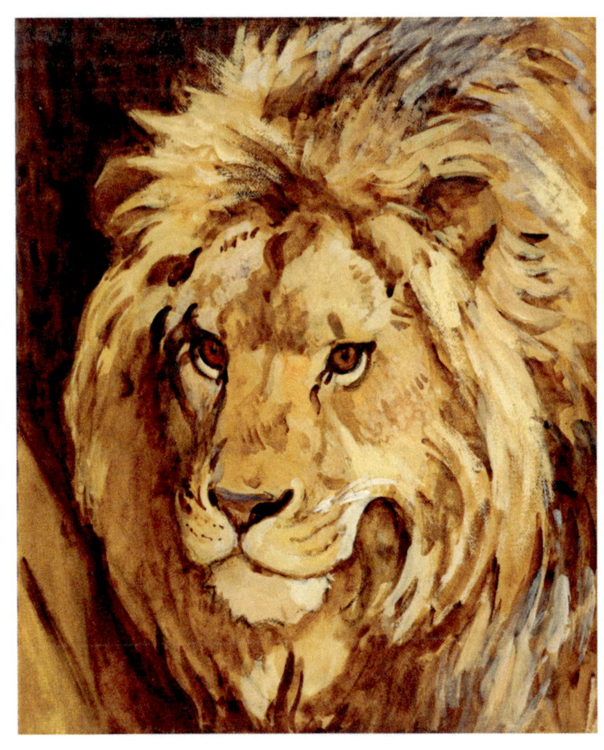

Franz Hein, Der König der Tiere, *le roi des animaux*, 33 x 28 cm, 1917, Gouache

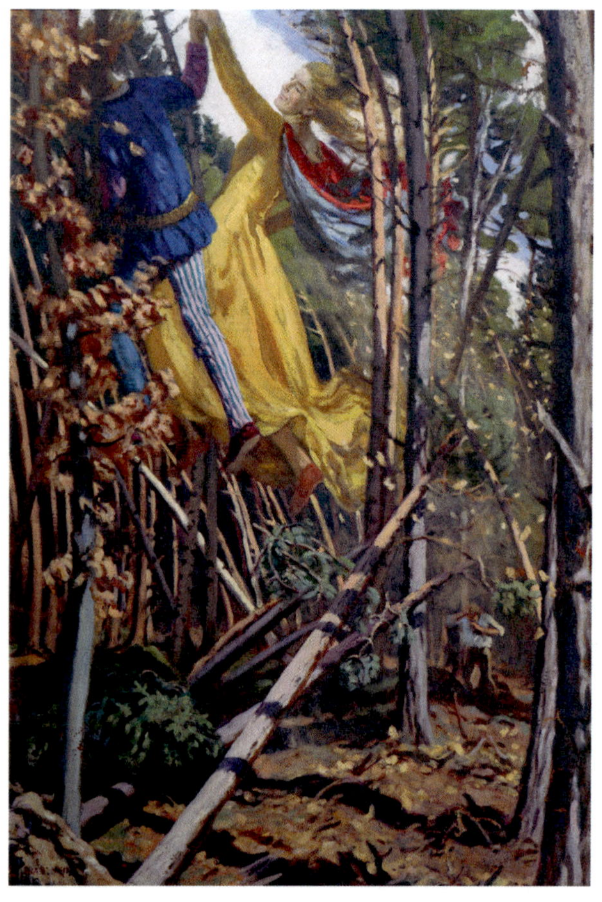

Franz Hein Die Windsbraut, *la bourrasque,*
99 x 70 cm, Öl

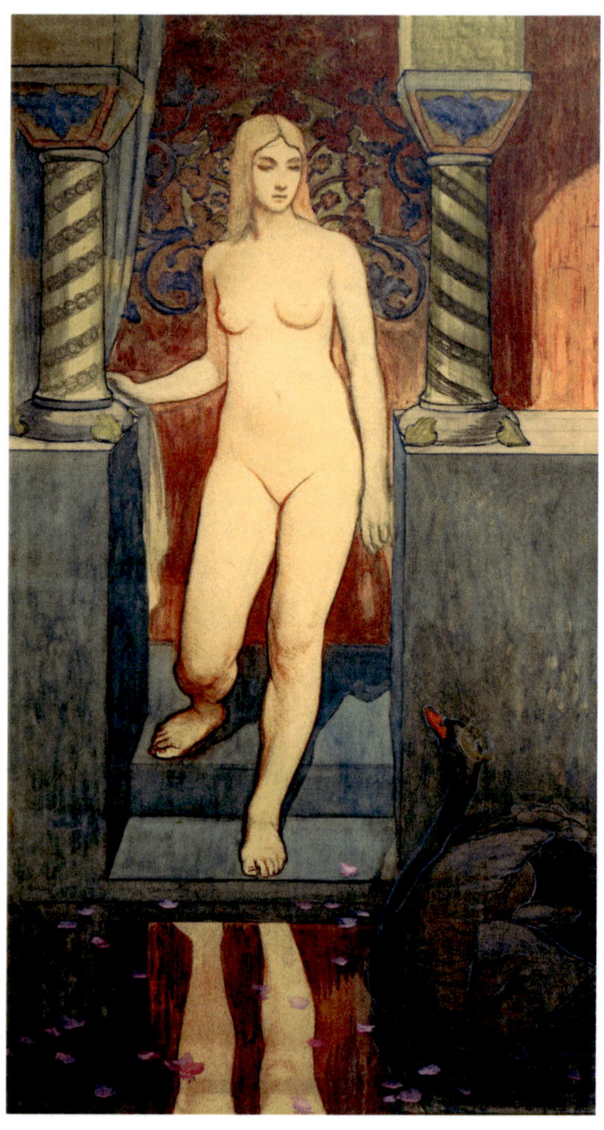

Franz Hein, Fee und Schwan, *la fée et le cygne,*
105 x 59 cm, Sig. F. Hein,1898, Pastell

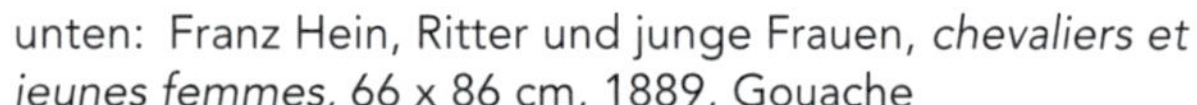

unten: Franz Hein, Ritter und junge Frauen, *chevaliers et jeunes femmes,* 66 x 86 cm, 1889, Gouache

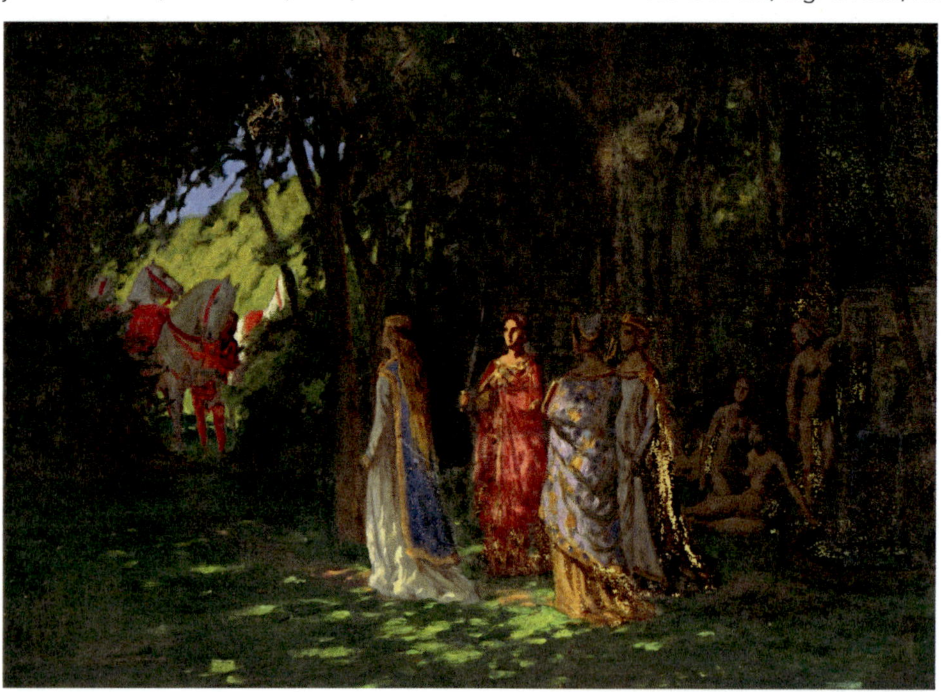

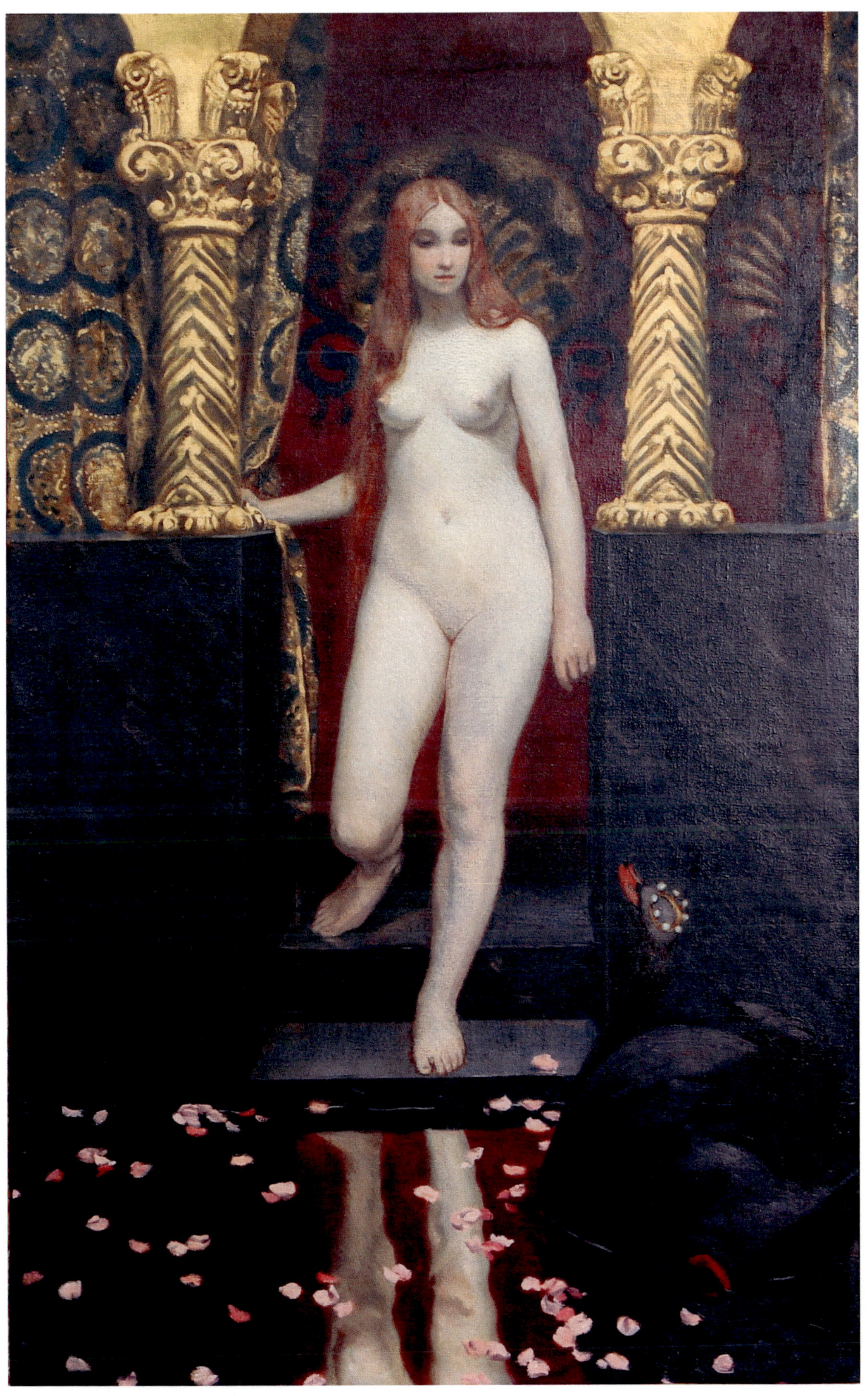

Märchen Fee und Schwan, *la fée et le cygne*, 112 x 68 cm,1898, Öl

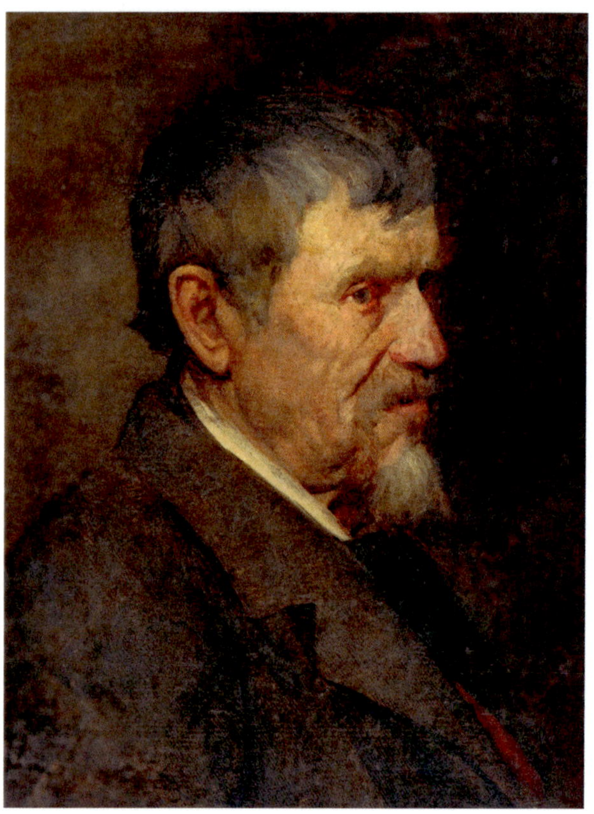

Franz Hein, Alter Mann, *viel homme*, 41 x 36 cm, Öl

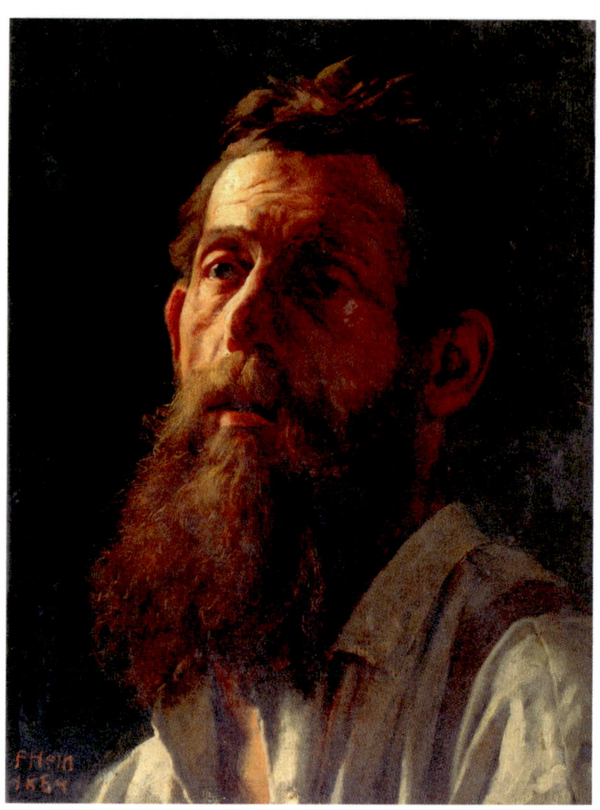

Franz Hein, Alter Mann, *viel homme à la barbe*, 43 x 32 cm, Sig. F. Hein 1884, Öl

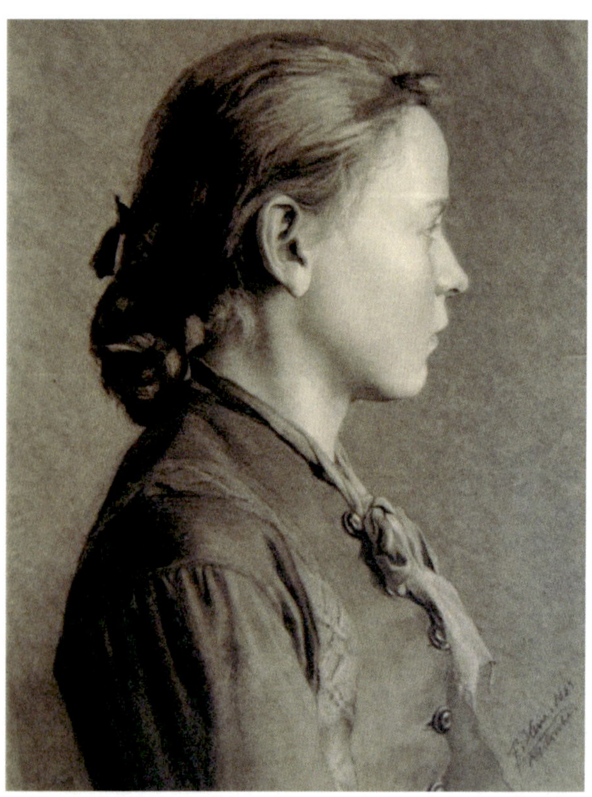

Franz Hein, Junge Frau, *jeune femme*, Sig. F. Hein Karlsruhe 1885, 51 x 37 cm, Kreidezeichnung

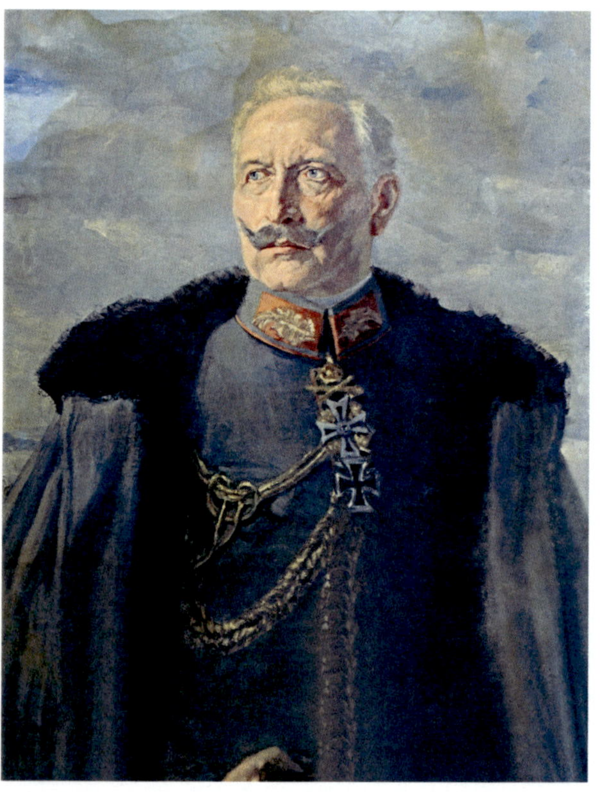

Franz Hein, Kaiser Wilhelm II., *l'empereur Guillaume II*, 80 x 62 cm, Gouache

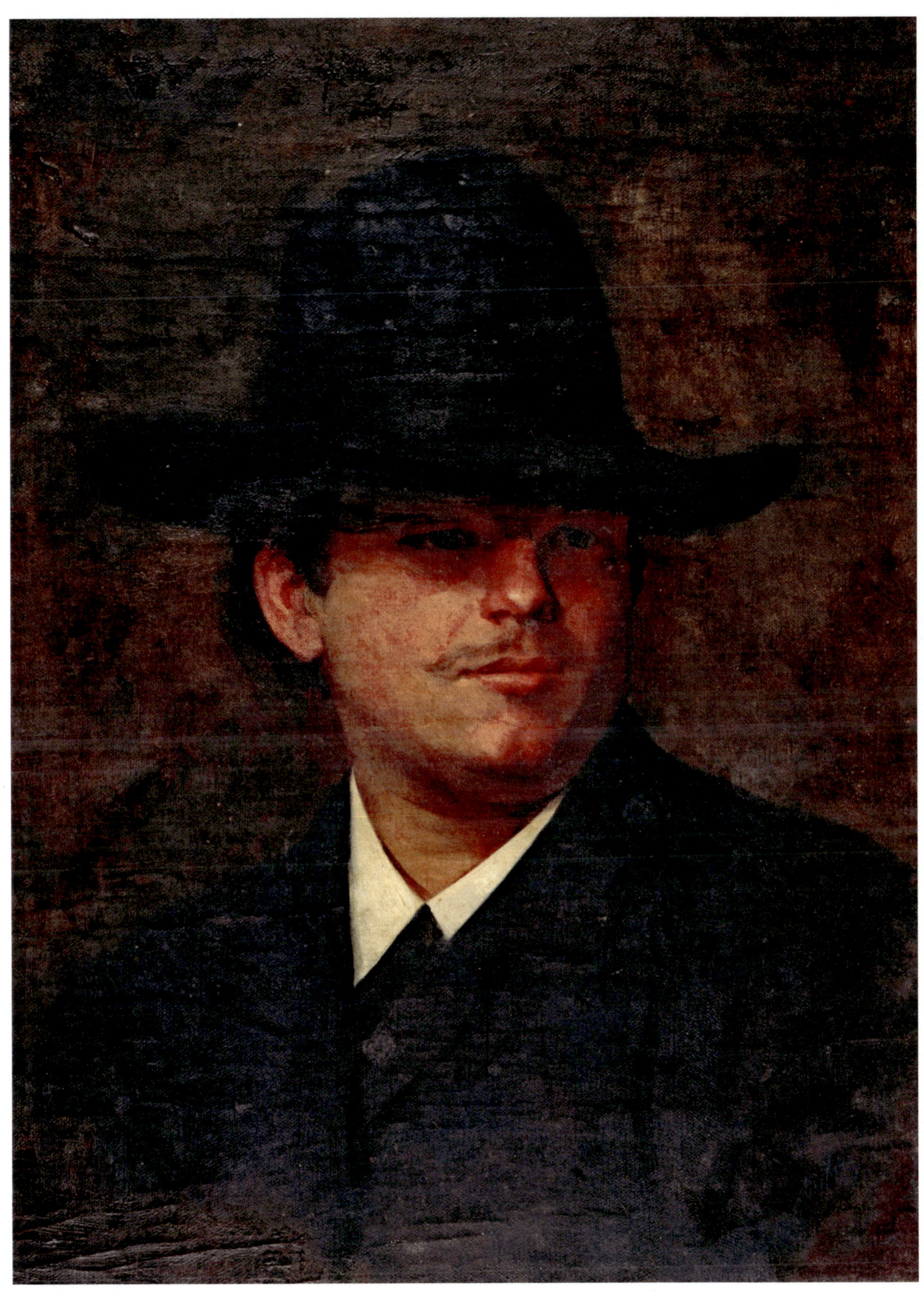

Franz Hein, Der Maler Carlos Grethe (1864-1913), 52 x 39 cm, Öl

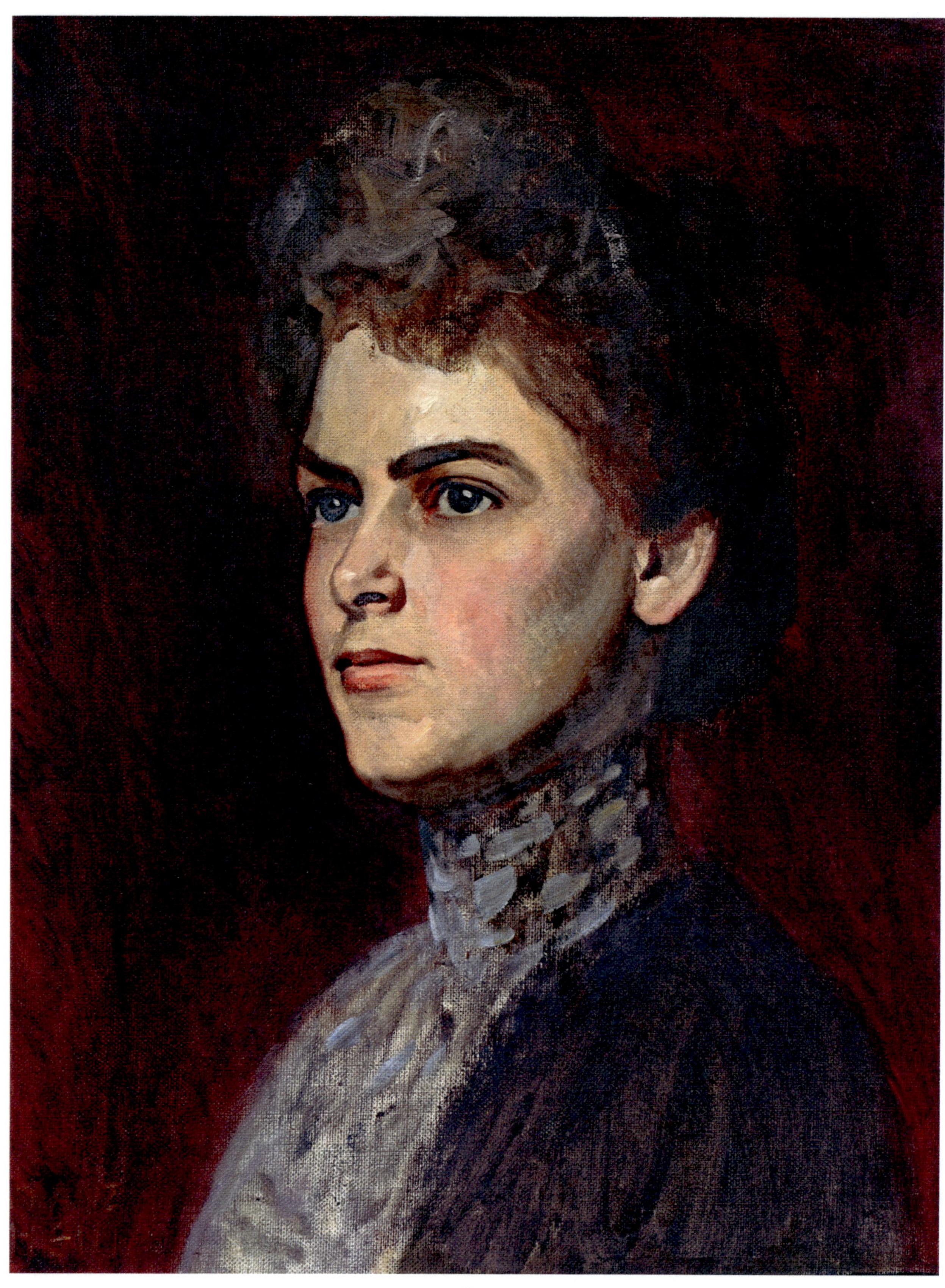

Franz Hein, Frau Konsul, *la femme du consul*, 49 x 42 cm, Öl

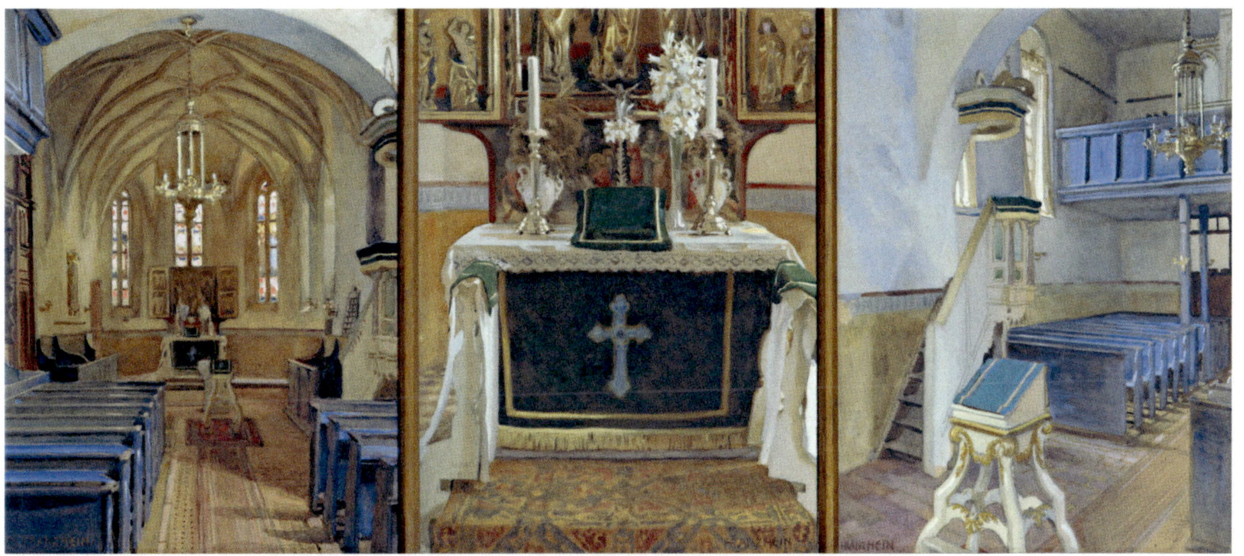

Franz Hein, Triptychon, Kirche in Leulitz, *triptyque*, Sig. FRANZ HEIN, 110 x 48 cm, Öl

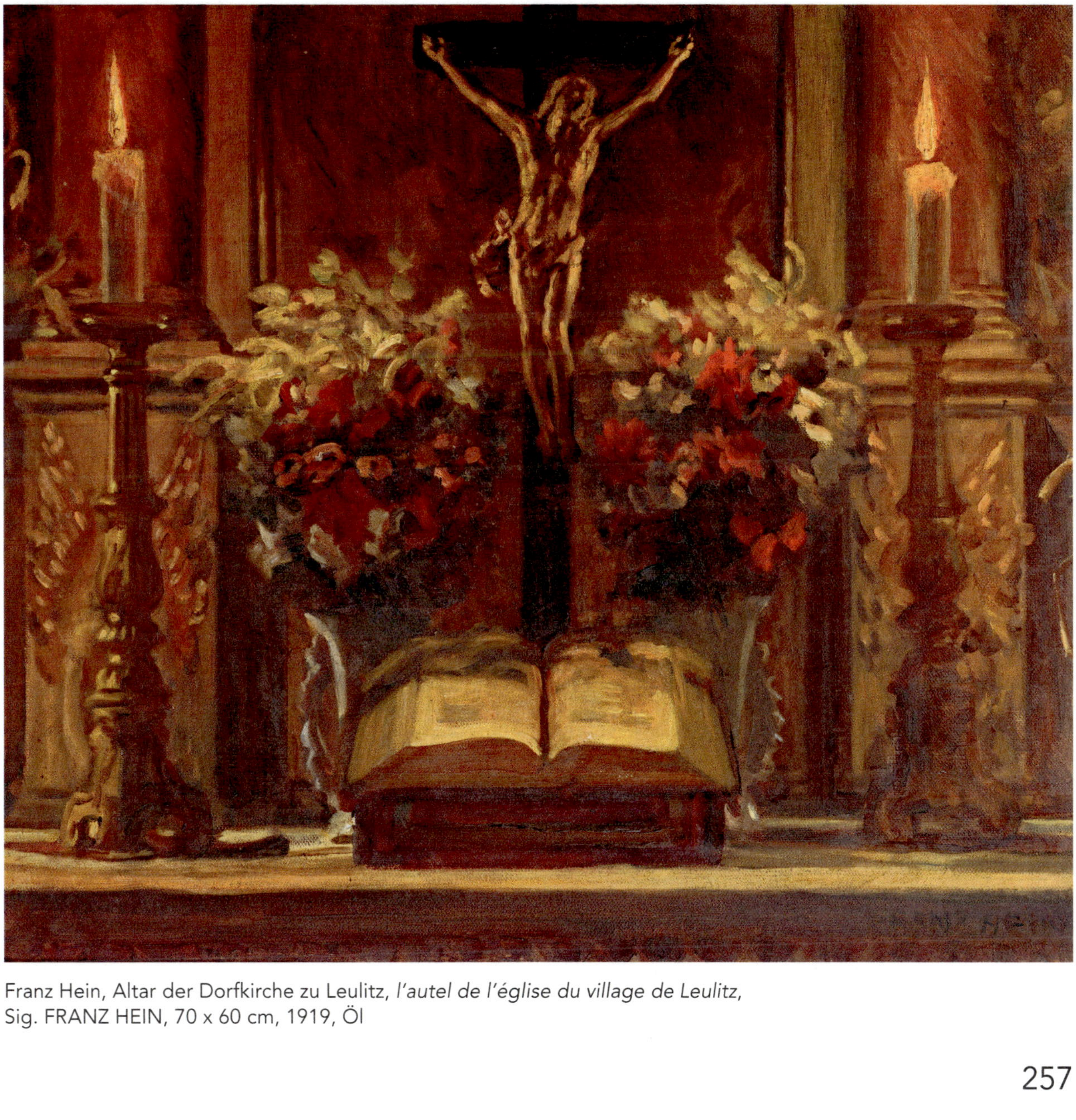

Franz Hein, Altar der Dorfkirche zu Leulitz, *l'autel de l'église du village de Leulitz*, Sig. FRANZ HEIN, 70 x 60 cm, 1919, Öl

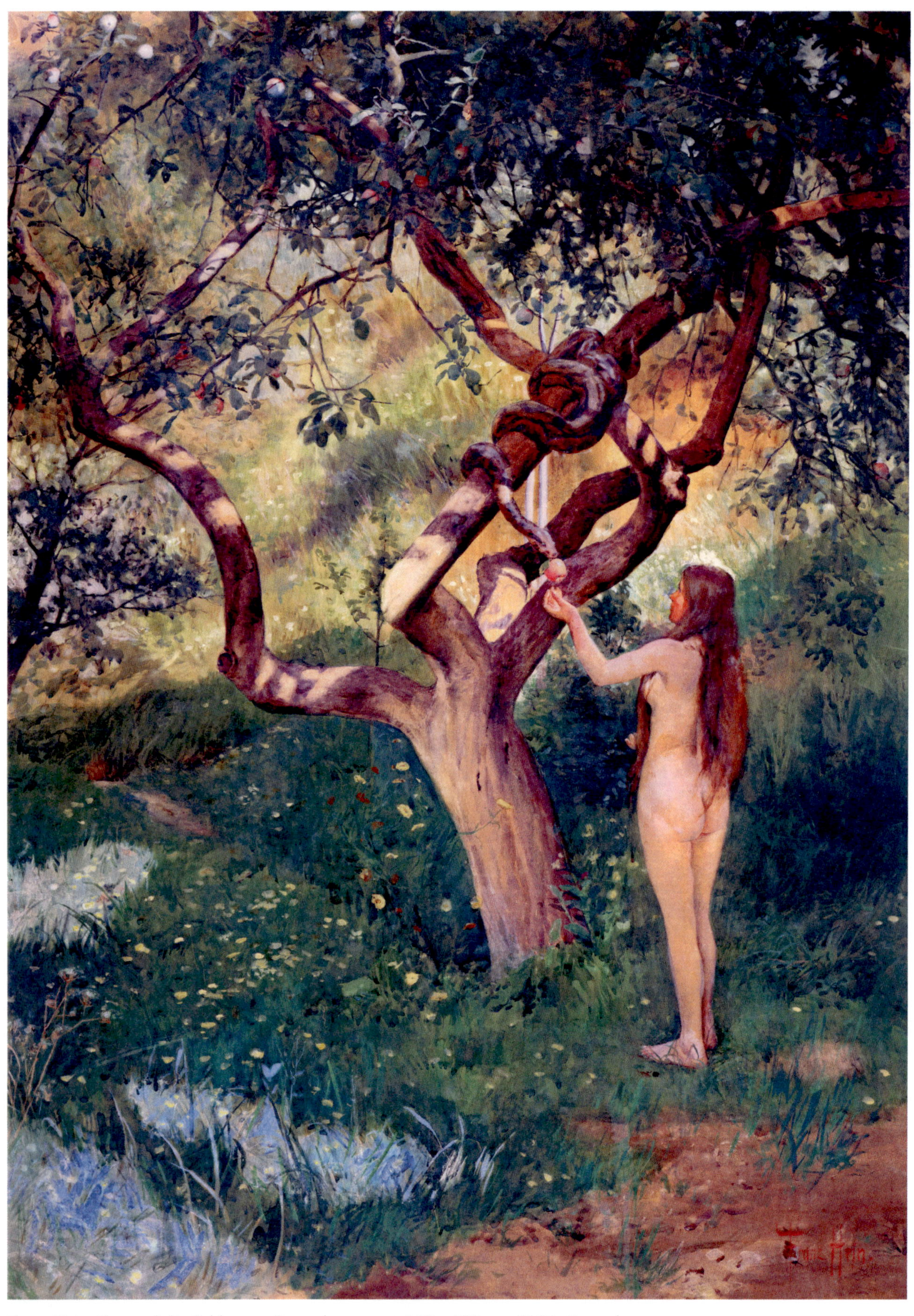

Franz Hein, Eva und die Schlange, *Eve et le serpent,* 160 x 120 cm, 1891, Gouache

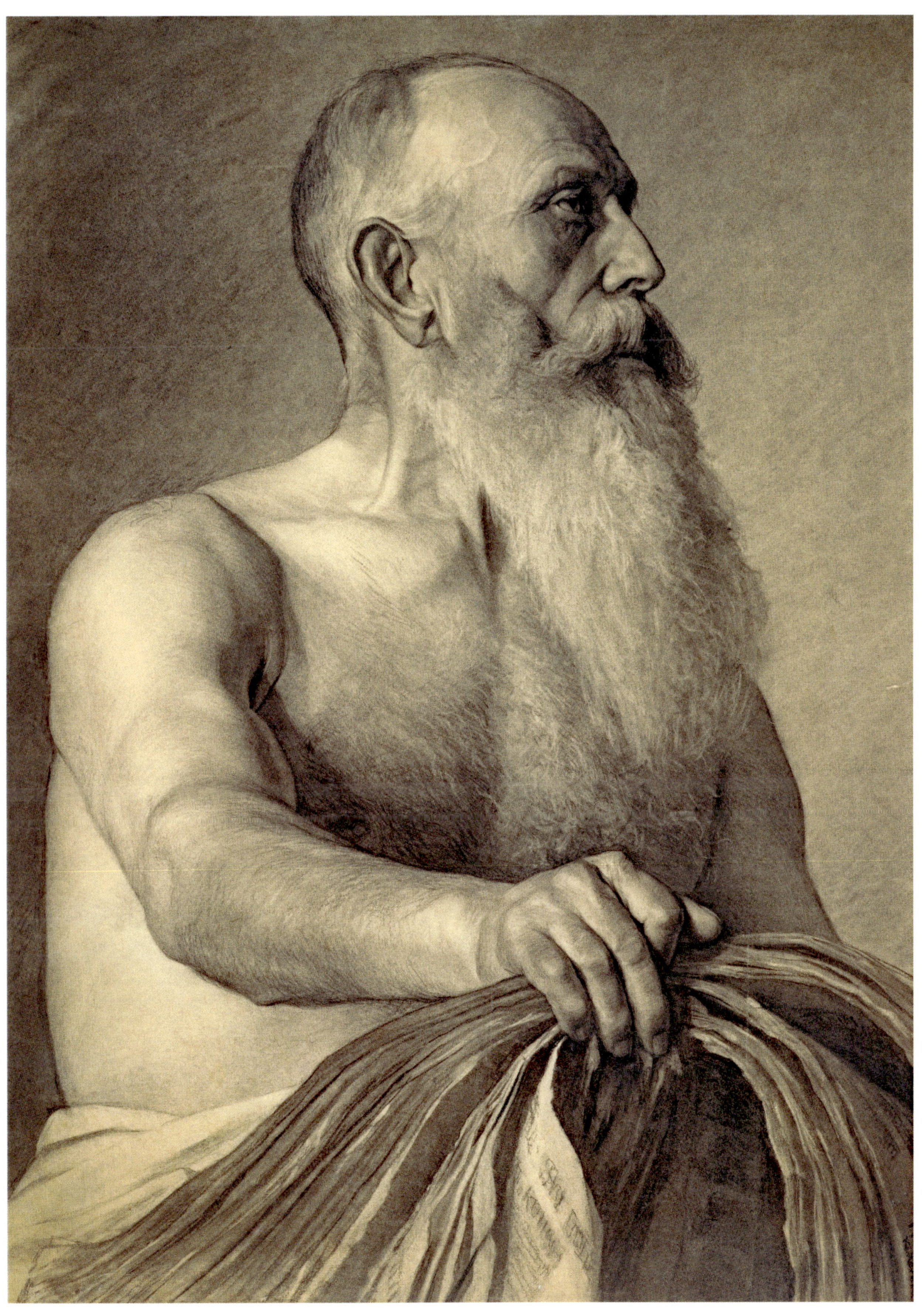

Franz Hein, Der alte Prophet, *le vieux prophète*, 72 x 53 cm, Kreidezeichnung

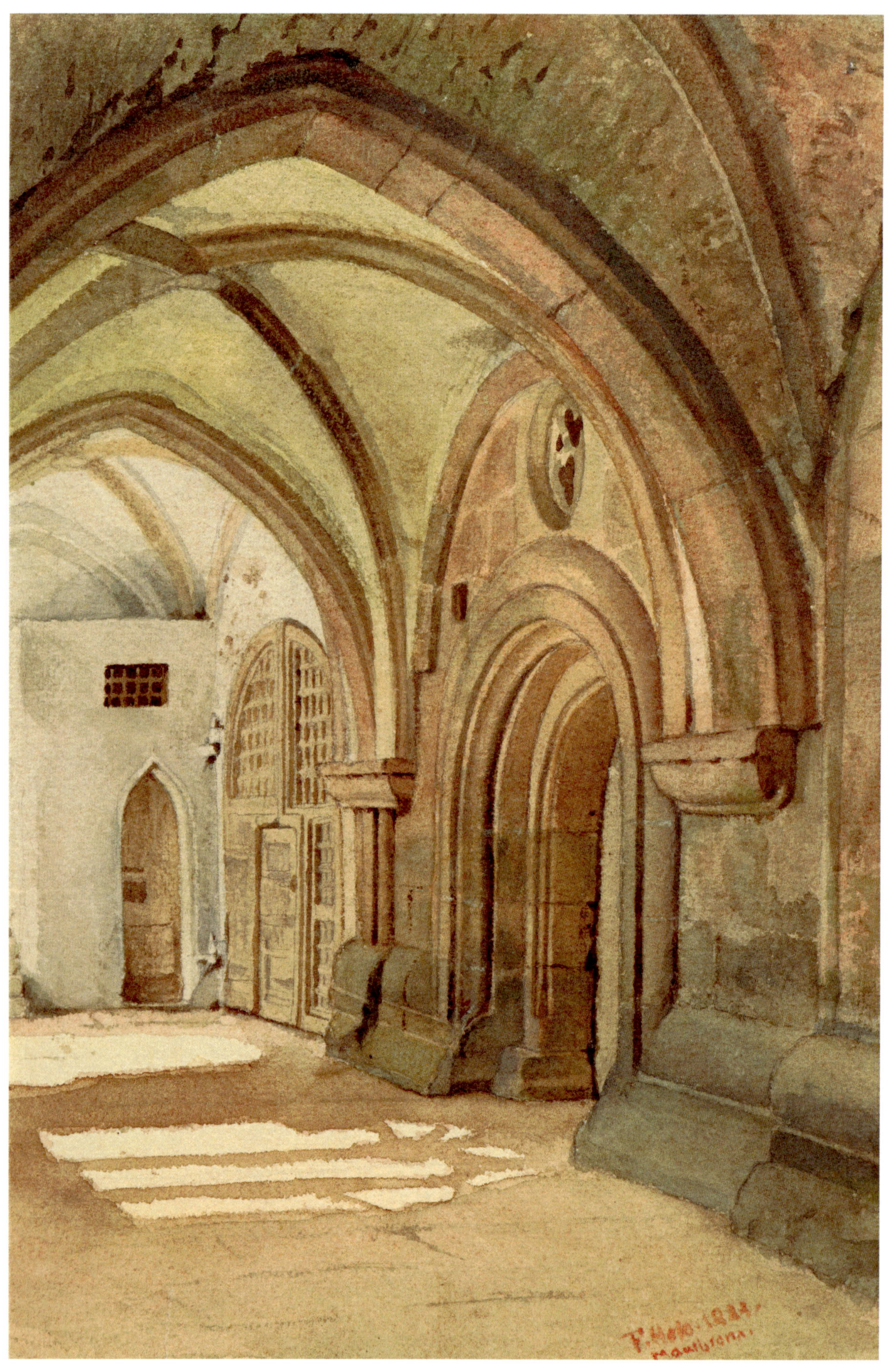

Franz Hein, Kreuzgang im Kloster Maulbronn, *cloitre*, 29 x 20 cm, Sig. F. Hein 1883 Maulbronn, Gouache

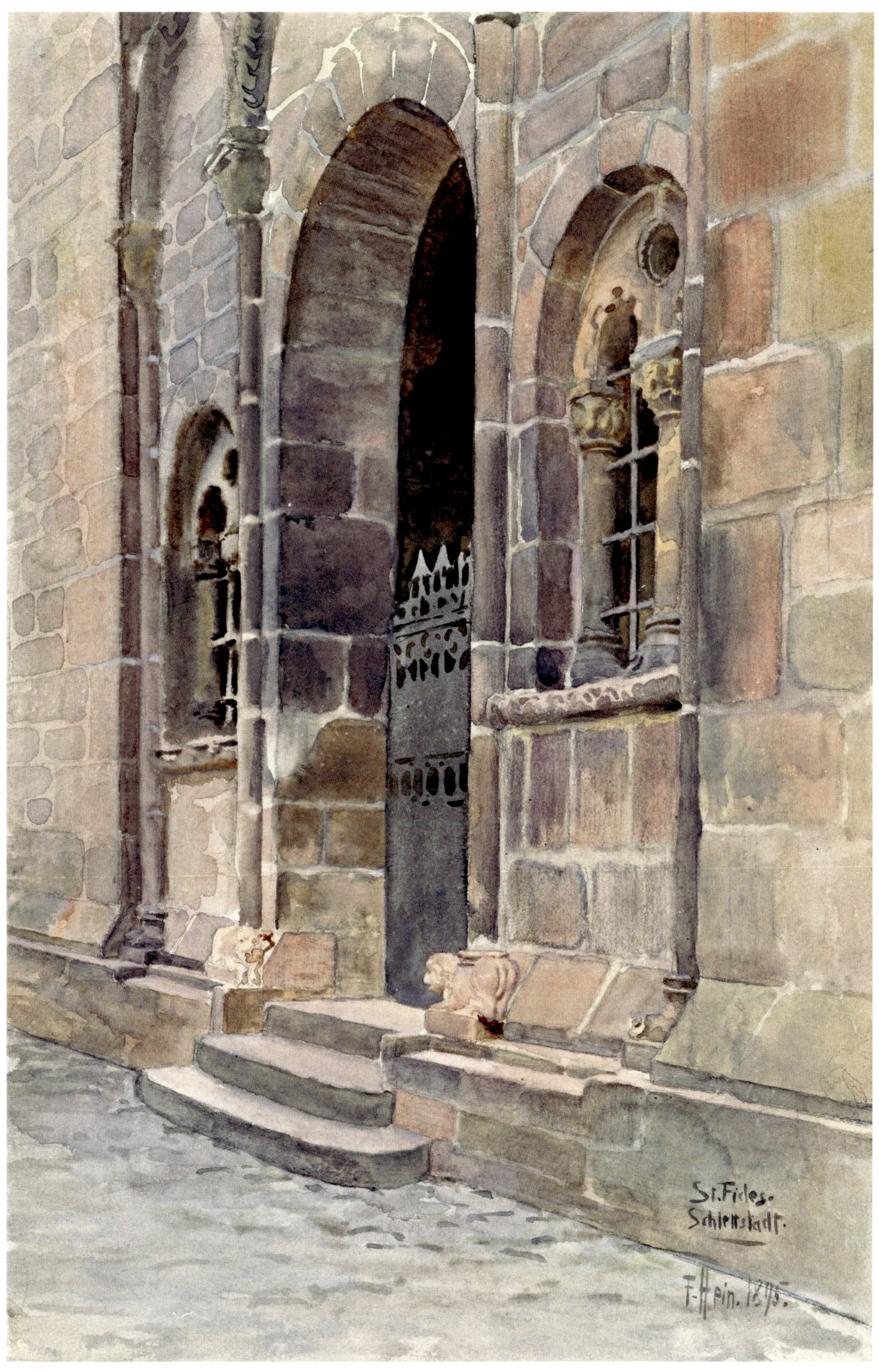


Franz Hein, Sig. St. Fides Schlettstadt F. Hein 1895, *Séléstat, St. Foi,* 46 x 31 cm, Gouache

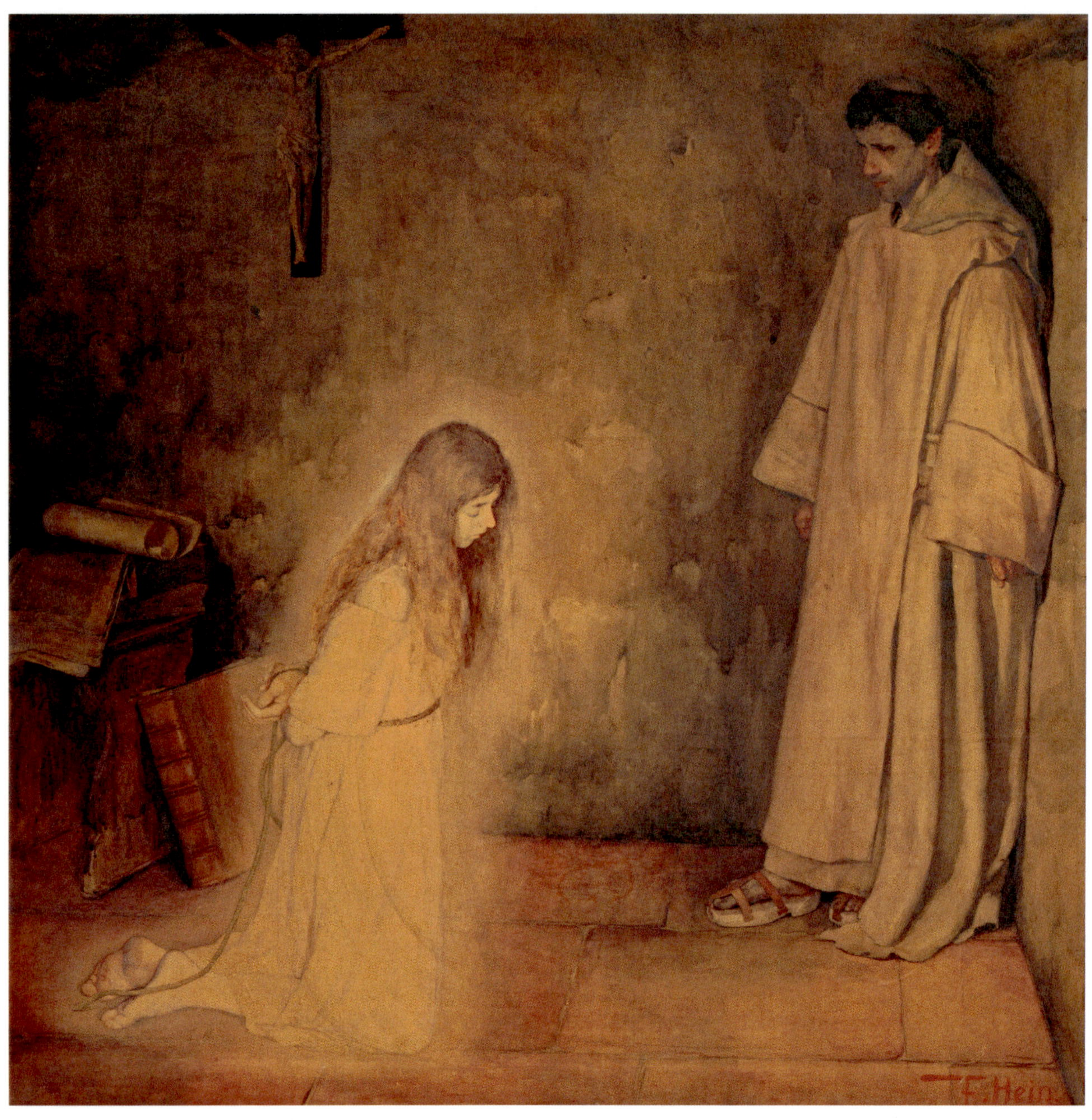


Franz Hein, Die Vision des Mönchs, *vision du moine*, Sig. F. Hein, 119 x 114 cm, 1889, Gouache

rechte Seite: Franz Hein, Bischöfliches Schloss Bruchsal 1888, *résidence des évèques*, 27 x 16 cm, Gouache

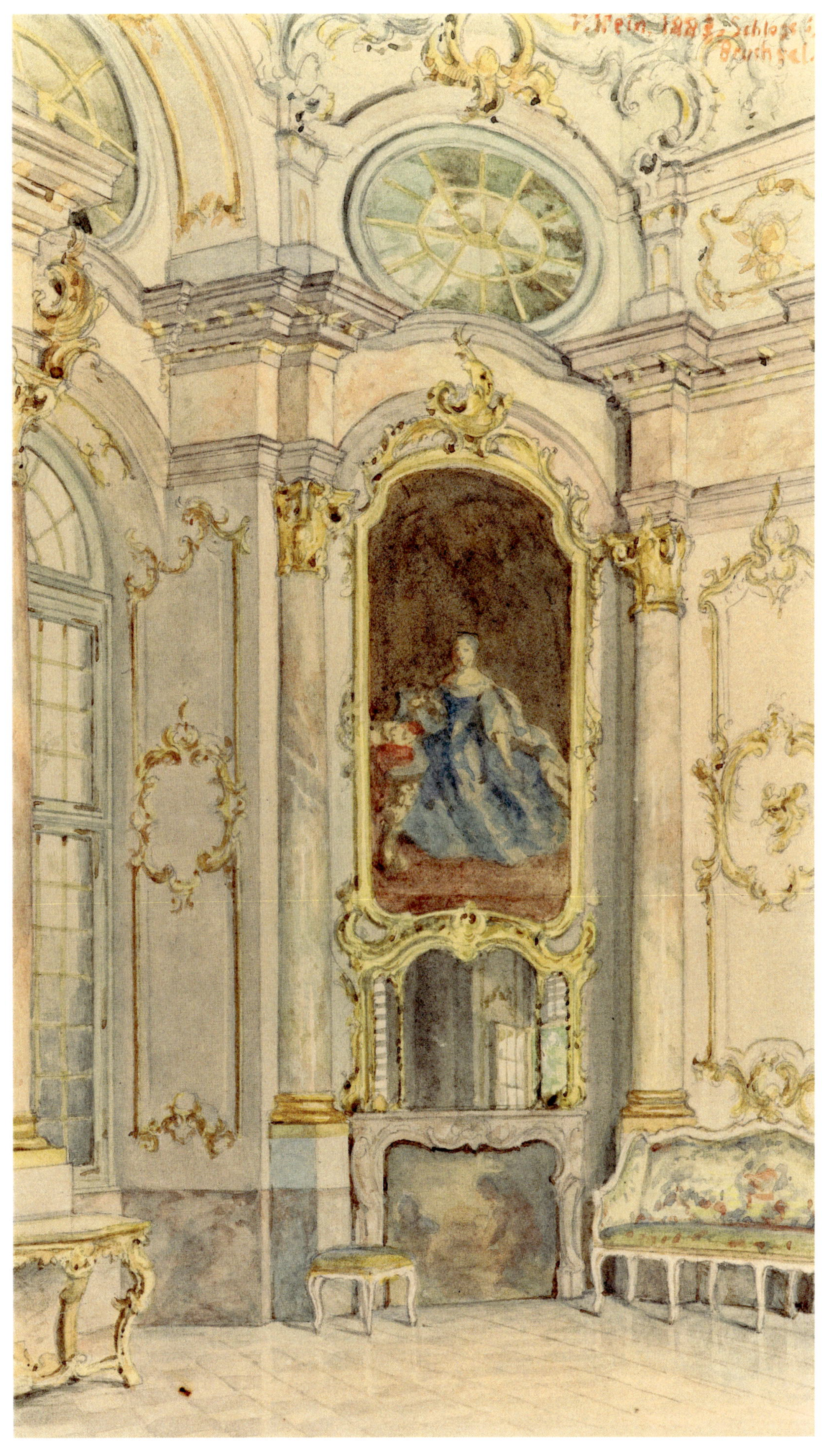

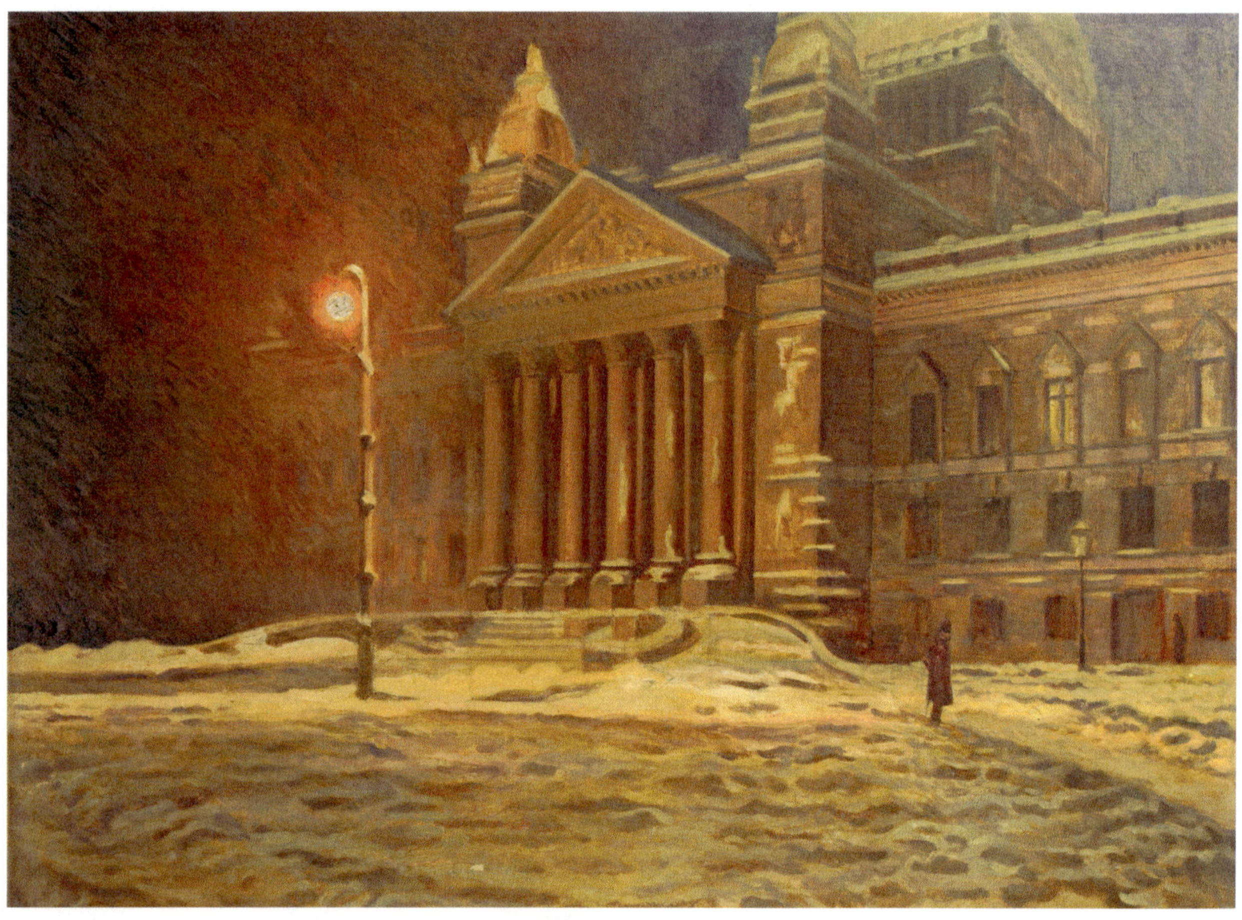

Franz Hein, Das Reichsgericht Leipzig in der Winternacht, *cour de justice*, 95 x 126 cm, Öl

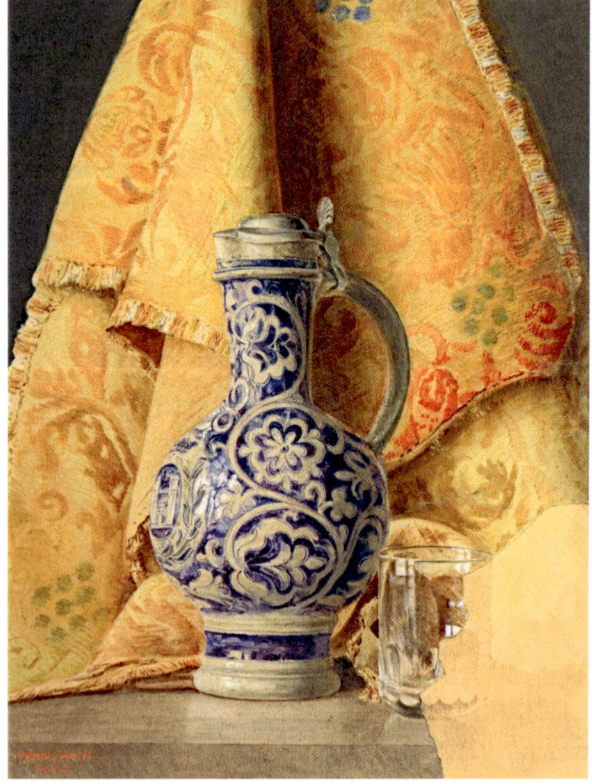

Franz Hein, Deckelkanne und Teppich, *nature morte à la cruche,* Sig. FRANZ HEIN, 45 x 39 cm, Gouache

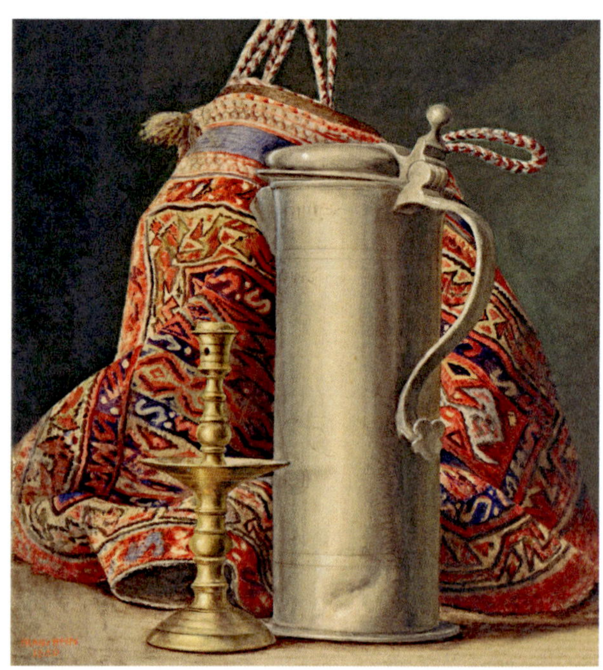

Franz Hein, Zinnkrug und Stoffbeutel, *cruche en étain et sacoche*, Sig. FRANZ HEIN 1880, 46 x 42 cm, Gouache

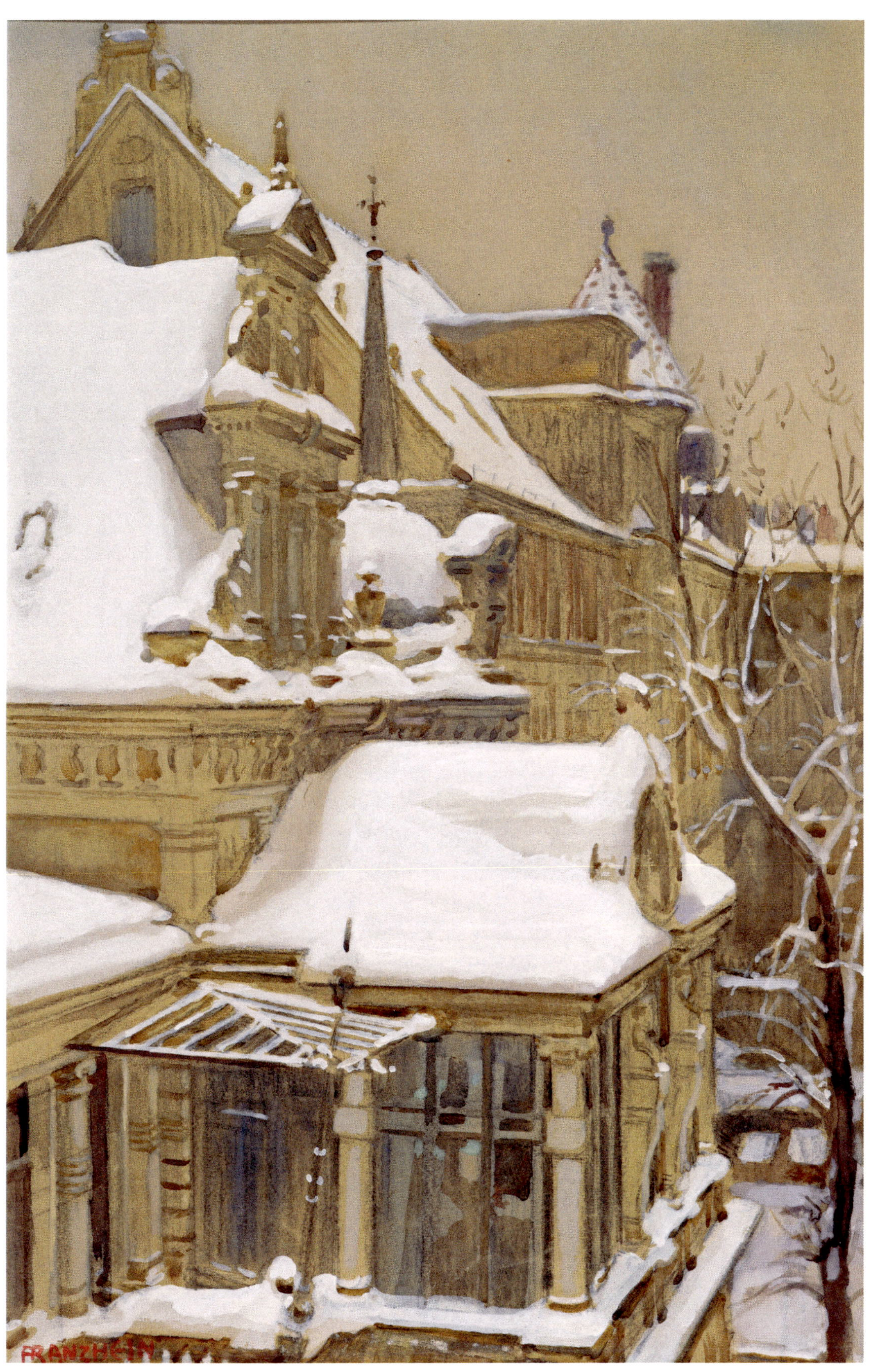


Franz Hein, Brückelmayer'sche Villa in Leipzig, Talstraße 4, im Winter 1923,
48 x 32 cm, Gouache

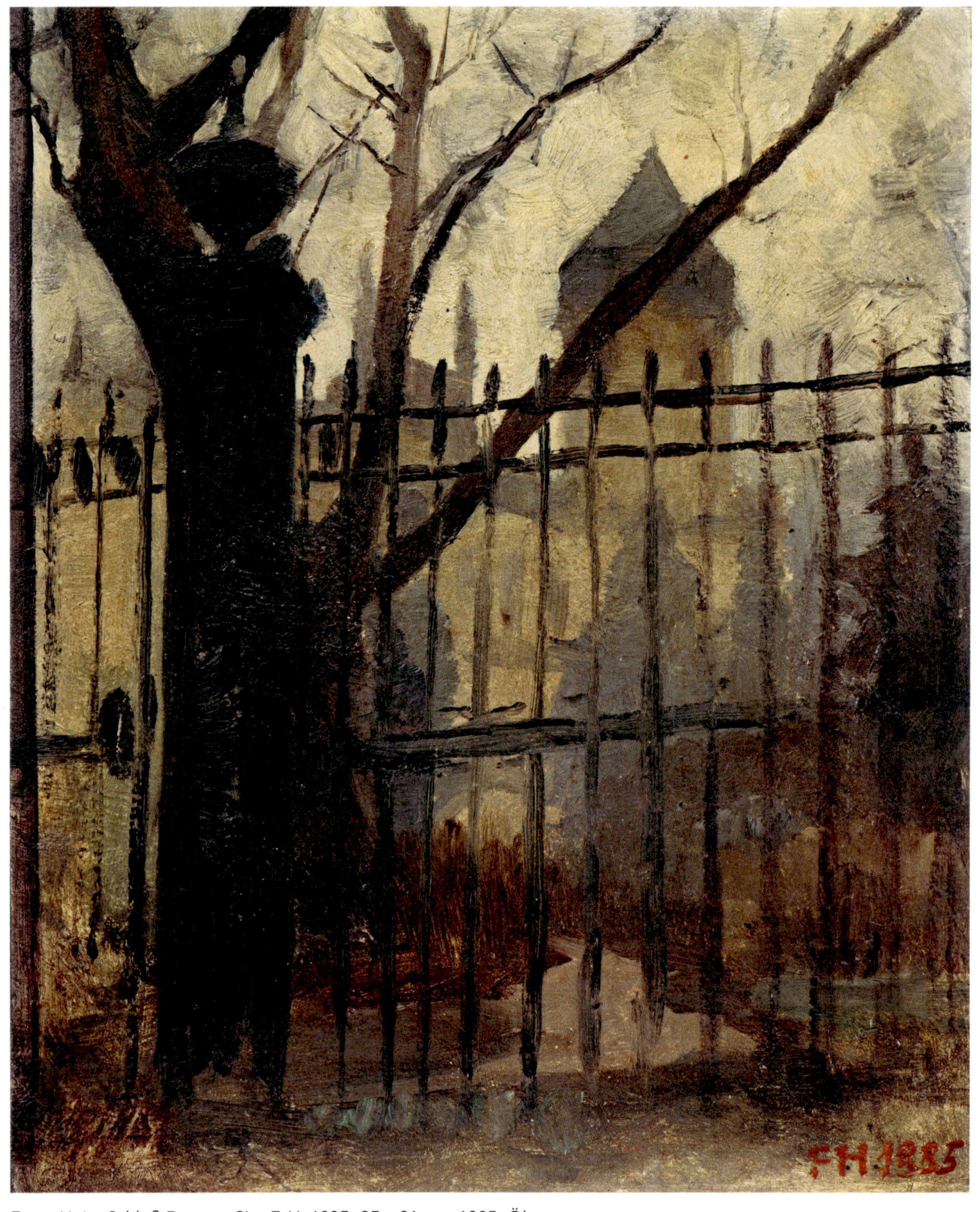


Franz Hein, Schloß Donner, Sig. F. H. 1885, 25 x 21 cm, 1885, Öl

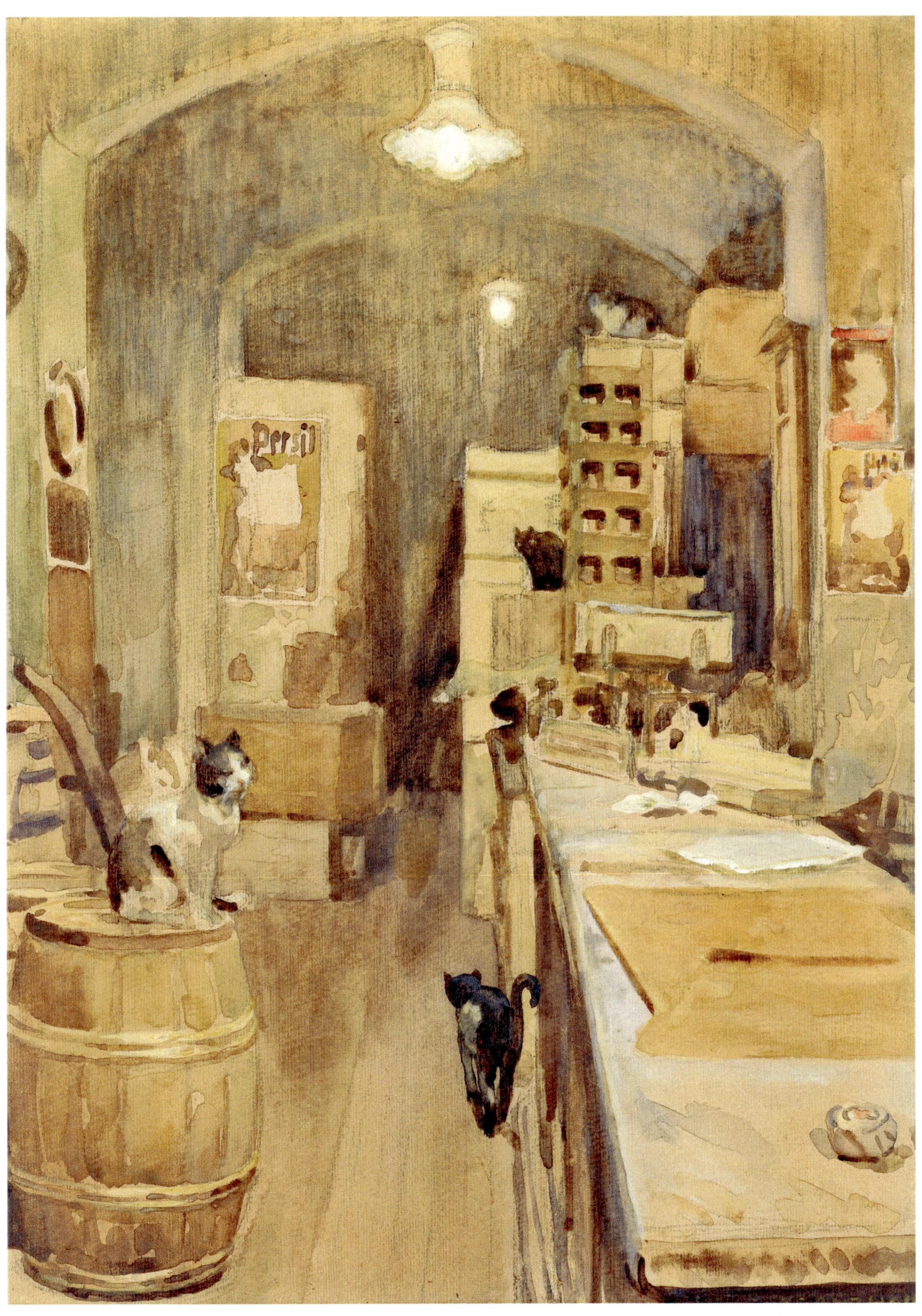


Franz Hein, Der Seifenladen mit den Katzen in Leipzig, *savonnerie et chats*, 41 x 30 cm, 1916, Gouache

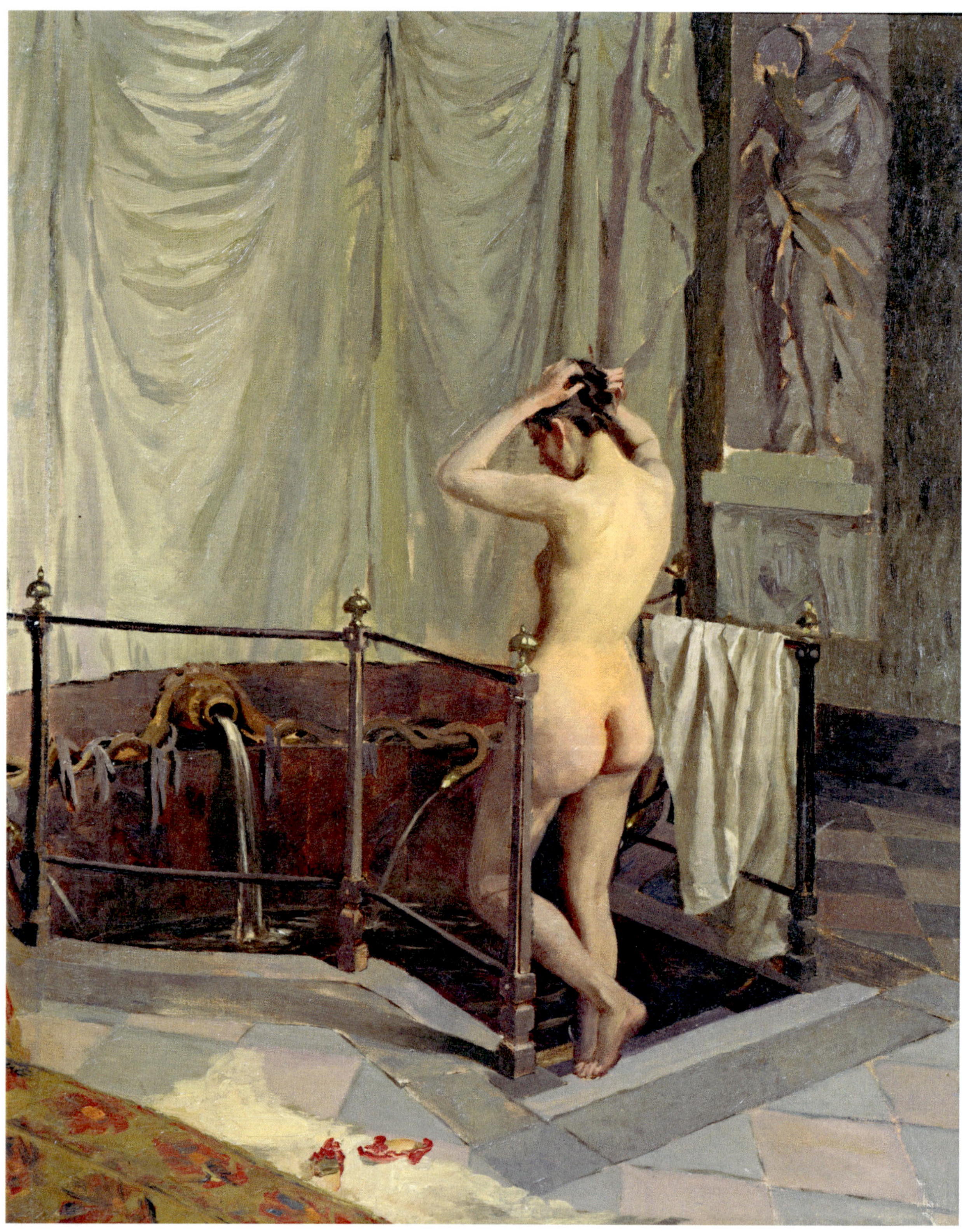

Franz Hein, Das römische Bad, *le bain romain*, 51 x 40 cm, Öl

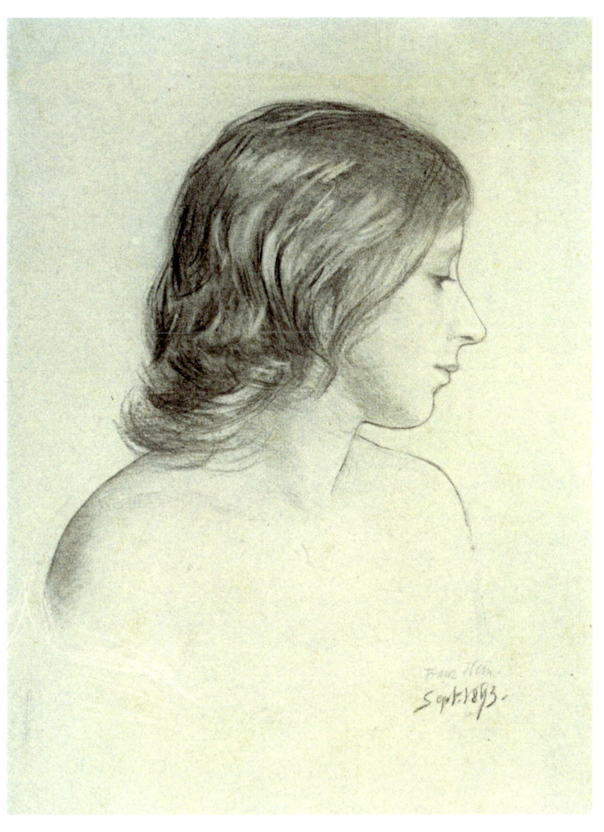

Franz Hein Kopie, Junge Frau, *jeune femme*, Sig. Franz Hein, Sept. 1893, 56 x 43 cm, Kreidezeichnung

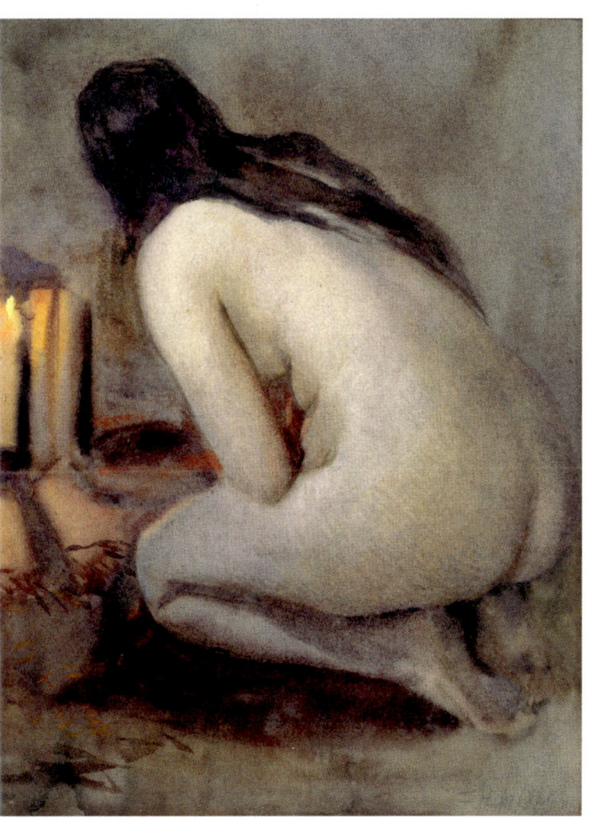

Franz Hein, Die Knieende, *jeune femme acroupie*, Sig. F. Hein 1884, 55 x 45 cm, Pastell

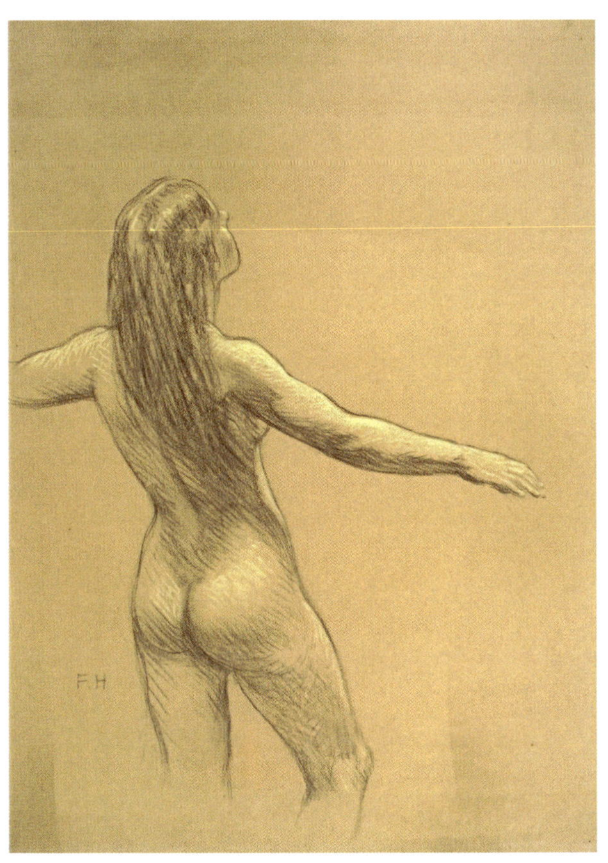


Franz Hein, Rückenakt, *nue de dos*, Sig. F. H., 42 x 31 cm, Kreide

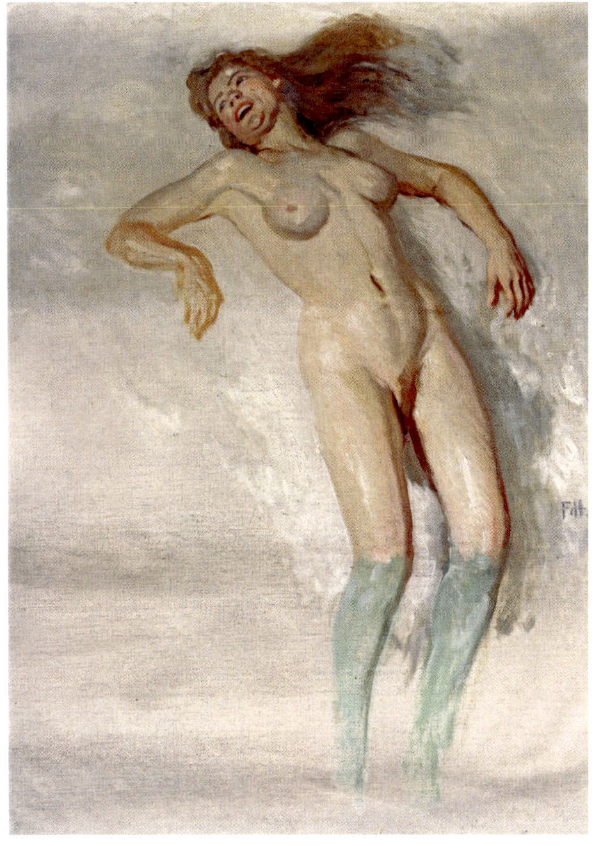

Franz Hein, Liegender Akt, *nue allongée*, 55 x 45 cm, Pastell

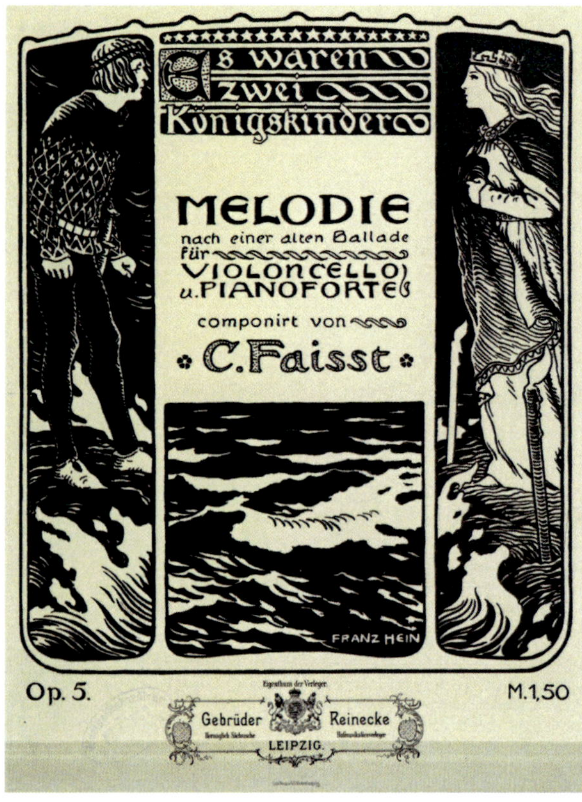


Titelblatt zu Es waren zwei Königskinder, Komponistin Clara Faisst (1872-1948) *titre de la partition de Clara Faisst*

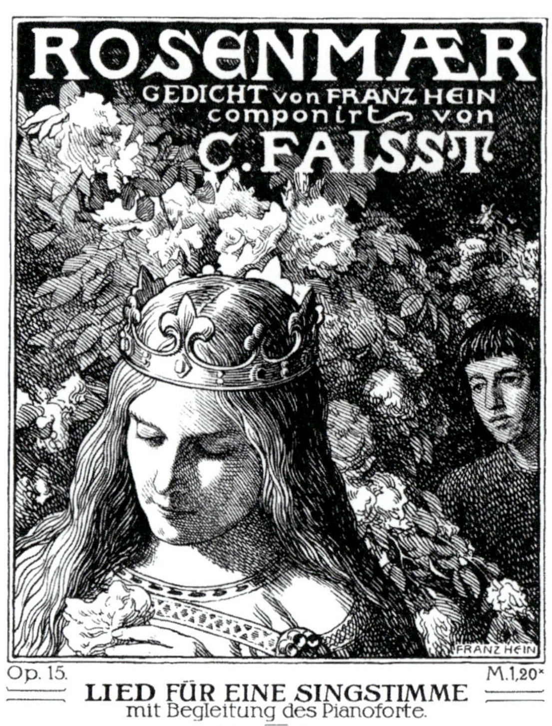


Titelblatt zum Gedicht Rosenmaer von Franz Hein, Komponistin Clara Faisst. *titre de la partition de Clara Faisst*

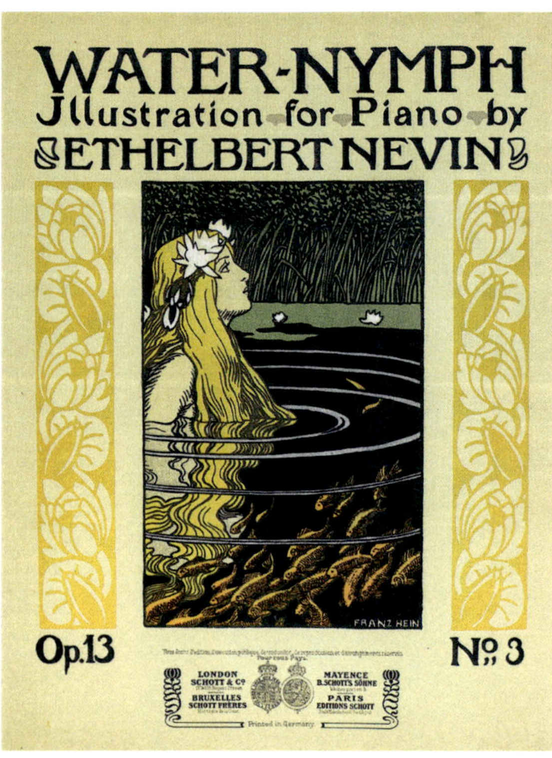


Titelblatt zu Water Nymph von Ethelbert Nevin (1862-1901), *titre de la partition de Ethelberg Nevin,* Sig. FRANZ HEIN, Lithographie

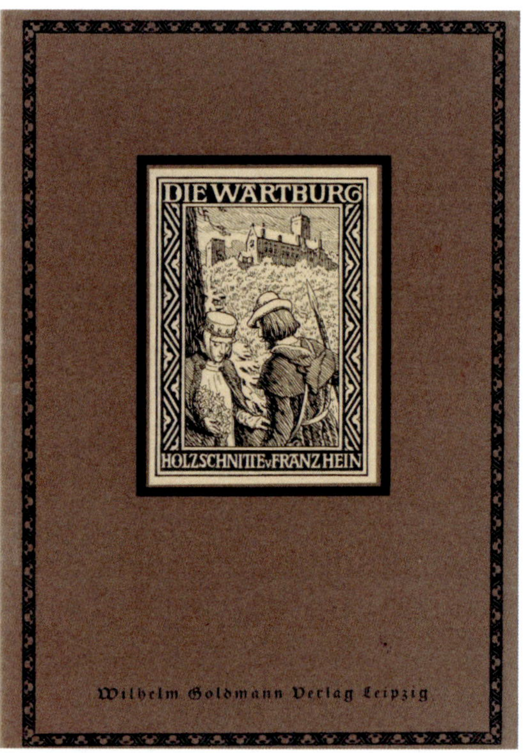


Titelblatt zur Holzschnitt-Kunstmappe Die Wartburg von 1923, *titre de la collection de xylographies de la Wartburg*

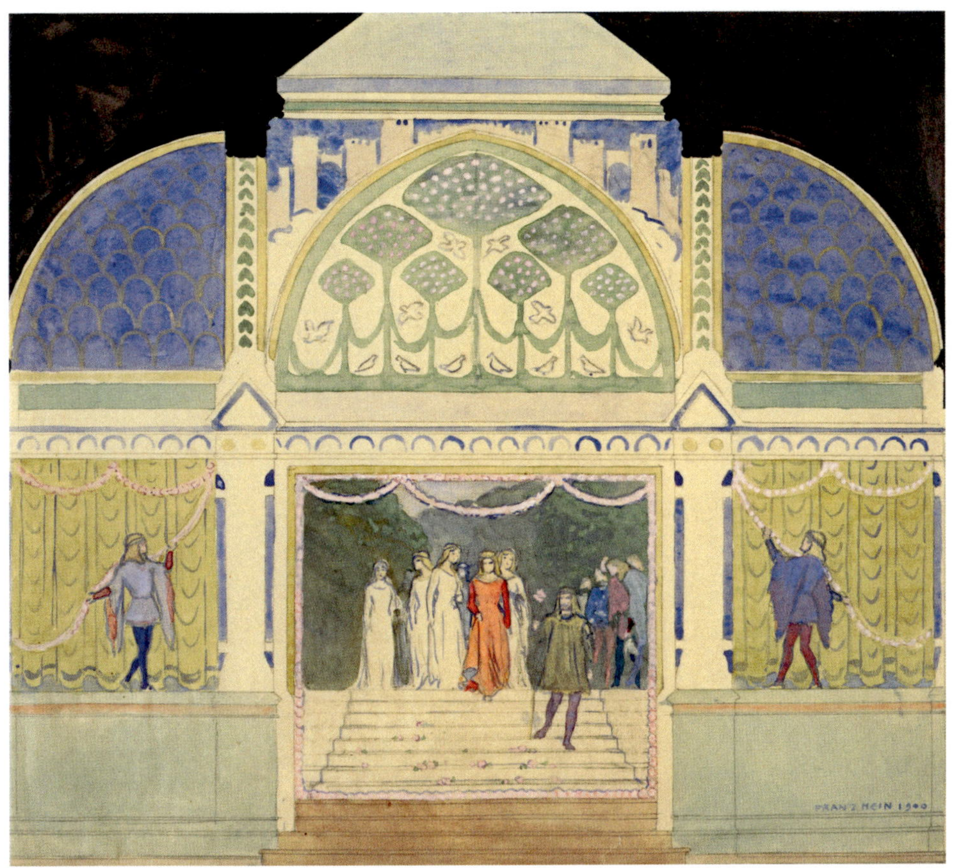


Franz Hein Entwurf für ein Bühnenbild, *décor pour le théatre*,
Sig. FRANZ HEIN 1900, x cm, Gouache

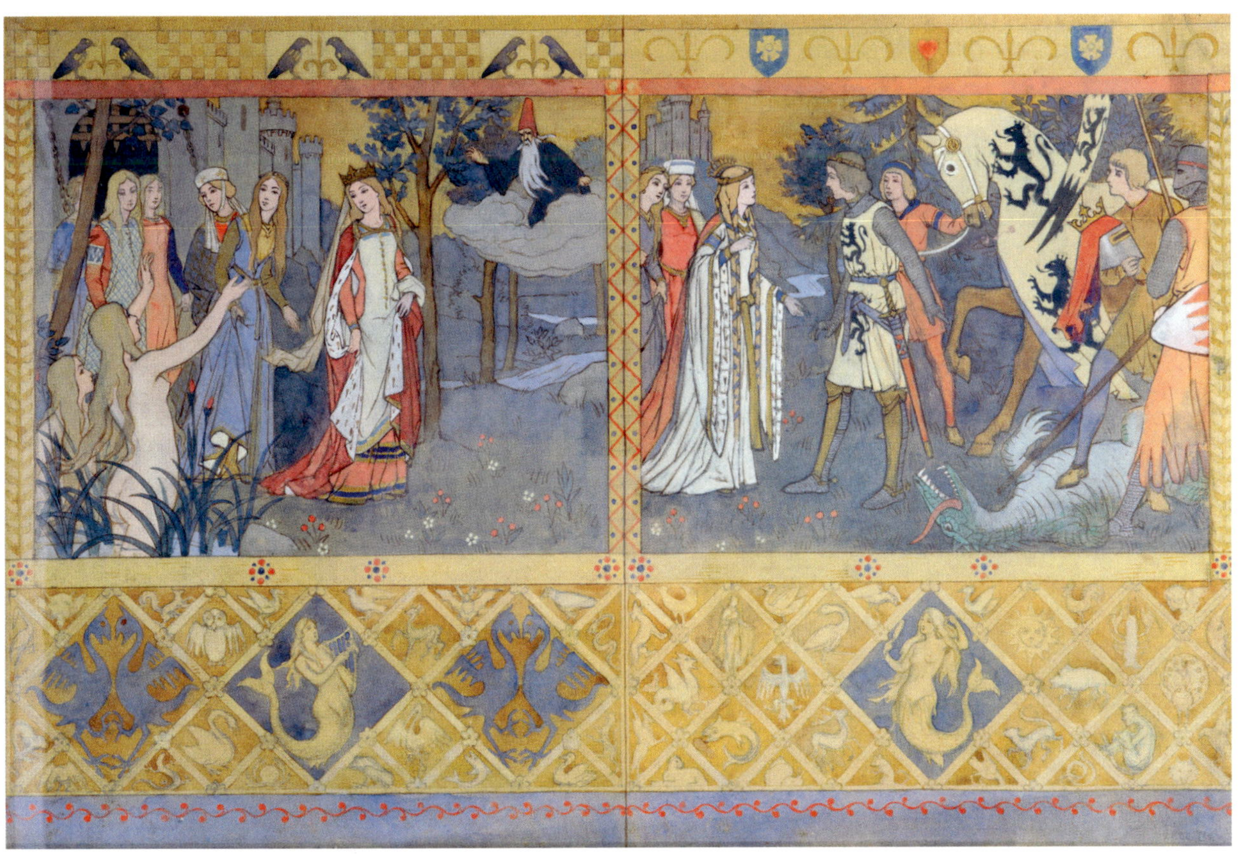

Franz Hein, Märchenszenen, Entwurf für einen Gobelin 1894, *scènes de contes pour une création de Gobelin*,
48 x 26 cm, Gouache

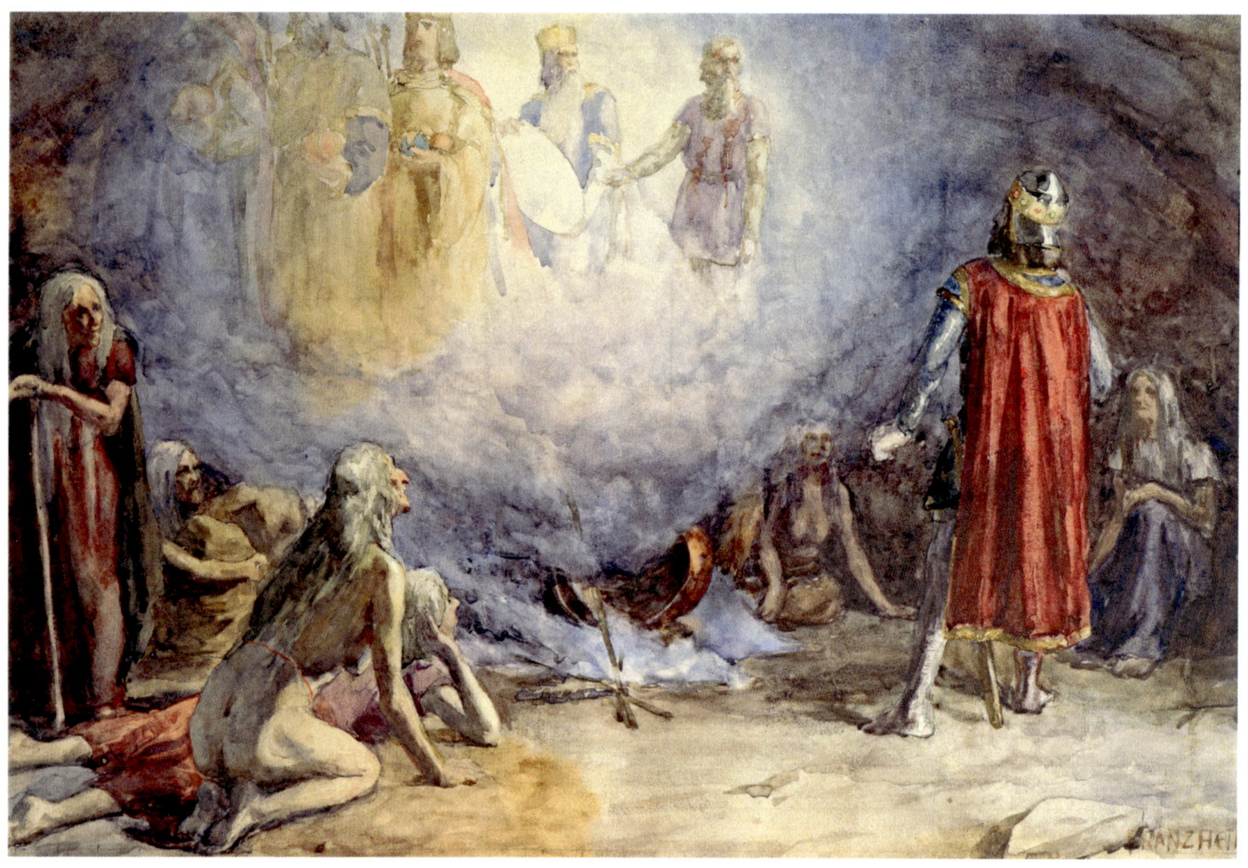

Franz Hein, Macbeth und die Hexen, *les sorcières,* Sig. FRANZ HEIN, 16 x 40 cm, 1890, Gouache

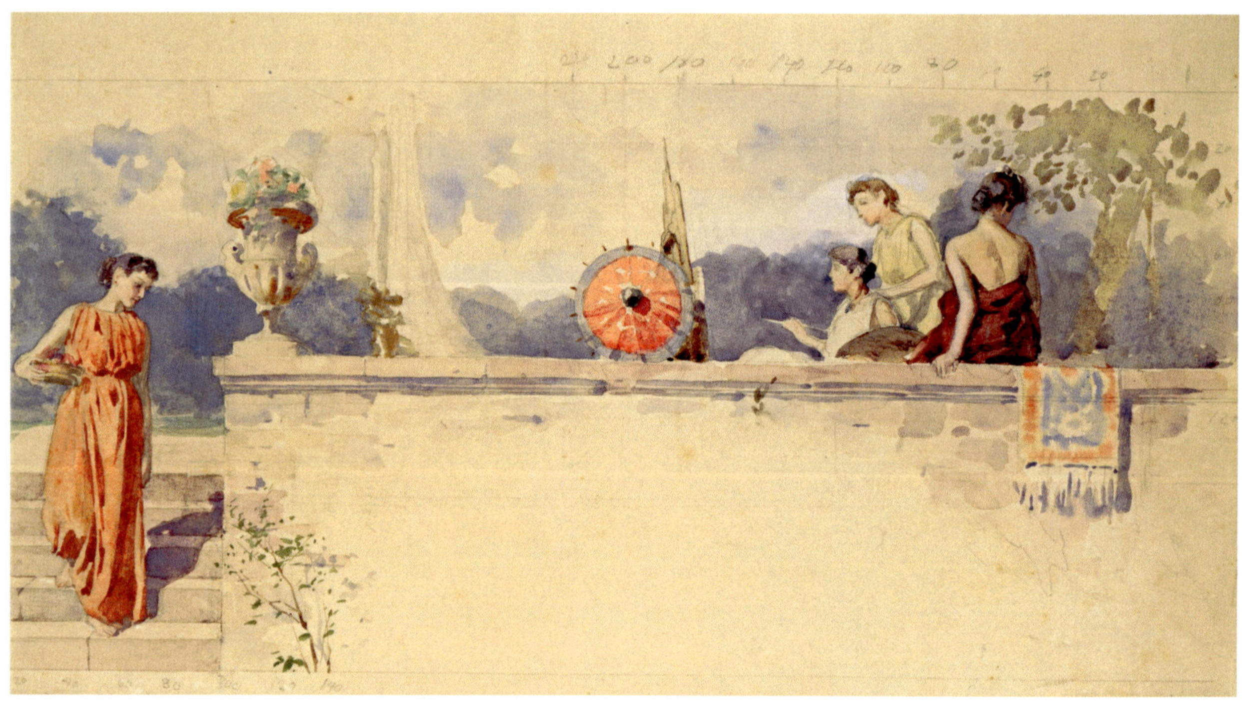

Franz Hein, Entwurf für ein Bühnenbild Minne, *décor pour le théatre,* 76 x 50 cm, Tempera

rechte Seite: Franz Hein, Spaziergang in Mainz, *promenade à Mayence,*1895,
Sig. FRANZ HEIN, 48 x 33 cm, Gouache

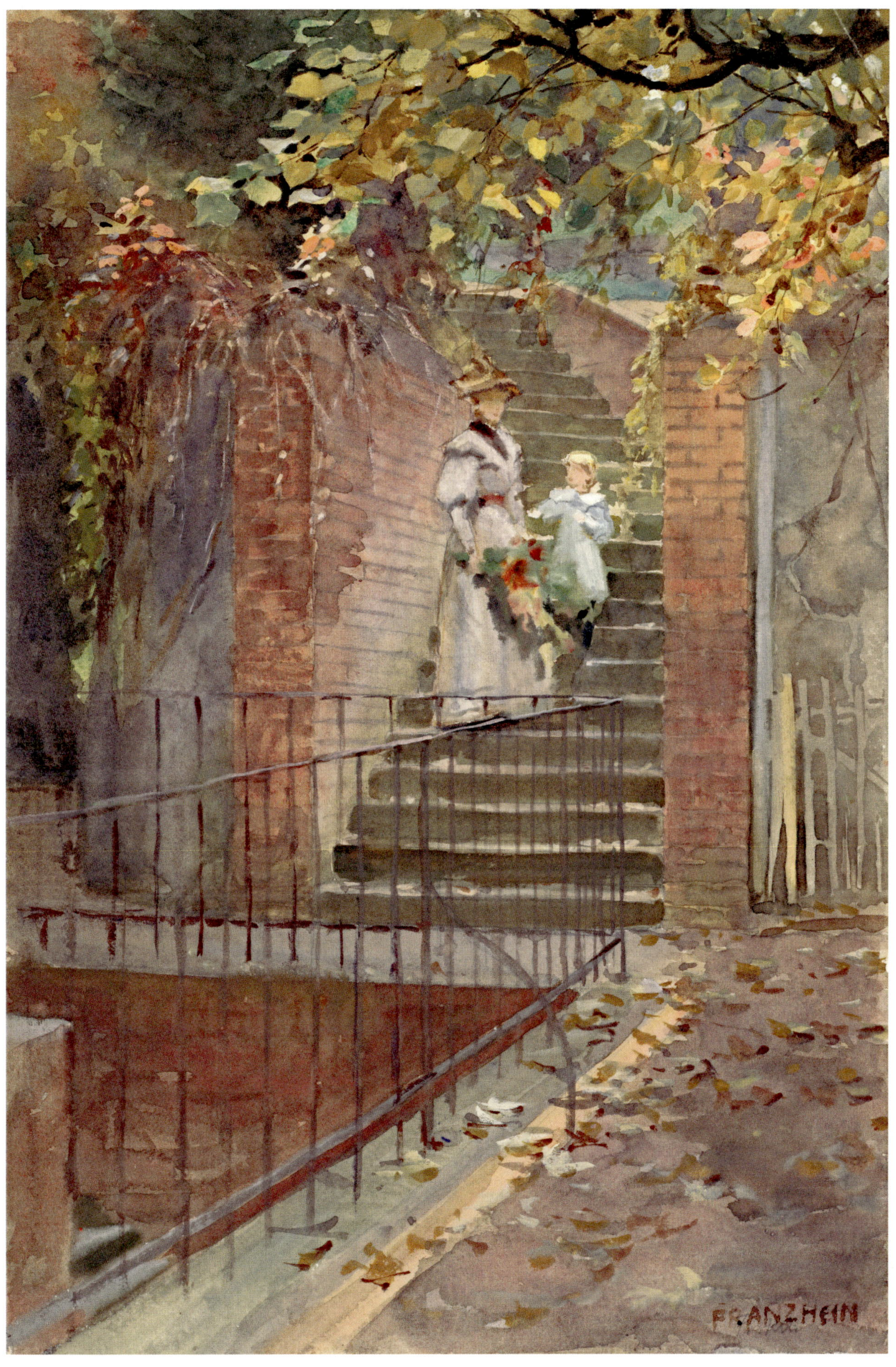
FRANZ HEIN

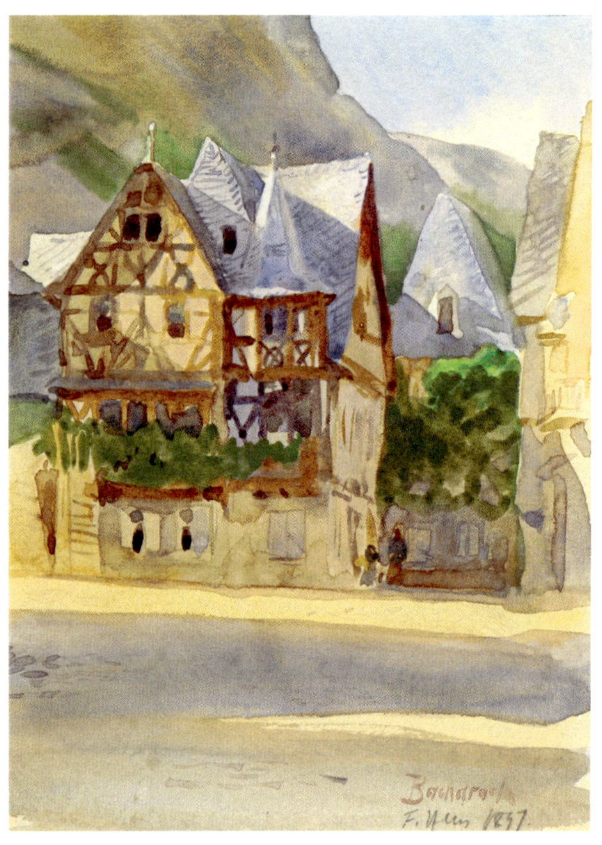

Franz Hein, Bacharach am Rhein, *Bacherach sur le Rhin,* 25 x 19 cm, Sig. Bacharach, F. Hein 1897, Gouache

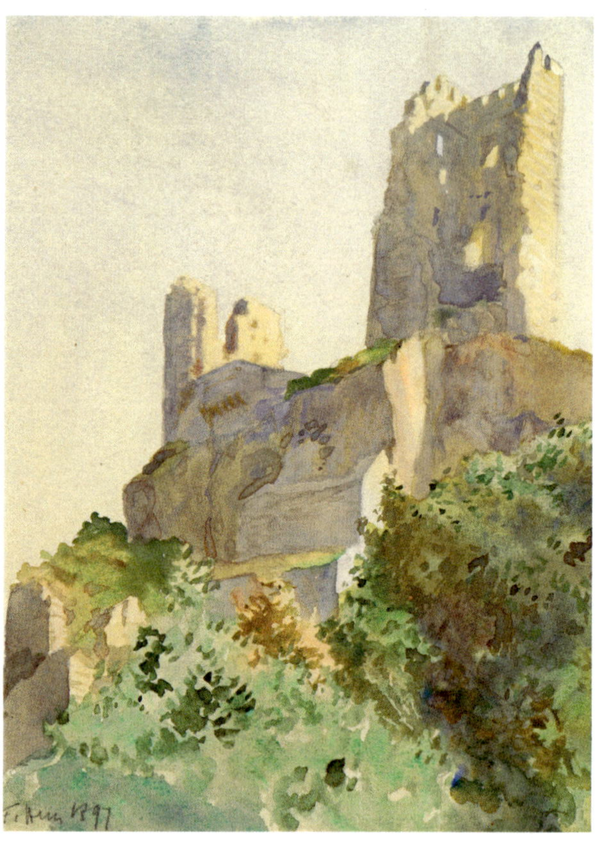

Franz Hein, Burgruine Fitten an der Mosel, *Fitten sur la Moselle,* Sig. F. Hein 1897, 26 x 22 cm, Gouache

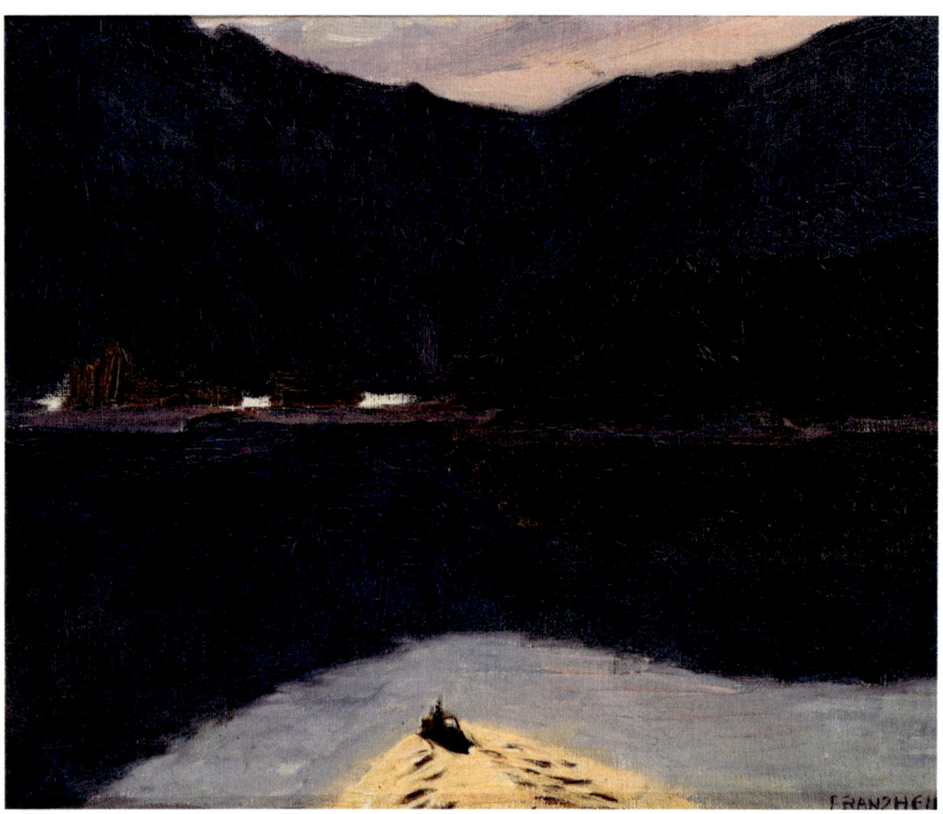

Franz Hein, Abendstimmung am Schwarzen See, *tombée de la nuit sur le lac noir,* Sig. FRANZ HEIN, 25,7 x 31,4 cm, Öl

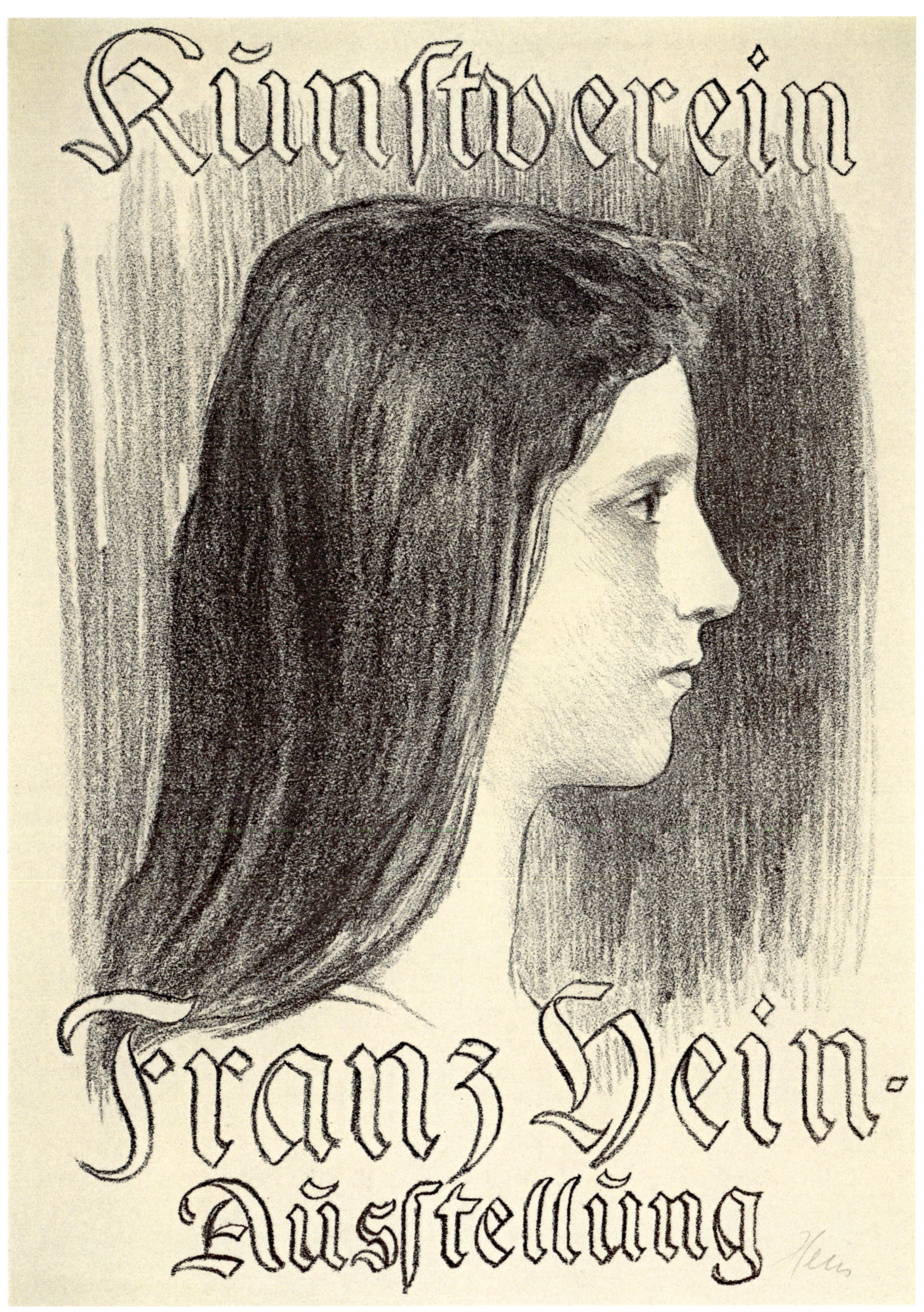


Franz Hein, Plakat zur Ausstellung Franz Heins im Kunstverein Karlsruhe, *affiche*, 47 x 36 cm, Kohlezeichnung

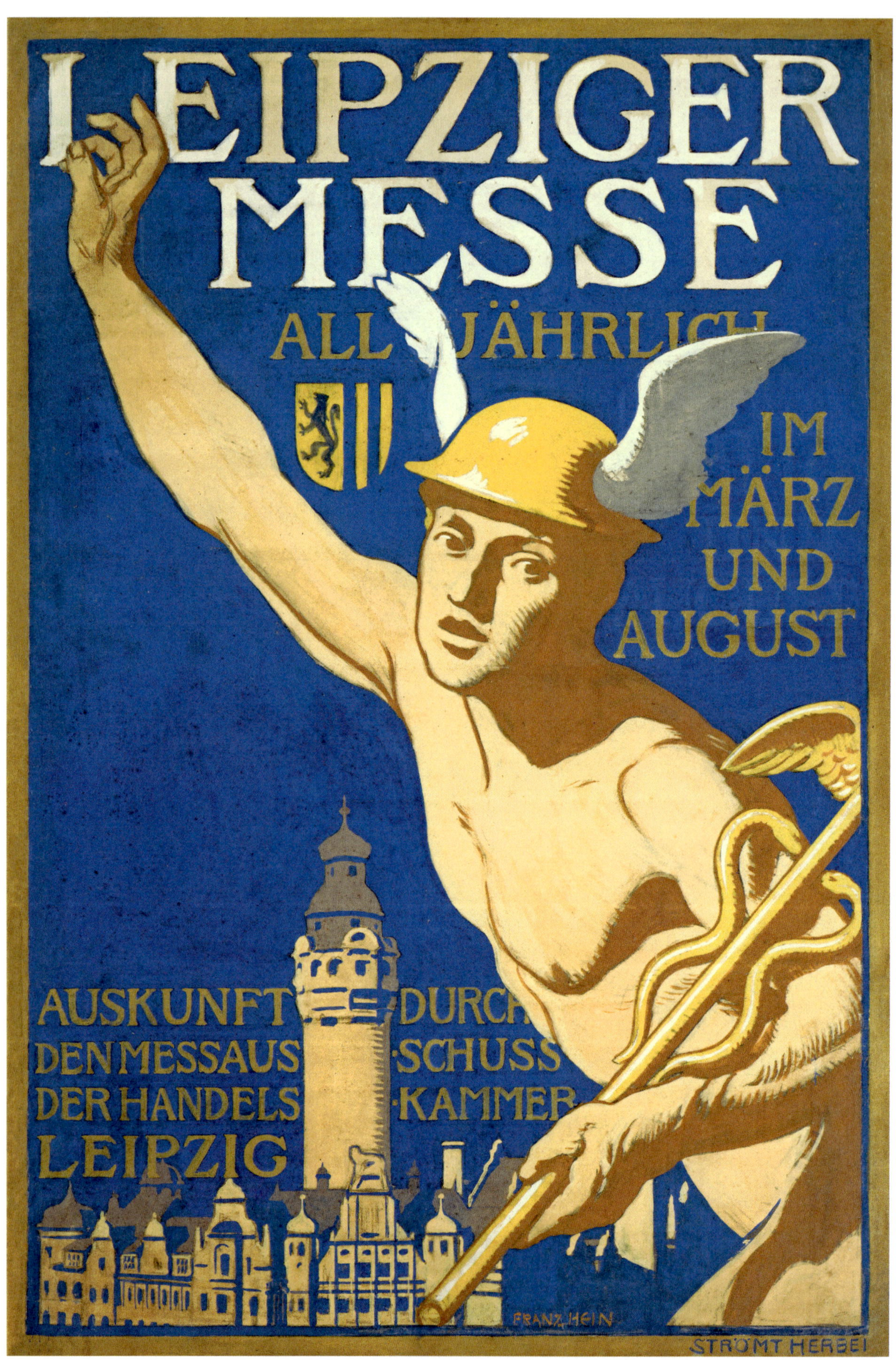


Franz Hein, Plakat zur Leipziger Messe, *affiche*, 1907, Strömt herbei!, Tempera

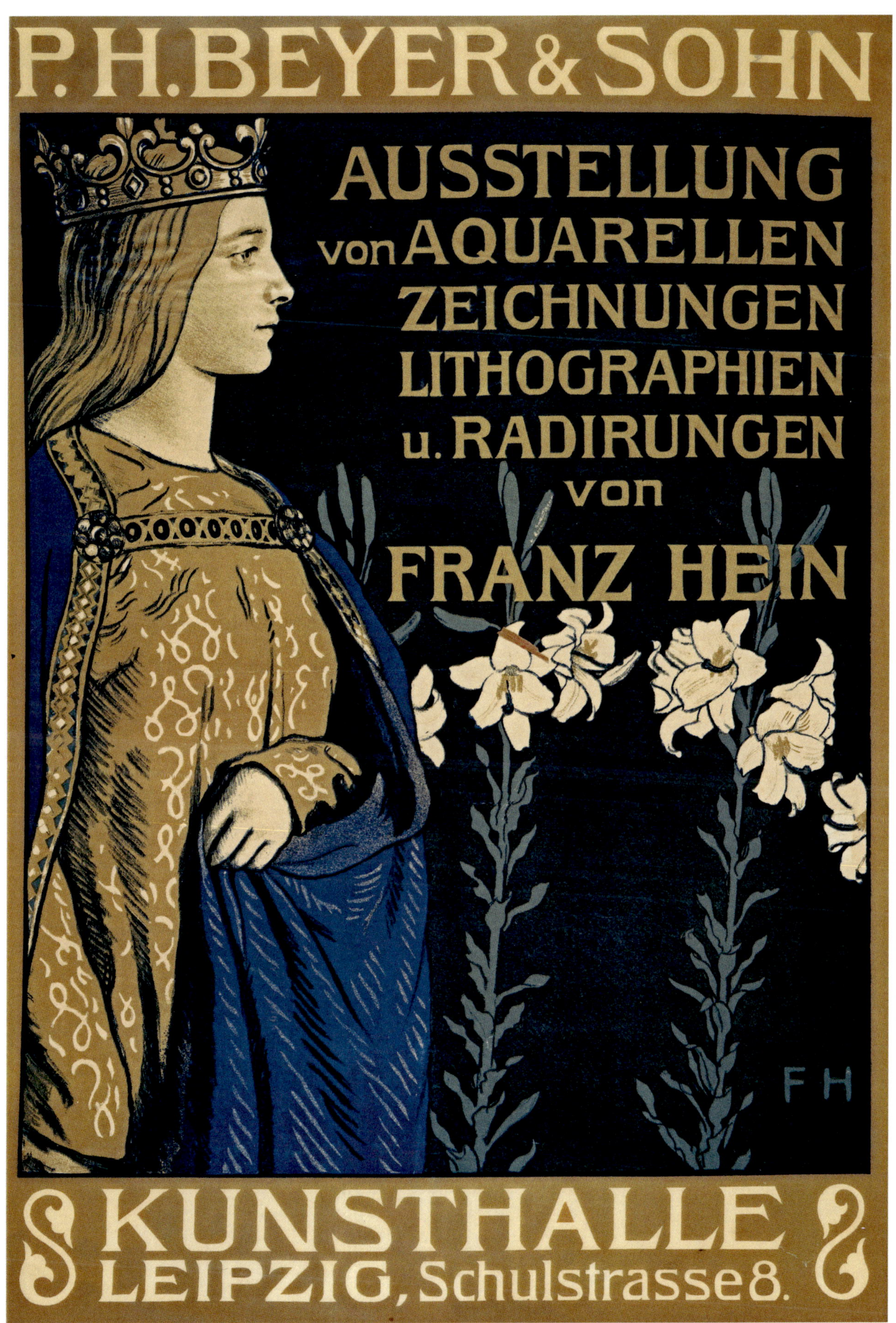


Plakat zur Hein-Ausstellung in der Kunsthalle Leipzig, *affiche*, 1901, 78 x 53 cm, Lithographie

## Literaturverzeichnis
## *Sommaire de la littérature*

Katalog des R. Voigtländer Verlags, Leipzig 1903.

Wilhelm R. Valentiner: Otto und Jenny Fikentscher, in: Die Graphischen Künste 38, Wien 1905, S. 95-101.

Kunstdruckerei Künstlerbund Karlsruhe 1900, Karlsruhe 1900.

Katalog der Kunstdruckerei Künstlerbund Karlsruhe 1906/07, Karlsruhe 1906.

Katalog des B. G. Teubner-Verlags, Berlin 1911.

Katalog des R. Voigtländer-Verlags, Leipzig 1913.

Hildegard Heyne: Franz Hein, ein Maler des deutschen Märchens, des deutschen Waldes, in: Westermanns Monatshefte 32,1, 1917, S. 409-420.

Bertha Schweikhardt: Sabine Hackenschmidt zum Gedächtnis, in: Elsass-Lothringen Heimatstimmen 17, 1939, S. 184.

Ulrich Thieme/ Felix Becker: Allgemeines Lexikon der Bildenden Künstler von der Antike bis zur Gegenwart, 37 Bände, Leipzig 1907-1947.

Inge Schlünder: Die deutschen Künstler-Steinzeichnungen und die kunstpädagogische Reformbewegung in der Wilhelminischen Ära, Bern-Frankfurt/Main 1973.

Horst Vey / Rudolf Theilmann / Roswitha Baumann: Die Grötzinger Malerkolonie 1975/76, Karlsruhe 1975.

Gerhard Wietek: Deutsche Künstlerkolonien, München 1976.

Leo Mülfahrt: Kleines Lexikon Karlsruher Maler, Karlsruhe 1980.

Wolf Stubbe / Rudolf Theilmann: Friedrich Kallmorgen 1856-1924, Hamburg 1981.

Irene Eder: Friedrich Kallmorgen 1856-1924. Leben und Werk, Hamburg 1981.

Theodor Kohlmann: Die Künstlersteinzeichnungen für Haus und Schule. Ein Beitrag zur volkskundlichen Wandbildforschung, in: Jahrbuch Preußischer Kulturbesitz, Sonderband 1, Berlin 1983, S. 257-279.

Roswitha Baumann: Die Grötzinger Malerkolonie, Karlsruhe 1985.

François Lotz: Artistes peintres Alsaciens de jadis et de naguère (1880-1982), Kaysersberg 1985.

Daniel Maes: René Allenbach, peintre et graveur alsacien de jadis et de naguère, Kaysersberg 1987.

Helga Walter-Dressler: Farblithographien des Karlsruher Künstlerbundes um 1900. Eine Initiative gegen den Öldruck, Karlsruhe 1987.

Gerlinde Brandenburger-Eisele: Artikel „Horn-Zippelius“ in: Badische Biographien N. F. II, Stuttgart 1987, S. 144 f.

Rudolf Theilmann: Franz Hein, in: Badische Biographien Bd. 3, 1990, S. 121-123.

Irene Eder: Friedrich Kallmorgen: 1856-1924. Monographie und Werkverzeichnis der Gemälde und Druckgraphik, Karlsruhe 1991.

Gisela Nehring-Knab: Margarethe Hormuth-Kallmorgen. Lebensbild einer Blumenmalerin, Karlsruhe 1994.

Rudolf Theilmann: Gustav Kampmann 1859-1917. Zeichnungen aus dem Kupferstichkabinett der Staatlichen Kunsthalle Karlsruhe, Karlsruhe 1994.

Stadt Karlsruhe (Hg): Frauen im Aufbruch?: Künstlerinnen im deutschen Südwesten 1800-1945, Karlsruhe 1995.

Brigitte Baumstark: Margarethe Hormuth-Kallmorgen, Jenny Fikentscher, in: Elisabeth Noelle-Neumann (Hg.): Baden-Württembergische Portraits. Frauengestalten aus fünf Jahrhunderten, Stuttgart 1999.

Pia Wendling: Paul Welsch 1889-1954, in: Musée Historique, Hagenau 2006.

Stadt Karlsruhe (Hg.): Wie Malerei? Lithografie um 1900, Stuttgart 2006.

Bernhard H. Bonkhoff / Michel Guerrier / Martin Siegwalt: Henri Bacher, Maler der Heimat und des Glaubens. peintre du terroir et de la foi, Colmar 2008.

Gérard Forche: Sabine Hackenschmidt, une artiste peintre (1873-1939), in: L´Outre-forêt, Nr 142, 2008, S. 49-52.

Stefan Borchardt (Hg.): Gustav Kampmann. Zwischen Tag und Nacht. Gemälde, Zeichnungen und Lithographien, Beuron 2010.

Bernhard H. Bonkhoff / Patrimoine d´ici d´Obersteinbach: Die Malerkolonie Obersteinbach. Colonie des Peintres 1896-1918, St. Ingbert 2019.

Bernhard H. Bonkhoff / Patrimoine d´ici d´Obersteinbach: Die Malerkolonie Obersteinbach. Colonie des Peintres 1896-1918 II, St. Ingbert 2021.

Isabell Schmock-Wieczorek: Die Stadt als künstlerischer Lebens- und Schaffensraum. Bildende Künstler als Akteure im halleschen Kunstsystem in der Zeit der Klassischen Moderne, Göttingen 2022, S. 294 f. (zu Elise und Marie Peppmüller).

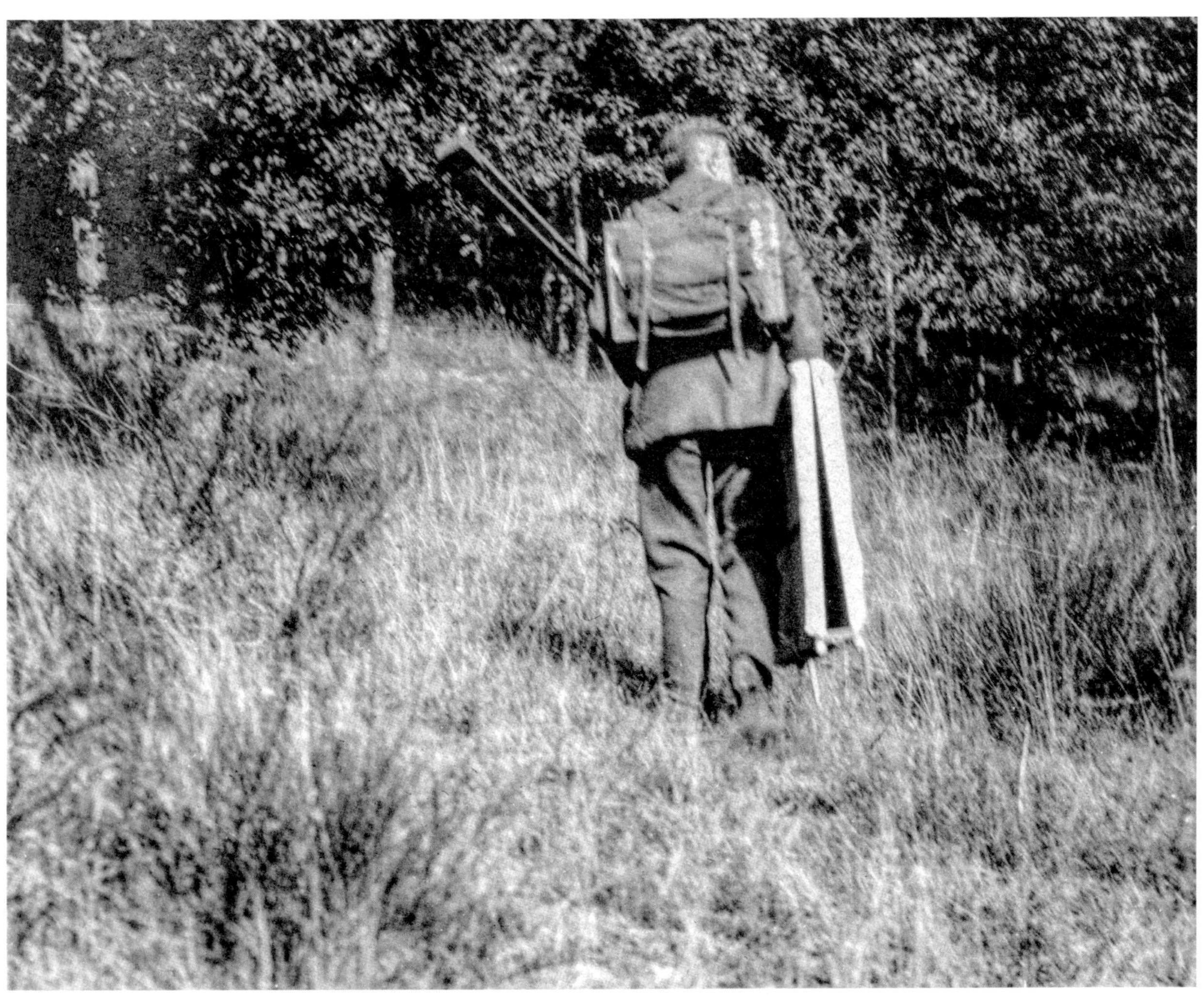

Hein unterwegs zum Malen